사회복지 실천기술의 이해 4판

엄명용 · 노충래 · 김용석 공저

학지사

4판 서문

이 책이 2005년 출간된 이래 저자들은 2판, 3판에 걸친 수정 · 보완을 거쳐 그 내용의 질을 향상시켜 왔다. 이는 독자들께서 보내주신 끊임없는 성원과 건설적인 비판, 그리고 지속적인 관심 덕분이었다. 이에 대해 독자 여러분께 깊은 감사의 말씀을 드린다. 이 책의 개정 2판에서는 초판에 존재하던 중복되거나 불분명한 내용을 정리하는 한편, 개인과의 실천 부분에서 사정기술과 기록기술을 보완한 바 있다. 이번 4판은 전체적인 내용의 간결성을 추구하면서 3판의 부족한 부분을 보완하는 데 초점을 두었었다. 이러한 가운데 한국사회복지교육협의회에서 실시한 2018년 주요 교과목 지침 개발 연구 결과가 공표되었고, 이에 따라 2020년부터는 사회복지실천기술론 교과목 역시 새로운 지침을 따르게 되어 이 책의 개정이 불가피하게 되었다. 사회복지학 전공생이 반드시 수강해야 하는 사회복지실천론과 이 과목은 불가분의 관계에 있기에 이 책에서는 사회복지실천론과의 중복적인 내용은 가급적 피하고 과감하게 개입에 더 많은 초점을 두는 것으로 개편 방향을 정하였다. 이에 저자들은 이 책이 사회복지 실천현장의 현실적인 문제들을 다룸으로써 예비 사회복지사뿐 아니라 현장의 사회복지사들도 현장에서의 기본을 재점검할 수 있는 책이 될 수 있도록 구성하고자 하였다. 결과적으로 저자들은 4판 개정을 통해 이 책의 기존 장점을 살리면서, 새로운 지침 내용을 추가하고, 한국적 사회복지 실천역량을 향상시키는 데 필요한 많은 사례를 새롭게 추가하면서 독자들의 성원과 현장의 욕구를 반영하고자 하였다.

새롭게 개정된 『사회복지 실천기술의 이해』는 크게 6부로 구성되어 있다. 우선 제1부 '사회복지 실천기술의 토대'에서는 개인, 집단, 가족을 대상으로 도움을 제공할 때 기본이 되는 제1장 기초기술, 제2장 면담 및 사정기술, 제3장 개입기술에 대해 다루었다. 제2부는 사회복지실천 개입 모델에 초점을 두고 크게 두 영역으로 나누었다. 첫 번째 영역은 우리나라 사회복지 실천현장의 단기적 개입 특성을 반영한 것으로 해결중심이론, 과업중심모델, 위기개입이론으로 구성된 단기개입모델에 초점을 두었다. 이번 개정에서 추가된 제4장의 과업중심모델과 위기개입이론은 국내 사회복지 실천현장의 클라이언트에게 과업수행을 통한 문제해결과 재난을 비롯한 다양한 위기 상황으로부터 회복에 이르는 기술을 제시하고 있다. 두 번째 영역의 제5장은 인지행동이론과 동기면담이론을 포함하고 있다. 국내 사회복지 실천현장에서 가장 많이 활용되는 인지행동이론은 클라이언트의 인지오류 및 부정적 사고와 행동을 변화시킬 수 있도록 돕는 데 초점을 두고 있으며, 동기면담이론은 비자발적인 클라이언트와 물질 및 행위 중독 문제를 갖고 있는 클라이언트 대상의 개입방법에 초점을 둠으로써 그동안 사회복지기술론에서 소홀했던 실천 영역을 보완하였다.

제3부는 이번 개정을 통해 가장 많은 변화가 있는 영역이다. 제6장의 복합적 욕구를 가진 클라이언트는 새로운 지침에 따라 추가되었는데, 이 장에서는 개인 및 가족의 복합적인 욕구로 인해 다수의 사회복지기관이 개입해야 할 필요성이 제기되는 복합적인 사례를 집중적으로 다루었다. 이 장에서는 아동학대 및 가정폭력, 인터넷 및 스마트폰 중독 청소년, 장애인가족, 독거여성노인, 다문화가족 및 중도입국 청소년과 같은 소주제를 중심으로 이들의 주요 현황과 특성을 간략하게 기술한 후 구체적인 사례와 생각해 볼 문제를 제시함으로써 수업 및 현장에서 역할극 및 논의, 팀 과제 등을 통해 학습이 진행될 수 있도록 구성하였다. 이전 3판에서 하나의 절로 제시되었던 내용을 대폭 보완하여 구성한 제7장의 어려운 클라이언트 대상의 개입기술에서는 비자발적인 클라이언트의 사례, 클라이언트 폭력 사례, 자해 및 타해 위험이 있는 사례를 추가하고 이에 따라 생각해 볼 문제를 제시함으로써 제6장과 마찬가지로 역할극 및 논의, 팀 과제 등을 통하여 실천역량을 향상시킬 수 있도록 하였다.

제4부에서는 집단 대상의 사회복지 실천기술에 초점을 두었다. 제8장에서는 집단 대상 사회복지실천의 준비와 사정에 초점을 두고 집단실천에 대한 전반적인 이해를 도모하고자 하였다. 특히, 이번 개정에서는 사회복지 실천현장에서 집단 프로그램 기획 및 실행이 많아짐에 따라 집단의 사전계획 모델에 따른 구체적인 집단 프로그램 기획의 실제 예를 제

시함으로써 집단사회복지의 효과적인 기획 및 실행 능력을 향상시키고자 하였다. 제9장에서는 기존의 집단 발달 단계에 따른 사회복지사의 역할과 집단 및 집단성원의 특성을 다룸으로써 집단의 발달 단계에 따른 사회복지사의 개입기술에 초점을 두었다. 아울러 이전 3판 제12장의 사회복지실천의 평가 및 종결에 포함되었던 집단의 종결은 이 장으로 옮겨졌다.

제5부는 가족과의 사회복지실천을 다루고 있다. 제10장에서는 가족을 단위로 한 사회복지실천에 필요한 기초 지식 및 기술 관련 내용을 수정 및 보완하였다. 여기서는 대학원에서 다룰 수 있는 가족치료나 가족상담에 필요한 핵심 내용을 간략하게 제시하였을 뿐 아니라 학부에서 필수적으로 갖추어야 할 가족 대상의 기본 기술을 제시함으로써 학부생들의 가족상담 및 가족치료에 대한 관심을 도모하고자 하였다. 제11장에서는 다문화가족, 조손가족, 위탁가정 등 다양한 형태의 가족에서 발생하기 쉬운 복합적인 가족 단위 문제들을 해결하는 데 필요한 기초 지식과 기술을 제시함으로써 제6장의 복합적인 욕구를 가진 클라이언트의 내용을 상호 보완할 수 있도록 하였다.

마지막 제6부에서는 종결 및 기록의 내용을 수정 · 보완함으로써 그 내용의 완성도를 더욱 향상시키고자 하였다.

세 명의 공동 저자들이 상호 협의하여 각 장을 집필하였으나 각자의 책임 부분은 다음과 같다.

제1부 사회복지 실천기술의 토대

제1장 사회복지실천 기초기술–엄명용 교수

제2장 면담 및 사정기술–엄명용 교수

제3장 개입기술–엄명용 교수

제2부 사회복지실천 개입 모델

제4장 사회복지실천 개입 모델 I: 단기 모델

제1절 해결중심이론–노충래 교수

제2절 과업중심모델-노충래 교수
제3절 위기개입이론-김용석 교수
제5장 사회복지실천 개입 모델 II: 일반 모델
제1절 인지행동이론-노충래 교수
제2절 동기면담이론-김용석 교수

제3부 개인 사회복지실천
제6장 복합적 욕구를 가진 클라이언트-노충래 교수
제7장 어려운 클라이언트 대상의 개입기술-노충래 교수

제4부 집단 사회복지실천
제8장 집단 대상의 사회복지실천 준비와 사정-김용석 교수
제9장 집단 발달 단계에 따른 사회복지 실천기술-김용석 교수

제5부 가족 사회복지실천
제10장 가족의 이해와 사회복지실천-엄명용 교수
제11장 다양한 가족과 일하기-엄명용 교수

제6부 종결과 평가
제12장 사회복지실천의 종결과 평가-김용석 교수

이 책 각 장의 분량을 가급적 균일하게 하고자 노력하였으나 각 장마다 약간의 편차가 있다. 이 책을 교재로 활용하고자 하는 교수님은 제4장(사회복지실천 개입 모델 I: 단기 모델)과 제5장(사회복지실천 개입 모델 II: 일반 모델)을 3주에 걸쳐 강의하시고, 제11장(다양한 가족과 일하기)은 2주에 걸쳐 다루시기를 권한다. 이렇게 하면 13주 학습으로 이 책의 모든 내용을 다룰 수 있을 것으로 생각한다.

이번 4판 개정의 완성도를 높이는 데 실천현장 사회복지사들의 효과적인 피드백이 많은 도움이 되었으며, 현장 경험이 있는 박사생들의 도움도 컸다. 자료 정리를 위해 도움을 준 이화여자대학교 일반대학원의 김현진, 김은혜, 김필호 박사과정생에게 감사의 마음을 전한다. 또한 이화여자대학교 종합사회복지관 및 가톨릭대학교 종합사회복지관의 직원들에게도 감사의 마음을 전한다.

끝으로 4판 개정이 나오기까지 성원을 아끼지 않은 학지사의 김진환 사장님과 바쁜 일정 속에서도 꼼꼼한 교정 작업을 해 주신 이세희 선생님께 심심한 감사의 인사를 드린다.

2020년 여름

저자 일동

1판 서문

사회복지실천과 관련된 교과목이 사회복지실천론과 사회복지실천기술론으로 나뉜 뒤 두 과목의 정체성에 대한 논란이 관련 교육자들 사이에서 끊임없이 있어 왔다. 이러한 사실은 지금까지 한국사회복지교육협의회에서 발간하는『사회복지학교과목 지침서』의 내용이 계속해서 변해 오고 있는 것에서도 감지되고 있다.

2004년『사회복지학 교과목 지침서』에 따르면, 사회복지실천의 내용 속에는 종래의 개별사회사업, 집단사회사업, 가족과의 사회사업, 지역사회와의 실천, 사례관리 등의 내용이 포함되어 있다. 사회복지실천론은 이론 중심적인 가운데 사회복지실천의 이론적 체계, 실천의 전반적 과정, 실천윤리, 사례관리 등의 내용으로 구성되어 있다. 반면, 사회복지실천기술론은 앞서 학습한 사회복지실천론에 기반을 두고 개인, 집단, 가족, 지역사회 등과의 사회복지 실천현장에서 실제로 활용 가능한 기술 중심으로 구성되어 있다.

이 책은 이러한 한국사회복지교육협의회의 지침에 충실하고자 하였다. 책의 초기 부분에서는 사회복지전문인의 자질과 가치체계를 점검해 볼 수 있는 기회를 제공하였다. 중간 단계에서는 개인, 집단 그리고 가족과의 사회복지실천에 필요한 기술들을 다루었다. 마지막 부분에서는 사회복지실천의 종결에 앞서 실천의 내용을 평가하는 데 필요한 기술과 종결기술을 제시하였다. 2004년『사회복지실천기술론 교과목 지침서』에 들어 있는 지역사회와의 사회복지실천은 지역사회복지라는 과목이 따로 존재하기 때문에 이 책에서는 다루지 않았다.

이 책의 특성 몇 가지를 소개하면 다음과 같다. 첫째, 이 책은 사회복지 실천기술의 다양성을 갖추고자 하였다. 즉, 개인, 집단, 가족에게 적용할 수 있는 다양한 사회복지 실천기술을 선별하여 그 내용을 충실히 다루고자 하였다. 따라서 전체 10개 장으로 구성되어 있음에도 불구하고 책 내용이 많은 편이다. 둘째, 사회복지 실천기술의 적용의 용이성을 갖추고자 하였다. 다양한 연습문제와 사례 혹은 토론주제를 소개함으로써 학생들과 사회복지사들이 사회복지 실천현장에서 쉽게 연습 · 적용 · 토론할 수 있도록 구성하였다. 셋째, 결과적으로 연습문제와 사례가 풍부하게 제시되어 있어 사회복지실천기술론을 접하는 학생과 사회복지사들의 학습과정을 용이하게 하였다.

세 명의 공동저자들이 다음과 같이 나누어 이 책을 집필하였다.

- 기본 자세 및 실천기술 개관(제1장)-엄명용, 노충래
- 실천의 기초기술(제2장)-엄명용, 노충래
- 실천의 개입기술(제3장)-노충래
- 실천모델별 개입기술(제4장)-노충래
- 집단과의 사회복지실천(제5장, 제6장)-김용석, 노충래
- 가족과의 사회복지실천(제7장, 제8장, 제9장)-엄명용
- 평가 및 종결(제10장)-김용석, 노충래, 엄명용

이 책의 내용이 방대하여 1학기 동안 모두 마치기에는 무리가 있을 수 있다. 따라서 이 책을 교재로 활용하고자 하는 교수님들은 이 책의 내용을 다음과 같이 선별하여 학사 및 석사과정 학생들에게 가르칠 수 있을 것이다. 학사과정에서는 사회복지 실천기술의 개관과 전문적인 관계형성기술을 우선적으로 가르치고 자기이해 부분을 선별적으로 가르칠 수 있을 것이다. 그런 후에 제2장과 제3장의 기초 및 개입기술을 가르치고, 제4장의 내용을 다시 선별적으로 가르칠 수 있을 것이다. 제5장에서부터 제8장까지의 내용은 학 · 석사과정 학생들 모두에게 가르칠 수 있는 반면, 제9장의 내용은 선별적으로 학사과정 학생들에게 가르칠 수 있을 것이다. 그리고 제10장은 모두에게 공통으로 가르칠 수 있다.

석사과정 학생들에게는 제1장의 사회복지 실천기술 개관보다는 전문적인 관계 형성기술과 자기인식 및 자기이해에 보다 초점을 둘 수 있다. 그리고 제2장의 기초기술 가운데 몇 가지를 선별하여 가르친 후, 제3장과 제4장에 중점을 두어 석사과정생으로서 갖추어야

할 개입기술에 역점을 둘 필요가 있다. 그리고 제5장의 준비 단계의 기술과 사정기술, 제6장의 초기 및 개입 단계의 기술을 가르친 후, 제7장의 가족과의 기본 기술을 선별하여 가르친 다음 제8장과 제9장을 집중적으로 가르칠 수 있다.

이렇게 함으로써 학사과정생에게는 일반사회복지사로서의 기초기술을, 석사과정생에게는 전문사회복지사로서의 기술을 갖출 수 있도록 교수-학습할 수 있을 것이다.

한 가지 아쉬운 점은 개인에 대한 사정과 기록 부분에 대한 내용을 실지 못했다는 것이다. 클라이언트 개인에 대한 사정은 개인상담뿐만 아니라 집단 및 가족상담(혹은 치료)을 제공하는 데 필수적인 요소이다. 하지만 개인에 대한 사정은 가족의 사정(예: 생태도와 가계도의 활용) 부분과 중복되므로 독자들은 이 부분을 참고하기 바란다. 또한 저자들은 첨단 기록장비의 발달과 보급에도 불구하고 아직도 우리의 실천현장에서는 과업평가, 기관평가, 사례평가 등에서 기록의 중요성이 강조되고 있음을 부인할 수 없는 것이 현실임을 잘 알고 있다. 그러나 사회복지실천의 기록 부분을 이 책에 담지 못하였다.

이 책이 나오기까지 인내를 갖고 기다려 주신 학지사의 김진환 사장님께 감사를 드린다. 또한 최종 교정 단계에서 이 책을 꼼꼼히 읽고 고칠 점들을 지적해 준 성균관대학교 사회복지학과 박사과정 학생들과 이화여자대학교 사회복지학과 석사과정 김소연 학생에게 감사의 마음을 전한다.

2005년 새해의 첫걸음을 시작하며

저자 일동

차례

제2부 사회복지실천 개입 모델

제3부 개인 사회복지실천

제4부 집단 사회복지실천

제5부 가족 사회복지실천

제6부 종결과 평가

제 1 부

사회복지 실천기술의 토대

제1장
사회복지실천 기초기술

제2장
면담 및 사정기술

제3장
개입기술

제1장

사회복지실천 기초기술

사회복지실천은 사회복지사와 클라이언트가 나누는 대화를 통해 시작된다. 사회복지사와 클라이언트 사이의 대화를 면담(interview)이라고 한다. 면담은 클라이언트의 욕구나 문제를 파악하기 위한 정보수집, 클라이언트의 욕구나 문제해결을 위한 과업수행 등의 목적을 갖고 진행되는 시간제한적 대화이다. 이러한 목적 지향적이며 시간제한적인 대화를 통해 형성되는 관계와, 일상적 대화를 통해 형성되는 일반적 관계를 구별하여 전문적 원조관계라고 부른다.

사회복지사가 사회복지 전문직의 가치를 기반으로 전문지식과 기술을 갖추고 면담 초기에 이러한 지식과 가치를 클라이언트와의 협력적 작업관계[1)]에 잘 투입할 수 있다면 사회복지의 궁극적인 목적인 클라이언트의 문제해결을 돕는 과정이 원활해질 수 있다. 따라서 사회복지사는 개인, 가족, 집단, 지역사회 등과 함께 일을 할 때 각 상황에 필요한 지식과 기술들을 갖추고 있어야 한다. 이 장에서는 모든 클라이언트 단위에 적용되는 기본적인 원조관계 형성 및 기초기술들을 정리해 본 후 각 상황에 따른 상세한 기술들을 개인과

1) 여기서 협력적 작업관계, 합동실천관계, 원조관계, 실천관계 등의 용어는 모두 같은 뜻으로 사용되고 있다. 이것은 사회복지사가 클라이언트와 함께 클라이언트의 문제를 해결해 나가는 과정에서 형성되는 업무관계(working relationship) 또는 파트너십(partnership)을 의미한다.

의 사회복지실천, 집단과의 사회복지실천, 가족과의 사회복지실천과 같이 세 단계별로 나누어 제시할 것이다.

사회복지실천의 기초기술은 개략적으로 다음과 같이 나눌 수 있다.

- 면담기술: 의사소통 및 관계형성(engagement) 기술
- 사정기술: 개인과 환경의 상호작용 맥락에서 문제나 어려움의 원인을 추적하는 기술
- 개입기술: 문제나 어려움 해결기술
- 팀워크 기술: 문제해결을 위해 다른 전문직과 협력하는 기술
- 지지망 구축기술: 개입효과의 지속성을 유지하고 클라이언트의 자립 유도를 위한 조치 기술
- 협상기술: 클라이언트의 복지와 관련된 주변체계와의 협상기술
- 평가 및 종결기술: 클라이언트와 사회복지사의 협력적 노력의 결과를 평가하고 클라이언트의 자립 생활을 위해 종결하는 기술

이 기술들은 사회복지실천의 상황에 따라 각각 활용되기도 하지만 통합적으로 혼합되어 사용되는 경우가 더 많다. 슐먼(Shulman, 1984)은 사회복지사가 갖고 있는 실천기술들이 종합적으로 잘 활용될 때 긍정적인 원조관계가 형성되고, 이는 사회복지실천의 결과에 영향을 준다고 하였다. 쉐이퍼 등(Sheafor et al., 1997)도 사회복지사의 기술은 클라이언트와 사회복지사 간의 관계에 영향을 주며, **협력적 작업관계**가 실천의 성과에 긍정적인 영향을 준다고 보았다. 즉, 사회복지사의 실천기술 자체가 실천의 성과에 직접 영향을 주기도 하지만 이러한 기술들이 사회복지사와 클라이언트 간에 협력적 작업관계 또는 원조관계 형성에 긍정적인 영향을 주고, 이것이 다시 실천의 성과물에 영향을 준다는 것이다. 따라서 사회복지실천을 통해 긍정적인 결과를 얻어 내기 위해서 사회복지사는 실천에 필요한 모든 기술들을 익히고 이 기술들을 긍정적인 원조관계 형성이라는 일차적인 목표를 위해 사용해야 한다. 특히, 원조관계 형성은 전체적인 실천과정의 기초를 다진다는 점에서 초기 단계의 중요한 과제임을 명심할 필요가 있다. 여기서는 모든 유형의 실천 단위에 필요한 기본적인 사회복지 실천기술들로, 효과적인 원조관계 형성기술과 여러 실천 기초기술

을 차례로 살펴본다.

1. 전문적 원조관계 형성기술의 역할과 요소

사회복지사와 클라이언트는 전문적인 **원조관계**를 통해 상호 합의된 바를 성취하려고 노력하며, 이때 전문적인 원조관계는 두 사람 간 '의사소통의 다리'가 된다(Kadushin, 1990: 30). 따라서 사회복지사와 클라이언트는 주종관계가 아닌 협력적인 관계를 형성해 나갈 필요가 있다. 만족스러운 협력적 관계가 형성되었을 때 클라이언트는 사회복지사에게 수용되었다는 느낌을 갖게 된다(Brill, 1997). 즉, 신뢰와 상호 이해를 바탕으로 형성된 전문적인 원조관계는 클라이언트의 방어기제를 줄여 주고, 문제의 진실에 직면할 수 있도록 하며, 의구심이나 불안감을 다룰 수 있도록 하고 변화를 유도해 내게 한다.

밀러(Miller, 1976)는 성공적으로 전문적인 관계가 형성되면 다음과 같은 다섯 가지 좋은 점이 발생한다고 하였다. 잘 형성된 관계는, ① 문제해결 과정에 생기와 활력을 불어넣어 주고, ② 역량이 강화된 느낌과 행동을 취할 능력이 있다는 느낌을 갖게 하며, ③ 클라이언트와 사회복지사 모두 자신 및 타인에 대한 이해의 폭이 넓어지고, ④ 자신의 가치에 대해 높이 평가하게 되어 자신감과 능력을 향상하게 되며, ⑤ 타인을 접촉하고 관계를 형성하려는 욕구가 이전보다 강해진다. 이러한 점에서 잘 형성된 원조관계는 문제해결과 변화의 윤활유와 촉진제 역할을 할 뿐만 아니라 사회복지사와 클라이언트 자아성장의 계기가 될 수 있다. 또한 전문적인 원조관계가 잘 형성되면 클라이언트의 대인관계 폭을 확장시킬 수 있는 기회를 제공해 주는 이점이 있다.

클라이언트와 사회복지사 간에 신뢰할 수 있는 원조관계가 형성되지 않으면 클라이언트에게 변화가 발생할 수 없다. 신뢰를 바탕으로 한 원만한 원조관계가 클라이언트 문제해결의 충분조건은 아니지만 필요조건이 된다. 원조관계는 어느 한쪽에 의해서 형성되는 것이 아니라 사회복지사와 클라이언트가 소유하고 있는 여러 가지 요소들이 상호작용하는 가운데 형성되는 것이다. 따라서 사회복지사 혼자서 효과적인 원조관계를 형성할 수는 없다. 하지만 사회복지사는 이러한 원조관계 형성과정에서 주도적인 위치에 있기 때문에 사회복지사는 신뢰가 바탕이 된 원조관계를 형성하기 위한 최선의 기술을 갖추어야 한다.

여기서 한 가지 유의해야 할 점은 클라이언트와 사회복지사 간에 형성되는 원조관계가 반드시 유쾌하기만 한 것이 아니라는 점이다. 클라이언트는 삶의 문제, 고통, 불안 등에서 벗어나기 위해 사회복지사에게 도움을 요청하는 것이다. 클라이언트는 정서적 · 신체적 · 경제적 · 사회적 문제에 대한 해결 방법을 사회복지사와 함께 모색하기 때문에 사회복지사와 클라이언트의 관계는 여러 가지 면에서 고통스러운 관계가 될 수도 있다. 오히려 클라이언트의 문제해결에 도움이 되는 원조관계는 클라이언트나 사회복지사 모두에게 힘든 경험이 되는 경우가 대부분이다. 따라서 사회복지사는 힘들지만 궁극적으로는 클라이언트의 고통이 감소되거나 해결되는 결과를 가져올 수 있는 원조관계를 기대하고 있어야 할 것이다.

많은 문헌에서 제시하는 원조관계 형성의 필수적인 요소는 감정이입적 의사소통, **무조건적 긍정적 존중**, 온화함, 진솔성 등이다. 이에 대한 개념 설명은 사회복지실천론 교재에서 충분히 다루어지고 있으므로 여기서는 이러한 요소들을 사회복지 현장에서 어떻게 표현할 수 있는지에 초점을 맞추어 보기로 한다.

1) 감정이입적 의사소통

공감 혹은 **감정이입**(empathy)에 바탕을 둔 의사소통은 사회복지사가 클라이언트의 입장에 서서 클라이언트가 느끼는 감정, 사고, 행동, 동기 등과 같은 클라이언트의 경험을 민감하게 그리고 주의 깊게 이해하면서 하는 의사소통이다. 이는 타인의 내면상태를 상상해 보는 **동정**(sympathy)과는 다른 것이다(Kadushin, 1990). 동정은 사회복지사가 클라이언트의 상황에 대해 개인적으로 느끼는 감정으로서, 사회복지사가 전문인으로서 클라이언트의 경험을 클라이언트의 입장에서 함께 느끼는 감정인 공감과는 비교된다. 동정기술도 타인의 고통이나 문제에 대한 진실한 인간적 반응이다. 감정이입 상태에서 사회복지사는 클라이언트와 동일한 경험을 공유하면서 문제해결을 위한 노력을 함께한다. 예를 들어, 3m 깊이의 웅덩이에 빠진 클라이언트를 보고 웅덩이 밖에서 클라이언트의 공포감과 절망감에 대해 안타까워하는 상황이 동정이라면 **공감**은 웅덩이 속에 직접 들어가 클라이언트와 그 상황을 공유하면서 탈출 방안을 함께 강구하는 것이라 할 수 있다. 클라이언트가 처한 상황에 대한 공감적 의사소통은 사회복지사가 클라이언트와 공유하는 감정과 지각을 클라이언트에게 적절히 전달하는 것을 포함한다. 따라서 사회복지사는 클라이언트의 감정, 태도, 생각, 가치기준, 경험 등을 온전히 이해하는 능력뿐만 아니라 이해한 것을 정확하게 전달할 수 있는 능력까지도 갖추어야 하는 것이다. 전자는 감수성의 차원이고, 후자는 의사소통의 차원이다(이장호, 금명자, 1999).

(1) 감수성 훈련

감수성 훈련을 위한 첫 번째 단계는 우리가 생활하면서 겪는 일상적 정서를 이해하는 연습을 하는 것이다. 이를 위해 일상생활에서 경험하는 일과 감정의 종류들을 최대한 생각해 본다.[2] 다음으로는 이러한 감정을 어떤 종류의 언어로 어떻게 표현할 수 있는지 또는 표현될 수 있는지 생각하고 연습해 본다.

↑ 연습 1-1: 4~5명씩 소집단을 만들어 우리가 사용하는 이모티콘을 최대한 많이 모은 다음 각 이모티콘을 감정 유형(예: 슬픔, 분노, 기쁨 등)에 따라 분류해 본다. 소집단 성원들끼리 각 감정 유형 내에서 이모티콘의 감정표현의 미세한 차이점을 파악하고 이를 구체적인 언어로 돌아가면서 표현해 본다.

감수성 훈련을 위한 두 번째 단계는 클라이언트가 사회복지사에게 보내는 메시지 속에 숨어 있는 감정을 예리하게 파악한 후 적절히 반응하는 연습을 하는 것이다. 클라이언트가 어떤 느낌을,[3] 어느 정도,[4] 어떤 단어를 사용하여 표현하고 있는가를 살핀 후 클라이언트가 자신의 상황을 묘사하기 위해 사용하는 단어들과 같은 의미를 가진 단어를 가급적 클라이언트가 사용하는 어휘 범위 내에서 찾아낸다. 다음에는 그 단어를 사용하여 클라이언트의 감정상태를 사회복지사의 입을 통해 표현한다.

2) 예: 고통, 불안, 두려움, 분노, 좌절, 죄책감, 기쁨, 자신감 결여, 절망 등을 말한다.

3) 기쁨, 불안, 흥분, 걱정, 절망, 좌절 등을 말한다.

4) 아주 강하게, 강하게, 보통, 약하게, 아주 약하게 등을 말한다.

↑ 연습 1-2: 둘씩 짝을 지어 한 사람은 클라이언트가 되어 자신의 어려웠거나 힘들었던 상황을 이야기하고, 다른 사람은 사회복지사가 되어 클라이언트의 상황 묘사 속에 숨어 있는 감정을 찾아내 표현하는 연습을 다음의 단계에 따라 실시한다.

- 상대방은 어떤 감정들을 갖고 있는가? (최대한 많이 찾아낼 것)
- 그 감정들을 어떻게 찾아낼 수 있었는가? (구체적인 단서를 말해 본다.)
- 상대방의 감정상태를 적절한 용어로 다시 표현하여 상대방에게 전달한다. (가급적 상대방의 어휘 영역 내에 있는 용어를 선택한다.)
- 역할을 바꾸어 동일한 연습을 한다.

(2) 감정이입적 의사소통의 수준

헵워스와 라슨(Hepworth & Larsen, 1993: 101-102)은 감정이입적 의사소통의 수준을 다음의 다섯 단계로 나누어 제시하였다. 다음의 다섯 가지 수준과 가상 상황에 대한 반응 정도를 참고하여 앞의 연습에서 자신이 행한 **감정이입적 의사소통**의 수준이 어느 정도인가를 판단해 보자.

수준 1 클라이언트가 나타내는 두드러진 감정도 알아차리지 못함. 부적절하고 거친 반응을 보임. 대화의 주제를 상황에 맞지 않게 멋대로 바꿈. 논쟁을 벌이거나 조급한 충고 또는 해결책을 제시함. 눈빛, 자세, 몸짓 등의 비언어적 반응이 클라이언트의 기분과 상황에 맞지 않음.

수준 2 클라이언트가 전하는 표면적인 언어표현은 이해하나 거기에 담긴 감정은 놓침. 메시지 속에 숨어 있는 실체는 파악하지 못함. 감정 파악이 부정확하거나 부분적으로 이해함.

수준 3 클라이언트의 언어표현 속에 담긴 사실과 표면적 감정상태를 비교적 정확히 파악하고 그에 대해 언어적·비언어적으로 적절히 반응함. 하지만 언어표현 속에 숨겨진 감정은 잘 파악하지 못함. 클라이언트가 말로 표현하지 않은 감정을 잘 짚어내지 못함.

수준 4 클라이언트의 말에 숨겨진 내면의 감정, 숨겨진 문제양상을 집어냄. 클라이언트가 정확히 표현하지 못한 미묘한 기분, 미묘하게 포장되거나 가려진 감정, 몸짓이나 표정의 의미, 특정 행동의 목적 등을 찾아냄.

수준 5 클라이언트 감정의 순간순간 흐름을 미묘한 수준까지 파악함. 표면적인 감정은 물론 내면적 감정의 흐름의 강도와 폭 등을 충분히 파악함.

↑ 연습 1-3: 혼자 생활하는 거동이 불편한 70대 남성 노인의 표현

"우리 아이들은 바빠요. 내가 아파도 아들에게 연락도 안 해요. …… 지금도 이루 말할 수 없이 온몸이 아파요. …… 내 아들하고 손자들을 못 본 지가 벌써 몇 해나 됐어요. 처음엔 전화라도 하더니 요즘엔 전화조차 안 해요. (긴 한숨을 쉬며 먼 하늘을 바라본다.) ……바쁜 줄은 알지. …… 짐만 되고 있으니 빨리 죽어야지요." (다시 한숨, 눈에 눈물이 핑 돈다.)

- 이 클라이언트는 무슨 감정을 나타내고 있는가? (잠정적인 답은 아래[5]에 있음)
- 그 감정들을 어떻게 알아낼 수 있었나? (잠정적인 답은 아래[6]에 있음)

위의 가상 상황에 대해 사회복지사가 반응할 수 있는 가능성을 5수준으로 나누어 다음에 제시하였다. 다음에 제시된 수준별 반응을 보기 전에 여러분 자신이 위의 상황에 대해 최선을 다해 **감정이입적 반응**을 해 보자. 자신의 반응을 정리해 놓은 후 다음의 반응과 비교해 보자.

수준 1 (성급한 충고) 요즘 자식들이 다 그래요. 필요할 때만 부모 찾고 그렇지 않으면 돌아보지도 않아요. 자식들에게 기대할 게 없어요. 전화만 한들 무슨 소용 있겠어요? 가까이 있어야지(논리적 설득). 참고 기다려 보세요. 바쁜 것이 지나가면 한 번쯤은 찾아오겠죠(충고 및 위로). 짐은 무슨 짐이에요! 아파도 자식들에게 알리지도 않고 있는데요(설득).

[해설: 클라이언트의 문제에 대해 사회복지사 자신의 방식 및 관점이 전면에 나오고 있다. 정작 클라이언트의 내부에서 일어나고 있는 경험은 찾아내지 못하고 있다.

5) 섭섭함, 서운함, 버려진 듯한 감정, 속상함, 외로움, 자식과 손자에 대한 그리움, 불안함, 슬픔, 자식에게 부담이 된다는 감정 등을 말한다.

6) 자식을 못 본 지 오래되었다고 한다. 한숨을 쉰다. 눈시울이 뜨거워진다. 고통을 호소한다. 전화라도 받아 봤으면 하는 바람을 갖고 있다. 먼 곳을 바라볼 때의 눈빛이 한없이 슬프다. 빨리 죽어야 한다고 한다.

이것은 노인이 느끼는 것을 계속해서 쏟아 내지 못하게 할 가능성이 크다. 자신을 몰라주는 사회복지사에게 부정적인 감정을 갖게 할 수도 있다.]

수준 2 아들이 찾아오지도 않고 전화도 안 하는군요. 자식들이 매우 바쁜 모양이에요. 할아버지께서는 아들과 자식들을 많이 보고 싶은데 말이에요. 할아버지께서는 오히려 자식에게 짐이 되고 있다고 생각하고 계시군요?

[해설: 클라이언트의 감정을 집어내지 못하고 겉으로 드러난 사실과 표면적 감정의 일부만을 집어내고 있다.]

수준 3 할아버지, 많이 섭섭하고 속상하시군요? 자식들이 찾아오지도 않고 전화조차 하지 않으니 말이에요. 특히, 몸이 아플 때는 자식이 더 야속하게 생각되지요.

[해설: 표면적 감정에 반응하지만 깊이 숨어 있는 감정은 파악하지 못하고 있다.]

수준 4 할아버지께서 세상을 떠나셔도 자식들이 모를 것이라는 불안감이 드시는군요. 자식들이 할아버지를 부담스러워할 것이라는 생각도 한편 들고요. 자식들이 할아버지를 아주 버린 것은 아닌가 하는 무섭고 서글픈 생각까지도 들죠.

[해설: 깊이 숨어 있는 감정까지도 찾아내고 있다.]

수준 5 이러다 영영 자식들 얼굴 한번 못 보고 세상을 떠나는 것이 아닌가 하는 불안한 생각이 드시는군요. 현재 불편하신 몸도 치료해야겠고, 자식은 부담스러워하는 것 같고, 연락을 할 수도 안 할 수도 없는 아주 답답한 심정에 한편으로는 서운하고 야속하시죠?

[해설: 잠재되어 있는 막연한 불안감, 공포, 소외에 대해서도 집어내고 있다. 자식에게 연락을 해야 할지 말아야 할지의 고민과, 현재 병중인 상태를 해결하기 위한 걱정까지도 집어내고 있다.]

2) 긍정적 존중과 수용

긍정적 존중은 클라이언트의 현 상황을 긍정적인 시각으로 보면서 존중하고 인정하는 것을 의미한다. 즉, 클라이언트의 옷차림, 얼굴 모습, 태도, 자세, 행동, 생활여건 등이 아무리 이상하고 추하거나 불쾌한 냄새가 날지라도 그 상황들을 일단 긍정적인 마음과 태도로 존중하고 받아들이는 것이다. 물론, 클라이언트가 자신 또는 사회복지사를 해치거나 위협하려는 등 파괴적이고 폭력적인 행동까지도 수용하라는 것은 아니다. 하지만 사회복지사에게 비협조적인 클라이언트와 위협적이고 파괴적인 클라이언트는 구별되어야 할 것이다.

사회복지사가 클라이언트의 특성, 외모, 말투, 학력, 생활환경, 경제적 능력 등에 기초하여 마음속으로 클라이언트를 부정적으로 평가하거나 비교하게 되면 클라이언트는 더 이상 사회복지사를 신뢰하지 않을 것이다. 이것은 곧 원만한 원조관계 형성의 실패를 의미한다. 사회복지사가 클라이언트를 대할 때 비판적 시각을 갖는다는 것은 사회복지사의 판단기준에 의거하여 클라이언트를 대하고 생각하며 느끼는 것이다. 이러한 태도는 사회복지 전문직의 가치에 반하는 것으로 삼가야 할 것이다. 긍정적 존중과 **수용**을 실천하기 위한 한 방법은 사회복지사가 클라이언트를 처음 만나 대화하는 순간부터 클라이언트의 인생, 생각, 가치, 상황 등에 대해 알고자 하는 자세를 갖고 대화를 이끌어 가는 것이며, 이 과정 속에서 클라이언트를 점차 이해하고 받아들일 수 있게 될 것이다.

3) 온화함

사회복지사가 클라이언트에게 보이는 다정하고 편안한 태도에서 **온화함**이 나타난다. 클라이언트는 딱딱하고 형식적으로 대우받는 데 대해 어느 정도 길들여져 있을 수도 있다. 클라이언트를 대할 때 사회복지사들은 정다운 웃음과 부드러운 말씨, 상냥한 태도, 자연스러운 몸짓 등이 조화를 이룰 수 있도록 노력해야 한다. 클라이언트와의 첫 접촉이 전화로 이루어지는 경우, 사회복지사의 태도가 클라이언트에게 전달될 수 있는 유일한 통로는 전화상의 목소리이므로, 사회복지사는 자기 목소리의 억양, 빠르기, 부드러움 등에 유의함과 동시에 사용하는 용어의 선택에도 신중해야 할 것이다.

4) 진솔성

사회복지사가 클라이언트에게 진실하고 솔직하게 대할 때 클라이언트는 사회복지사를 신뢰하게 되고 이를 바탕으로 효율적인 원조관계가 형성될 수 있다. 자기 자신의 모습을 아무런 가식이나 방어 없이 있는 그대로 클라이언트에게 내보이는 것, 머리로 하는 것이 아닌 마음으로부터 말을 하는 것, 마음속에서 우러나오는 자연스러운 모습 그대로를 클라이언트에게 보이는 것 등이 진실하고 솔직한 자기노출에 해당되는 표현들이다. 사회복지실천은 인간적인 삶, 행복한 삶을 만들어 가고자 하는 노력이다. 따라서 사회복지 실천현장에서 사회복지사와 클라이언트 사이에 진솔한 인간적 교류가 일어날 수 있도록 배려하는 것이 사회복지사의 책임이다.

클라이언트와 진솔한 교류를 나누고 있을 때 사회복지사의 언어적 · 비언어적 표현은 자신의 느낌이나 생각과 일치한다. 대화과정에서 일어나고 있는 생각과 감정은 자연스럽게 사회복지사의 말과 태도, 몸동작을 통해 표현된다. 전문인이라는 공식적이고 권위적이며 차가운 모습이 아닌 인간적이며 진실한 자신의 모습이 드러나면 실수를 하는 것도 그저 자연스럽고 인간적일 수 있다.

하지만 **진솔성**이 무차별적이고 무책임한 감정표현을 의미하는 것은 아니다. 클라이언트에 대한 거부감이나 클라이언트를 자극하는 감정표현 등은 클라이언트로부터 부정적 반응을 이끌어 낸다. 사회복지사가 진솔해져야 한다는 것은 긍정적인 전문적 원조관계를 통해 클라이언트의 성장과 그의 문제해결 과정에 사회복지사가 진실된 마음으로 돕는 것을 의미하는 것이다. 진솔성과 관련하여 헵워스와 라슨(1993)은 다음의 두 가지를 조심해야 한다고 했다. 첫째, 비록 진정한 느낌을 표현하는 경우라 할지라도 마찰을 일으키지 않도록 주의한다. 즉, 사회복지사가 하고 싶은 대로 무엇이든 다 표현할 수 있는 것이 아니라는 것이다. 특히, 클라이언트에 대해 순간적으로 미운 감정이 솟는다고 해서 그것을 마구 표현할 수 없는 것이다. 둘째, 자신의 경험이나 느낌을 표현하는 것에 도취되어 클라이언트의 욕구보다는 자신의 욕구를 충족시키는 일에 열중하지 않도록 주의한다. 자신의 경험이나 느낌을 이야기할 필요가 있는 경우라 할지라도 가급적 클라이언트의 욕구 쪽으로 주의를 기울이도록 노력해야 한다.

진솔성을 실천하기 위한 자기노출은 두 가지로 분류될 수 있다. 하나는 상대방에 대한 자신의 생각과 느낌을 가급적 중립적으로 표현하는 것이고, 다른 하나는 자신의 상황에 대한 주관적 진술이다. 상대방에 대한 중립적 진술은 사회복지사와 클라이언트가 대화를 나누는 과정에서 클라이언트가 보이는 반응, 클라이언트의 상황 및 경험, 클라이언트의 변화 상황 등에 대해 사회복지사가 자신의 의견, 생각, 반응 등을 객관적인 입장에서 표현하는 것이다. 자신의 상황에 대한 진술은 사회복지사 자신의 경험, 과거나 현재의 상황, 심정 등을 자신에게 초점을 맞춰 서술하는 것으로, 이는 대개 클라이언트가 경험하고 있는 상황과 비슷한 사회복지사의 상황을 설명함으로써 공감적 이해를 도모할 목적으로 사용되는 경우가 많다. 이 경우 자신의 문제도 해결하지 못한 사회복지사가 남의 문제를 도우려 한다는 데 대한 클라이언트의 의구심을 자극할 가능성이 있으므로 매우 조심스럽게 이루어져야 한다.

↑ 연습 1-4:

- 객관적 진술 형태: ____ 에 대해 나는 ____ 한 생각(느낌, 의견, 감정 등)을 갖고 있습니다. (제시한 의견, 생각, 느낌, 감정 등을 갖게 된 이유나 배경을 함께 제시한다.)
- 자신의 상황 진술 형태: 나도 비슷한 경험(느낌, 심정 등)을 한 적이 있습니다. 그 이야기를 들으니 내가 경험한 ____ 한 사실(감정, 느낌 등)이 생각나는군요.

어느 유형의 **자기노출**이든 적절한 정도가 되어야 원만한 원조관계 형성을 촉진할 수 있다. 특히, 클라이언트가 성격장애나 정신장애를 갖고 있을 경우 사회복지사는 자기노출을 가급적 삼가는 것이 좋다. 이는 전혀 예상하지 못한 방향으로 반응이 이어질 수 있기 때문이다.

헵워스와 라슨(1993)은 진솔하게 반응하기 위한 네 가지 지침을 다음과 같이 제시하고 있다.

첫째, '나는', '저는' 등의 단어로 시작하여 나 자신의 생각, 느낌, 의견 등에 초점을 맞추어 서술한다. 즉, 일반적으로 대부분의 사람들이 생각하고 느끼는 것이 아니라, 내가 느끼고 생각하는 것을 말함으로써 표현된 생각과 느낌에 대한 책임도 나에게 있음을 강조한다. 이러한 '**나 전달법**(I-message)'은 상대방의 행동, 생각, 느낌 등에 초점을 맞추어 상대방을 공격, 비난, 단정, 명령하는 방식과 대비되는 어법이다. 예를 들어, "그런 식의 행동은 곤란하죠!"라고 표현하는 것과, "그렇게 행동하셨다니 제 마음이 착잡하군요!"라는 표현의 차이를 탐색해 보기 바란다.

둘째, 감정의 다양한 깊이를 숙고하면서 나눈다. 순간적으로 떠오른 피상적인 생각이나 느낌을 바로 이야기하지 말고, 그것들을 좀 더 숙고해 본 후 보다 건설적이고 깊이 있고 의미 있는 감정 또는 생각들을 발굴해 클라이언트와 나눈다. 처음에 떠오를 수 있는 클라이언트에 대한 싫은 감정, 분노, 혐오감, 실망감 등이 약간의 시간을 두고 보다 깊이 있게 탐색되는 과정에서 좀 더 의미 있고 건설적인 다른 복합적 감정으로 변화되어 표출될 수 있다.

셋째, 중립적이고 구체적인 묘사 용어를 사용하여 어떤 상황이나 행동을 기술·설명한다. 사회복지사 자신이 어떤 특정 방향이나 방식으로 반응하였다면, 그 이유나 배경을 세심하게 묘사한다. 특히, 클라이언트에게 매우 중요한 의미를 갖고 있으나 클라이언트가 미처 인식하지 못하는 면에 대해서는 상세하고 차분하게 설명한다.

넷째, 클라이언트의 행동이나 결정 등이 클라이언트 자신 또는 다른 사람에게 주는 구체적인 영향을 찾아내어 클라이언트가 이를 인식할 수 있도록 돕는다. 이때 클라이언트를 책망, 조롱, 비판, 공격, 압박하려 들지 말아야 한다. 또한 클라이언트를 좌절하게 해서도 안 된다. 명령조로 무엇을 해야 한다고 지시하는 일, 직접적인 문제해결 방안을 제시하는 일, 당연히 해야 하는 일처럼 주장하는 일 등은 피해야 할 사항들이다. 클라이언트와 사회복지사 사이에 마찰이 일지 않도록 주의하면서 진솔하게 클라이언트의 행동이 자신과 타인에게 미칠 영향에 관해 설명하면 된다.

↑ 연습 1-5: 부모에게 반항하며 불량친구와 어울리는 중학생

학교 가기 싫어하고 학교 밖 불량친구들과 어울리면서 부모와 갈등을 빚고 있는 중학생이 담임선생님의 의뢰로 학교사회복지사와 면담을 하게 되었다. 이 남자 중학생은 3학년으로 집에서 부모의 훈계와 지시를 전혀 따르지 않을 뿐만 아니라 연락도 없이 집에 들어오지 않는 날들이 많았다. 마지못해 학교에 가기는 하지만, 학교에서 어울리는 친구가 거의 없고 선생님들로부터는 불량학생 취급을 받거나 무시당하는 경우가 많았다. 부모는 중·상류층의 가정을 이루고 있다. 이 남학생이 유일한 자녀이기 때문에 어머니가 아들에 대해 갖고 있는 관심과 기대는 지나칠 정도로 높다. 학교사회복지사와의 첫 만남에서 학생은 마음의 문을 열지 않고 계속 스마

트폰을 만지작거리면서 성의 없이 대답을 하다가 돌아갔다. 이번이 두 번째 만남이다.

학생은 인사를 하는 둥 마는 둥 앉아서 지난번과 같은 태도를 보이고 있다. 여러분이 학교사회복지사라면 관계 형성을 촉진하기 위해 어떤 행동을 취하겠는가? 앞의 진솔하게 반응하는 네 가지 지침에 의거해서 연습해 보자. 각자 연습해 본 후 다음의 반응 내용과 비교해 보자.

반응의 예

"지난번에 이어 네가 나에게 눈길도 주지 않은 채 계속해서 스마트폰을 보고 있구나. 지난번에도 그랬지만 이번에도 20분씩 약속시간에 늦었고 말이야. 내가 이야기를 하고 있는 순간에도 네가 내 말을 주의 깊게 듣고 있는 것 같지 않구나. 이런 너의 행동들을 겪고 보니 나는 내가 무시당하고 있다는 생각이 드네. 너에게 귀찮고 불필요한 존재인 것 같은 생각도 들고 말이야."

(사회복지사는 처음에는 무시당하고 있다는 생각에 화가 나고 그 학생이 괘씸하다는 생각이 들었으나, 지금까지 학교 선생님으로부터 무시와 경멸을 당해 온 점과 부모의 성화에 지쳐 있다는 점을 생각하니, 이 학생이 '성인은 자신을 괴롭히기만 하는 사람'으로 볼 수도 있겠다는 생각이 들었다. 이어서 이 학생은 어른을 신뢰하지 않으며, 어른으로부터 진정으로 이해받아 본 적이 없을 것이라는 생각이 들었다. 또한 어른들에게 별 기대를 갖고 있지 않을 것이라는 생각도 들었다. 이러한 생각들은 사회복지사에게 '이 학생이 나뿐 아니라 다른 어른들에게도 비슷한 행동을 하고 있지 않을까? 그리고 그것을 당하는 어른들은 자신이 느끼는 것과 비슷한 감정을 가지겠구나.'라는 생각을 하게 되었다.)

네가 다른 사람에게도 이와 비슷한 행동을 하면 다른 사람들도 나와 비슷한 감정을 가질 거야. 자신이 무시당한다는 생각이 들면 그 사람들도 기분이 좋지 않을 것이고(다른 사람에 대한 영향이 탐색됨), 그들은 또 너를 무시하게 될 것이고(클라이언트 자신에 대한 영향이 탐색됨)……. 서로 무시하고 무시당하면 서로가 무관심해지면서 멀어지게 마련이야. 네 마음속에서 어떤 느낌이 일어나고 있는지 들려줄 수 있겠니? 말하고 싶지 않다는 것은 알아. 어른들은 지금까지 너를 괴롭히기만 해 왔다고 생각할 테니까. 하지만 네가 무슨 말을 하던 나는 그것을 들을 준비가 되어 있어.

5) 강점 및 긍정적인 면의 발견

장기간 어떤 문제로 인해 고통을 당하고 있는 클라이언트는 누군가가 자신의 잠재능력, 강점, 좋은 점 등에 대해 얘기하는 것을 들어 본 적이 없는 경우가 많다. 이러한 상황에 놓여 있는 클라이언트의 긍정적인 속성, **강점**, 잠재능력 등의 일부분이라도 사회복지사가 발견해 내어 확인시켜 줄 경우, 이는 문제해결의 촉진제로 작용할 수 있다. 클라이언트가 자신을 새롭게 발견하게 되면서 종전에는 없던 동기가 유발되고 이것이 클라이언트의 사회경제적 성장의 원동력이 될 수 있는 것이다. 그러나 장점이나 긍정적인 면의 발견은 사실에 근거한 구체적인 것이어야 한다. 클라이언트 듣기 좋으라고 하는 아부적 언급은 사회복지사에 대한 클라이언트의 신뢰를 무너뜨릴 수 있다.

↑ 연습 1-6: 앞의 연습 상황에 등장한 중학생의 장점을 찾아 확인시켜 보자.

"나는 오늘 너에게서 하나의 가능성을 발견했어. 네가 무엇인가에 열중할 수 있다는 것을 보게 되어서 매우 다행이라고 생각해. 스마트폰에 열중하고 있는 네 모습에서 진지함을 발견할 수 있었어. 네가 지금처럼 집중할 수 있는 어떤 다른 것을 우리가 함께 찾아낼 수 있다면 좋은 해결책이 마련될 수 있을 것 같은데……."

2. 실천 기초기술

사회복지사들이 활용하는 기초기술들에는 여러 가지가 있다. 이에는 일반적 의사소통기술, 질문기술, 경청기술, 명료화기술, 요약기술, 침묵의 활용, 환언기술, 피드백 기술, 초점유지기술, 탐색기술, 계약기술 등이 있다.

1) 일반적 의사소통기술

사회복지사로서 활동하기 위해서는 전문직에 어울리는 적절한 **의사소통기술**을 필요로 한다. 이 의사소통기술은 사회복지사로 활동하면서 같은 기관의 동료와 상사, 다른 기관의 직원들, 회의나 발표회의 참석자 등과 정확한 의사소통을 할 수 있는 기술을 포함하고 있다.

의사소통의 목적은 자신의 생각과 감정을 타인에게 정확히 전달하고 타인이 표현하는 생각과 감정을 정확히 받아들이고 이해하는 것이다. 쉐이퍼 등(Sheafor et al., 1997)은 효과적인 의사소통을 위해 필요한 몇 가지 준비사항을 다음과 같이 제시하였다.

① 모든 사람은 주변의 사건이나 정보를 그들 나름의 독특한 방식으로 받아들이는 경향이 있다. 따라서 모든 의사소통 과정에서는 어느 정도의 오해가 있을 수 있음을 예상하고 그러한 오해나 잘못된 의사소통을 최소화할 수 있도록 준비해야 한다.
② 다른 사람이 이해하기 쉽도록 자신의 생각을 잘 정리하여 효율적으로 표현하고자 노력해야 한다.
③ 다른 사람이 하고자 하는 말을 있는 그대로 듣기 위해서 자신의 방어기제를 낮추려고 노력해야 한다.
④ 자신에게 말하고 있는 사람의 말을 주의 깊게 경청해야 한다.
⑤ 자신의 생각, 느낌, 행동에 대해 책임지고자 하는 의지가 있어야 한다.
⑥ 상대방을 이해하고 이해시키기 위해 충분한 시간을 확보해야 한다.

사회복지사가 한 개인으로서 일상적인 대화를 하는 것과 사회복지 전문인으로서 대화하는 것에는 차이가 있다. 사회복지 전문인으로서 의사소통할 때의 주의사항을 메시지를 받는 입장과 전달하는 입장으로 나누어 살펴보고자 한다.

우선, 메시지를 받는 입장에서 사회복지사가 어떤 자세와 행동을 취해야 클라이언트가 정확한 메시지를 전달하도록 돕고, 사회복지사 자신에게 오는 메시지를 정확하게 받을 수 있을까를 생각해 보자.

① 클라이언트가 편안하게 이야기할 수 있도록 해 준다(말을 끊지 않고 기다린다).
② 클라이언트의 이야기를 듣고 싶어 한다는 것을 말과 표정으로 표현한다.

③ 이야기를 듣고 이해가 가지 않는 부분에 대해서는 질문을 한다. 대충 짐작하지 않는다. 메시지가 불분명할 경우에는 확인하도록 한다.
④ 클라이언트의 몸짓이나 표정을 이해할 수 없을 때 그 의미를 확인한다.
⑤ 자신이 듣고 이해한 것을 요약해 전달함으로써 클라이언트의 메시지를 정확하게 이해했는지 확인한다.
⑥ 감정을 자제한다. 클라이언트를 공격하거나 함께 논쟁하지 않는다.

메시지를 전달하는 입장에서는 다음과 같이 준비한다.

① 분명하고 단순한 언어를 사용하여 또박또박 비교적 천천히 말한다.
② 언어적 표현과 비언어적 표현을 일치시킨다. 말을 하면서 적절한 눈맞춤을 유지하고 자연스러운 몸동작과 자세를 취한다.
③ 클라이언트가 자신의 말을 잘 따라오고 쉽게 이해할 수 있도록 길고 복잡한 내용은 여러 부분으로 나누어서 이야기한다.
④ 이야기한 후 클라이언트가 자기 의견을 이야기하거나, 질문하거나 피드백을 제공할 수 있는 시간을 주어 사회복지사 자신의 말이 제대로 전달되었는지를 확인한다.
⑤ 자신의 말을 어떤 방식으로 전달할 것인지를 미리 계획한다(메시지의 중간 내용이 왜곡될 가능성이 있으므로 중요한 내용은 말의 맨 앞 또는 맨 뒷부분에 둔다).
⑥ 자신을 분명하게 소개한다.
⑦ 의사소통의 목적을 분명히 설명한다.
⑧ 질문에는 분명하게 답한다.

사회복지사의 의사소통을 통해 전달되는 메시지는 변화과정의 단계(접수, 사정, 개입계획, 개입, 종결), 면담이나 만남의 단계(초반, 중반, 종반), 클라이언트가 처한 상황 그리고 클라이언트가 겪고 있는 문제의 원인에 대한 사회복지사의 잠정적 가설(working hypothesis)에 따라 다르다. 즉, 클라이언트의 긍정적인 변화나 이를 위한 노력에 대해 긍정적인 지지를 보낼 때가 있는가 하면, 클라이언트가 회피하거나 부인하는 상황에 대해 단호하게 직면하는 메시지가 필요할 수도 있다. 따라서 사회복지사는 자신이 전달하려는 메시지가 상황과 원조과정의 단계에 부합될 수 있도록 해야 한다.

의사소통기술에는 언어적·비언어적 표현이 모두 포함된다. 대체로 언어적 표현이 전체 의사소통의 3분의 1을 차지한다고 할 때 비언어적 표현이 3분의 2를 차지하고 있어 (Brill, 1997), 비언어적 의사소통의 중요성을 무시할 수 없다. 비언어적 의사소통은 특히 클라이언트가 언어적 표현이 제한되어 있을 때 매우 중요한 의사소통의 수단이 된다. 또한 비언어적 의사소통에서는 인지적인 면보다는 주로 감정적인 면이 더욱 많이 표현된다. 비언어적 의사소통에는 음성의 고저, 얼굴표정, 침묵, 신체자세 및 움직임, 외모와 청결정도, 신체에서 나는 소리(예: 배에서 나는 꼬르륵 소리, 트림 소리 등), 신체적 접촉 등이 포함된다. 비언어적 의사소통을 파악하고 활용하기 위해서 사회복지사는 면담과정에서 소위 오감(五感)을 활용할 수 있어야 한다.

↑ 연습 1-7: 옆의 급우와 마주 본 상태로 3~5분간 말을 하지 않고 상대방을 관찰한다. 그런 후, 자신이 관찰한 내용을 가능한 모두 적어 이것을 전체 급우들과 공유해 보자. 이때 오감을 모두 활용하도록 노력한다.

의사소통 가운데 언어적 표현은 사람의 생각, 생각의 변화과정, 감정, 인지능력을 나타내는 중요한 수단이 된다. 언어적 의사소통은 말과 글로 표현될 수 있다. 또한 같은 단어라 하여도 상황에 따라 여러 가지 의미로 활용될 수 있고, 역사적 상황에 따라 다른 의미를 가질 수 있으므로 사회복지사는 언어적 표현이 갖는 상황적·시대적 맥락을 모두 이해할 수 있는 능력을 갖추어야 한다. 나아가, 자신의 언어적 표현 가운데서 적절한 단어의 선택과 함께 유머의 활용 그리고 속어 및 은어의 활용도 함께 고려할 수 있다.

2) 질문기술

면담과정에서 **질문기술**은 매우 중요한 기술 가운데 하나다. 질문을 하는 이유는 당연히 이에 대한 답을 얻기 위함이다. 질문의 또 다른 기능은 클라이언트가 말하는 내용이나 생각, 감정에 귀를 기울인 후, 그 내용에 대해 질문을 함으로써 클라이언트 진술내용의 중요성을 인식시켜 줄 수 있다는 것이다. 질문하기는 클라이언트 자신의 행동과 생각을 되돌아보게 하는 자극이 될 수도 있다. 즉, 사회복지사가 클라이언트의 진술에 근거하여 질문할 때 클라이언트는 그 질문에 답하는 과정에서 자기 의사 결정권을 포함하여 그 외 자신의 권한 등에 대해 재인식할 수 있는 기회를 가질 수 있다(Trevithick, 2000). 질문을 하는 동안 사회복지사는 적극적 경청의 기술을 활용하여 클라이언트의 대답을 명확하게 이해하고 이에 대한 피드백을 제공해 주어야 한다(Cournoyer, 2000).

일반적으로 질문은 '언제(when)', '어디서(where)', '누가(who)', '무엇을(what)', '왜(why)', '어떻게(how)'의 육하원칙에 따라 하게 된다. 이때 질문은 크게 개방형과 폐쇄형으로 나눌 수 있다. 이들 질문들이 상황에 따라 유용하게 사용될 수 있지만 나름의 한계도 갖고 있다. 여기서는 우선 개방질문과 폐쇄질문, '무엇' 질문에 대해 살펴보고 이들 질문을 활용할 때 유의해야 할 점을 알아본다.

(1) 개방형 질문

이 질문기법은 클라이언트에게 선택의 자유를 주고 자신의 생각이나 감정을 자유롭게 표현할 수 있도록 한다. 나아가, 클라이언트는 자신이 원하는 속도나 시간에 맞춰 답을 할 수 있으며, 특정 문제나 염려에 대해 응답을 할 것인지 아닌지에 대한 선택의 자유도 갖게 된다(Trevithick, 2000). 따라서 이 질문은 클라이언트가 하고 싶은 말을 자율적으로 충분히 하게 함으로써 많은 정보를 수집할 수 있는 장점이 있다.

개방질문의 방식에 따라 답변 내용의 범위가 제한될 수 있다. 따라서 사회복지사는 개방질문을 사용하는 경우라 할지라도 막연한 질문에서 점차 구체적인 질문으로 범위를 좁혀가면서 구체적인 정보를 탐색할 수 있다. 클라이언트가 막연한 정보를 제공할 경우, 초점을 좁혀 가는 방법을 적절히 사용하면 클라이언트의 상황 파악을 보다 명확히 해 나갈 수 있다. 이러한 기술은 명료화기술과도 깊은 관련이 있다.

면담 초기에는 개방질문을 많이 사용하는 것이 좋다. 하지만 개방질문은 자신의 생각이나 감정을 언어로 표현하는 데 익숙하지 않은 클라이언트에게는 오히려 위협이 되거나 불안감을 야기할 수 있다. 이러한 클라이언트들은 답을 해야 한다는 압박감으로 인해 자신들의 생각이나 감정을 충분히 표현하지 못할 수도 있고, 사실보다는 추측에 바탕을 둔 대답을 할 수도 있다. 이는 면담의 본 목적에서 벗어나는 것이기 때문에 클라이언트의 자기표현 능력을 잘 살펴서 대응해야 한다. 클라이언트의 막연한 불안감을 해소하기 위해서 질문을 시작하기 전에 클라이언트의 권리(예: 일부 질문에 대한 응답 거절)와 함께 수집된 정보에 대한 기관의 정책(예: 비밀보장)을 알려 줌으로써 클라이언트가 안심할 수 있도록 하는 것도 중요하다.

예시

"댁의 자녀들에 대해 말씀해 주시겠습니까?"

"그 사건으로 인해 남편이 받은 충격 혹은 피해 같은 것은 어떤 것이 있나요?"

"남편은 어떻게 반응하셨나요?"

예시

다음은 개방질문에 대한 응답의 재량 범위와 초점을 좁혀 가는 예로, 이를 명료화 과정이라고 부르기도 한다.

"남편의 행동에 대해서 말씀해 주시겠습니까?"

"남편의 행동 중에서 좋은 점과 나쁜 점을 말씀해 주시겠습니까?"

"남편이 다정스럽게 한다는 것은 무엇을 의미하는지 그 예를 들어 주시겠습니까?"

"가부장적 행동이라는 것은 무엇인지 예를 들어 주시겠습니까?"

(2) 폐쇄형 질문

폐쇄형 질문은 '예', '아니요'로 답할 수 있거나 이름, 주소, 연령 등과 같이 아주 구체적이고 간략한 정보를 요구하는 질문이다. 이 질문기법은 시간이 제약된 상황에서 사실이나 정확한 정보를 얻고자 할 때 그리고 위기적인 상황에서 신속하게 정보를 얻고자 할 때 유용하다(Cournoyer, 2000; Trevithick, 2000). 클라이언트가 당황하거나 정신이 혼미하여 말에 초점이 없을 경우 구술의 초점과 방향을 유도하기 위해 어느 정도의 구조가 필요할 경우에도 요긴하게 사용될 수 있다. 또한, 이 질문기법은 민감한 주제나 감정에 다가가거나 벗어나려고 할 때, 면담의 속도를 빨리하고자 할 때, 빠트린 내용을 확인하고자 할 때 등에도 사용할 수 있다. 이 경우 질문을 하는 사회복지사에게 더 많은 책임이 지어지기 때문에 신중하게 질문을 선택하고 구성해야 한다. 이 질문기법의 단점은 집중하여 질문하고 답하는 과정에서 사회복지사가 쉽게 지칠 수 있으며, 문제를 클라이언트의 사고 틀에 따라 다양하게 탐색해 볼 기회가 줄어든다는 점이다.

폐쇄질문은 자신감이 결여되어 있는 클라이언트를 대상으로 활용하기 좋다. 특히, 이들 가운데는 타인을 신뢰하지 못하거나, 말이 적은 사람 혹은 자신의 생각과 감정을 표현하기 어려운 사람들이 있을 수 있다. 또한 심각한 정신적 외상이나 사고를 경험한 클라이언트는 개방질문에 답하기 어려워할 수 있으며, 오히려 폐쇄질문에 상대적으로 잘 대답할 수 있다. 사회복지사는 클라이언트의 개인차를 고려하여 적절한 질문을 해야 한다.

폐쇄질문의 커다란 약점은 질문에 대해서 클라이언트가 매우 제한된 범위 내에서 응답한다는 점이다. 이러한 형태의 질문은 형사나 검사가 범인을 취조하는 것과 같은 딱딱한 인상을 줄 수 있어 클라이언트가 마치 심문당하는 느낌을 갖게 하므로 조심해서 사용해야 한다. 즉, 단답형, 심문형의 질문과 함께 면담과정이 클라이언트에게 상당히 위협적일 가능성이 있는 점, 그리고 딱딱하고 답답한 진행으로 인해 면담이 지루해질 수 있다는 점을 미리 알고 이러한 가능성을 최소화하려는 노력을 함께 해야 한다. 따라서 이 질문기법은 면담의 초기보다는 종반에서 지금까지 언급되지 않은 중요 정보를 확인해서 정리할 때 사용하는 것이 바람직하다.

이 질문기법의 또 다른 약점은 특정 주제에 지나치게 집중함으로써 면담의 방향을 전혀 다른 방향으로 이끌 수 있다는 점이다(Trevithick, 2000). 질문을 받는 클라이언트는 당황하며 자신들의 경험이나 고통이 자칫 왜곡되거나 무시되거나 유형화되는 느낌을 가질 수 있다. 따라서 사회복지사는 **개방형 질문**이 보다 덜 억압적이고 덜 차별적인 점을 염두에 두면서 면담 전후에 걸쳐 폐쇄형 질문의 필요성과 유용성에 대해 클라이언트와 얘기를 나눌 필요가 있다.

↑ 연습 1-8: 다음과 같은 질문에 대해 어떤 느낌이나 생각이 드는지 토론해 보자.

"실례지만 연세가 어떻게 되시죠?"

"성함은 무엇입니까?"

"남편을 미워하시나요?"

"자녀가 몇 명입니까?"

"그것 때문에 남편이 화가 나셨나요?"

↑ 연습 1-9: 개방질문과 폐쇄질문을 각각 10개씩 작성해 보고, 이를 각각 폐쇄질문과 개방질문으로 바꾸어 질문해 보자. 이 과정에서 개방질문과 폐쇄질문이 갖는 어감이 어떻게 다른지 논의해 보자.

(3) '무엇' 질문하기

"○○○은 무엇인가요?"의 방식으로 묻는 이 기법은 질문하기 가운데 가장 많이 활용되는 기법이자 가장 중요하게 취급되어야 할 기법이다. 이 기법의 가장 큰 이점은 '무엇'을 구성하는 요소가 제한적이지 않기 때문에 클라이언트가 원하는 어떤 문제나 주제에 관해서도 자유로이 선택, 논의할 수 있다는 점이다(Trevithick, 2000). 특히, 문제를 지금까지 끌어 온 과거 요인이나 사람에 대해 탐색할 수 있기 때문에 유용하다.

반면, 면담시간이 충분하지 않을 때는 **'무엇' 질문기법**을 통해 과거를 탐색해 볼 수 있는 시간이 적기 때문에 이 기법은 유용하지 못할 수 있다. 즉, 시간이 촉박한 상황에서 과거의 문제가 현재의 문제에 어떤 영향을 주는지 파악하기 어려울 뿐만 아니라 과거 혹은 현재의 문제를 어떻게 해결할지에 대한 생각이 쉽게 떠오르지 않을 수 있다. 아울러 과거에 대한 탐색은 실제 현재에서 일어나고 있는 일에 대한 논의를 피하게 할 수 있다(Trevithick, 2000). 따라서 과거보다는 되도록 현재에 초점을 두면서 필요한 경우에 한해 과거에 관한 질문을 하는 것이 좋다(Lishman, 1994). '무엇'을 선택할지 혼돈에 빠져 있는 클라이언트나, 문제상황에 대해서는 논의하기를 꺼려 하면서 논의의 핵심을 벗어난 주변적인 주제를 이어 가려는 클라이언트와 대화를 나눌 경우에는 자칫 시간을 낭비할 가능성도 있다. 다음은 '무엇' 질문의 예이다.

⊖ 예시

"무슨 일이 일어나고 있나요?"

"이 문제를 지속시키는 것은 무엇인가요?"

"이 부분적인 문제가 전체적인 문제와는 무슨 관계가 있나요?"

"이 문제를 해결하기 위해서는 무엇이 이루어져야 한다고 생각하나요?"

"변화를 유지하기 위해서는 무슨 일이 행해져야 하나요?"

"개입방법이나 접근방법에서 무엇이 효과적이었다고 생각하나요?"

(4) 질문기술에서 주의할 점

질문기술에서 주의할 점에는 여러 가지가 있는데, 이에는 ① 폐쇄형 질문의 사용, ② 유도질문의 사용, ③ '왜' 질문의 사용, ④ 이중 혹은 중첩질문의 사용, ⑤ 모호한 질문의 사용과 관련된 것들이다(Kadushin, 1990; Sheafor et al., 1997). 폐쇄형 질문 관련 유의사항에 대해서는 앞서 살펴보았기 때문에 이를 제외한 나머지에 대해 구체적으로 살펴보고자 한다.

첫째, **유도질문**은 일정 방향으로 응답을 유도하기 위해 질문하는 것을 말한다. 질문자는 자신이 원하는 대답을 클라이언트가 할 수 있도록 질문을 구성하게 된다. 예를 들어, "선생님을 찾아뵈었겠지요?", "학교에 찾아가지도 않은 것은 부모로서 아들에 대해 너무 무관심했던 것 아닌가요?" 이러한 유형의 질문들은 주어진 상황에서 클라이언트가 가졌던 감정이나 생각을 솔직히 드러내도록 돕기보다는 방어적인 입장에서 또는 사회복지사의 비위를 맞추기 위해 솔직하지 않은 답을 하도록 압박을 가할 수 있다. 따라서 이 질문은 상당히 위협적이며 모욕적일 수 있으므로 피해야 한다. 특히, 아동 혹은 노인 보호전문기관과 같이 현장조사가 많고, 현장조사 보고서를 통해 학대 사실을 입증해야 하는 상황에서는 유도질문을 피해야 한다. "이렇게 때린 것이 맞지?" 혹은 "큰아들이 이렇게 하라고 시켰죠?"라고 하는 등의 질문은 객관적인 현장조사의 질문이라기보다는 사실 입증을 위한 유도질문이기 때문에 증거로서 활용되기 어렵다.

둘째, **'왜'라는 질문**은 책임을 추궁하거나 몰아세우는 인상을 주며, 모르는 상황에 대해 답변을 강요할 수 있으므로 가급적 피해야 한다. 이 질문은 클라이언트가 자신의 행동을 정당화하려는 동기를 자극하기 쉬워 클라이언트를 방어적인 자세로 전환시킬 수 있다. 대부분의 클라이언트는 자신의 행동은 물론 타인의 행동 또는 감정에 대한 정확한 이유를 잘 모른다. 따라서 '왜'라는 질문을 받을 경우 짐작으로 대답하거나 사회적으로 용인될 수 있는 답을 하게 된다.

'왜'라는 질문보다는 "어떻게(how) 해서 그런 일이 벌어졌습니까?", "그렇게 행동하도록 만든 것은 무엇이었나요?", "어디서 그런 생각을 얻으셨습니까?", "주로 언제 그런 행동을 하게 되지요?" 등 다른 의문 부사를 사용하는 것이 클라이언트의 방어적 자세를 낮추고 심판받는 느낌을 감소시키며 보다 솔직하고 자연스러운 답변을 하도록 할 수 있다.

↑ **연습 1-10:** 다음의 '왜' 질문을 '어떻게' 혹은 '무엇'의 질문으로 바꾸어 질문해 보자.

"아드님이 친구들과 왜 싸우게 되었나요?"

"남편이 가사를 왜 거부하지요?"

"친구들과의 갈등이 왜 생기게 되었는지 아시나요?"

셋째, **중첩질문**을 삼가야 한다. 중첩질문은 한 질문 문장 속에 여러 가지 내용의 질문이 섞여 있는 것을 말하는데, 한 가지씩 분리해서 하나하나 질문하는 것이 바람직하다. 예를 들어, "말씀을 들어 보니 아들이 학교에 가지 않는 것이 걱정이시군요. 아드님이 학교에 가지 않은 것이 얼마나 되었나요? 학교에 가지 않을 때 아드님이 무엇을 하죠? 학교에서는 어떤 반응을 보이나요? 아드님이 어떤 친구들과 주로 시간을 보내는지 알아보셨나요? 학교에 가지 않는 것이 학교에 대한 불만인가요? 아니면 가정에 대한 불만인가요?"와 같은 중첩질문이 있다. 클라이언트는 사회복지사의 이러한 질문에 순서대로 조리 있게 대답하기보다는 클라이언트가 대답하기 편한 질문에 우선적으로 대답하게 되므로, 사회복지사가 원하는 답 가운데 일부분만을 얻게 될 수 있다.

넷째, **모호한 질문**은 질문 가운데 대명사를 많이 사용하거나, 상황에서 벗어난 질문을 할 때 많이 발생한다. 모호한 질문은 특히 대인관계가 복잡한 상황에서 누가 누구와 어떤 관계 속에서 문제가 발생하였는지 파악할 때 많이 발생한다. 따라서 이러한 문제를 피하기 위해서 가급적 명사를 사용하여 구체적인 질문을 하는 것이 좋다. 예를 들어, "그분에 대해서 말씀해 주세요."라고 하는 것보다는 "○○ 씨의 장단점에 대해서 말씀해 주세요."라고 하는 표현이 보다 명확하고 구체적이다.

3) 경청기술

(1) 경청과 적극적 경청

경청기술은 ① 클라이언트가 하는 말을 주의 깊게 듣는 것뿐만 아니라 ② 클라이언트의 비언어적 의사소통 행위를 관찰하고, ③ 클라이언트가 자유로이 표현할 수 있도록 적극 격려하며, ④ 사회복지사와 클라이언트 양자 간의 대화내용을 기억하는 것을 모두 포함한다(Cournoyer, 2000). 이에 더하여 **적극적 경청**(active listening)은 사회복지사가 클라이언트의 메시지를 정확하게 받아들여 이해하고 있음을 끊임없이 클라이언트에게 전달해 줌으로써 클라이언트 자신이 정확히 이해받고 있다는 생각을 갖도록 하는 행위까지를 포함한다. 따라서 이것은 피드백 과정의 일부라고 할 수 있다. 쉐이퍼 등(1997)은 적극적 경청의 요령 다섯 가지를 다음과 같이 제시하였다.

① 클라이언트가 표면적으로 나타내는 말뿐만 아니라 그 이면에 숨겨져 있는 감정까지도 세심하게 살핀다.
② 분명하고 침착하며 흥미를 나타내는 어조를 구사한다.
③ 관심과 열린 마음을 갖고 클라이언트의 말을 잘 듣고 있다는 것을 나타내는 몸짓(표정, 눈빛, 고개를 끄덕이는 일)을 적절히 사용한다.
④ 클라이언트가 한 말 중에서 불분명하거나 추가적인 정보가 필요하면 적절한 질문을 한다.
⑤ 무엇을 주장하거나 의견제시를 위한 말보다는 클라이언트를 보다 더 잘 이해하기 위한 말을 한다.

한편, 트레비식(Trevithick, 2000: 59)은 경청기술과 관련된 기본기술을 다음과 같이 보다 자세하게 제시하고 있다.

① 가급적이면 최대한 개방적이고 직관적이며 공감하고자 하는 자세를 취한다.
② 눈맞춤을 유지한다.
③ 개방적이고 주의를 기울이는 몸자세를 취한다.
④ 비언어적 형태의 의사소통 방법에 주의를 기울이고 이러한 형태의 의사소통이 주는 의미를 파악한다.
⑤ 의사소통의 한 방법으로 침묵을 허용하고 활용한다.
⑥ 적절한(너무 멀지도, 너무 가깝지도 않게) 신체적 거리를 유지한다.
⑦ 주요한 단서를 파악하고 이를 확인한다.
⑧ 사회복지사 자신이 가지고 있는 산만한 행동과 매너리즘적 행동을 점검한다.
⑨ 모호하고 혼동을 야기하는 언급을 피한다.
⑩ 변화하는 시대에 맞는 적절한 언어를 활용하도록 노력한다.
⑪ 면담 장소와 일반적인 물리적 환경의 중요성을 인식하여 미리 조정 및 준비한다.
⑫ 면담 중 방해받거나 주의가 산만해질 가능성을 최소화한다.
⑬ 면담의 전반적인 분위기, 특히 의사소통이 되고 있지 않는 분위기를 민감하게 관찰한다.
⑭ 면담에서 정서적인 내용을 경청하면서 이에 적절한 질문을 한다.
⑮ 기회가 될 때마다 그리고 적절할 때 피드백을 제공한다.
⑯ 적시성의 중요성을 인식하여 강렬한 감정이 표현될 때 적시에 반응한다.
⑰ 민감한 문제나 고통스러운 주제와 관련하여 목소리 톤에 주의를 기울인다.
⑱ 선입견, 편견, 낙인찍기, 성급한 판단이나 평가를 내리는 것을 삼간다.
⑲ 문제 이해에 도움이 될 만한 이론을 상기하여 적절한 시점에 쉬운 언어로 설명한다.
⑳ 가급적 최대한 자연스럽고 편안한 자세를 취한다.

슐먼(1984)은 사회복지사가 돕고자 하는 마음이 앞서면 클라이언트의 말과 상황을 듣기도 전에 성급한 판단과 조언, 자신의 경험, 감정, 의견 등을 제공하는 실수를 범하기 쉽기 때문에 잘 듣기 위해서는 이러한 자신을 잘 통제하면서 조절할 것을 권하였다. 사회복지사는 일체의 판단과 충고의 충동을 억누른 채 클라이언트의 말을 끝까지 인내심을 갖고 경청해야 한다는 것이다.

(2) 적극적 경청기술의 단계

적극적 경청기술은 크게 세 단계로 구분된다. 제1단계는 주의를 끄는 초대의 단계(inviting)로 신체적 자세와 얼굴표정, 목소리, 어투 등의 준비 자세를 취하여 클라이언트가 편안한 마음으로 말할 수 있도록 분위기를 조성하는 단계이다. 제2단계는 경청의 단계(listening)로 클라이언트의 말을 듣고 관찰하고 격려하고 기억하는 등의 과정에서 클라이언트의 메시지를 수용하고 보유하기 위해 귀와 두뇌를 활용하는 단계이다. 제3단계는 반영의 단계(reflecting)로 클라이언트의 진술내용을 주기적으로 해석하는 단계이다. 때로 이 단계에서는 '제3의 귀를 사용하라.'(Brill, 1997: 79)고 하는데, 이는 클라이언트가 하는 말속에 숨겨져 있는 진실한 의미를 파악해 내라는 것이다. 반영은 구체적으로, ① 내용 반영하기(reflecting contents), ② 감정 반영하기(reflecting feelings), ③ 감정과 의미 반영하기(reflecting feeling and meaning)로 구분할 수 있다(Evans, 1998; 성숙진 역, 2000: 101에서 재인용). 반영기술은 동기면담에서도 핵심적인 역할을 하는 것이어서 제5장 제2절 동기면담이론 부분(pp. 201-207)에서 상세히 소개되고 있다. 여기서는 개략적인 내용만 살펴보기로 한다.

① 내용 반영하기

이 기술은 클라이언트의 메시지나 정보에 대한 이해를 전달하는 것으로서 클라이언트가 말한 내용을 자세히 풀어서 다시 클라이언트에게 표현하는 것을 의미한다. 클라이언트가 제시한 메시지나 정보를 풀어서 다시 설명하는 것은, ① 사회복지사가 클라이언트의 이야기를 경청하고 이해하려는 노력을 하고 있음을 보여 주고, ② 클라이언트와 사회복지사 간 신뢰관계 형성에 도움을 주며, ③ 클라이언트의 이야기를 잘 이해했는지 점검하는 기회를 주고, ④ 클라이언트가 자신의 생각을 구체화시켜 볼 수 있는 기회를 제공한다.

② 감정 반영하기

이 기술은 클라이언트가 표현한 감정을 사회복지사가 이해하고 반응하는 것을 의미한다. 즉, 사회복지사가 클라이언트의 감정을 정확하게 이해하고 이를 공감하며 이해했다는 반응을 보이는 것으로, 문제해결의 선행조건이 된다. Evans(1998; 성숙진 역, 2000: 101에서 재인용)는 클라이언트의 감정을 파악할 때, ① 클라이언트 이야기의 정서적 부분에 주의를 기울일 것과 ② 클라이언트의 행동(예: 자세, 어조, 말 속도, 태도 등)에 주의를 기울일 것, ③ 감정을 적절히 표현하기 위해 감정과 관련한 광범위한 단어를 준비할 것, 그리고 ④ 클라이언트의 감정 전부를 파악할 것을 권하고 있다.

사회복지사의 감정반영을 통해 클라이언트는, ① 자신이 느끼는 것을 깨닫는 기회를 가지고, ② 자신의 감정을 받아들이고 살펴보게 되며, ③ 자신이 경험하고 있는 것을 상담자가 이해하고 있다는 것을 알게 된다. 이를 통해 사회복지사와 클라이언트 사이에 탄탄한 관계 형성이 이루어질 수 있다. 이 기술은 모든 형태의 감정에 반응할 때 사용될 수 있을 뿐만 아니라 그 대상자가 누구든 상관없이 활용될 수 있다.

③ 감정과 의미 반영하기

이 기술은 감정이입과 적극적 경청의 완벽한 형태로서 클라이언트의 감정과 사실 혹은 생각을 함께 반영하는 것을 의미한다. 이때 사회복지사는 클라이언트의 경험과 일치되는 감정과 의미를 해석 없이 있는 그대로 반영하도록 노력해야 한다.

(3) 적극적 경청기술 활용 시 주의할 점

적극적 경청기술을 활용할 때 몇 가지 주의할 점을 짚어 보면 다음과 같다.

첫째, 사회복지사와 클라이언트 간의 면담과정에서 사회복지사는 클라이언트가 한 말을 너무 많이 사용해서 사회복지사의 반영이 오히려 클라이언트를 흉내 내는 것처럼 들릴 때가 있다. 이러한 점을 간과할 때 클라이언트는 자신이 무시되거나 사회복지사가 전문성이 결여되어 있다고 느끼기 쉽기 때문에 주의를 요한다.

둘째, 사회복지사는 종종 자신도 모르게 똑같은 서두 문구를 사용할 때가 있다. 예를 들어, '제 생각으로는 ……', '제가 알기로는 ……' 등을 사용하는데, 이러한 서두 문구를 클라이언트가 반복적으로 듣다 보면 클라이언트의 감정과 의미를 이해하고 반영하기보다는 일상적인 겉치레라고 생각하기 쉽다.

셋째, 사회복지사가 적극적 경청기술을 사용할 때 클라이언트의 진술내용보다는 자신의 생각과 사고에 더 집중하게 되어 이를 해석하려고 할 수 있다. 이 경우 클라이언트 중심이기보다는 사회복지사 자신의 전문적 판단에 더 초점을 두는 오류를 범하게 되는 것이다.

넷째, 사회복지사가 적극적 경청기술을 활용하면서 클라이언트의 전반적 진술내용과 맥락적 상황보다는 사실, 생각, 감정에만 반응할 경우, 전체적인 맥락과 흐름을 놓친 채 부분적 현상에만 반응을 보일 수 있으므로 이에 대한 주의가 필요하다. 또한 클라이언트의 짧은 구절이나 진술 모두에 적극적 경청기술을 사용하다 보면 사회복지사 자신이 면담과정의 흐름을 끊는 경우도 발생하기 때문에 적절한 시기와 기회를 포착하여 이 기술을 사용할 수 있어야 한다.

4) 명료화기술

명료화기술은 클라이언트가 표현을 분명하게 할 수 있도록 격려함과 동시에 클라이언트가 말한 내용을 사회복지사가 잘 이해하고 있는가를 확인하기 위한 질문을 말한다. 이 기술은 주로 모호하거나 혼돈스러운 내용을 정리하면서 사회복지사가 들은 바를 정확하게 이해했는지 확인하기 위해 사용하는 것이다(Trevithick, 2000). 따라서 이 기술은 클라이언트가 한 말을 사회복지사가 보다 이해하기 쉬운 말과 생각으로 정리하여 클라이언트를 통해 확인하는 것으로, 특히 클라이언트가 겪고 있는 가장 중요한 문제나 어려움을 파악하고 확인하고 순위를 정할 때 사용된다. 여러 문제를 복합적으로 가지고 있는 클라이언트가 자신에게 가장 심각한 영향을 미치는 문제에 초점을 둘 수 있도록 돕기 위해 이 기술을 활용할 수 있다. 이 기술은 또한 사회복지사나 클라이언트 각자가 가지고 있는 기대와 전제조건들을 확인하기 위해서 활용되기도 한다. 반면, 이미 이야기된 바를 확인하는 명료화기술은 면담의 흐름을 방해할 수도 있다는 점에서, 그리고 사회복지사의 잦은 명료화 내지 확인 과정에서 클라이언트의 상황 설명이 잘못되었음을 암시하는 효과가 나타날 수 있다는 면에서 주의해서 활용할 필요가 있다.

↑ 연습 1-11: 다음과 같은 예를 통해 명료화기술의 장단점을 논의해 보자.

"아이를 심하게 야단치셨다고 하셨는데, 어떻게 야단치신다는 얘기인가요?"

"모든 것이 다 끝났다고 하셨는데, 무슨 말인지 잘 이해가 가지 않습니다. 구체적으로 설명해 주겠습니까?"

"죄송합니다. 말씀하신 뒷부분을 잘 이해하지 못했습니다. 다시 한번 말씀해 주시겠습니까?"

5) 요약기술

요약기술은 특정 시점까지 클라이언트가 한 말의 내용과 그 속에 담겨 전해진 감정들의 핵심을 전체적으로 묶어 정리하는 것이다. 클라이언트와 나눈 대화의 내용과 그 속에 담겨져 있는 감정들을 적절한 시기에 정리하고 확인하는 과정을 통해 사회복지사가 클라이언트의 말과 감정의 흐름까지도 세심하고 정확하게 파악하고 있음을 보여 줄 수 있다. 트레비식(2000)은 이 기술의 유용한 점을 다음과 같이 제시하고 있다.

① 사회복지사가 지난 면담의 내용을 간략하게 요약함으로써 새로운 면담으로 나갈 수 있다.

② 클라이언트와의 면담에서 방향을 잃었을 때 혹은 주제에서 벗어났을 때 한 주제를 정리하고 새로운 주제로 옮겨 갈 수 있도록 해 준다.

③ 면담시간을 만족스럽게 마감할 수 있도록 돕는다.

예시

"지금까지 할머니께서 말씀하신 것을 제가 서너 가지로 정리해 보겠습니다. 우선, 할머니께서는 지금 누군가의 보살핌을 받아야 할 상황에서 마땅히 가 계실 곳이 없는 상황입니다. 그리고 자식 가운데 할머니를 모실 형편이 되는 자식이 없습니다. 그리고 자식들에게 짐만 되는 것 같아 자식들을 생각해서 할머니가 그냥 사라져 주었으면 하는 생각도 듭니다. 한편으로는 그동안 자식들을 키우면서 고생한 생각을 하면 인생을 헛산 것 같은 허전한 생각, 서글픈 생각도 드는 것 같습니다. 이럴 줄 알았으면 자식들 모르게 여생을 즐겁게 보내기 위해 재산이라도 숨겨 놓을 걸 하는 아쉬움도 들고요. 지금까지 할머니께서 하신 말씀을 정리해 보았는데 맞습니까?"

6) 침묵의 활용

면담과정 가운데 클라이언트의 **침묵**은 클라이언트와 사회복지사 모두에게 긴장을 유발하게 되고 어려운 상황을 만들게 된다. 일반적으로 사람들은 침묵에 대해 여러 가지 잘못된 생각을 가지고 있다. 예를 들어, 사회복지사나 클라이언트는 면담과정에서 항상 말을 해야 하며 침묵하는 동안에는 어떤 의사전달이 없다고 생각한다. 또한 침묵을 빨리 깨트려야 한다고 생각하게 된다. 면담과정에서 클라이언트가 지나치게 침묵하면 면담은 성공하지 못한 것이라 생각하기도 하며, 클라이언트의 의사소통기술이 부족하거나 사회복지사가 클라이언트를 면담과정에 효과적으로 끌어들이지 못한 것이라 생각한다(Trevithick, 2000). 나아가, 클라이언트의 침묵은 사회복지사의 개입에 대한 거부 혹은 거절을 의미하는 것일 수도 있어 사회복지사가 자신의 전문적인 능력에 대해 의구심을 갖기도 한다.

카두신(Kadushin, 1990)은 면담 도중의 침묵은 불안이나 위협이 아니라 오히려 기회라고 했다. 침묵은 나름대로 의미를 갖고 있게 마련이므로 상황에 따라 각기 다른 의미를 파악하려는 노력이 필요하다는 것이다. 경우에 따라 어느 정도의 침묵은 클라이언트가 조용히 생각할 수 있는 시간적 여유를 주게 된다. 무엇인가를 생각해 볼 수 있는 무언의 시간이 허용됨으로써 클라이언트에게는 평소 생각해 보지 않았던 세세한 마음속의 생각이나 감정을 헤아려 볼 수 있는 생산적인 시간이 될 수 있다.

경험이 부족한 사회복지사들이 저지르기 쉬운 실수 중의 하나가 사회복지사와 클라이언트 사이에 침묵이 흐를 경우, 이를 매우 거북하게 생각하여 가급적 빨리 침묵을 깨려고 한다는 것이다. 특히, 침묵을 깨트려야 한다는 생각에서 지금까지의 화제를 갑자기 다른 화제로 바꾸어 상황을 모면하려는 것은 관계 형성을 촉진하는 데 부정적인 영향을 줄 수 있다. 간단한 침묵의 경우, 사회복지사는 조용히 인내를 갖고 조심스럽게 침묵을 유지하도록 하는 것이 좋다. 하지만 침묵이 길어질 경우, 그 원인을 파악하여 적절히 대응할 필요가 있다. 긴 침묵의 경우 클라이언트가 답하기 힘든 질문에 대해 적절한 내용의 답을 발견해 내지 못하고 있는 경우일 수도 있고, 너무 감정이 격해 있어 답하기 힘든 경우일 수도 있다. 아니면, 질문상황 또는 면담상황 자체에 대해 불만을 갖고 저항하고 있는 것일 수도 있다. 어느 경우에 해당되는지를 판단하기 위해서는 클라이언트의 비언어적 의사소통 행위를 세심히 관찰하는 것이 필요하다. 침묵을 통해 전달하고자 하는 메시지가 무엇인지, 그리고 그 메시지를 어떻게 전달하려고 하는지 파악하기 위한 노력이 필요하다. 침묵의 종류에 따라 사회복지사는 얼마 동안 침묵을 허용할 것인지를 결정할 수 있다.

↑ 연습 1-12:

(침묵이 있을 때) "제가 힘든 질문을 드린 것 같군요. 지금 현재 어떤 생각과 어떤 감정이 오가는지 말씀해 주시겠습니까?"

"자식들 상황이 다 어려운데, 몸이 쇠할 대로 쇠해진 상황에서 혼자 사실 수 있는 방안을 생각해 내는 것은 쉽지 않은 일이지요. 제가 너무 고통스러운 부분을 이야기하도록 강요하고 있나요?"

"감정이 북받쳐 말씀하시기가 곤란한 것 같군요. 서두르지 마시고 편안해지면 말씀해 주세요. 저는 들을 준비가 되어 있습니다."

"혹시 대화를 이어 가기가 거북하신가요? 우리가 나누는 대화나 상황 가운데 불편한 것이 있으신지요?"

7) 환언기술

환언(paraphrasing) **기술**은 클라이언트가 한 말 가운데 핵심적인 내용을 사회복지사의 언어로 바꾸어 다시 이야기하는 것이다. 이 기술을 사용하는 목적은 사회복지사가 클라이언트에게서 들은 내용과 의미를 확인하기 위한 것인데 앞서 살펴본 명료화기술과 다른 점은 클라이언트가 말한 내용을 사회복지사 자신의 말과 생각으로 재정리하여 전달한다는 것이다. 이때 클라이언트는 자신이 말한 내용을 사회복지사의 말과 생각을 통해 다른 언어로 다시 듣게 됨으로써 자신의 말과 문제를 새로운 관점에서 들을 수 있는 기회를 갖게 된다. 환언기술을 사용할 때 클라이언트는 사회복지사의 설명을 수용 · 확인해 주거나 수정할 수 있다.

환언기술은 약간의 위험을 내포하고 있다. 이미 이야기된 주제에 대해 약간 달리 표현될 때, 즉 불분명하거나 혹은 부적절하게 표현될 때 클라이언트는 자신의 잘못으로 인해 자신이 제대로 이해되고 있지 못하다고 생각할 수 있다. 또한 이 기술은 클라이언트가 말하지 않은 것을 마치 말한 것처럼 전달할 위험성도 내포하고 있다. 따라서 이 기술을 활용할 때 사회복지사는 클라이언트의 말과 감정을 정확히 이해하였는지 점검해 보아야 한다(Trevithick, 2000). 다음의 예시는 환언하기를 구사하기 위한 표현 방법들이다.

예시

"제가 듣기로는 ……."

"제가 당신을 이해한 바로는 ……."

"다른 말로 하면 ……."

"제가 생각하기에는 ……말씀을 하시는 것 같은데 맞습니까?"

8) 피드백 주고받기

피드백은 어떤 사람의 행위, 생각, 진술 등에 대해 의견을 제시하는 것이다. 피드백은 긍정적 또는 부정적으로 제시될 수 있다. 부정적 피드백을 제공할 경우 클라이언트의 마음에 상처를 줄 수도 있다. 따라서 피드백을 주기에 앞서 피드백을 주는 목적이 클라이언트의 행동이나 과업수행에 대해 판단하고 책망하기 위함이 아니라 보다 바람직한 방향으로 안내하여 어려움에 대한 도전을 지지해 주기 위한 것이라는 점을 분명하게 설명할 필요가 있다. 긍정적인 피드백을 제공할 때도 주의해야 할 점이 있다. 어떤 클라이언트는 타인들이 제공하는 긍정적 피드백을 진심어린 말로 받아들이기보다는 자신이 처한 상황을 표피적으로 이해한 척하는 겉치레로 치부할 수도 있다. 따라서 클라이언트가 처한 상황, 행동, 생각, 진술 등에 대한 깊이 있는 이해에 바탕을 둔 진정성 있는 피드백을 제공하고자 노력해야 한다. 또한, 어떤 생각이나 진술에 대한 해석에 바탕을 둔 설명적 피드백보다 구체적 행동에 대한 묘사나 기술 위주의 피드백을 제공하는 것이 보다 분명하고 덜 논쟁적일 수 있다. 피드백을 제공할 때 사회복지사는 자신의 피드백이 잘못된 것일 수도 있다는 점도 명심할 필요가 있다(Trevithick, 2000).

사회복지사 자신도 종종 슈퍼바이저, 동료, 클라이언트로부터 피드백을 받을 때가 있다. 이때 사회복지사도 인간으로서 긴장하게 되거나 방어적인 태도를 취할 수 있다. 특히,

서비스의 질과 관련하여 클라이언트의 불만이나 불평이 섞인 피드백을 받을 수가 있는데, 이 경우 이것을 개인적인 일로 받아들여 감정적으로 대응하기보다는 기관의 적절한 절차에 따라 슈퍼비전 시간을 활용하여 처리하도록 해야 할 것이다.

9) 초점유지기술

이것은 면담 중 클라이언트의 구술 내용이 혼란스럽거나 산만할 경우 클라이언트의 사고 과정을 명확히 드러내면서 면담의 속도와 방향에 변화를 주기 위한 질문기술이다. 이 기술은 자신의 문제로 인해 혼돈상태에 있거나 자신이 원하는 것이 무엇인지 정확히 모르는 클라이언트를 위해 사용할 수 있는 매우 유용한 기술이라 할 수 있다. 클라이언트들이 항상 준비된 상태에서 사회복지사에게 면담을 요청하는 것이 아니며, 어느 정도 준비가 되었다 할지라도 자신의 어려운 문제를 쉽게 이야기할 수 있는 것도 아니다. 따라서 사회복지사는 클라이언트의 문제상황을 헤아려 가면서 클라이언트 구술 내용의 초점 유지와 함께 면담 목적을 유지하기 위해 노력해야 한다. 이 기술은 유용한 기술이지만 때로 강압적인 면을 띠고 있기 때문에 라포 및 신뢰관계에 위협이 되지 않도록 유의하면서 활용해야 한다.

예시

"우리가 오늘 아드님의 학교생활에 대해 얘기해 보기로 했는데, 지금까지는 주로 학교 주변 환경과 시설에 대해 살펴보았습니다. 학교 안으로 들어가서 아드님이 교우들, 담임선생님, 각 과목 선생님들과 어떻게 지내는지 차례차례 말씀해 주시겠습니까? 먼저 교우들과의 관계에 대해 이야기를 나누었으면 합니다."

"아드님의 학교생활 가운데 교우관계를 얘기하다가 교회에서의 친구관계를 얘기하게 되었군요. 교회에서의 친구관계는 잠깐 접어 두고 교우관계로 되돌아가서 얘기를 계속해 보도록 하지요."

10) 탐색기술

탐색기술(probing)은 클라이언트의 특정 상황, 정보, 경험, 생각, 감정 등에 대해 보다 구체적으로 깊이 있게 알아보고자 할 때 특히, 클라이언트가 진술한 내용 가운데 모호한 부분이 있을 때 활용할 수 있다(Gambrill, 1997). 카두신과 카두신(Kadushin & Kadushin, 1997)은 탐색기술을, ① 보다 자세한 설명을 위해 탐색을 요하는 '명료화 탐색(clarity probe),' ② 미처 다루지 못했거나 지나쳐 버린 내용을 탐색하기 위한 '완결 탐색(completion probe)' 그리고 ③ 클라이언트의 생각과 감정에 초점을 두면서 클라이언트 스스로 자신의 정서적 깊이를 헤아려 보도록 질문하는 '반응적 탐색(reaction probe)'으로 구분하였다.

탐색기술을 활용할 때 클라이언트가 자칫 방어적이거나 숨기려는 태도를 보일 수 있고, 클라이언트를 심문(혹은 반대심문)하는 느낌을 줄 수도 있기 때문에 이러한 점들에 주의를 요한다(Kadushin & Kadushin, 1997). 또한 이 질문기법이 사용될 때, 사회복지사는 적극적이지만 클라이언트는 수동적이 되는 단점을 가지고 있어(Kadushin & Kadushin, 1997) 어느 양극단으로 흐르지 않도록 조심해야 한다. 사적인 문제나 핵심 주제에 다가가지 못하고 주변을 맴돌 때 사회복지사는 가설(예: 만약 ~하다면)을 활용하여 탐색을 진행할 수 있고, 그와 함께 특정 질문을 하는 이유에 대해서 설명해 줄 필요도 있다(Trevithick, 2000).

예시

직업훈련상담을 제공하는 기관에서 44세의 저소득층 여성과 면담한 내용으로, 이 여성은 국민기초생활수급자이며, 남편은 장애를 가지고 있다.

사회복지사: 당신이 일하는 것에 대해 가족들은 어떻게 생각하나요?

클라이언트: 아이들 모두가 찬성을 하지요.

사회복지사: 모든 아이들이 찬성하는지요? (명료화 탐색)

클라이언트: 글쎄, 아이들은 일하는 것이 나를 위해서도 좋다고 생각하는 것 같아요. 일을 하면 집안일 이외에 다른 취미를 가질 수도 있으니까요. 그리고 아이들은 내가 일을 하게 되면 자기들이 집안일을 도와주어야 한다고 생각하고 있지요. 아이들은 그럴 준비가 되었다

고 말합니다.

사회복지사: 그러면 남편께서는 어떻게 생각하시나요?(완결 탐색-면담이 클라이언트가 일하는 것에 대한 아이들의 반응만을 다루었으므로 그동안 살펴보지 못했던 남편의 반응으로 초점을 확대한다)(Kadushin & Kadushin, 1997: 246에서 인용).

클라이언트: 내가 일을 안 하고 집에서 남편을 보살피다가 밖에 나가 일을 하겠다고 하니 약간 불안해하는 것도 같고…… 저도 좀 걱정이 돼요.

사회복지사: 남편을 집에 둔 채 밖에서 일하게 될 경우 걱정이 좀 되는군요. 어떤 점이 어떻게 걱정이 되는지요? (반응적 탐색-걱정의 깊이와 양상을 탐색)

11) 계약기술

계약기술은 클라이언트와 사회복지사가 각자의 역할, 책임, 기대 및 수행할 업무의 목적을 공식화하고 구조화하는 것이다(양옥경 외, 2000). 이를 위해 클라이언트와 사회복지사는 성취하고자 하는 목표에 대한 합의점을 모색해야 한다. 계약은 구두로 혹은 문서로 가능하나 합의사항은 가급적 문서로 보관하는 것이 좋다.

클라이언트와 사회복지사는 상호 욕구와 업무를 확인 및 이해한 후 각자 이행할 계약내용을 분명하고 명확한 언어로 표현해야 한다. 계약서에는 업무의 목적과 목표 및 성취방법, 성취를 위해 각자 수행할 역할 내용과 역할수행 장소, 면담시간 및 기간, 면담에 참여할 사람, 응급 시 연락할 사람, 역할수행 시 따라야 할 기본적인 수칙, 비밀보장, 사례기록 절차 등이 포함될 수 있다. 또한 계약서가 수정 내지 재작성될 수 있음과 동시에 그에 필요한 요건도 표기하는 것이 좋다(Trevithick, 2000).

계약서는 클라이언트와 사회복지사 사이의 협동적 관계를 공식화하는 기회가 되는 동시에 협동으로 수행하려는 업무의 목적을 분명히 하는 것이다. 하지만 계약서를 작성하는데 익숙하지 않은 클라이언트에게는 계약서가 하나의 구속이나 사슬처럼 느껴질 수 있다. 따라서 계약서를 작성하는 과정에서 클라이언트의 자유를 최대한 보장하는 가운데 문제설정 및 목표설정, 해결방법에 있어 클라이언트의 참여를 촉구할 필요가 있다.

단원 정리

이 장에서는 클라이언트와 생산적인 원조관계를 수립하기 위해 사회복지사가 갖추어야 할 자질들로서 공감적 이해, 긍정적 존중과 수용, 온화함, 진솔성, 강점 및 긍정적인 면에 초점 두기 등을 살펴보고 그 자질들을 개발할 수 있는 연습 기회를 가졌다. 그 후 사회복지실천에 필요한 기초기술이라 할 수 있는 다양한 기술을 연습과 예시를 통해 구체적으로 살펴보았다. 이러한 기술들이 반드시 사회복지사에게만 해당하는 기술은 아니며, 휴먼서비스에 종사하는 전문가들이 갖추어야 할 필수 기술이라 할 수 있다. 이들 기술들은 기초기술로서 보다 숙련된 기술 배양의 밑거름이 되는 것이라서 반복적인 훈련을 통해 자기 것으로 만들 필요가 있다.

참고문헌

양옥경, 김정진, 서미경, 김미옥, 김소희(2000). 사회복지실천론. 서울: 나남출판.
이장호, 금명자(1999). 상담연습 교본. 서울: 법문사.

Brill, N. I. (1997). *Working with People: The Helping Process* (6th ed.). New York: Longman.
Cournoyer, B. (2000). *The Social Work Skills Workbook* (3rd ed.). Belmont, CA: Brooks/Cole. 김인숙, 김용석 역(2006). 사회복지 실천기술 연습. 서울: 나남출판.
Evans, D. R. (1998). *Essential Interviewing: A Programmed Approach to Effective Communication* (5th ed.). Pacific Grove, CA: Brooks/Cole. 성숙진 역(2000). 상담의 필수기술: 효과적인 의사소통을 위한 사례중심 접근법. 서울: 나남출판.
Gambrill, E. (1997). *Social Work Practice: A Critical Thinker's Guide*. New York: Oxford University Press.
Hepworth, D. H., & Larsen, J. A. (1993). *Direct Social Work Practice: Theory and skills* (4th ed.). Pacific Grove, CA: Brooks/Cole.
Kadushin, A. (1990). *The Social Work Interview* (3rd ed.). New York: Columbia University Press.
Kadushin, A., & Kadushin, G. (1997). *The Social Work Interview* (4th ed.). New York: Columbia University Press.
Lishman, J. (1994). *Communication in Social Work*. Basingstoke: MacMillan/BASW.
Miller, J. B. (1976). *Toward a New Psychology of Women*. Harmondsworth: Penguin.
Sheafor, B. W., Horejsi, C. R., & Horejsi, G. A. (1997). *Techniques and Guidelines for Social*

Work Practice (4th ed.). Boston, MA: Allyn and Bacon.

Shulman, L. (1984). *The Skills of helping: Individuals, Families, and Groups* (3rd ed.). Itasca, IL: F. E. Peacock Publishers.

Trevithick, P. (2000). *Social Work Skills: A Practice Handbook.* Philadelphia, PA: Open University Press.

제2장

면담 및 사정기술

면담은 사회복지사와 클라이언트가 처음 만나 나누는 대화, 본격적으로 문제의 맥락과 원인을 살펴보기 위한 대화, 그리고 마지막 평가를 위한 면담에 이르기까지 다양한 상황과 맥락에서 다양한 형태로 오랫동안 이루어질 수 있다. 이 장에서는 **면담의 준비** 단계에서 수행해야 할 일에서부터 본격적인 면담을 수행하는 방법, 그리고 면담을 통해 이루어질 수 있는 다양한 **사정기술**을 살펴본다.

1. 면담 준비 단계의 기술

1) 면담 준비 단계의 의의와 과제

면담 전의 준비 단계는 사회복지 실천과정 가운데 중요한 과정임에도 불구하고 큰 관심을 받지 못한 부분이다. 사회복지사가 클라이언트를 만나기 전에 준비 단계에서 원조과정의 전반을 체계적으로 검토하고 준비하는 것은 사회복지실천의 효과를 향상시키기 위하여 초석을 놓는 것과 같다. 하지만 업무 폭주와 면담 사전준비의 필요성과 중요성에 대한 인식 부족으로 이 단계에 대한 준비가 매우 미흡한 것은 사실이다.

이 단계는 사회복지사가 클라이언트를 만나기 전에 사회복지사 입장에서 클라이언트가 사회복지사를 만나러 올 때 갖게 되는 생각과 감정을 미리 헤아려서 가급적이면 클라이언트의 상황에 사회복지사 자신을 맞추는 준비를 하는 단계이다. 이 단계에서는 클라이언트가 사회복지사와 만나기 전에 전화나 기타 방법을 통해 사회복지사에게 전달한 직간접 의사소통이나 비언어적 의사소통을 통해 클라이언트의 생각과 감정을 정확히 읽어내 그 상황에 맞추어 가려는 준비를 해야 한다.

면담에 대한 준비를 통해 사회복지사는 면담의 구조 설정, 면담의 과업 파악, 과업성취를 위한 방법의 모색, 시간 활용 방법의 구체적 계획 등을 수립할 수 있다. 하지만 면담과정이 반드시 준비된 대로 진행되는 것은 아니므로 유연성을 발휘할 마음의 자세를 가질 필요가 있다. 트레비식(Trevithick, 2000)은 다음과 같은 욕구와 기대를 고려하여 면담의 계획 및 준비를 해야 한다고 하였다.

① 도움을 요청하는 클라이언트 개인 혹은 집단의 욕구와 기대
② 클라이언트와 관계하는 중요한 타인들의 욕구와 기대
③ 실무자로서 사회복지사가 바라는 개인적인 기대와 전문적인 기대
④ 기관의 정책과 절차, 실천지침, 자원, 기관을 대표하는 사람으로서의 자격요건
⑤ 클라이언트 개인 혹은 집단과 관계하고 있는 타 전문가

클라이언트 개인의 욕구와 기대를 파악하는 방법에는 여러 가지가 있지만 대체로 접수양식 혹은 전화로 도움을 요청할 때 제공된 정보를 이용하는 경우가 많다. 즉, 접수양식에는 클라이언트가 기관에 서비스를 요청하는 이유가 간략하게 기술되어 있고, 전화로 도움을 요청하는 경우에는 도움을 요청하게 된 배경에 대해 간략하게 질문을 주고받게 되므로 이들을 통해 클라이언트의 욕구와 기대를 파악할 수 있다. 반면, 집단의 욕구와 기대는 사회복지사가 개별 클라이언트의 욕구를 파악한 후 집단을 구성하는 경우 명확하게 드러날 수 있다. 클라이언트를 둘러싸고 있는 중요한 타인인 가족, 친구, 이웃 등의 욕구와 기대를 파악하는 일은 면담 전 단계에서 쉽지 않은 과제이다. 문제상황에 대한 이해와 분석이

충분히 이루어지지 않은 상태이므로 정보가 매우 한정되어 있을 수 있기 때문이다. 하지만 초기 면담을 준비하는 과정에서 주어진 정보를 바탕으로 클라이언트를 둘러싸고 있는 중요한 타인의 욕구를 가늠해 보고 면담에 임할 때 면담을 보다 체계적이고 목표 지향적으로 이끌어 갈 수 있을 것이다.

사회복지사는 전문직 종사자로서 클라이언트에게 갖는 기대가 있다. 예를 들어, 면담시간을 지킬 것, 약속시간을 취소할 때 사전에 연락할 것, 기관 내에서는 금연할 것, 정해진 서비스 이용료를 제때 납부할 것 등이 있다. 또한 문제해결을 위해 적극적으로 참여할 것, 변화에 대해 수시로 피드백을 제공해 줄 것과 같은 원조과정에서의 기대를 고려해 볼 수 있다. 사회복지사는 이러한 기대를 주로 언어적으로 표현하기도 하지만 기관의 정책이나 지침에 따라 구체적인 문서로 미리 작성해 놓은 후 계약과정에서 자세히 설명할 수 있다.

사회복지사는 종종 클라이언트와 관계하고 있는 주요 전문가(예: 교사, 의사, 변호사, 심리학자 등)들과 수시로 연락을 취해야 할 경우가 있다. 특히, 준비 단계에서는 클라이언트가 이들 전문가들과 어떤 상황에서 관여하고 있는지 가늠해 보고, 필요한 경우 클라이언트의 사전동의를 얻어 이들의 전문소견을 문서나 구두로 파악할 필요가 있다. 이들 가운데는 클라이언트를 사회복지서비스 기관에 의뢰한 전문가도 있을 수 있으므로 이들을 통해 의뢰 이유와 관심 영역 등을 파악할 필요가 있다.

2) 면담 준비기술

면담을 계획하고 준비하기 위해서는 **면담점검표**(〈표 2-1〉 참고)를 작성하여 준비가 제대로 이루어지고 있는가를 확인해 보는 것이 좋다. 이 방법 외에 면담을 성공적으로 이끌기 위해 사회복지사는 최근에 진행되었던 사례일지나 최근 사건, 사건과 관여된 사람들 등에 대해 숙지할 필요가 있다. 이를 통해 면담에 임하는 사회복지사가 능력을 갖추고 있으며 클라이언트와 그의 문제해결에 관심을 갖고 있음을 나타내 보일 수 있다. 특히, 사회복지사에게 도움을 요청하는 사람들은 전문가에 대한 막연한 두려움이나 불안감을 가질 수 있으므로 클라이언트가 요청하는 도움과 문제의 성격에 대해 정확히 이해하고 클라이언트를 대할 때 그 두려움과 불안감을 해소할 수 있다(Trevithick, 2000).

표 2-1 초기 면담점검표

1. 예의 갖추기

클라이언트에게 인사한다.
클라이언트가 편안한지 확인한다.
클라이언트가 면담에 응하는 데 어려움이 있는지 파악한다.
클라이언트를 존중하면서 부드럽게 말한다. 적대적이거나 얕보는 말은 회피한다.
클라이언트가 면접에 온 것이 외적 압력에 의한 것인지 확인한다.

2. 기관의 서비스에 대한 정보제공

면접의 회기, 빈도, 시간에 관해 설명한다.
서비스 전반에 관해 간략하게 설명한다(예: 현재의 염려 사항에 초점 두기, 중요한 사람을 포함시킬 것인지 여부 등).
서비스 제공에 있어 다른 유형의 서비스가 있으면 이를 설명한다(예: 가정방문).
서비스 이용료에 대해 설명한다.
첫 면담의 목적을 설명한다.

2.1. 클라이언트의 책임

면담시간을 지킨다.
면담시간을 지키지 못할 경우 24시간 이전에 면담시간을 취소한다.
합의된 서비스 이용료를 지불한다.
문제에 변화가 있는지 확인한다.
어려움을 사회복지사와 공유한다.

2.2. 사회복지사의 책임

면담시간을 지킨다.
비밀을 보장한다.
클라이언트 문제의 변화에 대해 피드백을 제공한다.
다양한 절차 및 그 이유에 대해 분명하게 설명한다.
효과적인 서비스를 제공한다.
클라이언트의 동기를 향상시키도록 노력한다.

3. 협력관계를 독려한다.

초기 면담에 중요한 사람들을 포함시킨다.
면담에 참여해야 하는 클라이언트의 책임을 강조한다.
클라이언트가 피드백과 제안을 하도록 요청한다.
클라이언트가 이해하고 있는지 수시로 확인한다.

클라이언트의 소중한 제안과 피드백을 지지한다.
클라이언트가 보일 수 있는 주저함을 예측해 본다.

4. 정보를 수집한다(필요한 정보를 수집하기 위해 추가 면담이 필요할 수 있다).
각 개인의 문제와 염려 그리고 성취하고자 하는 결과의 목록을 작성한다.
우선순위를 설정한다.
이 시점에서 도움을 요청하는 이유를 파악한다.
문제를 그냥 지나쳤을 때 발생할 수 있는 결과를 파악한다.
클라이언트의 구체적인 행동, 사고, 느낌이 어떻게 증가되거나 감소되고, 변화되거나 유지되어야 하는지 혹은 안정되어야 하는지 파악한다.
발달력, 가족력과 같은 관련 정보를 수집한다.
클라이언트의 문제에 영향을 미치는 선행사건, 결과 등을 파악한다.
클라이언트의 현재 생활에 대한 전반적인 정보를 수집한다.
기대치를 결정한다.
문제에 대해 클라이언트와 중요한 사람들의 관점을 파악한다.
문제와 관련해서 어떤 결과가 있었는지 구체적으로 파악한다.
원하는 결과를 얻기 위해 어떤 노력을 해 왔으며, 그 결과가 어떤지 파악한다.
원하는 결과를 성취하였을 때 이것이 클라이언트와 중요한 사람들에게 미치는 장단기적 영향을 검토한다.
개인적 · 환경적 자원을 파악한다.
예측되는 장애물과 이를 극복할 방안을 모색한다.
기초선(prebaseline) 정보를 수집한다.
클라이언트의 동기를 사정한다.
클라이언트의 실질적인 진전을 파악할 수 있는 구체적 지표를 모색한다.

5. 도움을 제공한다.
지지를 제공한다.
잘 진행되고 있는 부분을 파악하도록 클라이언트를 돕는다.
개별화된, 성취 가능한 목표와 결과를 파악한다.
긍정적인 기대를 할 수 있도록 돕는다.
클라이언트의 문제에 대해 도움이 될 수 있는 관점을 제공한다.
문제해결 기술을 향상시킬 수 있도록 돕는다.
필요한 서비스를 제공한다.

6. 공동결정을 한다.
계약에 동의한다.

명료한 언어로 합의하거나, 혹은 서면으로 동의서를 작성한다.
도움이 될 만한 과제를 선택한다.
다음 면담을 약속한다.
필요한 경우 타 기관에 의뢰한다.

출처: Gambrill, E. (1997). *Social Work Practice: A Critical Thinker's Guide* (pp. 267-269). New York: Oxford University Press.

코노이어(Cournoyer, 2000; 김인숙, 김용석 역, 2006: 143에서 재인용)는 사회복지사가 **면담 준비**를 위해 활용할 수 있는 구체적 기술 여덟 가지를 단계별로 제시하였다. 이를 살펴보면 다음과 같다.

(1) 사전 검토

이는 클라이언트의 이전 기록과 기관의 정보 및 클라이언트의 기본적 배경(예: 교육 정도, 경제 상황)을 검토하는 것이다. 이 단계에서 클라이언트에 대한 편견이나 선입견을 갖지 않도록 주의한다.

(2) 사전 탐색

접수나 초기 면담을 담당한 사람과 클라이언트를 의뢰한 사람에게서 클라이언트와 그의 상황에 대한 정보를 수집하는 것이다. 클라이언트가 같은 기관의 다른 사회복지사로부터 서비스를 제공받았다면 이전에 서비스를 제공했던 동료 사회복지사로부터 정보를 수집하는 것도 이에 해당한다.

(3) 사전 협의

이는 슈퍼바이저나 동료에게서 조언을 구하는 것을 의미한다. 예를 들어, 우울증을 보이는 여자 청소년을 면담할 예정인 사회복지사는 우울증 증상 및 잠재적인 자살 가능성, 응급상황 대처방안 등을 파악하기 위한 질문 목록을 슈퍼바이저나 동료와 협의해 볼 수 있다.

(4) 물리적 환경 정리

이것은 첫 면담을 위해 물리적 준비를 체계적으로 하는 것을 의미한다. 예를 들어, 약속 시간 확인, 면담실의 사전예약 및 충분한 시간 확보, 비밀보장이 될 수 있는 공간 확보, 가구배치 그리고 필요한 경우 교통편의 및 주차, 장애인을 위한 편의시설 등과 관련하여 준비한다. 나아가, 대기실에 최신 잡지 등과 같은 읽을거리와 음료수, 간단한 그림 등을 비치함으로써 방문하는 클라이언트로 하여금 안락감을 가질 수 있도록 하는 준비도 이에 해당된다. 그리고 아동의 발달연령과 사회문화적 배경에 맞는 장난감과 그림 등도 비치할 수 있다.

(5) 사전 공감

클라이언트가 초기 면담에 오기 전이지만 클라이언트가 겪을 수 있는 느낌이나 현재의 문제 및 상황에 민감하게 반응할 수 있도록 사전 공감을 실천해 보는 것이다.

(6) 사전 자기탐색

이것은 자기인식 및 전문적인 자질 향상과 매우 관련이 깊다. 이것은 자기분석의 한 형태로서, 타인과의 상호작용에서 자신이 어떻게 영향을 주고받는지를 파악하는 것으로 사회복지사 자신의 개인 이력을 되돌아보고, 자신의 특징, 욕구, 편견, 정서적 약점, 행동 양상 등을 이해하는 것이다.

(7) 집중적 자기관리

이는 사회복지사의 개인 사정이 전문가로서의 의무와 서비스 전달에 방해가 되지 않도록 하는 것이다. 예를 들어, 집안문제로 업무에 집중하기 어려우면 클라이언트와의 면담에 있어서도 집안문제가 자꾸 떠오르게 되기 때문에 사회복지사는 적절한 조치(예: 클라이언트에게 양해를 구하고 면담을 취소하거나 재조정하는 것)를 취해야 한다.

(8) 면담 목적 및 방향 사전 설정

이것은 사회복지사가 면담 전에 면담의 목적과 목표를 검토하고, 면담에서 논의할 주요 과제를 임시적으로 설정하는 것을 의미한다. 면담에는 면담의 목적에 따라, ① 정보수집을 위한 면담, ② 정보제공을 위한 면담, ③ 사정을 위한 면담, ④ 변화를 위한 면담이 있지만 모든 면담이 반드시 이러한 분류로 구분될 수 있는 것은 아니며, 서로 중복되는 부분이 있을 수 있다. 그러나 무엇에 초점을 더 두는가에 따라 면담의 목적이 달라질 수 있으므로 이에 대한 사전 고려가 필요하다. 예를 들어, 사회복지사와 클라이언트 간 면담이 클라이언트의 심리적 고통을 감소시키기 위한 것인지, 생계수단의 강구를 위한 것인지, 이혼을 위한 법률적 조언을 구하는 것인지, 성격변화 및 자아성장을 위한 것인지 등에 따라 면담의 방향은 다르게 된다. 따라서 클라이언트가 '지금-여기서' 얻기를 원하는 것이 무엇인지를 정확히 파악하고 그에 대한 해결방안을 미리 생각해 봄으로써 면담의 목적을 명료하게 할 필요가 있다.

↑ **연습 2-1:**

- 극심한 빈곤과 가정폭력에 시달려 온 40대 여성이 가정폭력 피해여성 지원 쉼터로 찾아와 사회복지사와의 첫 면담을 앞두고 있다. 이에 비해 사회복지사는 20대 중반, 미혼으로 부족함이 없는 중산층 가정에서 성장하였다. 앞서 제시한 여덟 가지 사전 기술을 바탕으로 사회복지사가 초기 면담 전에 준비 혹은 확인할 목록을 만들어 보자. 혹은 학생들을 소집단으로 분류하여 앞서 제시한 각각의 기술에 대해 확인할 목록을 만들어 발표해 보자.

2. 면담 시작기술

1) 첫 면담에 대한 불안 수용

사회복지 실천과정에서 첫 면담은 사회복지사와 클라이언트 모두에게 다양한 감정과 반응을 불러일으킨다. 더욱이, 누군가에게 도움을 요청한다는 측면에서 클라이언트는 도움 요청에 대한 **양가감정**을 갖게 되며, 어디서부터 문제상황을 설명해야 할지 당황해하고 혼돈을 경험하게 된다. 즉, 문제해결에 대한 희망을 가지면서도 한편으로 사회복지기관으로부터 문제해결에 실질적인 도움을 받을 수 있을지 그리고 자신의 문제상황을 이해하고 수용할 수 있을지 등 갖가지 의문을 갖게 된다. 한편, 첫 면담은 사회복지사와 클라이언트 모두 상대방에게 첫인상을 심어 준다는 측면에서 후속 면담 및 관계 형성 그리고 문제해결 및 서비스의 효과성에 많은 영향을 줄 수 있다. 또한 성공적인 첫 면담은 조기 종결이나 중도탈락을 예방할 수 있는 기회를 제공할 뿐만 아니라 비자발적이거나 참여의지가 미약한 클라이언트의 참여 동기를 강화할 수 있기 때문에 매우 중요하다.

2) 면담의 시작

면담의 시작 단계에서 사회복지사는, ① 자기소개하기, ② 클라이언트에게 클라이언트 자신 및 동행인에 대한 소개를 요청하기, ③ 첫 면담의 목적 설명하기, ④ 클라이언트의 역할 설명하기, ⑤ 기관의 정책 및 윤리적 요건에 대해 설명하기, ⑥ 피드백 요청하기 등과 같은 과업을 수행하게 된다(Cournoyer, 2000).

사회복지사가 첫 면담에서 처음으로 해야 할 것은 자기를 소개하는 것이다. 때로 자기소개가 사회복지사의 업무공간이나 면담실에서 이루어지기도 하지만 대기실에서 이루어질 수도 있다. 사회복지사는 자신의 성명, 소속기관 및 부서 그리고 직위 등에 대해 간략하게 소개한다. 클라이언트 가운데는 사회복지사의 학력과 출신학교, 자격증 소지 여부에 대해 문의하는 경우도 종종 있다. 사회복지사는 이러한 사항에 대해 솔직하고 편하게 답하되 이러한 질문의 의미를 파악해 볼 필요가 있다. 클라이언트는 사회복지사가 전문가로서 자격을 갖추었는지, 신뢰할 수 있는 사람인지, 준비된 사람인지를 확인하고 싶어 할 수 있다. 사회복지 실습생일 경우에는 학생 신분인 점과 실습기간을 명료하게 설명하여 후에 오해의 소지가 없도록 해야 한다.

자신의 소개가 끝나면 클라이언트에게 클라이언트 자신 및 함께 온 동행인(예: 가족)에 대해 소개해 줄 것을 요청한다. 접수양식과 사전 전화통화를 통해 방문할 클라이언트에 대해 알고 있다면 기관을 방문한 사람의 이름을 확인해 보고 인사를 나눈다. 우리 문화 특성상 대체로 연령을 고려하여 연장자의 순으로 인사를 나누는 것이 상례라 할 수 있다. 경우에 따라서는 클라이언트와 동행인을 어떻게 부를 것인지 확인하는 것도 필요하다. 예를 들어, "제가 ○○ 어머니라고 불러도 될까요?" 혹은 "제가 김 선생님이라고 불러도 될까요?", "나이를 고려해 보니 내가 너를 △△라고 불러도 될 것 같은데 괜찮겠니?" 등과 같은 확인이 필요하다.

클라이언트와 사회복지사 간에는 연령의 차이가 날 수 있다. 클라이언트가 아동이면서 부모가 동행하였을 경우 문화적인 특성상 '○○ 어머니', '○○ 아버지' 등으로 부르기도 한다. 또한 어린 클라이언트에게는 일반적으로 낮춤말을 쓰지만 이것이 반드시 긍정적인 것은 아니다. 특히, 사회복지사가 아동을 접할 때는 발달적 · 교육적 측면이 강조될 수 있기 때문에 연하의 아동이라도 존댓말을 쓸 필요가 있다. 예를 들어, "△△야, 이 크레용을 탁자 한편으로 치워 줄래?"와 "△△어린이, 이 크레용을 탁자 한편으로 치워 줄래요?"는 매우 다른 어감을 가질 뿐만 아니라 듣는 아동에게도 예의범절을 자연스럽게 배울 수 있는 기회를 갖게 한다.

↑ 연습 2-2: 혼자 거울을 보고 혹은 둘씩 짝을 지어 상대방을 보면서 온화하고 부드러우며 긍정적인 인상을 심어 줄 수 있는 표정으로 자신을 소개해 보자. 그리고 클라이언트의 발달연령을 고려하여 각 발달연령(예: 유아, 학령기 아동, 청소년, 성인, 노인 등)과 인지능력에 맞는 언어적 표현을 연습해 보자.

자연스럽게 인사를 마치면 사회복지사는 면담의 목적을 설명한다. 면담의 목적 설명을 통해 사회복지사는 클라이언트로 하여금 적절한 기대를 갖게 하고 불필요한 혼동과 막연한 불안을 해소할 수 있다. 목적의 설명은 어려운 전문용어나 현학적인 표현은 가급적 피하면서, 되도록이면 직접적이고 분명하면서도 부드럽게 진행되어야 한다. 예를 들어, "오늘은 저희 기관을 처음 방문하셨으므로 저희 기관에 오시게 된 이유를 알고 싶습니다. 그런 다음에 저희 기관에서 제공하는 서비스에 대해서 설명해 드리도록 하겠습니다. 저희 기관에 어떻게 오시게 되었나요?" 또 다른 예를 들어 보면, "오늘은 △△께서 가정폭력을 당하신 후 가장 힘들어하는 부분이 무엇인지를 알아보고자 합니다. 무엇이 가장 힘든지, 무엇이 가장 걱정이 되는지 그리고 어떤 도움을 원하는지를 차례차례 말씀해 주시면 됩니다. 그런 다음 해결방안을 함께 모색해 보도록 하지요. 자, 먼저 무엇이 가장 힘드셨나요?"

클라이언트가 기관을 처음 방문하여 첫 면담을 할 때는 많은 불안감이나 불확실한 느낌을 갖게 된다. 따라서 사회복지사는 첫 면담에서 클라이언트의 불안감을 감소시킬 수 있도록 노력할 필요가 있다. 이를 위해 사회복지사는 첫 면담을 구조화시키는 방법을 고려해 볼 수 있다(Hersen & Van Hasselt, 1998). 즉, 첫 면담이 어떻게 진행될 것이고, 몇 분간 진행될 것이며, 첫 면담에서 행할 과업이 무엇인지를 설명한 후에 본격적인 면담을 시작하는 것이다. 또한 면담 진행 과정에서 클라이언트의 역할과 클라이언트에 대한 기대를 설명하면 이러한 불안이나 불확실한 느낌을 감소시킬 수 있다. 이 과정에서 사회복지사는 클라이언트가 지켜야 할 기본 사항을 점검할 수 있다. 이에는 ① 면담을 위해 시간약속을 미리 해 줄 것과 꼭 지킬 것, ② 시간약속을 취소할 경우에는 반드시 24시간 이전에 사전 통보해 줄 것, ③ (해당되는 경우) 합의된 서비스 이용료를 납부해 줄 것, ④ 클라이언트의 상황 변화를 사회복지사에게 알려 줄 것, 특히 문제상황에 진전이 있거나 해결의 가능성이 있을 때 이를 함께 논의해 줄 것, ⑤ 사회복지사가 활용하는 이론적 접근방법에 따라 클라이언트에게 과제를 내 줄 경우 이를 성실히 수행해 달라고 요청할 것 등이다. 클라이언트의 역할이나 기대와 관련된 이러한 설명은 클라이언트를 책임 있는 사회구성원으로 이끌고자 한다는 점에서 클라이언트의 사회화(socialization)라고 불리기도 한다.

사회복지사는 기관의 목적, 운영방식, 윤리적 요소와 관련된 내용을 설명할 의무가 있는데 이를 첫 면담에서 실행하는 것이 좋다. 예를 들어, "저희 기관은 아동 및 가족에게 상담을 제공해 주는 기관입니다." 혹은 "저희 복지관에서는 △△가 필요로 하는 서비스를 제공해 주는 기관으로, 아시다시피 △△가 사시는 이 지역에 위치하고 있습니다. 저희 복지관은 서울시에서 위탁을 받아 ○○사회복지법인에서 운영하고 있습니다." 등과 같이 간략하게 기관의 목적이나 운영 상황을 설명할 필요가 있다. 그런 다음 기관의 서비스 수혜자격과 요건, 수혜기간, 전달방법, 절차, 후속조치 등에 대해 클라이언트가 이해할 수 있는 수준으로 충분히 설명하고 이를 이해했는지 확인할 필요가 있다.

윤리적 요소들 가운데는 **비밀보장**이 가장 중요한 요소일 수 있다. 외국에서는 사회복지사의 비밀보장이 지켜질 수 없는 경우를, ① 아동학대가 발생하는 경우, ② 클라이언트가 자해(예: 자살시도)의 위험이 있는 경우, ③ 클라이언트가 타인을 해칠 위험이 있는 경우, ④ 클라이언트가 사회복지사와 기관을 대상으로 소송을 제기했을 경우로 제한하고 있으며, 아동학대, 자살 혹은 타인에게 해를 끼칠 경우에는 생명존중과 안전의 원칙에 따라 해당 기관이나 당사자에게 알려 줄 의무가 있다(Hersen & Van Hasselt, 1998). 따라서 비밀보장의 예외에 해당되는 경우를 첫 면담에서 분명하고 차분하게 설명할 필요가 있다. 이러한 설명에도 불구하고 불안한 마음으로 첫 면담에 임하는 클라이언트의 경우 이러한 윤리적 요소를 충분히 이해하기 어려울 뿐만 아니라 처음 기관을 찾은 목적이 이런 요소들과 거리가 있다면 자신과는 상관없다고 여길 수 있다. 그러나 서비스 제공과정에서 클라이언트는 다양한 문제를 사회복지사에게 가져올 수 있으며, 이 과정에서 앞의 경우에서 마지막을 제외한 세 가지 경우에 해당되는 문제가 종종 발생한다. 이때 비밀을 보장하지 못할 경우, 클라이언트는 첫 면담에서의 설명을 기억하지 못하거나 들은 바를 부인하면서 사회복지사를 불신하여 전문적 관계에 심각한 손상을 가져올 수 있다. 이러한 결과를 예방하기 위해서는 **비밀보장**과 비밀보장의 예외에 대한 설명이 클라이언트에게 정확히 전달되고 인식되었는지를 면담 초기에 확인하는 것이 좋다.

이상과 같이 첫 면담을 통해 클라이언트의 상황에 대한 이해와 기관에 대한 설명을 마치면 사회복지사는 클라이언트에게 더 궁금한 점이 있는지를 물어보고, 질문이 있을 경우 그에 대해 답을 해 준다.

3) 면담 관련 주의사항

사회복지사가 클라이언트와 면담을 진행할 때 다양한 상호작용이 발생한다. 이러한 상호작용에는 악수하기 및 신체적 접촉, 비공식적 대화 등을 포함할 수 있으며, 이들을 보다 구체적으로 살펴보면 다음과 같다.

(1) 악수하기

일상적인 만남이나 모임에서 악수를 하는 것은 일상적인 관례이지만 클라이언트와의 악수는 클라이언트의 생활경험이나 관습에 따라 복잡한 양상을 띠게 된다. 예를 들어, 남녀 간 악수와 연령 차이가 많이 나는 사람 간 악수, 또는 악수를 할 수 없는 신체 조건을 가진 클라이언트와의 악수는 여러 가지 미묘한 의미를 내포할 수 있다. 따라서 사회복지사는 관례적으로 생각 없이 악수를 청하기보다는 상황을 민감하게 파악하여 클라이언트와의 라포 형성에 도움이 되는 방향으로 적절히 행동해야 할 것이다. 사회복지사는 악수를 함으로써 공식적으로 면담을 시작한다는 메시지를 간접적으로 전달할 수 있으며, 이를 통해 클라이언트를 환영하는 말을 할 수 있는 기회도 갖게 된다.

악수와 같은 간단한 관습에서도 사회복지사는 자신의 직관력을 활용할 수 있다. 클라이언트의 상황을 전혀 알지 못하는 상황에서도 악수를 통해 어느 정도 클라이언트의 상황을 파악할 수 있다. 예를 들어, 악수하는 과정에서 상대방의 손의 감촉을 통해 클라이언트의 일상을 어느 정도 파악할 수 있다(예: 막노동자의 손과 사무직 근로자의 손의 감촉 차이). 적극적으로 손을 내미는 사람은 소극적으로 손을 내미는 사람에 비해 외부세계에 보다 개방적일 수 있다.

(2) 신체적 접촉

신체적 접촉은 비언어적 의사소통 가운데 강력한 영향력을 발휘할 수 있다(Brill, 1997). 예를 들어, 면담과정에서 클라이언트가 감정에 북받쳐 흐느껴 우는 경우가 있다. 보통 이러한 클라이언트를 볼 때 위로의 말을 건네거나 어떠한 행동을 취하지 않으면 어색하고 비인간적이며 냉정하다는 인상을 줄까 봐 염려하게 된다. 따라서 휴지를 건넨다든지, 어깨를 가볍게 두드려 준다든지, 손을 잡아 주는 경우가 있을 수 있다. 하지만 사회복지사가 행하는 일련의 위로 행동이 클라이언트에게 반드시 똑같은 의미로 전달되는 것은 아니다. 아동학대 혹은 성희롱과 같은 경험을 갖고 있는 클라이언트는 신체적 접촉, 특히 간단한 포옹과 같은 행동을 매우 불편해하거나 그로 인해 과거의 학대 경험을 떠올릴 수 있다. 그리고 우는 클라이언트의 손을 잡아 주는 행동은 클라이언트의 울음을 그치게 만들어 결국은 감정을 표현할 수 있는 기회를 막을 수도 있다(Trevithick, 2000). 신체적 접촉이 긍정적으로 활용되었을 때 사회복지사는 클라이언트에게 친근감과 정서적 지지를 보여 줄 수 있지만, 그렇지 못한 경우 전문적 관계에 치명적인 손상을 가져올 수 있으므로 주의해야 한다.

한편, 사회복지사는 자신에 대한 인식과 함께 전문가로서의 반응과 한 인간으로서의 개인적 반응을 구분할 수 있어야 한다. 이를 위해 사회복지사는 클라이언트가 표현하는 감정을 '공감'하고 그 감정을 충분히 표현할 수 있도록 격려하되, 클라이언트가 편안함을 느낄 수 있는 적절한 방법으로 반응할 수 있도록 노력해야 한다. 부드럽고 다정한 목소리로 위로를 제공할 수 있다면 클라이언트는 위안과 평온을 느끼게 될 것이다. 이러한 기술들은 훈련을 통해 어느 정도 습득할 수 있는 것이기는 하지만, 사회복지사의 개인적 성격에 더 많은 영향을 받을 수 있는 것이기 때문에 사회복지사는 자신의 평소 감수성과 직관력을 점검해 보고 필요한 경우 그러한 자질을 향상시키기 위한 노력을 해야 한다.

(3) 비공식적인 대화의 시작

클라이언트를 따뜻하게 맞이하는 방법 가운데 하나는 날씨 혹은 기관에 찾아오는 과정에서의 어려움(예: 주차문제, 교통편의 등)과 같은 주제를 택하여 비공식적인 대화로 시작하는 것이다. 이러한 비공식적인 대화를 얼마나 오랜 시간 동안 할 것인가는 사회복지사의 직관력에 달려 있다. 지나치게 짧게 하는 것은 금방 넘어간다는 느낌을, 지나치게 길게 하는 것은 불필요한 대화에 시간을 낭비하는 것과 같은 느낌을 갖게 한다(Trevithick, 2000).

비공식적인 대화를 무시할 수 없는 이유는 그 것이 사회복지사가 어떤 방식으로 면담을 이끌 것인지에 대한 인상을 심어 줄 수 있기 때문이다. 어떤 클라이언트는 첫인상에서 받은 느낌을 중요시할 뿐만 아니라 처음 몇 분간의 상호작용을 통해 얻은 사회복지사에 대한 인상을 끝까지 그대로 유지하기도 한다. 또한, 비공식적 대화는 편안한 분위기를 만들어 클라이언트가 꺼내기 힘든 주제를 쉽게 말할 수 있는 기회를 제공할 수 있다.

3. 사정기술

클라이언트가 사회복지사의 도움을 요청할 때 자신의 상황에 대해 일관성 있고 체계적으로 정리하여 보고하면 문제해결 가능성은 높다. 그러나 클라이언트가 제공하는 정보는 모호하고 분산되어 있는 경우가 많기 때문에 사회복지사는 자신의 이론적 관점, 기관의 특성 및 목적과 서비스 등을 고려하여 클라이언트로부터 수집한 정보를 사회복지실천 목적에 맞게 정리할 필요가 있다. 사정은 수집된 자료 혹은 정보를 종합하여 해석하고 의미를 부여함으로써 문제를 최종적으로 규정하여 실천의 방향을 결정하기 위한 노력이다. 클라이언트의 상황을 정확하게 사정하면 정확한 개입계획을 수립할 수 있고, 결과적으로 사회복지실천의 효율성 및 효과성을 높일 수 있게 된다.

사회복지실천에서 사정은 다음과 같은 특성을 갖는다(Johnson et al., 1997).

① **사정**은 계속되는 과정이다. 클라이언트와의 초기 면접 시 사정으로 모든 사정이 끝난 것이 아니라 사회복지실천의 과정이 종결되는 시점까지 계속적으로 이어지는 과정이다. 따라서 반복적으로 클라이언트를 만나야 할 경우라면, 새로운 면담을 시작하는 첫 단계에서 클라이언트의 상황에 변화가 있었는지를 물어봄으로써 클라이언트의 최근 상황을 이해할 필요가 있다.

② 사정은 이중 초점을 갖고 진행된다. 클라이언트와 그를 둘러싼 환경 그리고 클라이언트와 환경체계 간의 상호작용을 동시에 이해해야 하므로 이중 초점을 갖는다.

③ 사정은 클라이언트와 사회복지사의 상호 과정이다. 클라이언트는 필요에 따라 자신의 상황에 대한 정보를 과장하거나 축소할 수도 있다. 사회복지사는 클라이언트를 신뢰하는 관계 속에서 그러한 정보를 그대로 수용할 수도 있고, 보다 정확한 정보를 수집하기 위해 클라이언트의 진술에 대해 반복하여 질문하거나 심층적인 질문을 할 수 있다. 따라서 클라이언트와 사회복지사의 상호작용에 따라 그 면접 방향과 내용이 처음 의도했던 것과 달라질 수 있다.

④ 사정에는 사고의 전개과정이 있으며, 이론적 지식을 기반으로 하고 있다. 사정과정에서 사회복지사는 클라이언트의 정보가 논리적이며 일관성이 있는지를 지속적으로 점검한다. 특히, 클라이언트의 정보가 부분적으로 단절되어 제공되더라도 전체적인 맥락 속에서 이러한 정보를 통합하여 분석하게 된다. 사정의 방향과 맥락은 대개 이론이 설명하는 바에 의해 설정되므로 사회복지사는 특정 문제현상과 관련된 이론을 숙지할 필요가 있다.

⑤ 수평적 · 수직적 탐색 모두가 중요하다. 사회복지사는 클라이언트의 수평적 정보, 즉 현재의 기능과 능력 및 대인관계 등을 파악하면서 동시에 수직적 탐색, 즉 생활사를 모두 판단할 필요가 있다.

⑥ 사정은 개별적이다. 사회복지사가 대면하는 클라이언트는 그 사람 나름대로 개별적인 독특한 상황에 처해 있기에 개별화된 사정이 요구된다.

사정 단계의 주요 과업은, ① 문제발견, ② 정보수집, ③ 규정된 문제에 대한 계획수립이다. 사회복지사가 클라이언트의 상황을 사정할 때 사용하는 기술로 의사소통기술이 가장 기본이 된다. 그리고 클라이언트에 적합한 **사정도구**를 활용하여 클라이언트에 대한 이해를 촉진할 수 있다. 의사소통기술은 앞 장에서 다루었으므로 여기서는 사정도구를 활용한 사정방법에 초점을 두고자 한다. 클라이언트를 사정함에 있어 염두에 두어야 할 점은 클라이언트의 문제를 가장 잘 이해하는 사람이 클라이언트 자신이라는 것이다. 따라서 클라이언트만큼 훌륭한 정보원도 없다. 다만, 사회복지사는 클라이언트가 제공하는 정보가 어느 정도의 신뢰성과 일관성이 있는가를 항상 분석하고 점검해야 한다.

1) 사정도구

사회복지사는 클라이언트 개인과 그의 환경에 관한 객관적 자료를 확보할 필요가 있다. 정확하고 객관적인 자료수집을 위해서는 다양한 정보원(information sources)을 활용한다. 이는 사회복지사가 클라이언트를 사정함에 있어 다양한 정보를 교차 확인하기 위함이다. 사정에서 활용할 수 있는 정보원은, ① 클라이언트, ② 클라이언트의 가족을 포함한 주변인, ③ 타 전문가, ④ 클라이언트의 비언어적 행동, ⑤ 초기 면접지 혹은 서비스 신청서, ⑥ 각종 검사 결과(예: 심리검사, 신체검사), ⑦ 기록(병원 의료 기록, 이전의 상담일지 등)이 있다. 또한 사회복지사의 가정방문은 클라이언트의 상황을 직접 확인해 볼 수 있는 매우 훌륭한 방법이지만 가정방문 시 이동시간, 이동수단, 방문 약속시간 등이 한계점으로 작용할 수 있다. 따라서 사회복지사는 어느 정도의 정보가 수집되었으면 별도의 시간을 할애하여 클라이언트에 대한 정보를 일목요연하게 정리할 필요가 있는데, 앞으로 소개할 사정도구는 정보를 잘 정리하는 데 도움이 된다.

클라이언트가 제시하는 정보와 타 전문가들의 평가와 기록 그리고 사회복지사가 수집한 광범위한 정보를 효과적으로 정리하여 클라이언트에 관한 정보를 한눈에 파악할 수 있도록 할 때 활용할 수 있는 도구로, ① 생태도, ② 사회지지(관계)망, ③ 생활력 표, ④ 생활주기표, ⑤ 정신상태검사(mental status exam: MSE), ⑥ 심리검사 등이 있다. 이외에 가계도와 소시오그램 등이 있는데, 가족치료에 유용한 가계도는 제11장에, 집단상담에서 유용한 사정도구인 소시오그램, 의의차별척도, 상호작용 차트 등은 제8장에 제시하였으므로 이를 참고하기 바란다.

(1) 생태도

① 생태도의 특성

생태도는 하트먼(Hartman, 1978)에 의해 개발된 것으로서 개인 및 가족의 사회적 맥락과 개인 및 가족을 둘러싼 사회체계들과의 상호작용 상태를 하나의 그림으로 나타낼 수 있도록 고안된 도구이다. 원래는 미국의 아동복지 전담공무원들로 하여금 아동을 둔 가족이 주변 환경으로부터 필요로 하는 것을 조사하는 데 도움을 주기 위해 고안되었으나, 현재는 다양한 용도로 사용되고 있다. 생태도의 일반적 특성과 유용성을 살펴보면 다음과 같다.

- 종이와 필기도구만 있으면 쉽게 작성될 수 있다.
- 개인 또는 가족의 삶의 공간에 존재하는 생태체계들을 다양한 방법으로 그릴 수 있다.
- 주요 주변 환경체계들, 가족과 그들과의 관계, 주변체계들 간의 관계 등을 표시할 수 있다.
- 가족을 둘러싼 자원 또는 에너지의 유입, 유출을 표시할 수 있다.
- 가족기능에 영향을 미치는 개인적 · 사회적 · 심리적 · 영적 영향요인을 그려 내기 위해 사회복지사와 클라이언트의 공동노력을 필요로 한다.
- 가족의 장점을 위축시키는 외부 요소들을 찾아내 표시할 수 있다.
- 가족의 적응과 대처능력을 향상시킬 수 있는 외부 요인들을 확인해 낸다.
- 조정되어야 할 갈등 요소, 연결 · 동원 · 추구되어야 할 자원들을 확인해 낼 수 있다.
- 가족의 건강한 성장, 발전 및 적응에 기여하는 상호 교류와 함께, 가족생활을 해치며 가족기능을 약화시키는 상호 교류 양상을 파악할 수 있다.
- 생태체계적인 공간 내에서 가족구성원을 중심으로 에너지의 유입과 유출 경향을 확인함으로써 가족구성원의 현재 상태에 대한 객관적 이해와 수용을 유도할 수 있다 (예: 모든 에너지 흐름의 방향이 가족구성원으로부터 가족 밖의 다른 체계로 향하고 있음을 사회복지사와 클라이언트가 함께 생태도상에서 발견할 경우, 현재 클라이언트의 에너지가

소진될 수밖에 없는 이유를 객관적으로 이해하고 받아들일 수 있다).

- 생태도 그리기를 마친 후 확인된 가족교류의 문제점을 사회복지사와 클라이언트가 공동으로 인식한 후, 개선 또는 향상시킬 점과 이를 위해 필요한 자원 및 행동 목록을 확인할 수 있다. 또한 이들 목록 중에서 우선순위를 설정한 후 사회복지사와 클라이언트 간 공동노력을 위한 계약서를 작성할 수 있다.

② 생태도의 작성

- 백지의 중앙에 가족체계를 상징하는 큰 원을 그린다.
- 큰 원 안에 현 가족구성원이 표시된 간략한 가계도를 그린다.
- 큰 원 주변에 가족구성원 또는 가족체계에 영향을 미치는 주변 환경체계들을 그린다(가족구성원이 일상생활을 해 나가는 동안 주로 접촉하는 사람들이나 기관들은 누구인가?).
- 가족체계와 주변 환경체계들과의 교류 상황 그리고 외부 환경체계들 간의 교류 상황을 파악한다(외부체계들이 평소 또는 가족의 위기 시 가족구성원에게 도움을 주는 자원들인가, 아니면 가족구성원들에게 갈등이나 시련 또는 스트레스를 주는 요인들인가? 상호작용 과정에서 에너지 흐름의 방향은 어떤가?).
- 그 상호 교류의 성격을 선으로 표시한다. 각 교류 성격을 나타내는 선들 중 하나를 골라 가족체계와 주변체계 또는 주변 환경체계들 사이를 선으로 연결한다(에너지 흐름을 나타내는 화살표는 공급하는 쪽에서 받는 쪽으로 표시한다. 화살표 대신에 주변체계가 자신이나 가족의 에너지를 빼앗아 가는지, 아니면 보충해 주는지를 더하기(+)나 빼기(-)의 기호로 선 옆에 표시할 수도 있다).
- 외부체계가 가족 전체와 연결되어 있으면 외부체계와 큰 원을 선으로 연결하고, 외부체계가 가족 내의 특정 개인과만 연결되어 있으면 그 개인과 외부체계를 선으로 연결한다(외부체계가 한 개인과만 연결되어 있다 하더라도 전체 가족에게 영향을 줄 수도 있음을 유의할 것).
- 간략한 설명을 선 옆에 적는다.
- 사회복지사와 클라이언트가 협력하여 수행해야 할 가장 중요한 일은 가족과 외부체계와의 상호작용 요소들 중 가장 크고 신속하고 효과적인 가족 변화를 가져올 요소

를 찾아내는 것이다.

생태도의 기본적인 모형은 [그림 2-1]에 제시되어 있다. 그림에서 주변의 원들은 가족을 둘러싸고 있는 여러 가지의 환경체계를 의미한다. 여기에는 따로 사는 할아버지, 할머니, 외할아버지, 외할머니, 아버지 직장, 어머니 직장, 아버지가 주로 여가를 보내는 장소나 시설, 어머니의 취미생활 장소, 아버지 또는 어머니의 친구분들, 주변의 교회나 사찰, 병원, 경찰서, 주민센터, 사회복지관, 자원봉사센터, 사회복지사 자신의 직장 또는 형제자매가 다니는 학교, 친구들, 주로 가는 각종 오락시설 등이 포함될 수 있다. 주변 환경체계는 물리적으로 가까운 거리에 위치한 환경은 물론, 물리적으로는 멀리 떨어져 있으나 일상생활

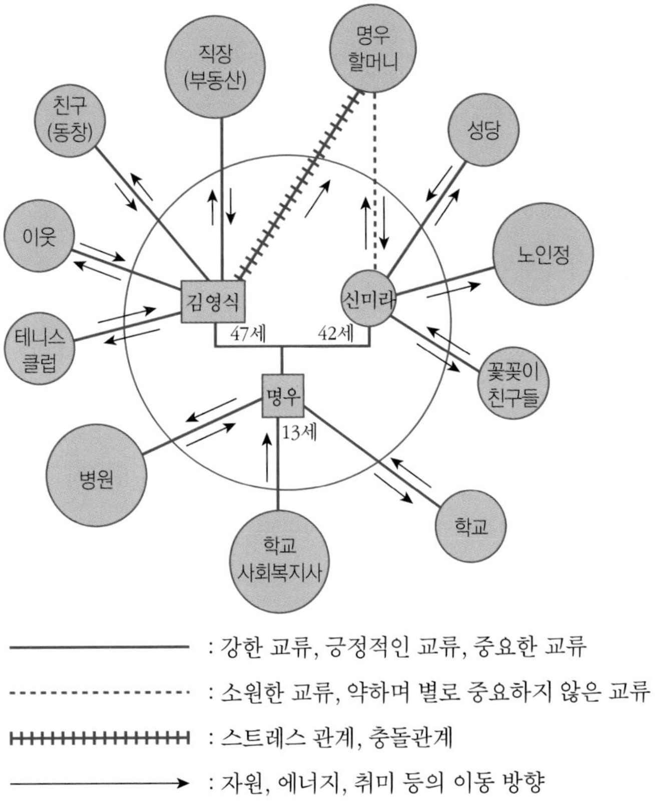

[그림 2-1] 생태도의 예

의 경계 내에 있어 일상생활을 하면서 접촉하고 관심을 갖는 모든 체계를 포함한다.

↑ 연습 2-3: 두 사람이 서로 짝을 지어 앉는다. 한 사람은 사회복지사의 역할, 다른 사람은 클라이언트가 되어 사정을 위한 면담을 진행한다. 사회복지사 역할을 담당하는 학생은 클라이언트 역할을 하는 학생에게 질문을 해 가면서 앞서 제시한 요령에 따라 생태도를 작성한다. 이것이 끝나면 역할을 바꾸어 동일 요령으로 진행한다.

(2) 사회지지망

클라이언트가 사회복지기관에 도움을 요청할 때 사회복지사는 클라이언트가 자신의 문제상황 해결을 위해 어떠한 노력을 하였으며, 어떠한 자원을 활용 · 동원하였는가를 사정한다. 이때 사정에서 유용한 도구가 사회적 지지(social support) 혹은 **사회관계망**(social network)이다. 일반적으로 사회적 지지는 어려운 상황에 처한 클라이언트의 스트레스나 문제를 해결하는 데 직접적 혹은 간접적인 영향을 미쳐 스트레스나 어려움을 경감시키는 것으로 알려져 있다. 하지만 사회적 지지가 반드시 긍정적인 영향만을 미치는 것은 아니다. 예를 들어, 저소득계층의 가족을 돕고자 할 때 가까운 직계가족이나 친인척이 모두 빈곤하거나 어려운 상태에 처하게 되어 서로에게 도움을 요청하게 되는 경우를 종종 볼 수 있다.

① 사회적 지지의 유형과 지지원

사회적 지지를 사정할 때 사회복지사는 사회적 지지원과 유형, 구조적 특성을 고려할 필요가 있다. 사회적 지지원에는 공식적인 지지와 비공식적 지지가 있다. **공식적인 지지**는 사회복지서비스 기관, 학교, 종교단체, 비영리단체, 정부 등에서 제공하는 서비스를 포함하고 있다. 공공 혹은 민간단체에서 제공하는 공식적인 서비스가 일정한 규정과 절차를 가지고 있다면, 비공식적 지지는 이러한 규정과 절차가 존재하지 않기 때문에 접근이 편리할 수 있다. **비공식적 지지**에는 가족, 친구, 이웃 등의 도움이 포함된다.

사회적 지지의 유형에는 또한 정서적 지지, 물질적/도구적 지지, 정보적/평가적 지지 등이 있다. 우리가 친구에게 전하는 위로의 말이나 칭찬, 돌봄 등이 정서적 지지에 속한다면, 물건이나 물품을 빌려 주는 것은 물질적 지지에 해당한다. 또한 정보적/평가적 지지는 조언이나 환류(feedback) 등이 포함된다. 사회적 지지를 주는 사람과 받는 사람이 주고받은 지지의 유형에 대한 주관적 인식이 다를 수 있다. 예를 들어, 물질적 지지인 현금 1백만 원을 빌려 준 사람과 받은 사람이 상호작용 과정 속에서 서로 다른 인식을 가질 수 있다.

② 사회적 지지의 구조적 측면

사회적 지지의 구조에는 사회적 지지의 방향성, 빈도, 기간, 지리적 거리, 밀집도 등이 포함된다. 사회적 지지의 방향성은 지지를 주고받는 방향이 일방향인지 쌍방향인지를 나타내며, 빈도와 기간은 이러한 지지가 얼마나 자주 오랫동안 지속되는지를 나타낸다. 사회적 지지와 관련된 지리적 거리는 현대 문명의 발달로 인해 그 개념이 많이 달라진 것이 사실이다. 예를 들어, 소셜 미디어(social media)가 발달한 요즘 친구와의 국제전화 혹은 메신저 대화는 지리적 한계를 넘어 사회적 지지가 이루어지는 경우이다. 그럼에도 불구하고 지리적 거리로 인해 사회적 지지를 제공하거나 제공받는 데 불편함이 있을 수 있다. 예를 들어, 결혼이주여성의 경우 본국에 있는 부모와의 국제전화는 친밀감을 유지하는 데 도움이 될 수는 있어도 출생한 아이를 돌보기 위해 친정어머니가 와서 도움을 주기 위해서는 많은 경제적 부담이 뒤따르기 때문에 어려움이 있다. 사회적 지지의 밀집도는 사회적 지원이 일정 공간 내에 얼마나 많이 몰려 있는가를 파악하는 것이다.

③ 사회적 관계망 표

효과적인 사회적 지지를 사용하여 자신의 문제나 어려운 상황을 극복할 수 있도록 돕기 위해 사회복지사는 클라이언트와 함께 잠재적인 사회적 지지를 확인하고 이를 사정하는 데 참여시키는 것이 필요하다. 이를 위해 사정과정에서 클라이언트에게 사회적 관계망 표를 작성할 기회를 제공한다. 트레이시와 휘태커(Tracy & Whittaker, 1990)가 개발한 **사회적 관계망 표**는 〈표 2-2〉에 제시되어 있다. 이를 작성하는 방법을 보다 구체적으로 살펴보면 다음과 같다.

우선, 클라이언트가 중요하다고 생각하는 사람 15명을 선택하도록 한다. 이에는 가족이나 친인척, 직장동료나 교우, 자신이 속한 단체나 클럽, 동아리 회원, 친구, 이웃, 전문가 등이 포함될 수 있다. 이들의 이름은 표의 가장 좌측에 기록하고, 이들과 삶의 어떤 영역

표 2-2 사회적 관계망 표

클라이언트 이름:		생활 영역	물질적 지지	정서적 지지	정보/충고	비판	원조의 방향	친밀성	얼마나 자주 보는가?	얼마나 오래 보는가?
		1. 동거 가족 2. 다른 가족 3. 직장/학교 4. 조직 5. 친구 6. 전문가 7. 기타	1. 거의 없음 2. 간혹 있음 3. 거의 항상 있음	1. 거의 없음 2. 간혹 있음 3. 거의 항상 있음	1. 거의 없음 2. 간혹 있음 3. 거의 항상 있음	1. 거의 없음 2. 간혹 있음 3. 거의 항상 있음	1. 양방향 2. 당신이 그들에게 방향 3. 그들이 당신에게 방향	1. 친밀하지 않음 2. 보통으로 친밀함 3. 매우 친밀함	0. 보지 않음 1. 몇 회/년 2. 매달 3. 주별 4. 매일	1. 1년 미만 2. 1~5년 3. 5년 이상
이름	번호									
	01									
	02									
	03									
	04									
	05									
	06									
	07									
	08									
	⋮									
	15									

출처: Tracy, E., & Whittaker, J. (1990). *The Social Network Map: Assessing Social Support in Clinical Practice. Families in Society, 71,* 461–470.

에서 접촉하게 되는지에 따라 해당 번호를 기입한다. 그런 다음, 그 사람들이 제공한 물질적 지지, 정서적 지지, 정보적 지지, 비판 등이 어느 정도 자주 있었는지에 따라 해당 번호를 기입하고, 이러한 지지의 방향 한 가지를 선택하여 기록한다. 특히, 비판은 클라이언트에게 비판적인 느낌을 주는 사람을 의미한다. 그리고 이러한 사람들과의 친밀성은 어떠한지, 얼마나 자주 보는지 그리고 얼마나 오랜 기간 동안 보아 왔는지를 파악하여 해당 번호를 기입한다.

이상과 같은 표를 작성 후, 사회복지사는 클라이언트가 활용 가능한 중요한 지지망을 확인하여 이들을 문제해결이나 대처방법으로 활용할 수 있도록 돕는다. 많은 경우, 우리가 대하는 클라이언트 가운데는 활용할 만한 사회지지망이 전혀 없거나 있어도 유익하지 못한 경우가 있다. 또한 **사회지지망**이 오히려 역기능적이어서 해를 줄 수도 있다. 예를 들어, 빈곤으로 고통받고 있는 클라이언트가 더 열악한 상황에 있는 클라이언트의 가족이나 친구로부터 도움을 요청받는 경우도 있으며, 비행청소년 집단과 같이 역기능적인 사회지지망이 청소년을 자신들의 집단으로 끌어들이기 위해 일시적으로 도움을 제공할 수도 있다. 따라서 사회복지사는 클라이언트와 함께 이러한 부분을 면밀히 검토하여 문제해결에 도움이 될 수 있는 적절한 자원을 활용하도록 도와야 한다.

↑ **연습 2-4**: 앞의 사회적 관계망 표를 이용하여 자신의 사회적 관계망을 다음과 같은 지침에 따라 작성해 본다.

- (구체적 지지) 내가 병원에 가기 위해 차량지원이 필요할 때 이를 제공해 줄 수 있는 사람은 누구인가? 내가 병원에 입원해 있을 때 나의 병원비를 보조해 줄 수 있는 사람은 누구인가?
- (정서적 지지) 내가 외롭다고 느낄 때 나에게 다가와 이야기를 나누어 줄 수 있는 사람은 누구인가? 나의 비밀을 이야기할 때 비밀을 지켜 주고 이야기를 들어주며 도움을 줄 수 있는 사람은 누구인가? 내가 큰 대회에서 입상하였을 때 이를 누구에게 가장 먼저 알릴 것인가? 그 이유는 무엇인가?
- (정보/충고) 내가 밤새 과제물을 하였는데, 막상 출력하려고 할 때 프린터에 문제가

있어 과제물을 늦게 제출할 수밖에 없다. 이 문제를 해결해 줄 수 있는 사람은 누구인가?

- 내가 복지관에 입사 면접시험을 보러 갈 때 이에 대해 정보를 제공해 줄 수 있는 사람은 누구인가?
- 이상과 같은 내용을 가지고 도움을 줄 수 있는 지지원을 선택했다면, 내가 그 사람을 선택한 이유나 근거를 파악해 본다. 또한 역으로 내가 그런 도움을 제공해 줄 수 있는 대상은 누구인지 파악해 보고 이를 갖고 다른 사람과 논의해 본다.

(3) 생활력 표

생활력 표(life history grid)는 클라이언트 삶의 중요한 사건이나 문제를 시기별로 전개해 표로 나타낸 것이다. 사회복지사가 클라이언트에게 특정 사건이나 중요한 문제를 물어볼 때 클라이언트가 조목조목 순서대로 나열해 주는 경우는 매우 드물다. 따라서 사회복지사

표 2-3 생활력 표의 예

클라이언트 이름: ○○○ 작성일:

연도	연령	소재지	가족	학교	건강	활동	문제
1981	1	부산	부: 30세 모: 28세		황달기	정상분만	
1982	2						
1983	3		동생 출생		천식		
1984	4	부산	이웃 동네로 이사	어린이집 입학			교사가 아동의 부산함을 지적
1990	9	서울		초등학교 3학년	교통사고 골절	미술학원	학교를 싫어함
1994	13	서울	부의 해고	중학교 1학년			돈을 훔침

출처: Sheafor, B. W., Horejsi, C. R., & Horejsi, G. A. (1997). *Techniques and Guidelines for Social Work Practice* (4th ed.). New York: Allyn & Bacon. 서울대사회복지실천연구회 역(1998). 사회복지실천 기법과 지침. 서울: 나남출판, p. 401에서 재인용. 이를 근거로 재구성함.

는 문제나 사건의 발생시점을 묻고 나중에 사회력조사를 작성할 때 이를 시기별 혹은 연도별로 정리할 수 있다. 이 표는 클라이언트나 가족이 겪고 있는 문제의 발생시점과 촉발사건이나 시점 등을 파악하여 나타낼 수 있는 장점이 있으며, 사건 간 공통된 양상이나 사건 간의 관계도 파악할 수 있다. 〈표 2-3〉은 생활력 표의 예를 나타내고 있다.

↑ 연습 2-5: 자신이 출생 후 지금까지 살아온 과정과 그 과정에서 발생한 주요 사건들을 뒤 돌아본 후, 이를 근거로 생활력 표를 작성해 보자.

(4) 생활주기표

생활주기표(life cycle matrix)는 클라이언트의 생활주기 및 각 발달 단계의 과업 및 가족구성원의 발달 단계와 주요 과업을 하나의 표로 나타낸 것이다. 가족 내에서 각 구성원은 각기 다른 발달 단계에 있기 때문에 서로 다른 발달과업 및 위기를 경험하게 되는데, 생활주기표는 이들의 현재 발달 단계와 과업, 위기를 일목요연하게 한눈에 볼 수 있도록 돕는다. 생활주기표의 예는 〈표 2-4〉에 제시되어 있으며, 에릭슨(Erickson)의 심리사회적 발달 단계와 이에 따른 발달과업 및 극복해야 할 위기에 대해서는 〈표 2-5〉에 제시하였다.

표 2-4 생활주기표의 예

가족 성원	발달 단계(세)								
	0~1	2~4	5~7	8~12	13~17	18~22	23~34	35~60	61~
조모									
부									
모									
클라이언트									

출처: Sheafor, B. W., Horejsi, C. R., & Horejsi, G. A. (1997). *Techniques and Guidelines for Social Work Practice* (4th ed.). New York: Allyn & Bacon. 서울대사회복지실천연구회 역(1998). 사회복지실천 기법과 지침. 서울: 나남출판, p. 402에서 재인용.

표 2-5 생활주기와 발달과제

단계	공통적 발달과제	발달상의 위기
태아기 (임신~출생)	• 자궁 내 신체적 발달	
영아기 (출생~2년)	• 유대와 친밀감 형성 • 대상영속성 개념 • 신경과 감각체계의 성숙 • 인과성에 대한 이해 시작	타인에 대한 기본적 신뢰 대 불신
유아기 (2~4세)	• 환상과 놀이 • 자기통제 • 언어 • 사고에서 상징 사용	가치와 자율성에 대한 기본적 의식 대 수치와 자기의심
학령 전기 (5~7세)	• 집단놀이, 도덕적 기준, 초기 성정체감 • 분류, 조합, 다른 기본적 · 지적 기술에 대한 학습	주도성 대 다른 사람에게 반응성 혹은 모방하기
학령 중기 (8~12세)	• 다른 사람과 협조 • 팀 놀이, 동성끼리의 또래 정체성 • 자기반성	자기확신과 근면성 대 열등감
청소년 전기 (13~17세)	• 신체적, 성적 성숙 • 또래집단 내 성원의식, 이성관계 • 추상적 사고과정 • 강한 정서에 대처하기	정체성 대 소외감
청소년 후기 (18~22세)	• 데이트와 친구 선택하기 • 도덕적 원리 내재화 • 부모로부터 독립 • 성역할 정체성 • 직업선택	개인 정체성 대 역할혼란
청년기 (23~34세)	• 결혼, 아동양육 • 직업 준비 및 활동 • 부모로부터 생활스타일 분리	친밀성 대 고립감
중년기 (35~60세)	• 아동양육 • 가정과 재정자원 관리 • 직업발전	생활경험 확대와 사회에 대한 관심 대 침체와 자기몰두
노년기 (61세~)	• 신체변화와 건강문제에 대한 대처 • 자신의 생활선택 수용 • 은퇴 후 에너지의 방향 재조정하기 • 죽음에 대한 관점 개발하기	통합 대 절망

출처: Sheafor, B. W., Horejsi, C. R., & Horejsi, G. A. (1997). *Techniques and Guidelines for Social Work Practice* (4th ed.). New York: Allyn & Bacon. 서울대사회복지실천연구회 역(1998). 사회복지실천 기법과 지침. 서울: 나남출판, p. 402에서 재인용. 일부 내용은 재구성함.

(5) 정신상태검사

정신보건사회복지에서 흔히 활용하는 **정신상태검사**(Mental Status Examination)는 주어진 시간에 클라이언트의 정신기능을 평가하기 위한 것이다. 일반적으로 1회의 면접으로 정신상태를 검사할 수도 있지만, 클라이언트를 사정하는 일정 기간 동안 클라이언트의 정신상태에 대한 전반적인 관찰 내용을 정리할 때 이를 활용할 수 있다. 상세하고 다양한 형태의 검사가 존재하지만 다음과 같은 주요 항목으로 구성되어 있다.

- 전반적인 외모와 태도 및 행동(general appearance, attitude and behavior: GAAB)
- 사고의 과정(thought process)
- 사고의 내용(contents of thought)
- 지각(perception)
- 정서적 반응(emotional reaction)
- 지적 기능(intellectual function)
- 의식(consciousness)
- 병식(insight)

이에 대한 보다 구체적인 내용은 〈표 2-6〉에 제시된 바와 같다.

① 전반적인 외모, 태도 및 행동

클라이언트의 용모, 태도와 행동에 대해 파악하는 것을 의미한다. 클라이언트가 날씨나 상황에 맞게 옷을 입었는지, 개인적인 위생관리가 되었는지(예: 손톱을 깎은 상태, 손의 깨끗함 등), 머리카락을 단정하게 빗었는지, 걸음걸이나 앉아 있는 자세가 올바른지 등을 판단한다. 이러한 겉모습은 클라이언트의 내적 상태를 반영하는 단서가 될 수 있다. 또한 사회복지사에 대한 클라이언트의 태도가 친화적인지, 솔직하고 면접에 협조적인지, 아니면 수동적이며 회피적인지, 방어적인지, 의심하는지, 공격적이며 적대적인지 등을 관찰하여 기록한다.

표 2-6 정신상태검사

이름: 생년월일: 날짜: 년 월 일

I. 외모/태도 ( )깨끗함 ( )지저분함 ( )적절함 ( )적절치 않음 ( )기타

II. 관계성

( )눈맞춤 ( )눈 맞추지 않음 ( )신체적 접촉 ( )협조적 ( )비협조적 ( )고립됨

( )흥분됨 ( )불안함 ( )편안함 ( )유혹적 ( )적대적 ( )편안히 말함

( )면접에 적절함 ( )워커와 관계를 형성함 ( )워커와 관계를 형성하지 않음 ( )기타

III. 언어

( )빠름 ( )느림 ( )편안함 ( )부드러움 ( )목소리가 큼 ( )압박감 ( )힘들게 말함

( )기타 언어/말하기 문제 ________________

IV. 사고과정

( )논리적 ( )관련성 있음 ( )목표 지향적 ( )목표 지향적이지 않음 ( )주제에 빗나감

( )구체적임 ( )우회적 ( )헤맴 ( )편집증적임 ( )연상이 이완됨

V. 사고내용

1. 환각

청각 ( )없음 ( )있음: 설명할 것________________

접촉 ( )없음 ( )있음: 설명할 것________________

시각 ( )없음 ( )있음: 설명할 것________________

후각 ( )없음 ( )있음: 설명할 것________________

미각 ( )없음 ( )있음: 설명할 것________________

2. 망상 ( )없음 ( )있음: 설명할 것________________

3. 자살생각 ( )없음 ( )있음: 설명할 것________________

4. 자살계획 ( )없음 ( )있음: 설명할 것________________

5. 타살생각 ( )없음 ( )있음: 설명할 것________________

6. 타살계획 ( )없음 ( )있음: 설명할 것________________

VI. 기분

( )우울함: 정도-약함, 중간, 심함 ( )슬픔 ( )흥분됨 ( )조용함 ( )불안함 ( )화가 남

( )행복함 ( )즐거움 ( )상황에 적절함 ( )상황에 적절하지 않음 ( )불안정함

VII. 감정

( )퉁명스러움 ( )단조로움 ( )격앙됨 ( )표현을 함 ( )과장됨 ( )내용과 적절함 ( )내용과 적절하지 않음

VIII. 지능

( )평균보다 상위 ( )보통 ( )보통보다 낮음

X. 자아기능

1. 판단력 ( )좋음 ( )보통 ( )나쁨 ( )매우 손상됨 2. 병식 ( )좋음 ( )보통 ( )나쁨 ( )매우 손상됨

3. 현실성 ( )좋음 ( )보통 ( )나쁨 ( )매우 손상됨 4. 초조함을 참는 정도 ( )좋음 ( )보통 ( )나쁨 ( )매우 손상됨

5. 충동성 조절 ( )좋음 ( )보통 ( )나쁨 ( )매우 손상됨 6. 주의력/집중력 ( )좋음 ( )보통 ( )나쁨 ( )매우 손상됨

XI. 지남력

1. 시간 ( )예 ( )아니요 2. 장소 ( )예 ( )아니요 3. 사람 ( )예 ( )아니요

XII. 몽상/놀이

② 사고의 과정

요점 없는 내용을 계속 반복한다든지, 갑작스럽게 화제를 돌리거나 이야기 도중 옆길로 새어 나가는지, 생각의 일관성이 있는지, 전혀 새로운 말을 만들어 사용하는지 등을 관찰함으로써 생각의 과정에 문제가 있는지를 파악할 수 있다. **조현병** 환자가 나타내는 증상의 한 예로서 사고의 연상 작용이 이완되어 있는 '말비빔(word salad)' 혹은 지리멸렬이 있다. 즉, 클라이언트가 계속해서 말을 하지만 여러 가지 내용을 복합적으로 한꺼번에 이야기함으로써 말하고자 하는 핵심 내용이 무엇인지 파악하기 힘들고 일관성이 없어 내용 자체에도 신빙성이 없는 경우이다.

③ 사고의 내용

사회복지사는 클라이언트 자신이 주변 사람들이나 주변에서 일어나는 여러 가지 일, 또 클라이언트 자신에 대한 생각에 대해 질문함으로써 클라이언트의 사고내용을 파악할 수 있다. 대표적인 예로, 망상은 이치나 현실에 맞지 않는 허황된 생각을 의미한다. "며느리가 나를 죽이려고 밤새도록 문구멍으로 나를 들여다보고 있어!" 혹은 "며느리가 내가 싫으니까 밥도 안 줘!"라는 표현은 치매 노인에게서 들을 수 있는 망상적 표현이다. 하지만 이러한 망상적 표현과 그 근거, 배경 등을 정확히 이해하려고 노력하는 것이 면접자로서 올바른 태도이다. 때로 사회복지사는 이러한 표현이 논리적이지 못하고 앞뒤가 맞지 않는다고 생각하여 클라이언트의 표현을 무시하거나, 클라이언트의 문제 파악에 집중하다 보면 진단 목록에 의해 클라이언트를 유형화하는 데 익숙해져 있어, 클라이언트의 개별적 상황을 충분히 파악하지 못하는 과오를 범할 수 있다. 죽고 싶다거나 누군가를 죽이고 싶다는 생각, 자신의 처지를 비관적으로 보는 생각, 특정 생각에서 벗어나지 못하고 있는 상태, 자신의 주변에서 일어나고 있는 모든 일들이 자신과 관련되어 있다는 생각 등 클라이언트가 갖고 있는 다양한 생각의 내용들을 점검해 보아야 한다.

④ 지각

클라이언트가 **환청** 또는 **환시**와 같은 **환각**을 갖고 있는지 알아보는 것은 중요하다. 환각이란 실제로 자신의 감각을 자극하는 외부 자극이 존재하지 않음에도 불구하고 이를 느낀다고 인식하는 것을 의미한다. 이는 환청, 환촉, 환시, 환후, 환미와 같이 인간의 오감에 해당되는 자극을 모두 포함하고 있다. "나에게 그것을 하라고 시키는 목소리가 들려요."와 같은 표현은 환청의 대표적인 예이다. 또한 "내 몸에 벌레가 기어 다니는 것 같아요."라는 표현은 환촉에 해당하며, "저것 보세요. 시뻘건 것이 눈앞에 확 지나가지 않아요?"는 환시를 나타낸다. 반면, "뭔가 타는 냄새가 나는 것 같아요."라고 하는데, 주변을 돌아보거나 그 원인을 파악해도 그 근거가 없으며, 단지 클라이언트 혼자서 느끼는 후각적인 상태가 환후에 해당한다. 환미는 맛에 대한 착각이다. 환청이나 환시의 경우는 조현병 환자에서 많이 나타나며, 환촉의 경우에는 알코올중독 등 중독 상태에 있는 클라이언트에게 잘 나타난다(이정균, 1990).

⑤ 정서적 반응

클라이언트의 전반적인 감정반응이나 기분에 대해 알아보는 것이다. 감정반응은 클라이언트가 말하는 사고의 내용과 감정반응이 일치하는지, 그리고 그 정도가 타당한 것인지를 판단하는 것이다. 예를 들어, 클라이언트가 가정폭력 가해 경험을 이야기할 때 웃거나, 신나는 표정으로 이야기한다면 클라이언트는 적절한 정서적 반응을 보이지 않고 있는 것이다. 우울한 기분을 나타내고 있는 클라이언트의 경우, 그 심각성을 파악할 필요가 있는데, 많은 사람들이 우울상태에서 자살시도를 하기 때문이다. 그러나 애도과정에서의 우울함이나 슬픔은 정상적인 감정의 반응이기 때문에 평상시에 느끼는 우울함과 구별할 필요가 있다. 아동의 경우, 우울함을 '따분함' 또는 '지루함' 등으로 표현하는 경우도 많기 때문에 아동과의 면접 시에는 연령에 적합한 감정표현을 염두에 두고 있어야 한다. 이 밖에 클라이언트가 감정을 지나치게 과장하거나 억제하고 있는지, 감정이 고양되어 있는지 등을 파악하는 것도 중요하다.

⑥ 지적 기능

정신상태검사에서 지적 기능 판단은 심리검사와 같이 표준화된 것이 아닌, 클라이언트와의 대화를 통해 기억력, 계산력, 읽기 능력, 쓰기 능력, 독해력, 일반적인 지식, 상식, 추상력, 판단력 등을 알아보는 것이다(민성길, 1997). 이를 위해서는 클라이언트의 지식수준,

문화적 배경, 교육수준, 사회적 경험 등과 함께 연령에 따른 어휘력 등을 대화과정에서 파악하여 참조할 필요가 있다. 예를 들어, 다음과 같은 질문들을 아동, 청소년, 성인, 노인기의 클라이언트 각각에게 던진다고 할 때, 그 답을 생각해 보자.

예시

- 2002년 월드컵 축구대회를 개최한 나라는?
- 영국, 미국, 일본의 수도는 각각 어디인가?
- 우리나라 국보 1호는?
- '온고지신(溫故知新)'의 말뜻은?
- 우리나라에서 '6월 항쟁'이 있었던 연도와 당시의 대통령은?

이상과 같은 질문에 대한 답은 보통 청소년 이상의 지식수준을 필요로 한다고 볼 수 있다. 또한 이러한 질문들을 북한이탈주민이나 결혼이주여성 혹은 외국인 근로자에게 물어보면서 그들의 정신상태를 파악하고자 한다면 이는 적절치 않을 것이다. 클라이언트의 지적 기능 판단에 있어서는 사회복지사의 문화적 민감성이 요구된다. 이외에도 개인의 과거력을 물어봄으로써 장기기억력을 알아봄과 동시에 아침식사의 반찬을 묻거나 조금 전 대화했던 내용을 다시 물어봄으로써 단기 기억력을 파악할 수 있다. 또한 100에서 7을 계속 빼 나가도록 하면서 집중력을 검사해 볼 수도 있다.

⑦ 의식

의식이란 감각능력의 정도를 말하는 것이다. 이는 정상의 의식상태인 명료함에서부터 경한 정도의 착란(confusion), 섬망(delirium), 혼미(stupor), 의식상실(unconsciousness), 심한 정도의 혼수(coma)까지 있다(민성길, 1997). 의식의 장애는 대뇌기능과 관련되어 흔히 발생한다.

⑧ 병식(병에 대한 통찰력)

병식(病識)은 클라이언트가 자신에게 병이 있다는 사실과 병의 성질을 아는 것을 의미한다(이정균, 1990). 즉, 자신의 신체적 · 정신적 문제가 무엇이며, 그 원인이 어디에 있는지, 문제의 결과가 자신과 주변 사람들의 삶에 어떤 영향을 줄 것인지를 인식하는 정도를 의미한다. 예를 들어, 과다하게 음주하는 알코올 환자의 경우, "내가 이 정도 술을 마시는 것은 아무 문제도 아냐. 봐, 끄떡없이 잘 버티고 있잖아. 나보다 더 심한 사람도 있다고!"라고 한다면 이 환자의 병식은 매우 낮다고 할 수 있다. 반면, "아, 술을 마시면 인지적 · 행동적 · 신체적 장애를 일으킨다는 것쯤은 다 알아요. 음주의 폐해에 대해 얘기하라면 나도 당신만큼이나 잘 알고 있으니, 빨리 나 좀 퇴원시켜 주세요."라는 표현은 지적인 병식(intellectual insight)은 높은 반면 현실 인식이 부족한 사람이라 할 수 있으며, 이런 사람은 때로 면접자를 조정하려고 든다. 이러한 유형의 클라이언트인 경우 진정한 병식을 가진 사람이 아니라는 것을 사회복지사는 잘 판단해야 한다. 병식의 정도 또는 유형에는 병을 부인하는 경우, 병을 어느 정도 인식하고 도움이 필요한 것도 알지만 도움을 거부하는 경우, 병을 인식하나 외부 탓으로 돌리는 경우, 자신 안의 뭔가 모르는 요인으로 인해 병이 생겼다고 생각하는 경우, 앞서 예처럼 지적으로만 알고 현실 인식이 부족한 경우, 진정한 의미에서 병을 알고 현실을 인식하는 경우 등이 있을 수 있다(한국정신보건사회사업학회 편, 2000).

⑨ 자아기능

앞에서 살펴본 여덟 가지 주요 항목 외에 판단능력, 현실 검증 능력, 충동 조절 능력, 주의력/집중력, 지남력 등이 정신상태검사 등에 포함되기도 하는데, 이들은 주로 자아기능과 관련된 것이다. 판단력(judgement)은 사실과 생각을 비교하고 그들의 상호 관계를 이해하여 올바른 결론에 이르는 능력을 말한다(이정균, 1990). 예를 들어, "주차장에 세워진 남의 오토바이를 타고 다른 동네의 아파트에 갖다 놓으면 어떻게 될까?"라고 물을 때, "그것은 그냥 재미로 한 것이지, 훔치려고 한 것은 아니에요."라고 답하는 비행청소년의 판단력에는 문제가 있다고 할 수 있다.

현실 검증(reality test)은 클라이언트의 생각과 실제 현실 사이의 일치 정도를 검증하는 것이다. 현실 검증 능력은 클라이언트가 자신의 진술이 현실적으로 실현 가능한 것인지, 또는 실제와 일치하는지를 판단할 수 있는 능력이다. 사회복지사 입장에서는 클라이언트가 기대하는 것이나 바라는 것이 현실과 비추어 볼 때 얼마나 실현 가능한 것인가를 파악해 보는 것이다. 예를 들어, 연필 만드는 사업체를 갖고 있지 않은 사람이 "제가 중국인 모두에게 연필 한 자루씩 팔면 큰 부자가 될 수 있지 않겠어요?"라고 한다면, 이는 현실성이 떨어지는 것이다. 하지만 연필 공장을 갖고 있는 사업주가 모든 중국인에게 연필 한 자루씩을 팔아 부자가 되겠다는 생각을 하는 것은 현실적으로 가능할 수도 있을 것이다.

충동 조절(impulse control) 능력은 어떤 상황에서 일어나는 순간적 욕구나 충동을 조절할 수 있는 능력이다. 이러한 능력이 결여되어 있는 사람은 원초적 욕구에 의해 쉽게 행동하게 된다. 충동구매는 이러한 능력이 결여된 행동의 흔한 예이다. 이 능력에 대한 판단은 특정 상황에서 클라이언트의 행동이 사전계획에 의해 이루어진 것인지, 행동의 결과가 어떠할 것인지를 잘 생각해 본 후 행동한 것인지, 아니면 순간 충동에 의해 즉각적으로 이루어진 것인지를 물어봄으로써 가능할 것이다.

주의력/집중력은 외부의 자극이나 정보에 대해 의식적이고 선택적인 반응을 하는 것을 의미한다(김규수, 1999). 주의력결핍장애가 있는 아동의 경우 주의가 산만한 것을 알 수 있으며, 자신이 집중하고 있던 일에서 외부의 자극이 주어지면 집중하던 일에서 벗어나 새로운 자극으로 이끌리는 것을 알 수 있다. 이러한 주의력/집중력이 자신에게 향한 것인지, 외부로 향한 것인지, 주의력이 부족한 것인지 아니면 전혀 무관심한 것인지 등을 파악할 필요가 있다.

마지막으로, **지남력**(orientation)은 클라이언트에게 시간, 장소, 사람에 대해 물어봄으로써 쉽게 파악할 수 있는 것이다. 지금 있는 곳이 어디인지, 질문을 하는 사람 혹은 주변에 있는 사람이 누구인지, 그 사람이 어떤 장소에 있는지 등에 대해 묻고 이에 대한 반응을 살핀다. 기억력에 문제가 있거나 뇌손상이 있는 클라이언트도 주변 상황을 인식하지 못하는 경우가 많음을 염두에 둘 필요가 있다.

(6) 심리검사

사회복지사는 사정과정에서 클라이언트를 심리학자에게 의뢰하여 **심리검사**를 받게 할 필요가 종종 있다. 심리검사는 클라이언트의 인지기능과 함께 다양한 내적 상태를 파악할 수 있는 장점이 있으며, 개입의 초점을 명확하게 해 줄 수 있다.

① 심리검사 의뢰 시 유의점

- 심리검사 의뢰를 결정하기 전에 심리검사 의뢰 이유를 분명히 한다.
- 심리검사를 통해 특별히 알고 싶은 사항에 대한 목록을 작성한다.
- 클라이언트와 관련된 정보(성별, 연령, 교육 정도, 직업, 인종, 장애, 과거 검사 경험, 검사의 이름과 결과)와 함께 의뢰 이유를 심리학자에게 알려 준다.
- 검사를 진행할 심리학자와 의논 후 검사 과정에서 클라이언트가 하게 될 일, 검사 수행 장소, 검사시간 등에 대한 정보를 클라이언트에게 제공한다.
- 심리검사는 말 그대로 검사일 뿐이라는 현실적인 기대를 클라이언트와 공유한다. 즉, 심리검사가 클라이언트의 인지기능을 향상시켜 학업능력이나 직장 업무수행 능력을 변화시키는 것이 아님을 분명히 밝혀 둔다.
- 실시된 검사의 절차와 장점, 검사의 한계, 검사 결과 등을 심리학자로부터 들은 후 사회복지사는 이들을 종합하여 사회복지실천에 활용할 수 있는 방법을 모색해야 한다.

② 심리검사의 종류와 결과의 활용

사회복지 현장에서 필요에 따라 종종 의뢰하는 검사 중 여기서는 아동과 성인의 **지능검사**와 **성격검사**를 소개한다.

◉ 지능검사

- **The Stanford Binet-Ⅳ**: 학령 전기와 학령기 아동에게 사용이 가능하며, 대개는 2~8세 아동에게 사용한다. 대상물이 어디에 감추어져 있는지 기억하는 것, 이름에 따라 그려진 대상물을 알아맞히는 것, 대상물의 용도를 설명하는 것 등이 포함된다.
- **The Wechsler Scales**: 국내에서 널리 활용되는 검사 도구이다. 학령 전과 학령기 아동에게 각기 다른 분리된 형식을 포함한다. 학령 전기 양식은 WPPSI(Wechsler Preschool and Primary Scales of Intelligence), 학령기 양식은 WISC-Ⅲ(Wechsler Intelligence Scale for Children)이며, 6개의 언어성 검사, 6개의 수행성 검사로 구성된다.
- **The Wechsler Adult Intelligence Scale-Revised(WAIS-R)**: 16세 이상의 성인을 대상

으로 사용된다. 정보, 숫자범위, 어휘, 산술, 이해, 유사성 등 여섯 개의 하위검사가 언어적 척도를 구성하고 있으며, 그림완성, 그림정돈, 블록설계, 대상유사성, 숫자상징 등 5개의 수행성 척도를 구성한다.

◉ 성격검사

- 객관형 성격검사는 그 사람에게 우세한 성격 경향과 행동을 결정하기 위해 설계된 필답검사이다. 주로 사용하는 도구로는 The Minnesota Multiphastsic Personality Inventory(MMPI-2)로서 총 567개 자기기술적인 문장으로 되어 있으며, 이 측정도구는 16세 이상에게 사용된다(Sheafor et al., 1997; 서울대사회복지실천연구회, 1998에서 재인용).
- 투사검사는 자극(잉크반점, 미완성검사)을 주고 클라이언트에게 그 자극에 응답하도록 하는 것이다. 주로 사용하는 도구로는 The Rorschach Test가 있다.

③ 심리검사 결과의 활용

심리검사 결과 가운데 우리가 가장 흔히 활용하는 것 중 하나가 IQ이다. 언어성 검사 영역과 동작성(수행성) 검사 영역의 평균으로 나타내는 IQ는 인지능력을 나타내는 가장 대표적인 방법이다. 두 검사 영역 간에 점수 차가 많을수록 언어적 능력과 행동에서 다양한 차이를 보인다. 예를 들어, 말로 표현하는 능력이 뒤떨어지는 반면 그림이나 글로 표현하는 능력이 훨씬 나은 사람이 있을 수 있고, 그 반대도 가능하지만 그 격차가 클수록 심각한 장애를 나타낼 수 있다. 지능지수가 50~70 미만인 경우 경증 지적 장애가 있을 수 있으나, 어느 정도는 사회성 기술이 발달될 수 있어 교육 가능한 지능지수이다. 하지만 지능지수 자체로 진단을 내리기에는 충분하지 않아 클라이언트의 적응행동을 측정하기도 한다. 적응행동은 옷 입기, 씻기, 놀이, 독립적인 기능의 수행 및 타인과의 협조 등과 같은 일상생활의 기능을 수행하는 능력이다.

단원 정리

이 장에서는 먼저 면담 준비 및 시작기술을 살펴보고 면담 시 주의해야 할 점들을 살펴보았다. 클라이언트의 문화적 배경이나 성장 배경에 따라 동일한 언어나 몸짓이 다른 의미를 내포할 수 있으므로 사회복지사는 면담 시 문화적 민감성을 갖추어야 함을 강조하였다. 다음으로 사정의 의미와 의의를 살펴본 후 다양한 사정도구들의 내용과 사용 방식을 살펴보았다. 사회복지 실천현장에서 주로 사용되는 사정도구로 생태도, 사회지지망, 생활력 표, 생활주기표, 정신상태검사, 심리검사 등을 소개하고 그것들을 활용하는 방법을 다양한 연습과 예시를 통해 제시하였다.

참고문헌

김규수(1999). 정신보건사회사업 실천론. 서울: 형설출판사.

민성길(1997). 최신정신의학(제3개정판). 서울: 일조각.

양옥경, 김정진, 서미경, 김미옥, 김소희(2000). 사회복지실천론. 서울: 나남출판.

이정균(1990). 정신의학. 서울: 일조각.

한국정신보건사회사업학회 편(2000). 정신보건사회복지사를 위한 정신보건전문요원 수련교재. 서울: 양서원.

Brill, N. I. (1997). *Working with People: The Helping Process* (6th ed.). New York: Longman.

Cournoyer, B. (2000). *The Social Work Skills Workbook* (3rd ed.). Belmont, CA: Brooks/Cole. 김인숙, 김용석 역(2006). 사회복지 실천기술 연습. 서울: 나남출판.

Gambrill, E. (1997). *Social Work Practice: A Critical Thinker's Guide* (pp. 267-269). New York: Oxford University Press.

Hartman, A. (1978). *Diagramatic assessment of family relationships. Social Casework, 59*, 465-476.

Hersen, M., & Van Hasselt, V. B. (Eds.). (1998). *Basic Interviewing: A Practical Guide for Counselors and Clinicians.* Mahwah, NJ: Lawrence Erlbaum Associates Pub.

Johnson, F. E., Van Hasselt, V. B., & Hersen, M. (1997). Chapter 3: Rapport, empathy, and reflection. In M. Hersen, & V. Van Hasselt (Eds.), *Basic Interviewing: A Practical Guide for Counselors and Clinicians* (pp. 41-56). Mahwah, NJ: Lawrence Erlbaum Associates Pub.

Sheafor, B. W., Horejsi, C. R., & Horejsi, G. A. (1997). *Techniques and Guidelines for Social Work*

Practice (4th ed.). New York: Allyn & Bacon. 서울대사회복지실천연구회 역(1998). 사회복지 실천 기법과 지침. 서울: 나남출판.

Tracy, E., & Whittaker, J. (1990). *The Social Network Map: Assessing Social Support in Clinical Practice. Families in Society, 71,* 461-470.

Trevithick, P. (2000). *Social Work Skills: A Practice Handbook.* Philadelphia, PA: Open University Press.

제3장

개입기술

개입이란 사회복지사가 클라이언트의 생각, 감정, 행동, 형편, 지위 등을 변화시키기 위한 활동이다. **개입기술**은 이러한 변화를 만들어 내는 데 필요한 기술이다. 개입기술은 대상별로 개인 대상 개입기술, 집단 개입기술, 가족 개입기술, 지역사회 개입기술 등으로 나뉠 수 있다. 지역사회 개입기술은 지역사회복지에서 주로 다루어지고, 집단 개입기술과 가족 개입기술은 이 책의 제4부와 제5부에서 별도로 다루어질 것이므로 여기서는 개인, 집단, 가족개입에 기본적으로 필요한 기술을 주로 살펴보기로 한다.

1. 개입기술 개요

클라이언트의 문제나 고통, 어려움을 해결하기 위해 필요한 기술은, ① 문제해결 능력이나 적응능력을 향상시키기 위한 기술, ② 클라이언트의 성장과 발달을 위해 클라이언트의 능력을 회복시키는 기술, ③ 사회적 기능을 향상시킬 수 있는 지역사회 내 자원, 서비스, 기회 등을 연결하는 기술, ④ 사회적 정의 및 권익회복을 위해 그리고 소외된 자들이 기회를 가질 수 있도록 돕는 기술, ⑤ 자원과 서비스, 기회 등을 효과적으로 제공할 수 있도록 지역사회체계의 기능을 향상시키는 기술, ⑥ 클라이언트의 요구에 반응하여 새로운 서비스를 개발하거나 기존의 서비스 및 자원체계를 개선, 향상시키기 위해 개입하는 기술 등을 포함한다(김혜란 외, 2001). 처음 두 가지의 기술이 주로 개인, 집단, 가족을 대상으로 활용되는 기술이라면, 세 번째 기술은 통합사례관리에서 주로 사용되는 기술이라 할 수 있다. 네 번째 기술은 클라이언트의 권익옹호 및 임파워먼트가 특히 강조되는 최근의 실천현장에서 필요한 기술이라 할 수 있다. 그리고 다섯 번째 기술은 주로 지역사회조직사업(community organization)에서 많이 활용될 수 있으며, 마지막 여섯 번째 기술은 사회복지 연구조사, 정책 및 행정의 개선과 변화 지점 및 방법을 찾아내기 위해 활용되는 기술이다. 이러한 기술 구분이 구별될 수도 있지만 다체계적이고 통합적인 개입이 강조되는 최근 실천동향을 볼 때 이들 기술이 다양한 체계에 동시에 적용될 수 있을 것이다. 여기서는 이들 기술 가운데 처음 네 가지 기술을 편의상 개별 개입기술과 협동 개입기술로 나누어 집중적으로 살펴본다.

2. 개별 개입기술

1) 조언

조언은 클라이언트가 해야 할 것을 추천하거나 제안하는 사회복지사의 진술을 의미한다. 이 기술은 문제해결 과정에서 여러 대안을 모색하고 활용하였지만 별 효과를 거두지 못하여 더 이상 다른 선택이나 개입의 여지가 없을 때 최후의 수단으로 활용하는 것이 좋다. 하지만 쉐이퍼 등(Sheafor et al., 1997)과 트레비식(Trevithick, 2000)은 조언기술이 초기 단계에서 클라이언트가 자신의 문제를 명확하게 파악하여 문제해결 방안을 찾아내도록 돕는 데 활용될 수 있다고 주장하였다.

조언기술은 사회복지실천의 핵심 가치이자 윤리인 자기결정의 원리를 위협할 수 있는 것이어서 많은 한계를 내포하고 있고, 때로 사회복지사에 의해 적절하지 않게 활용되는 기술이기 때문에(Gambrill, 1997) 매우 신중하고 제한적으로 활용할 필요가 있다. 사회복지사의 조언으로 인해 클라이언트에게 부정적인 결과가 발생했을 때 이에 따른 책임이 사회복지사에게 있을 수 있기 때문이다. 브릴(Brill, 1997)은 조언 제공이 사회복지사의 가치관에 근거하기 때문에 클라이언트의 생활습관과 일치하지 않는 경우가 있다고 지적하였다. 트레비식(2000)은 사회복지사가 제공하는 조언이 정확하지 못하거나 잘못된 것일 수 있으며 클라이언트의 자기결정권을 침해하고 클라이언트에게 사회복지사의 가치관을 심어 줄 수 있어 클라이언트와 사회복지사 간 협력적 작업관계를 훼손할 수 있다고 하였다. 또한 사회복지사가 조언기술을 남용할 경우 클라이언트가 자신의 문제를 스스로 해결하기보다는 사회복지사에게 의존하게 되어 클라이언트의 자기효능감이 낮아질 수 있다.

사회복지사 자신도 혹시 잘못된 조언을 하지 않을까 불안해할 수 있다. 이러한 불안을 해소하기 위한 방법 중 하나는 클라이언트에게 조언을 하고자 할 때 사회복지사가 알고 있는 것과 알지 못하는 것을 분명하고 솔직하게 말하는 것이다. 사회복지사는 특정 상황에서 매우 구체적인 조언을 해야 할 필요가 있는데, 이를 위해서는 사회복지 관련 법과 규정, 활용 가능한 자원, 그리고 클라이언트의 권리 등을 정확하게 이해하고 활용할 수 있는 전문능력을 갖출 필요가 있다(Trevithick, 2000). 쉐이퍼 등(1997)은 조언기술 활용에 있어 다음과 같은 지침을 제공하고 있다.

① 클라이언트의 입장에서 조언 받을 때의 느낌을 먼저 생각해 본다.
② 조언은 문제해결을 위한 면담에서보다는 의뢰, 중개 또는 옹호할 때 주로 사용한다.
③ 클라이언트가 조언을 원치 않으면 제공하지 않는다.
④ '내가 당신이라면 …… 이렇게 할 수도 있을 것이다.' 혹은 '일반적으로 사람들은 ~할 것이다.'라고 표현하여 클라이언트에게 선택의 여지가 있도록 한다.
⑤ 조언을 활용할 때 따르는 법적 책임을 고려한다.
⑥ 사회복지사에게 책임을 지우려고 교묘하게 행동하는 클라이언트에 대해서는 조언에 매우 신중해야 한다.

브릴(1997)은 사회복지사의 조언이 클라이언트에게 도움이 될 수 있는 상황을 제시하였는데, 이에는 ① 위기상황에 있는 클라이언트가 그 상황을 다룰 능력이 부족하고, 불안,

공포, 혹은 급박한 정서로 인해 고통 받고 있을 때, ② 조언하는 사람에 대해 클라이언트가 깊은 존경심을 갖고 있을 때, ③ 클라이언트가 결정을 직접 내리기보다는 타인의 결정에 의존하는 경향이 많을 때, ④ 조언을 제공함에도 클라이언트가 자기결정권을 행사하여 자신의 욕구에 부응하는 결정을 내릴 수 있을 때, 그리고 ⑤ 모든 상황을 고려해도 다른 대안이 없을 때를 포함하고 있다.

2) 정보제공

정보제공은 사회복지사가 클라이언트에게 의사결정이나 과업수행에 필요한 정보를 제공하는 것을 말한다(Sheafor et al., 1997). 예를 들어, 국민기초생활보장의 수급자격, 임대주택의 조건 혹은 지역사회 자원 등과 같은 구체적이고 정확한 정보를 필요로 할 때 사회복지사는 이를 제공해 줄 수 있다. 이를 위해 사회복지사는 이들 정보와 관련된 기관의 위치, 연락처, 담당자 등에 대한 최신 정보를 갖고 있어야 한다. 정보제공은 문제해결과 의사결정 과정에 있어 매우 중요한 기술이다. 필요에 따라 클라이언트의 문제해결에 도움이 되는 기관에 대한 정보제공과 함께 클라이언트를 해당 기관으로 의뢰할 경우에는 클라이언트의 동의를 받은 후 의뢰되는 기관과 사전 조율할 필요도 있다(Trevithick, 2000).

일반적으로 사람들은 정보를 듣고 처리하는 과정에 있어 개인차가 있기 때문에 자신에게 필요한 정보만을 매우 선택적으로 이해한다. 따라서 정확하게 정보를 제공하기 위해서는 클라이언트에게 정보를 제공하고 이를 충분히 이해했는지 확인할 필요가 있다. 이를 위해서는 클라이언트가 이해한 바를 사회복지사에게 역으로 설명해 보라고 할 수 있다. 정보를 제공할 때는 조언하기와 마찬가지로 충분한 시간을 갖고 차분하게 진행하며, 필요한 경우 서면으로 정리해 줄 필요도 있다.

쉐이퍼 등(1997)은 정보제공에 있어 다음과 같은 지침을 제시하고 있다.

① 클라이언트의 현재 심리 · 정서 상태와 함께 클라이언트의 정보수용 능력(교육수준, 지적 능력, 언어구사력)을 고려해야 한다.

② 정보를 논리적 · 체계적 · 단계적으로 제공한다.

③ 복잡하고 다층적인 정보제공은 가급적 서면으로 한다.

④ 대명사 대신에 명확한 의미를 지닌 명사를 사용하여 정보가 정확하게 전달 및 이해될 수 있도록 한다.

카두신과 카두신(Kadushin & Kadushin, 1997)은 정보제공에 있어 주의할 점을 보다 자세하게 다음과 같이 제시하고 있다.

① 사회복지사가 제공하고자 하는 정보가 정확한 것인지 확인한다.

② 제공하려는 정보가 클라이언트의 문제와 관련이 있음을 분명히 한다.

③ 클라이언트가 소화할 수 있는 분량의 정보만을 제공하여 혼동을 방지한다.

④ 클라이언트의 교육수준 및 어휘능력에 맞게 정보를 제공한다.

⑤ 제공하려는 정보를 가급적 문서화하도록 한다.

⑥ 클라이언트의 이해와 수용을 극대화하는 방법으로 정보를 제공한다.

⑦ 정보를 제공하는 데 있어 강조해야 할 부분에서는 잠깐 멈추거나 보다 적절한 다른 표현방법을 활용한다.

⑧ 클라이언트의 문화적 배경을 고려하여 정보를 제공한다.

⑨ 클라이언트가 정보를 수용할 정서적인 준비가 되어 있는지 확인하고 이에 따라 세심하게 정보를 제공한다.

⑩ 제공하려는 정보에 대한 클라이언트의 수용 의지를 확인하고 이에 따라 세심하게 정보를 제공한다(p. 203).

3) 설명

설명기술은 특정 사건이나 상황에 대한 클라이언트의 이해를 돕기 위해 사회복지사가 해당 사건이나 상황을 보다 알기 쉽고 명확하게 이야기해 주는 기술이다. 사회복지사는 클라이언트가 경험하고 있는 다양한 생각과 감정상태, 사건의 원인과 문제의 핵심, 그리고 이들의 상호 연관성을 클라이언트가 잘 이해할 수 있도록 새로운 시각에서 설명해 줄 수 있다. 설명은 클라이언트가 당면한 상황이나 사건 자체, 그리고 그것들과 관련된 맥락에 대한 정확한 정보가 충분히 수집되고 난 뒤에 이루어져야 한다. 불충분한 정보를 갖고 사회복지사의 가치관이나 단편적인 지식 및 경험에 근거해 설명기술을 사용할 경우 클라이언트에게 혼동을 줄 수 있다.

트레비식(2000)은 사회복지사가 설명기술을 사용할 때, ① 클라이언트의 생각과 감정을 민감하게 고려하여, ② 분명하고도 구조화된 방식 속에서도 가급적 흥미롭게 설명하되, ③ 클라이언트의 학습과 이해를 최대한 향상시킬 수 있는 방법으로 진행할 것을 제안하였다. 설명을 한 후 클라이언트가 이해한 바를 사회복지사에게 다시 설명하게 함으로써 클라이언트의 이해 정도를 확인해 볼 수도 있다. 클라이언트가 자신의 생각에 대해 확신이 없고, 감정과 행동 그리고 경험의 상호 연관성을 찾지 못하고 혼란스러워할 때, 즉 클라이언트가 잦은 소화불량, 짜증스러움, 집중의 어려움 등을 호소할 때, 이것이 클라이언트의 우울한 감정과 관련이 있을 수 있다고 설명해 주는 것이 설명기술의 한 예가 될 수 있다.

4) 지지

사회복지 실천기술에서 지지기술만큼 불명확하게 사용된 기술은 없을 것이다. **지지기술**은 종종 도움 제공하기, 격려하기, 버티도록 돕기, 확인 및 재확인하기, 안내하기, 돌보기, 염려와 애정 표현하기 등 다양한 용어로 사용되어 왔다(Feltham & Dryden, 1993). 사회복지사는 클라이언트의 감정, 내적 강점, 반응 방식, 의사결정 내용, 행동, 관계 양상 등과 같은 다양한 영역 중에서 어떤 면을 지지할 것인지를 미리 파악해야 한다(Brill, 1997). 여기서는 지지기술이 정서적 지지, 격려, 인정, 재보증 등을 포괄하는 개념으로 보고 이들을 차례로 검토해 보고자 한다.

(1) 정서적 지지

때로 클라이언트는 자신의 고통이나 어려움을 적극적으로 경청할 수 있는 사람(예: 사회복지사나 이웃, 친구 등)을 필요로 한다. **정서적 지지**는 심리적 고통이나 스트레스 혹은 위기를 경험할 때 누군가로부터 심리·정서적 위안을 받고 싶은 욕구에 반응하는 것이다

(Trevithick, 2000). 사회복지사의 정서적 지지를 통해 클라이언트는 문제나 상황에 대처할 수 있는 힘을 얻게 된다. 일상생활에서 사람들은 대개 가까운 가족이나 배우자 혹은 친구들로부터 정서적 지지를 받는다. 하지만 이러한 지지를 제공할 수 있는 사람들을 갖고 있지 못하거나 갖고 있어도 이들로부터 정서적 지지를 받지 못하는 클라이언트는 전문가에게 도움을 받고자 한다. 이때 정서적 지지를 제공하는 사회복지사는 자신이 제공하는 지지가 의도한 바대로 잘 제공되고 있는지 그리고 클라이언트에게 실제로 도움이 되는지를 때때로 확인할 필요가 있다(Trevithick, 2000).

(2) 격려

격려기술은 클라이언트의 마음이나 기운을 북돋아 주어 클라이언트가 문제해결을 향해 앞으로 나갈 수 있도록 하는 기술이다. 따라서 격려기술은 개입의 초기와 중기 단계에서 주로 사용된다. 초기 단계에서는 면담을 활성화하기 위해 자주 사용된다. 클라이언트가 자신의 문제상황이나 어려움을 이야기할 때 클라이언트가 힘을 내어 그 이야기를 계속 이어 갈 수 있도록 사회복지사가 클라이언트의 이야기를 경청하면서 그 내용에 관심을 갖고 적절히 반응하는 것이다. 카두신과 카두신(1997)은 이를 '최소한의 격려(minimal encouragement)'라 불렀으며, 음……', '그렇군요.', '계속해서 말씀하세요.', '어려운 가운데 용기를 내셨군요.' 등의 표현과 함께 비언어적인 표현으로 '머리를 끄덕이는 것' 등이 여기에 포함된다.

이에 비해 중간 단계에서의 격려하기는 클라이언트가 특정한 생각, 경험, 혹은 행동을 취할 수 있도록 하거나, 그런 것들로부터 벗어날 수 있도록 도움을 주는 것을 의미한다(Trevithick, 2000). 예를 들어, 자기주장을 잘 하지 못하는 클라이언트에게 "한번 큰맘 먹고 자신의 작은 의견이라도 분명히 표현해 보면 주변 반응이 달라질 걸요."라고 말하는 것이다. 이 기술을 통해 클라이언트는 자신의 행동이나 사고, 감정에 대해 사회복지사로부터 인정을 받기 때문에 자신감을 가질 뿐만 아니라 일부 위험한 행동(예: 비행, 약물남용 등)을 중단하거나 긍정적인 행동을 취하는 계기가 되기도 한다(엄명용 외, 2011). 반면, 격려기술은 사회복지사에 대한 클라이언트의 의존을 지속시키거나 클라이언트의 자기결정권을 침해할 수도 있어 신중하게 사용할 필요가 있다.

(3) 인정

앞서 설명한 격려기술은 클라이언트가 어떤 행동을 취하거나 그것으로부터 벗어나기 전에 그 상태를 향해 나갈 수 있도록 힘을 북돋아 주기 위해 사용되는 반면, **인정기술**(validation)은 클라이언트가 어떤 행동을 취하거나 벗어난 이후에 이에 대해 긍정적인 평가를 내려 주기 위해 사용된다(Trevithick, 2000). 앞서의 예를 인정하기 기술로 바꾸어 살펴본다면, "부인의 의견을 남편 앞에서 분명하게 표현했고, 남편이 그것을 받아들였다고 하니 일단 효과를 보신 것입니다. 용기가 보상을 받은 셈이군요."는 클라이언트가 이미 취한 행동을 인정하는 메시지를 전달하는 것이다. 따라서 이 기술은 긍정적인 피드백을 제공해 주는 것과 같은 역할을 한다. 이 기술은 클라이언트가 자신의 결정이나 독자적인 행동을 한 후 그 행동이 잘 한 것인지 잘 못한 것인지에 대한 확신이나 자신감을 갖지 못할 때 사용될 수 있다. 사회복지사가 이 기술을 사용할 때는 클라이언트에게 듣기 좋으라고 하는 과장된 표현 대신에 사실에 바탕을 둔 진실하고 솔직한 표현을 할 수 있도록 해야 한다.

(4) 재보증

재보증(reassurance) **기술**은 자신의 능력이나 자질에 대해 회의적인 클라이언트의 자신감을 향상시키기 위해 활용하는 기술이다(엄명용 외, 2011). 또한 클라이언트가 갖고 있는 불안감이나 불확실한 감정을 누그러뜨려 편안한 상태를 유지할 수 있도록 돕는 기술이다(Trevithick, 2000). 이 기술은 클라이언트가 자신의 삶에서 경험하는 사건이나 문제들로 인해 자신의 문제를 객관적으로 바라보지 못하거나 판단이 흐려질 때 매우 유용하게 활용될 수 있다. 즉, 사회복지사는 클라이언트의 판단이나 어떤 상황에 대한 인식이 잘못된 것이 아니라 제대로 진행되고 있는 것이라는 점을 확인해 줌으로써 클라이언트가 자신의 결정을 유지하거나 상황을 견뎌낼 수 있도록 돕는 것이다. 사회복지사가 적시에 재보증기술을 사용할 경우 클라이언트는 희망과 확신을 가질 수 있다(Hepworth et al., 2002). 예를 들어, "염려하지 마세요. 상황이 좋은 방향으로 가고 있습니다.", "그런 말을 들으니 참으로 안타깝군요. 하지만 크게 장기적으로 본 다면 이 상황이 오히려 도움이 될 것입니다." 등은 이러한 기술의 예이다.

브릴(1997)은 사회복지사가 재보증기술을 활용할 경우 현실을 무시한 채 겉치레적인 편안함을 제공하려는 대신 클라이언트의 능력, 감정, 성취 정도를 존중하여 현실적이고 현명하며 진실되게 반응할 것을 권고하였다. 클라이언트가 자신의 감정이나 고통을 충분히 표현하기도 전에, 그리고 사회복지사가 그것을 공감하기도 전에 클라이언트에게 위로나 편안함을 제공하기 위해 뭔가 말해야 한다는 압박감에서 이런 기술을 사용할 경우 클라이언트와 사회복지사 사이의 신뢰관계는 오히려 약화될 수도 있다. 클라이언트는 "그렇게 말하기는 쉽지요. 하지만 선생님은 제가 받는 고통에 대해 진정으로 이해하지 못하는군요." 혹은 "선생님은 단지 저를 위로하기 위해 그렇게 얘기하는 것뿐이에요."라고 혼자 생각하거나 말할 수 있다. 따라서 사회복지사가 클라이언트의 상황 판단에 대한 확신이나 확인이 없는 상태에서는 이 기술의 사용을 자제해야 한다. 또한 나름의 판단에 근거하여 지나치게 낙관적이거나 지나치게 자주 재보증을 해 주었는데, 원하던 결과가 예상만큼 나오지 않을 때는 클라이언트가 오히려 실망할 수 있으므로 주의를 요한다. 때로 클라이언트 중에는 확인-재확인을 누차 요구하는 경우가 있는데, 이는 불안감 때문일 수 있으므로 클라이언트가 이렇게 행동하는 이유를 탐색해 보는 것이 좋다.

5) 환기

환기기술(ventilation)은 클라이언트의 억압된 감정, 특히 부정적인 감정인 분노, 증오, 슬픔, 죄의식, 불안 등이 문제해결을 방해하거나 감정 자체가 문제가 되는 경우, 이를 적절한 방법으로 표출하도록 돕는 기술이다(엄명용 외, 2011). 억압된 감정의 분출을 위한 환기기법은 특히 정신역동치료에서 강조되는 부분이다. 감정뿐만 아니라 클라이언트가 혼자 간직하고 있던 생각이나 고민을 숨김없이 표출할 수 있도록 하는 것도 환기에 포함된다. 일상생활 속에서 환기라는 용어가 나쁜 공기를 내보내고 새로운 공기를 받아들이는 것으로 사용되듯 클라이언트 속에 내재되어 있던 부정적 감정과 생각을 표출시키는 데 사용되는 기술이 환기기술이라 할 수 있다. 환기의 발생을 위해 사회복지사는 비심판적 자세로 클라이언트가 표출하는 모든 감정과 생각을 공유하면서 클라이언트 내부에 억눌렸던 복받치는 부정적 감정이나 생각이 아무런 방해받지 않고 자유롭게 토로될 수 있도록 도와야 한다. 이때 클라이언트는 자신의 힘든 문제를 사회복지사와 공유하고 함께 풀어 갈 계기를 마련했다는 점에서 안도감을 갖게 되고, 자신의 문제나 상황을 보다 객관적 관점에서 조명해 볼 수 있는 기회를 갖게 된다. 사회복지사 입장에서는 이러한 과정을 통해 클라이언트와 그가 처한 상황에 대해 이해할 수 있는 기회를 갖게 된다.

6) 재구성

재구성기술(reframing)은 특정 문제에 대해 클라이언트가 부여하는 의미를 수정해 줌으로써 클라이언트의 시각을 긍정적인 방향으로 변화시키는 기술이다(엄명용 외, 2011). **재명명**으로 불리기도 하는 이 기술은 인지행동접근법에서 많이 활용되는 기술로서 인지 및 사고과정과 행동의 변화에 목표를 두고 있다. 이 기술의 장점은 문제상황이나 행동을 보다 긍정적이면서 다른 각도에서 조명해 볼 수 있는 기회를 제공한다는 것이다. 이를 통해 특정 사건이나 행동에 붙여졌던 낙인이나 죄책감, 수치심, 원망 등을 보다 건설적인 방향으로 전환시킨다. 이 기술은 클라이언트의 자아존중감이 낮거나 자신감이 결여되어 있을 때 혹은 자기비판적이면서 자책할 때 매우 유용하게 활용될 수 있다. 이 기술을 사용할 때는 매우 구체적인 사실을 가지고 재구성하되, 새로 구성된 의미가 클라이언트 입장에서 신뢰성 있고 이해할 수 있는 것이어야 한다(Trevithick, 2000). **재구성**의 예로서, 자신의 일상생활 하나하나에 대해 일일이 지시하고 간섭하는 어머니에 대해 더 이상 견딜 수 없어 괴로워하는 신혼 초 여성에게, "나중에 어머니 없이도 외동 따님이 잘 살아갈 수 있도록 준비하게 하시려는 어머니의 지극한 사랑이 아닐까요?"라고 언급함으로써 동일한 상황(어머니의 잔소리와 간섭)을 귀찮음과 괴로움에서 사랑의 시각으로 바꾸어 바라볼 수 있는 기회를 제공하는 것이다. 또 하나의 예로서, 만성질환으로 인한 활동 제약에 대해 불평하는 클라이언트에게, "많이 불편하시겠군요. 그런데 그 질병이 평생 당신의 건강을 잘 살피면서 살아가라고 늘 일깨워 주는 몸속 경보 장치가 될 수 있지 않을까요?"라고 재구성하는 것이다. 이때 만성질환은 없어지지 않고 지속되지만, 그 질환을 대하는 클라이언트의 자세나 관점이 달라져 이전과는 다른 행동을 할 수 있게 될 것이다.

7) 해석

해석은 정신역동치료에서 널리 활용되고 있는 기술이다. 이 기술은 클라이언트가 경험하고 있는 어려움들 가운데 작동되는 원리나 배경들에 대한 이해를 제공해 주는 것으로서, 수집된 정보를 근거로 하고 있지만 수집된 정보를 넘어서 사회복지사의 지식 및 직관력을 통해 유추(inferences)하는 것도 포함한다(Kadushin & Kadushin, 1997; Trevithick, 2000). 클라이언트가 말한 내용을 확인, 명료화, 또는 부연 설명하는 것과는 달리 이 기술은 사회복지사의 이론적 지식, 직관력, 추리력 등이 통합되어 클라이언트의 상황, 특히 산재해 있는 행동과 사고, 감정 등의 유형을 클라이언트에게 설명하는 것이다. 클라이언트가 사회복지사의 해석을 받아들일 수 있도록 하기 위해서는 이러한 해석이 충분한 타당성을 확보한 상태에서 이루어져야 한다.

정신역동이론에 근거한 심리치료에서는 해석을 통해 클라이언트의 무의식적 갈등, 특히 무의식적 성적·공격적 충동과 동기를 의식할 수 있도록 도움으로써 클라이언트가 자신의 문제상황에 대한 통찰력을 습득하도록 하는 데 초점을 두고 있다. 이로써 클라이언트는 자신의 문제의 근본을 이해하고 문제에 대한 통제력을 습득하며 억압된 상태에서 해방되어 새롭게 행동할 수 있는 자유를 얻게 된다. 반면, 인지행동이론에 근거한 해석은 클라이언트가 사건을 어떻게 해석 혹은 잘못 해석하고 있는가에 초점을 두는 가운데, 미처 인식하고 있지 못한 행동이나 사고, 감정 등을 확인하고 인식시키는 과정에서 사건에 대한 통합적이고 합리적인 이해를 제공하고자 할 때 사용된다.

사회복지 실천현장에서 사회복지사는 수시로 클라이언트의 행동을 이해하고 해석하기 위해 하나의 사건과 다른 사건을 서로 연관 지으려 한다. 하지만 두 사건 간에 분명한 연결이 없는 이상 때로 사회복지사의 해석은 부정확한 것이 될 수 있다. 또한 비슷한 유형을 보이는 행동에 대해서도 클라이언트에 따라서는 그 의미와 경험이 다르기 때문에 똑같은 해석이 내려질 수 없으며, 사회복지사의 이론적 배경에 따라서도 상황에 대한 해석이 달라질 수 있다(Kadushin & Kadushin, 1997). 이러한 점에서 사회복지사는 해석을 제공하기 위한 정보와 이론적 근거를 충분히 검토한 후 언제, 어떤 방법으로 어떻게 해석을 제공할 것인지를 결정해야 한다.

사회복지사가 적시에 적절한 방식으로 해석을 제공할 때 클라이언트는 자신의 문제 상황을 잘 이해하며 문제의 핵심을 정확하게 파악할 수 있다. 하지만 해석을 받아들일 준비가 되어 있지 않은 클라이언트에게는 주의해서 해석을 제공해야 한다. 사회복지사가 클라이언트의 문제상황을 설명할 수 있는 임시가설을 몇 가지 설정한 후 그중에서 보다 덜 위협적이거나 불안을 최소화할 수 있는 해석을 먼저 제공한 후 해석에 대한 클라이언트의 반응을 살펴보는 것도 한 가지 방법이다(Trevithick, 2000). 예를 들어, "제 생각에는 이 상황이 ~라고 해석되는데 ○○님은 어떻게 생각하는지요?"라고 묻는 것이다.

카두신과 카두신(Kadushin & Kadushin, 1997)은 해석과 관련한 지침을 다음과 같이 제공하고 있다.

① 클라이언트와 긍정적인 관계를 형성한 후에 해석을 제공한다.
② 해석하려는 내용이 충분한 타당성을 갖고 있고 이를 뒷받침할 정보를 가지고 있을 때 해석을 제공한다.
③ 임시적 가설의 형태로 해석을 제공한다. 이는 클라이언트가 사회복지사의 진술을 반드시 수용해야 할 필요가 없음을 전제로 하고 있는 것이다.
④ 해석을 제공하였을 때 클라이언트의 반응을 살펴 클라이언트가 해석을 어느 정도 수용하는지를 관찰한다.
⑤ 클라이언트가 해석에 대해 동의하지 않을 때 자신의 해석에 대해 방어하거나 사과할 필요가 없으며, 클라이언트의 거부감을 수용한다(p. 182).

8) 직면(도전)

면담과정이 항상 순조로운 것은 아니다. 즉, 사회복지사가 대하는 클라이언트가 항상 협조적이고 구술이나 행동에 일관성 있으며, 예의를 갖추어 면담에 응하는 것은 아니다. 따라서 사회복지사는 종종 클라이언트의 특정 행동에 정면으로 맞서야 할 때가 있다. **직면기술**은 클라이언트가 자신의 문제를 부정 또는 회피하고 합리화하면서 변화를 거부할 때(엄명용 외, 2011), 혹은 클라이언트의 진술이 왜곡되거나 불일치할 때(Trevithick, 2000)

사회복지사가 이것을 직시하고 확인을 요구하는 행위이다. 이를 통해 클라이언트 자신의 말과 행동을 돌아보고 문제의 실체가 무엇인지를 알 수 있도록 돕는 것이다. 밀라 등(Millar et al., 1992)은 직면기술을 피드백의 한 형태로 보면서 클라이언트의 이해와 자기성찰을 촉구하는 수단이라고 하였다.

이러한 점에서 직면기술은 사회복지사의 예민한 현실 인식과 용기를 필요로 한다. 클라이언트가 보이는 상충된 진술이나 행동을 무시하거나 간과하는 대신 이것을 대화의 초점으로 삼을 경우 클라이언트는 자신도 모르게 유지해 온 자신의 생각과 행동 패턴이 위협받는다고 느껴(Cournoyer, 2000), 일시적으로 불안정 상태에 빠질 수 있기 때문이다(Kadushin & Kadushin, 1997). 이러한 불안정 상황은 전문적 원조관계에 위협이 될 수도 있다. 즉, 클라이언트가 불일치 상황을 충분히 이해 · 인식하고 있지 못한 상황에서 이 기술을 섣불리 사용할 경우 사회복지사의 직면 행위가 강압적인 것으로 인식되어 전문적 원조관계를 훼손할 수 있다. 반면, 이 기술을 적절한 시기와 방법을 통해 조심스럽게 활용할 경우 사회복지사와 클라이언트의 전문적 관계는 강화되어 클라이언트의 문제해결 혹은 변화에 도움이 될 수 있다.

이건(Eagan, 1990)은 직면기술을 필요로 하는 다양한 행동을, ① 문제를 문제로 인식하지 않는다(즉, 문제를 해결할 의도가 없음), ② 중대한 경험이나 행동, 감정을 잘못 해석하고 있다, ③ 문제를 왜곡하거나 장난치려 한다, ④ 어떤 행동의 결과를 예측 또는 이해하지 못한다, ⑤ 새로운 시도를 주저하거나 실행할 의지가 없다 등으로 정리하고 있다.

카두신과 카두신(1997: 190)은 직면기술의 사용 시점과 사용 시 주의할 점을 다음과 같이 제시하고 있다.

① 면담의 목적에 맞게 직면한다.
② 클라이언트에게서 보이는 불일치가 해결되어야 할 필요가 있으며, 이를 직면해야 할 필요가 있음을 나타내는 충분하고 타당한 근거가 있을 때 직면한다.
③ 직면의 시기와 빈도 그리고 불일치점을 선택하는 것에 주의한다.
④ 직면해야 하는 행동을 분명하게 파악한 상황에서 직면한다.
⑤ 도움을 주기 위해 직면하는 것임을 명심한다.

⑥ 진실된 마음으로 무례하지 않게, 부드럽게 직면한다.

⑦ 직면하기 위해서는 긍정적인 관계의 형성이 필수적임을 명심한다.

직면기술은 다음과 같은 단계를 거쳐 활용될 수 있다(Heron, 2001). ① 우선, 직면해야 하는 문제나 상황을 파악한 후 이것을 클라이언트가 충분히 인식할 수 있도록 돕는다. ② 클라이언트의 행동, 구술, 상황인식 등이 어떻게 불일치하는지, 일관성이 없는지 등을 사회복지사의 입장에서 설명한다. ③ 이 시점에서 직면기술을 사용하는 이유, 그리고 이것이 클라이언트의 문제나 상황과 어떻게 관련되는지를 분명하게 설명한다. ④ 사회복지사가 직면한 내용에 대해서 클라이언트가 반응할 수 있는 시간을 충분히 준다. ⑤ 반응을 종합하여 후속조치를 취한다.

직면기술을 활용할 때는 인내와 수용이 필요하다. 즉, 클라이언트 나름의 반응이나 관점을 이해하고 수용하면서 클라이언트가 사회복지사의 직면을 이해하고 받아들일 수 있도록 기다릴 수 있어야 한다(Trevithick, 2000). 나아가, 사회복지사는 직면기술을 자신의 분노나 화, 초조함을 표현하는 방법으로 활용해서는 안 된다(Brill, 1997). 이를 위해 사회복지사는 클라이언트에게서 보이는 불일치나 왜곡, 문제의 부인, 비합리성 등에 대한 자신의 내부 반응을 먼저 인식한 후 그것을 다룰 수 있어야 한다. 또한, 직면기술 사용에 앞서 사회복지사는 직면에 대한 클라이언트의 예상반응을 고려해 보고 이에 대해 자신이 어떻게 대응할 것인지 준비할 필요가 있다. 클라이언트로부터는 분노, 화, 고통으로부터 안도감에 이르기까지 다양한 반응이 나타날 수 있다. 한편, 직면기술을 활용하는 것 자체가 사회복지사에게 스트레스가 될 수 있으므로 이를 완화하기 위해 사후에 슈퍼비전이 필요할 수도 있다(Trevithick, 2000).

직면기술을 사용할 때 여러 가지 유의할 점이 있다. 우선, 일부 클라이언트는 여러 차례에 걸쳐 반복적으로 멸시 또는 무시당한 경험을 갖고 있을 수 있기 때문에 사회복지사의 아주 단순한 직면성 질문에도 매우 민감하게 반응하거나, 그것을 비난으로 오해할 수도 있다. 따라서 사회복지사는 직면기술을 활용할 경우 클라이언트의 반응을 조심스럽게 살피면서 클라이언트에 대한 돌봄의 자세를 취할 필요가 있다(Trevithick, 2000). 또 유념할 것은 사회복지사가 클라이언트에게 직면하였다고 해서 클라이언트의 행동에 즉각적인 변화가 있을 것이라고 예측하거나 단정하는 것은 옳지 않다. 직면하기는 클라이언트가 자신의 행동에 변화가 필요하다는 점을 인식하거나 자신을 점검해 보는 기회를 제공해 주는 것이며, 가능하면 클라이언트 스스로 자신의 문제에 대해 직면하도록 돕는 것이 바람직하다(Nelson-Jones, 1990).

한편, 클라이언트가 사회복지사를 상대로 도전하거나 직면하는 상황에 대해서도 대비할 필요가 있다. 특히, 클라이언트가 사회복지사에게 학대적인 언어나 행동을 보일 때 이를 그대로 수용하는 것은 잘못된 것이다. 클라이언트가 적절한 방법으로 **도전**이나 직면을 할 경우에는 사회복지사가 이를 수용하고 개선할 필요가 있다. 하지만 인간의 기본적 존엄성을 훼손하는 행위에 대해서는 차분하고 단호한 자세로 대인관계기술을 활용하여 클라이언트의 행동을 수정할 수 있도록 도울 필요가 있다. 이 과정에서 사회복지사는 클라이언트가 도전이나 직면 과정에서 느끼는 분노와 좌절과 같은 감정을 적절한 방법으로 표출하여 기분을 전환할 수 있는 기회를 제공할 필요가 있다.

↑ 연습 3-1: 가정폭력으로 인해 법원으로부터 수강명령을 받은 가해자(남편, 가명 이기자)가 여러 차례 면담에 참여하여, 때로는 반성의 메시지와 함께 변화의 노력을 보이기도 하지만 때로는 자신의 억울함을 호소하며, 자신은 정말 나쁜 사람이 아니라고 한다. 가해자가 다음과 같은 진술을 하였다고 하자. 사회복지 실천과정의 초기와 개입 단계 각각에서 전문적인 원조관계의 질을 고려할 때 사회복지사인 여러분은 이러한 진술에 대해 어떻게 직면기술을 활용할 것인지 연습해 보자.

〈상황 1〉 "제가 왜 이런 곳에 와야 하는지 이해가 안 되네요. 문제는 저 사람(아내)인데, 집안일은 뒷전으로 미루고 밖으로 돌아다니니 화가 안 나겠어요?"

〈상황 2〉 "그까짓 것 슬쩍 밀친 것 가지고 이런 곳에 와서 교육을 받으라고 하니, 도대체 이해가 안 되네요. 저 사람이 저렇게 붕대를 감고 있는 것은 다 꾀병이고, 나를 곤경에 빠뜨리려고 하는 거예요. 나보다 더 심각한 문제를 가진 사람도 많은데, 왜 나만 가지고 이러는지 모르겠군요."

〈상황 3〉 "(사회복지사를 가리키며) 선생님, 결혼하셨나요? 선생님은 남편과 안 싸우세요? 부부 사이에 옥신각신할 때도 있는 것이지, 뭐 그런 것을 갖고 이렇게 교육을 받으라고 합니까? 당신도 (법원 사람들과) 다 한통속이라는 것 내가 잘 알아요."

직면의 예시

"여성들의 잠재능력 실현을 위해서는 남성들이 여성에게 더 많은 기회를 제공해야 한다고 이기자 씨 본인께서 주장하셨습니다. 하지만 이기자 씨의 부인이 일을 시작한 이후 선생님께서 가사를 돌보는 시간과 양에 전혀 변화가 없었다고 하셨습니다. 제가 혹시 잘못 들은 것인지요?"(Kadushin & Kadushin, 1997: 185).

↑ 연습 3-2: 아동학대 가해자 수강명령을 받은 어머니와의 면담에서 어머니가 다음과 같이 말했을 때 어떻게 직면할 것인지 연습해 보자.

어머니: 제가 아이를 때린 것은 순전히 사랑의 매였지 아이가 미워서 해치려고 때린 것은 아닙니다. 어떤 부모가 아이가 미워 매를 들겠습니까? 그리고 어쩌다 한 번 교육적인 차원에서 때린 것은 아이를 책임지는 부모로서 당연히 할 수 있는 일이 아닌가요? 사회복지사 선생님도 이런 점을 이해하실 것입니다. (그러면서 옆에서 장난치면서 놀고 있는 아이에게 버럭 소리를 지르면서) 너! 또 그렇게 행동하면 맞을 줄 알아. 네가 그렇게 행동하니까 매번 매를 들 수밖에 없잖아!

↑ 연습 3-3: 오토바이 절도행각으로 인해 보호관찰 명령을 받은 17세의 청소년을 상담하는 과정에서 다음과 같이 반응하는 청소년에게 어떻게 직면할 것인지 논의해 보자.

청소년: (얼굴을 붉혀 가면서) 제가 이렇게 된 것은 모두 다 친구 때문이라고요. 제가 제 친구에게 오토바이 훔치다가 재수 없게 걸리면 감옥에 갈 수 있으니 하지 말자고 그랬거든요. 그런데 그 친구가 더운 날씨에 신촌까지 가려면 힘드니까 거기까지만 타고 가고 거기 한적한 곳에 버리면 아무 문제없을 거라고 했어요. 나 참, 재수 없으려니 거의 다 가서 걸릴

것이 뭐람. (잠시 후 얼굴에 미소를 띠며) 그런데 오토바이를 타고 차들 사이로 신나게 달리다 보면 얼마나 재미있는지 아세요? 그리고 밤에 한강 둔치에서 오토바이로 150km로 달려 보세요. 정말 그것보다 속 시원한 것 없어요.

사회복지사: 그러다 다칠 위험에 대해서는 생각 안 해 보았나요?

청소년: 선생님, 제가 어린애인 줄 아세요. 절대 다치지 않아요. 그리고 다쳐도 조금밖에 안 다치죠. 제가 누굽니까? 지난번에 다쳤을 때도 찰과상만 입었을 뿐이에요. 한 1~2주 고생하면 끝이에요. 바보나 다칩니다.

↑ 연습 3-4: 다음과 같은 상황을 직면기술을 활용하여 어떻게 다룰 것인지 논의해 보자.

〈상황 1〉 "(사회복지사에게) 선생님께서 저를 도와주신 것이 무엇인가요? 저에게 도움을 주신 것이라고는 말로 '이렇게 해 봐라, 저렇게 해 봐라'뿐이잖아요."

〈상황 2〉 "(사회복지사에게) 야! 내가 누군지 알고 이러는 거야? 네 윗사람 나오라고 해!"

"이웃집에는 반찬을 더 많이 배달해 주면서 우리 집에는 왜 매일같이 적게 주거나 안 주는 거예요? 사람 차별하는 겁니까?"

9) 자기주장훈련

많은 클라이언트들이 대인관계에서 발생하는 갈등을 경험하면서 사회복지사에게 도움을 요청한다. 이러한 대인관계의 갈등은 때로 클라이언트가 자신의 사고나 감정을 미성숙하게 표현하거나 공격적인 방법으로 표현하기 때문에 발생하게 된다. 이러한 측면에서 자기주장기술(assertiveness skills), 특히 **자기주장훈련**(assertiveness training)은 사회복지실천에서 많이 활용되는 중요한 기술이자 훈련 프로그램으로 인정받고 있다.

자기주장이란 자신과 타인의 권리를 동등하게 존중하면서 자신의 사고, 감정, 원하는 것, 성취하고자 하는 것, 의견 등을 단호하게 요구하거나 표현하는 것을 의미한다(Gambrill, 1997; Hepworth et al., 2002). 이러한 자기주장이 때로는 비난이나 거부, 차별을 가져올 수 있지만 자기주장을 하는 당사자는 이를 감당할 부담을 안고 자기주장을 하는 것이다. 부셀(Bucell, 1979: Hepworth et al., 2002에서 재인용)은 자기주장의 행동유형이나 반응을 크게 일곱 가지로 분류하고 있다. 이에는 ① 요청 거부하기, ② 남이 좋아하지 않는 의견 말하기, ③ 자신의 약점 인정하기, ④ 칭찬 받아들이기, ⑤ 긍정적인 감정 표현하기, ⑥ 행동의 변화 요구하기, ⑦ 대화를 주도하고 유지하기 등이 포함된다.

클라이언트가 수동적이거나 자신의 주장을 분명하게 표현하지 못하는 경우, 종종 염려스러운 결과를 초래하게 된다. 즉, 적극적으로 자기주장을 하지 못하면 무조건적인 순종이나 착취를 경험할 수 있고, 자신은 분노, 좌절, 공격성 등을 나타낼 수 있다. 클라이언트 가운데는 이미 여러 차례에 걸쳐 자신의 가치 및 존엄성에 위협을 받아 왔으면서도 새로운 해결방안이나 대안을 모색하지 않은 채 이에 순응하여 살아가려는 경향을 보이는 경우도 있다. 특히, 이들이 자신감이 결여되어 있고 변할 수 있다는 신념을 갖고 있지 못할 때는 대안 모색이 더욱 어렵게 된다.

자기주장훈련은 클라이언트의 행동이나 언어 패턴 가운데 훈련이 필요한 부분을 확인하는 것에서 출발한다. 그다음에 사회복지사가 취해야 할 자기주장훈련 절차를 헵워스 등(Hepworth et al., 2002: 418-420)은 다음과 같이 제시하였다. 이 기술훈련 절차는 다음에 소개될 사회기술 훈련에도 동일하게 적용된다.

① 훈련이 필요한 이유와 함께 그 훈련 후 얻어지는 이익에 대해 설명한 다음 훈련할 기술에 대해 개략적으로 소개한다.
② 훈련할 기술의 구체적 구성 요소들의 확인과 함께 그 중요성에 대해 설명한다.
③ 특정 기술에 대한 시범을 보인다. 사회복지사가 직접 할 수도 있고, 집단인 경우 집단구성원 중 자원자에게 시범을 보이게 할 수 있다.
④ 시범을 통해 확인한 기술을 연습해 보도록 한다. 사회복지사가 파트너가 되어 역할극을 할 수도 있고, 집단인 경우 서로 짝을 지어 역할극을 하도록 한다.
⑤ 역할극에 대한 피드백을 준다. 긍정적 피드백을 먼저 준 후 향상시켜야 할 점을 말한다.
⑥ 기술 구성 요소들을 종합하여 역할극을 다시 한다. 이에 대한 피드백을 준다.
⑦ 비교적 수행하기 쉬운 실제 상황 속에서 훈련받은 기술을 활용해 본 후 그 경험을 공

유한다.

블로나(Blonna, 1996)는 **자기주장기술 습득**을 위한 연습 자세의 예를 소개하고 있는데 그것에 몇 가지 내용을 추가하여 제시하면 다음과 같다.

① 상대방과 적절한 거리에서 마주 대한다. 너무 가까이 하면 위협적인 것으로, 너무 멀리하면 겁먹은 것으로 인식될 수 있다.
② 상대방의 눈을 정면으로 바라본다.
③ 머리를 똑바로 세운다.
④ 분명하고, 단호하며, 적절한 크기의 음성으로 말할 준비를 한다.
⑤ 하고자 하는 말을 한다. 여기서는 앞서 부셀(Bucell, 1979)이 제시한 일곱 가지의 자기주장 내용이 실행될 수 있다. 주장은 가능한 짧고 간단하게 한다. 상대방 제안에 대한 거절일 경우, "아니요.", "안 됩니다.", "할 수 없습니다."라고 간단히 말한다.
⑥ 요청을 거부하거나 행동수정을 요구할 경우에는 거부의 말, 또는 요청의 말을 반복해서 할 준비를 한다. 일부 사람들은 집요하게 요구하거나 저항할 수 있기 때문이다.
⑦ 애초의 입장을 견고하게 유지한다.

클라이언트가 자기비하적인 발언을 할 경우 이 발언에 대해 클라이언트 스스로 문제 제기를 한 후 이것을 보다 긍정적이고 희망적인 것으로 바꿀 수 있도록 돕는 것도 자기주장 훈련 기술의 일부라 할 수 있다. 이 과정에서 클라이언트가 갖고 있는 불안감이나 공포심을 파악해 볼 필요가 있다(Trevithick, 2000). 헵워스 등(Hepworth et al., 2002)은 자기주장을 가로막는 인지적 장애물로서 세 가지를 지적하였는데, 첫째는 자신의 욕구나 권리보다는 타인에 대한 의무와 충성이 훨씬 더 중요하다는 잘못된 생각이다. 이러한 생각은 다른 사람의 욕구나 필요보다 자신의 것을 앞세우는 것은 이기적이라는 믿음에서 출발한다. 따라서 자신의 욕구는 뒤로 한 채 타인의 욕구에 매우 민감하게 반응한다. 두 번째는 타인을 즐겁게 하거나 타인에게 감동을 주려는 강한 욕구이다. 타인으로부터 받는 인정과 승인의 분량이 자신의 가치를 결정한다고 믿는 사람은 타인의 기분을 상하게 하는 말하기를 매우 어려워한다. 아이러니하게도 많은 경우 사람들은 타인의 비위를 맞추기 위해 지나치게 노력하는 사람들을 귀하게 여기지 않는다. 사람들은 자신을 귀하게 여기는 사람들을 귀하게 여긴다. 셋째, 자기주장을 함으로써 발생할 수 있는 결과에 대해 지나치게 공포감을 갖는 경우이다. 이상의 잘못된 믿음 체계 또는 생각을 갖고 있는 사람들을 도와 자기주장을 할 수 있도록 하려면 우선 인지 재구조화 후 행동수정을 위한 연습으로 들어가야 한다.

↑ 연습 3-5: 자신이 원치 않는 일을 타인이 부탁하였을 때 이를 정중히 거절하는 방법에 대한 목록을 만들고, 각각의 항목의 실용성과 장단점을 소집단을 통해 논의해 보자. 또한 소집단에서 이를 연습해 보고 이에 대한 피드백을 제시해 보자.

↑ 연습 3-6: 옆에 있는 교우와 짝을 지어 상대방에 대해 두세 가지 칭찬을 한다. 이를 적극적으로 수용하고 이에 대한 감사의 마음을 표현하는 연습을 해 보자.

↑ 연습 3-7: 타인이 자신의 약점이나 단점을 지적하였을 때, 마음에 상처를 받지 않으면서 이를 수용하는 방법에 대해 논의해 보자.

10) 모델링

모델링이란 "행동 및 사회학습 방법의 하나로 클라이언트가 활용하기를 바라거나 필요로 하는 절차에 대해 시범을 보이는 것"을 의미한다(Gambrill, 1997; Hepworth et al., 2002; Trevithick, 2000). 모델링에는 의도적인 모델링과 우연적인 모델링의 기법이 있다(Trevithick, 2000). 우연적인 모델링은 클라이언트가 다른 사람을 관찰함으로써 얻어지는 모델링이며, 주로 부모나 타인을 관찰하면서 얻어지는 것이다. 사람들은 대부분 이 방법을 통해서 사회학습을 하게 된다. 이에 비해 의도적인 모델링은 특정 문제행동이나 불안감 등을 교정하거나 줄이기 위한 것으로, 주로 사회복지사들이 다음과 같은 절차에 따라 제시한다.

① 변화와 시범을 보이고자 하는 행동을 구체화하고 클라이언트가 이를 주의 깊게 관찰하도록 한다.
② 시범을 보인다.
③ 시범이 끝나자마자 클라이언트에게 즉각적으로 따라 해 보도록 한다.
④ 클라이언트의 시범이 끝나면 즉각적으로 수정하는 피드백을 제공해 준다.
⑤ 계속해서 연습해 보도록 한다(Gambrill, 1997: 535).

11) 사회기술훈련

사회기술훈련(social skills training)은 사회학습의 원칙에 기반하고 있으며, 클라이언트가 취약하거나 사회적으로 소외되어 있거나 혹은 사회생활 유지 및 수행에 필요한 특정 기술을 익힐 필요가 있다고 판단될 때 제공된다(Gambrill, 1997). 이 훈련은 모델링이나 직접적인 지시를 통해 이루어지고, 비디오 시청, 행동시연, 역할극, 숙제, 코칭, 촉구 등의 방법으로 제공된다(Gambrill, 1997; Trevithick, 2000). 숙제는 사회성기술 습득에 도움이 되는 과제를 내준 후 그 이행 상태를 확인하는 것이며, 코칭은 운동선수의 코치가 운동선수의 활약에 필요한 전략과 구체적인 활동을 지시하듯 사회성 향상에 필요한 구체적 기술을 실제 행동 가운데 지도하는 것이다. 촉구는 사회성이 부족한 클라이언트가 사회성을 드러내는 행동을 하도록 요구하며 자극을 주는 것이다. 이것은 기본적으로 개인이 겪는 문제나 어려움이 특정 기술의 결핍 때문이라는 전제하에 적절한 사회기술 습득 훈련을 통해 문제를 예방하거나 해결하고자 하는 시도라 할 수 있다. 사회기술이 부족할 경우에는 만족스러운 인간관계 형성과 다양한 역할수행에 어려움을 겪을 수 있는데 이를 방치할 경우 사회적 고립, 우울, 가족 해체, 부모-자녀 간 갈등, 해고 또는 실업, 그밖에 다양한 정신건강 문제 등을 초래할 수 있다. 아울러 사회기술 훈련은 클라이언트의 긍정적인 사회 행동을 향상시킴으로써 클라이언트가 주변 환경에 대한 영향력을 향상시킬 수 있도록 돕는 '**권한 부여**(empowerment)'의 특성을 갖고 있다. 이 훈련은 많은 연구를 통해 그 효과성이 입증되었으며, 아동·청소년, 지적 장애인, 정신질환자, 약물남용자 등을 대상으로 널리 활용되고 있다(Hepworth et al., 1997; LeCroy, 1994).

사회기술훈련의 시작은 앞서 헵워스 등(2002: 418-420)이 제시한 절차에 따라 진행될 수 있다. 훈련 대상의 사회기술은 클라이언트가 처한 상황이나 문제에 따라 매우 다양하다. 공통적인 사회기술을 몇 가지 들면, 다양한 육아기술, 앞서 설명한 자기주장기술, 도움 요청 기술, 타인의 이야기를 듣고 자신의 의견을 전달하는 기술, 대화 시작 및 유지 기술, 분노관리 기술, 친구 사귀기 기술 등이 있다. 사회기술이 매우 결핍된 일부 클라이언트를 위한 훈련으로는 대중교통 이용 기술, 음식 주문 기술, 위생 관리 기술, 전화 걸기 기술 등이 있을 수 있다. 리크로이(LeCroy, 1994: 129)는 사회성기술훈련 프로그램을 크게 여덟 가지의 기본적인 기술로 나누었는데, ① 긍정적인 피드백 제공하기, ② 부정적인 피드백 제공하기, ③ 부정적인 피드백 수용하기, ④ 또래집단의 압력을 거부하기, ⑤ 문제해결 기술, ⑥ 협상기술, ⑦ 지시사항 따르기, ⑧ 대화 시작하기가 포함된다. 기본적인 기술 외에도, ① 도움 요청하기-자신이 원하는 것보다 더 많은 것을 얻기, ② 감정을 있는 그대로 표현하기, ③ '싫어' 혹은 '안 돼' 말하기, ④ 권리 주장하기, ⑤ 타인의 감정파악 및 공감하기, ⑥ 권위를 가진 사람(예: 교사, 경찰, 상사)을 상대하기, ⑦ 책임 있는 의사결정하기, ⑧ 협상하기 및 갈등 해결하기 등이 리크로이(1994: 129)의 프로그램에 포함되어 있다.

이러한 기술들이 집단 프로그램으로 활용되기도 하지만 집단에 참여할 준비가 덜 되었거나, 집단활동에 적합하지 못한 클라이언트를 대상으로 개별적으로 이 기술들을 가르친 후 집단 프로그램에 참여하여 이들 기술을 집단구성원과 연습해 보고 현실 상황에 적용해 볼 수 있다.

↑ 연습 3-8: 알코올 남용으로 인해 회사에서 퇴사 압력을 받고 있는 클라이언트를 위해, ① 친구들과의 술자리를 거부하는 여러 대안을 마련해 보고, ② 이를 모델링이나 시연 등을 통해 연습해 보며, ③ 이에 따른 피드백을 제공해 보자.

3. 협동 개입기술

1) 협상

협상(negotiation)과 다음에 제시되는 중재(mediation) 기술은 주로 갈등관계에 있는 당사자 간 조정을 통해 합의를 이끌어 내거나 의견 차이에 대한 이해를 도모하기 위해 활용되는 기술이다. 협상과정에서는 사회복지사가 중립을 지키지 않는 반면, 다음에 소개될 중재과정에서는 당사자들 사이에서 중립을 지키는 점이 두 기술 간 차이라 할 수 있다(양옥경 외, 2000). 협상기술은 클라이언트의 문제해결을 위해 클라이언트의 문제와 관련된 체계들과 협상하는 과정에서, 클라이언트와 사회복지사가 의사결정 및 협조를 공유한다는 측면에서 파트너십의 핵심 개념이라고 할 수 있다(Trevithick, 2000). 또한 클라이언트만을 대상으로 하는 것이 아니라 클라이언트의 삶에 영향을 미치는 클라이언트 주변체계들에도 개입한다는 측면에서 공동개입기술이라 할 수 있다. 이 기술을 사용할 때 사회복지사는 특정 사건에 관여된 클라이언트의 관점뿐만 아니라 협상에 참가하는 다른 구성원들이 어떤 관점을 갖고 나올지를 파악하고 주의 깊게 준비하는 것이 필요하다. 이를 위해 사회복지사는 사실에 입각한 정보를 철저히 수집하여 활용할 수 있는 능력을 갖추어야 한다. 또한, 사회복지사에게 도움을 줄 수 있는 여러 지지체계(예: 공식적, 비공식적 지지체계)를 파악하여 다각도로 활용하기 위한 전략을 수립해야 한다. 한편, 협상과정에서는 상대편의 정서에 호소하기보다는 객관적인 정보와 상황 파악에 기초한 공정성에 초점을 두어야 한다. 즉, 상대방의 입장을 충분히 공감하고 존중하면서도 그들의 마음을 변화시킨다는 자세로 임하는 것이 중요하다. 협상이 성공적으로 이루어졌을 때 클라이언트에게 돌아갈 이점을 상대방에게 부각시키는 것도 필요하다. 협상에 성공하기 위해서는 한편으로 협상의 실패와 좌절을 이겨 낼 수 있는 적응유연성, 협상을 성공적으로 이끌어 내겠다는 강한 의지, 설득기술 등을 필요로 한다(Trevithick, 2000).

2) 중재

중재(mediation) 기술은 당사자 간의 분쟁에 있어 클라이언트의 입장을 대변하거나 옹호하기보다는 중립적인 위치에서 상호 간 차이점을 조정하여 상호 만족할 만한 합의점에 도달할 수 있도록 돕는 기술이다(Barker, 1995). 이웃 간의 다툼이나 지역이기주의에 따른 지역 간의 분쟁 등의 상황에서 이 기술이 사용될 수 있다. 또한 자퇴한 학생의 복교를 위해 학교, 학부모, 학생, 지역사회 등의 다양한 입장과 욕구를 수렴하여 모두가 만족할 수 있는 결론을 이끌어 내는 것도 중재기술의 예에 해당한다(엄명용 외, 2016: 378). 이혼법정에서 부부간의 아동 양육권 및 양육비 문제를 둘러싼 조정 과정에서도 중재기술이 활용될 수 있다.

당사자 간에 중재를 위한 의사소통을 할 때는 일단 사회복지사를 통해서 의사소통을 시작하도록 한다. 사회복지사는 한쪽의 이야기를 듣고 상대편에 전하고 그에 대한 피드백을 받아 다시 전한다. 이를 통해 어느 정도 합의점이 도출되면 당사자 간에 직접적인 대면을 통해 대화를 하도록 권장한다. 이 과정에서 사회복지사는 당사자들이 표현하는 내용의 핵심은 유지하면서도 그것을 새로운 시각에서 판단하거나 해석해 보되, 내용에서 상대방을 자극하거나 중재를 곤란한 상황에 빠뜨릴 수 있는 표현은 제거하도록 노력한다.

사회복지사는 때로 중재과정에서 갈등을 경험하게 된다. 특히, 한쪽이 다른 한쪽에 비해 자원이나 인력, 재정적인 면에서 월등하다고 판단할 때는 중립적 위치에서 벗어나 약자를 옹호해야 하는 것이 아닌지 고민할 수 있다. 또한, 중재자의 역할을 취한다 하여도 당사자들이 사회복지사의 중립성을 인정하지 않을 경우에도 어려움을 겪을 수 있다. 이러한 고민과 어려움을 피하기 위해서는 중재에 적극적일 필요가 있다. 즉, 중재자로서 단호한 입장을 견지하면서 적극적인 중재활동을 벌이는 것이다. 만약 사회복지사의 중재역할이 실패로 돌아갈 경우에는 중재역할을 잠시 접어 두고 해결 가능한 대안을 모색한 후 다시 중재에 임하도록 한다. 중재기술은 고도의 기술을 요하기 때문에 많은 훈련을 필요로 한다(Trevithick, 2000).

사회복지사가 **중재기술**을 활용하여 클라이언트 간의 갈등을 중재할 수 있지만, 한편으로는 중재훈련(negotiation training) 프로그램을 클라이언트에게 제공해 줄 수도 있다. 이

훈련은 클라이언트의 갈등해결기술을 향상시키는 데 초점을 두고 있다. 프로그램의 요소에는, ① 문제 파악하기, ② 온전한 대화 제공하기, ③ 다양한 선택 제안하기, ④ 유익한 논의를 방해하는 행동을 최소화하기(예: 상대방에 대해 불만을 터트리기, 상대방의 말을 가로채기) 등이 포함된다(Patterson & Forgatch, 1989; Gambrill, 1997에서 재인용). 이를 구체적으로 살펴보면, ① 문제 파악하기는 논의과정에서 갈등이 일고 있는 상황이나 진술을 파악하는 것을 의미한다. 갈등 당사자 간에 상호 충돌하는 각자의 입장을 분명하게 파악하여 비교해 보고, 그러한 갈등에 대해 다른 사람들은 어떻게 생각하는지 알아보는 것을 의미한다. ② 온전한 대화란 갈등 중인 문제와 관련하여 무엇을 원하는지, 또는 어떤 생각을 갖고 있는지를 분명히 밝히는 것이다. 자신의 입장을 명확히 밝힌 후 그것에 대해 상대방은 어떻게 생각하는지 반응할 것을 요구한다. ③ 다양한 선택 제안하기는 갈등을 해결하기 위한 일련의 조치를 제안하는 것을 의미하는데 이 제안은 이전에 자신이 밝힌 입장을 되풀이하는 것이 아니어야 한다.

예시

"나는 자전거를 사고 싶은데, 엄마는 내가 옷을 사길 원하죠?" (문제 파악하기)

"여름방학 동안에 아르바이트해서 자전거를 살 거예요. 그래도 되겠어요?" (완전한 대화)

"아르바이트해서 번 돈으로 일부는 옷을 사고, 나머지는 자전거를 살 거예요. 그렇지만 자전거를 살 때는 좀 보태 주셔야 해요." (다양한 선택 제안하기)

3) 권한부여

강점관점과 생태체계적 관점에 근거한 **권한부여** 혹은 임파워먼트(empowerment)와 관련된 구체적 기술이 사회복지 실천현장에 적용된 것은 그 역사에 비해 최근의 일이다. 학자마다 권한부여에 대한 개념적 정의를 달리해 온 가운데 국내에서도 사회복지실천에 적용·활용되어 온 것이 오래되지 않았다. 사회복지기술에서 권한부여를 논의할 때는 '클라이언트가 자신의 삶과 상황에 대해 좀 더 많은 통제력을 가질 수 있도록 의미 있는 선택(meaningful choices)과 가치 있는 선택(valuable options)을 할 수 있도록 돕는 것'을 의미한다(Trevithick, 2000). 이러한 권한부여는 불평등과 억압, 차별로부터 벗어나기 위한 클라이언트의 노력에 함께 하는 것을 의미한다.

권한부여기술은 특정 목적을 파악하고 이를 어떻게 달성할 것인가를 강조한다. 구티에레즈(Gutierrez, 1990)는 권한부여를 "개인적, 대인관계적, 그리고 제도적 차원에서 클라이언트가 자신의 권한을 개발하고, 타인에게 영향력을 미칠 수 있는 능력을 개발하며, 타인과의 공조로 사회적 제도에 변화를 일으킬 수 있는 능력을 개발하는 과정"이라고 정의하였다. 이를 위해서는 다음과 같은 네 가지 심리적 변화를 필요로 한다.

① 자기효능감 향상(어떤 사건에 의해 영향을 받기보다는 영향을 주도록 함)
② 집단의식 개발
③ 자기비난 경감
④ 변화노력 과정에서 개인 책임 인식

클라이언트에게서 이러한 변화를 가져오기 위해 사회복지사는 실질적인 도움을 제공하는 것을 포함하여 다음과 같은 다섯 가지 권한부여기술 혹은 개입을 필요로 한다.

① 클라이언트가 규정하는 문제를 수용함
② 현존하는 클라이언트의 강점을 발견하고 강화시킴
③ 클라이언트의 상황에 대한 권력구조를 분석함
④ 구체적인 행동기술을 가르침
⑤ 자원을 동원하고 클라이언트의 권익을 옹호함(Gutierrez, 1990)

권한부여(empowerment)라는 개념에는 권한이 없음(powerless)이 전제되어 있다. 즉, 자신의 욕구 충족, 삶의 질 향상, 잠재력 확대 등을 위해 자신과 자신 주변의 자원 활용에 영향을 줄 수 있는 능력이 결여되어 있는 클라이언트가 존재함을 전제하고 있다. 미국과 같은 다인종 사회에서는 역사적으로 소수 민족 집단들이 여기에 해당되어 왔다. 우리 사회에서 권한부여 실천을 위해서는 어떤 집단이 불평등, 차별, 억압을 당하고 있는 힘없는 집단(powerless group)인지를 돌아보고 확인해 볼 필요가 있다.

4) 권익옹호

국내 사회복지실천에 있어 **권익옹호**(advocacy) 기술 역시 많이 논의되지 못한 기술이다. 하지만 권익옹호는 '사회복지사 윤리강령' 전문과 제4조 사회복지사의 사회에 대한 윤리기준에 명시되어 있다. 윤리강령에 따른 권익옹호활동은 인권침해, 평등을 저해하는 행위, 사회정의를 해치는 일 등에 대해 맞서 클라이언트의 입장에 서서 이들의 권익을 대변하고, 향상시킬 수 있는 정책과정이나 입법활동 참여를 포함하고 있다(김성이 외, 2004). 권익옹호기술은 클라이언트 자신이 할 수 없는 일에 대해 이들을 대표하여 이들의 관심사를 성취할 수 있도록 돕는 것을 의미한다(Trevithick, 2000). 이 기술은 권한부여기술, 협상 및 시민참여와 같은 인권과 밀접한 관계를 맺고 있으며, 사회행동, 시민권, 소비자교육, 의뢰와 중재 등의 개념과 혼용되기도 한다(김성이 외, 2004). 없는 권한을 획득하도록 돕는 노력이 권한부여라면, 이미 존재하지만 누리지 못하고 있거나 침해받고 있는 권리를 보호하고 지켜주기 위한 대리적 활동이 권익옹호라는 면에서 양자 간에 약간의 차이가 있으나 활동 측면에서 보면 중복되는 부분이 많다고 할 수 있다.

이 기술의 핵심은 권력의 차이를 인정하는 것에서 시작한다. 특히, 억압받고 있는 집단이나 자원에 접근할 수 없는 집단이 기회와 자원을 부여받을 수 있도록 사회구성원으로서의 참여권을 강화하는 것이다. 권익옹호기술은 클라이언트의 목소리와 관심사를 전달하여 정책 및 서비스 전달에 있어 변화를 초래하는 것을 그 목적으로 하고 있다. 이를 위해서는 클라이언트가 '자신의 삶을 어떻게 영위할 것이며, 이를 위해서는 무엇을 필요로 하는지'를 파악하는 것이 중요하다. 구체적인 권익옹호활동으로는 정책입안자나 행정가를 대상으로 편지 쓰기, 전화하기, 시위하기, 면담 요청 및 건의사항을 체계적 · 조직적으로 전달하기 등이 포함된다.

권익옹호기술의 핵심은 사회복지사가 클라이언트를 '대표하는' 것으로 다음과 같은 것을 포함하고 있다(Trevithick, 2000).

① 클라이언트 스스로 자신들을 대표할 수 있도록 지지하는 것
② 클라이언트의 관점과 욕구를 입증하는 것
③ 클라이언트의 관점과 욕구, 관심사를 타인에게 설명하고 전하는 것
④ 다양하고 서로 다른 과제수행에 필요한 경청기술, 협상기술, 공감, 주장기술 등의 개발

권익옹호는 클라이언트를 대신하여 말하고, 쓰고, 행동하거나 입증하는 것으로서 상호 중복되는 측면이 있으나 다음과 같은 형태를 취할 수 있다.

(1) 사례권익옹호(case advocacy)

이는 자원이나 서비스 혹은 기회를 얻고자 하는 사례별로 개인을 대표하는 것을 의미하며, 전문가, 자원봉사자, 동료가 수행할 수 있다.

(2) 원인권익옹호(cause advocacy)

어떤 문제, 차별, 억압의 원인(cause)이 되는 정책, 절차, 혹은 제도 변화의 필요성을 입증하고 주장하는 것이다. 전문가나 시민단체가 수행할 수 있다.

(3) 자기권익옹호(self-advocacy)

자신의 권리와 관심사를 획득하기 위해 클라이언트가 자신들을 대표할 수 있는 방안을 모색하는 것을 의미한다. 이는 자조집단이나 동료권익옹호를 통해 가능하다.

(4) 동료권익옹호(peer advocacy)

여러 사람들이 서로 간의 욕구를 논의하기 위해 공조하는 것을 의미한다. 자조집단에서 많이 볼 수 있다. 이들은 캠페인과 같은 적극적인 행동을 통해 여론을 조성하고 정부의 정책에 영향을 주는 것을 목적으로 하고 있다.

(5) 시민권익옹호(citizen advocacy)

시민단체나 자원봉사자들이 소외된 클라이언트와 관계를 형성하고 이들의 욕구를 이해하고 대표하는 것을 의미한다(Payne, 1997: 269).

권익옹호기술을 활용하기 위해 사회복지사는 적절한 훈련과 슈퍼비전 그리고 지원을 받아야 한다. 클라이언트를 대신하여 그들의 권익을 위해 활동하기 위해서는 전문가로서의 자신감, 사명감, 전문지식을 필요로 한다. 특히, 문제와 관련된 법, 정부지침과 안내서, 기관 정책과 실천방법 등을 이해하여 클라이언트의 욕구와 권리를 대변할 수 있어야 한다.

↑ 연습 3-9: 최근 우리 사회에서 일어났던 사건들 가운데 권익을 침해받고 있거나, 불평등, 차별, 억압 등을 경험하는 개인 혹은 집단의 사례를 찾아 다음과 같은 점에서 서로 논의해 보자.

① 이 사건이 갖고 있는 문제의 본질은 무엇인가?
② 이 사건에 대해 언론을 통해 알려진 사실과 당사자들이 말하는 사실은 무엇이며, 그 차이점은 무엇인가? 그리고 제3자로서 여러분은 어떻게 생각하는가?
③ 여러분이 사례 당사자라면 권익옹호기술 가운데 스스로를 대표할 수 있는 방안은 무엇인가? 여러분이 생각하는 '진실'을 타인에게 어떻게 입증할 것인가?
④ 여러분이 사회복지사로서 행할 수 있는 권익옹호활동을 개인 차원, 집단 차원, 그리고 사회 차원에서 파악해 보고 각 활동이 갖는 효과성, 수행의 어려움 등을 논의해 보자.

5) 네트워킹

네트워크 형성기술은 문제해결에 도움이 되는 지역사회의 공식적·비공식적 자원을 연결하거나 동원하는 기술이다. 쿨쉐드와 오름(Coulshed & Orme, 1998)은 네트워크 기술(networking skill)이 다음과 같은 세 가지 전략을 필요로 한다고 주장하였다.

(1) 네트워크 치료

위기상황에 처한 가족을 돕기 위해 집단사회사업의 기술을 활용하는 것으로, 가족의 네트워크가 되는 사람들을 한자리에 모이도록 하여 이들이 '변화매개체'가 되도록 돕는 것이다.

(2) 문제해결을 위한 네트워크 회의

공식적 · 비공식적 도움을 제공할 수 있는 사람들이 모두 모여서 누가 어떤 역할을 할 것인지 논의한다.

(3) 네트워크 형성

새로운 네트워크를 구성하는 방법과 기존의 네트워크를 유지 혹은 변화시키는 방법에 관한 것이다.

이들 세 가지 모두 앞서 기술한 중재기술과 권익옹호기술을 필요로 하며, 사회적 지지와 도움을 필요로 하는 사람과 도움 제공자의 능력을 평가하는 것을 필요로 한다. 특히, 도움을 필요로 하는 사람을 위한 지지체계를 형성하기 위해서는 사회적 관계망 사정기술이 요구된다. 사회적 관계망에는 비공식적 네트워크인 가족, 친척, 이웃, 종교모임, 지역사회에 위치한 기관들을 비롯하여 적십자사, 가정폭력 상담소, 성폭력 상담소, 아동 또는 노인 보호전문기관 등이 포함될 수 있다.

네트워크 치료 방법과 네트워크 회의를 수행하기 위해서는 클라이언트와 구체적인 상의를 통해 모임 참여자 선정, 모임의 목적, 얻고자 하는 기대 및 효과 등을 사전에 논의해야 한다. 네트워크 치료와 네트워크 회의 모두에 클라이언트와 관여된 사람들이 참여하지만 각기 문제의 심각성이나 관점은 다를 수 있기 때문에 참여 정도에 있어서는 차이가 있을 수 있다. 나아가 다수의 인원이 모이기에 충분한 시간 설정과 넉넉한 장소, 비밀보장과 같은 사항들이 검토, 논의되어야 한다.

단원 정리

이 장에서는 사회복지실천 개입의 중간 단계에서 활용할 수 있는 다양한 기술에 대해 살펴보았다. 이 장에 제시된 기술 이외에 다양한 기술들(예: 문제해결 기술, 이완기술, 스트레스 관리 및 완화 기술, 세분화 기술, 우선순위 정하기 등)이 많이 있지만, 제한된 범위 내에서 모든 것을 다루기는 한계가 있으므로 독자들의 개별 훈련 및 연구과제로 남겨 두고자 한다. 이 장에 기술된 다양한 기술들은 클라이언트의 발달연령, 인지능력, 사회성, 사회지지 등 다양한 생태체계적 요인들의 복합적인 상호작용 속에서 차별화된 적용을 필요로 한다. 즉, 각 클라이언트의 개별적인 특성을 고려한 탄력적인 적용을 통해 클라이언트에게 가장 효과적인 기술을 활용할 필요가 있다.

참고문헌

김성이, 조학래, 노충래(2004). 청소년복지학. 서울: 집문당.

김혜란, 홍선미, 공계순(2001). 사회복지 실천기술론. 서울: 나남출판.

양옥경, 김정진, 서미경, 김미옥, 김소희(2000). 사회복지실천론. 서울: 나남출판.

엄명용, 김성천, 오혜경, 윤혜미(2011). 사회복지실천의 이해(3판). 서울: 학지사.

엄명용, 김성천, 오혜경, 윤혜미(2016). 사회복지실천의 이해(4판). 서울: 학지사.

Barker, R. L. (1995). *The Social Work Dictionary* (3rd ed.). Washington, DC: NASW Press.

Blonna, R. (1996). *Coping with stress in a changing world*. St. Louis: Mosby.

Brill, N. I. (1997). *Working with People: The Helping Process* (6th ed.). New York: Longman.

Coulshed, V., & Orme, J. (1998). *Social Work Practice: An Introduction* (2nd ed.). Basingstoke: Macmillan/BASW.

Cournoyer, B. (2000). *The Social Work Skills Workbook* (3rd ed.). Belmont, CA: Brooks/Cole. 김인숙, 김용석 역(2006). 사회복지 실천기술 연습. 서울: 나남출판.

Egan, G. (1990). *The Skilled Helper: A Systematic Approach to Effective Helping*. Pacific Grove, CA: Brooks/Cole.

Feltham, C., & Dryden, W. (1993). *Dictionary of Counseling*. Singular Publishing Group.

Gambrill, E. (1997). *Social Work Practice: A Critical Thinker's Guide*. New York: Columbia University Press.

Gutierrez, L. M. (1990). Working with women of color: An empowerment perspective. *Social Work,*

35(2), 149-153.

Hepworth, D., Rooney, R. H., & Larsen, J. A. (2002). *Direct Social Work Practice: Theory and Skills* (6th ed.). Pacific Grove, CA: Brooks/Cole.

Heron, J. (2001). *Helping The Client* (5th ed.). Thousand Oaks, CA: Sage.

Kadushin, A., & Kadushin, G. (1997). *The Social Work Interview: A Guide for Human Service Professionals* (4th ed.). New York: Columbia University Press.

LeCroy, C. W. (Ed.). (1994). *Handbook of Child and Adolescent Treatment Manuals*. New York, NY: The Free Press.

Millar, R., Crute, V., & Hargie, O. (1992). *Professional Interviewing*. London: Routledge.

Nelson-Jones, R. (1990). *Human Relationship Skills*. London: Cassell.

Payne, M. (1997). *Modern Social Work Theory*. New York: MacMillan Pub. 서진환, 이선혜, 정수경 역(2001). 현대 사회복지실천이론. 서울: 나남출판.

Sheafor, B. W., Horejsi, C. R., & Horejsi, G. A. (1997). *Techniques and Guidelines for Social Work Practice* (4th ed.). New York: Allyn & Bacon. 서울대사회복지실천연구회 역(1998). 사회복지실천 기법과 지침. 서울: 나남출판.

Trevithick, P. (2000). *Social Work Skills: A Practice Handbook*. Philadelphia, PA: Open University Press.

제2부

사회복지실천 개입 모델

제4장

사회복지실천 개입 모델 I: 단기 모델

제5장

사회복지실천 개입 모델 II: 일반 모델

제4장

사회복지실천 개입 모델 I: 단기 모델

사회복지실천의 효과를 평가하는 데 있어 장기 혹은 단기간의 개입(혹은 치료) 가운데 어느 것이 더 효과적인가에 대해 끊임없는 논란이 있다. 1960년대 중반부터 정신분석적, 정신역동적 치료를 중심으로 한 장기치료가 효과적이지 못한 점, 치료의 효과가 초기에 많이 일어나며 지속된다는 점, 장기치료의 비구조화된 치료과정, 그리고 장기치료에 따른 비용문제 등에 대한 비난이 쏟아지면서 **단기치료**에 대한 관심이 높아졌다. 단기치료 혹은 단기 모델은 시간제한적이면서 구조적인 점, 단기간의 집중적인 개입으로 인한 치료효과의 극대화, 치료자-클라이언트의 협력적 관계 등이 핵심요소이다.

이 장에서는 단기 모델의 대표적인 모델로 해결중심이론, 과업중심모델, 위기개입의 기본 가정, 주요 원칙, 주요 기술, 한계점에 대해 살펴보고, 이를 예시를 통해 적용해 봄으로써 사회복지 실천기술의 역량을 향상시키고자 한다.

1. 해결중심이론

해결중심이론은 단기치료의 대표적인 개입방법을 제시해 주고 있다. 해결중심이론은 특히 클라이언트 지향적인 접근방법으로, 클라이언트를 자신의 문제를 가장 잘 아는 전문가로 인정함과 동시에 문제해결의 주체로서 전문적 관계의 동반자로 인정한다. 해결중심이론의 기본 가정과 원칙, 기술 및 한계점을 중심으로 살펴보면 다음과 같다.

1) 기본 가정

멧칼프(Metcalf, 1998), 오코넬과 파머(O'Connell & Palmer, 2003), 월터와 펠러(Walter & Peller, 2000)는 해결중심이론의 문제해결 과정에 있어 다음과 같은 몇 가지 기본 가정을 제시하고 있다.

첫째, 클라이언트는 자신이 무엇을 원하고 삶에서 어떤 변화가 일어나기 바라는지를 가장 잘 알고 있는 전문가이다. 따라서 사회복지사는 클라이언트의 문제해결 능력을 인정하고 이를 중요시할 필요가 있다. 이는 클라이언트가 자신에게 유용한 것과 그렇지 않은 것을 구분할 수 있는 능력이 있으며, 자신의 삶에서 무엇이 변화하기를 원하는지 생각할 수 있는 힘을 가지고 있음을 의미한다. 따라서 치료의 목적은 클라이언트가 원하는 것이어야 한다.

둘째, 해결중심이론을 활용하는 사회복지사는 클라이언트를 변화시키는 전문가가 아니라 클라이언트의 변화에 도움을 주는 자문가의 역할을 한다. 따라서 사회복지사는 클라이언트가 원하는 것에 대한 이야기를 경청하는 과정에서 클라이언트와 함께 문제의 해결 가능성 및 기회를 파악하고 탐색하며 이를 공동의 노력으로 해결하도록 한다. 그러므로 치료는 사회복지사와 클라이언트 간의 상호 존중, 대화, 탐구, 확인, 시도와 관련된 상담 과정으로 간주된다.

셋째, 해결중심이론을 기반으로 한 개입 과정에서는 문제내용 자체보다는 문제해결 방안과 새로운 행동 유형을 시작하는 데 초점을 둔다. 즉, 문제의 원인과 문제의 발전과정에 관심을 두기보다는 해결방안 구축과정에 초점을 둔다. 이는 문제에 관한 많은 정보를 수집하는 대신에 클라이언트에게 적절한 해결방안을 모색하는 것이 문제해결에 더 효과적이라는 믿음에 기초한다. 따라서 문제 관련 정보수집에 오랜 시간이 불필요하게 되므로 개입 기간을 줄일 수 있는 이점이 있다. 그리고 문제내용 자체에 초점을 두지 않기 때문에 클라이언트가 문제의 원인에 대한 통찰력을 가질 필요가 없다.

넷째, 해결중심이론은 클라이언트의 잠재적인 변화 욕구를 인정하고 중요시한다. 특히, 이 이론에서는 대부분의 클라이언트가 진정으로 변화하고 협조하기를 원한다고 믿기 때문에 클라이언트가 변화과정에서 저항을 보일 것이라고 간주하지 않는다. 그리고 클라이언트가 저항하는 것은 사회복지사의 해석이나 개입이 클라이언트에게 적합하지 않다고 생각하기 때문이라고 본다.

다섯째, 사회복지사의 역할은 클라이언트가 문제해결을 위한 열쇠를 사용하도록 돕는 데 있다. 따라서 사회복지사의 역할은 클라이언트에게 무엇을 달리해야 하는지 직접 가르치거나 행동 변화를 하도록 새로운 전략을 가르치지 않으며, 클라이언트가 이미 알고 있는 문제해결 방안을 생각해 내도록 돕는 역할을 한다. 그리고 클라이언트가 자신의 목표를 알 수 있도록 돕기 위한 상황을 제공하고, 성공적인 경험을 하도록 돕는다.

여섯째, 사회복지사 · 클라이언트 관계는 협력적인 동료관계이다. 이는 클라이언트가 자신의 문제에 관하여 가장 많이 안다고 여기고 클라이언트의 변화 욕구를 인정하고 중요시하므로 클라이언트에게 좀 더 나은 해결방안과 최선의 것을 탐색하고 선택하는 데 있어서 함께 작업을 해야 하기 때문이다.

이상과 같은 해결중심이론의 기본 가정은 현대 사회복지실천 가운데 임파워먼트의 개념을 많이 내포하고 있고 강점에 초점을 두고 있다는 점에서 이전의 **병리적 모델**을 탈피하고 새로운 관점을 추구하는 사회복지사들에 의해 적극적으로 활용되어 왔다. 또한 사회복지실천에서 추구하는 클라이언트의 자기결정권을 존중하며, 이를 사회복지사가 수용한다. 나아가, 클라이언트의 잠재력 향상과 독특성을 인정한다는 점에서 사회복지실천의 목적에도 부합한다.

2) 주요 원칙

클라이언트의 잠재력과 문제해결 능력 그리고 그 가능성에 초점을 두고 있는 해결중심이론은 클라이언트와의 협력적 관계를 중요시하며, 사회복지사의 개입은 단지 클라이언트의 문제해결 과정에서 **자문가** 역할을 하는 것이다. 이러한 해결중심이론은 다음과 같은 몇 가지 원칙에 기반을 두고 있다(Berg & Miller, 1992; 송성자, 1995에서 재인용).

① 병리적인 것 대신에 건강한 것에 초점을 둔다. 따라서 클라이언트의 실패보다는 성공경험 및 그 방법에 초점을 두고 이를 치료에 활용한다. 이는 클라이언트가 삶에 대해 몇 가지 불평이 있는 것이지, 클라이언트를 증상을 가진 환자로 여기지 않음을 의미한다. 그리고 문제가 있다 하여도 이를 병리적인 관점에서 볼 것이 아니라 해결 가능성이 있는 관점에서 재진술하도록 한다.

② 클라이언트의 강점, 자원, 건강한 특성을 발견하여 치료에 활용한다. 이는 클라이언트가 원하는 결과를 성취하기 위해 자신이 이미 가지고 있는 자원, 기술, 지식, 믿음, 동기, 행동, 증상, 사회관계망, 환경, 개인적인 특성 등을 활용할 수 있도록 돕는 것을 의미한다.

③ 탈이론적이고 비규범적이며 클라이언트의 견해를 존중한다. 다른 이론에서와 같이 인간행동에 대한 가설적 이론의 틀에 맞추어 클라이언트의 문제를 사정, 평가하지 않는다. 그리고 클라이언트가 표현하는 견해와 불평방법을 그대로 수용하며, 개별성을 최대한 존중한다.

④ 변화는 항상 일어나며 불가피한 것이다. 즉, 일상생활에서 변화는 있게 마련이다. 그리고 어떠한 문제라도 문제가 발생할 때가 있고, 문제가 발생하지 않을 때가 있다. 그러나 클라이언트는 문제에만 관심을 두기 때문에 예외적인 것, 즉 문제가 발생하지 않는 상황은 인식하지 못하고 무시한다. 이는 해결중심이론에서 매우 중요한 부분을 차지하는 것으로 문제가 발생하지 않는 상황, 예외적인 상황이 발생하는 이유를 파악함으로써 클라이언트가 갖고 있는 장점을 파악하는 것이다.

⑤ 현재와 미래를 지향한다. 해결중심이론에서는 과거에 관하여 깊이 연구하지 않으며, 현재와 미래에 적응하는 것을 돕는 데 관심을 둔다. 즉, 클라이언트를 과거와 문제로부터 멀리하고, 미래와 해결방안을 구축하는 데 관심을 집중하도록 한다. 과거에 대한 이해는 현재의 문제를 이해하는 데 도움이 될 경우에 매우 제한적으로 시도한다.

⑥ 클라이언트의 자율적인 협력을 중요시한다. 클라이언트의 목표성취를 위해서는 협력이 중요하며, 이는 사회복지사와 클라이언트가 함께 해결방안을 발견하고 구축하

는 과정에서 특히 중요시된다. 이러한 이유로 인해 비자발적인 클라이언트에게 협력을 요청하는 것이 어려운 과제로 떠오르게 된다.

3) 주요 기술

월터와 펠러(Walter & Peller, 2000)는 해결중심이론에서 제시하는 주요 기술을 크게, ① 일반적인 상담기술, ② 해결중심적인 기술, ③ 목표설정, ④ 메시지 작성 및 전달 등으로 구분하여 논의하였다. 이를 간략하게 표로 나타내면 〈표 4-1〉과 같다.

표 4-1 해결중심이론의 주요 기술

치료 기술	설명
1. 경청과 인정	클라이언트의 강점과 능력에 대해 경청하고 이러한 강점을 인정해 줌으로써 클라이언트가 사회복지사로부터 존중받는다는 느낌을 가지도록 하는 것
2. 호기심 갖기	클라이언트를 진단하거나 특정한 어떤 것을 하도록 강요하는 것이 아니라 클라이언트가 원하는 것, 그것을 성취하기 위해 어떻게 해야 하는가를 명확히 하도록 질문하고 그에 대한 반응에 호기심을 갖는 것
3. 초대하기	클라이언트가 상담으로부터 기대하는 바가 무엇인지, 클라이언트의 목적이 성취되고 문제가 해결되는 것 또는 발전을 나타내는 징조가 무엇인지에 대해 대화하도록 초대하는 것
4. 기적질문	클라이언트로 하여금 문제가 해결된 미래에 대해 상상하도록 함으로써 변화의 목표를 찾아내는 것
5. 예외질문	문제해결을 위해 성공적으로 잘하고 있으면서도 의식하지 못하고 있거나 가치를 두고 있지 못하는 것을 발견하고, 사회복지사가 의식적이고 의도적으로 성공하였던 클라이언트의 행동을 강화시키는 것
6. 척도질문	문제의 심각한 정도를 사정하고, 치료목표 성취 정도를 측정하고, 결과를 구체적으로 평가하는 데 있어 구체적인 수치를 사용하여 그 정도를 표현할 수 있도록 하는 것
7. 대처질문	클라이언트가 절망적인 상황에서도 잘 견디어 내어 더 나빠지지 않은 것을 강조하고, 위기에서 살아남기 위해 대처해 온 방법을 파악하고, 그것을 인식 · 강화 · 확대하기 위해 활용하는 것

출처: 송성자(1995). 가족과 가족치료. 서울: 법문사; O'Connell, B., & Palmer, S. (Eds.). (2003). *Handbook of Solution-Focused Therapy*. Thousand Oaks, CA: Sage. 내용을 표로 작성한 것임.

(1) 상담기법

상담기법은 사회복지사로서 기본적으로 갖추어야 할 기술을 의미하는데, 이에는 경청기술, 인정하기, 호기심 갖기, **초대하기**, 격려하기 등이 있다.

① 경청과 인정

경청과 인정(listening & acknowledging) 기술은 상담에 있어서 가장 기본적인 요소로 사회복지사와 클라이언트 간의 신뢰 형성의 기초가 된다. 해결중심이론을 활용하는 사회복지사는 클라이언트의 강점과 능력에 귀를 기울이며, 이를 인정하고 클라이언트가 원하는 것을 계속할 수 있도록 돕는 데 초점을 둔다.

② 호기심 갖기

사회복지사는 클라이언트를 진단하거나 무엇을 하도록 시도하지 않는다. 따라서 해결중심이론을 활용하는 사회복지사는 병리적 관점보다는 문제해결에 초점을 두기 때문에 진단, 치료 등의 용어를 사용하지 않는다. 그리고 사회복지사는 클라이언트의 문제해결에 있어 전문가가 아니며, 평가를 위해 정보를 수집하거나 질문하지 않는다. 대신에, 사회복지사가 클라이언트에게 던진 질문에 대한 클라이언트의 대답에 호기심(being curious)을 갖는다.

③ 초대하기

사회복지사는 클라이언트가 미래의 삶과 인생을 어떻게 살고 싶은지 대화할 수 있도록 초대하는 역할을 한다. 그리고 사회복지사는 클라이언트가 상담을 통해 원하는 것이 무엇인지, 목적이 달성되고 문제가 해결되면 진전되었다는 것을 나타내는 표시가 무엇인지 파악할 수 있도록 대화에 초대한다.

④ 격려하기

격려하기(encouraging) 기술은 사회복지사가 클라이언트가 효과 있는 것을 하도록 용기를 북돋아 주는 것을 중요하게 여긴다. 또한 상담과정에 있어 무엇이 효과가 있는지 회고

하기 위하여 상담 중 휴식시간을 활용한다.

(2) 해결 지향적 질문

타 이론의 기술과 비교해 볼 때 해결중심이론의 핵심 기술은 크게 다섯 가지 핵심 기술로 분류될 수 있는데, 이에는 ① 첫 면담 이전의 변화에 관한 질문, ② **예외질문**, ③ **기적질문**, ④ **척도질문**, ⑤ **대처질문**이 활용된다(송성자, 1995; O'Connell & Palmer, 2003). 대처질문은 타 이론에서도 많이 활용되고 있으며, 그 외의 질문들은 해결중심이론에서 독특하게 활용되는 기술들이다.

첫째, 첫 면담 이전의 변화에 관한 질문은 클라이언트가 처음 전화를 걸거나 약속시간을 정한 후부터 처음 면담에 왔을 때까지 변화된 것이 있는지를 묻는 것이다(송성자, 1995). 이는 클라이언트가 문제가 심각할 때 혹은 더 이상 참거나 견디지 못할 때 도움을 요청하며, 이후 첫 면담까지의 시간 동안에 변화가 발생할 수 있기 때문에 이러한 변화를 파악하는 것이다. 특히, 긍정적인 변화가 일어났다면 그렇게 될 수 있었던 방안이 무엇인지를 파악하여 이를 강화하려는 의도가 있는 것이다.

둘째, 예외질문(exception question)은 클라이언트의 성공경험과 현재 잘하고 있는 것을 발견할 목적으로 활용되는 질문이다. 예외질문은 문제해결을 위해 성공적으로 잘하고 있으면서도 의식하지 못하고 있거나 가치를 두고 있지 못하는 것을 발견하고, 사회복지사가 의식적이고 의도적으로 성공하였던 클라이언트의 행동을 강화시키는 기술이라고 할 수 있다. 결과적으로, 클라이언트가 문제에 관한 부정적인 생각과 문제의 제거와 감소에 몰두하는 사고방식으로부터 벗어나 해결방안을 모색하는 것에 관심을 집중하도록 하는 방법이다.

예시

"문제가 발생하지 않았던 때는 언제인가요?"

"문제가 발생하지 않았다는 것을 어떻게 알 수 있나요?"

"문제가 발생하는 상황과 발생하지 않는 상황이 어떻게 다른가요?"

"문제가 발생하지 않을 때는 무엇을 하나요?"

"어떻게 하면 문제가 발생하지 않을 것 같나요?"

"문제가 해결된다면 이를 어떻게 알 수 있나요?"

셋째, 기적질문(miracle question)은 문제가 해결된 상태를 상상해 보고, 해결하기 원하는 것들을 구체화하고 명료화하며, 치료목표를 현실적이며 구체적으로 설정하기 위한 질문기법이다. 이 기술은 클라이언트의 마음상태를 문제 중심에서 해결 중심으로 전환하도록 하여 바뀐 현실을 꿈꾸고 희망을 갖게 하는 역할을 한다.

예시

"밤에 잠자는 동안에 기적이 일어나 염려하였던 문제가 해결되었다고 합시다. 그러나 잠자는 동안에 기적이 발생하였기 때문에 무슨 일이 생겼는지 아무도 모르지요. 그러나 가족들이 당신의 어떤 행동을 보면 지난밤에 기적이 일어나 문제가 해결된 것을 알 수 있을까요?"

예시

부모-자녀의 갈등을 겪고 있는 청소년과 어머니를 대상으로 상담을 한다고 할 때 다음과 같이 기적질문을 활용할 수 있다.

"(청소년에게) 어머니가 너에게 더 이상 잔소리를 하지 않고 가만히 둔다고 가정해 보자. 그리고 어머니는 너와의 관계가 긍정적으로 해결되어 매우 기뻐하고 있다고 가정해 보자. 어머니가 그렇게 된 이유가 어디에 있을까? 무슨 일이 발생하였기에 어머니가 너에게 더 이상 잔소리를 하지 않아도 되며, 너와의 관계에 매우 만족해하고 있을까?"

"어머니가 그렇게 되기 위해서 너는 무엇을 하였니? 혹은 무엇을 하면 그렇게 될까?"

넷째, 척도질문(scaling question)은 문제의 심각한 정도를 사정하고, 치료목표 성취 정도를 측정하고, 결과를 구체적으로 평가하는 데 있어 구체적인 수치를 사용하여 그 정도를 표현할 수 있도록 하기 때문에 매우 유용한 질문이다. 이는 매우 창의적으로 사용할 수 있으며, 사용할 때 주의할 것은 '오늘', '지난주', '지난달'과 같이 시간을 제한해 주어야 클라이언트가 혼동하지 않는다. 그리고 현재와 미래에 관하여 초점을 두고 과거에 초점을 두지는 않는다.

⊖ 예시

"치료 받으러 왔을 당시의 우울한 상태를 0점이라고 하고, 10점을 치료목표가 성취된 상태라고 한다면, 오늘의 상태는 몇 점인가요? 1점을 높이기 위해 무엇을 다르게 행동해야 할까요?"

다섯째, 대처질문(coping question)은 자신의 미래를 절망적으로 보아 희망이 없다고 하는 클라이언트에게 사용하는 기술이다. 이 기술은 클라이언트가 절망적인 상황에서도 잘 견디어 내어 더 나빠지지 않은 것을 강조하고, 위기에서 살아남기 위해 대처해 온 방법을 파악하며, 그것을 인식 · 강화 · 확대하기 위해 활용되는 것이다. 이 질문을 통해 클라이언트는 자신의 노력과 의지, 자원을 발견하게 되고 이를 활용하여 스스로 문제해결을 위해 노력할 힘과 용기를 가지게 된다.

⊖ 예시

"어떻게 모든 것을 포기하지 않고 오늘까지 지탱해 왔습니까?"

"어려운 상황 속에서도 견딜 수 있었던 것은 무엇이라 생각합니까?"

(3) 목표설정

해결중심이론을 활용하는 사회복지사는 상담의 목표를 잘 정의하는 것이 중요하다. 목적이 잘 정의되어 있다는 것은 사회복지사와 클라이언트가 클라이언트의 목표를 달성하기 위하여 노력하는 것을 의미하고, 상담의 종결시기를 알 수 있도록 하며, 그 결과를 측정할 수 있도록 한다. 잘 정의된 목표는 긍정적이고 과정의 형태로 이루어지며, **지금-여기**(here and now)에 초점을 맞추고, 가능한 한 상세하다. 목표설정 과정은 상담을 문제해결의 구조에서 클라이언트의 삶이 문제에서 벗어난 가설적인 이야기로 전환시킨다. 목표설정은 클라이언트가 이전과 다르고 좀 더 바람직한 방향으로 자신의 삶을 경험할 수 있도록 하는 의미를 포함하고 그 가능성을 높이는 과정이다.

목표설정 과정에서 사회복지사는 네 가지 영역, 즉 ① 클라이언트가 상담을 통하여 원하는 것이 무엇이라고 말하는가? ② 클라이언트가 원하는 것이 그들에게 어떻게 변화를 줄 수 있는가? ③ 클라이언트가 자신이 원하는 것을 위해 노력하고 있다는 것을 어떻게 알 수 있는가? ④ 클라이언트는 그들이 지금 원하는 것을 얼마나 경험하고 있는가?를 포함한다(Walter & Peller, 2000). 이러한 목표설정은 특히 클라이언트에게 중요한 것을 목표로 설정하고, 작고 구체적이며 행동적인 것을 목표로 설정할 필요가 있다. 나아가, 클라이언트가 갖고 있지 않은 것보다는 갖고 있는 것에 관심을 둘 필요가 있으며, 목표를 문제해결과정의 마지막이라고 보기보다는 시작으로 간주하는 것이다(송성자, 1995).

(4) 메시지 작성과 전달, 과제 부여

해결중심이론에서 사회복지사는 상담을 잠시 중단하고 한발 물러나 짧은 시간을 이용하여 메시지를 준비한다. 이는 사회복지사가 클라이언트에게 즉각적으로 반응하는 것으로부터 벗어나, 객관적인 사고를 통해 상담과정에서 클라이언트와 사회복지사가 나눈 이야기를 정리하고, 클라이언트가 사회복지사의 메시지를 수용할 수 있는 방법으로 클라이언트의 상황 변화에 도움을 줄 수 있는 메시지를 준비하는 것이다. 사회복지사와 함께 일하는 치료팀이 없는 경우에도 사회복지사는 상담시간 도중에 잠시 중단하고, 치료과정을 검토하면서 적절한 메시지와 과제를 준비하는 것이 효과적이다.

① 메시지 작성과 전달

사회복지사는 메모지에 기록한 내용을 천천히 신중하게 읽고 설명하면서 전달한다. 이때 사회복지사는 메시지 내용이 클라이언트에게 도움이 되고 좋은 것임을 알게 해야 하고, 칭찬할 때는 관계성과 근거를 가지고 해야 한다. 사회복지사는 클라이언트의 목표에 동의하고 긍정적인 방법으로 말한다. 또한 사회복지사는 클라이언트가 적절한 시기에 치료를 받으러 왔음을 강조하고, 목표를 성취하는 것이 매우 힘든 것이라는 점을 지적한다. 나아가, 사회복지사는 클라이언트에게 잠재적인 능력과 가능성이 있음을 강조한다. 메시지를 작성·전달하는 방법에는 ① 클라이언트가 이미 실시하고 있는 것이 클라이언트에게 도움이 되고 좋은 것임을 알게 하고, ② 가능한 한 클라이언트가 사용한 단어를 사용하여 클라이언트의 협조를 증진시키며, ③ 사회복지사는 클라이언트의 목표에 동의하고,

④ 적절한 시기에 도움을 받으러 왔으며 목표성취가 어려울 것이라는 점을 인식할 수 있도록 도우며, ⑤ 적절한 문장으로 시작하고, ⑥ 명확하게 과제와 그 목표를 설명할 것 등이 포함된다(송성자, 1995).

② 과제 부여

사회복지사는 클라이언트에게 생각, 관찰, 확인, 작은 것 행동하기 등과 같은 과제를 내줄 수 있다. 이때 과제는 항상 잠재적인 문제나 해결해야 하는 문제가 해결되는 방향으로 이끄는 것이어야 한다.

4) 한계점

해결중심이론은 단기치료 접근방법이면서 장기치료와 비슷한 치료 효과가 있는 점과 클라이언트 중심의 관계 및 협조를 활용하고 클라이언트의 장점을 파악한다는 점에서 많은 유용성을 갖고 있다. 하지만 이 이론에 대한 비판도 적지 않은 것을 볼 수 있으며, 다음과 같은 비판이나 한계점이 있다.

우선, 사회복지사들 가운데 해결중심이론에 근거한 접근방법을 클라이언트와 대화를 나누는 철학적인 접근방법으로 보기보다는 여러 기법의 배합 혹은 **절충주의적 접근**으로 보려는 경향이 있다. 그리고 일부 사회복지사들은 해결중심이론에 기초한 접근방법을 문제의 원인을 해결하기 위한 기법보다는 임시대응적인 응급기법으로 여긴다. 나아가, 이 이론을 활용할 때 비용효과성에 대하여 비현실적인 기대를 갖고 있다. 즉, 해결중심이론을 활용하면 단시간에 더 효과적인 문제해결을 가져올 수 있을 것이라 여기지만, 실제로 이 이론을 활용하려는 사회복지사들은 이 모델을 적용하는 데 많은 시간과 노력이 필요하다(Walter & Peller, 2000). 그리고 과거에 대한 이해를 중요시하지는 않지만 사회복지사는 여전히 클라이언트에 대하여 사정하고 진단할 필요가 있다. 이 이론을 활용하는 사회복지사는 클라이언트의 변화에 대하여 기술하고 이야기할 때 병리적인 것에 초점을 두는 모델과는 다른 용어를 사용하므로 다른 전문가들과 협력하는 것이 쉽지 않다. 마지막으로, 이 이론에서는 클라이언트가 추후상담과 종결을 결정하기 때문에 클라이언트에 따라 상담하러 오는 시간 간격이 다르므로 사회복지사의 업무일정을 계획하고 실행하는 데 어려움을 경험할 수 있다(Walter & Peller, 2000).

2. 과업중심모델

사회복지실천에 있어 단기치료의 대표적인 모델로 해결중심모델과 과업중심모델을 들 수 있다. 이 두 모델은 사회복지사에 의해 개발되었을 뿐 아니라 증거기반실천의 실증적 자료를 축적하게 되면서 국내외적으로 많이 활용되고 있는 대표적인 실천모델이다. 윌리엄 리드(William Reid)와 로라 엡스타인(Laura Epstein)은 1960년대 중반 행동주의이론, 초기의 **개별사회사업**(casework; Reid & Shyne, 1969)의 시간제한적이고 구조적인 측면을 따르고 있으며, 펄먼(Perlman, 1957)의 **문제해결 접근법**(problem-solving approach), 스투트(Studt, 1968)의 **클라이언트 과업 개념**, 홀리스(Hollis, 1972)의 개별사회사업(casework) 기법들을 통합하여 이 모델을 만들었다(Reid, 1978). 이 모델은 장기치료의 대표적인 모델이면서 과거에 초점을 둔 정신역동이론과 달리 클라이언트의 현재에 초점을 두고 효과적인 개입이 필요함을 강조한다. 또한 단기치료는 1960년대에 와서 본격적으로 시작되는데 사회복지사인 하워드 파라드(Howard Parad)와 그의 동료들이 사회적 문제의 해결을 강조하고 위기개입이론을 제시하면서 계획된 시간제한적인 치료에 대한 관심을 갖게 되었다(Epstein, 1992). 따라서 사회복지사의 개입은 명확한 목표를 설정하고 이를 성취하기 위해 과제를 부여하여, 작은 목표를 성취하면서 조금씩 큰 변화를 이루어 나갈 수 있도록 한다. 이 과정에서 사회복지사와 클라이언트는 상호 협력적 관계를 바탕으로 클라이언트의 현재 문제 혹은 변화를 해결하기 위해 집중적인 노력과 헌신을 할 필요가 있다.

1) 기본 가정 및 전제

과업중심모델은 단기치료에서 사용하는 많은 기본 가정들을 사용한다. 이에는 시간제한적 개입, 제한된 목표, 초점화된 면접과 현재에의 집중, 활동과 지시, 신속한 초기 사정 그리고 치료의 융통성 등을 포함한다(Epstein, 1992, 1995).

먼저, 과업중심모델은 이전의 장기치료와 달리, 2~4개월의 짧은 치료기간 동안 12회 정도의 상담을 통해 클라이언트가 표현하고 도움을 요청한 욕구나 문제에 한정하여 개입한다(Reid, 1978). 따라서 사회복지사나 타 전문가의 진단에 의해서가 아닌 클라이언트가 표현하고 도움을 요청한 욕구를 우선시하며 치료과정을 통해 이를 조율해 나가는 방식을 취한다.

둘째, 리드와 엡스타인(1972)은 과업중심모델을 구축하는 과정에서 클라이언트의 명확한 동의를 토대로 클라이언트가 행동을 통해 스스로 경감할 수 있는 특정 문제들을 다루었으며, 이는 소비자 혹은 **이용자 중심의 접근법**이다. 또한 이 모델에서는 사람들이 자동적 문제해결 능력, 즉 자신이 원하는 것을 얻기 위해서 이성적 행동을 주도하고 관철하는 능력을 갖추고 있다고 여긴다. 클라이언트가 특정 문제를 해결하는 것에 동의하면, 사회복지사와 클라이언트는 문제해결 행동의 과정 또는 클라이언트가 행할 수 있는 과업을 정한다. 그리고 사회복지사는 단기간 내에 클라이언트의 문제를 해결하기 위해 면접 과정에서 클라이언트의 주 호소문제를 집중적으로 다루게 되고, 이를 해결하기 위해 과업을 설정한다. 만약 클라이언트가 법원의 **수강명령**과 같은 강제성을 띤 비자발적인 상담에 응하게 될 때, 클라이언트가 원하는 것에 우선순위를 둔다(Rooney, 1992).

셋째, 이 모델은 정신역동이론과 같이 클라이언트의 초기 성격 형성에 영향을 준 과거의 경험을 이해하고 통찰력을 얻도록 돕기보다는 클라이언트의 현재에 초점을 둔다. 과거 경험은 클라이언트의 문제를 해결하기 위해 이해를 도모할 때 탐색하지만, 이 모델이 시간제한적이라는 점에서 과거는 중요치 않다. 특히, 클라이언트가 현재 경험하고 있는 문제를 해결할 수 있는 능력에 초점을 두기 때문에 문제를 정확히 사정하고 문제해결의 목표를 성취하기 위해 필요한 과업에 집중한다. 따라서 사람들은 과거의 상처를 되풀이하지 않고 갈등 해소와 현재의 문제해결에 집중할 수 있는 능력을 갖고 있다고 가정한다. 이 과정에서 사회복지사는 클라이언트가 과업을 달성하도록 돕는 방향에 초점을 둔다. 그리고 클라이언트의 문제해결 과정에서 사회복지사는 전통적인 개별사회사업 기법, 즉 문제 파악과 함께 조언, 격려, 클라이언트가 자신의 행동과 사회적 상황에 대한 이해를 증진할 수 있도록 돕기, 환경적 개입 등을 사용한다.

넷째, 과업중심모델에서 사회복지사의 면접은 적극성을 띤다. 장기치료 모델에서처럼 클라이언트의 이야기를 듣고, 과거 경험 속에서 고착된 문제에 대한 통찰력을 얻는 것이 아니라 매우 초점화된 사정과정을 통해 클라이언트의 문제를 구체적으로 파악하고 이에 따른 적극적인 개입과 클라이언트의 협력을 바탕으로 한 문제해결 노력을 위한 과업수행이 이루어진다.

이외에 과업중심모델이 갖는 주요 특성을 정리하면 다음과 같다.

① 신속하게 개입한다.
② 과정은 시간제한이 있다.
③ 문제는 초기에 규명한다.
④ 선택된 초점을 전 과정에 걸쳐 유지한다.
⑤ 문제해결이 체계적으로 진행된다.
⑥ 목표가 비교적 구체적이다.
⑦ 면접은 초점화되며 현재 중심적이다.
⑧ 면접방식은 직접적이고 활동적이다.
⑨ 초기에 빠른 사정을 한다.
⑩ 실천에는 융통성이 있다.
⑪ 감정의 표출이 허용된다.
⑫ 긍정적인 치료관계는 치료효과에 영향을 준다.

2) 주요 개념과 원칙

과업중심모델에서는 과업을 크게 일반적 과업과 조작적 과업으로 분류하고 있다.

(1) 일반적 과업

일반적 과업은 행동의 방향만 제시하고 구체적으로 무엇을 해야 하는지 제시하지 않는다. 일반적 과업은 서비스 이용자의 목표를 내포한다. 즉, 서비스 이용자가 수행해야 할 과업과 서비스 이용자의 목표가 같음을 의미한다. 가령 'A씨는 자기주장훈련 프로그램에 등록해야 한다.'와 같은 것으로 말할 수 있다.

(2) 조작적 과업

조작적 과업은 서비스 이용자가 수행해야 하는 구체적인 활동을 말한다. 일반적 과업에 기반을 두며, 활동에 대한 명확한 정보를 포함하기 때문에 일종의 하위 과업 형태를 띤다. 가령 '자기주장훈련센터를 방문하여 지원서를 작성하고 제출한다.'이다.

과업중심모델에서 제시하는 일반적 과업의 하위 유형을 다음과 같이 세분화할 수 있다(양옥경 외, 2001; 엄명용 외, 2001). 이들 유형은 유동적이며 다른 과업들과 합쳐지거나 실천과정에서 삽입 또는 제외될 수 있다. 이러한 과업 세분화는 특정하게 한 가지를 사용하기 위한 것이 아니며, 단지 전체 과정에 대해 주의 깊게 생각해 보기 위한 것이다.

- 유일과업: 한 번의 수행을 위해 계획된 것. (예: 'A씨는 화요일에 위탁가정 담당자를 만난다.')
- 되풀이 과업: 반복적인 활동을 위해 계획된 것. 예컨대, 'A씨는 건강 회복을 위해 무엇을 할지 자녀들과 매일 이야기한다.'
- 단일과업: 여러 단계들이 필요한 하나의 활동. 예를 들어, 'A씨는 수술을 앞두고 입원을 위해 준비한다.'
- 복잡한 과업: 매우 밀접하게 관련된 둘 또는 그 이상의 구분된 활동들. 예를 들어, '여러 가지 수술방법과 수술효과에 대해 담당의사와 상의하고, 각각의 방법이 A씨의 가정과 자녀 돌봄, 그리고 직장업무 능력에 어떤 영향을 미칠지 고려한다.'
- 개인적 과업: 한 사람이 수행하는 것.
- 상호적 과업: 둘 또는 그 이상의 사람들이 수행해야 하는 과업으로서 구분되지만 서로 연관되어 있는 과업. 예를 들어, 'A씨는 아들에게 소리 지르는 것을 중단하며, 아들은 가출하는 대신 어머니에게 무엇이 그를 화나게 하는지 말한다.'
- 공유과업: 둘 또는 그 이상의 사람이 같은 과업을 하는 것. 'A씨와 아들은 함께 사회복

지사와 상담한다.'

- 인지적 과업: 정신적인 활동들을 검토하여 명확히 하기. 예를 들어, 'A씨는 결혼생활에 대해 무엇이 불안하지를 생각하기'를 과업으로 설정할 수 있다. 인지적 과업은 현재 문제에 대한 언급 없이 비생산적인 염려를 하지 않도록 주의하는 것이 필요하다. 동시에 클라이언트가 원하고, 필요로 하며, 무엇이 중요한지를 깨닫고 잘 이해하도록 함으로써 클라이언트의 우선순위를 분명히 해 주며, 클라이언트가 선택과 결정을 내리도록 돕는다.

위와 같은 과업수행에서 구체적인 세부 사항에 대해서도 논의할 필요가 있다. 즉, 무엇을, 언제, 누구와, 어떤 조건에서, 어떻게 해야 하는가에 대해 클라이언트와 사회복지사 간에 합의가 이루어져야 한다. 클라이언트는 자신의 분명한 생각과 과업수행에 도움이 될 만한 구체적인 계획서를 작성해야 한다. 각각의 과업에 대한 합의가 이루어진 후에는 어떻게 과업을 시작하고 지속할 것인가에 대해 논의한다. 클라이언트가 익숙하지 않은 새로운 활동을 해야 하는 과정이 포함된 경우에는 한 단계씩 토론을 거치며, 예상하지 못한 방향으로 전개되는 사례의 경우 대안적인 방안을 준비한다.

3) 개입 과정

개인을 대상으로 한 과업중심모델의 개입 과정을 살펴보면 다음과 같다. 과업중심 모델의 개입 과정은 크게 초기, 중기 및 종결 단계의 3단계로 나누어 볼 수 있으며 전체 기간은 4개월 이내에 6~12회의 개입으로 설계된다. 일반적으로 이 기간 동안 클라이언트가 가장 중요하다고 생각하는 표적문제 중 두세 가지의 문제만을 선택하여 집중적인 해결노력을 기울이게 된다. 개입은 세밀한 계획 속에 체계적으로 수행하는데, 이는 시간, 노력, 비용의 낭비를 최소화해 주며 실천과정을 효과적으로 이끈다(Epstein, 1992, 1995; Reid, Abramson, Fortune, & Wasko, 1992). 초기 단계는 보통 1~2회의 면접으로 이루어지지만, 사례에 따라 더 많은 시간을 필요로 하기도 한다. 이 단계에서 사회복지사는 클라이언트와 함께 표적문제를 설정하고, 신속하게 사정하고, 계약을 맺는 것으로 마무리한다. 중기 단계는 초기 면접이 끝난 다음 회기부터 시작되며, 대체로 클라이언트가 과업계획 절차에 따라 과업을 진행하는 데 집중한다. 종결 단계는 대개 1회의 면접으로 종결되지만, 종결의 절차는 서비스를 시작한 초기 단계에서부터 사실상 시작되었다고 볼 수 있다. 종결 면접은 특정 목적을 달성하기 위해 구조화되는데, 클라이언트가 배운 것과 달성한 것들을 강조하도록 구성한다. 이러한 단계들을 사회복지사가 사용하는 개입기법과 함께 구체적으로 살펴보면 다음의 〈표 4-2〉와 같다(Epstein, 1992, 1995; Reid et al., 1992).

표 4-2 과업중심모델의 실천과정

시작	• 클라이언트의 자발적인 참여 또는 타 기관으로부터 클라이언트 의뢰
문제규명	• 클라이언트의 표적문제 확인 및 설정 • 신속한 초기 사정
계약	• 계약(목표, 표적문제, 과업, 개입 기간 및 일정, 참가자 등)
실행	• 사정하기 • 과업의 개발과 수립 • 과업의 수행 • 점검 및 모니터링
종결	• 표적문제와 전체 문제상황에 대한 검토 • 성공적 문제해결 전략 규명 • 남아 있는 문제에 대한 논의

출처: 신성자 외(2007). 사회복지실천기술론. 경기: 양서원.

(1) 초기 단계

① 의뢰 이유에 대한 논의

서비스의 시작은 클라이언트가 자발적으로 기관을 찾아와 도움을 요청하는 경우와 타 기관에서 의뢰되는 경우로 나뉜다. 클라이언트가 타 기관에서 의뢰된 경우, 사회복지사는 클라이언트와 의견을 조정하거나 협상해야 한다(7장 1절 비자발적인 클라이언트와 일하기 참고). 나아가 의뢰기관에서 클라이언트에게 제공할 수 있는 자원, 즉 정서적 지지뿐 아니라 물질적 자원이 있는지 알아보고 이를 활용할 수 있다. 반면 의뢰기관과 사회복지사가 일하는 기관 간에 이해상충이 있는지도 확인하여 이로 인한 시간 낭비와 장애물을 최소화해야 한다. 이 과정에서 사회복지사는 의뢰기관이 클라이언트에 대해 갖고 있는 구체적 목표를 파악하고 이를 클라이언트와 협의해야 한다.

② 표적문제와 그 상황에 대한 탐색과 사정

과업중심모델은 클라이언트가 인식한 **표적문제**를 우선시하고 이에 초점을 맞춘다. 그리고 두려움이나 혼란에 빠져 자신의 표적문제를 잘 표현하지 못하는 클라이언트를 위해 사회복지사는 상황이 허락하는 범위 내에서 표적문제를 제안, 권유할 수 있다. 하지만 클라이언트의 자율성을 최대한 존중하도록 한다. 사회복지사는 면접을 통해 표적문제와 사회적 상황을 면밀하게 파악하고 문제에 영향을 미치는 클라이언트의 특성을 사정하는 데 주력한다. 사회적 상황은 주거지와 주거지역의 주변 상황, 직업 혹은 학교상황, 사회경제적 지위와 재정적 한계, 건강상태, 가족과 또래 관계, 문화적인 배경 등을 포함한다. 클라이언트는 문제를 구체화하는 과정에서 자신의 사회적 배경에 관한 많은 정보를 제공하도록 노력한다. 따라서 사회적 상황에 대한 탐색과 사정은 동시에 이루어진다.

초기 단계에서 사회복지사는 신속한 사정을 위해 면접에 적합한 분위기를 조성하고, 면접 과정에서 즉각적인 관찰이나 사정을 통해 얻어진 정보를 활용하여 사정과 관련한 임시 가설을 세운다. 하지만 이때 정보수집은 표적문제 및 현재 상황에 초점을 둔다. 현재의 정보와 관찰, 클라이언트가 제공한 정보를 중심으로 표적문제를 신중히 선택하고 해당 문제와 관련한 보다 면밀한 검토를 진행한다. 하지만 탐색 과정은 매우 최소한의 수준으로 진행한다(Epstein, 1995). 이때, 표적문제는 변화되어야 할 상황을 구체적으로 제시한 측정 가능한 용어로 정의되어야 하며, 표적문제는 일반적으로 한 문장으로 요약된 뒤 구체화된다.

예시

두 살 된 하나(가명)의 어머니는 소리를 지르거나 때리거나 혹은 흔드는 방법으로 하나에게 화를 낸다. 하나가 말을 듣지 않으면 순간적으로 기분이 나빠지면서 소리를 지르는 것이다. 지난주에 하나의 어머니는 하루 평균 5회 정도 화를 냈고 한 번은 하나를 때렸다.

제시된 예에서 보듯이, 표적문제는 클라이언트가 이해할 수 있는 구체적 용어로 기술되었다. 구체적 기간 동안(1주 동안)에 발생한 문제의 빈도를 제시함으로써 문제를 좀 더 정확하게 규명하였으며, 문제의 변화를 측정할 수 있는 **기초선**으로 설정하였다. 과업중심모델에서는 개입 기간 동안 세 가지 정도의 문제를 다루지만, 클라이언트에게 가장 중요한 문제에 개입의 우선순위를 둔다. 문제의 상황적 맥락에 대한 탐색은 문제를 악화시키는 원인이나 문제를 해결하는 데 도움이 되는 자원 중 변화 가능한 것을 파악하는 데 집중된다. 탐색의 대상이 되는 것들에는 건강, 가족, 직장, 학업, 혹은 기타 클라이언트의 상황과 관련된 부분을 포함하는 **개인력**이나 **상황적 맥락요인**을 들 수 있다.

과업중심모델에서 문제탐색은 사정을 위한 자료수집의 도구이다. 이 과정에서는 문제의 역동과 맥락적 특징을 이해하고 문제 발생의 빈도와 강도를 알아내는 작업이 이루어진다. 이 작업에서 사회복지사는 전문적 지식을 제공하는 반면, 클라이언트는 문제에 대한 자신의 독특한 경험을 제공하기 때문에 클라이언트의 협조가 필수적이다. 한편 모든 사회복지 실천과정에서처럼, 이 모델의 문제 탐색과 사정은 사례가 종결될 때까지 계속되는 과정임을 염두에 둘 필요가 있다.

사정은 문제의 본질에 초점을 맞추는 것으로서, 다루어질 문제로부터 시작하여 개인력, 성격과 같이 클라이언트의 상황에 관련된 정보면 무엇이든 포함된다. 과업중심모델에서는 클라이언트의 관점을 토대로 표적문제를 도출하는데, 이때 사회복지사와의 대화를 통해 문제를 명료화한다. 하지만 사회복지사는 이론에 기반해서 표적문제를 구성하는 것이 아니라 클라이언트의 문제에 대한 설명을 먼저 이해하고, 이에 적용 가능한 이론을 참고한다. 이러한 절충주의적 접근을 위해서는 다음과 같은 지침을 생각해 볼 수 있다. ① 문제를 설명하기 위해 선택한 가설은 반드시 사례를 통하여 평가되어야 한다. 이는 선택된 가설이 특정 사례에 얼마나 적합한지를 판단하기 위한 증거를 분석하는 것이다. ② 실증적 연구를 통해 증명된 이론이 있다면 이를 우선적으로 선정한다. ③ 사회복지사들은 한 가지 이론만 고집할 필요가 없으며, 주어진 사례와 문제에 가장 적합한 다른 이론들도 고려해야 한다.

③ 서비스 계약의 수립

서비스 계약은 기관을 대표하는 사회복지사와 클라이언트가 명확하게 기술한 하나 이상의 문제를 해결하는 데 서로 동의한다는 점을 표현하는 것으로, 계약에는 해결하고자 하는 표적문제 및 이와 연관된 목표, 개입방법, 기간 등이 포함된 것으로 문서로 계약한다. 계약서는 문제해결을 위한 동기를 부여함과 동시에 상호 노력한다는 점을 합의하고 약속하는 것이다. 새로운 문제의 발생이나 상황 변화로 인해 서비스가 연장될 때는 재협상할 수 있다. 비자발적인 클라이언트의 경우 서면으로 계약하는 것이 필요한데 이는 무엇이 이루어지고 누가 책임질 것인가를 알려 주는 지침이 된다. 계약은 클라이언트와 사회복지사 사이의 목표달성을 명확히 하는 중요한 수단이다. 계약에서 다루는 아홉 가지 주제는 다음과 같다.

- 우선순위가 되는 주요 문제: 최대 세 가지
- 구체적 목표(사회복지사가 동의한 내용이어야 함)
- 클라이언트의 과업(클라이언트가 수행해야 할 활동)
- 사회복지사의 과업(사회복지사가 수행해야 할 활동)
- 개입 기간(개입 순서 및 제한 시간 표기)
- 면접 일정
- 개입 일정
- 참여자
- 장소(면접 장소)

④ 초기 과업의 개발 및 수행

초기 단계는 대개 클라이언트가 행해야 하는 초기의 과업을 결정하는 것이다.

사회복지사는 치료 혹은 서비스의 목표와 기간에 대한 동의가 이루어진 후에 클라이언트와 함께 과업을 선정하고, 실행계획을 세우는데, 이때 과업은 클라이언트의 문제를 어떻게 경감시킬 것인지를 정해야 한다. 사회복지사는 클라이언트가 자신의 문제해결에 필요한 방안을 생각해 낼 수 있도록 격려하며, 클라이언트의 방안에 대해 비판하지 않도록 한다. 클라이언트는 문제해결 방안 수립에 기여할 수 있어야 하고, 클라이언트가 무엇을 해야 할 것인가에 대한 협의와 동의를 통해 최선의 방안을 찾도록 한다.

⑤ 잠재적 장애물의 규명과 해결

과업수행에서 방해가 되는 것은 무엇이나 장애물이 될 수 있다. 시간을 할애해서 상황과 환경을 꾸준히 사정하면 장애물이 무엇인지에 대해 비교적 상세히 분석할 수 있다. 장애물을 제거하거나 줄이거나, 바꾸기 위해서는 과업수행에서 실제적 방해 요소들(예를 들어, 기술 부족, 다른 사람으로부터의 협력과 지원의 부족, 자원의 부족)을 개선할 계획을 체계적으로 세워야 한다. 사회복지사는 또한 클라이언트의 두려움, 의심, 지식 부족, 부정적 신념에 관해 상담하여 과업수행에서의 인지적인 방해 요소를 완화 시키도록 한다. 이 과정에서 과업수행에서 장애물을 경감시키는 데 적용 가능한 지침뿐만 아니라 과업수행 시 부딪힐 수 있는 어려움에 대해 구체적인 설명을 제공해야 한다.

(2) 중간 단계

중간 단계에서는 구체적인 표적문제를 정의하고 구체화하는 작업을 수행하는데, 이때 문제를 재기술하고 재명명하는 작업을 진행한다. 그리고 표적문제를 규명하는 과정에서, 얼마나 자주(횟수), 어디서(장소), 누가(참여자), 어떤 선행사건에 의해서 발생하여, 어떤 결과가 초래되고, 어떤 의미(중요성)를 갖는지 파악한다.

클라이언트의 표적문제 규명

다음을 파악하도록 한다.

- 클라이언트가 규명한 문제들
- 클라이언트의 우선순위(최대 3개까지)
- 의뢰기관의 우선순위 문제 및 위임 사항
- 예비적인 초기 신속 사정

① 문제와 과업 검토

지난번 클라이언트를 만난 이후 문제가 변화되었는지 각 회기에서 검토하며, 탐색작업 및 문제 초점화 작업을 계속해서 진행한다. 사회복지사는 문제의 변화에 대해 기록하는

데, 이는 사례계획을 위해서뿐만 아니라 개입의 효과성을 평가하기 도구로 활용하기 위함이다.

② 문제 초점화

앞서 말한 바와 같이 문제에 대한 탐색과 사정, 검토는 사례의 전 과정 동안 계속된다. 실제로 중간 단계에서의 주된 주제는 표적문제에 대해 집중함으로써 긍정적인 결과를 유도하는 것이다. **문제 초점화**에서 사회복지사는 현재의 어려움과 클라이언트가 동의한 표적문제 간에 명백한 연관성이 있음을 클라이언트에게 설명할 필요가 있다.

③ 과업계획

클라이언트의 문제행동이 어떤 수준에 있든지 간에, 중요한 점은 클라이언트가 다음 회기 전까지 실행 가능한 계획수립을 반복적으로 수행하는 것이다, 이에는 일반적 과업과 조작적 과업을 포함한다. 과업계획이 성공하려면 클라이언트 스스로 무엇을 해야 하는가에 대해 명확한 인식을 갖고 있어야 하며, 이를 위해 사회복지사와 클라이언트는 보통 면담의 마무리 전에 이를 요약하는 방법으로 계획을 다시 한번 검토한다. 또한, 마무리 과정에 앞서 계획의 각 부분을 요약할 필요가 있다. 예를 들어, "당신은 ~을 하려고 노력하게 될 것입니다. 다음번에 만날 때 얼마나 잘 되었는지 한번 확인하도록 합시다."라고 얘기할 수 있다. 과업계획은 다음의 과정을 거친다.

- 실현 가능한 과업 제시: 클라이언트의 문제를 변화시킬 계획수립의 첫 단계는 실현 가능한 과업을 만들어 내는 것이다. 사회복지사는 일반적으로 클라이언트의 아이디어를 받아들이거나 실현 가능한 과업들을 제시하는 것으로 과정을 시작한다. 클라이언트가 문제해결을 위해 어떠한 노력을 해 왔는지 검토하고 과거의 노력에 대해 갖고 있는 생각들을 떠올려보도록 할 수도 있다. 아이디어는 한 번에 한 가지씩 토의하거나 브레인스토밍 기법을 사용할 수도 있다.
- 동기 형성: 과업달성에 필수적인 자원은 클라이언트의 동기이다. 클라이언트는 문제해결 노력이 의미 있는 것이며, 노력을 하면 이를 경감시킬 수 있다는 사실을 굳게

믿어야 한다. 이러한 믿음이 토대가 되어야 과업수행을 위한 노력을 지속할 수 있다.

- 과업수행의 계획: 대부분의 과업들은 구체화된 계획을 필요로 한다. 클라이언트와 일할 때 계획과정은 사회복지사가 클라이언트에게 과업성취의 방법에 대해 질문하면서 시작한다. 또한 사회복지사는 과업을 계획하는 클라이언트를 돕기 위해 '어떤 구체적인 계획을 세워야 할까?'라는 질문에 답해야 한다.
- 장애물의 규명과 해결: 초기 단계에서는 잠재적인 장애물을 파악하는 데 초점을 두었다. 중간 단계인 과업성취 과정에서는 앞서 예견된 장애물을 다루는 것이 이 모델의 핵심 요소이다. **장애물 규명**과 해결은 과업계획과 수행의 두 지점에서 이루어지며, 과업이 계획될 때 또는 과업수행 과정에서 문제해결 시도가 성공하지 못했을 때 필요하다. 계획 단계에서는 잠재적인 장애물을 예측해 보는 노력이 필요하다. 이때 잠재적 장애물을 파악해 보기 위해 '만약 이런 경우라면……'과 같은 질문을 스스로 묻고 답할 수 있어야 한다. 사회복지사는 또한 클라이언트가 과업수행을 못하게 만들 방해요인이 무엇이 있을지 생각해 보도록 질문할 수 있다.
- 모의실험과 예행연습: 어떠한 계획이든 사전에 연습해 보는 것은 그 계획을 성공적으로 수행할 가능성이 높다. 다양한 유형의 연습과 훈련을 통해 클라이언트는 과업수행의 방법을 익히게 되며, 이때 정보제공과 기술훈련, 지도감독을 제공할 필요가 있다. 과업수행 행동을 시범적으로 보여 주거나 클라이언트가 말하거나 행동할 것을 연습하라고 요청할 수 있다. 이때 사회복지사의 모델링과 시연은 역할극을 통해 이루어질 수도 있다. 예를 들어, 클라이언트의 과업이 '집단에서 자신감 있게 말하는 것'이었다고 하면, 사회복지사는 집단의 지도자 역할을 맡고 클라이언트는 지명 받았을 때 어떤 말을 할 것인가에 대해 미리 연습할 수 있다. 또한 사회복지사는 시범을 보여 줄 수 있다. **예행연습**(guided practice)은 모의상황에서가 아니라 실제 면담시간에 클라이언트가 과업 행동을 수행해 보는 것을 말한다. 예를 들어, 사회복지사의 지도와 가르침 속에서 아동이 책을 크게 소리 내어 읽는 연습을 한다든지, 부부가 좀 더 건설적인 방식으로 의사소통하는 연습을 해 보는 것이다. 또한 예행연습은 실제 생활 현장으로 연장될 수도 있다. 예를 들면, 사회복지사는 병원에 가기를 무서워하는 클라이언트와 함께 병원에 갈 수도 있는 것이다.

- **과업 동의:** 사회복지사는 과업을 부여하기 전에 클라이언트의 명백한 동의를 확보해야 한다. 사회복지사는 클라이언트가 반대 의견을 표현하지 못할 경우를 예측해 보고 역으로 과업을 제안해 볼 수도 있다. 사회복지사와 클라이언트가 명료하게 과업수행에 동의하면 계약서 혹은 서비스 이용약관 문서에 서명하고 보관토록 한다.
- **과업계획의 요약:** 상담시간을 끝내기 전에 사회복지사는 클라이언트에게 과업계획의 개요를 숙지시킨다. 이 단계는 과업계획이 복잡하거나, 여러 과업이 주어지는 경우, 혹은 과업수행자가 아동인 경우 특히 중요하다. 또한 사회복지사는 과업수행계획에 대한 클라이언트의 생각을 표현하도록 돕고 이를 경청할 필요가 있다.

⑤ 과업의 수행

이 단계는 다음 시간까지 클라이언트가 과업을 수행하는 단계이다. 사회복지사는 실제 상황에서 클라이언트가 과업을 실천하도록 돕는다. 대부분의 경우 클라이언트 스스로 과업을 수행할 수 있다. 하지만 사회복지사는 혼란에 빠져 있거나 당황스러운 상황에서 서비스를 요청한 클라이언트에게 지지를 보내거나 지시하거나 중재자 또는 대변인으로서 활동할 수 있다. 종종 사회복지사는 클라이언트의 과업수행을 전화나 메시지로 확인할 수 있다. 이렇듯 많은 개입이 필요한 경우에는 클라이언트와 이에 대해 사전에 충분히 협의할 필요가 있다.

표 4-3 과업중심모델 중간-실행 단계

실행, 문제해결, 과업성취, 문제경감 필요에 따라 선택
1. 표적문제를 규정하고 구체화한다(최대 3개까지). ① (변화해야 할 특정 조건과 행동들과 관련하여) 문제를 재진술하고 명명한다. ② (표적문제와 목표와 연관해서) 사정한다. • 표적문제의 발생 빈도, 장소, 관련된 사람들, 문제의 선행사건, 문제의 영향 및 문제가 갖는 의미가 무엇인지 파악한다. • (문제를 유발하거나 지속시키는) 사회적 맥락을 사정-직장, 학교, 경제문제, 가족, 또래집단, 주거 상황 및 활용 가능한 자원 등 2. 대안을 만든다(가능한 범위 내의 문제해결 행동을 찾아내고 규명한다.). 3. 다른 사람들, 기관들과 지지적이고 협력적인 행동들에 대해 협의한다.

4. 의사결정을 내린다(목표들을 확인하고 무엇을 할 것인지 선택하며 세부 개입전략을 계획한다.).
   • 계약 및 목표들을 재확인하고 기본 개입방안을 확정한다.
   • 개입시기와 순서, 참여자를 결정한다.
   • 상호 합의한 부분에 대해 클라이언트 및 관계자들의 동의와 이해를 구한다(고지된 동의).
5. 실행한다(전략을 수행한다).
6. 과업들을 개발한다.
   • 과업을 만들고, 이 과업수행에 대해 클라이언트의 동의를 구한다.
   • 이 과업을 수행해야 할 이유에 대해서도 클라이언트의 동의를 구한다.
   • 과업을 요약하여 클라이언트에게 설명하고, 예상되는 어려움에 대해 논의한다.
   • 클라이언트의 과업수행과 관련하여 계획을 수정하고, 이 계획을 요약설명하는 과정을 반복한다.
7. 과업수행을 지원한다.
   • 잔여 회기 수를 검토하고, 동원 가능한 자원을 활용하며, 자원제공에 방해 요소가 있는지 확인한다.
   • 구체적 지침을 알려주고, 클라이언트를 독려하며, 역할극 및 예행연습을 실행한다.
   • 클라이언트를 위해 직접 모델링하고 필요하면 권익옹호활동을 한다.
   • 과업수행의 장애물을 파악하고, 이를 제거하거나 변화시키도록 한다.
   • 과업수행에 방해가 될 수 있는 인지적 장애물, 즉 불안, 의심, 지식 결여, 부정적 신념 등을 감소시킨다.
   • 사회복지사의 과업도 계획, 수행한다.
8. 검증한다(개입의 가능한 효과들을 점검, 검사, 확인, 구체화한다.).
9. 모니터한다(문제 상태에 대해 정규적으로 기록한다.).
10. 다음의 상황이 발생하면 계약을 수정 혹은 일부 변경한다.
    • 진행이 만족스럽지 못함
    • 진행이 기대 이상
    • 새로운 문제가 발생
    • 문제의 성격이 변함
    • 과업들이 수행되지 않거나 제대로 수행되지 않음
    • 지지와 자원이 비효과적임
    • 사회복지사의 과업들이 비효과적이거나 비현실적임

출처: Epstein, L. (1995). Brief task-centered practice. In Edwards, R. L. (Eds.), *Encyclopedia of Social Work*, pp. 315-316에서 일부 발췌함.

⑥ 문제와 과업 재검토

사회복지사는 클라이언트의 문제해결과 과업수행의 진행 정도를 각 회기의 시작 때 확인할 필요가 있다. 이 검토 과정에서 사회복지사와 클라이언트는 문제상황과 문제해결을 위한 과업 중 클라이언트가 수행한 것과 그렇지 못한 것이 무엇인지 다룬다. 또한 사회복지사의 과업 역시 유사한 방식으로 검토한다. 따라서 사회복지사가 다음에 무엇을 할 것인가는 이 검토 결과에 따라 달라진다. 검토 결과, 과업들이 충분히 성취되었다면, 사회복지사는 클라이언트와 함께 동일 문제 혹은 다른 문제의 과업을 만든다. 과업이 수행되지 않았거나 부분적으로만 이루어졌다면, 사회복지사와 클라이언트는 과업수행의 장애물이 무엇인지 의논하여 과업수행을 위한 다른 계획을 세우거나 다른 과업수행 활동들을 모색한다. 이 과정에서 과업을 수정하거나 다른 과업으로 대체할 수 있으며, 문제 자체를 새로 재구성할 수도 있다.

⑦ 상황적 맥락 분석

과업 및 문제검토 과정에서 때로 과업을 성취하거나 문제에 변화를 가져오는 데 지장을 초래하는 장애물을 만난다. 표적문제와 장애물 간에는 핵심적 차이가 존재하는데, 전자는 클라이언트와 사회복지사가 변화시키기로 합의한 어려움인 반면, 후자는 표적문제가 해결되어 가는 과정에 놓여 있는 어려움이다. 장애물은 문제해결을 방해하는 반면, 자원은 문제해결을 촉진시킨다. 자원은 클라이언트 개인의 장점, 가족을 하나로 유지시키는 가족애, 그리고 외부체계로부터 공급되는 보이는 혹은 보이지 않는 사회적 지지 등을 포함한다. 그러나 어떤 특성이 장애물로 작용하느냐 또는 자원으로 작용하느냐 하는 것은 이 특성이 문제와 관련하여 어떻게 기능하는가에 따라 달라질 수 있다.

상황적 맥락 분석에서 사회복지사는 클라이언트가 장애물을 찾아내어 이를 해결할 뿐만 아니라 자원을 확보하고 활용할 수 있도록 돕는다. 이를 위해 사회복지사는 클라이언트와 대화를 하게 되는데, 이때 탐색, 설명, 그리고 클라이언트의 이해를 향상시키는 다른 여러 가지 기술들을 활용한다. 장애물과 자원을 파악하고, 이를 탐색하는 과정은 문제 및 과업 검토와 중복될 수도 있다. 사회복지사는 클라이언트의 왜곡된 인식이나 비현실적 기대를 수정하도록 돕고, 역기능적 행동방식이나 상호작용을 지적하기도 한다.

클라이언트의 문제해결에 장애물로 상황적 맥락을 고려해 볼 수 있다. 이 모델의 일차적 목적은 필요한 문제해결 행동을 계획하고 실행하도록 도움으로써 클라이언트가 자신의 문제를 해결할 수 있도록 돕는 데 있다. 그러나 사회복지사는 표적문제를 해결하기 위해 클라이언트를 돕는 노력과 동시에 상황적 맥락에 긍정적 영향을 줄 수 있도록 노력할 필요가 있다. 상황적 맥락의 변화는 표적문제의 본질에 따라 다르다. 그리고 사회복지사는 현재의 문제에 가장 연관성이 높은 맥락적 변화에 우선순위를 두면서 표적문제의 외적 문제를 다루도록 한다. 이러한 변화를 만들어 내는 방법은 다음과 같이 두 가지가 있다. 첫째, 상황적 맥락의 변화는 표적문제를 직접 제거함으로써 발생할 수 있다. 표적문제의 변화는 '**물결효과**'를 가져올 수 있다. 예를 들어, 학생의 성적이 올라가면 학생에 대한 교사의 태도가 변하고, 그러한 변화는 학생의 행동이 좀 더 교사에게 협조하게 만드는 결과를 낳을 수 있다. 둘째, 상황적 맥락의 변화는 표적문제의 해결을 막는 장애물을 제거하는 과정에서 나타날 수 있다. 예를 들면, 사회복지사는 사회적 위축의 문제가 있는 청소년이 친구를 사귈 수 있도록 돕기 위해, 청소년의 손상된 자아상에 대해 다룰 필요가 있다. 과업중심모델에서는 타 이론과 달리 클라이언트가 제시한 문제가 그 저변에 깔려 있는 '진짜 문제'를 해결할 수 있는 열쇠라고 생각하지 않는다. 앞서 청소년의 사회적 위축문제는 표적문제의 외적 문제이고 손상된 자아상이 진짜 문제일 수 있는데, 사회적 위축문제가 해결되기 위해서는 상황적 맥락에 상당한 변화가 있어야 할 수도 있다. 하지만 이 모델에서는 사회적 위축문제가 손상된 자아상의 문제를 해결하는 열쇠가 아닐 수 있다. 상황적 맥락문제에 있어 사회복지사가 클라이언트에게 가장 도움이 되는 방법은 사회복지사가 안내자 및 자문가의 역할을 하면서 그들에게 당면한 문제를 처리하고 문제해결 기술을 개발할 수 있는 체계적이고 긍정적인 구조를 제공하는 것이다.

(3) 종결 단계

종결 과정은 개입 기간이 설정된 초기 단계에 이미 시작된다. 마지막 회기에서 사회복지사와 클라이언트는 문제의 진행 정도 및 성취도를 살펴보는데, 사회복지사는 클라이언트가 성취한 과업을 어떻게 지속할 것인지 계획을 세우거나 클라이언트 스스로 할 수 있는 새로운 과업을 개발하는 데 도움을 제공한다. 이때 클라이언트가 성취한 것을 특별히 강조할 필요가 있다. 클라이언트가 추가적 서비스를 요청한다면 합의된 종결 시간을 넘어 개입을 연장할 수 있지만, 이는 매우 극히 이례적이라 할 수 있다.

① 표적문제와 전체 문제상황의 검토

사회복지사는 면접 때마다 현재 면접이 몇 번째이고 종결 시까지 몇 회가 남았는가를 알려 주고, 개입계획에 따라 종결하는 것이 중요하다. 종결할 때에는 표적문제와 목표에 대하여 검토하고 달성된 목표를 점검할 뿐 아니라 문제상황 전체에 대하여 검토를 한다(Reid et al., 1992). 목표를 달성하고 표적문제를 해결했을 때 개입을 종결한다. 개입의 연장이 필요한 경우에는 클라이언트가 문제해결 의지를 갖고 있는지 고려하여, 계약을 연장하거나 사후지도를 할 수도 있다.

② 클라이언트가 사용한 성공적인 문제해결 전략의 규명

사회복지사는 달성된 목표를 강조하고 목표달성 과정에서 클라이언트가 습득한 문제해결 기술을 점검하며 새롭게 확인된 클라이언트의 능력을 칭찬함으로써 클라이언트가 실생활에서 문제해결 기술을 계속 활용하도록 돕는다.

③ 확인된 문제해결 전략의 사용과 잔존 문제의 해결

마지막 면담이나 바로 그 직전의 면담에서는 클라이언트가 달성한 것을 확인하고, 앞으로 클라이언트 혼자 수행해 나갈 수 있는 또 다른 과업을 계속하도록 돕는다. 또한 종결 시까지 해결되지 않은 문제들이 있다면 이를 어떻게 할 것인가에 대해 논의한다. 종결 후에는 위에서 확인된 문제해결 기술들을 활용하여 아직 해결되지 않은 문제들을 어떻게 해결할 수 있을 것인가에 대해 논의한다(Reid et al., 1992).

종결

종결한다.

- 연장한다: 클라이언트의 헌신이 있는 경우
- 모니터한다: 법원 명령 및 관련 기관의 요구가 있는 경우

4) 과업중심모델의 한계

사회복지실천에서 광범위하게 사용하고 있는 과업중심모델은 매우 현실적이고 구체적인 문제를 갖고 있으면서 동기가 높은 클라이언트에게 적절하다. 무엇보다도 과업중심모델은 비자발적인 클라이언트와 일하는 데도 적용 가능성이 높고, 그 구체적 개입방안도 제시되어 있다. 이러한 맥락에서 이 모델은 우리나라 사회복지 실천현장에 적용하기에 많은 이점을 갖고 있다. 특히, 과거의 무의식적 충동이나 성격 형성에 시간을 들이지 않고, 지금-여기에 기반하여 클라이언트의 현실적인 문제를 표적문제로 규정하고 이를 해결하기 위한 과업을 세우는 것은 구체적인 방향을 원하는 클라이언트에게 매우 유용하다. 그러나 이 모델은 사정 시 성격 기능과 역동에 대해서는 거의 주의를 기울이지 않는다는 점, 목표설정과 개입에서 편협하고 기계적인 적용이 이루어진다는 점, 인간의 문제와 문제의 경감에 대해 매우 단순한 관점을 갖고 접근한다는 점, 그리고 복잡한 문제를 가진 과업에는 한계가 있다는 점과 같은 비판을 받고 있다. 그럼에도 불구하고 과업중심모델은 비자발적인 클라이언트, 특히 사회복지서비스를 이용한 적이 없거나 도움 요청하는 것을 주저하는 클라이언트에게 매우 효과적이면서, 복잡한 과거를 회상하지 않고 즉각적인 과업계획 및 실행, 연습 등을 통해 현실에 적용할 수 있다는 점에서 매우 유용하다.

3. 위기개입이론

사회복지실천과 위기개입은 긴밀한 관계를 가지고 있다. 왜냐하면 사회복지사는 실천현장에서 위기에 처해 있는 클라이언트를 자주 만나고 있기 때문이다. 사회복지사는 가정폭력 피해 여성, 예기치 않게 다니던 직장에서 해고된 실직자, 교통사고 또는 질병으로 사랑하는 가족을 갑작스레 떠나보낸 유가족, 지진, 태풍, 산불 등 자연재해로 인한 피해를 당한 지역 주민, 자살 위험이 높은 청소년 등을 대상으로 위기개입 서비스를 제공하고 있다. 위기개입은 단기간에 클라이언트가 원래의 기능을 회복할 수 있도록 돕는다는 점에서, 클라이언트의 과거 경험이나 성격문제 등에 대해서는 관심을 두지 않는다. 반면 사회복지사는 클라이언트의 당면한 위기문제를 가급적 빠른 시간에 회복되도록 돕는데, 위기는 위험과 기회의 두 측면을 갖고 있다는 점에서 클라이언트가 위기상황을 잘 이겨 내면 향후 유사한 문제를 경험할 때 보다 더 나은 적응력으로 문제를 해결할 가능성을 높인다. 이러한 맥락에서 위기개입이론의 기본 가정, 주요 개념과 원칙, 주요 기술 및 한계점을 살펴보면 다음과 같다.

1) 기본 가정

위기에 처한 클라이언트를 대상으로 수행되는 개입방법인 위기개입은 일반적인 개입방법과 다르다. 전통적인 정신·심리적 개입은 클라이언트의 성장과 기능 향상을 목표로 설정하고 상대적으로 장기간 진행되는 반면, 위기개입은 당면한 문제를 해결하고 그 문제로 인해 나타난 정서적 갈등을 안정시키는 데 초점을 두는 단기적이고 목표 지향적인 원조과정이다(Murphy, 2004). 병원 응급실에서 신체적 응급상황에 처해 있는 환자에게 심폐소생술을 적용하듯이 위기개입은 위기상태에 처한 클라이언트에게 적용하는 정서적 응급 개입으로, **정서적 응급처치**(emotional first aid)라고 불리기도 한다. 그렇기 때문에 사회복지사는 위기에 처한 사람들이 정서적·행동적 안정을 되찾는 것을 돕고, 이들에게 적절한 수준의 지지를 제공하며 이들의 욕구를 충족시켜 줄 수 있는 개입을 신속하게 제공해야 한다. 이러한 위기개입의 궁극적 목표는 클라이언트가 활용 가능한 대처방법을 강화하거나, 대처능력과 문제해결 능력을 복구할 수 있도록 클라이언트를 도와주는 동시에, 클라이언트가 자신의 감정 관리를 위해 필요한 구체적인 단계를 밟고 실행계획을 세우도록 원조하는 것이다(Roberts, 2005). 사회복지사이자 사회복지대학원 교수였던 라포포트(Rapoport, 1970)는 위기개입의 목표를 다음과 같이 구체적으로 제시하였다. 다음 목표들 중 처음 4개는 모든 유형의 위기개입에서 달성해야 할 최소한의 목표들이고 마지막 2개는 선택적 목표들이다.

- 클라이언트의 증상 경감하기
- 클라이언트의 기능 회복하기

- 위기상태를 촉발한 요인 찾기
- 클라이언트가 활용할 수 있는 치료 방안을 찾고 적용하기
- 클라이언트가 현재의 스트레스를 자신의 과거 생애 경험과 연결하도록 지원하기
- 클라이언트가 현재 상황뿐만 아니라 미래 상황에서도 사용할 수 있는 적합한 대처전략을 개발하도록 지원하기

애도반응에 대한 린드만(Lindemann)의 초기 연구를 토대로 정신과 의사 카플란(Caplan)과 사회복지사 파라드(Parad)가 예방적 정신치료 연구 프로그램을 발전시키면서, 1960년대와 1970년대에 위기개입은 특히 사회복지 이론과 실천 분야에서 급격하게 발전하기 시작했다(연세사회복지연구회 역, 2004). 이때 사회복지사들은 위기개입이론의 구성 요소를 다듬고 명확히 했을 뿐 아니라, 지역사회 위기개입 서비스를 발전시켜 나가는 데 탁월한 역할을 수행했고, 지역사회 정신건강 프로그램, 자살예방센터, 가족서비스 기관, 의료보호체계 등의 영역에서 초기의 위기개입을 발전시키는 데 기여했다(연세사회복지연구회 역, 2004). 더 나아가 이들은 위기개입의 기본 가정을 다음과 같이 제시하였다(Parad & Parad, 1990; Roberts, 2000).

첫째, 누구나 살아가면서 급성 스트레스를 경험할 수 있다. 그러나 이것이 반드시 병적인 상태는 아니다. 스트레스를 유발하는 사건이 위기 사건인지는 개인의 삶의 전반적인 맥락을 고려해서 판단해야 한다.

둘째, **항상성**(homeostatis)은 모든 사람이 추구하는 자연스러운 상태이다. 사람들은 정서적 불균형상태에 있을 때 정서적 균형을 되찾으려 한다.

셋째, 스트레스를 유발하는 사건이 위기가 될 때 (개인에게 스트레스 혹은 위기가) 더 악화되는 불균형의 기간이 나타난다.

넷째, 불균형은 사람들이 개입을 수용하는 태도를 갖게 만든다.

다섯째, 위기 사건을 다루기 위해 새로운 대처기제가 필요하다.

여섯째, 사람들은 이전에 위기 사건을 다룬 경험이 부족하면 불안이 증가하나 종종 숨겨진 자원을 발견하기도 한다.

일곱째, 위기의 지속은 촉발사건, 반응패턴, 활용 가능한 자원의 영향을 받는다.

여덟째, 위기 단계에서 해결 단계로 이동하기 위해서 정서적 · 인지적 · 행동적 과업들이 숙달되어야 한다.

2) 주요 개념과 원칙

(1) 주요 개념

① 위기의 정의

위기의 사전적 정의는 안전, 경제, 정치, 사회, 환경 등의 측면에서 개인, 조직, 지역사회 또는 사회 전체에 불안정하고 위험한 상황을 초래하거나 초래할 수 있는 돌발적인 사건이다(위키백과, 2018). 한국어 사전에서는 위기를 어떤 일이 그 진행 과정에서 급작스럽게 악화된 상황 또는 파국을 맞을 만큼 위험한 고비로 정의되어 있다. 위기는 한자로 '危機'인데, 위험과 기회 그리고 위험을 기회로 전환시키는 의미를 내포하고 있다.

이상의 사전적 정의 외에도 여러 학자가 위기를 정의하였고, 이를 세 가지 부류로 구분할 수 있다(박영숙, 박광희, 2004). 첫째, 위기를 전환점으로 정의하는 것이다. 카플란(1964)에 따르면 위기는 인지적 · 정서적 전복으로 표시되는 삶의 전환점으로서, 이는 적응적 혹은 부정적으로 해결될 것이라고 하였으며, 월리와 오웬스(Worley & Owens, 1997)는 위기를 스트레스 사건 혹은 안녕에 대한 위협으로부터 초래되는 전환점이라고 하였다. 또한 오르눔과 모르독(Ornum & Mordock, 1991)도 위기는 전환점을 의미하는 것으로, 여러 다른 방향으로 개인의 진로를 바꿀 수 있다고 하였다. 둘째, 위기를 위험과 기회로 정의하는 것이다. 위기는 이전에 잘못 해결한 문제를 교정할 수 있는 두 번째 기회와 성장의 기회가 된다. 셋째, 위기를 균형상태의 혼란이나 불균형으로 정의하는 것이다. 위기개입의 핵심 이론을 개발한 카플란(1964)에 의하면 위기란 가장 간단한 용어로 "안정된 상태의 뒤집힘"으로 정의된다. 즉, 위기는 개인이나 가족, 집단이 건강과 관련된 어떤 위협감이나 문제를 지각하게 되는 상황에서 나타나는 반응이며(Narayan & Joslin, 1980), 스트레스 사건이나 안녕감에 대한 지각된 위협의 결과로 나타난 개인 삶의 정상적인 균형상태에 발생하는 내적 불균형상태를 말한다(Worley & Owens, 1997). 이상과 같이 위기에 관한 문헌분석을 통해 도출한 위기의 개념적 속성을 소개하면 다음과 같다(박영숙, 박광희, 2004).

- 불균형 및 불안정성이다. 이는 평상시와는 다른 의미 있는 인지적 · 정서적 · 행동적 혼란을 의미한다.
- 대처기제의 무능력이다. 즉, 평소의 대처전략으로는 효율적으로 대처하지 못한다.
- 개인이 인식하고 있는 스트레스를 주는 촉발사건이 있다.
- 시간제한적이다.
- 위험과 기회의 두 가지 의미가 있다.
- 위기를 자각 또는 의식한다. 이는 개인이 위협감을 느끼고 스스로 위기상태에 있음을 자각하는 것을 의미한다.

② 위기의 유형

사고, 사랑하는 지인의 죽음, 자연재해, 신체적 질병, 이혼과 별거, 실업, 예기치 않은 임신, 경제적 어려움 등을 위기의 예로 들 수 있으며, 위기는 몇 가지 유형으로 구분된다(Baldwin, 1978; Okun, 2002).

- 기질적 위기(dispositional crisis): 개인이 결정을 내리기 위해 필요한 정보가 부족할 때(예; 어떤 직장을 구해야 할지 또는 특정 증상을 위해 어떤 종류의 의료적 의뢰 절차를 따라야 하는지를 모를 때) 발생하는 정서적 위기
- 예상 가능한 생애전환(anticipated life transition): 결혼, 이혼, 이직, 새로운 생애주기 단계로 이동 등 정상적이고 발달적인 위기
- 외상 스트레스(traumatic stress): 예기치 못한 죽음, 갑작스러운 상실, 성폭력, 질병처럼 개인이 통제할 수 없는 상황이나 사건 또는 정서적으로 개인을 압도하는 상황에서 발생하는 위기
- 성숙/발달적 위기(maturational/developmental crisis): 특정 생애주기 단계에서 다음 단계로 이동하면서 나타나는 불안과 스트레스를 의미하며, 새로운 단계의 요구를 충족하고 긴장을 해소하는 과정에서 발생하는 위기

- 정신병리적 위기(psychopathological crisis): 우울, 불안 등 기존의 정신병리로 인해 발생하는 위기
- 정신과적 응급(psychiatric emergency): 일상생활 기능을 수행할 수 없거나, 자신 또는 타인에게 상해를 입히는 등 개인의 기능이 심하게 손상될 때 발생하는 위기

이상의 위기는 크게 발달적 위기와 상황적 위기로 구분할 수 있다(Caplan, 1964). 앞에서 설명하였듯이 **발달적 위기**는 인생의 정상적인 발달과정에서 예측 가능하고 대비할 수 있는 위기로 출생, 사춘기, 갱년기, 노년기 등 생애주기상의 변화와 관련된 위기를 말한다. **상황적**(situational) **위기**는 우발적(accidental) 위기로도 불리기도 하는데, 정상적인 삶의 정상 범위를 벗어나서 예측하지 못하게 발생하며 심리적, 신체적 안녕에 심각한 위협을 주는 사건을 말한다. 사고, 자연재해, 질병, 이혼, 실직 등이 상황적 위기를 촉발하는 요인이다.

③ 위기의 구성 요소

위기 또는 위기상황은 다음과 같은 5개 요소로 구성되는데(Golan, 1978) 이들 요소는 위기의 단계로 해석되기도 한다.

첫 번째 요소는 **위험사건**(hazardous event)이다. 위험사건은 개인의 균형을 붕괴시키고 일련의 행동과 반응을 일으키는 스트레스 상황을 말한다. 위험사건은 예측 가능하거나(예; 은퇴) 예측 가능하지 않을 수 있다(예; 갑작스런 가족의 죽음).

두 번째 요소는 **취약상태**(vulnerable state)이다. 위험사건에 대한 개인의 반응은 개인이 그 사건을 어떻게 해석하는지와 관련이 있다. 위험사건은 위협, 상실, 또는 도전으로 해석될 수 있다. 취약상태에서는 긴장이 증가하는데 개인은 자신의 대처전략을 사용하여 긴장을 감소시키려고 노력한다. 그러나 이러한 노력이 성공적이지 못할 경우 긴장은 계속해서 증가하며 그 개인은 궁극적으로 효과적으로 기능할 수 없게 된다.

세 번째 요소는 **촉발요인**(precipitating factor)이다. '마지막 지푸라기가 낙타의 등을 부러뜨린다.'라는 영어 속담에서 마지막 지푸라기는 촉발요인을 의미한다. 마지막 한 오라기 지푸라기(촉발요인) 때문에 낙타의 등뼈가 부러질 수 있다는 뜻으로 촉발요인은 취약상태

를 위기상태로 만드는 사건이다. 위험사건과 촉발요인은 동일할 수도 있고 촉발요인이 위험사건을 뒤따를 수도 있다. 촉발요인은 자살시도, 도움 찾으려는 욕구 등 다양한 반응을 낳을 수 있다.

네 번째 요소는 **실제 위기상태**(active crisis state)이다. 실제 위기상태는 불균형의 상태를 말하며 신체적, 심리적 동요(예; 식욕부진, 수면장애, 집중력 및 문제해결 능력 저하, 불안, 우울 등), 위기로 이끈 사건에 대한 집착, 균형 상태로 복귀를 위한 갈망 같은 증상들을 포함한다. 실제 위기상태에 처한 개인은 자신의 대처기제가 부족하다는 것을 알고 적극적으로 외부의 도움을 찾거나 받아들일 자세를 갖는다.

다섯 번째 요소는 **재통합**(reintegration) 또는 **위기해결**(crisis resolution)이다. 이 단계에서 개인은 위기를 객관적으로 인지하고 관련된 감정을 표현하며 효과적인 대처전략을 개발하고 환경적 지지를 찾아내고 활용한다. 이때 새롭게 학습한 적응기제에 따라 앞으로의 문제에 대철할 수 있거나 위기상황 이전보다 기능이 더 떨어질 수도 있다.

(2) 위기개입의 원칙

단기간에 클라이언트의 고통을 경감시키고 독립적 기능을 회복시키며, 이후 발생 가능한 정서적 붕괴 현상을 예방하는 데 초점을 두는 위기개입의 주요 원칙은 다음과 같다(Polk & Mitchell, 2009).

- **원칙 1:** 단순성(simplicity)

사람들은 위기상황에서 복잡한 것들을 알 수 없다. 절차가 단순할 때 긍정적 결과를 얻을 가능성이 높아진다.

- **원칙 2:** 간결성(brevity)

위기상황에서는 누구도 시간을 많이 가지고 있지 않다. 사회복지사는 정서적 응급처치를 제공한다는 것을 기억해야 한다.

- **원칙 3:** 혁신성(innovation)

사회복지사는 위기에 처한 클라이언트를 돕기 위해 참신한 아이디어를 사용할 수 있어야 한다. 모든 위기상황에 부합하는 구체적인 지침들이 존재하지 않기 때문에 사회복지사는 창의적일 필요가 있다.

- **원칙 4:** 실용성(practicality)

만약 사회복지사가 제안하는 것이 실용적이지 않다면, 클라이언트는 그 제안을 따라 할 수 없고 좌절감을 느낄 것이다. 그 결과 클라이언트는 사회복지사를 더 이상 신뢰하지 않을 것이다.

- **원칙 5:** 근접성(proximity)

사회복지사는 클라이언트의 집, 직장과 같이 클라이언트가 친숙한 장소 또는 위기 사건이 발생한 장소와 가까운 곳에서 위기개입 서비스를 제공해야 한다. 근접성과 관련해서 기억해야 할 점은 안전한 곳에서 서비스를 제공해야 한다는 점이다.

- **원칙 6:** 즉시성(immediacy)

사회복지사는 위기개입 서비스를 즉시 제공해야 한다. 위기상황이 발생한 직후 서비스를 제공해야 한다. 서비스 제공의 지연은 서비스 효과성을 떨어트린다.

- **원칙 7:** 기대감(expectancy)

사회복지사는 필요한 도움이 제공되고 있고, 희망이 있으며 위기상황이 관리 가능하다는 인식과 믿음을 클라이언트에게 심어 주어야 한다. 가능하다면, 위기상황이 지금은 견디기 어려워 보이지만 대다수 사람들이 위기에서 벗어날 수 있고 벗어난다는 것을 클라이언트가 이해하도록 돕는다.

이상의 원칙들 외에 몇몇 학자들도 위기개입의 주요 원칙을 제안하였으며 그 내용은 〈표 4-4〉와 같다. 퍼이어(Puryear, 1979)는 여덟 가지 원칙을, 샤피로와 쿠처(Shapiro & Koocher, 1996)는 11가지 원칙을 제안하였다. 이들 원칙은 앞서 소개한 원칙들과 유사한 내용을 담고 있다. 퍼이어가 제안한 원칙들도 개입의 즉시성을 강조하고, 클라이언트에게 기대와 지지의 제공을 포함하고 있으며, 제한된 목표와 문제해결에 초점을 두고 있기 때문에 앞서 소개한 단순성의 원칙 및 간결성의 원칙과 유사하다고 볼 수 있겠다. 다음으로 샤피로와 쿠처의 원칙들에 포함된 신속하고 창의적인 사고 능력은 즉시성의 원칙 및 혁신성의 원칙과 유사하며, 단기간에 달성될 수 있는 구체적 목표설정은 단순성의 원칙 및 간결성의 원칙과 유사하다. 샤피로와 쿠처의 원칙은 위기개입에 관여하는 사회복지사의 자질과 태도에 관한 내용도 포함하고 있다. 예를 들면, 위기개입에 대한 훈련과 상담 경험, 차분하고 침착한 자세의 유지, 클라이언트의 독특성을 존중하는 자세 등을 강조하고 있다.

표 4-4 위기개입의 주요 원칙들

Puryear(1979)
• 즉각적 개입 사람들은 장기간 위기를 견뎌낼 수 없다. 따라서 위기개입은 신속해야 한다. 클라이언트가 사회복지사의 개입을 흔쾌히 받아들이는 최상의 시점은 클라이언트가 도움을 요청한 시점이거나 위기가 최고조에 달했을 때이다.
• 행동에 초점 사회복지사는 클라이언트가 위기를 해결하도록 돕는 활동에 관여하고, 그런 활동들을 지도한다(direct).
• 제한된 목표설정 위기개입은 위기상황과 명백하게 관련 있는 목표들에만 초점을 둔다.
• 희망과 기대 제공 위기에 처한 사람들은 일반적으로 희망이 없다고 느끼기 때문에 사회복지사의 일차적 과업은 클라이언트에게 위기가 해결될 것이라는 기대를 주입하는 것이다.
• 지지 제공 지지의 부족은 위기를 발생시키는 주요 요인이기 때문에 위기개입에서 지지 제공은 매우 중요한 요인이다.
• 문제해결에 초점 위기개입은 문제 지향적이다. 즉, 위기의 근원이 되는 문제의 해결에 초점을 둔다.
• 자아상 위기를 경험하는 클라이언트는 스스로를 부적격한 존재로 보는 경향이 있다. 따라서 사회복지사는 클라이언트의 자아존중감을 보호하고 향상시키는 접근을 사용해야 한다.
• 자기신뢰 사회복지사는 클라이언트에게 지지를 제공하는 한편, 클라이언트의 자기신뢰와 독립을 촉진해야 한다.
Shapiro와 Koocher(1996)
• 사정을 정확히 하고 과일반화된 개입이 제공되지 않도록 주의한다.
• 신속하고 창의적으로 사고하는 능력이 필요하다.
• 위기개입은 과정 지향적이 아니라 행동 지향적이고 상황 지향적인 접근이다.
• 단기간에 달성될 수 있는 구체적인 목표를 설정한다.
• 위기개입의 목표는 대처기술의 복구, 지지 제공, 위기 이전의 수준으로 기능을 회복하는 것이다.

• 클라이언트의 내적 · 외적 환경에 권한과 통제력 복구에 초점을 둔다.
• 현재('지금-여기')에 초점을 둔다.
• 근무환경에 친숙해야 한다.
• 클라이언트를 전인적으로 보는 것은 클라이언트에게 활용 가능한 자원과 지지에 대한 통찰력을 제공한다.
• 사회복지사는 위기개입에 대한 훈련뿐만 아니라 상담 경험을 필수적으로 갖추어야 한다.
• 사회복지사는 차분하고 침착한 자세를 유지한다.

3) 주요 기술

위기 개입과 관련하여 다양한 모델이 개발되었으며, 〈표 4-5〉는 여러 모델 중 관련 문헌에서 자주 언급되고 있는 세 가지 모델을 보여 준다. 각 모델은 위기개입의 단계를 3단

표 4-5 위기개입의 단계

Golan(1978)의 3단계 모델	Gilliand와 James(1997)의 6단계 모델	Roberts(2005)의 7단계 모델
• 1단계: 사정 단계 - 촉발요인 확인하기 - 촉발요인에 대한 클라이언트의 반응 결정하기 - 위기상황의 맥락 결정하기 - 클라이언트의 현재 상태 사정하기 - 현재 문제 정교하게 정의하기 • 2단계: 실행 단계 - 배경정보 수집하기 - 즉각적 목표설정하기 - 목표달성을 위한 클라이언트의 과업 확인하기 • 3단계: 종결 단계 - 클라이언트의 목표달성 정도 평가하기 - 미래를 위한 계획 세우기	• 1단계: 문제 정의하기 • 2단계: 클라이언트의 안전 확보하기 • 3단계: 지지하기 • 4단계: 대안 탐색하기 • 5단계: 계획 세우기 • 6단계: 참여시키기	• 1단계: 위기의 심각성 및 개인의 생물심리사회적 사정하기 • 2단계: 라포 형성하기 • 3단계: 주요 문제 또는 위기촉발요인 확인하기 • 4단계: 클라이언트의 정서와 감정 다루기 • 5단계: 가능한 대안 탐색하기 • 6단계: 실행계획 수행하기 • 7단계: 추후 계획 수립하기

계, 6단계, 7단계로 제안하여 상이해 보이지만 3개 모델 모두 위기개입을 위한 문제 확인하기, 가능한 대안 탐색하기, 실행계획 수립하기 등을 포함하고 있으며, 그 내용은 대체로 유사하다. 사회복지학 분야에서는 사회복지학자인 로버츠가 제안한 7단계 모델(Roberts, 2005)이 종종 사용되어 이 장에서도 이 7단계 모델을 중심으로 각 단계에서 요구되는 주요 위기개입기술을 살펴본다.

(1) 1단계: 위기의 심각성 및 생물심리사회적 사정하기

위기의 심각성 사정과 생물심리사회적 사정을 계획하고 실시한다. 심각성 사정은 가장 중요하고 우선적으로 이루어져야 하는 사정이며, 클라이언트의 자살시도 유무를 포함한다. 만약 자살이 시도되지 않았다면 클라이언트의 **자살 잠재성**을 사정한다. 그 외에 심각성 사정에 포함될 내용은 다음과 같다.

- 자살 생각과 감정에 관해 질문하기
- 치명적인 해를 가할 위험 정도 사정하기
- 자살계획의 심각성 사정하기
- 자살 시도력에 관해 문의하기
- 사회적 소외, 우울 등 기타 위험 요소 파악하기

다음으로 생물심리사회적 사정에는 최소한 클라이언트의 환경적 지지체계와 스트레스 요인, 의료적 욕구와 복용 중인 처방약, 알코올 및 약물 사용, 대처방법 및 내외적 자원에 대한 사정이 포함되어야 한다. 생물사회심리 사정에 포함되는 기본적인 내용들은 다음과 같다.

- 인구사회학적 정보
- 기관 이용 경력
- 처방약 복용 이력
- 클라이언트와 주요 타자에 관한 사회력

- 클라이언트의 현재 상황
- 현재 요구사항
- 클라이언트와 사회복지사가 정의한 표출문제
- 클라이언트와 사회복지사가 동의한 계약
- 개입계획
- 개입목표

(2) 2단계: 신속하게 라포 형성하기

라포 형성하기 기술은 이 책의 제1장에서 사회복지사가 갖추어야 할 기초기술 중 하나로 소개하였다. 라포 형성이 잘 되면 클라이언트가 자신의 문제점이나 어려움, 장단점을 표현할 수 있게 되어 사회복지사는 클라이언트와 함께 실질적이고, 구체적인 문제해결 계획을 설정할 수 있게 된다고 하였다. 때문에 사회복지사는 라포 형성을 위해 클라이언트가 편안한 상태가 될 수 있도록 환경을 조성하고, 공감적 반응을 보이며, 클라이언트와 동맹관계를 형성하고, 클라이언트가 자신의 역할을 이해할 수 있도록 도와야 한다. 진솔함, 존중, 수용 등 클라이언트에 대한 사회복지사의 태도에 의해서 촉진되는 라포 형성은 위기개입에서도 매우 중요하다. 위기에 처한 클라이언트와 라포 형성을 위해 사회복지사가 해야 할 일들은 다음과 같다.

- 위기에 처한 클라이언트의 말을 적극적으로 경청한다.
- 현재 발생한 위기상황을 인지하도록 돕는다.
- 클라이언트의 감정, 걱정, 공포를 파악한다.
- 클라이언트가 희망을 가질 수 있도록 돕는다.
- 필요한 행동을 수행할 수 있도록 클라이언트의 역량을 강화한다.
- 클라이언트가 사회복지사에게 한 말을 적절히 반영한다.

(3) 3단계: 주요 문제 확인하기

위기개입은 위기를 촉발한 클라이언트의 현재 문제에 초점을 두기 때문에 사회복지사는 무엇 때문에 클라이언트가 현 시점에서 도움을 요청하게 되었는지를 밝혀내는 데 관심을 두어야 한다. 이를 위해 사회복지사는 다음과 같은 내용을 고려할 수 있다.

- 촉발사건으로 이끈 요인 밝혀내기
- 위기상황에 관여된 사람들 밝혀내기
- 위기를 촉발한 자극을 밝혀내고 제거하기
- 한 번에 질문 1개씩 하기
- 클라이언트에게 충분한 개인적 공간 제공하기
- 클라이언트의 위협적인 진술을 심각하게 받아들이기

(4) 4단계: 클라이언트의 정서와 감정 다루기

사회복지사는 클라이언트가 자신의 감정을 환기하고 위기상황에 대한 자신의 이야기를 충분히 설명할 수 있도록 원조해야 하며, 이를 위해 반영기술, 공감기술 등 적극적 경청기술을 사용한다. 적극적 경청기술은 이 책의 제1장에 자세하게 소개되어 있다. 사회복지사가 이 단계에서 위기에 처한 클라이언트의 정서와 감정을 다루기 위해 할 수 있는 것들은 다음과 같다.

- 클라이언트가 위기에 대처할 수 있다고 클라이언트를 안심시키기
- 도움을 필요로 하고 요청하는 것은 괜찮다고 클라이언트를 안심시키기
- 클라이언트에게 속도를 늦추라고 요청하기
- 클라이언트가 조용하고 안전한 장소를 찾도록 도와주기
- 클라이언트가 자신의 감정을 환기하도록 도와주기
- 현실 기반 진술 지지하기

(5) 5단계: 가능한 대안 탐색하기

위기에 처한 클라이언트는 자신에게 익숙한 대처방식에만 몰두하는 경향이 있다. 따라서 사회복지사는 클라이언트와 함께 모든 가능한 대안(예: 비자살계약서 작성, 지역사회 기

반 지지체계 활용, 입원, 상담, 임시 주택, 다양한 중독문제 치료 프로그램의 장단점 분석 등)을 꺼내 놓고 검토해야 한다. 클라이언트와 사회복지사가 함께 대안을 만들어 내고 클라이언트가 그 대안을 자신의 것으로 만드는 것이 중요하다는 점을 기억해야 한다. 이 단계에서 검토할 이슈들은 다음과 같다.

- 클라이언트가 직면하고 있는 이슈 중에서 가장 중요한 이슈가 무엇인가?
- 클라이언트가 바라는 것은 무엇인가?
- 클라이언트가 과거에 무엇을 시도했는가?
- 클라이언트는 지지적인 사회관계망을 가지고 있는가?
- 클라이언트가 찾아내지 못한 대안 제공하기

(6) 6단계: 실행계획 실천하기

사회복지사는 클라이언트와 함께 다양한 대안을 검토한 다음 실행계획을 수립하고 클라이언트가 실행계획을 실천하도록 지원해야 한다. 사회복지사는 이 단계에서 클라이언트가 자신의 역량이 강화되었다고 느끼게끔 도와주도록 해야 한다. 접촉 가능한 인적 자원과 의뢰 자원을 밝혀내고 클라이언트에게 대처기제를 제공하는 것이 중요하다. 이 단계에서 고려할 활동들은 다음과 같다.

- 클라이언트가 통제력을 발휘할 수 있는 활동들을 찾고 제안하기
- 부정적 대처전략을 대체할 수 있는 대안적 대처전략 제안하기
- 필요시에 의뢰하기

(7) 7단계: 사후계획 수립하기

위기개입으로 위기가 해결되었다는 확신이 들면 사회복지사는 클라이언트와 함께 사후관리 계획을 세우고 개입이 종결된 이후에도 클라이언트의 상태를 점검해야 한다. 사후관리 단계에서 평가할 내용은 다음과 같다.

- 클라이언트의 건강상태(수면, 영향, 위생상태 등)
- 촉발사건에 대한 이해 정도(클라이언트가 무슨 일이 발생했고 왜 발생했는지를 이해하고 있는지)
- 전반적 기능에 대한 사정(사회적 · 영적 기능, 학습능력, 취업 등)
- 진행 중인 개입에 대한 만족도와 진척
- 스트레스 요인 유무, 스트레스 관리방법 등
- 의뢰 필요성(법적 · 의료적 문제, 주거, 상담 등)

4) 한계점

지금까지 살펴보았듯이 위기개입에서 사용되는 실천기술들은 사회복지 문헌에서 자주 접할 수 있는 기술들이다. 클라이언트와 라포 형성하기, 생물심리사회적 사정하기, 개입을 위한 문제 밝히기, 실행계획 세우고 실천하기 등은 사회복지 실천과정에서도 기본적으로 사용되는 실천기술들이며, 이 책에서도 심도 있게 다루어졌다. 이런 면에서 위기개입과 사회복지실천은 유사하다고 할 수 있다. 다만 전통적인 사회복지실천에 비해서 단기간에 집중적으로 그리고 속도감 있게 진행되는 점을 위기개입의 특징으로 들 수 있겠다.

단기간에 신속한 개입의 제공을 특징으로 하는 위기개입은 다수의 클라이언트에게 필요한 서비스를 제공할 수 있는 장점을 갖는다. 그러나 위기개입은 보통 4~6주 정도 이루어지는 데 반해 위기의 해결을 위해 더 많은 시간이 필요할 수 있다. 또한 위기개입은 문제의 근본 원인을 다루기보다는 증상을 덮는 일종의 **임시방편적인 접근**(band-aid approach)이며, 위기개입에 관여하는 사회복지사가 일반적으로 자신이 제공한 개입의 최종 결과를 보지 못한다는(Knox & Roberts, 2016) 비판을 받기도 한다. 게다가, 급성의 불균형상태에 있는 클라이언트의 기능 회복을 위한 구체적이고 명료한 방법의 제공을 위기개입의 최대 장점으로 들 수 있는데, 이러한 장점이 어떤 경우 제약이 될 수도 있다(이선혜 외 역, 2005). 사회복지사의 도움을 요청하는 모든 클라이언트가 위기상태에 있는 것은 아니다. 클라이언트가 사회복지사의 도움을 청하기 오래전부터 문제를 가지고 있어 왔을 수도 있고 만성일 수도 있다. 또 위기상황에 있는 것이 생활방식이 되어 버린 클라이언트들도 있는데, 이런 경우에 위기개입은 적절하지 않다는 지적이 있다.

단원 정리

이 장에서는 단기치료 혹은 단기개입의 대표적인 모델인 해결중심이론, 과업중심모델, 그리고 위기개입이론을 주요 가정과 원칙, 주요 개념 및 개입기술, 한계점을 중심으로 살펴보고 예시를 통해 이들을 적용해 봄으로써 사회복지 실천기술을 향상시키고자 하였다. 장기치료에 비해 단기치료가 동등한 혹은 그 이상의 효과성을 갖는다는 점과 시간제한적이면서 과거보다는 지금-여기의 문제에 초점을 두는 단기개입모델은 사회복지 실천현장에서 다양한 어려움을 겪는 클라이언트에게 효과적으로 제시할 수 있기에, 국내 실천현장에서 많은 활용되고 있다. 학생들은 이들 모델에 대한 깊은 이해와 적용능력을 향상함으로써 사회복지 실천현장에서 이들 모델을 적극 활용할 수 있기를 바란다.

참고문헌

박영숙, 박광희(2004). 위기의 개념분석. 정신간호학회지, 13(1), 88-96.

송성자(1995). 가족과 가족치료. 서울: 법문사.

신성자, 고유나, 권신혜, 김수정, 박용권, 성희자, 이현정, 전보경, 정숙희, 최은지(2007). 사회복지실천기술론. 경기: 양서원.

양옥경, 김정진, 서미경, 김미옥, 김소희(2001). 사회복지실천론. 서울: 나남.

엄명용, 김성천, 오혜경, 윤혜미(2001). 사회복지실천의 이해. 서울: 학지사.

연세사회복지실천연구회 역(2004). 사회복지실천이론의 이해와 적용. Turner, F. J. (Ed.). (1996). *Social work treatment*. 서울: 나남출판.

위키백과(2018). https://ko.wikipedia.org/wiki/%EC%9C%84%EA%B8%B0

이선혜, 정슬기, 서진환 역(2005). 사회복지실천을 위한 통합적 단기개입. Goldstein, E. G., & Nooran, M. (1999). *Short term treatment and social work practice*. 서울: 학지사.

이준우(2009). 사회복지실천기술론. 서울: 파란마음.

최경화, 김재열, 유인애, 석재은, 황성식, 안성의, 이형진(2010). 사회복지실천기술론. 서울: 신정.

Baldwin, A. (1978). Paradigm for the Classification of Emotional Crises: Implications for Crisis Intervention. *American Journal of Orthopsychiatry, 48*(3), 538-551.

Brock, S. E., Sandoval, J., & Lewis, S. (2001). *Preparing for Crises in the Schools: A Manual for Building School Crisis Response Teams* (2nd ed.). New York: Wiley.

Caplan, G. (1964). *Principles of Preventive Psychiatry*. New York: Basic Books.

Cherry, K. (2020). *Psychological Crisis Types and Causes*. https://www.verywellmind.com/what-is-a-crisis-2795061

Epstein, L. (1992). *Brief treatment and a new look at the task-centered approach*. Merrill Publishing Company.

Epstein, L. (1995). Brief task-centered practice. In Edwards, R. L. (Ed.), *Encyclopedia of Social Work* (19th ed., pp. 313-323). NASW: Washington, DC.

Gilliland, B. E., & James, R. K. (1997). *Crisis Intervention Strategies* (3rd ed.). Pacific Grove, CA: Brooks/Cole.

Golan, N. (1978). *Treatment in Crisis Situations*. New York: Free Press.

Hollis, F. (1972). *Casework: A Psychosocial Therapy* (2nd ed.). New York, NY: Random House.

Knox, K. S., & Roberts, A. R. (2016). The Crisis Intervention Model. In N. Coady & P. Lehmann (Eds.), *Theoretical Perspectives for Direct Social Work Practice: A Generalist-Eclectic Approach*. New York: Springer Publishing Company.

Metcalf, L. (1998). *Solution Focused Group Therapy: Ideas for Groups in Private Practice, Schools, Agencies, and Treatment Programs*. Free Press: New York, NY.

Murphy, M. L. (2004). *Crisis Intervention Training for Students in School Counselor Preparation Programs*. University of Florida Doctoral dissertation.

Myer, R. A. (2001). *Assessment for Crisis Intervention: A Triage Assessment Model*. New York: Brooks/Cole.

Narayan, S. M., & Joslin, D. J. (1980). Crisis Theory and Intervention: A Critique of the Medical Model and Proposal of a Holistic Nursing Model. *Advances in Nursing Science, 2*(4), 27-40.

Ngozi, C., Malachy, E., Christy, O., Uche, O., Agnee, O., & Prince, A. (2016). Crisis Intervention as a Theory and a Model in Social Work: A Panacea against Militancy in the Niger Delat of Nigeria. *International Journal of Scientific & Engineering Research, 7*(8), 1394-1401.

O'Connell, B., & Palmer, S. (2003). *Handbook of Solution-Focused Therapy*. Sage: Thousand Oaks, CA.

Okum, B. (2002). *Effective Helping: Interviewing and Counseling Techniques*. Pacific Grove, CA: Brooks/Cole.

Ornum, W. V., & Mordock, J. B. (1991). *Crisis Counseling with Children and Adolescents: A Guide for Nonprofessional Counselors* (Kang Moon Hee trans.), Seoul: Geomoonsa (1990).

Parad, H. J., & Parad, L. G. (1990). *Crisis intervention, book 2: The Practitioner's Sourcebook for Brief Therapy.* Milwaukee, WI: Family Service America.

Perlman, H. H. (1957). *Social Casework: A Problem-solving Process.* Chicago, IL: The University of Chicago Press.

Poal, P. (1990). Introduction to the Theory and Practice of Crisis Intervention. *Quaderns de Psicologia, 10,* 121-140.

Polk, D. A., & Mitchell, J. T. (2009). *Prehospital Behavioral Emergencies and Crisis Intervention.* Sunbury, MA: Jones and Bartlett Publishers.

Puryear, A. (1979). *Helping People in Crisis.* San Francisco, CA.: Jossey-Bass.

Rapoport, L. (1970). Crisis Intervention as a Mode of Brief Treatment, in R. W. Roberts & R. H. Nee (Eds.), *Theories of Social Casework.* Chicago, IL: University of Chicago Press.

Reid, W. J. (1978). *The Task-centered System.* New York, NY: Columbia University Press.

Reid, W. J., & Shyne, A. (1969). *Brief and Extended Casework.* New York, NY: Columbai University Press.

Reid, W. J., Abramson, J. S., Fortune, A. E., & Wasko, N. (1992). *Task strategies: An empirical approach to clinical social work.* Columbia University Press.

Roberts, A. R. (2000). An Overview of Crisis Theory and Crisis Intervention. In A. R. Roberts (Ed.), *Crisis Intervention Handbook: Assessment, Treatment, and Research* (2nd ed., pp. 3-30). New York: Oxford University Press.

Roberts, A. R. (2005). *Crisis Intervention Handbook: Assessment, Treatment, and Research* (3rd ed.). New York, NY: Oxford University Press.

Rooney, R. H. (1992). *Strategies for Work with Involuntary Clients.* New York, NY: Columbia University Press.

Shapiro, D., & Koocher, G. P. (1996). Goals and Practical Considerations in Outpatient Medical Crises. *Professional Psychology: Research and Practice, 122,* 109-120.

Shapiro, D. E., & Koocher, G. P. (1996). Goals and Practical Considerations in Outpatient Medical Crises Intervention. *Professional Psychology: Research and Practice, 27*(2), 109-120.

Studt, E. (1968). Social Work Theory and Implications for the Practice of Methods. *Social Work Education Reporter, 16,* 22-46.

Walter, J. L., & Peller, J. E. (2000). *Recreating Brief Therapy: Preferences and Possibilities.* New York, NY: Norton.

Worley, N. K., & Owens, V. J. (1997). Schools. In N. K. Worley (Ed.), *Mental Health Nursing in the Community* (pp. 226-238). St. Louis: Mosby.

제5장

사회복지실천 개입 모델 II: 일반 모델

1. 인지행동이론

인지행동이론은 인지이론과 행동주의이론을 통합한 것으로 두 이론이 각각의 독특한 특성을 갖는다. 인지이론에서는 인간의 환경에 대한 사고 · 인식 · 해석이 정서와 행동의 결정요인이라고 보는 반면, 행동주의이론에서는 인간의 행동은 모방과 관찰을 통해 학습된 것이기 때문에 행동수정을 통해 변화를 가져올 수 있다고 간주한다. 따라서 인지이론에서는 왜곡된 인식이나 해석으로 인해 인간의 문제가 발생한다고 보는 반면, 행동주의이론에서는 클라이언트가 잘못된 혹은 부정적인 행동을 모방 · 학습한 결과로 역기능적인 행동을 보인다고 주장한다(Payne, 1997).

인지행동이론에서 제공하는 실천기술은 사회복지 실천기술 가운데 가장 많이 활용되고 있다. 인지행동이론에 입각한 개입기술은 문제를 일으키는 잘못된 가정과 사고의 유형을 확인 · 점검하고 재평가하여 수정하도록 격려하고 원조한다. 이 이론에 포함되는 치료 접근방법으로는 **인지치료**, **행동치료**, **합리정서치료**, **현실치료**, **인지행동치료**가 있다(Gilliland & James, 1997; 양옥경 외, 2000에서 재인용).

1) 기본 가정

인지행동이론의 기본적인 전제는 인간의 사회적 · 행동적 역기능이 사건이나 상황에 대한 클라이언트의 잘못된 생각(혹은 인지)으로 인해 발생한다는 것이며, 따라서 인지 및 행동의 수정을 통해 역기능이 해소될 수 있다고 보는 것이다(엄명용 외, 2011). 인지행동이론은 인지이론과 행동이론이 통합 · 발전되었으므로 인지이론과 행동이론이 갖는 주요 특징이나 몇 가지 기본 가정을 먼저 살펴보고 인지행동이론에 대해 살펴보고자 한다.

(1) 인지이론의 기본 가정

인지이론은 인간의 감정, 동기, 행동 등이 의식적인 사고과정의 결과임을 전제로 하고 있다(엄명용 외, 2011). 이는 인간의 행동이 무의식적인 힘 혹은 충동에 의한 것이 아니라 인간의 의지에 의해 결정되는 것임을 의미하며, 부적응적인 행동은 곧 **역기능적인 사고** 혹은 **인지적 왜곡**에 의해 발생한다고 여긴다. 또한 인지이론에서는 인지가 정서 및 행동의 역기능을 중재한다고 간주한다(Thyer & Myers, 1997). 따라서 인지이론에 기반한 치료과정에서는 **부적응적인 사고유형**을 파악하고 이를 직면하여 변화할 수 있도록 돕는다. 이러한 점에서 인지이론이 제시하는 몇 가지 기본 가정을 살펴보면 다음과 같다.

① 인간의 행동은 무의식적인 힘이 아닌 의지에 의해 결정된다.
② 인간의 행동은 사고에 의해 결정되며, 부정확한 지각과 생각이 부적응적인 행동을 초래한다.
③ 잘못된 인지, 왜곡된 생각, 비합리적인 신념은 개인의 의식수준 밖에서 일어난다. 특히, 잘못된 생각을 학습하고 이를 지속적으로 사용하면서 인지적 신념들이 '자동적'으로 활용되어 자신도 모르게 역기능적인 정서가 형성된다.
④ 인간의 감정은 자신과 사회적 상황에 대해 생각하고 말하고 가정하고 믿는 것으로부터 초래된다. 인간이 가지는 감정의 대부분은 사람들의 생각, 스스로에게 하는 말 그리고 자신이나 자신의 환경에 대해서 믿거나 가정하는 바에서 직접적으로 파생되는 결과이다.

⑤ 인간은 창조적이고 성장의 욕구를 가지고 자신의 능력을 최대한 개발하고 목표달성을 추구하는 기본적인 경향을 가지고 있다(Lantz, 1996; Werner, 1981; 엄명용 외, 2011에서 재인용).

이상과 같이 인지이론에서는 인간의 행동이 감정 혹은 사고과정의 산물이며, 자신이 지각한 것에 대한 잘못된 판단 혹은 비합리적 사고와 신념이 부적응적인 행동이나 문제를 야기하는 것이라 한다. 인지이론에서는 인간의 행동이 정신분석이론에서와 같은 결정론적인 힘에 의한 것이 아닌, 인간의 의지로 변화될 수 있다는 입장을 취한다는 점에서 대조를 이루고 있다.

(2) 행동주의의 기본 가정

일반적으로 행동주의에서 제시하는 기본 가정은 행동주의의 여러 학파에 따라 조금씩 다르다. 즉, 스키너(Skinner)의 행동주의이론과 밴듀라(Bandura)의 사회학습이론, **급진적 행동주의**(radical behaviorism), **신행동주의이론**(neobehaviorism) 등에서 제시하는 기본 가정은 차이가 있게 마련이다. 여기서는 스키너의 행동주의이론과 밴듀라의 학습이론에서 제시하는 기본 가정을 비교하여 살펴보고자 한다.

첫째, 스키너와 밴듀라 모두 인간의 행동이 환경적 자극에 의해 동기화된다고 전제하였지만, 스키너는 인간의 행동이 강화에 의해 행동의 빈도와 강도가 결정된다고 본 반면, 밴듀라는 개인의 인지적 요인과 다른 내적 사건들에 의해 중재되어 최종적으로 표현되는 행동이 결정된다고 주장한다.

둘째, 스키너는 인간이 자신의 행동을 통제할 수 있는 힘이 없다고 보았지만, 밴듀라는 인간은 자기효율성을 성취하는 방향으로 행동을 규제할 수 있다고 믿었다.

셋째, 스키너는 외적 강화가 없이는 행동의 학습이나 수정이 불가능하다고 여겼지만, 밴듀라는 새로운 행동의 학습은 외적 강화 없이도 이루어질 수 있다고 여겼다(김동배, 권중돈, 2000).

이에 비해 브루스와 페드릭(Bruce & Fedric, 1997: 양옥경 외, 2000에서 재인용)은 학습이론의 기본 원칙과 가정을 다음과 같이 제시하고 있다.

① 인간에 의해 일어나는 모든 현상들(분명한 행동과 언어, 숨겨진 사고와 인지, 느낌, 꿈 등)은 관찰이 가능하건 불가능하건 모두 행동으로 간주한다.

② 인간행동은 생활경험에서 광범위하게 학습되며, 이러한 학습은 전 생애에 걸쳐 일어난다.

③ 기본적인 학습은 여러 문화와 생활환경을 통하여 개인의 행동으로 나타나며, 정상적이거나 역기능적인 행동, 느낌, 사고 등은 학습의 결과이다.

④ 대인적 행동 역시 학습과정에 의한 기능이며, 행동의 범위가 커질수록 기본적인 학습기제가 보다 복잡하게 작용한다.

⑤ 주요 학습과정은 반응적 조건화, 조작적 조건화, 관찰학습의 세 가지로 대표된다.

(3) 인지행동이론

인지행동이론은 앞서 제시한 인지이론과 행동이론을 통합하여 활용한 것으로 행동이론에 근거한 **인지적 개입기술**(cognitive intervention based on behavioral approach)로 불리기도 한다. 이는 인지치료기법을 통해 사회복지사가 클라이언트가 상황을 왜곡하여 해석하는 방식과 정서를 변화시킬 수 있도록 도우면서, 동시에 새로운 행동기술을 습득하고 실제 상황에 적용할 수 있도록 강화를 통해 행동의 변화를 유지시키도록 한다(Lantz, 1996).

이런 점에서 인지행동이론은 다음과 같은 몇 가지 특징 혹은 기본 가정을 가지고 있다(양옥경 외, 2000; Granvold, 1994).

① 자신과 타인에 대한 무조건적인 존경

엘리스(Ellis)는 인간의 문제의 주요 원인이 자신에 대한 부정적인 평가라고 주장하면서 많은 문제가 자신을 가치 있게 평가하지 않은 데서 비롯된다고 하였다. 이는 곧 자신의 성공에 대해 낮게 평가하거나, 자신을 입증하기 위해 더 많은 것을 요구하거나 혹은 타인의 승인을 적극적으로 얻는다거나 자신의 성취 가능성에 대해 스스로 방해하는 것을 의미한다. 따라서 인지행동이론에서는 클라이언트가 자신의 가치에 대해 긍정적으로 평가할 수 있도록 도울 필요가 있다.

② 주관적인 경험의 독특성

이는 각 개인이 갖는 삶의 사건과 정서반응의 독특한 의미, 현실을 조직하는 데 작용하는 정보전달 과정, 신념, 신념구조와 같은 주관적 경험의 독특성을 의미한다. 또한 클라이언트는 정서적 · 행동적 반응에 관계된 인지적 기능에 대해 경험적으로 탐구하도록 사회복지사와 협력함을 의미한다.

③ 자신의 책임

이는 클라이언트가 자신의 정서적 · 행동적 문제를 다른 사람의 탓으로 돌리지 않고 자신의 책임으로 수용하는 것을 의미한다. 즉, 타인이 자신의 문제의 원인이라고 하는 것은 곧 자신의 문제에 대한 통제력이 자신의 내적인 면에 있기보다는 타인에 의해 조정되는 것임을 의미한다.

④ 구조화된 접근

인지행동모델은 치료자가 문제해결을 위해 구조적인 절차를 가지고 있으며, 클라이언트와 사회복지사 간의 협조적인 관계와 노력 그리고 적극적인 참여를 기반으로 하고 있다.

⑤ 소크라테스적 방법과 질문

소크라테스식 질문 및 접근방법은 클라이언트의 문제를 논박을 통해 인지적 왜곡이나 오류가 있음을 밝혀내고, 질문을 통해 자기발견과 타당화의 과정을 거치게 되어 사건이나 행동의 의미를 재발견하는 것이다.

2) 주요 개념과 원칙

인지행동이론의 주요 개념으로는 인지이론에서 제시하는 개념인, ① **도식**(schema), ② **자동적 사고**(automatic thinking), ③ 추론과정에서의 **체계적 오류**(예: 임의적 추론, 선택적 추상화, 과도한 일반화, 과대평가 및 과소평가, 개인화, 절대적 사고, 이분법적 혹은 양분적 사고, 인지재구조화 등)가 있으며(양옥경 외, 2000), 이외에 규칙(rules), 의미(meanings), 부적응적 사고(maladaptive thoughts) 등을 들 수 있다(엄명용 외, 2011). 이에 비해 행동이론에서는, ① 고전적 학습과 반응적 조건화, ② 조작적 학습(조작적 조건화), ③ 사회학습 등과 함께 ④ **강화**와 처벌, ⑤ **소거**, ⑥ 변별자극 등이 있다. 이들 각 개념에 대해서는 독자들이 관련 이론과 서적을 찾아 학습할 것을 권한다.

벡(Beck, 1995; Lantz, 1996에서 재인용)은 사회복지사가 인지행동이론에 근거한 기술을 효과적으로 활용하기 위해서는 다음과 같은 몇 가지 원칙을 염두에 둘 필요가 있음을 제시하였다.

① 클라이언트 및 클라이언트의 문제에 관해 인지행동적인 용어로 공식화하고 이를 근거로 전개한 계통적 설명에 기초를 둔다.
② 건전한 치료관계를 필요로 한다.
③ 사회복지사와 클라이언트의 적극적 참여로 이루어지는 협력을 바탕으로 한다.
④ 문제에 초점을 두며 목표 지향적이고 문제 중심적이다.
⑤ '**지금-여기**'를 강조한다.
⑥ 교육적이며 클라이언트 자신이 스스로 치료자가 될 수 있도록 교육한다.
⑦ 가능하다면 시간에 제한을 두도록 한다.
⑧ 면담은 구조화되어 있다.
⑨ 사회복지사는 클라이언트가 역기능적 사고와 신념을 확인하고 평가하면서 효과적으로 대응할 수 있도록 돕는다.
⑩ 사고, 감정, 행동을 변화시키기 위해 다양한 치료기술을 사용한다.

3) 주요 기술

인지행동이론의 개입목표는 클라이언트가 당면한 문제를 해결하고, 역기능적 사고와 행동을 수정하는 것을 목표로 한다. 따라서 클라이언트의 문제 사정에 있어 클라이언트의 역기능적인 인지왜곡이나 잘못된 사고, 감정, 행동을 파악하고 이에 대한 인지 및 행동의 변화를 유발할 기술을 활용하게 된다. 인지행동이론의 주요 기술은 〈표 5-1〉에 정리되어 있으며, 이를 구체적으로 살펴보면 다음과 같다.

표 5-1 인지행동이론의 주요 기술

치료 기술	설명
1. 내적 의사소통의 명료화	클라이언트 스스로에게 피드백을 줌으로써 자신의 생각과 이야기 속에 숨겨진 인지적 오류와 비합리적 신념에 대한 통찰력을 발전시키고 이해할 수 있도록 돕는 것
2. 설명	클라이언트의 정서는 엘리스가 제시한 ABC 모델(사건-인지-정서적 결과)에서 어떻게 작용하는가를 가르쳐 주는 일련의 치료기술
3. 기록과제	클라이언트로 하여금 정서에 대한 엘리스의 ABC 모델을 활용하는 방법에 대해 읽고 기록할 수 있도록 양식을 제공하는 것
4. 경험적 학습	클라이언트에게 자신의 인지적 오류에 부합하지 않는 특정한 행동을 하도록 함으로써 클라이언트가 자신의 인지적 오류를 발견하고 수정하도록 하는 것
5. 역설적 의도	특정 행동에 대한 클라이언트의 불안이 그 행동을 유발할 때, 클라이언트가 두려워하는 행동을 하도록 지시함으로써 클라이언트의 인지적 오류에 도전하고 불안을 감소시키는 것
6. 역동적 · 실존적 반영 치료활동	객관적이고 물질적인 세계에 초점을 두고 실제적인 문제에 대한 답을 찾아가는 것에 강조를 두는 역동적 반영과 삶에 대한 의미와 잠재적 의미에 대해 반영하는 실존적 반영을 통해 인지재구조화를 촉진시키는 것
7. 인지재구조화	클라이언트의 역기능적 사고와 관념을 인식하고 이를 현실적인 사고와 관념으로 대치하고 순기능적일 수 있도록 돕는 것
8. 모델링	관찰학습과정을 통해 클라이언트가 시행착오학습을 거치지 않고 원하는 행동을 학습할 수 있도록 하게 하는 것
9. 시연	발달시키고자 하는 행동을 반복적으로 연습함으로써 행동으로 숙달되도록 하는 것
10. 자기지시기법	목표 선택, 목적행동 형성, 자기탐지, 계획 실천 등의 과정을 통해 자신이 통제하거나 변화시키기를 원하는 구체적인 행동에 대한 지침과 계획들을 세우는 것
11. 체계적 둔감화	클라이언트에게 가장 덜 위협적인 상황에서 가장 위협적인 상황까지 상황들을 순서대로 제시하면서, 불안자극과 불안반응 간의 연결이 없어질 때까지 불안을 일으키는 자극들을 반복적으로 이완상태와 짝짓는 것
12. 이완훈련	근육의 수축과 이완, 깊고 규칙적인 호흡, 즐거운 사고나 심상 등을 훈련함으로써 일상생활에서 유발되는 스트레스에 대처할 수 있도록 가르치는 것

출처: Corey, G. (1991). *Theory and Practice of Counseling and Psychotherapy* (4th ed.). Pacific Grove, CA: Brooks/Cole. 조현춘, 조현재 역(1996). 심리상담과 치료의 이론과 실제. 서울: 시그마프레스; 엄명용 외(2011). 사회복지실천의 이해. 서울: 학지사.

(1) 치료관계의 활용

인지행동이론에서 클라이언트와 사회복지사 간의 관계는 클라이언트로 하여금 이전과는 다른 방식으로 자신과 세상을 바라볼 기회를 제공한다. 관계는 ① 관계에서의 지지적 요인의 활용과 ② 클라이언트와 치료자 간의 관계에서 발생하는 왜곡에 초점을 두는 방법으로 효과적으로 사용될 수 있다. 먼저, 관계에서의 지지적 요인을 활용한다는 것은 클라이언트의 성장, 능력 등에 관해 사회복지사가 갖고 있는 견해를 지지의 형태로 클라이언트에게 전달하며, 클라이언트의 자긍심에 기여하는 것을 의미한다. 이에 반해 클라이언트와 치료자 간의 관계에서 일어나는 왜곡에 초점을 두는 검토과정을 통해 클라이언트는 자기 자신에 대한 잘못된 생각들과 자신이 타인들로부터 어떠한 대우를 기대했는지를 스스로 깨닫게 된다. 이것은 인지적 왜곡으로 이해되며, 프로이트(Freud)의 전이, 역전이의 개념과는 다르다.

(2) 내적 의사소통의 명료화

내적 의사소통의 명료화(clarifying internal communication) 기술은 클라이언트 스스로 자신에 대해 독백하고 사고하는 것으로, 이에 대해 사회복지사가 피드백을 주기 때문에 효과적이다. 이를 통해 클라이언트는 자기 자신과 다른 사람에게 하는 말 속에 숨겨진 잘못된 생각과 비합리적인 신념에 대해 더 잘 이해할 수 있게 된다. 클라이언트가 이러한 잘못된 생각을 깨닫게 될 때 인지적 검토를 통해 인지의 변화가 유발될 수 있다. 다음의 예시는 내적 의사소통의 명료화를 활용한 것이다.

예시

어머니: 우리 아이는 정말 지독해요.

사회복지사: 아이가 구체적으로 어떻게 지독하단 말인가요?

어머니: 도무지 제 말을 듣지 않아요. 제가 장난감을 치우라고 하면 소리를 지르기 시작하지요.

사회복지사: 그럼, 어머니께서는 뭐라고 하시지요?

어머니: 어떤 때는 아무 말도 안 할 때도 있고…… 화가 나는 거죠.

사회복지사: 그런 상황에서 어머니께서 침묵하시는 건 어떤 의미인가요? 그것이 무엇을 의미할

까요?

어머니: 잘 모르겠어요. 아마도 죄책감을 느끼는 것일 수도 있고…….

사회복지사: 죄책감이요?

어머니: 네. 잘 모르겠는데…… 느낌이 없어요. …… 저는 아들을 야단치기가 힘들어요. 제가 그동안 많은 실수를 해 왔고, 아이도 그래서 힘들었을 거예요. 아시잖아요. …… 아이를 야단치는 것에 대해 죄책감이 들어요.

사회복지사: 어떤 사람들이 실수를 저지르나요?

어머니: (침묵) 실패자들.

사회복지사: 어머니께서는 자신을 실패자라고 생각하시나요?

어머니: (침묵) 네, 자주 그래요.

(Lantz, 1996: 104).

(3) 설명

설명(explanation)기술은 클라이언트에게 감정이 어떻게 행동에 영향을 미치는지에 대한 ABC 모델을 설명하기 위해 사용된다. 즉, **촉발사건**(A: activating event)이 있은 후에 클라이언트는 자신의 **신념**(B: belief), 사고 혹은 사건에 대해 스스로에게 이야기하며, 이 신념, 인지, 자기대화로부터 야기된 **감정적 결과**(C: consequences)를 설명하는 것이다.

다음의 예시는 우울증 증세를 보이고 있는 스미스 부인에게 사회복지사가 ABC 모델을 설명하는 것이다.

예시

사회복지사: 만약 제가 당신의 의자 밑에 폭탄이 있다고 말한다면 어떤 느낌이 들 것 같으세요?

스미스 부인: 웃을 것 같아요.

사회복지사: 겁나지 않나요?

스미스 부인: 아니요. 왜냐하면 당신을 믿지 않을 거니까요.

사회복지사: 좋아요. 보세요, 당신이 어떻게 느끼는가는 당신이 믿고 생각하는 것에 달려 있어

요. A는 제가 당신에게 폭탄에 대해서 이야기한 것이지요. B는 당신이 그 사건에 대해서 믿고, 자신에게 이야기한 것이에요. C는 B, 즉 당신이 어떻게 믿는가에 따른 당신의 느낌이지요.

(Lantz, 1996: 105).

(4) 과제

인지행동이론에서의 **과제**(written homework) 혹은 숙제는 클라이언트의 적극적인 협조와 참여를 기반으로 하고 있다. 과제는 클라이언트가 자신의 문제에 대한 인식을 향상시킬 뿐만 아니라 새로운 행동을 획득하거나 과거의 반응을 제거할 수 있도록 돕는다(Cormier & Cormier, 1991). 과제를 부여할 때는 클라이언트로 하여금 정서에 대한 엘리스의 ABC 모델을 활용하는 방법에 대해 읽고 기록할 수 있도록 양식을 제공할 수 있으며, [그림 5-1]의 방식에 따라 작성하게 할 수 있다.

A	어떤 사건인가?
B	그 사건에 대한 나의 생각은 무엇인가?
C	나의 느낌은 어떠한가?
D1	A에 대한 나의 묘사는 정확한가?
D2	B는 합리적인가? 그렇지 않다면 그에 도전하는 생각을 써 보시오.
E	D1, D2로부터 어떤 감정이 초래될 것인가?

날짜	상황	정서적 반응	자동적 사고	합리적 반응	결과

[그림 5-1] **인지행동 과제수행표**

(5) 경험적 학습

경험적 학습(experiential learning) 기술은 왜곡된 인지에 도전하고 변화하도록 유도하는 것으로 **인지적 불일치 원리**(cognitive dissonance principle)로 설명된다(Lantz, 1996). 인지적 불일치란 자신의 행동, 행위 또는 생활양식에 부합하지 않는 태도나 신념을 변화시키려는 경향을 의미한다. 이 기술은 클라이언트에게 자신의 인지적 오류에 부합하지 않는 특정한 행동을 하도록 함으로써 클라이언트가 자신의 인지적 오류를 발견하고 수정하도록 하는 데 자기주장훈련, 모델링, 역할극, 사회기술훈련, **심리극**(psychodrama) 등을 활용할 수 있다.

(6) 역설적 의도

이 기술은 어떤 불유쾌한 구체적 행동이 자꾸 발생할 것을 불안해하여 그 행동을 오히려 더 발전시킬 경우에 사용될 수 있다. **역설적 의도**(paradoxical intention) 기술은 클라이언트의 불안에 대한 인지적 오류에 도전하고 두려워하는 행동을 하도록 지시하게 된다. 이는 사회복지사가 클라이언트에게 이중구속적인 메시지를 전달하는 것이며, 클라이언트는 이중구속적인 메시지에 관계없이 변화를 일으키게 된다(Corey, 1991). 예를 들어, 우울한 클라이언트에게 "계속해서 우울하게 지내세요."라고 말하면, 클라이언트는 우울한 것을 유지하지 위해 노력하게 되고 이는 자신의 문제에 대한 통제력을 계속 유지하므로 인해 자신감이 생기는 반면, 이러한 메시지에 반대해서 우울해지기를 거부하면 증상으로부터 호전되는 것이다. 이 기술을 자해 혹은 타해의 위험이 있는 클라이언트에게는 절대로 사용해서는 안 되며, 문제의 원인이 신체적인 것에 기인하고 있는 증상일 때도 사용할 수 없다. 나아가, 클라이언트가 불안해하는 행동을 하도록 지시하는 것이기 때문에 클라이언트에게 치료기술에 대해 충분히 이해시킨 후 동의한 경우에만 사용한다.

(7) 역동적 · 실존적 반영

역동적 반영(dynamic reflection)은 클라이언트의 문제와 문제해결에 초점을 맞춰 활용된다. 이는 증명할 수 있고 객관적이며, 경험적이고 이론적인 지식에 목적을 두는 문제해결의 반영을 의미한다. 이에 비해 **실존적 반영**(existential reflection)은 개인의 삶의 의미와 의미의 잠재성 발견에 초점을 둔다(Lantz, 1996). 따라서 사회복지사는 클라이언트의 회복된 의미와 의미의 잠재성을 사용하고 인식하는 데 도움이 될 수 있는 문제해결 전략을 개발·발전시키도록 돕는다. 실존적 반영은 두 부분으로 구성되어 있는데, 첫 번째는 역동적 반영의 완전하고 충분함에 대한 '불신'이고, 그 결과로 추상적이고 역동적인 사고에 의해 왜곡된 의미와 경험의 '회복'을 시도한다. 두 번째는 심각하고 민감하고 엄격한 삶의 '측정할 수 없는' 의미와 의미의 잠재성에서의 회복과 참여를 돕기 위한 역량이다.

(8) 인지재구조화

이 기술은 인지행동이론의 핵심적인 기술 가운데 하나이다. **인지재구조화기술**은 클라이언트가 자신의 기능에 부정적인 영향을 미치는 역기능적 사고와 관념을 인식할 수 있도록 돕고, 이를 현실에 맞는 신념과 행동으로 대치하여 기능을 향상시킬 수 있도록 하는 기술이다(Granvold, 1994). 이 기술은 다음과 같은 절차를 통해 활용된다.

① 클라이언트는 생활사건에 대한 자신들의 정서적 반응을 매개할 가정이나 신념을 갖고 있다. 따라서 사회복지사는 클라이언트가 이 점을 수용할 수 있도록 돕는다.
② 클라이언트가 문제에 내재해 있는 역기능적인 신념과 사고과정의 유형을 파악할 수 있도록 돕는다.
③ 클라이언트가 자신의 역기능적 인지를 유발한 상황을 파악할 수 있도록 돕는다.
④ 클라이언트가 자학적인 인식을 대치할 만한 긍정적이고 순기능적이며 대안적인 자기진술(self statement)로 대체할 수 있도록 돕는다.
⑤ 클라이언트의 성공적인 대처노력을 클라이언트 스스로 보상할 수 있도록 돕는다(Hepworth et al., 1997).

(9) 모델링

이 기술은 클라이언트가 사회복지사가 제시한 방법을 따라 직접 해 볼 수 있도록 하는 기술로서, 사회복지사는 클라이언트가 취할 행동을 시범적으로 보여 주고 클라이언트가 이를 똑같이 따라 해 보도록 한다. 모델링 기술에는, ① **즉석 모델링**(live modeling),

② **상징적 모델링**(symbolic modeling), ③ **복합 모델링**(multiple modeling), ④ **참여자 모델링**(participant modeling) 등이 있다. 즉석 모델링은 클라이언트에게 사회복지사가 바로 그 자리에서 모델링을 제시해 주는 것이고, 상징적 모델링은 영화, 비디오테이프 혹은 다른 미디어기술을 활용하는 것이고, 복합 모델링은 집단상담 상황과 같이 여러 명의 모델링을 한꺼번에 볼 수 있어 좋은 장점이 있다(Corey, 1991; Cormier & Cormier, 1991). 이 기술은 종종 역할극을 통해 활용되며, 클라이언트가 보인 행동에 대해 다시 피드백을 제공해 준다. 이 기술은 다음과 같은 구성 요소를 가지고 있다.

① 변화를 필요로 하는 구체적인 행동을 파악한다.
② 모델을 제시한다.
③ 클라이언트가 모델링에 주의와 관심을 갖도록 한다.
④ 모델의 행동을 따라 하도록 한다.
⑤ 따라 한 행동을 강화한다(Granvold, 1994: 51).

↑ 연습 5-1: 아동상담과 부모교육을 담당하는 사회복지사로서 어머니가 아동의 주의 산만한 행동에 대해 고함을 친 후 아동의 행동이 고쳐지지 않자 때리는 것을 목격하였다고 하자. 아동과 어머니를 대상으로 어떻게 모델링을 제시해 줄 수 있을지 소집단의 역할극을 통해 연습해 보자. 이를 위해 3명이 한 조가 되어 한 사람은 사회복지사, 한 사람은 어머니 그리고 나머지 한 사람은 아동이 되어 각자의 역할을 시도해 보고 서로 의견을 교환하면서 피드백을 주는 것으로 연습을 마친다.

(10) 시연

시연(rehearsal)은 클라이언트가 습득한 행동기술을 현실세계에서 직접 실행하기에 앞서 사회복지사 앞에서 습득한 기술을 반복적으로 연습하는 것이다(Lantz, 1996; Regehr, 2001). 특히, 이 기술은 집단상담을 통해 여러 사람의 피드백을 동시에 받을 수 있다는 점에서 매우 효용가치가 높다. 시연은 숨겨진 시연(covert rehearsal)과 명백한 시연(overt rehearsal)이 있는데, 숨겨진 시연은 클라이언트가 원하는 반응에 대해 속으로 상상해 보고 반영해 보는 것을 의미하며, 명백한 시연은 클라이언트가 원하는 행동을 역할극에서 실제로 말로 표현해 보고 행동으로 나타내는 것을 의미한다(Cormier & Cormier, 1991).

예시

대인공포증을 갖고 있는 클라이언트가 대중 앞에 서서 자신의 장단점에 대해 1~2분 동안 발표할 예정이다. 이 클라이언트를 돕는 사회복지사로서 모델링 기술을 통해 클라이언트에게 기술을 가르친 후 이를 시연하는 연습을 해 보도록 하자. 또한 수업 중에 이를 연습해 보고, 다른 학생들은 이에 대해 피드백을 제공해 보자. 또한 클라이언트의 입장에서 숨겨진 시연을 시도한다고 생각해 보고, 이를 다른 학생들과 공유해 보자.

(11) 자기지시기술

자기지시(self instruction) **기술**은 클라이언트가 변화시키기 원하는 행동을 대상으로 구체적인 목표를 설정하고, 이에 따른 실천행동지침을 작성하며, 이를 실행에 옮기는 과정을 말한다. 이 기술은 과제나 기술 혹은 문제해결 과정의 수행을 안내할 자기언어화(self verbalization)를 활용하는 것으로, 단계별로 자기진술(언어적 자기강화진술, 대처진술 등)을 활용하여 자신감을 개발하는 것이다. 이에는 다음과 같은 다섯 단계를 거친다.

① 사회복지사는 과제에 대한 수행방법을 모델로 제시하면서 큰 소리로 자기 자신에게 말한다(인지적 모델링).
② 클라이언트는 사회복지사로부터 언어적 도움(verbal guidance)을 받으면서 똑같은 과제를 수행한다(명백한, 외부적인 도움).
③ 클라이언트는 과제를 수행하면서 자기 자신에게 큰 소리로 지시한다(명백한, 자기 도움).
④ 클라이언트는 지시를 속삭이듯이 말하면서 과제를 수행한다(감소한, 명백한, 자기 도움).
⑤ 클라이언트는 자기 자신에게 속으로 말하면서 과제를 수행한다(숨겨진 자기지시)(Granvold, 1994: 25).

(12) 체계적 둔감화

이 기술은 전통적인 조건화의 원칙에 근거한 것으로, 클라이언트에게 가장 덜 위협적인 상황에서 가장 위협적인 상황까지 상황들을 순서대로 제시하면서, 불안자극과 불안반응 간의 연결이 없어질 때까지 불안을 일으키는 자극들을 반복적으로 이완상태와 짝짓는 것이다(Corey, 1991; Lantz, 1996). 따라서 클라이언트는 위협적인 상황이 높아질수록 더 많은 불안을 일으키지만, 궁극적으로는 이에 상응하는 **이완훈련**을 통해 위협적 상황에 둔감해져서 실제 위협적인 상황에 부딪힐 때 불안을 경험하지 않는다. 이 기술은 클라이언트의 충분한 이해와 동의를 필요로 한다.

(13) 이완훈련

이 기술은 클라이언트가 겪을 수 있는 스트레스 상황에 적절히 대처할 수 있도록 돕는 기술이다. 만성적으로 긴장되어 있거나 불안한 클라이언트, 위기상황에 부딪힌 클라이언트, 앞으로 있을 사건이나 상황에 대해 미리 불안해하는 클라이언트, 두통이나 편두통, 답답함, 불면증, 분노 및 우울 등을 느끼는 클라이언트에게 효과적이다(Hepworth et al., 1997). 이 기술은 클라이언트에게 특정 근육을 수축, 이완하는 기술을 가르치고, 깊고 규칙적인 호흡방법, 즐거운 사고나 심상방법 등을 훈련함으로써 일상생활에서 유발되는 스트레스에 대처할 수 있도록 가르친다.

이상과 같은 인지행동이론의 치료기술 이외에, ① **생각중지기법**(thought stopping techniques), ② **침습적 생각의 외현화**(externalizing intrusive thoughts), ③ **코칭**(coaching) 등이 있다(Regehr, 2001). 생각중지기법은 부적응적인 신념과 이에 동반하는 정서적・신체적 감각의 경험을 생각해 보게 하고, 이러한 생각을 긍정적인 생각의 틀이나 자기지시기법으로 대체하는 것을 의미한다. 침습적 생각의 외현화는 부정적인 사고를 글로 쓰거나, 누군가에게 말하거나, 녹음하는 방법 등을 통해 외부적으로 표현하는 것을 의미한다. 코칭은 클라이언트가 그날 일과 중 가장 힘든 일을 미루면서 부정적인 생각이 증가하도록 두기보다는 이러한 일을 가장 먼저 하는 것을 의미한다.

4) 한계점

인지행동이론에 근거한 다양한 기술들이 사회복지 실천현장에서 활용되고 있음에도 불구하고, 이들 기술들을 클라이언트에게 적용하는 데는 몇 가지 한계점이 있다. 우선, 이 이론을 적용할 때는 클라이언트가 자신의 사고와 감정, 행동의 관계 및 인지행동이론에서 적용하고자 하는 기술을 충분히 이해할 수 있어야 하기 때문에 일정한 교육 수준 혹은 지적 능력을 가진 클라이언트에게 적용이 가능하다. 반면, 지적 능력이 낮은 클라이언트(예: 지적 장애인)에게는 반복적인 학습과 훈련을 통해 어느 정도의 효과를 기대할 수는 있지만 그 효과성에는 많은 제약이 따른다. 그리고 이 이론에 근거한 기술들은 일반적으로 4~14회 정도의 치료기간이 소요되므로 즉각적인 개입을 필요로 하는 클라이언트(예: 자살의도를 가진 클라이언트, 가정폭력의 피해자 등)에게는 적용하기 어렵다. 그럼에도 불구하고, 인지행동이론의 기술들은 가장 널리 활용되는 기술이면서 정신분석적 해석이나 통찰력을 이해하지 못하거나 그러한 해석이나 통찰력에 거부감을 갖고 있는 클라이언트에게 적용될 수 있다.

인지행동이론에 입각한 기술을 적용할 때 사회복지사는 개입·치료과정에서 적극적이어야 한다. 즉, 클라이언트에게 이들 기술을 활용하는 목적을 분명하게 설명하고 이를 수용할 수 있어야 한다. 나아가, 문제해결을 위해 클라이언트는 새로운 시도(예: 시연, 인지재구조화, 모델링 등)를 해 보려는 의지를 갖고 있어야 한다. 하지만 특정 개입기술을 적용할 때 윤리적 문제가 발생할 수 있는 한계가 있다(Payne, 1997). 예를 들어, 공포로 인해 두려움을 갖고 있는 클라이언트에게 사회복지사가 공포감을 줄여 주기 위해 일련의 **체계적 둔감화**를 적용하여 지속적인 공포상황에 지속적으로 노출시켰을 때 이 클라이언트는 오히려 지나친 공포감으로 인해 더욱 악화될 수 있는 가능성이 있기 때문이다. 이러한 점에서 사회복지사는 클라이언트의 교육 및 인지 수준과 인지행동이론에 입각한 치료기술을 익힐 의지와 동기 그리고 윤리적 문제에 대해 충분히 고지된 동의와 이해를 파악한 상황에서 이들 기술을 적용할 필요가 있다.

2. 동기면담이론[1)]

1) 기본 가정

동기면담은 윌리엄 밀러(William Miller)와 스티븐 롤닉(Stephen Rollnick)에 의해서 개발되었다. 밀러는 중독 분야에서 활동하면서 동기면담에 대한 아이디어를 얻기 시작하였고, 심리학자인 롤닉과 함께 공동 작업을 하여 중독치료에 초점을 맞춘 동기면담에 관한 책[2)]을 저술하였다. 이 책의 제목인 Motivational Interviewing(MI)은 우리말로 동기면담, 동기강화상담 등으로 번역되어 사용되고 있다. 동기면담은 초기에 알코올중독, 약물중독 환자들에 대한 치료에 적용되었으며, 이후 운동, 금연 등 다양한 건강 관련 행동에 대하여 적용범위가 확대되고 있다.

동기면담은 변화에 관한 대화(conversation about change)로 클라이언트의 양가감정을 탐색하고 해결하는 데 초점을 두며, 변화를 촉진시키는 클라이언트의 내적 동기에 집중한다(Miller & Rollnick, 2009). 여기서 양가감정이란 변화에 대해 갈등하는 태도로서 두 가지 상호 대립되는 감정이 공존하는 상태를 의미한다. 알코올중독자를 예를 들면, 술로 인한 고통을 더 이상 겪고 싶지 않다고 느끼면서도 술을 끊는 건 너무 어렵다고 느끼는 이러지도 저러지도 못하는 상태를 알코올중독자의 양가감정이라고 할 수 있다. 동기면담이 양가감정을 가진 알코올중독자에게 성공적으로 적용되기 위해서 사회복지사는 알코올중독자의 양가감정을 탐색해야 하는 이유와 방법, 그리고 양가감정을 해결하기 위한 방법에 대하여 적절한 지식과 경험을 가지고 있어야 한다(신성만, 권정옥, 2008).

1) 동기면담에 관한 통합(unified) 이론이 존재한다고 보는 관점보다는 다양한 이론(인지부조화이론, 심리적 저항이론, 사회학습이론, 자기결정이론 등)이 동기면담의 발달에 영향을 주었다고 보는 관점이 우세하나(Söderlund, 2010), 동기면담이론을 제안하는 노력도 나타나고 있다(Miller & Rose, 2009).

2) Miller, W. R., & Rollnick, S. (1991). *Motivational Interviewing: Preparing people to change addictive behavior*. New York: The Guilford Press.

동기면담 접근에서는 파트너십(partnership), 유발성(evocation), 수용(acceptance), 연민(compassion)의 정신을 강조한다(Miller & Rollnick, 2013). 각 정신을 살펴보면 다음과 같다.

첫째, 파트너십이다.

클라이언트와 사회복지사는 권위적이지 않은 대등한 위치에서 대화하는 협력적 관계를 갖는다. 이러한 면에서 동기면담 접근은 전문가가 클라이언트를 직면시키거나, 전문가의 관점을 클라이언트에게 주입하는 접근들과 대비된다. 사회복지실천에서도 클라이언트와 사회복지사의 파트너십이 강조되는데(Compton, Galaway, & Cournoyer, 2005), 동기면담 접근에서 사회복지사는 클라이언트 행동 변화의 전문가가 아니라 안내자 역할을 담당한다. 또한 사회복지사와 클라이언트는 사회복지 실천과정 내내 협력적 파트너로서 기능한다. 즉, 클라이언트와 사회복지사는 함께 개입을 위한 문제 및 목표를 결정하고 개입계획을 수립하며 문제해결을 위해 필요한 자원들을 동원한다. 사회복지사는 문제해결 과정을 촉진하고 특정 개입방법을 수행할 수 있는 능력을 갖춘 전문가이지만, 클라이언트보다 우월한 위치에 있는 것이 아니다. 오히려 사회복지사는 사회복지 실천과정이 시작할 때부터 끝날 때까지, 클라이언트가 완전한 협력적 파트너로서 실천의 전 과정에 적극적으로 참여할 수 있도록 노력해야 한다.

둘째, 유발성이다.

유발성은 변화의 목표와 방법을 클라이언트의 사고와 생각에서 이끌어 내는 것이다(이채원 외 역, 2014). 즉, 변화에 대한 동기가 클라이언트의 내면에 이미 내재되어 있다고 보는 관점이다. 동기면담 접근에서는 클라이언트가 이미 변화를 시도해 본 경험이 있기 때문에 자신에게 도움이 되었던 것과 그렇지 못한 것을 잘 알고 있으며, 스스로 변화를 위한 이유를 찾고 변화하기로 결정할 때 변화가 지속된다고 보는 것이다. 이때 사회복지사의 역할은 클라이언트에게 무엇을 해야 하고 왜 그것을 해야 하는지에 대해 이야기하는 것이 아니라, 변화를 위한 동기와 필요한 기술을 개별 클라이언트로부터 유발해 내는 것이다. 동기면담 접근에서 유발성의 정신은 사회복지실천에서 개별화의 원칙과 유사하다. 개별화의 원칙이란 사회복지사가 클라이언트를 유일하며 독특한 특성을 지닌 존재로 인식하는 것이다(Biesteck, 1957). 각 클라이언트는 동일하지 않기 때문에, 사회복지사에 의해 제공되는 서비스는 개별 클라이언트의 독특한 특성 및 욕구에 부합해야 한다. 따라서 사회복지실천에서도, 사회복지사는 클라이언트가 가지고 있는 독특한 욕구와 특성을 클라이언트로부터 끌어내야 한다.

셋째, 수용이다.

수용은 클라이언트를 자율적인 존재로 인식하고, 있는 그대로 받아들이는 것을 말하는데(이해국 외, 2020), 이는 사회복지실천에서도 강조되는 태도이다. 우리는 제1장에서 전문적인 원조관계를 설명하면서 긍정적 존중과 수용을 살펴보았다. 사회복지사가 클라이언트를 심판하거나 부정적인 시각으로 보는 듯한 기미를 내보일 때 둘 사이에 효과적인 의사소통이 이루어질 수 없으며, 긍정적인 원조관계 형성도 어렵게 된다. 따라서 사회복지사는 클라이언트의 현 상황을 긍정적인 시각으로 보면서 존중하고 수용해야 한다. 밀러와 롤닉(2013)은 수용을 네 가지 측면에서 설명한다.

표 5-2 Miller와 Rollnick의 수용의 네 가지 측면

1. 절대적 가치로 받아들이기	클라이언트를 절대적인 가치가 있는 존재로 수용하기
2. 정확한 공감하기	클라이언트가 가지고 있는 관점이나 이해하는 바를 정확히 공감하기
3. 자율성 지지하기	클라이언트의 개인적 선택권과 통제력 등의 자율성을 지지하기
4. 인정하기	클라이언트의 강점과 노력, 과거의 성공 경험을 인정하기

넷째, 연민이다.

연민은 영어로 compassion이라고 한다. compassion은 라틴어 'passio'와 'com'을 어원으로 하는데, 'passio'는 고통을 겪다(suffer)를 'com'은 함께(together)를 의미하기 때문에, 연민은 함께 고통을 겪다(to suffer together)로 정의 내릴 수 있다(Lilius et al., 2011). compassion의 사전적 정의는 타인의 고통을 이해하고 그 고통에 관해서 어떤 것을 하려는 마음이며, 불교 용어로는 비무량심(悲無量心)이라고 한다. 비무량심은 사무량심(四無量

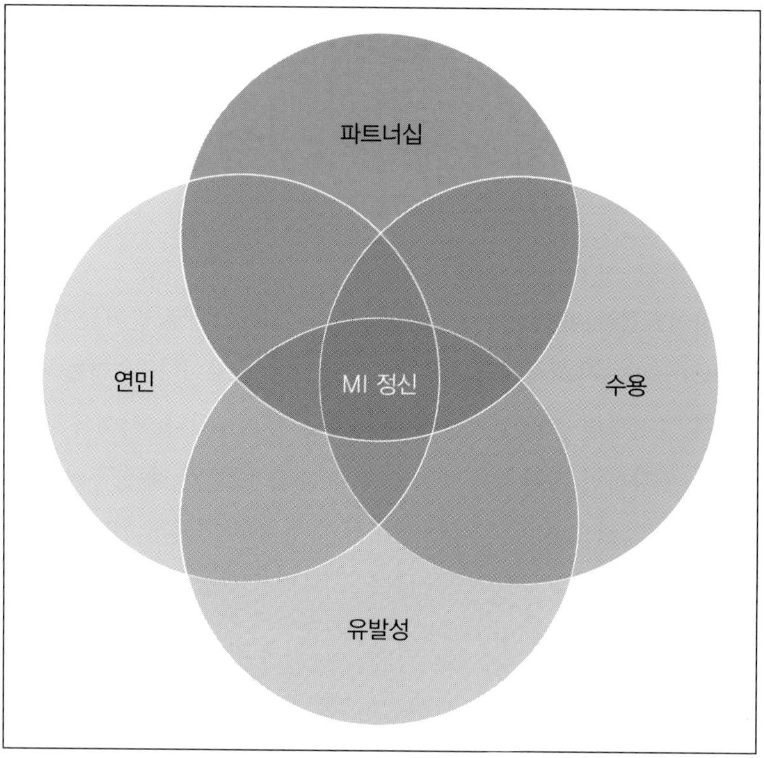

[그림 5-2] **동기면담의 정신**

心)의 하나인데, 사무량심은 자(慈)무량심, 비(悲)무량심, 희(喜)무량심, 사(捨)무량심으로 타인을 대하는 네 가지 마음가짐을 말한다(불교용어사전, 2017). 비무량심은 타인의 고통을 덜어 주려는 마음을 뜻한다. 이러한 정의들을 종합해 보면, 연민은 고통과 연결되어 있음을 알 수 있다. 즉, 연민은 타인의 고통을 줄여 주고 고통의 원인을 제거하고자 하는 강력한 열망을 포함하는 개념이다. 동기면담 접근을 사용하는 사회복지사는 자신의 이득을 우선시해서는 안 되고, 클라이언트의 복지와 그들의 최상의 이득을 도모해야 한다. 사회복지 윤리강령에서도 사회복지사는 클라이언트의 권익옹호를 최우선의 가치로 삼고 행동해야 함을 강조하고 있다.

이상에서 기술한 바와 같이 동기면담 접근과 사회복지실천 원칙은 많은 내용을 공유한다. 그 내용을 정리하면 〈표 5-3〉과 같다.

표 5-3 사회복지실천 원칙과 동기면담과의 관계

사회복지실천 원칙 (Scheafor & Horejsi, 2007)	동기면담 (Miller & Rollnick, 2002)
사회복지사는 클라이언트를 존중해야 한다.	클라이언트와 동등한 파트너십을 형성하고 클라이언트에게 진단명을 붙이지 않으며, 클라이언트와 협력적으로 일한다.
사회복지사는 클라이언트를 개별화해야 한다.	문제에 대한 클라이언트의 고유한 관점과 생각으로부터 변화에 대한 동기를 유발시킨다.
사회복지사는 클라이언트를 자신의 삶에 있어서 전문가로 고려해야 한다.	클라이언트가 자신의 삶에 대해 가지고 있는 인식을 중요시하는 인간중심이론과 접근에 기반한다.
사회복지사는 클라이언트에게 비전을 제시해야 한다.	클라이언트의 자기효능감 지지하기는 동기면담 원칙 중 하나이다. 사회복지사는 클라이언트의 강점을 인정하고, 클라이언트가 스스로 선택한 변화에 대해 강조한다.
사회복지사는 클라이언트의 강점에 기초해야 한다.	동기면담에서 사회복지사의 과업은 클라이언트가 자신의 강점 또는 능력 그리고 과거에 긍정적인 변화가 어떻게 일어났는지를 인식하게 하는 것이다.
사회복지사는 클라이언트의 참여를 극대화해야 한다.	클라이언트가 이야기의 주도권을 가져야 하고, 사회복지사는 클라이언트의 자율성을 지지해야 한다. 협동정신은 클라이언트의 욕구에 기반하여 변화계획을 수립하는 것을 의미한다.
사회복지사는 클라이언트의 자기결정을 최대화해야 한다.	클라이언트 동의하에 조언을 해야 하고, 다양한 선택 메뉴를 제공해야 한다. 또한 선택과정에서 클라이언트의 능력과 자율성이 강조되어야 한다.
사회복지사는 클라이언트가 자기지시적인 문제해결 기술을 학습하도록 도와야 한다.	동기면담은 필요시 다른 방법들과 통합하여 사용할 수 있다. 클라이언트가 문제해결 기술을 배우길 원하는 경우, 동기면담과 인지행동치료를 함께 활용할 수 있다.
사회복지사는 클라이언트의 역량강화를 극대화해야 한다.	자기효능감 지지하기와 자율성 지지하기의 원칙은 클라이언트의 역량강화를 도와 궁극적으로 자신의 삶에 대한 결정을 자기 스스로 내릴 수 있게 해준다.

출처: 이채원 외 역(2014). 동기면담과 사회복지실천, pp. 29-30.

2) 주요 원칙

(1) 공감 표현하기

공감 표현하기는 동기면담 접근에서 매우 중요하다. 공감은 타인의 정서와 생각을 인지하고, 이해하고 경험하며 그것들에 반응하는 행위(Barker, 2008: 141)이다. 사회복지사가 클라이언트의 아픔과 고통을 이해하고, 클라이언트에게 전달하는 메시지에 클라이언트가 표현한 감정과 생각을 정확하게 반영한다면, 클라이언트는 사회복지사를 신뢰하게 되고 사회복지사와 클라이언트의 관계는 개입의 긍정적 성과로 이어질 가능성이 높다. 실제로 성과연구들이 공감의 효과를 입증하고 있다. 지난 수십 년 동안 발표된 공감에 관한 연구물을 분석한 결과(Gerdes et al., 2011)에 따르면, 공감은 개입방법에 상관없이 클라이언트의 긍정적 변화를 결정하는 가장 강력한 요인이며, 공감과 개입 효과성 사이에 부정적 관계를 보고한 연구는 1건도 없었다. 또 다른 연구들(Sinclair & Monk, 2005)에서는 공감이 클라이언트의 긍정적 변화에 기여하는 정도를 40%로 제시하면서 공감을 가장 중요한 치료적 요인(curative factor)으로 보고 있다.

동기면담 접근에서처럼 공감은 사회복지사 또한 갖추어야 할 핵심 기술로 사회복지 문헌에서도 다루어지고 있다. 공감은 타인을 조건 없이 긍정적으로 바라보는 존중, 타인과 관계를 맺을 때 보이는 성실성을 의미하는 진실성과 함께 사회복지사의 핵심 자질이다(김용석 외 역, 2013). 헵워스 등(1997)이 저술한 『Direct Social Work Practice』에서는 긍정적 원조관계의 촉진을 위해 공감은 필수적이며 사회복지사는 공감기술을 연마해야 한다고 강조하고 있다. 콤튼 등(Compton, Galaway, & Cournoyer, 2005)도 자신들이 저술한 『Social Work Process』 곳곳에서 공감을 언급할 정도로 공감의 중요성을 강조하였다. 특히, 콤튼 등은 공감적 의사소통기술을 집단 또는 가족과의 실천에서 집단의 응집력을 향상시키고, 적극적이면서 상호적인 집단문화의 형성에 필요한 기술로 제시하고 있다. 정리하자면 공감은 모든 사회복지사가 활용해야 하는 기초기술의 하나로 분류되고 있고, 사회복지 실천 기술로서 투쟁 완화나 갈등 해결의 중요한 요소로 인식되며, 사회복지사와 클라이언트의 좋은 관계 형성의 시작점이다(윤현숙 외, 2002; 이준우 외, 2006; 전재일, 이성희, 2002).

(2) 불일치감 만들기

클라이언트는 현재 자신이 처한 현실과 자신의 지향점이 일치하지 않다고 인식할 때 변화를 위한 동기를 갖게 된다(Miller et al., 1992). 클라이언트가 자신의 현재 행동이 미래의 목표를 달성하는 데 도움이 되지 않는다고 인식한다면, 중요한 삶의 변화를 이루기 위해 노력할 가능성이 높다. 따라서 동기면담 접근을 사용하는 사회복지사는 클라이언트가 자신의 현재 행동과 자신이 추구하는 목표가 불일치한다는 것을 인식하도록 도와주어야 한다.

전숙고 단계(precontemplation stage)에 있는 알코올중독자를 예로 들어 볼 수 있다. 전숙고 단계에 있는 알코올중독자는 자신의 음주문제를 문제로 인식하지 않아, 자신의 음주행동 변화의 필요성을 인식하지 못한다. 사회복지사는 클라이언트에게 자신의 음주로 인해 발생한 부정적 결과를 인식하게끔 도와줌으로써 불일치감을 만들어 줄 수 있다. 이러한 대화를 통해 만들어진 정보는 클라이언트의 변화동기를 만들어 내는데, 그 결과 클라이언트는 자신이 인지한 불일치감을 줄이고 정서적 평형을 다시 확보하기 위해 솔직한 대화에 임하게 된다(Miller et al., 1992).

(3) 저항과 함께 구르기

저항(resistance)이란 클라이언트가 특정 변화에 대해서 진지하고 책임감 있게 고려하는 것으로부터 멀어져 감을 알리는 일종의 신호로서, 논쟁하기, 방해하기, 부정하기, 무시하기 등과 같은 관찰 가능한 행동이다(Jarvis et al., 2006). 클라이언트가 문제와 문제해결 방법에 대한 자신의 의견과 사회복지사의 의견 사이에 갈등이 있다고 생각할 때, 또는 클라이언트가 자신의 자유와 자율성이 침해당했다고 느낄 때 저항이 발생한다(Miller & Rollnick, 2002). 클라이언트가 사회복지사와 갈등을 경험하고 자신의 자율성이 침해당했다고 느끼는 것은 변화에 대한 양가감정을 가지고 있기 때문에 발생하는 경우가 많다. 저항적인 클라이언트가 보이는 행동 중 일부를 소개하면 다음과 같다(Miller et al., 1992).

- 간섭하기(interrupting): 사회복지사의 말 자르기, 사회복지사를 이기려 하기(talk over)
- 논쟁하기(arguing): 사회복지사에게 도전하기, 사회복지사의 관점 무시하기, 동의하

지 않기, 공개적으로 적대감 표시하기

- 탈선하기(sidetracking): 주제 바꾸기, 반응하지 않기, 집중하지 않기
- 방어적이기(defensiveness): 문제를 축소하거나 부인하기, 자신의 행동에 대해 변명하기, 타인 비난하기, 사회복지사의 견해 거부하기, 변화하지 않으려는 태도 보이기, 혐의 벗기, 비관하기

동기면담 접근은 다른 개입 모델과는 조금 다른 각도에서 저항을 바라본다. 예를 들면, 전통적인 알코올중독 치료 접근에서는 저항을 자신의 문제를 부인(denial)하는 것으로 간주하고 직면, 논쟁, 교정이 필요하다고 설명한다(Miller et al., 1992). 반면에, 동기강화 접근에서는 저항은 일시적이고 정상적인 것으로 여기며 사회복지사는 클라이언트 저항과 싸우지 않고 '클라이언트의 저항과 함께 구르기'('roll with it')를 한다(Miller & Rollnick, 2002). 클라이언트의 저항과 함께 구른다는 것은 클라이언트의 저항이 있을 때 클라이언트의 관점을 다른 쪽으로 돌려주거나 다른 시각으로 해석해 주는 것으로, 이렇게 하다 보면 클라이언트의 저항을 변화로 돌릴 수 있는 순간이 만들어진다는 것이다(조근호 외, 2011). 이때 사회복지사는 자신의 사고방식을 클라이언트에게 강요하지 않도록 주의해야 한다.

(4) 자기효능감 지지하기

밴듀라(Bandura, 1977)에 따르면, 자기효능감은 고위험 상황(high risk situations)과 같은 스트레스 상황에 직면했을 때, 개인이 그 상황을 효과적으로 다루기 위해 요구되는 특정 행동을 수행할 수 있다는 인식 또는 판단으로, 개인 스스로 고위험 상황을 자신의 능력으로 효과적으로 처리할 수 있다고 해석, 평가할 경우 고위험 상황이 개인에게 미치는 부정적 영향을 최소화할 수 있게 된다. 이러한 자기효능감은 효능기대감(efficacy expectation)과 결과기대감(outcome expectation)으로 구분된다. 효능기대감은 특정 결과를 생산하기 위해 요구되는 행동을 성공적으로 실행할 수 있다는 개인의 확신을 의미하고, 결과 기대감이란 특정 행동이 특정 결과로 이끌 것이라는 개인의 추측(예를 들면, 술을 마시면 기분이 좋다)을 의미한다(Bnadura, 1977).

자기효능감의 개념은 중독 분야에도 적용되어 왔다. 약물사용이 긴장, 불안 등 부정적

감정을 처리하거나 문제해결에 도움을 주는 효과가 있다고 기대하는 개인이 자신에게 닥친 문제상황을 자신의 능력으로 감당하기 어렵다고 인지할 경우 약물을 사용하고 점차 약물에 의존된다고 보는 것이다. 한편 자기효능감은 고위험 상황을 처리하기 위한 대처기술을 결정한다는 주장도 있다(Abrams & Niaura, 1987). 자기효능감이 높은 개인은 보다 적극적이고 적절한 대처기술을 사용하며, 자기효능감이 낮은 개인은 약물사용과 같은 부적절한 대처기술을 사용한다는 것이다. 약물사용은 일종의 부적절한 대처방법으로써 약물사용이 원하는 결과를 얻기 위해 가장 좋은 또는 유일하게 활용 가능한 방법이라고 생각될 때, 개인은 약물사용을 선택하고 약물을 남용하게 된다.

여러 가지 요인이 자기효능감 형성에 영향을 주는데 그중에서 과업성취(performance accomplishment) 또는 개인의 이전 경험, 모델링, 설득, 생리적 상태가 주요 요인으로 알려져 있다(Bnadura, 1977). 과업성취 또는 개인의 경험이란 고위험 상황의 해결과 관련된 개인의 직접적인 경험(성공 또는 실패)을 의미하는 것으로써 개인이 고위험 상황을 성공적으로 해결했을 경우 그리고 이런 경험이 축적되면 개인의 자기효능감이 향상된다는 것이다. 타인의 성공적인 문제해결의 관찰(모델링), 성공적으로 문제상황에 대처할 수 있다고 주위로부터 제공되는 설득, 개인의 신체적·정서적 상태도 개인의 자기효능감에 영향을 미친다. 이상의 요인들 중 과업성취 또는 개인의 이전 경험은 자기효능감 증진에 가장 강력한 영향을 주는 요인이다(Bandura, 1977). 동기면담 접근을 사용하는 사회복지사는 클라이언트가 살아오면서 이루어 냈던 긍정적인 변화를 탐색하면서, 클라이언트의 강점과 과거 성공경험을 인정하며 클라이언트에게 할 수 있다는 자신감과 희망을 심어 줄 수 있도록 해야 한다. 동일한 문제나 습관을 가진 다른 클라이언트의 성공담을 클라이언트와 공유하는 방법도 클라이언트의 자기효능감을 향상시킬 수 있는 좋은 방법이다.

3) 주요 기술

동기면담 접근에서 사용하는 핵심기술로 개방형 질문하기(open-ended questions), 인정하기(affirmation), 반영하기(reflection), 요약하기(summaries)가 있다. 각 핵심기술의 영어단어 첫 글자를 조합하여 OARS로 부른다.

(1) 개방형 질문하기

질문은 보통 폐쇄형(closed-ended) 질문과 개방형(open-ended) 질문으로 구분된다. 폐쇄형 질문은 짧은 답이나 간단히 '예' 또는 '아니요'의 답을 끌어내는 것으로 짧은 시간에 많은 양의 정보를 얻기 위해 사용된다. 특히, 폐쇄형 질문은 중요한 정보를 재빨리 얻어야 하는 위기상황에 유용하게 쓰인다. 반면, 개방형 질문은 사람들이 스스로에 대해 더욱 많은 것을 표현하도록 질문하는 방법으로(Goodman & Esterly, 1988), 더욱 깊고 포괄적으로 탐색하기 위해 사용되며, 클라이언트가 다양한 방법으로 대답할 수 있도록 해야 한다. 개방형 질문의 예로는 '어떻게' 질문(how questions)을 들 수 있다. 예를 들어, "그 일은 어떻게 일어났습니까?", "그가 어떻게 반응했습니까?", "지금 어떻게 느낍니까?", "그가 그러한 상황에서 어떻게 반응했습니까?"라고 질문함으로써, 클라이언트들로부터 개방적인 반응을 얻어내기 쉽다.

또한, 클라이언트로부터 포괄적인 표현들을 이끌어 내기 위해 "당신이 가진 근심은 무엇입니까?", "그녀는 어떻습니까?", "그리고 무슨 일이 일어났습니까?", "어떠한 방법으로 당신은 ……?", "그래서 당신은 무엇을 말했습니까?" 등과 같은 '무엇' 질문(what questions)을 사용할 수도 있다(김용석 외 역, 2013). 클라이언트와의 면담 시 특별히 감정적 반응을 도출하지 않아도 될 경우, '무엇' 질문을 사용함으로써 클라이언트로부터 객관적인 정보들을 수집할 수 있으며, 감정적 반응을 도출해야 할 경우 "그가 떠났을 때 무엇을 느꼈습니까?"와 같은 질문을 하여 클라이언트의 감정을 함께 나눌 수 있다.

'왜' 질문(why question)도 개방형 질문인데, 이 질문은 클라이언트의 방어를 유발해 낸다(김용석 외 역, 2013). '왜' 질문을 사용할 경우 클라이언트는 사회복지사가 그들 자신을 비판적으로 평가하고 있다고 생각하여, 그들 자신을 방어하게 될 수 있으며, 행동이나 배경에 대한 요소들을 정당화해야 한다고 느낄 수도 있다. 따라서 '왜' 질문은 신중하게 사용해야 한다. 만약 사회복지사가 부드러운 목소리와 함께 개방적이고 수용하는 얼굴 표정을 보인다면 '왜' 질문을 굳이 피할 필요는 없다. '왜' 질문을 사용해야 할 경우 질문하는 방식을 완화하는 것도 도움이 될 수 있다. 예를 들어, '왜' 질문이 이끌어 내는 클라이언트의 방어는 "저는 왜 그것이 그러한지 궁금합니다." 혹은 "당신은 왜 그런 일이 일어났다고 생각하십니까?"와 같은 사회복지사의 표현에 의해 완화될 수 있다. 정리하자면 '왜' 질문은 신중하게 사용해야 하고, 이 경우 따뜻하고 수용적인 태도를 비언어적으로 전달해야 한다.

(2) 인정하기

인정하기 기술은 클라이언트에 대해서 그리고 클라이언트의 노력과 성취에 대해서 존경 또는 인정과 감사를 전달하는 표현으로(이해국 외, 2020), 클라이언트의 변화를 위한 태도, 특성, 행동에 대해 인정하는 말을 하는 것이다(이채원 외 역, 2014). 이러한 인정하기 기술에는 칭찬, 격려, 이해 등이 포함된다. 인정하기를 할 때 고려할 점을 정리하면 다음과 같다(Miller & Rollnick, 2002).

- 진정성 있게 한다.
- 클라이언트의 자기효능감을 지지하고 증진시킨다.
- 클라이언트가 경험해 온 어려움을 인정해 준다.
- 클라이언트의 경험과 감정을 확인한다.
- 클라이언트의 강점과 문제예방의 성공을 보여 주는 과거 경험들을 강조한다.

인정하기의 예로는 "오늘 와 주셔서 감사합니다.", "정말로 좋은 의견입니다.", "저에게 솔직하게 얘기해 주신 점을 높이 평가합니다.", "당신은 짧은 시간에 많은 것을 이루어 냈습니다." 등이다.

(3) 반영하기

반영하기 기술은 클라이언트가 말한 내용을 부연하고 이를 다시 클라이언트에게 표현하는 것을 포함한다. 내용을 정확하게 반영함으로써 사회복지사는 클라이언트가 전하고자 하는 내용을 경청하였으며 이해했다는 것을 표현할 수 있게 된다. 반영기술은 내용 반영하기, 감정 반영하기, 감정과 의미 반영하기로 구분된다(김용석 외 역, 2013).

① 내용 반영하기

내용 반영하기 기술은 클라이언트의 말에 사실적이거나 정보적인 부분에 대한 사회복지사의 이해를 전달하기 위한 감정이입 기술로, 사회복지사는 가능하다면 클라이언트가 전달한 내용을 반영하기 위해 사회복지사가 택한 단어를 사용하도록 한다. 이러한 내용 반영하기 기술은 다른 반영기술보다 정교한?(OR 사실에 입각한?, 사실적인?) 적극적 경청의 형태이다. 내용 반영하기 기술을 사용할 때 "당신은 ~을 말하고 있는 것이군요.", "내가 정확하게 이해를 하고 있다면, 당신은 ~을 의미하는 것인가요?", "당신이 ~라고 말하는 것을 들었습니다." 등의 도입 문구를 사용할 수 있는데, 만약 사회복지사가 클라이언트의 메시지를 정확하게 반영했다면, 이러한 도입 문구는 보통 필요하지 않다. 다음은 클라이언트의 메시지에 도입 문구를 활용하여 내용을 반영하고, 반응하는 대화의 예이다. 아래 형식을 사용하면서 동일한 도입 문구를 반복하는 것은 작위적이고 기계적인 느낌을 줄 수 있다. 따라서 다양한 도입 문구를 사용하거나, 클라이언트가 기계적으로 느낄 수 있는 문구를 피하는 것이 좋다.

형식 내용 반영하기

당신은 ____________을 말하고 있는 것이군요?

사례 **내용 반영하기**

클라이언트(C씨): 저는 전업 남편입니다. 매일 음식하고 청소하고 빨래해요. 그게 제 일이죠.

사회복지사: 당신의 현재 의무는 가족을 보살피고 집안일을 하는 것이라고 말하고 있는 것이군요?

출처: 김용석, 이석호, 전종설 역(2013). 사회복지 실천기술. Cournoyer, B. R. (2010). *The social work skills workbook* (6th ed.). 서울: 박영사, p. 270.

내용 반영하기 기술은 긴박한 상황으로 인해 사실이나 의견, 혹은 클라이언트가 선호하는 바를 재빨리 이끌어 내야 할 때, 클라이언트의 메시지가 가지는 의미가 감정보다 특정한 시점에서 적합하다고 생각할 때, 클라이언트가 감정조절을 유지하도록 도와주려고 할 때 사용할 수 있다. 또한 클라이언트가 주로 사실이나 의견을 감정이 배제된 태도나, 분석하는 태도로 이야기하는 경우 사용한다. 여기서 주의할 점은 면담을 통한 탐색 과정의 시작부분에서는 클라이언트의 방어기제를 존중하는 것이 좋다. 즉, 클라이언트가 이끄는 데로 따라가는 것이 좋다. 아래는 가설적 사례이다. 이 사례에서 C씨는 자신의 생각을 표현하는 동안 감정에 많이 흔들리는 것 같이 보이지만 사실상 그는 그의 감정을 언급하지는 않았다. 이와 같은 경우 클라이언트가 직접적으로 표현하지 않은 감정을 반드시 반영해야 할 필요는 없다. 예를 들어, C씨는 사무적인 태도로 자신을 표현함으로써 자신의 감정 조절을 하려고 노력하는 것일 수도 있고, 자신의 솔직한 감정을 자유롭게 표현할 정도로 사회복지사를 신뢰하지 못하는 것일 수도 있다. 사회복지사가 C씨가 언급한 메시지의 내용을 정확하게 반영한다면, 추후 이를 토대로 클라이언트와의 관계를 더욱 진전시켜 C씨가 느끼는 감정을 탐색하고 반영할 수 있다. 한편 클라이언트가 사실이나 의견과 함께 감정을 표현할 때에도, 사회복지사는 메시지가 전하는 정보를 강조하기 위해 내용 반영기술을 사용할 수 있는데, 이때 사회복지사는 클라이언트의 감정보다는 메시지의 사실적 내용에 중점을 두어야 한다.

사례 내용 반영하기

클라이언트(C씨): 저는 몇 년 전 실직했습니다. 제가 오랫동안 일해 온 회사는 문을 닫았습니다. 대량 해고였습니다. 저와 대부분의 동료들은 직장을 떠났습니다. 그 후 제 아내는 시간제 근무로 일하면서 생활을 꾸려 왔습니다. 제 실업 수당도 오래전 바닥이 났고 지난 6개월간 집세도 못 내고 있습니다. 곧 집이 은행에 저당 잡힐 것입니다.

사회복지사: 당신은 오랫동안 적당한 수입도 없었고, 곧 집을 잃을 것처럼 보이는군요.

출처: 김용석, 이석호, 전종설 역(2013). 사회복지 실천기술. Cournoyer, B. R. (2010). *The social work skills workbook* (6th ed.). 서울: 박영사, p. 270.

② 감정 반영하기

감정 반영하기 기술은 감정이입적이고 적극적 경청 기술의 하나이다. 이 기술은 클라이언트가 표현한 감정을 이해하고, 이에 대해 클라이언트에게 간단하게 반응하는 기술이다. 감정을 표현하는 단어를 사용하고, 간단한 문장으로 구성할수록 더욱 효과적이다. 예를 들어, "당신은 정말 고통받고 있군요." 혹은 "당신은 너무나 겁에 질려 있습니다!"와 같은 표현은 감정을 반영하는 효과적인 표현이다. 간결함과 간단함에도 불구하고, 감정 반영하기 기술을 사용하기는 쉽지 않다. 감정의 반영은 사회복지사가 일정 부분까지는 클라이언트와 같은 감정을 느끼는 것인데, 감정이입을 하는 것은 쉽지 않고, 때로는 괴로울 수도 있기 때문이다. 이러한 불편함 때문에 사회복지사는 감정을 전달하는 단어를 쓰지 않고, 오히려 감정의 반영을 내용의 반영으로 전환하려 할 수도 있다. 감정 반영하기의 예를 들어 보자. 만약 클라이언트가, "나는 망연자실한 상태입니다."라고 말한다면, 사회복지사는 "당신은 좌절한 상태이군요."라고 말함으로써 감정을 반영할 수 있다. 그러나 만약 사회복지사가 "당신은 마치 거대한 기차에 치인 것 같군요."라고 말한다면, 이는 감정을 암시만 할 뿐 실제로 클라이언트의 감정을 반영하지는 않는 것이다. "기차에 치이다." 라는 문구가 파괴의 감정을 상세히 설명하긴 하지만, 이러한 메시지는 감정보다는 의견을 전달하는 것이다. 그러나 이는 감정을 표현하는 단어와 함께 사용될 때 효과적일 수 있다. 예를 들어, "당신은 좌절한 상태이군요. 마치 거대한 기차에 치인 것 같아요."라는 표현은 감정을 내포하는 단어와 감정을 상세히 설명하는 의견을 포함하고 있다. 훈련된 사회복지사들일지라도 종종 "______하게 느끼시는군요."라는 문구에서 ______ 안에 감정을 내포하는 말보다는 의견이나 유추, 혹은 은유의 의미를 가진 말을 사용하는 경향이 있다. 그러므로 훈련하는 목적으로라도 다음의 형식을 사용할 것을 제안한다.

형식 **감정 반영하기**

당신은 (적당한 감정 표현 단어를 삽입)게 느끼시는군요.

출처: 김용석, 이석호, 전종설 역(2013). 사회복지 실천기술. Cournoyer, B. R. (2010). *The social work skills workbook* (6th ed.). 서울: 박영사, p. 273.

감정 반영하기 기술의 가장 중요한 요소는 사회복지사가 클라이언트의 경험으로부터 도출된 실제적인 감정을 정확하게 이해하고, 공감하며 이해했다는 것을 클라이언트가 알 수 있도록 있는 그대로 이야기해 주는 것이다. 만약 클라이언트와의 대화를 통해 두 가지 감정이 함께 나타난다면, 사회복지사는 두 가지 감정에 함께 반응해도 좋다. 예를 들어, 당신은 _____ 그리고 _____게 느끼시는 군요."라는 것이다. 하지만 두 가지 감정을 한꺼번에 표현하는 하나의 단어를 사용하는 것도 가능하다. 예를 들어, '부담이 된다'와 '낙심하다'는 것은 '난처하다'로 표현될 수 있다. 다음은 감정 반영하기 기술의 예이다.

사례 1 감정 반영하기

클라이언트의 전 아내는 약 1년 전에 재혼을 했다. 지난달 아내와 그녀의 현 남편은 클라이언트의 다섯 살 난 아들을 데리고 떠났다. 그들은 2,000마일이나 먼 곳으로 이사했다. 클라이언트는 그들이 이사를 하지 못하도록 법원에 소송을 제기하였으나, 클라이언트의 전 아내는 그녀의 아들과 이사할 권리를 얻었다.

클라이언트: 도저히 참을 수가 없습니다. 제 아들이 너무나 보고 싶습니다. 그 아이는 저에 대한 기억을 차차 잊어버릴 텐데 저는 아무것도 할 수가 없습니다.

사회복지사: 당신은 깊은 슬픔과 무능력함을 느끼고 있군요.

사례 2 감정 반영하기

클라이언트인 16세 소녀는 학교 응원단에 선발되기를 간절하게 원했으나 선발되지 않았다.

클라이언트: 너무나 화가 나요. 학교에 다시 갈 수가 없어요. 친구들을 볼 수가 없어요. 저는 응원단에 너무나 들어가고 싶었어요. 저는 상처받았고 너무나 슬퍼요.

사회복지사: 거절당한 느낌으로 너무나 실망하고 있군요.

출처: 김용석, 이석호, 전종설 역(2013). 사회복지 실천기술. Cournoyer, B. R. (2010). *The social work skills workbook* (6th ed.). 서울: 박영사, p. 274.

③ 감정과 의미 반영하기

감정과 의미 반영하기 기술은 적극적 경청과 감정이입적 의사소통의 가장 완전한 형태이다. 이 기술은 메시지의 감정적 측면뿐만 아니라 사실적 부분도 전달하는 것이다. 그러므로 감정과 의미의 반영은 반영하기 기술의 가장 복잡한 형태라고 할 수 있다. 연습하기 위한 목적으로 다음의 형식을 사용해 본다.

형식 감정과 의미 반영하기

당신은 ______ 때문에 ______ 느끼고 계시는군요. 혹은

당신은 ______ 그리고 ______ 느끼고 계시는군요. 혹은

당신은 ______ 느끼지만, ______ 생각하시는군요.

출처: 김용석, 이석호, 전종설 역(2013). 사회복지 실천기술. Cournoyer, B. R. (2010). *The social work skills workbook* (6th ed.). 서울: 박영사, p. 278.

감정과 의미 반영하기 기술은 클라이언트와 관련된 그들의 감정과 사실, 혹은 생각을 반영하는 것이다. 다른 형태의 반영하기 기술과 같이, 사회복지사는 클라이언트가 표현한 메시지를 정확하게 반영해야 한다. 추측하거나 해석하기보다는 클라이언트가 경험한 감정과 의미를 부연하거나 그대로 이야기해야 한다. 클라이언트가 그들이 경험한 감정의 원인에 대한 그들의 의견을 말할 때는 그것이 불완전하거나 정확하지 않다고 생각되더라도 그들의 관점을 반영해야 한다. 클라이언트가 전달하는 의미는 그들이 갖는 감정의 외적, 상황적인 원인뿐 아니라 내적 원인까지 파악할 수 있게 한다. 예를 들어, 클라이언트는 "나의 어머니는 내가 죄를 진 것 같이 생각하게 만듭니다."라고 말할 수도 있고, 클라이언트가 느끼는 감정의 원인을 그들 자신 탓으로(태도, 습관, 성격, 심리적인 패턴, 무서움, 혹은 심리적 상태) 돌릴 수도 있다. 사회복지사는 감정과 관계된 의미가 외적이건 내적이건, 감정과 의미를 반영할 때는 클라이언트의 경험과 일치시켜야 하며 메시지의 의미를 수정하고 싶은 욕구를 참아야 한다. 다른 반영 기술들과 마찬가지로 클라이언트를 향한 사회복지사의 응답은 클라이언트가 전달한 메시지와 본질적으로 같아야 한다. 다음은 감정과 의미를 반영하는 두 가지 사례이다.

사례 1 감정과 의미 반영하기

35년간 일한 후 실직을 한 60세 남자

클라이언트: 저는 이제 직업도 수입도 아무것도 없습니다. 회사를 위해 35년간 고통을 겪고 노력을 했지만 그들은 저를 해고했습니다. 저는 겁이 나고 화가 납니다.

사회복지사: (감정과 의미 반영하기) 당신은 수년간 회사를 위해 열심히 일해 왔는데 회사에서 해고당했기 때문에 절망감을 느끼고 계시는군요. 그리고 다른 일자리를 찾을 수 있을 것 같지도 않다고 생각하시는군요.

사례 2 감정과 의미 반영하기

클라이언트: 저는 정신이 몽롱한 상태입니다. 잘 수도, 먹을 수도 습니다. 어떤 일에 집중할 수도 없습니다. 제 머리가 완전히 뒤죽박죽된 것을 알고 있습니다.

사회복지사: (감정과 의미 반영하기) 당신은 불안하고 혼란스럽고, 지금 바른 생각을 할 수 없다고 생각하시는군요.

출처: 김용석, 이석호, 전종설 역(2013). 사회복지 실천기술. Cournoyer, B. R. (2010). *The social work skills workbook* (6th ed.). 서울: 박영사, p. 278.

(4) 요약하기

요약하기 기술은 앞서 설명한 반영하기 기술과 유사하다. 요약하기 기술은 사회복지사가 클라이언트가 한 말의 핵심을 간결하고 명확하게 클라이언트에게 전달하는 기술이다. 흔히 클라이언트는 두서없이 생각나는 대로 말하는 경향이 있는데 이때 사회복지사가 클라이언트가 이야기한 바를 간결하고 정확하게 요약해 주면 클라이언트는 문제들을 정리해 볼 수 있는 기회를 갖게 된다. 사회복지사는 클라이언트와 나눈 대화내용을 정기적으로 요약함으로써 사회복지사가 클라이언트의 말을 주의 깊게 들어 왔음을 클라이언트에게 보여 줄 수 있으며, 이는 클라이언트가 자신에 대해서 더 자세하게 이야기하도록 격려하는 역할을 한다. 사회복지사는 클라이언트로부터 들은 대화내용을 확인할 때, 대화의 주제에 대한 탐색을 촉진할 때, 회기를 시작하고 종결할 때 요약하기 기술을 사용할 수 있다.

요약하기 기술을 사용하는 방법은 다음과 같다(Miller & Rollnick, 2013).

첫째, 사회복지사가 요약을 한다는 문장으로 시작한다. 예를 들면,

- 지금까지 제가 이해한 바를 설명해 보겠습니다.
- 이것이 제가 지금까지 들은 내용입니다. 제가 빠트린 것이 있는지 말씀해 주세요.

둘째, 특히 변화 진술에 집중한다. 변화 진술은 변화 의지를 보여 주는 클라이언트에 의해서 만들어진 진술들이다. 밀러와 롤닉(2002)은 네 가지 종류의 변화 진술을 제시하였다.

- 문제 인식: "나의 음주는 때때로 조절하기 어려웠어."
- 걱정: "만약 내가 술을 끊지 않는다면, 나쁜 일이 일어날 거야."
- 변화 의도: "무엇을 해야 할지 확실하지 않지만 나는 무엇인가 할 거야."
- 낙관: "나는 이 문제를 해결할 수 있다는 것을 알아."

셋째, 클라이언트가 양가감정을 표현한다면, "한편으로는 ……, 또 다른 한편으로는 ……"과 같이 요약 문장에 두 가지 측면을 담는 것이 유용하다.

넷째, 요약 문장에 다른 출처로부터 얻은 정보를 포함하는 것이 유용할 수 있다(예: 사회복지사의 임상 지식, 조사연구 결과, 가족 등).

다섯째, 간결하게 요약한다.

여섯째, 사회복지사의 요약 진술에 대해서 클라이언트의 의견을 구하는 것으로 마무리한다. 예를 들면,

- 제가 빠트린 게 있나요?

- 제 요약이 맞는다면, 고려해야 할 다른 것이 있을까요?
- 추가하거나 수정할 게 있나요?

일곱째, 사회복지사의 요약 진술에 대한 클라이언트의 반응에 따라서 목표달성을 위한 계획을 수립하거나 구체적인 단계를 취한다.

4) 한계점

동기면담은 중독문제뿐만 아니라 식습관 등 건강과 관련된 행동 변화, 외상 후 스트레스장애, 자살행동 등 다양한 분야에 적용되고 있으나 여전히 그 적용의 한계점을 가지고 있다.

첫째, 『동기면담과 사회복지실천』을 저술한 호만(Hohman, 2011)에 따르면, 동기면담 접근은 주로 개인, 집단, 가족에게 주로 적용되어 왔고, 거시적 환경에 적용된 경우는 매우 적었다(이채원 외 역, 2014). 이는 사회복지실천에서 기본적이면서 핵심적인 관점인 환경 속의 인간관점을 활용하지 않는다는 것을 의미한다. 예를 들면, 동기면담 접근이 청소년 범죄자를 변화시키는 데 유용하지만 범죄율이 높은 지역에 거주하는 청소년을 어떻게 도울 수 있을지에 대해서는 회의적이다. 마찬가지로 동기면담 접근은 대인 간 폭력과 관련해서도 대중매체 등에 의해서 조장되는 폭력문화에 초점을 두는 대신, 폭력 생존자에게만 초점을 맞추는 경향이 있다는 점도 지적되고 있다.

둘째, 동기면담 접근은 심한 정신질환을 가진 클라이언트(예: 동기가 약하고 우울증을 가지고 있는 클라이언트)에게는 적합하지 않을 수 있다(American Addiction Centers, 2019). 대개 동기면담 접근은 4회기 이내의 단기로 진행되는데 심한 정신질환을 가진 클라이언트는 심층적인 개입이 필요하다. 또한 감수성이 무디어져서 감정을 느끼지 못하고 대화가 어려운 클라이언트, 타인과의 관계를 맺고 유지하기 어려운 클라이언트, 스스로 다양한 행동을 선택할 능력이 부족한 클라이언트에게도 동기면담 접근을 적용하는 데 어려움이 있다(Aasheim & Wallace, 2008).

단원 정리

이 장에서는 우리나라 사회복지 실천현장에서 많이 활용되고 있는 인지행동이론과 동기면담이론의 기본 가정, 주요 원칙과 개념, 구체적인 개입기술, 그리고 한계점 등을 살펴보았다. 동기면담이론은 중독문제를 가진 클라이언트, 그리고 나아가서는 비자발적인 클라이언트에게까지 폭넓게 적용할 수 있는 장점을 갖고 있다. 사회복지사는 여기서 제시한 각 이론적 내용 이외에 보다 구체적인 내용을 스스로 학습할 수 있는 기회를 가짐으로써 보다 심화된 개입기법을 학습, 적용할 수 있기를 바란다.

참고문헌

김동배, 권중돈(2000). 인간행동이론과 사회복지실천. 서울: 학지사.

김용석, 이석호, 전종설 역(2013). 사회복지 실천기술. Cournoyer, B. R. (2010). *The social work skills workbook* (6th ed.). 서울: 박영사.

불교용어사전(2017). http://studybuddha.tistory.com

신성만, 권정옥(2008). 알코올중독자를 위한 동기강화 상담. 한국알코올과학회지, 9(1), 69-94.

양옥경, 김정진, 서미경, 김미옥, 김소희(2000). 사회복지실천론. 서울: 나남출판.

엄명용, 김성천, 오혜경, 윤혜미(2011). 사회복지실천의 이해(3판). 서울: 학지사.

윤현숙, 김기환, 김성천, 이영분, 이은주, 최현미, 홍금자(2002). 사회복지실천기술론. 서울: 동인.

이준우, 이화옥, 임원선(2006). 사회복지실천론. 서울: 인간과 복지.

이채원, 김윤화, 김은령, 임성철 역(2014). 동기면담과 사회복지실천. Hohman, M. (2011). *Motivational interviewing in social work practice*. 서울: 학지사.

이해국, 이상규, 정영철, 조성희, 이수비, 권은비(2020). 고위험음주 단기개입 매뉴얼. 서울: NEXIGN.

전재일, 이성희(2002). 사회복지실천기술론. 대구: 형설출판사.

조근호 외(2011). 중독재활총론. 서울: 학지사.

Abrams, D. B., & Niaura, R. S. (1987). Social Learning Theory. In H. T. Blane & K. E. Leonard (Eds.), *Psychological Theories of Drinking and Alcoholism* (pp. 131-178). NY: Guilford Press.

Aasheim, L. L., & Wallace, H. (2008). Motivational Interviewing. In D. Capuzzi & M. D. Stufeer (Eds.), *Foundations of Addiction Counseling* (pp. 131-172). Boston, MA: PEARSON.

American Addiction Centers. (2019). Motivational Interviewing in Addiction Treatments. https://americanaddictioncenters.org/therapy-treatment/motivational-interviewing

Bandura, A. (1977). Self-Efficacy: Toward a Unifying Theory of Behavioral Change. *Psychological Bulletin*, *80*(4), 286-303.

Barker, R. L. (2008). *The Social Work Dictionary*. Washington, DC: NASW Press.

Biestek, F. P. (1957). *The Casework Relationship*. Chicago: Loyola University Press.

Compton, B. R., Galaway, B., & Cournoyer, B. R. (2005). *Social Work Process* (7th ed.). Belmont, CA: Brooks/Cole-Thompson Learning.

Corey, G. (1991). *Theory and Practice of Counseling and Psychotherapy* (4th ed.). Pacific Grove, CA: Brooks/Cole. 조현춘, 조현재 역(1996). 심리상담과 치료의 이론과 실제. 서울: 시그마프레스.

Cormier, W. H., & Cormier, L. S. (1991). *Interviewing Strategies for Helpers: Fundamental Skills and Cognitive Behavioral Interventions* (3rd ed.). Pacific Grove, CA: Brooks/Cole.

Gerdes, K. E., Lietz, C. A., & Segal, E. A. (2011). "Measuring Empathy in the 21st Century: Development of an Empathy Index Rooted in Social Cognitive Neuroscience and Social Justice". *Social Work Research*, *35*(2), 83-93.

Goodman, G., & Esterly, G. (1988). *The Talk Book: The Intimate Science of Communicating in Close Relationships*. New York: Ballatine.

Granvold, D. K. (Ed.). (1994). *Cognitive and Behavioral Treatment: Methods and Applications*. Pacific Grove, CA: Brooks/Cole Pub.

Hepworth, D. H., Rooney, R. H., & Larsen, J. A. (1997). *Direct Social Work Practice: Theory and Skills* (5th ed.). Pacific Grove, CA: Brooks/Cole Publishing Company.

Jarvis, T. J., Tebbutt, J., Mattick, R. P., & Shand, F. (2006). *Treatment Approaches for Alcohol and Drug Dependence and Introductory Guide* (2nd ed.). England: Wiley.

Lantz, J. (1996). Chapter 5: Cognitive theory and social work practice. In F. Turner (Ed.), *Social Work Treatment* (pp. 94-115). New York: The Free Press.

Lilius, J. M., Kanov, J., Dutton, J., Worline, M. C., & Maitlis, S. (2011). "Compassion Revealed: What We Know about Compassion At Work (and Where We Need to Know More)", In *Handbook of Positive Organizational Scholarship,* edited by Cameron, K., & Spreitzer, G., NY: Oxford University Press.

Miller, W. R., & Rollnick, S. (1991). *Motivational Interviewing: Preparing people to change addictive behavior.* New Yori: The Guilford Press.

Miller, W. R., & Rollnick, S. (2002). *Motivational Interviewing: Preparing people for change* (2nd ed.). New York: Guilford Press.

Miller, W. R., & Rollnick, S. (2009). Ten Thing That Motivational Interviewing is Not. *Behavioural and Cognitive Psychotherapy, 37,* 129-140.

Miller, W. R., & Rollnick, S. (2013). *Motivational Interviewing: Helping People Change* (3rd ed.) (Ed.). New York: The Guilford Press.

Miller, W. R., & Rose, G. S. (2009). Toward a Theory of Motivational Interviewing. *American Psychology, 64*(6), 527-537.

Miller, W. R., Zweben, A., DiClemente, C. C., & Rychtarik, R. C. (1992). *Motivational Enhancement Therapy Manual: A Clinical Research Guide for Therapists Treating Individuals with Alcohol Abuse and Dependence* (Vol. 2, Project MATCH Monograph Series). Rockville, MD: National Institute on Alcohol Abuse & Alcoholism.

Payne, M. (1997). *Modern Social Work Theory*. New York: MacMillan Pub. 서진환, 이선혜, 정수경 역(2001). 현대사회복지 실천이론. 서울: 나남출판.

Regehr, C. (2001). Chapter 9: Cognitive-behavioral theory. In P. Lehmann, & N. Coady (Eds.), *Theoretical Perspectives for Direct Social Work Practice: A Generalist-Eclectic Approach* (5th ed.). New York, NY: Springer Publishing Company.

Sinclair, S. L., & Monk, G. (2005). Discursive Empathy: A New Foundation for Therapeutic Practice. *British Journal of Guidance and Counseling, 33*(3), 333-349.

Söderlund, L. L. (2010). *Motivational Interviewing in Theory and Practice*. Linköping University Medical Dissertations No. 1198.

Thyer, B. A., & Myers, L. L. (1997). Chapter 2: Behavioral and cognitive theories. In Jerome R. Brandell (Ed.), *Theory and Practice in Clinical Social Work* (pp. 18-37). New York, NY: The Free Press.

제 3 부

개인 사회복지실천

제6장

복합적 욕구를 가진 클라이언트

복합적인 욕구를 가진 클라이언트는 개인 혹은 가족 단위에서 여러 가지 복합적인 문제를 가진 클라이언트로 한 기관의 개입만으로는 문제해결이 어려운 경우가 많다. 특히, 현대 사회의 문제가 복잡해지고 클라이언트 개인이나 가족이 장기적으로 어려움을 겪어 오면서 이를 해결할 만한 사회적 자원 또한 절대적으로 미흡한 경우가 많다. 이 장에서는 복합적인 욕구를 가진 개인 혹은 가족을 대상으로 문헌고찰을 통해 얻어진 실증자료를 바탕으로 한 복합적인 문제의 사정, 개입기법 및 체계적인 사례관리 방안에 대해 학습하고자 한다.

1. 복합적 욕구를 가진 클라이언트의 주요 특성

복합적인 욕구를 가진 클라이언트와 일하기 위해서는 다음과 같은 특성을 이해할 필요가 있다.

첫째, 클라이언트의 문제가 장기적이면서 만성적일 가능성이 높다. 이는 개입 기간도 상당히 오래 걸릴 수 있음을 의미한다.

둘째, 클라이언트의 문제에 대해 복수의 기관들이 개입해 왔지만 문제의 해결이 미흡하다. 이로 인해, 서비스의 중복성과 분절성은 피하면서 효과적인 **서비스 협응**과 지속성이 요구된다.

셋째, 클라이언트의 동원 가능한 심리적·사회적 자원이 상당히 소모되었거나 존재하지 않는다. 클라이언트의 심리적 자원인 자아존중감, 자기효능감은 매우 낮은 수준에 있고 사회적 자원인 비공식적 지지체계는 단절되었거나 역기능적일 가능성이 높다. 클라이언트의 물질적 자원(경제문제)은 매우 취약한 상태로 공식적·비공식적 지원체계의 상당한 도움이 필요하다.

넷째, 개인 및 사회구조적 문제가 얽혀 있어 다차원적인 개입이 요구된다. 따라서 **지역사회 사례관리협의체**를 통한 사례관리 및 네트워크 회의가 요구되면서 개인의 심리사회적 기능 회복을 위한 노력이 병행되어야 한다.

다섯째, 제도적 장애물로 인해 문제해결이 쉽지 않아 지속적인 권익옹호활동이 요구될 수 있다. 이는 사회복지사 및 기관 차원에서 많은 인내를 요구한다.

여섯째, 사례관리의 과정을 이해하고 지속적인 모니터링이 필요하다. 사회복지사는 다양한 자원과 서비스, 제도, 법, 문화적 민감성 등에 대한 폭넓은 지식과 기술을 필요로 한다.

이상과 같은 특성들을 염두에 두고 다음의 복합적인 사례들을 접할 때, 학생들은 사정 및 계약-개입-평가의 과정에서 다루어져야 할 다양한 과업을 이해하고 실행 능력을 향상시킬 수 있어야 한다.

2. 사례와 개입방법

이 절에서는 복합적 욕구를 가진 클라이언트 대상의 사회복지 실천기술 적용방안에 대해 알아보고자 한다. 사회복지 실천현장에서 복합적 욕구를 가진 클라이언트는 개인 혹은 가족이 다중적 문제를 갖고 있기에 여러 기관의 체계적인 개입을 필요로 하는 사례를 의미한다. 장기적인 빈곤, 만성적인 신체 및 정신질환, 알코올 문제 및 약물남용, 아동학대 및 방임과 아동기의 부정적 경험의 장기적 영향, 가족폭력, 사회적 지지체계의 결여 등과 같은 문제들이 복합적으로 발생하는 클라이언트는 경제, 주거, (신체 및 정신) 건강, 대인관계 및 사회생활 등에서 많은 어려움을 겪게 되고, 이러한 어려움이 다시 악순환적으로 개인 및 가족에게 부정적인 영향을 미치는 경향이 있다. 이에 비해 사회복지기관의 서비스는 분절되는 경향이 높고, 기관들의 지역사회 사례관리협의체를 통한 서비스제공은 중복되거나 대상별로 나뉘게 되어 서비스의 적절한 협응(service coordination)이 필요하다. 그럼에도 불구하고 복합적 욕구를 가진 클라이언트의 문제해결은 매우 더딘 경우가 많다.

복합적인 욕구를 가진 클라이언트를 대상으로 일할 때 활용할 수 있는 사회복지 실천기술에는 앞 장에서 설명한 다양한 기술을 포함하고 있으며, 이에는 **공감기술**, **적극적 경청**, **환기기술**, **지지기술**, **네트워크 기술 및 권익옹호 기술** 등이 있다. 나아가 복합적인 클라이언트와 일할 때 지역사회의 다양한 자원과 공식적 · 비공식적 지지체계와 서비스를 기본지식으로 다양한 기관과 소통할 수 있는 개방적인 태도도 갖추고 있어야 한다. 물론 사회복지사는 **라포** 및 **관계형성 기술**을 활용하여 클라이언트와 신뢰관계를 구축할 필요가 있으며, 복합적인 욕구를 가진 클라이언트와 일할 때 느낄 수 있는 사회복지사 자신에 대한 관점을 이해할 필요가 있다.

이에 이 장에서는 ① 아동기의 부정적 경험(아동학대, 가정폭력)과 이혼에 따른 아동 돌봄의 어려움과 경제적 어려움, ② 행위중독의 어려움을 겪는 청소년, ③ 장애인가족, ④ 독거노인의 복합적인 문제, 그리고 ⑤ 다문화가족의 사례에 대해 살펴보고 이 사례들을 통해 다양한 개입방안 및 기술들을 생각해 보고자 한다. 각 사례에서 제시된 생각해 볼 문제를 개인 혹은 팀 과제로 정리해 보고 함께 논의함으로써 학생들의 다차원적인 통합적 개입 능력을 향상시킬 수 있다.

1) 아동학대와 가정폭력의 영향

아동학대와 방임, 가정폭력에의 노출, 가족원의 자살과 같은 아동기의 부정적 경험은

한 개인의 생애 전반에 걸쳐 부정적 영향을 미친다(Center for Disease Control, 2019). 아동기에 부정적 사건을 경험한 개인은 그 장기적인 부정적 영향으로 인해, 성인이 되었을 때 신체건강에서 비만, 심장질환, 당뇨, 암, 만성호흡기 질환 등과 같은 문제를 가질 뿐 아니라, 음주 및 흡연, 우울 및 불안, 자살시도, 그리고 사회적 측면에서 성적부진, 실업 등의 부적응적 삶을 살아갈 가능성과 단축된 삶을 살 가능성이 높다(Murphy et al., 2014). 최근 아동기 부정적 경험이 주는 장기 영향에 관한 연구가 증가함에 따라 건강한 삶을 이어 가기 위해서는 아동기의 긍정적 경험을 강화시킬 필요성이 높아졌다.

아동학대와 방임, 가정폭력은 아동이 겪는 흔한 아동기의 부정적 경험이다. 신체학대는 신체적 질환, 상해, 장애 및 사망에 이르게 할 가능성이 높으며, 장기적인 방임은 신체학대보다 더 심각한 부정적 영향을 미친다는 점에서 아동학대의 심각성은 더해진다. 학대피해 아동은 우울, 불안, 위축과 같은 **내재화 문제**행동을 보이거나, 공격 및 비행 행동, 주의력결핍 과잉행동 등과 같은 **외현화 문제**를 보일 수 있다. 또한 아동은 회피적 대인관계 및 대인관계 유지의 어려움 등을 경험한다. 학교에서는 학업부진 및 성적 저하, 또래관계의 어려움을 보일 수 있다. 지속적인 정서적 학대와 방임, 물질적 결핍(빈곤 등)은 아동에게 정서적 스트레스를 유발하여 **심리적 난장이**(psychological dwarf)를 만든다(Bowden & Hopwood, 1982). 심리적 난장이는 아동, 청소년기에 나타나는 증상으로, 열악한 가정환경 속에서 충분한 정서적 지지를 받지 못한 아동이 신체적 · 심리적으로 위축되어 성장이 늦고, 낮은 자아존중감, 사회적 위축, 이상행동 등의 문제를 보인다.

이러한 맥락에서 아동 · 청소년기에 부정적 경험이 개인에게 주는 장기적인 부정적 영향을 최소화하고 보다 건강한 삶을 살 수 있도록 돕기 위한 예방 정책이 필요하다. 이에는 가족의 빈곤문제에 대한 지원, 가정폭력 및 부정적 경험을 최소화하기 위한 사회적 규범 형성, 아동의 건강을 향상시키기 위한 조기개입, 아동 · 청소년이 신뢰할 만한 성인과 관계형성할 수 있도록 돕기, 부정적 사건이 줄 수 있는 즉각적인, 그리고 장기적인 영향을 최소화할 수 있는 개입 등이 필요하다(Center for Disease Control, 2019). 이런 점을 염두에 두고 다음의 사례에 대한 개입방법을 모색해 보자.

사례

김길동(가명, 43세) 씨는 현재 트럭 운전사로 일하고 있으며 전국으로 화물을 배달하고 있다. 김길동 씨의 가족으로는 아내(44세), 첫째 아들(11세), 둘째 아들(9세)이 있다. 하지만 아내는 서류상으로 결혼한 상태이고, 첫아이가 6세일 때 가출하여 소식이 끊겼다. 김길동 씨는 가출한 아내가 돌아올 것이라는 생각에 이혼절차를 진행하지 않았고, 아이들에게도 엄마가 몸이 좋지 않아 지방에 요양하러 갔다고 핑계를 대었다. 김길동 씨는 일로 인해 자주 지방에서 숙박하는 형편이어서 집에는 이틀에 한 번 정도 온다. 이 가족의 생활수준은 국민기초생활수급의 기준을 약간 넘는 차상위계층에 머무르고 있다. 김 씨의 일이 화물 배달로 일정치 않고, 트럭을 마련하느라 많은 빚을 지었으며, 지방에서의 잦은 숙박과 차량운행 및 유지비용도 만만치 않다.

이 가족은 종합사회복지관에서 저소득층지원사업을 위한 밑반찬 배달과 사례관리 사업을 통한 후원 연결 등의 지원을 받고 있다. 또한, 아이들은 복지관 산하 방과후 학교에서 돌봄을 지원받고 있는 상황이다. 그러나 방과후 학교의 교사는 복지관의 사회복지사에게 아이들의 행동문제에 대해 지속적으로 우려를 표하고 있다. 특히, 둘째 아이는 방과후 학교에 오면 또래들과 잦은 말다툼과 신체적 싸움에 관여하고, 방과후 학교 교사에게는 자주 대드는 등 행동을 통제하기 어려운 상황이다. 나아가 또래와의 싸움에서 지면 반드시 복수하는 행동을 한다. 반면 같은 방과후 학교에 다니는 형은 동생을 도와주지 않는다. 그렇지만 집에서 동생을 심하게 때리며, 둘이 싸움을 하면 잔인할 정도로 심하게 한다. 그로 인해 약 6개월 전에는 둘째가 이마에 커다란 상처를 입어 병원 응급실을 방문하기도 하였다. 김 씨는 아이들의 싸움이 있을 때는 신체적 학대를 가하지만, 혼자서 두 아들을 양육하는 데 문제가 없으며 외부 기관, 특히 아동보호전문기관의 개입을 거부하고 있다. 김 씨가 일로 인해 집을 비우거나 밤늦게 혹은 새벽에 귀가할 때는 아이들을 돌볼 수 없는 형편이다. 아이들의 방임 및 학대 그리고 야간에 아동의 안전문제로 인해 아동보호전문기관에 1년 전에 신고되어 사례관리를 받고 있는 동안, 아버지의 신체학대는 줄어들었다.

김 씨는 어렸을 때 가정폭력을 목격하였고 문제성 음주를 하는 아버지의 학대로 인해, 고등학교 2학년 때 가출을 하였다. 아는 형을 쫓아다니며 트럭 운전을 배웠다. 이 과정에서 트럭 사고를 낸 후 잠시 트럭 운전을 멈추기도 하였지만 특별한 기술이 없는 관계로 트럭 운전을 계속 하고 있다. 어렵게 돈을 모아 중고 트럭을 구입하였으나 예상만큼 수익이 나지 않아 빚을 많이 지고 있다.

10년 전에 아는 사람의 소개로 아내를 만나 동거를 시작하면서 첫아이를 갖게 된 후 혼인신고를 하였다. 그러나 경제적 어려움으로 인해 아내와 다툼이 잦아지게 되었고, 이웃의 신고로 경찰이 출동한 적도 여러 차례 있었다. 결국 첫아이가 6세 때, 부부싸움을 크게 한 후 아내는 집을 나간 상태이다. 김 씨는 복지관의 지원과 도움에 대해 고맙게 생각하면서도 복지관에 특별한 도움을 요청하지는 않는다. 때로 복지관의 사회복지사가 가정방문 가능 여부를 문의하면 귀찮다는 표현을 하고, 마지못해 주말에 시간을 내어 면담에 응하는 정도이다. 그나마, 가정방문 시에도 김 씨는 충혈된 눈을 한 체 막 깨어난 듯한 표정으로 사회복지사를 맞이한다. 집안은 옷가지나 살림이 여기저기 널려 있기는 하지만 비교적 정리된 상황이다. 그렇지만 집 밖에 술병이 있는 것으로 보아 김 씨는 종종 음주를 하는 것으로 여겨진다.

앞의 사례에 대한 개입을 위해 다음을 생각해 보자.

① 현재를 기준으로, 이 가족의 가계도를 작성해 보자. 그리고 추가적인 탐색이 필요한 정보가 무엇인지 목록을 작성해 보고 이를 파악하기 위한 질문 목록도 함께 작성해 보자.

② 클라이언트인 김 씨가 생각하는 주된 문제는 무엇인가? 종합사회복지관의 사회복지사가 생각하는 문제는 무엇인가? 방과후 교사가 생각하는 문제는 무엇인가?
아이들은 방과후 학교에서의 행동문제 및 현재의 가족상황에 대해 어떻게 표현하는가?

③ 종합사회복지관에서 사회복지사로 일하는 당신은 이 가족을 돕는 데 있어, 특히 폭력적이었던 김 씨를 돕는 데 있어, 개인적 차원에서 어떤 생각과 느낌을 갖고 있는가? 또한 아이들을 상담하는 데 있어 당신은 어떤 능력과 기술을 갖추고 있다고 생각하는가?

④ 김 씨 (혹은 아동)의 기관 서비스 이용에 대한 동기를 부여하기 위해 기관이나 사회복지사가 해야 할 일은 무엇인가?

⑤ 이 가족은 아동학대 사례로 신고된 상황이다. 아동학대에 대한 당신의 관점은 어떠한가? 또한 가정폭력이 있는 김 씨를 대하는 여성 혹은 남성 사회복지사로서 당신은 어떤 생각을 갖고 있는지 자기반영적 고찰을 통해 논의해 보자.

⑥ 이 가족의 강점과 동원 가능한 공식적 · 비공식적 자원은 무엇인가?
⑦ 이 가족을 효과적으로 돕기 위해 사례관리 차원에서 협력해야 할 기관에는 어떤 것이 있는가?
⑧ 지역사회 통합돌봄 서비스(커뮤니티 케어) 차원에서 이 가족의 절실한 욕구는 무엇인가? 사례 개입에 있어 어떤 기관이 주 사례관리기관으로 지목될 필요가 있는가?
⑨ 가족 개개인 및 가족 전체를 위해 적절한 사례 개입의 목표와 방법은 무엇인가? 그리고 이 가족 사례에 적용 가능한 이론이나 개입 모델을 찾아보고 이론과 개입기법을 어떻게 적용할 것인지 논의해 보자. 이 가족에게 해당 이론이나 모델을 적용하는 데 있어 어떤 한계점이 있는가?
⑩ 이 가족을 돕기 위해 추가적으로 고려할 사항을 알아보자.

2) 인터넷 · 스마트폰 중독 청소년

과학기술정보통신부와 한국정보화진흥원(2018)에 따르면 우리나라 전체 **스마트폰 과의존위험군**은 20%(8,871천 명)로 조사되었으며, 청소년(30.2%)의 과의존 비율은 다른 연령대에 비해 가장 높게 나타났다. 또한, 청소년 스마트폰 과의존 고위험군은 2018년 기준 3.8%로 전년 대비 0.2% 증가하였고, **잠재적 위험군**은 26.4%로 전년 대비 0.7% 증가하였다. 특히, 학령별 조사에 있어서 중학생(고위험, 4.6%, 잠재적 위험 30.1%)이 가장 높은 것으로 조사되었다.

스마트폰과 인터넷 중독과 같은 행위중독의 주된 특성으로, ① 만족감을 얻기 위해 중독된 물질이나 행위에 대해 강도를 계속 높이게 되는 **내성**, ② 중독된 물질 및 행위에 대한 통제력 상실, ③ 중독된 물질 및 행위를 금지시킬 때 나타나는 불안과 신체적 어려움과 같은 **금단현상**, ④ 중독행위로 인한 일상생활에서의 주의력 부족, 그리고 ⑤ 중독행위를 지속시키기 위한 거짓말과 거짓행위를 계속하는 자기기만을 들 수 있다(권준수 외 역, 2015). 인터넷 및 스마트폰 과다 사용과 몰입은 일상생활에 어려움을 초래하며, 의존성이 높아져 사용이 제한될 때 불안함과 초조함을 느낀다(김병년, 2013).

인터넷 · 스마트폰 중독에 영향을 미치는 요인은 개인적 요인과 환경적 요인으로 나누어 살펴볼 수 있다. 먼저 개인의 심리내적 요인으로 낮은 자아탄력성(임영숙, 권기연, 한숙정, 2017; 정경아, 김봉환, 2014)과 자기효능감(김정현, 정인경, 2015), 자아통제력(진미령, 신성만, 2016), 우울 및 위축(앙경미, 2016; 진미령, 신성만, 2016; 고은영, 김은향, 2017), 불안(고은영, 김은향, 2017) 등을 들 수 있다. 그리고 환경요인으로는 가족 관련 요인으로, 부모의 부정적 양육태도(김대명, 조준수, 2015; 이주연, 장성예, 2014), 부모의 학대(김재철, 성경주, 조현경, 2014; 우수정, 2018), 대인관계 문제(황영애, 정규석, 2016; 강현임, 이영란, 황주희, 2017)가 있다. 특히, 또래관계가 중시되는 청소년기에 또래관계 스트레스가 높은 아동 · 청소년은 인터넷 · 스마트폰 중독 또한 심하다(김기태, 이현주, 문신일, 2016). 인터넷 · 스마트폰 중독의 영향요인은 다양하며 하나의 요인이 인터넷 · 스마트폰 중독문제를 유발시키기보다 다양한 요인들의 복합적인 상호작용으로 인해 중독문제가 발생한다고 할 수 있다.

청소년의 인터넷 · 스마트폰의 중독은 부모-자녀 및 가족관계, 또래관계, 학업 성적, 자아존중감 등에 부정적인 영향을 미친다. 청소년은 자신이 인터넷과 스마트폰의 사용을 잘 조절할 수 있다고 믿으며, 이러한 문제는 누구나 갖고 있는 보편적인 현상이고 문제로 정의하지 않는 경우가 많다. 이로 인해 정부에서는 청소년의 게임중독, 인터넷중독 등을 예방하기 위해 **선택적 셧다운제**(게임 시간 선택제)를 도입하여 시행하고 있지만 이에 대한 사회적 여론은 찬반논란의 여지가 많다.

사례

나홀로(가명)는 현재 중학교 2학년에 재학 중인 남학생으로 어머니(38세, 마트 종업원)와 단둘이 살고 있다(모자가정). 나홀로의 어머니는 23세에 나홀로의 아버지를 만나 연애하는 중에 임신 사실을 알게 되었다. 그러나 그의 아버지는 임신 사실을 알게 되면서 자신의 아이가 아니라며 연락을 끊고 잠적해 버렸고 그 이후에 만난 적이 없다. 따라서 양육비를 한 푼도 받지 못한 체 나홀로의 어머니는 정부의 한부모가족 지원사업과 인근의 종합사회복지관, 드림스타트를 통해 도움을 받아 왔다.

최근 담임선생님은 학교사회복지사(교육복지센터 근무)에게 나홀로 학생을 의뢰했다. 담임선생님에 따르면, 나홀로 학생은 학교 수업 내내 잠을 자며, 선생님과 또래 친구들과 관계가 좋지 않다. 특히, 매일같이 수업시간에 잠을 자거나 졸기를 반복하자, 교사와의 갈등이 심화되어 자주 교무실에 불려 가거나 어머니를 학교에 호출하는 일이 잦아졌다. 나홀로 학생은 또한 게임머니를 충전하기 위해 친구들에게 돈을 빌리거나 게임 아이템을 받고 돌려주지 못하자 또래 갈등이 심화되었다. 나아가 동급생에게서 와이파이 테더링을 해 주지 않는다고 시비를 걸고 신체적 싸움까지 일어나는 문제가 발생하게 되자 학교사회복지실에서 상담을 받게 되었다.

첫날 상담실 문을 발로 차면서 들어온 나홀로는 약 165cm 키에 통통하고 하얀 피부를 가진 호감형 얼굴처럼 보였다. 하지만 나홀로 학생이 가까이 다가오자 땀 냄새와 머리를 며칠 동안 감지 않은 듯한 기름진 머리카락과 비듬, 음식물 자국이 남아 있는 교복 와이셔츠와 바지로 인해 자기관리가 잘 안 되는 청소년으로 여겨졌다. 또한, 담임교사의 의뢰로 시작된 상담 시간을 매우 귀찮아하며, 어떤 질문을 하든 지겨워하며 빨리 상담을 끝내 줄 것을 종용하였다. 그리고 상담 시간에 소파에 누워 있으려 하며, 어떠한 활동(예: 보드게임 등)도 잠깐 관심을 보일 뿐 크게 관여치 않는 것처럼 행동하였다. 하지만 학교사회복지사에게 상담실에 오면 편안한 느낌이 들며, 사회복지사 선생님이 자기의 '친구'가 되어 주면 상담실에 자주 오겠다고 하였다.

여러 차례의 대화 시도를 통해 얻은 정보를 종합해 보면, 나홀로 학생은 무단결석 및 지각이 빈번하였고, 방과 후 집보다는 인근 PC방에서 시간을 보내는 경우가 많았다. 그리고 저녁 식사 후 초저녁잠을 자고, 밤 11시경에 일어나 밤새도록 스마트폰 또는 PC로 온라임 게임 및 게임 동영상 시청 등을 하다가 새벽 4~5시에 잠든다.

나홀로는 아버지에 대한 기억이 전혀 없다. 어머니와 단둘이 (임대주택에) 거주할 당시 '아저씨'라는 사람이 와서 1~2년 정도 함께 거주한 경우가 있었으나, 언젠가 연락이 없어진 후 다른 '삼촌'이라는 분이 집에 와서 살았다. 그러나 그 삼촌은 나홀로의 게임 문제를 빌미로 자주 때리게 되었고, 어머니는 삼촌을 통해 게임 버릇을 단단히 고쳐야 한다고 삼촌 편을 들었다. 이 삼촌은 어머니의 애인이었다. 하지만 이 삼촌도 나홀로와 갈등이 깊어지게 되었고, 결국 언제부터인가 연락이 두절되었다.

나홀로 학생에 의하면 어머니는 초등학교 저학년 때부터 나홀로에게 장난치듯 발로 밀치고 때리는 행동을 반복하였고, 나홀로가 잘못했을 때 어머니가 목을 졸려 죽을 뻔한 적도 있었다고 한다. 하지만 초등학교 고학년부터 어머니의 이런 장난이 행동이 심해지자 나홀로는 어머니를 경찰에 신고하였고, 그 이후부터 어머니는 술을 마실 때마다 "자기 엄마를 경찰에 신고한 나쁜 놈"이라며 욕을 하지만, 이전처럼 때리지는 않는다고 말하였다. 한편 어머니는 나홀로 학생이 훌륭한 대학에 진학하기를 바라고, 나중에 결혼하면 자신의 거주지 인근에 살면서 자신을 돌봐 줘야 한다고 강조한다. 그러면서 나홀로의 문제행동은 청소년기에 겪는 흔한 문제로 '언젠가 정신 차리면 금방 해결될 수 있는 문제'로 여긴다. 또한 나홀로 학생에게 돈을 빌려준 학생들에 대해서는 자신의 아들이 친구를 잘못 사귀어 그런 갈등을 겪는 것이라 생각한다.

나홀로 학생과 어머니를 돕기 위해 다음을 생각해 보자.

① 나홀로 학생과 어머니, 각각이 생각하는 주요 문제는 무엇이며, 담임교사의 나홀로 학생에 대한 주된 걱정은 무엇인가?
② 나홀로 학생을 돕기 위해 필요한 추가적인 정보는 어떤 것이 있는가? 그 목록을 만들어 보고 이를 개방질문기법을 활용하여 질문 목록으로 만들어 보자. 그리고 개방질문의 우선순위를 정해 보자.
③ 앞 장에서 기술한 동기면담이론을 나홀로 학생에게 적용할 때 사용할 수 있는 기법은 어떤 것이 있는가? 그리고 이 모델에 따른 표적과제와 개입목표를 세 가지 정해 보고 이에 따른 개입계획을 정리해 보자. 개입목표를 성취하는 데 방해가 될 만한 장애물은 무엇인가?
④ 학교사회복지사로서 당신은 나홀로 학생과 같은 청소년기의 인터넷, 스마트폰 중독이 어느 정도 심각하다고 생각하는가? 또한, 나홀로 학생이 보인 돈 빌리는 문제와 와이파이 테더링과 같은 문제에 대한 당신의 관점은 어떠한가?
⑤ 나홀로 학생이 당신을 '친구' 해달라는 점은 어떤 의미를 갖는가? 전문적인 관계 및 사적 경계의 영역을 어떻게 구분, 유지할 것인가?
⑥ 나홀로 학생은 정말 인터넷, 스마트폰 중독자인가? 인터넷, 스마트폰 중독에 관련한 척도 및 최근 연구를 찾아보고 관련 지식을 모아 타 학생들과 함께 논의해 보자.
⑦ 학교사회복지사로서 담임교사와 어느 정도 정보를 교환할 수 있는가? 특히, 나홀로 학생의 성장배경과 어머니의 결혼관계 등에 대해 비밀보장이 필요한가?
⑧ 지속적인 지각, 무단결석, 수업 중의 문제행동에 대해 일반 교사들의 관점과 학교사회복지사로서의 관점에는 어떤 공통점과 차이점이 존재하는가?
⑨ 나홀로 학생과 어머니의 강점은 무엇인가? 이들에게 동원 가능한 순기능적인 사회적 지지는 어떤 것이 있는가?
⑩ 학교, 종합사회복지관 외에 학교 내외에 존재하는 자원과 공식적 · 비공식적 지지체계는 무엇인가?

3) 장애인가족과 일하기

(1) 장애가족의 어려움

장애인가족[1]은 장애가 있는 가족원으로 인해 다른 가족원의 생활(가족모임, 여가활동, 지역사회활동 등)에 직간접적으로 제약을 받을 가능성이 크다(공마리아, 2009). 장애가 있는 가족원에게 집중된 생활은 외부 환경과 차단되어 가족의 기능이 점차 약해지고 장애 이외의 문제를 해결하는 데에도 많은 어려움을 겪을 수 있다. 따라서 장애인가족과 일하기 위해서는 장애인가족이 갖는 특성에 대한 포괄적인 이해를 통해 다차원적인 욕구를 파악해내고 그에 대한 적절한 지원방안이 모색될 필요가 있다.

장애인가족은 장애자녀 양육에서 오는 부모의 양육 스트레스, 경제적 어려움, 후천적 장애를 갖게 된 가족원에 대한 가족의 수용과 적응의 문제(심리적 어려움) 등 여러 어려움을 경험하게 된다(이민경, 2019). 이러한 다양한 문제 및 요구에 대해 장애인복지 실천현장에서는 **생애주기 관점**을 적용한 분석과 개입을 활용하고 있다.

장애인가족의 생애주기별 요구에 대해 살펴보면 먼저, 영유아기에는 장애에 대한 인식, 의심이 실제 장애라는 확진을 받는 시기이다. 따라서 장애 영유아에 대한 **조기 진단** 및 개입이 이루어지기 위해 가장 중요한 과제는 장애에 대한 수용이다. 즉, 장애에 대한 조기 진단 및 개입을 통해 장애의 장기적인 영향을 최소화하는 노력이 필요한 시기이다. 이에 비해 아동·청소년기는 비장애 아동·청소년과 마찬가지로 삶의 중심이 가족에서 학교로 변화하는 시기이며, 신체와 심리·사회적으로 급격한 성장과 성숙이 이루어지는 시기로(백은령, 2014), 자녀에게 적절한 교육과 환경에 대한 정보와 상담, 그리고 장애 자녀의 사춘기적 특성을 부모가 잘 관리할 수 있도록 관련 교육이 필요할 것이다. 마지막으로, 성인기에는 학교에서 사회로 전환되는 시기로 취업, 여가와 일상생활 등에 대한 문제에 어떻게 대처하는가가 중요 관심사가 된다(백은령, 2014; 우주형, 2015). 따라서 이 시기에는 **전환교육** 및 **전환계획**이 고등학교 때부터 잘 이루어질 수 있도록 사전준비가 필요하다. 또한,

1) 현행법상 장애인가족에 대한 정의는 규정되지 않았으나 지방자치단체에서 제정한 정의에 따르면, 장애인가족이란 「민법」 제779조에 따른 사람으로 장애인과 생계 또는 주거를 같이 하는 사람을 말한다(「서울특별시 장애인가족지원에 관한 조례」 제2조 2항).

부모가 더 이상 보호할 수 없는 시기를 대비하여 장기적인 **돌봄계획**과 후견인 선정에 대한 고민이 이루어지는 시기로 부모의 노년기와 겹쳐 가족의 부담이 가중될 수 있기 때문에 가족지원에 대한 필요성이 매우 중요한 시기일 것이다. 반면 우리나라 장애인복지 현장에서 볼 때 장애노인에 대한 개입은 아직도 매우 취약한 상황으로 이들은 우리 사회의 또 다른 사회적 소외계층으로 남을 가능성이 높아 부가적인 관심이 필요한 시기이다.

장애인가족은 생애주기에 따른 어려움뿐만 아니라 전 생애에 걸쳐 경험할 수 있는 문제들로 인해 보다 복합적이고 어려운 상황들에 빠지게 된다. 장애인가족이 전반적으로 경험하게 되는 어려움은 돌봄 부담, 경제적 어려움, 사회적 차별, 다른 가족원의 어려움 등이 있다.

우선, 돌봄 부담과 이와 관련한 스트레스에 대해 살펴보자. 장애인이 있는 가족은 항상 돌봄의 부담감을 안고 생활하게 된다. 부모의 경우, 장애 자녀를 돌봄으로 신체적 · 심리적 · 정서적 · 사회적 · 경제적인 부담감을 느끼며, 비장애 자녀에 대한 안쓰러움, 자녀를 일찍 치료하지 못한 아쉬움, **장애 수용**의 어려움 등 돌봄에서 오는 부담을 안고 살아간다(이기영, 박인숙, 소희영, 2008). 특히, 부모 중 주 돌봄자인 어머니는 자녀를 전반적으로 돌보느라 본인의 육체적 소진이 매우 크며, 다른 가족과의 관계 등에서 다양한 정신적 스트레스를 경험하기도 한다(최복천, 임수경, 유영준, 2014). 장애 자녀가 성인이 되어도 돌봄 부담은 끝나지 않고 부모 사망 이후 자녀 돌봄에 대한 걱정으로 부모는 많은 스트레스를 받게 되며 이는 극단적인 결과(가족해체, 자살 등)로 나타나기도 한다. 이는 적절한 장애인가족에 대한 사회적 돌봄지원의 중요성을 보여 주며 돌봄가족원의 부담감을 덜어 주기 위한 사회적 관심과 지원이 필요하다는 것을 볼 수 있다.

두 번째로, 장애인가족은 경제적인 어려움을 겪을 가능성이 크다. 장애가 있는 가족원은 장애로 인해 노동시장의 진입이 어려울 뿐 아니라 막상 취업을 하였어도 직업유지는 또 다른 과업이 된다. 따라서 장애인가족은 빈곤해지기 쉽고, 빈곤 기간도 장기화되어 이를 벗어나기 어려우며, 의료 및 재활치료비, 보장구 구입비 등 추가적 비용이 발생하여 이중, 삼중적 고통을 겪는다(이동영, 2005). 이로 인해, 빈곤하지 않은 가정이었다 할지라도 장기적인 돌봄비용으로 인해 빈곤해질 수 있고, 빈곤한 가정일 경우에는 추가적인 장애를 입을 수 있는 위험에 더 많이 노출되며, 의료적 지원이 필요한 상황에 처치를 받을 수 없는 등의 이유로 장애를 갖게 될 가능성이 높다(박지연, 2012). 다른 가족원은 돌봄지원을 감당해야 하기 때문에 구직활동에 어려움이 있고, 취업을 하더라도 적정 수준의 소득활동을 하기에는 어려움이 있어 빈곤의 악순환이 지속된다. 따라서 경제적 어려움을 겪는 장애인가족에 대한 지원을 위해서는 장애인과 가족원의 돌봄 및 취업지원 등 다차원적 접근이 이루어져야 할 것이다.

세 번째로, 장애인의 대부분은 학교생활, 직장생활 등 전반적인 사회활동 영역에서 장애로 인한 명시적, 혹은 암묵적 차별을 경험하고 있다. 이러한 장애인의 차별 경험은 가족 구성원에게도 영향을 미치게 되며, 장애인가족은 사회적 낙인으로 인해 지역사회에서 살아가는 데 어려움을 겪는다. 이로 인해, 가족이 지역사회에서 고립 현상을 경험하며, 이는 형제자매의 사회적 관계, 배우자 선택, 그리고, 부모의 사회적 관계 등에 영향을 주게 된다(최복천 외, 2014). 따라서 장애인가족의 안정적인 지역사회 생활을 위해서는 차별 해소를 위한 사회적 지지체계의 마련, 인식개선 등이 필요하다.

마지막으로, 장애인가족의 장애인과 부모 이외에 어려움을 겪는 가족원에는 비장애 형제 · 자매, 조부모가 있다. 비장애 형제 · 자매들은 부모의 돌봄이 장애 자녀에게 집중되는 관계로 소외감을 느낀다(전혜인, 2008). 이에 비해 부모는 비장애 형제 · 자매에게는 학령기 이전부터 부모의 돌봄 부담을 분담하고자 하고, 성인기가 되어서는 부모의 역할을 대신한 보호자 역할을 기대하는 등 부모의 대체적 수단으로 여겨지는 경우가 많다. 이로 인해 비장애 자녀들은 다양한 정서적 문제를 경험할 수 있다. 조부모에게도 장애가 있는 손자녀가 생겼다는 것은 정신적 충격으로 다가올 수 있다. 특히, 부모 대신 장애아동의 양육을 맡는 경우는 심리적 · 육체적으로 많은 스트레스를 경험하게 된다(노선옥, 전헌선, 2003). 그렇지만 대부분 장애가 있는 가족원과 그를 전적으로 돌보고 있는 가족원이 겪는 어려움이 큰 비중을 차지하여 다른 가족원들에 대한 지원은 적절히 이루어지지 않고 있다.

(2) 장애인가족과 일하기: 사정 및 개입

장애인가족에 대한 사정 및 개입은 일반적인 방법과 크게 다르지 않다. 하지만 장애로 인한 특성으로 인하여 개입할 때 포함되어야 할 내용과 장애인복지 실천현장에서 주로 활용되는 **사례관리 모델**의 적용에 대해 살펴보고자 한다.

① 사정

장애인가족을 사정하는 데 유용한 관점으로는 **강점관점**, **생태체계적 관점**, **생애주기 관점** 등이 있을 수 있는데 이러한 관점들은 상호 유기적인 관계를 가지고 있어 장애인을 대상으로 포괄적인 사정이 이루어질 수 있다(이선우, 이수경, 2020). 특히, 강점관점은 장애인의 약점이나 문제보다는 장점, 능력, 잠재력 등에 초점을 두는 관점으로 장애인복지 실천현장에서 많이 활용되는 사정방법이다. 또한, 장애인가족을 사정할 때에는 일반적인 사정과 달리 장애의 내용이 포함하도록 하여 가족 및 **사회적 관계망**을 이해하는 기본 정보로 활용할 수 있어야 한다. 애플비 등(Appleby, & Colon, & Hamilton, 2001)은 장애에 대한 사정을 할 때 포함해야 할 요소들을 다음과 같이 제시하였다(서울시복지재단, 2016 재인용).

장애에 대한 사정(Appleby, Colon, & Hamilton, 2001)

- 특정 장애 조건의 특성
- 장애 발생 시 연령
- 개인의 특성과 성격
- 개인의 가족 특성
- 개인이 속한 환경의 특성
- 사회경제적인 상태
- 인종 및 민족적 배경
- 문화와 사회적인 상호작용

② 개입

- 상담: 장애인가족과 일하기 위해서 가장 많이 활용될 수 있는 개입방법은 상담이다. 상담은 의도적으로 클라이언트에게 통제권을 돌려주거나 클라이언트가 실질적이며 사회적인 수단을 통해 능력을 강화하게 한다. 일부 장애인과 그 가족원들은 통제를 상실했다는 느낌으로 정서적 어려움을 겪는다. 따라서 상담은 장애인이 부딪히는 많은 장벽의 영향에 대처하는 데 있어서 유용하고 필요한 역할을 할 수 있다(이선우, 이수경, 2020).

상담에서 활용되는 기술들은 비장애인가족과의 상담과 큰 차이가 없다. 그렇지만 장애인가족과 상담하기 위해서는 몇 가지 준비해야 할 사항들이 있다. 첫째, 장애에 대한 포괄적인 이해 없이는 장애인가족과 상담하기에 어려움이 있다. 만약, 발달장애인가족과 상담할 때는 발달장애의 특성에 대한 이해가 없다면 발달장애인이 하게 되는 도전적 행동이나 소통방식을 이해하기 어렵고, 그 특성으로 인해 겪게 되는 가족원의 어려움을 공감하기에 어려움이 있을 수 있다. 따라서 장애인가족과 일하기 위해서는 장애 유형과 그 특성에 관한 이해와 경험이 필요하며 이에 대해 공감함으로써 가족이 요구하는 문제를 함께 해결해 갈 수 있을 것이다.

둘째, 장애인가족의 장애에 대해 인정, 혹은 수용 여부를 파악해야 한다. 장애수용이 이루어지지 않았다면 지속적인 상담을 통한 설득이 이루어져야 할 것이다. 예를 들어, 중도장애인가족 또는 유아기 장애인가족일 경우, 장애 진단이 이루어진 시기가 얼마 되지 않아 장애수용이 낮은 단계에 있기 때문에 장애를 받아들이고 인정할 수 있는 적극적인 상담이 요구된다. 장애에 대한 인정과 수용이 빠른 시일 내에 이루어질 때 장애 특성에 맞는 개입이 이루어질 수 있다.

- 사례관리 모델의 적용: 장애인가족의 복합적인 문제를 다루기 위해 사회복지사 여러 분야의 전문가와 민·관 기관 및 지역사회 자원 등과 협력체계를 구축하여 개입하는 것이 적절하다. 장애인 실천현장에서는 지역사회를 기반으로 당사자의 욕구를 충족시킬 서비스를 연계하는 사례관리 방법을 많이 활용한다. 이러한 사례관리는 장애인가족에게 필요한 주거, 보건, 정신보건, 사회화, 여가생활, 교육 등의 서비스를 포함하며, 이 과정에서 **사례관리자**는 다양한 역할과 기능을 수행하여 장애인가족의 지역사회 내 생활을 지원하게 된다(이선우, 이수경, 2020). 따라서 장애인가족이 경험하게 되는 주요 어려움들을 해결 혹은 완화시키기 위해 다양한 자원을 연계하여 가족별 맞춤형 지원이 이루어질 수 돕는다. **사례관리 계획**의 예를 제시해 보면 〈표 6-1〉과 같다.

표 6-1 사례관리 개입계획(예)

우선 순위	합의된 욕구	실천계획(서비스 내용)	빈도	담당기관		개입 기간
				내부	외부	
1	돌봄의 부담	- 상담: 정서적 지지 및 정보제공 - 활동보조서비스 연계 - 자녀양육 관련 교육	주 1회 주 3회 월 1회	담당자 활동보조팀	장애부모연대	00.00~
2	경제적 어려움	- 수급 신청 - 결연후원 연계 - 반찬서비스 제공	- 월 1회 주 1회		주민센터 개인회원 푸드마켓	00.00~
3	사회적 차별	- 상담 - 인권교육	1회 1회		장애우권익 문제연구소	00.00
4	형제자매 정서적 어려움	- 상담 - 가족역량강화 프로그램 참여	주 1회 월 1회	담당자	미술치료센터	00.00 00.00

사례

박어울림(가명) 씨는 22세 여성으로 선천성 중증 지적 장애를 갖고 있다. 그녀의 아버지(58세, 사업)와 어머니(57세, 주부)는 대학교 때 만난 선후배 사이로, 현재 중소도시에서 중산층의 생활을 영위하고 있다. 박어울림 씨에게는 15세의 남동생이 있으며 현재 중 3으로 고등학교 진학을 앞두고 있다. 부모는 박어울림 씨의 출산 후 매우 큰 정신적 충격을 겪었다. 어머니의 임신기에 아버지의 사업의 어려움으로 가정의 경제적인 어려움으로 이어졌고, 이로 인해 채권자로부터 고소를 당하였다. 어머니는 경제적인 어려움과 이에 따른 스트레스로 인해 산전(産前) 및 산후(産後) 관리가 힘들었다고 한다. 어머니는 박어울림 씨의 지적 장애가 임신기 동안의 스트레스 때문이라고 여기며, 이에 대한 해결되지 않은 죄책감과 미안함, 그리고 박어울림 씨의 미래의 삶에 대한 불안 등을 호소하고 있다. 이에 비해, 아버지는 다소 담담한 대처 기제를 보인다. 즉, 아버지는 박어울림 씨의 장애가 자신이 짊어지고 가야 할 업보로 여기며, 어머니를 위로하고 지지하며 종교활동을 통해 이를 극복하려고 한다. 하지만 아버지는 박어울림 씨의 미래에 대한 불안, 사업으로 인한 스트레스, 그리고 장기요양원에 계신 치매를 앓고 있는 노모(83세)에 대한 걱정으로 인해 혼자 있을 때 남몰래 눈물을 흘리며, 가벼운 음주로 이러한 어려움을 극복하려 한다. 나아가 자신의 사업의 어려움으로 인해 아내의 산전, 산후 관리가 어려웠다는 생각과 딸의 어려움을 인내를 갖고 해결해 나가려는 아내에 대해 미안함과 고마움을 갖고 있다. 한편, 박어울림 씨의 남동생은 학교에서 부진한 성적과 또래와의 잦은 갈등으로 인해 부모에게 반항하는 태도를 보인다. 다소 마른 체형의 남동생은 부모의 관심이 항상 누나에게 집중되어 있어 자신에게 관심을 주지 않는다고 생각하고 있다. 남동생은 어렸을 때는 누나를 위한 소소한 심부름을 기쁘게 수행하였다. 하지만 초등학교 5학년 때 또래들이 누나의 장애를 놀리며 싸움을 하게 되면서부터 장애가 있는 누나가 미워졌고 친구들과 싸움을 통해 문제를 해결하려고 한다. 나아가, 예쁘지만 지적 장애로 인해 판단력과 자기관리가 떨어지는 누나를 동네 청년들이 추근대는 행동에 대해 동네 청년들에게 대들어 다치기도 하였다. 이로 인해 남동생은 태권도를 통해 근육을 키워 누나를 보호하고자 하였으나 또래들의 장난기 어린 차별적 언행과 동네 사람들의 시선은 남동생을 지속적으로 괴롭힌다.

이 사례에 대해 다음을 생각하며 사례관리 차원의 개입방안을 모색해 보자.

① 당신은 이 사례의 주 클라이언트가 누구라 생각하는가? 가족 전체인가? 박어울림 씨인가? 아니면 남동생인가? 그리고 그렇게 생각하는 근거는 무엇인가?

② 발달 단계를 고려하면서 박어울림 씨를 위한 다양한 서비스 목록을 작성해 보자. 특히, 청년기로의 전환기에 있는 장애여성을 위한 현존 공공 서비스는 무엇이 있으며, 보완하거나 새롭게 발굴해야 할 서비스는 무엇인가?

③ 박어울림 씨의 사회적응 및 독립활동을 위한 프로그램을 찾아보고 프로그램의 구체적인 내용을 알아보자. 장애인을 위한 자립생활기술훈련, 사회성훈련, 대인관계 프로그램 등을 찾아 적용방법을 개인 혹은 집단 개입 방법을 통해 제공해 보는 연습을 해 보자.

④ 이 가족의 강점과 보호요인은 무엇인가? 이 가족의 항상성을 위협할 수 있는 위험요인은 무엇인가?

⑤ 청소년기 장애인이 청년기 및 성인기로 이행해 가는 과정의 '전환계획'에 대해 알아

보고, 박어울림 씨를 위한 전환계획을 작성해 보자.

⑥ 가족이 겪는 돌봄 스트레스를 파악하고, 이를 감소시키기 위한 서비스와 개입계획을 구성해 보자. 또한 각 구성원이 갖고 있는 신체적 · 정신적 · 경제적 어려움을 역할극을 통해 파악해 보자.

⑦ 남동생의 또래관계 및 학업 문제를 해결하기 위한 개입방안은 무엇인가? 누가 얼마간의 기간 동안 어떤 방식으로 서비스를 제공할 것인가?

⑧ 장애인가족을 위한 인권옹호 활동을 살펴보고, 장애인 및 그 가족 대상의 사회적 차별 및 낙인을 해소하기 위한 구체적 행동계획을 개인, 가족, 지역사회, 그리고 국가적 차원에서 파악하고 이를 실행할 때 방해가 될 요인은 어떤 것이 있는지 알아보자.

⑨ 당신 기관에서 활용 가능한 자원은 무엇이며, 지역사회 통합돌봄 서비스를 통해 제공할 수 있는 서비스는 무엇인가?

⑩ 당신이 일하고 있는 기관을 종합사회복지관, 장애인복지관, 노인복지관 등으로 구분하여 사례관리 계획을 수립해 보자.

4) 독거여성노인 대상 서비스

우리 사회는 가속화된 저출산율과 고령화로 인해 노인층 인구가 급속히 증가하고 있다. 2020년 기준 우리나라 노인 인구수는 8,124천 명으로 총인구 대비 약 15.7%를 차지한다(독거노인종합지원센터, 2020). 나아가 의료기술의 발달로 노인들의 수명이 연장되어, 2019년 현재 한국인의 기대수명은 82.7세(남자, 79.9세, 여자, 85.7세)이며 이는 경제협력개발기구(OECD) 국가 평균기대 수명인 80.7세보다 높다(국가통계포털, 2020). 이에 비해 우리나라 인구 10만 명당 암 사망률은 165.2명, 순환기계 질환 사망률은 147.4명, 호흡기계 질환 사망률은 75.9명, 치매 사망률은 12.3명으로 경제협력개발기구의 평균보다 낮았다(국가통계포털, 2020).

노인복지서비스 및 정책 측면의 핵심은 **성공적 노화**이다. 성공적 노화란 노년기에 건강한 신체 건강과 인지 기능을 유지하면서 즐겁게 생활하며 생산적 활동을 수행하고, 타인과 활발한 교류를 하는 것을 뜻한다. 또한 신체적 약화와 만성질환 등으로 인해 어려움을 겪지만 가급적 최대한 지역사회의 거주지에서 생활하면서, 장기요양병원 등과 같은 고비용 돌봄 서비스로의 진입은 최대한 늦출 수 있는 점은 매우 중요하다(보건복지부, 노인맞춤돌봄서비스, 2020). 하지만 노년기에 배우자의 사망은 생존한 배우자에게 죽음의 문제를 보다 현실적으로 직면하게 되는 계기가 되는 동시에 배우자 없는 새로운 삶을 영위해야 할 과업을 갖는다. 반면, 비혼, 이혼 등으로 인해 조기에 배우자를 상실한 노인은 상당한 기간을 혼자 지내야 한다는 점에서 노인복지의 또 다른 관심 대상으로 독거노인을 들 수 있다. **독거노인**이란 만 65세 이상의 홀로 사는 노인으로, 가족, 친구, 이웃 등 사회적 관계망과의 교류가 단절되고 사회적 역할 상실에 따른 외로움과 고립감 등으로 사회 단절에 따른 문제와 심각성이 높다(독거노인종합지원센터, 2020). 특히, 배우자와 친구 등의 죽음과 함께 만성적인 신체질환, 노년기의 역할상실로 인해 노인기 우울증을 경험할 가능성이 높다. 우리나라 65세 이상의 노년층의 자살은 2018년 기준 10만 명당 48.6명이며, 80세 이상의 **자살률**은 69.8명으로 경제협력개발기구에 비교해 볼 때 매우 높은 상황이다(중앙자살예방센터, 2020). 또한 노인의 5명 중 1명은 독거노인이란 점, 2017년 고령자 통계에서 독거노인 가구수는 158만 가구를 기록하여 1인 가구로 남아 있게 될 가능성이 매우 높다. 이러한 점에서 노년층, 특히 독거노인에 대한 국가 및 사회적 개입이 절실함을 의미한다.

독거노인은 다양한 위험에 노출될 가능성이 높으며, 연령이 많을수록 더 많은 위험에 노출된다. 우선 신체 건강의 약화, 즉 근력 및 운동력의 약화로 인해 외부활동이 줄어들고, 평형감각 및 동작 조정 능력이 감소하면서 집 안팎에서 안전사고에 노출될 가능성이 높다. 또한, 치아건강의 약화로 인해 식습관에 변화가 생기며 수면에도 어려움을 겪는다. 나아가 경제활동의 중단으로 인해 노인 빈곤에 처할 가능성이 높으며, 특히 **독거여성노인**에게서 노인 빈곤의 문제는 더욱 심각해진다. 이런 점에서 독거노인을 위한 안전 및 주거문제, 건강한 일상생활 유지(규칙적이면서 균형 잡힌 식사 및 가사, 청소), 긍정적 사회적 관계, 인지기능 및 정신건강의 유지 등 복합적인 욕구를 잘 관리할 수 있는 지원체계가 마련되어야 한다. 나아가 독거노인 가운데는 고독사 및 자살 위험이 높다는 점에서 이들을 위한 특화된 개별화 서비스가 필요하다. 이러한 맥락에서 보건복지부는 최근 **커뮤니티 케어**(community care) 추진 계획을 통해 노인의료, 노인돌봄, 전달체계 및 사회서비스 등과의 협력을 통해 맞춤형 주거지원 인프라 구축, 찾아가는 방문 건강 및 방문 의료 실시, **재가**

장기요양 및 돌봄서비스 확충, 사람 중심의 민관 서비스 연계 및 통합제공 등 4대 핵심 중점 과제를 추진할 예정이다(보건복지부, 2018). 또한 은둔, 우울형 노인을 위한 특화된 서비스를 제공하고, 안전생활 및 사회참여, 생활교육 및 일상생활지원 등을 통해 노년층, 특히 소외된 노년층을 위한 지원체계를 마련하고 있다.

사례

한마음(가명, 80세) 어르신은 ○○ 노인복지관을 이용하는 클라이언트로, 재개발 지역의 쪽방에 거주하고 있다. 한마음 어르신은 약 10년간 복지관에서 문화여가, 건강 및 위생관리(통증완화 치료 및 미용), 취미활동(노래 및 체조), 식사 및 밑반찬, 후원서비스(월세, 명절 후원물품, 난방비 지원 등)의 서비스를 받아 왔다. 하지만 한마음 어르신은 2개월 전에 대장암 수술을 받고 회복 중 수술 후유증과 초기 알츠하이머성 치매로 인해 장단기 사례 계획이 필요한 상황이다. 한마음 어르신은 약 3년 전 자궁암 수술을 한 적이 있으며, 현재는 1종 당뇨로 인해 인슐린 주사를 맞고 있고, 잦은 낙상사고로 인해 왼쪽 다리를 끌다시피 하며 걷는다.

한마음 어르신은 4남매의 막내로 위로 두 오빠는 각각 10년 전과 7년 전에 사망하였으며, 바로 위의 언니는 84세로 지방의 중소도시에 거주하고 있다. 한마음 어르신은 20년 전에 남편과 사별하였는데, 남편은 폐암으로 약 1년간 고생하면서 그나마 있던 작은 집도 팔아 병원비로 소진하였다. 1963년에 남편과 결혼한 한마음 어르신은 슬하에 아들과 딸이 있지만, 아들은 5년 전 폐암으로 사망(당시 50세)하였으며, 딸은 결혼 후 외국으로 이주한 후 연락이 두절되었다. 남편은 젊은 시절 다른 여자와의 외도로 1명의 혼외자를 두었으나, 그 자녀에 대해 현재 아는 바는 전혀 없다. 남편은 평소 술과 유흥을 좋아하고, 외박하는 날이 많아 결혼생활이 순탄치 않았으며, 집에 생활비를 가져다주는 경우도 드물었다. 남편은 또한 술에 취해 집에 들어오면, 잠자던 자녀들을 깨워 1~2시간씩 '설교'를 하는 일이 잦아 아이들은 평소 한마음 어르신에게 이혼하고 따로 살자고 요구한 적이 많았지만, 이혼만은 안 된다는 자신의 고집으로 가정생활을 유지해 왔다. 아들은 결혼 후 슬하에 딸과 아들, 두 자녀를 두었지만, 결혼 후 7년 만에 경제적인 문제로 이혼한 후 건설업에 반장으로 일하며 혼자 생활해 왔다.

한마음 어르신의 지지체계로는 언니와 언니의 딸인 조카(60세)가 유일하다. 조카는 1달에 한 번 정도 한마음 어르신에게 전화로 안부를 묻는 등 연락을 취해 오고 있으며, 언니와는 일주일 2~3회 정도 전화 통화를 하는 정도이다. 하지만 언니와 조카 모두 한마음 어르신을 위해 경제적 지원을 제공하기에는 생활이 넉넉지 못한 상황이다. 한마음 어르신은 인근 사찰에도 나가 자신의 '마음을 다스리며 다음 생애는 업보가 덜한 환생'을 원하신다. 사찰에서는 한마음 어르신에게 월 1회 약간의 생활비를 지원해 주는 상황이다. 한마음 어르신은 국민기초생활수급권자로 의료보호 1종 수혜자이다.

앞의 사례를 토대로 다음 사항을 생각해 보자.

① 한마음 어르신의 생태도와 가계도를 작성해 보고, 이를 토대로 한마음 어르신의 강점과 어려움을 정리해 본다.
② 문헌을 통해 노년기의 발달과업과 욕구를 알아보고, 한마음 어르신의 신체적 · 정신적 · 심리사회적 · 영적 · 인지적 · 환경적(주거 포함) 특성들을 파악해 본다.
③ 노인복지관에서 제공하는 다양한 서비스를 알아보고, 한마음 어르신을 위해 부가적인 지원이 필요한 부분은 어떤 것이 있는가? 또한 공적 체계에서 제공하는 요양보호 서비스 혹은 독거노인생활관리사에 의한 다양한 서비스를 알아보자.
④ 향후 한마음 어르신을 위한 서비스 계획 혹은 사례관리를 고려할 때 우선적으로 염두에 두어야 할 사항은 무엇인가? 사례관리 차원에서 어떤 기관과 협력하고 자원을 연계할 것인가?
⑤ 젊은 당신이 한마음 어르신과 일할 때 고려해야 할 사항은 무엇인가?
⑥ 독거여성노인의 독특한 서비스 욕구는 무엇인가? 이에 비해 독거남성노인의 서비스 욕구는 어떻게 다른가? 독거노인 가운데 소외된 집단은 누구며(예: 성적 소수노인, 다문화노인, 장애노인 등), 이들의 특수 욕구는 무엇인가?
⑦ 죽음과 고독사, 노인자살에 대한 당신의 생각을 정리해 보고, 동료 급우들과 서로의 생각을 나누는 기회를 가져보자.
⑧ 한마음 어르신의 삶과 현존 젊은 세대의 삶을 고려하면서 연령세대통합의 방안을 모

색해 보자.

⑨ 노인복지관 혹은 종합사회복지관의 서비스 가운데 말벗 도우미 서비스 혹은 밑반찬 배달 서비스 자원봉사자로 활동해 보고 그 경험을 동료 급우와 나누어 보자.

⑩ 어르신의 영성 혹은 종교활동과 삶의 질의 관계와 영성 혹은 종교활동이 어르신의 삶에 주는 의미를 알아보자.

5) 다문화가족

여기서는 다문화가족, 특히 한국인 남성과 외국인 여성으로 구성된 가족의 복합적인 어려움을 살펴보고 다문화 사회복지실천에 대해 살펴보고자 한다. **동화주의적 접근**에서는 결혼이민자가 한국 사회에 적응함으로써 한국 문화 및 언어, 습관 등을 습득하고 한국인의 일부로 살아가는 것을 의미한다. 반면 다문화 혹은 **다원주의적 접근**에서는 결혼이민자가 자신의 고유문화 및 한국의 문화를 동시에 존중하는 것을 의미한다. 이런 맥락에서 **다문화 사회복지**란 사람들 사이에 존재하는 다양성과 차이점을 존중하고 원조관계에서 작용하는 문화적 요소를 인식하는 사회복지실천을 의미한다(Lum, 2007).

1990년대부터 시작된 다문화 사회로의 변화는 사회복지실천에도 많은 변화를 가져왔다. 이에 문화적 민감성을 고려한 사회복지실천이 강조되고 있다. 다문화가족도 일반 한국 가족과 마찬가지로 복합적인 어려움을 갖고 있다. 많은 문헌들은 결혼이민자 가족의 어려움으로, ① 결혼이민자의 한국 사회 적응 및 **문화적응 스트레스**, ② 결혼이민자와 한국 남편과의 부부 적응, ③ 결혼이민자의 인권문제, ④ 자녀양육 문제 등을 지적하고 있다.

우선, 결혼이민자의 한국 사회 적응문제는 한국 사회에 대한 이해와 준비가 결핍된 상태에서 한국에 입국하면서 시작된다. 특히, 막연한 한국 사회에 대한 동경과 행복한 결혼생활을 꿈꾸던 결혼이민자는 한국에 입국하면서 언어장벽, 문화갈등 등으로 인한 의사소통의 문제와 한국 사회적응의 어려움을 경험한다. 즉, 결혼이민자는 모국의 익숙한 식습관 및 문화, 언어 등에서 새로운 사회에 적응해 가는 문화적응 스트레스를 경험하는데, 이러한 문화적응의 과정은 한국 사회로의 **동화**, 모국문화의 유지, 한국 및 모국문화 사이에서 배제된 **주변화**, 그리고 두 문화의 통합과 같은 네 가지 유형의 적응 유형을 보인다

(Berry, 2003).

둘째, 결혼이민자 여성은 한국 사회에 도착하면서 결혼생활을 시작하는 특징을 갖는다. 일반적으로 연애 기간을 통해 상대방을 알아가는 일반 부부와 달리, 결혼이민자 여성은 짧은 기간에 한국 남성을 만나 결혼하고, 한국 입국을 위해 필수적인 한국어를 습득하는 과정에서 분리된 신혼생활을 시작한 후 결합한다. 이후 낯선 한국 사회에서 한국 사회 적응과 결혼생활 적응, 남편 가족과의 관계 형성, 출산 및 육아와 같은 다중적인 과제를 안고 있다. 나아가 한국 남편과의 나이 차이(2018년 기준 남편이 10년 이상 연상인 경우는 40% 정도; 통계청, 2019) 및 경제적 어려움은 결혼생활 적응을 어렵게 한다. 하지만 한국어 습득 및 **이중언어서비스**, 한국 남편과 시댁 식구의 긍정적 지지 및 같은 국가 출신 여성들과의 지지모임, 경제활동에의 참여 등은 결혼이민자 여성의 한국 적응 및 결혼생활 적응의 중요한 보호요인이 된다는 점에서 이들에 대한 맞춤형 서비스의 개발과 지원이 요구된다.

셋째, 결혼이민자의 **인권문제**는 결혼이민자 여성에 대한 가정폭력과 이혼, 이에 따른 체류 자격의 문제 및 법률체계의 문제 등을 포함한다. 결혼이민자 여성 대상의 가정폭력은 언어문제, 가정폭력의 입증, 그리고 이혼 과정에서의 체류 자격(특히, 결혼 후 3년 이내)으로 인한 추방의 두려움 등으로 인해 결혼이민자 여성이 정부에게 공식적인 도움을 쉽게 요청하기 어렵다. 나아가, 어린 자녀가 있으면 결혼이민자 여성의 이혼 과정은 더욱 어렵게 된다. 2018년 기준 한국의 결혼 건수의 9.2%가 다문화 결혼이고, 국내 이혼 건수 가운데 9.4%가 다문화가족의 이혼인 점, 그리고 이혼당시 결혼이민자 여성의 평균 결혼기간은 8.4년이라는 점에서(통계청, 2019) 다문화가족에 대한 사회복지 관심의 필요성이 제기된다. 여성가족부에서는 결혼이민자 여성의 가정폭력 문제와 관련하여 결혼이민자 여성 및 외국인 여성을 위한 쉼터를 마련하고, 국제결혼중개업자에 의한 무분별한 결혼을 막기 위한 업체의 등록 및 결혼이민자 여성의 한국어 능력 강화, 한국 적응을 돕기 지원체계 구축 등을 실시하였다. 나아가, 결혼이민자 여성의 가정폭력 사실 및 자녀 양육에 기반한 한국 귀화 조건을 완화하는 조치를 취함으로써 결혼이민자 여성의 인권문제를 보완하는 정책을 시행해 오고 있다.

마지막으로, 결혼이민자 가족의 문제로 떠오르는 것은 자녀문제이다. 결혼이민자 여성의 가장 큰 어려움은 자녀양육 및 교육문제이다. 2019년 현재 전체 초·중·고 학생 가운데 다문화 학생의 수는 122,212명으로 전체 학생 대비 2.2%를 차지한다(교육부, 2019). 이에는 **중도입국 청소년**을 포함하며, 이들의 교육적·심리사회적 욕구는 또 다른 사각지대에 있다. 자녀는 일차적으로 돌봄을 담당하는 어머니와의 상호작용 속에서 한국어를 습득한다. 그러나 결혼이민자 여성의 제한적인 한국어 능력과 한국 아빠의 자녀 양육에 대한 제한적인 참여로 인해 다문화가족지원센터의 일차적인 개입은 어린 자녀들의 발달과 결혼이민자 여성의 언어 발달에 초점을 두고 시행되고 있다. 이들의 언어 발달은 학업부진과 같은 어려움으로 이어지며, 나아가 외모 문제 등과 연관된 사회적 차별과 편견, 낮은 자아존중감 등과 같은 심리사회적 어려움을 경험한다. **다문화가족**도 일반 한국 가족과 마찬가지로 자녀교육에 많은 관심을 갖고 있지만, 결혼이민자 여성인 모의 정보 부족, 타 학부모와의 의사소통의 어려움 등은 매우 제한적인 교육지원을 할 수밖에 없는 상황이다. 그리고 다문화가정의 자녀는 **자아정체성**에서 혼란을 겪기 쉬운데, 한국말을 하고 한국 부모와 같이 살지만 '외국인' 취급을 하는 또래와 사회의 모습에서 어려움을 겪는 힘든 과정을 거쳐 자아정체성 통합을 이룬다. 하지만 이 힘든 과정에서 부모 및 교사, 사회의 긍정적 지지는 이러한 갈등을 해결할 수 있는 중요한 자원이다.

다문화가족과 일할 때 부정적 문제에 초점을 두기보다는 이들의 강점 및 **적응유연성**을 고려한 접근이 요구된다. 이는 다문화가족이 다양한 어려움을 갖고 있음에도 불구하고 이러한 어려움을 이겨 낼 수 있는 다양한 내적·외적 자원을 활용할 능력이 있음을 강조하는 것이다. 예를 들어, 결혼이민자 여성은 자아실현을 위한 수단으로 많은 난관에도 불구하고 한국 남편을 택해 국내에 입국하는 내적 강인성을 갖고 있으며, 보다 나은 한국 적응 및 결혼생활을 위해 모국 출신의 여성들과의 사회지지 모임 및 정보교환, 한국 남편과 가족의 지지를 토대로 한 적응을 촉진할 필요가 있다. 또한, 결혼이민자 여성 가운데는 같은 국가 출신의 여성이라 하여도 출신 지역에 차이가 있다는 점도 염두에 두어야 한다. 이때 다원주의적 접근에 따라 다문화가족의 문화적 독특성을 존중하며, 사회적 차별과 편견 없는 상호 존중의 접근이 요구된다. 나아가 다문화가족과 일하는 사회복지사는 **문화적 민감성**에 기반한 지식, 기술을 습득하고 **문화적 보편성**과 상대성에 입각한 사정 및 개입방안을 익혀 이들을 위한 개인적·기관적 차원의 다문화 사회복지실천이 이루어지도록 노력할 필요가 있다.

사례 A

비엔(가명, 28세) 씨는 베트남 호치민 인근 출신 여성으로 5년 전 한국 남편을 만나 결혼하였다. 이후 베트남에서 약 1년간 한국어 교육을 받고, 약 3년 반 전 한국에 입국하였다. 비엔 씨는 현재 지방의 중소도시에 거주하고 있으며, 농사를 짓는 남편(43세), 아들(3세)과 딸(1세)과 단독주택에서 생활하고 있다. 비엔 씨는 인근 동네에 사는 베트남 출신의 사촌 여동생의 소개로 현재 남편을 만났으며, 남편이 베트남을 방문하면서 결혼을 하게 되었다. 결혼 당시 비엔 씨는 한국에 대한 동경이 많았고, 한국에서 경제활동을 통해 가족의 빈곤 문제해결을 돕고자 하였다. 결혼 당시 남편은 자가 소유의 단독주택과 논과 밭을 소유하여 경제적으로 큰 어려움이 없을 것으로 여겨졌다. 한국에 입국한 후 처음 몇 개월의 결혼생활은 비엔 씨에게 많은 정신적 어려움을 가져다주었다. 우선, 가장 기본적인 한국어만 할 줄 아는 자신에게 남편은 집안 살림과 농촌 일을 도와줄 것을 요구하고, 1년에 약 네 차례의 제사를 위해 음식을 준비해야 했다. 하지만 임신한 상태에서 가사를 감당하기 어려웠을 뿐 아니라, 한국 요리를 잘 모르는 자신에게 시어머니는 잦은 잔소리를 하였는데, 이것이 야단인지, 음식에 대한 불평인지조차도 잘 몰랐다. 남편은 힘든 농사일 후에도 저녁에는 친구들과 만나 음주를 하고 당구장에 가서 내기 당구를 하는 등 가사에는 다소 무관심하였다. 남편은 술을 마시고 온 날에는 어김없이 성관계를 요구하였는데, 술과 음식 냄새로 인해 수동적인 태도로 남편의 요구에 응하였다. 그럴 때마다 남편은 불평을 하며, 남자친구가 있는지, 불쌍한 비엔 씨를 데려와 한국에서 살게 하는데 뭐가 불만이냐는 등 소리를 지르곤 하였다. 이후 첫아이를 임신하고 배가 불러오면서 거동이 힘들어지자, 아이가 자신의 아이가 진짜 맞느냐는 등 아내를 비하하는 발언을 자주 하였다. 결혼생활 후 약 1년 반이 지나자 남편은 비엔 씨에게 손찌검을 하기 시작하였고, 비엔 씨가 반항하는 행동을 보이면 더욱 강하게 힘으로 제압하면서 목을 조르는 행동을 하는 등 위협을 가하였다. 비엔 씨가 이러한 남편의 행동을 사촌 동생에게 얘기하자, 사촌 동생은 자신의 남편과 함께 비엔 씨의 남편을 설득하려 했지만 실패에 그쳤다. 급기야 남편은 가족의 일을 사촌 동생에게 얘기했다는 이유로 비엔 씨의 얼굴을 주먹으로 가격하였고 비엔 씨의 신고로 경찰이 출동하였다. 이후 비엔 씨는 병원에서 응급처치를 받고 결혼이민자 여성을 위한 가정폭력 쉼터로 옮겨 가정폭력상담소의 도움을 받고 있는 상태이다.

비엔 씨의 남편은 경찰과 가정폭력상담소 직원에게 자신이 피해자라고 주장한다. 남편에 따르면 비엔 씨는 한국에 입국한 후 베트남에 있는 친정부모 및 형제자매와 자주 통화를 하고, 남편에게는 친정식구에게 돈을 보내라고 요구하였으며, 남편의 재산을 정리하여 베트남에 가서 살자고 하였다고 한다. 또한, 시댁 식구에게 자주 따지면서 대들어, 시부모님들이 매우 당황한 경우가 많았다고 한다. 그리고 비엔 씨가 전문 요리 자격증을 딸 수 있도록 해달라고 돈을 요구하며, 이를 알아본다고 밖에 나가 자주 늦게 들어오거나 술에 취해 들어오는 등 어려움이 많았다고 한다. 그런 후 낯선 사람에게서 비엔 씨에게 전화가 자주 걸려 오고, 비엔 씨는 남편에게 여러 가지 핑계를 둘러대는 등 수상쩍은 행동이 잦았다고 하였다.

현재 비엔 씨는 가정폭력을 근거로 남편에게 이혼을 요구하고 있으며, 남편은 이에 동의하지 않고 있다. 비엔 씨는 남편이 협의이혼에 동의하지 않을 경우, 재판을 통해 이혼하고, 아이들의 양육비를 요구할 예정이며, 아이들을 데리고 베트남에 가서 양육하고자 한다. 남편은 친자확인 소송을 한 상태로 이혼에 응하지 않고 귀책사유가 아내에게 있다고 주장하고 있다. 특히, 아내가 자신에게 밀치고 대들면서 자신을 자극하여 가정폭력을 유도한 후 외부의 단체와 연합하여 자신을 어렵게 만들고 있다고 주장한다.

이상의 사례에 대해 다음과 같은 사항을 고려해 보자.

① 비엔 씨의 사례를 바탕으로 여러분이 건강가정지원센터, 다문화가족지원센터, 종합사회복지관, 가정폭력상담소 등에서 일한다고 가정하고 사정을 할 때 고려해야 할 점을 기관에 따라 분류해 보자.

② 비엔 씨의 사례에서 추가적인 정보가 필요한 영역은 무엇인가? 이에 따른 질문 목록을 작성해 보도록 한다. 이 질문 목록에서 필요한 사회복지 실천기술에는 무엇이 있는가?

③ 베트남 사회에서의 결혼, 가정폭력, 확대가족과의 관계 등을 알아보고, 이를 한국 사회와 비교하여 공통점과 차이점을 알아보고 문화적 민감성을 바탕으로 한 개입방안을 사회복지사 개인과 기관 차원에서 논의해 보자.

④ 비엔 씨의 사례를 아동복지, 여성복지, 가족복지 각 분야와 통합적 측면에서 개입하고자 할 때 각각의 분야별 접근에서 주 클라이언트는 누구이며, 주 호소문제를 어떻게 정의할 것인가?

⑤ 여성가족부에서 시행하고 있는 가정폭력 피해 결혼이민여성 대상의 서비스를 알아

보고, 비엔 씨를 위한 심리사회적 지원 및 법률 서비스를 계획해 보자.

⑥ 이 사례가 중소도시에서 발생한 점을 감안할 때 사례관리 계획을 어떤 기관과 분담하여 어떻게 시행할 것인가? 비엔 씨, 남편, 아동들을 생각하며 사례관리 계획서를 작성해 보자.

⑦ 사례 진행 과정에서, 남편이 아동학대를 가해한 사실을 알게 되었다. 이 과정에서 비엔 씨는 남편과의 이혼을 차치하고 아이들을 데리고 베트남으로 가서 생활할 계획이라고 하였다. 남편의 동의 없이 아동들을 베트남으로 데리고 갈 경우 발생할 수 있는 문제점을 **'헤이그 국제아동탈취협약'**을 통해 알아보고, 국제사법 및 국제사회복지 차원에서 어떤 개입이 필요할지 알아보자.

⑧ 앞의 ⑦의 내용을 바탕으로, 아동들이 국내의 아동복지시설에 배치될 가능성이 있다면, 이들을 위한 서비스는 무엇인가? '유엔 아동권리협약'을 파악해 보고 '아동들의 이익을 최우선'하는 정책과 서비스는 어떤 것인가? 생각해 보자.

⑨ 국제결혼을 하는 한국 남성들의 주요 특성들은 어떤 것이 있으며, 이들을 위한 현존 서비스는 무엇이며, 향후 개발되어야 할 서비스는 무엇인가?

⑩ 결혼이민자 가정의 결혼만족도, 생활만족도, 가족관계 등을 향상시키기 위한 집단 프로그램을 기획해 보고 실행과정에서 고려해야 할 점을 정리해 보자.

사례 B 중도입국 청소년

왕웨이홍(가명)은 현재 15세, 남자로 중국에서 외조부모와 살다가 8개월 전에 한국에 입국했다. 왕웨이홍의 친모(45세)는 조선족으로 현재 요양보호사로 일하고 있으며, 건설업에 종사하고 있는 한국 남성(60세)과 5년 전에 결혼했다. 그의 친모는 9년 전에 한국에 들어와 식당 종업원으로 일하던 중에 현재의 남편을 만났다. 친모는 4년 전 요양보호사 자격증을 취득해 요양병원에서 일하고 있으며, 아침 7시에 출근하여 오후 6시에 귀가한다. 왕웨이홍은 중국 옌벤 인근에서 중학교를 다니면서 천재라고 불릴 정도로 공부를 잘하였지만 유수(留守) 아동으로 놀림을 받는 일이 흔하였다(중국에서 유수 아동은 부모의 1명 혹은 2명 모두 타 지역, 주로 대도시에서 일을 하게 됨으로써 농촌 지역에서 타인에 의해 돌봄을 받는 18세 이하의 아동을 일컫는다). 한국에 있는 친모에 대해서는 외조부모를 통해 소식을 듣고 한국으로 입국하기 전 가끔 휴대전화 영상으로 대화를 하였지만, 친모와 친밀감을 느끼지는 못하는 상황이었다. 한편, 왕웨이홍은 친부에 대해 전혀 아는 바가 없고 죽은 것으로 안다고 하였지만, 친모에 따르면 왕웨이홍이 태어난 후 그의 친부는 가족을 버리고 가출했다고 한다. 그의 친모는 약 2년 전부터 왕웨이홍을 설득하여 한국에 와서 같이 살자고 하였는데, 이는 한국의 삶의 형편이 중국보다 좋고, 공부 잘하는 아들이 한국의 좋은 대학에 가면 훌륭한 사람으로 성공할 수 있을 것이라 생각했기 때문이다. 왕웨이홍을 한국으로 초청하는 과정에서 그의 친모와 계부는 오랜 시간 서류를 준비하고, 가정법원에서의 부모교육을 받으며 그가 한국에 오기를 기대하였다.

왕웨이홍이 한국에 와서 다문화 학생 예비학교를 들어가면서 왕웨이홍은 조금씩 우울감과 불안이 생겼다. 그리고 중국어를 사용하는 친구들이 있는 예비학교를 마치고 인근 중학교에 다니면서는 우울감과 불안은 더욱 심각해졌다. 왕웨이홍에 따르면, 자신이 중국에 있으면 공부를 잘했기 때문에 다른 학생들에게 부러움을 사고 친구들이 모르는 문제를 가르쳐 줄 때는 자신감이 넘쳤다. 중국에서는 공부를 잘했기 때문에 베이징의 대학교에 입학하여 훌륭한 과학자가 되는 꿈을 갖고 있었다. 하지만 한국에 들어와서 영어와 수학 과목을 따라가기도 힘들고, 중국과의 수업방식도 많이 달라 학업에 대한 흥미를 잃기 시작하였다. 왕웨이홍의 최근 성적은 최하위권에 머물고 있다. 왕웨이홍은 장차 자기가 한국에서 어떤 진로를 택하고 취업할지에 대해 그저 막막한 상황이며, 짜증만 늘어간다고 하였다. 나아가 그는 집에서 엄마와의 대화는 여전히 서먹하고, 한국말만 하는 계부와는 중국어로 거의 대화를 할 수 없는 수준이었다. 결국 집과 학교에서 외로움을 느끼게 되어 한국에 괜히 왔다는 생각이 가득했다. 한국에서의 전반적인 생활여건이 중국에서의 생활보다는 낫지만, 학교를 비롯하여 전반적인 생활만족도는 더 안 좋아졌다. 외조부모와 통화할 때 가끔은 울면서 중국에 갈 수 있게 해달라고 하지만, 친엄마는 왕웨이홍에게 조금만 참고 열심히 하면 좋은 대학에서 공부할 기회가 생길 것이라고 설득하였다. 하지만 왕웨이홍은 고등학교에 진학하면 학업은 더욱 어렵고, 대학 입시로 인해 늦게까지 공부해야 한다는 친구들의 말에 점점 희망을 잃어 가고 있다. 또한, 당분간 이중언어 교육으로 더 공부해야 하지만 한국 학생들이 너무나 잘한다는 생각에 자아존중감이 저하된 상태이다.

이 사례를 토대로 다음을 생각해 보자.

① 중도입국 청소년의 통계 현황을 살펴보고, 현재 이들을 위한 학교 안팎의 교육 및 사회서비스를 파악해 보자.

② 문헌을 통해 중도입국 청소년의 한국 사회 및 학교 적응의 어려움을 살펴보고 이를 해결하기 위한 민간 및 공적 지원은 어떤 것이 있는지 파악해 보자.

③ 중도입국 청소년을 위한 민법상의 입양에서 일반 입양과 친양자 입양의 차이를 알아보고, 당신이 사회복지사라면 왕웨이홍에게 이 두 가지에 대해 어떻게 설명할 것인가?

※ 민법상 입양에서 일반 입양은 아동이 입양될 때 친부모와의 관계가 유지되어 친부의 성과 본, 그리고 상속권 등의 권리가 유지되지만, 친양자 입양은 성과 본이 계부의 성을 따라 바뀌며 친부에 대한 권리가 완전 종료된다. 친양자 입양은 가정법원의 승인 판결이 있어야 한다.

④ 왕웨이홍의 자아정체감 및 자아존중감 향상을 돕기 위한 개인상담 혹은 집단 프로그램을 기획해 보고 이에 따른 준비사항의 목록(예: 왕웨이홍의 한국어 수준 및 이해력, 이중언어 사회복지사의 참여)을 작성해 보자. 또한 상담 혹은 프로그램 진행의 어려움은 어떤 점이 있는지 파악해 보자.

⑤ 왕웨이홍의 가족관계를 향상시키기 위한 방안은 무엇인가? 왕웨이홍 및 가족은 가족관계 향상의 필요성을 요구하는가?

단원 정리

이 장에서는 복합적인 욕구를 가진 클라이언트의 특성을 살펴보고, 아동기 부정적 경험의 장기적 영향을 가진 남성, 인터넷 · 스마트폰 중독 청소년, 장애가족, 독거여성노인, 다문화가족의 사례를 통해 구체적인 개입방법을 생각해 볼 수 있도록 하였다. 또한 이들 사례에 대한 사례관리 및 개입계획 작성을 통해 복합적인 욕구를 가진 클라이언트를 대상으로 실천기술을 향상시킬 방법을 모색하였다.

참고문헌

강현임, 이영란, 황주희(2017). 대학생의 대인관계유능성과 자기통제력이 스마트폰 중독에 미치는 영향. 한국중독범죄학회보, 7(2), 1-23.

고은영, 김은향(2017). 불안과 우울이 스마트폰중독에 미치는 영향: 성별조절효과를 중심으로. 디지털융복합연구, 15(5), 419-429.

공마리아(2009). 장애인가족지원을 위한 재활상담 사례. 제14회 한국재활심리학회 연수회.

과학기술정보통신부, 한국정보화진흥원(2020). 2019년 스마트폰과 의존 실태조사 결과.

교육부(2019). 2018 교육기본통계.

국가통계포털(2020). OECD 주요국 기대수명. http://kosis.kr/index/index.do

권준수 외 역(2015). 정신질환의 진단 및 통계 편람(DSM-5). 서울: 학지사.

김기태, 이현주, 문신일(2016). 청소년의 스마트폰 네트워크 크기, 이용행태, 또래친구와의 관계지향성이 스마트폰 중독에 미치는 영향에 관한 연구. 한국방송학보, 30(4), 5-40.

김대명, 조준수(2015). 부모의 양육태도와 스마트폰 중독 관계에서 불안과 우울의 매개효과. 교육종합연구, 13(2), 151-169.

김병년(2013). 청소년의 스마트폰 중독이 사회성 발달에 미치는 영향. 한국콘텐츠학회논문지, 13(4), 208-217.

김재철, 성경주, 조현경(2014). 부모학대 피해경험과 공격성 간의 관계에서 학교폭력 피해경험과 인터넷 중독의 매개효과. 교육문화연구, 20(3), 69-97.

김정현, 정인경(2015). 청소년의 자기효능감이 스마트폰 중독에 미치는 영향. 한국가정과교육학회지, 27(1), 111-126.

노선옥, 전헌선(2003). 중도장애아동양육 조부모의 지원요구. 지체중복건강장애연구, 41, 159-177.

독거노인종합지원센터(2020). 독거노인의 정의 및 현황. http://www.1661-2129.or.kr/index.html

박지연(2012). 장애인 가족지원을 위한 증거기반의 실제. 서울: 학지사.

백은령(2014). '발달장애인 가족지원', 김지우 편, 발달장애인복지론. 충북: EM커뮤니티, pp. 308-330.

보건복지부(2018). 지역사회 통합 돌봄 기본계획.

보건복지부, 노인맞춤돌봄서비스(2020). 2020 노인맞춤돌봄서비스 사업안내.

서울시복지재단(2016). 발달장애인가족 사정을 위한 실무도움서. 서울시 복지재단.

양경미(2016). 대학생의 자아존중감, 우울이 스마트폰 중독에 미치는 영향. 한국융합학회논문지, 7(1), 113-123.

우수정(2018). 부모의 아동학대와 아동의 자아존중감이 인터넷 중독 위험성에 미치는 영향. 학습자중심교과교육연구, 18, 771-786.

우주형(2015). '장애인가족지원센터의 현황 및 실천과제', 사회복지공동모금회 편, 장애인 가족지원을 위한 정책실천 방향. 한국장애인부모회, 4-16.

이기영, 박인숙, 소희영(2008). 장애자녀를 둔 부모의 양육경험. 재활간호학회지, 11(1), 32-40.

이동영(2005). 장애인가구의 빈곤탈출 결정요인에 관한 연구: 노동패널자료를 활용한 생명표 분석과 이산시간분석. 사회복지정책, 23, 183-211.

이민경(2019). 장애인 가족 돌봄부담의 우울과 자살생각의 관계연구-돌봄지원의 조절매개효과를 중심으로. 한국장애인복지학, 44, 121-148.

이선우, 이수경(2020). 장애인복지론. 경기: 공동체.

이주연, 장성예(2014). 어머니의 양육행동과 스마트폰 중독의 관계에서 자아탄력성의 매개효과. 한국보육학회지, 14(3), 61-79.

임영숙, 권기연, 한숙정(2017). 대학생의 자아탄력성, 진로결정수준, 대학생활적응이 스마트폰 중독에 미치는 영향. 예술인문사회융합멀티미디어논문지, 7, 919-931.

전혜인(2008). 장애아동 형제자매의 삶에 대한 질적 연구. 특수교육저널: 이론과 실천, 9(2), 159-179.

정경아, 김봉환(2014). 고등학교 남학생들의 자아탄력성이 스마트폰 사용에 미치는 영향. 청소년학연구, 21(11), 55-74.

중앙자살예방센터(2020). 한국자살현황. http://spckorea-star.or.kr/korea01.do.

진미령, 신성만(2016). 애착외상, 자아존중감, 우울, 자기통제력이 청소년의 스마트폰 중독에 미치는 영향. 한국심리학회지: 중독, 1(1), 31-53.

최복천, 임수경, 유영준(2014). 장애아동의 긍정적 기여가 부모의 양육부담에 미치는 영향에 관한 연구, 재활복지, 18(3), 73-93.

통계청(2019). 2018년 다문화 인구동태 통계. http://www.korea.kr/news/pressReleaseView.do?newsId=156359443

황영애, 정규석(2016). 사회유대요소가 청소년 스마트폰 중독에 미치는 영향: Hirschi의 사회유대이론을 중심으로. 사회복지 실천과 연구, 13(2), 145-178.

Appleby, G. A., Colon, E., & Hamilton, J. (2001). *Diversity, Oppression, and Social Functioning: Person-in-Environment Assessment and Intervention*. Boston: Allyn and Bacon.

Berry, J. W. (2003). Conceptual approaches to acculturation. In K. M. Chun, P. Balls Organista, & G. Martin (Eds.), *Acculturation: Advances in theory, measurement, and applied research* (pp. 17-37). American Psychological Association. https://doi.org/10.1037/10472-004.

Bowden, M. L., & Hopwood, N. J. (1982). Psychosocial dwarfism: Identification, intervention, and planning. *Social Work in Health Care, 7*(3), 15-36. https://doi.org/10.1300/J010v07n03_02.

Center for Disease Control (2019). Preventing Adverse Childhood Experiences (ACES): Leveraging the Best Available Evidence. https://www.cdc.gov/violenceprevention/pdf/preventingACES.pdf

Lum, D. (2007). *Culturally competent practice: A Framework for understanding diverse groups and justice issues* (3rd ed.). Thompson Brooks/Cole: Belmont, CA.

Murphy, M., Fiorillo, J., & Sullivan, A. (2014). The adverse childhood experiences (ACE) study and practice implications for attorneys for the child. Retrieved from https://ubir.buffalo.edu/xmlui/bitstream/handle/10477/25418/ACES%20Paper%20for%20AFC%20CLE.pdf

제7장

어려운 클라이언트 대상의 개입기술

이 장에서는 사회복지사가 상대하기 어려운 클라이언트들에게 효과적으로 개입하기 위한 기술과 전략들을 살펴보고자 한다. 이러한 클라이언트에, ① 비자발적인 클라이언트(예: 아동학대 · 가정폭력 · 노인학대 가해자 수강 명령을 받은 클라이언트, 보호관찰 명령을 받았거나 사회봉사를 해야 하는 클라이언트), ② 사회복지사를 대상으로 적대적 · 공격적 행동을 보이는 클라이언트, ③ 보호를 필요로 하는 클라이언트(예: 아동학대 피해아동, 가정폭력 피해여성, 노인학대 피해노인, 자살충동을 보이는 클라이언트, 타인을 해칠 위험이 있는 클라이언트 등)가 해당된다. 사회복지사가 이들 클라이언트를 대할 때는 많은 시간적 · 정서적 · 전문적 노력이 필요할 뿐만 아니라, 경우에 따라서는 적시에 적절한 도움을 제공하지 못함으로써 발생하는 결과에 대해서 책임을 져야 하기 때문에 세심한 주의를 기울이면서 개입할 필요가 있다. 이러한 클라이언트 가운데는 사회복지사의 자아존중감을 해치는 언행을 보여서 사회복지사의 **정서적 고갈** 혹은 **소진**을 유발하기도 한다. 나아가, 이들 클라이언트의 사례관리에 많은 시간과 노력이 소요되면서 효과적이고 효율적인 개입을 필요로 하기 때문에 이들 클라이언트를 맡고 있는 사회복지사는 막중한 업무 부담을 느끼게 된다. 이에 이 장에서는 어려운 클라이언트의 유형을 알아보고, 이들과 일하는 구체적인 방법을 파악하며, 사례를 통해 사회복지 실천기술을 적용, 연습해 보는 기회를 갖고자 한다.

1. 비자발적인 클라이언트

사회복지서비스를 필요로 하는 클라이언트 가운데는 자발적으로 도움을 요청하는 클라이언트가 있는 반면, 배우자나 가족 등 타인이나 법원, 법무부, 외부 기관(예: 아동학대예방기관, 회사) 등의 압력에 의해 서비스를 요청하는 비자발적인 클라이언트가 있다. 비자발적인 클라이언트가 법적 의무로 인해 서비스를 요청하는 반면, 법적 의무는 아니지만 타인의 압력에 의해 서비스를 요청하는 클라이언트(coerced clients: 배우자, 자녀, 종교인 등의 요청에 의해 서비스를 받는 클라이언트 등)도 있다(Kadushin & Kadushin, 1997). 이들은 사회복지서비스의 필요성을 전혀 느끼지 못하거나 매우 미약하게 느끼며, 서비스를 제공받는 것에 대한 거부감과 수치심도 매우 강하다. 즉, 외부 기관에 의해 자신의 문제를 강제적으로 노출시켜야 하는 이들 클라이언트는 자신의 문제를 회피하고, 면담의 목적을 흐리게 하고, 고의로 면담을 방해하거나 거부하기도 한다. 따라서 이러한 클라이언트가 사회복지실천의 초기부터 종결 단계까지 전 과정에 걸쳐 서비스를 받도록 돕기 위해서는 많은 어려움이 따를 뿐만 아니라 고도의 기술을 요한다. 루니(Rooney, 1992)는 의무적으로 혹은 비자발적으로 상담에 응해야 하는 클라이언트를 대상으로 서비스를 제공할 때 효과적인 개입방법을 설명하고 있으며, 이는 **과업중심모델**(제4장 참고)에 근거하고 있다. 이를 살펴보면 다음과 같다.

1) 사전 검토

이 단계에서 사회복지사는 비자발적인 클라이언트의 배경을 검토하는 것뿐만 아니라 사회복지사 자신의 태도와 생각을 검토해 본다. 클라이언트와 관련된 배경정보는 의뢰자(예: 보호관찰소, 교사, 부모)로부터 얻은 정보와 이전 기관이나 사회복지사 혹은 전문가로부터 얻은 정보를 포함한다. 특히, 이 단계에서는 법적으로 의무적인 상담을 받아야 하는지 검토하고, 기관의 정책상 클라이언트와 법적 외의 측면에서 협의할 수 있는 조건과 절대적으로 협의할 수 없는 조건은 어떤 것이 있는지를 파악한다. 이 과정에서 사회복지사는 클라이언트에 대한 자신의 태도를 점검해 볼 필요가 있다. 예를 들어, 비자발적인 클라이언트와 일하는 데 있어 사회복지사는 어떤 어려움을 느끼는지 자문자답해 봄으로써 전문관계 형성 및 원조과정의 어려움을 사전 점검할 수 있다.

클라이언트가 비록 강제적으로 혹은 비자발적으로 면담에 응하지만 사회복지사는 클라이언트의 권리에 대해서 설명해 주고 이를 이행했을 때의 결과도 설명해 줄 필요가 있다. 예를 들어, 보호관찰명령을 받고 있는 청소년이 의무규정에 따라 상담을 받아야 할 때 의무상 상담에 응할 수는 있지만, 최종적으로는 청소년 스스로 상담에 응할 것인지 그렇지 않을 것인지 결정할 권리가 있음을 설명해 주는 것이다. 청소년이 상담에 응한다면, 기관의 정책상 청소년과 협상이 가능한 부분(예: 상담료, 상담 횟수, 기간 등)에 대해 논의하고 주요 결정사항을 서로 검토해 본다.

2) 초기 상담

(1) 클라이언트의 관점에서 문제 이해

비자발적인 클라이언트와의 초기 상담에서 사회복지사는 클라이언트의 관점에서 문제를 이해하도록 노력해야 한다. 이는 클라이언트가 서술하는 문제의 원인과 촉발사건, 의뢰된 이유 등을 클라이언트의 관점에서 말하도록 하고 사회복지사는 이를 인정해 줄 수 있어야 한다. 사회복지사가 클라이언트의 관점을 이해한 후 클라이언트와 함께 앞서 검토한 의무사항을 설명하고, **자기결정권**을 설명해 주어 클라이언트 스스로 서비스를 제공받을 것인지 여부를 결정할 수 있도록 돕는다. 의뢰기관이 요구한 **의무사항**에는 상담 기간과 횟수, 주요 문제의 변화 정도, 클라이언트의 태도 및 변화 등이 포함되는데, 사회복지사는 기관에 의뢰된 클라이언트와 이 의무사항을 반드시 검토할 필요가 있다.

(2) 사회복지사의 역할 설명

비자발적인 클라이언트는 권력을 대표하는 사람으로 사회복지사를 인식하는 경우가 종종 있으므로 사회복지사와 권력기관(예: 보호관찰소)의 역할을 구별하여 설명할 필요가 있다. 또한 비밀보장의 의무와 권력기관에 보고해야 할 사항에 대해서도 명료하게 설명할 필요가 있다. 예를 들어, 보호관찰 청소년의 상담내용에 대해서는 비밀을 보장하지만, 상담 횟수와 상담 약속을 지키는지의 여부에 대해서는 보고 의무사항이므로 이를 보호관찰 직원에게 보고해야 함을 설명할 필요가 있다.

(3) 협상 가능한 부분 검토

클라이언트와 협상 가능한 부분에 대해서는 다양한 대안을 검토할 필요가 있다. 그리고 협의를 한 후에는 이를 문서로 작성하고 서명하도록 한다. 서명을 하도록 하는 이유는 의무사항에 대해 클라이언트가 책임을 진다는 것을 가시화하는 것으로, 자신의 행동에 대한 결과를 수용해야 함을 의미하는 것이다. 비자발적인 클라이언트와 일할 때 이는 민감한 부분일 수도 있다. 즉, 클라이언트는 이제까지 자신의 행동에 대해 책임을 져 본 적이 없거나, 의무사항을 이행하지 않았을 때 발생하는 결과의 중요성을 충분히 인식하지 못할 수도 있다. 따라서 클라이언트가 자신 및 사회복지사와 지켜야 할 사항에 대해 서명을 함으로써 책임을 인식하도록 하고, 그 책임을 다할 의무가 있음을 알리는 것이다.

이러한 과정에서 사회복지사는 클라이언트의 **자기결정권**을 인식시킬 필요가 있다. 이는 비자발적인 클라이언트가 자신에게는 아무런 선택권도 없고 강제로 상담에 임한다는 압박감을 줄여 주는 것이기도 하다. 이러한 자기결정권은 클라이언트가 해결하고자 하는 문제행동을 선택하는 것에도 적용된다. 즉, 클라이언트가 원하는 행동은 배우자나 가족, 사회가 원하는 행동과 일치하지 않는 경우가 대부분이다. 이런 가운데 상담과정에서 자신이 변화시키고자 하는 행동이 어떤 것이 있는지를 파악하도록 하고, 이것이 사회복지사와 협의될 수 있음을 상기시킬 필요가 있다. 루니(1992)는 이 과정에서 다양한 직면기술을 사용할 필요가 있음을 강조하고 있다.

(4) 클라이언트의 긍정적인 면 파악

클라이언트와의 면담과정에서 잊지 말아야 할 것은 클라이언트의 긍정적인 면 혹은 장점을 파악하고 이에 대한 지지를 보여 주는 것이다. 그리고 클라이언트와 신뢰관계를 구축하는 것은 면담을 효과적으로 진행하는 원동력이 될 수 있는데, 이를 위해서는 클라이언트에게 따뜻함을 보여 주며, 한 인간으로서 갖는 존엄성을 인정하고 존중하며, 변화 가능성을 인식시켜 주는 것이다. 특히, 클라이언트가 면담과정에서 보일 수 있는 부정적인 행동이나 범죄행동을 이해하고 인내할 수 있어야 하지만 이를 묵과해서는 안 될 것이다.

(5) 적극적 경청과 공감, 반영

사회복지사는 클라이언트의 이야기를 적극적으로 경청하는 자세가 필요한데, 특히 비자발적인 클라이언트에게는 이러한 **경청기술**과 공감이 절대적으로 중요하다. 특히, 상담 초기에 클라이언트와 라포를 형성하기 위하여 클라이언트들의 이야기를 인내하면서 들어 주고 이야기의 내용과 감정을 공감하고 들을 수 있어야 한다. 비자발적인 클라이언트는 사회복지서비스를 제공받기 위해 오는 과정에서 자신의 의견이나 감정, 사고를 제대로 표현할 기회를 부여받지 못한 경우가 많으므로 억눌린 감정과 억울함이 먼저 환기되어야 할 것이다. 적극적인 경청과 함께 클라이언트의 감정과 생각을 충분히 공감하고 반영하는 기술은 클라이언트에게 변화를 일으킬 수 있는 가장 기본적인 기법이다.

사례

종합사회복지관에서 일하는 당신은 사회복지사로서 최근 인근 고등학교의 선도부장 교사로부터 준기(가명)에 대해 상담 및 사회봉사의 의뢰를 받았다. 선도부장 교사에 따르면, 준기는 학교 내 금연 사항을 반복적으로 어겼을 뿐 아니라 잦은 무단결석 및 지각, 그리고 학교폭력 가담으로 인해 2주간의 사회봉사 명령을 받았다. 첫날 40분 늦게 복지관에 모습을 나타낸 준기는 피곤한 얼굴에 삼색 슬리퍼를 신고 있었으며, 몸에서는 담배 냄새가 진하게 났다. 간단한 인사 후에 준기는 2주간의 사회봉사가 꼭 필요하냐는 질문과 함께 자신이 학교폭력의 피해자이며, 학교에서는 누구도 자신의 이야기를 들어주지 않는다고 하였다. 그러면서 당신에게 사회봉사 명령 시간을 줄여 줄 것과 함께 자신의 상담에 대해 학교에 좋게 결과를 써 줄 것을 부탁하였다.

앞의 사례에 대해 다음을 생각해 보자.

① 당신이 준기의 사정을 위해 어떤 정보가 추가로 필요한지 그 질문 목록을 작성해 보자.
② 비자발적인 클라이언트인 준기를 의뢰한 학교 입장에서, 학교가 당신 기관에 요구한 사항은 무엇인지 정리해 보자.
③ 준기와 당신 기관이 상호 합의할 수 있는 사항은 무엇인가? 또한 준기와 당신의 기관이 합의할 수 없는 사항은 무엇인가?
④ 초기 상담에서 준기가 보다 적극적으로 상담에 임할 수 있도록 돕기 위한 방안을 동기면담이론(제5장 참고)을 적용하여 논의해 보자.
⑤ 준기가 요구한 사항, 즉 사회봉사 시간을 줄여 줄 것과 상담에 대한 결과를 좋게 써 줄 것에 대해 당신의 감정 및 생각을 정리해 보고, 당신의 감정 및 생각을 준기에게 어떻게 전달할 것인지 동료 학생들과 연습해 보자.

3) 중간 단계의 면담

(1) 클라이언트의 변화 속도에 맞춤

비자발적인 클라이언트가 문제의 진실을 얼마만큼 빨리 이야기하는가의 문제는 사회복지사와의 라포 형성과 깊은 관련이 있다. 이는 사회복지사가 클라이언트의 '속도'에 인내하면서 기다려 주는 것을 의미하는 것이다. 이 점은 특히 면담과정에서 중요하다. 즉, 사회복지사는 의뢰자, 특히 가족이나 교사 혹은 법원에게서 클라이언트의 행동과 생각, 태도가 즉각적으로 변화될 것을 종용받고, 이로 인해 조속한 변화를 유도해 내야 한다는 압박감이 있다. 이로 인해 사회복지사는 클라이언트에게 조급하게 개입하려고 시도하게 되고, 클라이언트의 상황과 생각, 감정을 이해하기보다는 사회복지사의 생각과 가치관을 클라이언트에게 인식시키기에 바빠 면담에 실패할 가능성이 높다.

(2) 직면기술의 사용

앞서 직면기술을 소개하였는데, 비자발적인 클라이언트와 라포 및 전문적 관계가 충분히 형성되었으면 클라이언트의 행동, 진술, 태도나 사고에서 나타나는 불일치적인 면, 비일관적인 면을 직면할 필요가 있다(직면기술 부분 참고할 것).

(3) 현재와 미래에 초점을 맞춤

비자발적인 클라이언트에게 과거의 부정적인 행동을 말하도록 하는 것은 클라이언트에게 많은 수치심과 죄책감을 불러일으킨다. 따라서 클라이언트가 과거의 잘못된 행동을 진술할 때는 그런 진술을 할 수 있었던 클라이언트의 용기에 대해 진정으로 감사할 필요가 있다. 한편, 클라이언트가 이런 잘못된 점을 인식하도록 돕는 것은 중요한 과제 중 하나이다. 하지만 비자발적인 클라이언트와의 면담과정 중간 단계에서는 면담의 초점을 과거가 아닌 현재와 미래에 두어야 할 것이다. 특히, 발달과 성장 가능성이 많은 클라이언트에게 희망을 불어넣어 주고 미래를 자신의 계획에 맞춰 긍정적으로 이루어 갈 수 있도록 돕는 일은 중요하다. 이를 위해서는 클라이언트가 가지고 있는 생각에서 장점과 긍정적인 면을 스스로 파악하고 이를 향상시킬 수 있는 구체적 방법을 모색해 나가는 것이 중요하다.

(4) 권익옹호

비자발적인 클라이언트도 일반 클라이언트와 마찬가지로 삶의 많은 영역에서 억압과 차별을 경험하게 된다. 따라서 이들의 **권익옹호**를 위한 사회복지사의 활동은 비자발적인 클라이언트와의 관계를 더욱 돈독히 할 수 있는 기회를 제공해 준다.

4) 비자발적인 클라이언트와의 면담 지침

카두신과 카두신(Kadushin & Kadushin, 1997)은 앞서 언급한 루니(1992)의 지침을 바탕으로 비자발적인 클라이언트를 대상으로 다음과 같은 면담 지침을 제공하였다.

① 비자발적인 클라이언트에 대한 사회복지사 자신의 태도를 인식한다.
② 비자발적인 클라이언트를 의뢰한 기관과 사회복지사의 관계 및 의무사항을 이해한다.

③ 의뢰기관에서 비자발적인 클라이언트에게 요구한 의무사항과 제한사항을 파악한다.

④ 모든 면담에서처럼 클라이언트와 긍정적인 관계를 형성하는 기본적인 태도와 접근 방법을 활용하도록 하되, 특히 비자발적인 클라이언트와의 긍정적 관계는 매우 중요함을 인식한다.

⑤ 사회복지사의 온화함과 클라이언트에 대한 존경심은 비자발적인 클라이언트가 면담에 가지고 올 수 있는 부정적이고 반항적인 분노의 감정에 대한 공감적 이해를 촉진시키는 의사소통 방법이 된다. 이는 클라이언트의 저항감을 감소시키게 된다.

⑥ 사회복지사는 사회복지사-클라이언트의 관계에 부여된 법적 요구사항과 한계 그리고 이에 대한 결과에 따라 행동할 의무가 있음을 클라이언트에게 분명하게 표현한다.

⑦ 법적 의무사항 내에서 비자발적인 클라이언트가 선택할 수 있는 다양한 대안을 제시하고 이를 선택할 수 있는 자유가 있음을 밝히고 이를 존중한다.

⑧ 클라이언트가 염려하는 문제나 상황을 해결하기 위해 기관에서 제공하는 서비스 가운데 어떤 도움을 받기 원하는지 적극적으로 탐색한다.

⑨ 기관에서 제공할 수 있는 서비스와 클라이언트가 원하는 서비스가 일치할 수 있도록 하기 위해 사회복지사는 클라이언트의 적이 아니라 동지가 되도록 노력한다.

⑩ 초기 면담이 강제성을 띤 것이지만 희망이 있음을 인식할 수 있도록 돕는다. 이러한 관계 형성이 변화를 유발할 수 있다(p. 367).

준기(가명) 사례 (계속)

여러 번의 면담을 통해 당신은 준기에 대해 몇 가지 정보를 수집할 수 있었다. 우선 준기는 외조모와 같이 사는 조손가정 학생으로, 임대주택 아파트에서 생활하고 있다. 준기는 초등학교 3학년 때부터 외조모와 같이 생활하였으며, 그의 친모에 대한 정보는 모른다고 하였다. 하지만 조모와의 면담을 통해 준기는 재혼한 친모와 지속적으로 연락을 취하고 있으며, 가끔 용돈도 받은 사실을 알게 되었다. 준기는 온라인 게임의 아이템을 구입하기 위해 게임머니를 필요로 하였는데, 용돈이 부족하자 다른 학생들에게 게임머니를 빌려 줄 것을 요구하였고, 자신의 요구가 충족되지 않으면 지속적으로 다른 학생들에게 종용하면서 괴롭혔다. 준기는 자신은 실제로 게임머니를 빌린 것으로, 자신이 일부 학생에게 게임머니를 갚았던 증거가 있다고 주장하였다. 또한 준기는 학교 담임교사가 자신을 미워했기 때문에 학교폭력을 신고한 학생의 편을 들어 선도위원회에 회부하여 가혹한 처벌을 받게 된 것이라며, 담임교사를 교체해 주거나 다른 학교로 전학시켜 달라고 요구하였다. 하지만 학교의 주장은 달랐다. 학교 선도부장 교사의 말에 따르면, 준기는 빌린 돈의 극히 일부만 장기간에 걸쳐 갚았으며, 실제 피해액은 더 많을 뿐 아니라 인근의 초등학생들을 대상으로 돈을 가져오라고 한 적도 있다고 하였다. 준기는 계속해서 자신이 억울한 사람이며, 자신이 부모와 같이 고급 아파트 단지에 살았다면 학교로부터 이러한 무시를 받지 않았을 것이라 주장하였다. 한편 학교는 당신에게 준기의 처벌은 이번이 마지막으로 다음에 준기가 문제행동을 일으키면 도시형 대안학교로 강제 전학을 시키겠다고 하였다.

준기(가명)의 사례에 대한 정보를 바탕으로 다음을 생각해 보자.

① 당신은 준기가 변화될 준비가 되었다고 생각하는가? 그렇지 않다면 그 이유는 무엇인가?
② 준기의 강점은 무엇인가? 또한 준기의 변화 가능성이 있다면 어떤 점에서 그렇게 생각하는가?
③ 현재까지의 사정을 토대로 준기의 사례를 대하는 자신의 태도, 감정, 사고는 무엇인가? 당신의 개인적 · 가족적 · 사회문화적 배경은 준기와 일하는 데 어떻게 영향을 주는가?
④ 준기와 같은 클라이언트와 일하는데 있어, 당신은 어떻게 직면기술을 사용할 것인가? 준기를 대상으로 직면기술 및 그 외의 기술을 사용하기 위한 질문 목록을 작성해 보고, 이를 토대로 동료 학생들과 함께 역할극을 통해 연습해 보자.
⑤ 당신은 준기 학생을 위해 권익옹호활동이 필요하다고 생각하는가? 그 이유는 무엇이며, 어떤 영역에서 권익옹호활동이 필요한가?

2. 클라이언트의 적대적 · 공격적 · 폭력적 행동 다루기

사회복지사가 클라이언트에게 도움을 제공하고 클라이언트를 돌보는 것은 중요한 업무이지만 사회복지사 자신의 안전에도 관심을 가질 필요가 있다. 특히, 클라이언트의 적대적 · 공격적 · 폭력적 행동은 인간으로서의 사회복지사의 기본적인 안전에 위협을 준다. 클라이언트가 사회복지사를 대상으로 보일 수 있는 폭력적 행동을 **'클라이언트 폭력'**이라 하고, 이에는 ① 언어 및 정서적 폭력, ② 신체적 폭력, ③ 성적 폭력, ④ **경제적 폭력**이 포함된다(보건복지부, 한국사회복지협의회, 2017). 우선, 언어 및 정서적 폭력은 사회복지사의 존엄성에 부정적인 영향을 미치는 언어적 · 정서적 괴롭힘을 의미하며, 이에는 욕설, 모욕, 언어적 협박, 비하적인 발언 등을 포함한다. 신체적 폭력에는 신체적 상해의 시도 혹은 실제 피해를 입히는 공격적인 행동을 의미하며, 깨물기, 꼬집기, 멱살 잡기, 밀치기, 무기 사용 등을 포함한다. 그리고 성적 폭력에는 사회복지사를 성적으로 괴롭히는 언어적 · 물리적 행위가 있고, 성희롱, 성추행, 강제추행, 스토킹 등도 포함한다. 마지막으로 경제적 폭력은 사회복지사 및 기관의 물건이나 자산을 파손하거나 강제로 빼앗거나 훔치는 경우를 의미하며, 이에는 기물파손, 절도, 물품갈취 등을 포함한다.

한편, 사회복지 생활시설이나 이용시설에서는 **클라이언트 간의 폭력**도 발생한다. 클라이언트 간의 폭력도 앞서 기술한 클라이언트 폭력의 네 가지 유형이 포함된다. 하지만 클라이언트 간의 폭력에 대해 생활시설에서는 입소자들의, 그리고 이용시설에서는 이용자들의 기본적인 안전을 책임져야 한다는 측면에서 사회복지사는 클라이언트 간의 폭력 예방에도 주의를 기울일 필요가 있다.

클라이언트의 적대적 · 공격적 · 폭력적 행동을 다루기 위해 사회복지사는 자신의 안전에 주의를 기울여야 하며, 기관은 쾌적한 업무환경이 될 수 있도록 필요한 내부 지침과 정책을 개발 · 교육 · 시행할 필요가 있다. 최근 사회복지시설 종사자를 대상으로 한 다양한 형태의 폭력이 발생함에 따라 관련 정부부서와 사회복지 전문기관에서는 이에 따른 위기대응 매뉴얼을 개발하고 구체적인 지침을 마련하고 있다. 클라이언트의 폭력을 예방하기 위해 기관에서는 사회복지사의 안전과 사생활을 보장할 수 있는 배려와 필요한 보안체계를 마련할 필요가 있다. 이에는 개별 사회복지사의 개인소지품을 보관할 수 있는 사물함과 함께 비상연락망, 비상조치(기관 내 응급 시 사용하는 암호 포함), 경찰과의 긴급연락체계, 경보(alarm) 시설, 폐쇄회로 TV, (비디오폰이 부착된) 출입문 개폐 방법 등이 포함된다. 또한 클라이언트가 공격적인 행동을 보일 경우를 대비한 가구 배치, 긴급 대피장소, 면담실과 외부와의 연락망, 곧바로 나갈 수 있는 문 등을 고려할 필요가 있다(Gambrill, 1997).

적대적 · 공격적 · 폭력적 행동을 보일 가능성이 있는 클라이언트를 대상으로 일을 할 때 사회복지사의 어떤 개입이 정당화될 수 있는지, 어떤 방법으로 클라이언트가 반응할 것인지 그리고 사회복지사는 만약의 사태에 대비해 어떤 준비를 할 것인지 고려해 볼 필요가 있다. 또한 실제 폭력상황이 전개되었을 때 경찰에게 개입을 요청할 것인지에 대한 기관의 지침이 있어야 할 것이다. 한편, 기관에서는 개인 및 기관의 안전을 위해 다양한 법률적 자문을 받을 필요도 있다. 즉, 사회복지사의 자기방어 행동과 기관의 대응이 법적 테두리 안에서 보호받을 수 있는 것인지, 그 범위는 어느 정도인지, 범위를 벗어난 행동에는 어떤 것이 있는지, 그리고 민 · 형사적 고소 혹은 고발하거나 클라이언트의 고소고발에 대응하기 위한 방안은 어떤 것인지에 대해 지침을 마련할 필요가 있다. 아쉽게도 국내 사회복지 실천현장에서는 이에 대한 구체적인 법률적 지침이 전무한 상황으로 이에 대한 대책 마련이 시급한 상황이다.

사회복지사 가운데는 사회복지사의 잘못으로 인해 클라이언트가 폭력적인 행동을 일으켰다고 자책하는 경우도 있다. 이런 경우 사회복지사의 잘못된 행동을 기관 내부에서 공개적으로 논의함으로써 재발방지에 힘쓸 필요가 있다(Trevithick, 2000). 나아가 기관에서 클라이언트 폭력의 피해가 발생한다면 이를 최소화하거나 회복, 복구하는 데 필요한 절차 등을 마련할 필요가 있다. 최근 사회복지 실천현장에서는 사회복지사들의 쉼과 회복을 위한 다양한 지원 프로그램을 지원하고 있다.

클라이언트의 공격적 · 폭력적 행동을 다루는 방법 가운데 가장 좋은 방법은 클라이언트가 이러한 행동을 대화로 해결할 수 있도록 유도하는 것이다. 이는 클라이언트나 사회복지사 모두가 원하는 해결방안이다. 클라이언트 가운데는 자신들이 불공평하게 취급받았다고 인식하여 불평이 많을 수 있으므로 이를 해결하는 수단으로 폭력행동을 보일 수 있다. 따라서 사회복지사는 이들의 불평을 개방적인 태도로 경청하고 해결 가능한 수준에서 이를 수용할 수 있어야 한다(Trevithick, 2000). 이를 위해서는 클라이언트에 대한 존경심이 표현될 필요가 있다. 즉, 적극적인 경청의 자세와 함께 클라이언트가 침착해질 수 있도록 협조적인 태도를 보이는 것이 중요하다(Gambrill, 1997).

사회복지사는 클라이언트와의 면담을 위한 사전준비 과정에서 클라이언트가 이전에 폭력적인 행동을 보였는지를 점검할 필요가 있다(Gambrill, 1997). 특히, 의뢰기관이나 이전의 사회복지사 및 전문가의 정보를 토대로 클라이언트의 폭력 관련 배경 및 과거력, 구체적인 정보를 파악할 필요가 있다. 이러한 클라이언트를 다루기 위한 방법 가운데 하나는 클라이언트가 보이는 **전조현상**을 파악하는 능력을 향상시키는 것이다. 즉, 클라이언트의 목소리가 커진다든지, 홍분한 얼굴을 보인다든지, 안절부절못하는 모습, 폭력적인 행동을 할 것처럼 주먹을 쥔다든지, 무기가 될 만한 물건을 찾는 등의 모습이 이에 해당한다. 또한 클라이언트가 원치 않는 정보에 대해 피드백을 제공하거나 클라이언트의 요구사항을 거부하는 것은 클라이언트의 감정을 더욱 악화시키는 것이 된다(Gambrill, 1997). 사회복지사는 클라이언트의 부당한 요구나 언어적 · 정서적 폭력에 대해 자기주장기술을 활용하여 자신의 의견을 단호하면서도 정확히 전달할 필요가 있다. 더군다나 사회복지사의 개인적 · 전문적 특성을 무시하는 언행에 대해 상대방의 의견을 존중하면서도 정확하게 자신의 의견을 전달할 필요가 있다.

클라이언트의 폭력적인 언행이 실제 발생한 경우, 사회복지사는 자신의 안전 및 주변인(다른 클라이언트 포함)의 생명보호 및 안전에 각별히 유의할 필요가 있다. 이러한 안전조치가 취해지고 상황이 어느 정도 정리되었다면, 사회복지사는 이 일로 인해 사회복지사가 얼마나 경악하였는지 클라이언트에게 알림으로써 문제상황을 해결할 수 있는 시작점을 만들 수 있다. 또한 클라이언트가 보인 행동들이 그들이 원하는 문제를 해결하는 최선의 방법이 아니며, 나아가 그런 행동으로 인해 원하는 바를 해결할 수 있는 것도 아니며, 오히려 부정적인 결과를 초래할 수 있다는 점을 상기시킬 필요가 있다. 하지만 주의해야 할 점은 지나치게 부정적인 결과를 강조하다 보면 클라이언트가 역으로 위협을 느끼게 되어 상황을 악화시킬 수 있는 것이다. 따라서 상호 간의 존중을 전제로 대화로 해결할 수 있는 방법을 모색하는 것이 최선의 해결방법이다(Trevithick, 2000).

상황을 진정시키기 위해서는 잠깐의 휴식(time-out)을 갖는 것도 필요하다. 하지만 필요한 경우에는 적절한 도움을 요청해야 하는데, 이때 슈퍼바이저나 경찰에 도움을 요청할 수도 있다. 그러나 무엇보다 중요한 것은 사회복지사 개인의 안전이므로 위급하면 그 상황을 벗어나도록 노력해야 한다(Gambrill, 1997).

사례

오로지(가명) 씨는 48세의 남성으로 아동보호전문기관의 사례관리 팀에 의해 도움을 받고 있다. 오로지 씨는 약 6개월 전 아들(당시 12세)을 심하게 때린 것으로 인해 경찰에 신고되어 아동보호전문기관에 의뢰되었으며, 현재 법원으로부터 아동학대 가해자 수강명령을 받고 인근 보호관찰소에 월 1회 보호관찰관을 면담한다. 오로지 씨의 아들은 신체학대로 골절상을 입어 약 3개월간 병원에서, 그리고 현재는 학대피해 아동을 위한 공동생활가정에서 보호를 받고 있고 기초생활수급자로 지정되어 있으며, 지자체에서 제공하는 추가적인 양육비를 지원받고 있다.

아동보호전문기관의 사례관리 팀에서 일하는 당신은 오로지 씨와의 면담을 통해 몇 가지 정보를 수집할 수 있었다. 14년 전에 결혼한 오로지 씨는 잦은 말다툼과 경제적 어려움으로 인해 아내와 이혼한 후 아들을 혼자 키워 왔다. 최근 아들이 숙제를 잘 하지 않는다는 교사의 말에 오로지 씨는 아들에게 '좋은 말'로 타일러 왔으나 아들이 밤에 늦게 돌아다니는 것이 자주 목격되고 학교에서 문제행동이 심해지면서 '가벼운' 손찌검을 하게 되었다고 한다.

지난 4개월간 사례관리를 해 온 당신은 최근 오로지 씨를 만나는 데 불편함이 증가하게 되었다. 우선, 오로지 씨는 당신에게 자주 "젊은 여자가 아들 키우는 것에 대해 뭘 알겠느냐?", "결혼도 하지 않은 여성이 자신과 같은 남성의 가정사에 대해 꼬치꼬치 묻는 이유가 자기에게 관심이 있어서 그러는 것 아니냐?"와 같은 말을 자주 하였다. 나아가 오로지 씨는 최근에는 "집에 식량이 떨어져서 먹을 것이 없다.", "생활비가 부족하여 아는 사람에게 빌리려고 해도 빌려 줄 사람이 없고, 신용불량자라서 대출도 어렵다."는 등의 말을 하면서 기관에서 돈을 빌려 줄 수 없냐고 문의했다. 당신이 오로지 씨에게 아동보호전문기관이 그러한 대출을 해 줄 수 없다는 것을 얘기하면서 후원자를 통해 지원을 할 수 있는지 알아보겠다고 하자, 오로지 씨의 태도는 매우 부드러워졌다. 하지만 후원자를 통한 지원이 생활비에 턱없이 모자라자 오로지 씨는 2주 후 당신에게 추가적인 재정적 도움을 요청하였다. 기관을 찾아온 오로지 씨를 면담하는 과정에서, 당신이 재정 지원의 자원이 여의치 않다고 답하자 오로지 씨는 당신이 해 주는 일이 아무것도 없다며 상관을 만나게 해달라고 고함을 쳤다. 당신이 일하는 기관장이 사무실에 없는 것을 안 오로지 씨는 다음에 다시 오겠다며 나갔다. 일주일 후 사무실에 나타난 오로지 씨는 하얀 통을 하나 들고 나타났는데, 당신은 즉각 휘발성이 강한 냄새가 나는 것을 감지하였다.

오로지(가명) 씨의 사례를 통해 다음을 생각해 보자.

① 당신이 오로지 씨의 사례담당자라면, 남자로서 혹은 여자로서, 당신은 오로지 씨의 사례에 대해 어떤 생각과 감정, 태도를 갖고 있는가? 당신이 오로지 씨의 사례에 대해 부정적 생각, 감정, 태도를 갖게 된다면 그 원인은 무엇인가?

② 당신은 오로지 씨의 사례를 사정하고 개입할 때 어떤 추가적인 정보를 필요로 하는가? 이에 대한 질문 목록을 작성해 보고, 개방질문 및 폐쇄질문, 탐색질문 등을 활용하여 의문문으로 작성해 보자.

③ 오로지 씨의 요구사항이나 언행은 클라이언트의 폭력에 해당하는가? 그렇게 생각하는 이유는 무엇이며, 그렇지 않다고 생각하는 이유는 무엇인가?

④ 오로지 씨가 요구하는 사항이 기관 차원에서 지원하기에 합당한 지원인가? 오로지 씨의 요구를 수용할 수 없다면 그 이유는 무엇인가? 오로지 씨의 요구를 수용 가능하다면 어떤 자원을 활용할 수 있는가? 사례관리자로서 기관의 상황을 생각하며 이 문제에 대해 답해 보자.

⑤ 오로지 씨가 고함을 지르는 상황, 그리고 하얀 통을 들고 나타난 상황에 대해 개인적으로 어떤 대응이 필요하다고 생각하는가?

⑥ 당신이 이제까지 배운 다양한 사회복지 실천기술 가운데 오로지 씨와의 면담에서 효과적으로 활용할 수 있는 기술은 무엇인가? 당신이 해당 기술을 사용할 때 주의해야 할 점은 무엇인가?

⑦ 오로지 씨의 사례를 통해 개인적 차원과 기관적 차원에서 준비할 수 있는 예방적 대책 및 사건 발생 시의 구체적 대응방안을 알아보자.

3. 보호와 통제하기

사회복지사는 종종 이중적인 역할, 즉 클라이언트를 돌보는 한편 사회적 통제의 매개인 역할을 한다(Coulshed & Orme, 1998). 사회복지사가 클라이언트를 보호하고 통제하기 위해 어느 정도 사회로부터 권한을 위임받았는지에 대해서는 아직도 논란이 일고 있다. 예를 들어, 우리나라의 아동보호전문기관의 사회복지사는 학대당하는 아동을 보호하기 위해 아동을 부모로부터 분리해야 할 경우가 있지만, 많은 가해부모들이 이러한 사회복지사의 권한을 이해하지 못하는 사례가 보고된다. 아동학대의 경우, 「아동복지법」 및 최근 입법된 「아동학대범죄의 처벌 등에 관한 특례법」에 법적 근거를 두고 있기 때문에 사회복지사는 이를 토대로 사회적으로 위임받은 권한을 사용할 수 있으며, 보건복지부에서 제시한 '아동보호사업업무 안내'와 기관 자체의 내부 지침 및 운영기준은 사회복지사의 권한을 사용하는 데 필요한 나침반 역할을 한다. 따라서 사회복지사는 대상 클라이언트와 관련된 법적 근거와 이에 따른 기관의 정책과 규정을 충분히 숙지하고 활용할 수 있어야 한다.

보호와 관련된 사항 가운데 하나는 **비밀보장**이다. 절대적인 비밀보장이 필요한 경우가 있는 반면, 상대적인 비밀보장이 필요할 수도 있다. 특히, 외부 기관과의 업무 연락이 있는 경우, 일반적으로는 클라이언트의 일차적인 동의를 전제로 하고 있지만 경우에 따라서는 절대적인 비밀보장이 안 될 경우도 있다. 이러한 측면에서 기관에서는 비밀보장과 관련한 자체적인 업무규정을 갖출 필요가 있다.

사회복지사는 종종 사회적 통제의 매개인으로 활동하게 된다. 가장 대표적인 예가 교정복지와 정신보건사회복지에서 찾아볼 수 있다. **교정복지**는 일반인의 범죄(혹은 청소년의 비행)를 예방하고, 재소자들의 수감생활 적응을 향상시키며, 범죄 재발을 방지하고, 올바른 사회적응 및 복귀를 통해 건전한 시민으로 생활하는 것을 주목적으로 하고 있다. 하지만 교정복지에 대한 비판 가운데 하나는 교정복지가 범죄자들을 사회적으로 통제하는 수단으로 인식하고 이들을 교정시설에서 관리토록 함으로써 사회에 대한 잠재적인 위험을 최소화한다는 것이다. 이와 비슷하게 정신질환을 앓고 있는 장애인이 사회에 미칠 잠재적인 위험을 최소화하고자 이들을 집단시설에 수용, 통제하는 것은 사회의 기본 질서를 유지코자 하는 목적에 부합될 수 있지만, 이러한 역할을 사회복지가 일부 감당하고 있다는 점에서 비판의 대상이 되기도 한다.

사회복지에서 보호를 필요로 하는 클라이언트는 착취, 학대, 방임 등을 경험하는 클라이언트와 자해 혹은 타해의 위협을 보이는 클라이언트로 구분된다. 이에 비해 착취, 학대, 방임의 가해자에 대해서는 사회적 통제를 필요로 하며, 자해 혹은 타해의 위협을 보이는 클라이언트를 잠재적 위험으로부터 보호하고 동시에 통제해야 할 필요가 있다.

1) 착취 · 학대 · 방임으로부터의 보호

우리나라는 1998년의 「가정폭력방지 및 피해자보호에 관한 법률」, 2000년의 「아동복지법」 개정과 2004년의 「노인복지법」 개정, 2004년 「학교폭력예방 및 대책에 관한 법률」의 제정, 2000년 「청소년의 성보호에 관한 법률」, 2014년 「아동학대범죄의 처벌 등에 관한 특례법」 등 가정폭력, 아동학대, 노인학대, 학교폭력, 성착취 등으로부터 아동과 청소년, 배우자, 노인 등이 보호를 받을 수 있도록 조치하고 있다. 이에 따라 이들을 보호할 수 있는 법적 근거와 제도가 마련되었거나 마련되어 가고 있는 중에 있으며, 사회복지사의 상당수가 이들을 보호하는 업무에 종사하고 있다. 사회복지에서는 이러한 착취, 학대, 방임을 경험하는 클라이언트를 취약집단으로 구분하여 적극적으로 보호하도록 노력해 왔으며, 이에는 아동, 지체 및 정신장애인, 노약자, 폭력(성폭력 포함) 피해자 등이 포함된다. 이들 클라이언트 가운데는 자신의 보호에 대한 욕구를 충분히 표현하지 못할 수 있는데, 이는 보호에 대한 욕구를 표현하는 것 자체가 또 다른 위험을 초래할 것이라는 두려움과 공포감에 싸여 있기 때문이다.

이들 클라이언트에 대한 개입전략은 이들의 일차적 욕구인 안전 및 보호에 대한 욕구를 충족시킬 수 있는 조치(예: 쉼터에서의 의식주 제공, 성폭력 피해자를 위한 즉각적인 의료검진 등)를 마련하는 것이다. 또한 폭력이나 학대로 인한 즉각적인 피해를 최소화하고, 제2의 피해를 예방하기 위해 계획을 마련하고 적절한 도움을 요청할 수 있는 지지체계를 마련하는 것이다. 예를 들어, 아동학대의 피해아동에게는 학대로부터 안전한 곳에서 보호받을 수 있도록 하고, 제2의 피해가 발생할 것에 대비해 누구에게, 어떤 방법으로, 어떻게 도움을 요청할 것인지를 교육할 수 있다. 또한 피해로 인한 충격을 최소화하기 위해 피해 상황에 대해 편안하게 이야기할 수 있는(debriefing) 기회를 제공할 수 있다. 나아가, 당시에 아동이 취한 조치(예를 들어, 학대에 협조한 경우)가 당시의 상황에서는 최선책이었다는 점을 인식시켜 줄 수 있다(Faller, 1993; Urquiza & Winn, 1993).

카두신과 카두신(1997: 382-383)은 성학대 피해아동을 면담할 때 '할 것'과 '하지 말 것'을 구분하여 제시하였는데, 이를 표로 재구성하면 〈표 7-1〉과 같다.

표 7-1 성학대 피해아동 면접 지침

할 것(Do's)
1. 객관적이고 비심판적인 태도를 보인다. 2. 아동을 면담하기 전 현존 모든 자료를 검토한다. 3. 아동이 당신과 당신의 면담 목적에 대해 알고 있는 것이 무엇인지 파악한다. 4. 아동이 학대 사실을 폭로한 후 가능한 한 빠른 시간 내에 면담을 한다. 아동이 어릴수록 이 문제는 매우 중요하다. 5. 가급적 아동 혼자만을 면담한다. 아동을 홀로 면담하는 이유와 과정을 면담 전에 부모나 보호자에게 설명한다. 6. 중립적이면서 조용하고 편안한 환경을 선택한다. 7. 가해 용의자가 면담 장소 주변에 있지 않도록 확인한다. 8. 면담 전에 아동의 발달수준과 의사소통기술을 확인한다. 9. 아동과의 라포 형성을 위해 시간을 할당하고 중립적인 주제에 대해서 놀이를 하거나 이야기할 수도 있음을 아동이 알도록 한다. 10. 사회복지사의 스케줄이 아닌, 아동의 스케줄에 맞추어 면담시간을 선택하도록 한다. 11. 아동에게 사회복지사(면담자)의 역할에 대해 설명한다. 12. 아동에게 무슨 일이 발생하였는지 아동이 쓰는 말로 설명하도록 격려한다. 13. 아동에게 면담에 적절한 지시사항을 설명한다. 14. 아동이 학대 사실을 폭로하는 데 방해가 되었거나 못하게 하였을 때 생길 수 있는 염려가 무엇인지 파악한다. 15. 심층면담기법(funnel interview)을 활용한다. 16. 가급적 폭로 사실에 대해 먼저 말하도록 하고 인형이나 그림, 기타의 도구는 후에 사용하도록 한다. 17. 어린 아동을 면담할 때는 명확하게 하기 위해 (조심해서) "어떻게 했는지 보여 줄 수 있니?"라고 묻는다. 18. 아동이 활용하는 단어를 사용한다. 아동의 발달연령에 맞는 언어를 쓴다. 아동의 시간에 대한 감각을 이해한다.

19. 아동이 시간, 장소, 관계, 사건 등에 대한 지남력을 가질 수 있도록 하기 위해 지도, 그림, 도형, 비디오, 텔레비전 쇼 등을 활용한다.
20. 추가적인 면담이 필요할 수 있음을 알리고, 아동이 많은 노력을 기울여 준 것에 대해 감사하면서 면담을 종결한다.

하지 말 것(Don'ts)

1. 아동에게 한쪽 방향으로 영향을 미칠 수 있는 사람을 면담에 참여시키지 않도록 한다. 이에는 아동학대의 피해자인 형제자매도 포함된다.
2. 아동이 허락하지 않는 한 아동을 만지지 않으며, 아동의 공간을 침범하지 않도록 한다.
3. 아동과 라포를 충분히 형성하지 않았거나 아동이 민감한 문제에 대해 대화할 준비가 되었다고 생각되지 않는 한 이 문제를 가지고 면담을 시작하지 않는다.
4. 아동의 주의력보다 긴 시간 동안 아동을 면담하지 않도록 한다. 쉬는 시간을 갖는다.
5. 서둘러서 면담하지 않도록 한다.
6. 유도질문이나 제안질문을 하지 않도록 하고 다른 대안적인 질문을 활용한다. 유도질문이나 제안질문을 하게 되면 아동에게서 얻은 정보를 신뢰할 수 없다. 아동에게서 얻은 정보를 다른 곳에서 얻은 정보와 일치하는지, 상반되는지 비교해 봄으로써 신뢰성을 측정한다.
7. 질문을 반복하는 이유를 설명하지 않는 한 같은 질문을 반복하지 않도록 한다.
8. '왜' 질문을 피하도록 한다. '왜' 질문은 죄책감이나 책임감을 유발시키는 경향이 있다. 또한 '왜' 질문에 답하는 것은 아동이 갖고 있지 못한 기술을 요구한다.
9. 아동이 학대 사실을 폭로할 때 그 사실에 대해 관심 보이는 것 이외에 다른 반응을 보이지 않도록 한다.
10. '잘했어.', '네가 그 말을 해서 나는 참 기쁘다.'와 같은 축구, 강화방법을 사용하지 않는다.
11. 아동이 학대 사실을 폭로한 것에 대해 음식, 장난감 혹은 부적절한 보상물로 아동을 유인하지 않는다.
12. 지킬 수 없는 약속을 하지 않는다.
13. 아동이 '잘못했다.' 혹은 '문제를 유발했다.'는 생각이 들지 않도록 한다.
14. 학대 사실을 입증하거나 설명하기 위해 옷을 벗도록 요구하지 않는다.
15. 여러 명(gang-interview)이 동시에 아동을 면담하지 않도록 한다. 아동보호전문기관 직원과 경찰관으로 충분하다.

출처: Kadushin, A., & Kadushin, G. (1997). *The Social Work Interview: A Guide for Human Service Professionals* (4th ed., pp. 382-383). New York: Columbia University Press.

2) 자살예방을 위한 개입전략

10대 청소년과 청년기, 노년층은 자살의 고위험군에 해당한다. 특히, 우리나라에서 최근 나타나는 사회지도층의 자살, 성적비관에 따른 자살, 경제파탄으로 인한 가족동반자살, 그리고 노인층의 신체적 건강 악화로 인한 자살은 자살의 심각성과 독특한 문화적 특성을 반영한 것이다. 자살을 생각하거나 시도하는 클라이언트를 안전하게 보호하는 것은 사회복지사의 의무 가운데 하나이다. 따라서 사회복지사는 클라이언트의 상황에 적절한 임상적 · 법적 보호책을 마련해 놓아야 하며, 자살을 생각하거나 시도하려는 클라이언트를 보호할 개입전략을 숙지해야 할 필요가 있다. 여기서는 자살을 생각하는 클라이언트의 증상이나 변화에 대한 고찰은 독자들에게 맡기고 구체적인 개입전략을 살펴보았다.

쉐이퍼 등(Sheafor et al., 1997)은 자살위험이 있는 클라이언트를 위한 지침을 다음과 같이 제공하였다.

① 자살에 관한 모든 메시지는 심각하게 받아들여야 한다. 잘못된 속설[1]을 믿지 않도록 한다.
② 자살에 관한 간접적인 표현(예: 난 여기 오래 머물러 있지 못할 것 같다 등)에 주의를 기울인다.
③ 자살을 하려는 사람은 살려는 욕구와 죽음을 통해 고통을 벗어나고자 하는 양가감정을 경험하므로 이에 주의를 기울인다.
④ 자살을 생각하는 사람과 의사소통할 때 단순하고 직접적인 질문을 한다(예: "죽고 싶은 생각이 든 적이 있나요?", "어떤 방법으로 자살하려고 합니까?" 등).
⑤ 왜 그 사람에게 삶이 지금 그렇게 고통스럽고 하찮은 것으로 느껴지는지 이해하도록 노력한다.

1) '말로만 자살을 하겠다고 해 놓고 실제로 실천에 옮기지 않겠지.', '미친 사람이나 자살을 하려고 한다.'는 속설(10% 정도만이 정신이상자), '그까짓 문제를 가지고 자살을 하겠어?' 하는 안이한 태도, '자살을 하려는 사람은 아무도 말리지 못한다.'는 속설, '자살을 하면 모든 문제가 해결되리라.'는 자살자의 잘못된 신념, '자살은 누구나, 특히 청소년기에는 한 번쯤 생각할 수 있다.'는 생각, '자살을 함으로써 죽은 자의 곁에 가까이 가겠다.'는 생각 등이 있다.

⑥ 자살을 할 구체적인 방법을 선택했는지 판단한다. 또 그러한 방법에 클라이언트가 가까이 접근할 수 있는지 결정한다. 자살방법을 선택하고 그 방법에 접근할 수 있다면 그 위험이 높은 것이다.
⑦ 구체적인 자살계획을 수립했는지 판단한다.
⑧ 자살방법의 **치명성**을 판단한다.
⑨ 과거에 자살을 시도한 적이 있는지 판단한다. 과거에 시도한 경험이 있다면 위험성은 더 커진다.
⑩ 최근 자살을 생각하게 만드는 사건과 그 사건이 주는 의미를 파악한다.
⑪ 자살 생각을 하는 사람은 '**협소한 생각**(tunnel vision)'을 가질 수 있으므로 이러한 고통을 다룰 대안적인 방법을 모색하도록 돕는다.
⑫ 자살하려는 사람이 위급한 시기에 의지할 사람이 있는지 파악한다. 특히, 배우자와의 사별, 이혼, 이별은 자살의 위험성을 높인다. 주변 사람들의 지지는 자살예방에 매우 중요한 역할을 한다.
⑬ 자살을 생각하는 사람들에게 자살이란 '일시적인 문제에 대한 영구적인 대책'이 된다는 점을 인식하고 다른 대안이나 해결책을 모색할 수 있도록 돕는다.
⑭ 진정으로 자살하려는 사람을 막는 것이 현실적으로 불가능할 수도 있지만 상담, 면밀한 점검, 입원 등은 자살을 늦출 수 있다. 하지만 항상 자살을 막을 수 있는 것은 아니다(서울대사회복지실천연구회 역, 1998: 462-465).

이상의 개입전략 외에도 사회복지사는 자살예방과 관련된 위험요인과 보호요인을 파악하고, 자살과 관련된 많은 연구조사에서 밝혀진 내용을 토대로 자살의 예방 및 사후조치에 노력해야 한다. 예를 들어, 우리나라에서 흔히 나타나는 고층건물이나 다리에서의 투신과 위험화학물질(예: 농약)의 음독, 그리고 고층 건축물에 대한 접근 용이성을 근본적으로 제한함으로써 자살을 예방할 수 있다. 국내 자살의 약 50%는 집 안에서 일어난다. 이러한 점에서 사회복지사는 자살사고를 갖고 있는 클라이언트, 가족, 그리고 주변인들을 대상으로 **심리교육**(psychoeducation)을 실시함으로써 자살 징후와 관련해 민감하게 반응하고 예방할 수 있는 조치를 취할 수 있도록 도울 필요가 있다.

사례

인근 대학병원의 사회사업실에서 근무하는 의료사회복지사는 정신건강복지센터에서 일을 하는 당신에게 25세의 반사랑(남성) 씨를 의뢰하였다. 의뢰인에 따르면 반사랑 씨는 양성애자로 최근 건강검진을 받는 과정에서 후천성면역결핍증(HIV) 양성보균자로 진단받았다. 첫 면담을 위해 기관을 방문한 반사랑 씨는 잘생긴 외모에 키가 큰 호남형으로 말끔하게 차려입은 상태였으며, 상당히 예의 바르고 지적이며 높은 언어수준을 보였다. 면담 과정을 통해 당신은 반사랑 씨가 두 살 어린 여자친구와 2년간 사귀고 있으며, 동시에 30세의 동성인과 3개월간 사귀어 온 것을 알게 되었다. 반사랑 씨는 HIV 양성보균자라는 사실을 여자친구나 동성인에게 밝히지 않은 상태이며, 이 사실에 대해 매우 충격적이었지만 최근의 약화된 건강상태로 인해 약간 의심하는 정도였다고 한다. 반사랑 씨는 현재 패션모델과 누드모델로 일하고 있으며, 상당한 수입 덕분에 본인 명의의 오피스텔에서 혼자 생활하고 있다. 반사랑 씨는 처음에는 매우 행복한 생활을 하는 것으로 보였다.

오늘 면담은 다섯 번째의 면담이다. 당신은 반사랑 씨가 자신이 HIV 양성보균자라는 점, 양성애라는 사실을 여자친구 및 동성인에게 밝혀야 한다는 압박감, 부모는 자신의 직업 및 HIV 보균 사실 등에 대해 전혀 모르고 있다는 점으로 인해 삶에 대해 매우 비관적이며 심한 우울증을 앓고 있음을 알게 되었다. 그리고 반사랑 씨는 최근 진단된 질병으로 인해 구체적이면서 치명적인 자살계획을 갖고 있었으며, 그 충동을 제어할 능력도 매우 부족해 보였다. 첫 면담에서 당신은 비밀보장 및 사생활 보호에 대해 안내를 하였으며, 반사랑 씨는 이를 충분히 숙지하고 있다고 하였다. 하지만 당신이 반사랑 씨의 자살사고 및 계획과 관련하여 가족과의 면담 가능성을 언급하자 반사랑 씨는 화를 벌컥 내며 당신에게 비밀을 끝까지 지켜 줄 것을 요구하였다. 나아가 반사랑 씨는 자신이 자살사고와 관련한 비밀보장의 범위 및 사생활 보호와 관련하여 사회복지사인 당신으로부터 들은 바가 전혀 없으며, 당신이 가족과 면담하려는 의도에 대해 의심을 하였다. 당신이 반사랑 씨의 적극적인 자살계획 및 충동에 대해 가족에게 고지해야 할 의무를 설명하자 반사랑 씨는 성인인 자신을 믿지 않고, 가족을 끌어들이는 당신을 비난하며 상담실을 박차고 나가려 하면서, 다시는 당신을 만나러 오지 않겠다고 하였다.

반사랑(가명) 씨의 사례를 바탕으로 다음을 생각해 보자.

① **성적 소수자**에 대해 당신은 어떤 사고, 느낌, 태도를 갖고 있는가? 개인적 차원(종교적 신념 포함)의 가치관과 전문적 차원의 가치관을 통해 성적 소수자에 대한 자신의 사고, 느낌, 태도를 정리해 보고 이를 동료 학생들과 논의해 보자.

② 반사랑 씨의 주 호소문제는 무엇인가? 반사랑 씨의 주 호소문제를 나열해 보고 개입의 우선순위를 정한다면 어떤 것이 있는지 동료 학생들과 논의해 보자.

③ 성인인 반사랑 씨의 자살계획 및 충동에 대해 당신은 가족에게 이를 고지할 의무가 있다고 생각하는가? 그렇다면 그 근거는 무엇인가? 그렇지 않다면 그 이유는 무엇인가?

④ 반사랑 씨가 양성애자로 HIV 양성보균자라는 점은 여자친구나 동성인에게 어떤 의미를 갖는가?

⑤ 당신은 반사랑 씨의 성적 취향과 HIV 양성보균자 사실이 비밀보장의 범위에 해당하는가? 한국사회복지사 윤리강령 및 윤리적 의사결정 순위에 근거하여 당신은 비밀보장의 범위와 관련하여 어떤 결정을 내릴 것인가?

⑥ 지금 현재, 당신이 반사랑 씨와 위와 같은 상황으로 면담하고 있다고 가정할 때, 반사랑 씨를 보호하기 위해 취해야 할 행동들을 정리해 보고 우선순위를 정해 보자.

⑦ 우선순위에 따라 당신은 어떻게 개입할 것인가? 당신이 취할 행동들 각각에 대한 개입 방향을 정리하고, 동료 학생들과의 역할극을 통해 이를 연습해 보자.

⑧ 사례관리자로서 당신은 이 사례에 대해 어떤 개입계획을 수립할 것인가? 당신이 취해야 할 행동 가운데 경찰과의 협조, 중앙자살예방센터 및 광역정신보건복지센터의 위기대응팀, 인근 병원의 응급실이 포함되어 있는가? 또한 함께 협력해야 할 기관에는 어떤 것이 있으며, 해당 기관의 역할과 서비스 제공은 무엇인가?

⑨ 성적 소수자들이 겪는 사회적 편견과 차별 및 그 근본적인 원인에 대해 알아보고, 이를 개선하기 위한 노력에는 어떤 것이 있는지 알아보자.

⑩ 성적 소수자들을 위한 의료적, 경제적, 사회복지적, 그리고 기타의 공식적, 비공식적 지원체계를 알아보자.

자살의도가 있는 클라이언트와 일할 때 사회복지사는 다음과 같은 점을 염두에 두고 개입할 필요가 있다.

첫째, 사회복지사와 클라이언트의 라포 및 전문적 관계를 검토하고, 자살의도가 있는 클라이언트와 수시로 연락을 취할 필요가 있다. 사회복지사가 클라이언트와 라포 및 전문적 관계를 형성하였다면 사회복지사의 적극적인 자살예방 조치에 클라이언트는 어느 정도 신뢰를 갖고 응할 수 있다. 그럼에도 불구하고 사회복지사는 자살의도가 강한 클라이언트와는 수시로 연락을 취하여 자살충동의 강한 정도를 확인할 필요가 있다. 특히, 클라이언트가 자살충동을 이겨낼 수 있는 적절한 대처방법이 없다면 사회복지사는 자살예방을 위한 보다 적극적인 방법을 모색할 필요가 있다. 예를 들어, 광역단체에서 운영하는 자살예방기관 혹은 정신건강증진센터의 위기상담 핫라인을 통해 클라이언트를 도울 방안을 모색하고 나아가 **이동상담팀**을 동원할 필요가 있을지 검토해 본다.

둘째, 자살의도가 있는 클라이언트와의 위기개입을 통해 클라이언트의 부정적 사고(예: 자기비하, 절망감, 무기력감 등) 및 잘못된 인식 등을 집중적으로 탐색하여 명료화하고 이를 변화시키려는 노력을 할 필요가 있다. 단, 이 과정에서 클라이언트의 부정적 사고 및 잘못된 인식을 심판하거나 비난하기보다는 온화한 돌봄의 자세로 직면할 수 있어야 한다.

셋째, 앞서 제시한 것처럼, 자살의도가 있는 클라이언트의 자살계획의 **구체성**, **치명성**, (수단의) **용이성** 등을 파악하고 이에 따른 구체적 개입계획을 수립하여야 한다. 이러한 개입계획은 시간을 다투는 매우 촉박한 상황일 수 있으므로 다른 면담 약속이나 업무보다 우선시하여 다루도록 한다.

넷째, 개입 과정에서 클라이언트의 강점과 자원을 파악하고 이를 적극 활용하도록 한다. 자살의도가 강하다 하여도 클라이언트가 시도해 왔던 긍정적인 삶의 방식, 태도 등을 의논하고, 클라이언트를 도울 수 있는 다양한 인적 · 물적 자원을 동원한다.

다섯째, 단기적 · 장기적 치료계획을 수립한다. 즉각적이고 단기적인 개입계획에는 자살의도를 포기하도록 돕는 위기상담, 자살예방을 위한 안전계획 수립, 입원치료의 필요성 검토 등을 포함한다. 위기상담에서는 클라이언트의 자살이 현재 경험하는 문제의 해결책이 될 수 없음을 명료화하고, 사회복지사가 클라이언트의 문제해결 및 자살예방을 위해 최선을 다할 것이라는 점 등을 강조할 필요가 있다. 이 과정에서 클라이언트가 경험하는 현실적인 문제해결 방안 및 클라이언트의 부정적 관점을 완화하기 위한 **인지재구조화** 기법(인지행동치료 참고)을 활용할 필요가 있다. 보다 장기적인 개입계획으로는 자살의도가 상당히 완화된 경우에 일어난다. 특히, 입원치료 및 약물치료를 통해 클라이언트의 자살의도가 완화되었다면, 이제부터는 클라이언트의 현실적인 문제, 특히 우울장애 및 대인관계 문제 등에 초점을 두고 클라이언트가 이러한 문제를 극복할 수 있는 개인 혹은 집단상담을 제공할 필요가 있다.

3) 타해 위험이 있는 클라이언트

타해 위험이 있는 클라이언트는 종종 자신의 의도를 직간접적으로 표현하는 것이 일반적이다. 하지만 이러한 클라이언트를 대상으로 도움을 제공할 때 사정 과정에서 이러한 의도가 얼마나 비중 있는 것인지, 이전에 공격적 · 폭력적 행동을 취했는지를 파악할 필요가 있다. 즉, 타인을 해칠 의도가 명백하고 이에 대한 계획과 방법을 준비하고 있다면 잠재적인 해를 입을 상대방에게 이러한 의도를 알릴 의무가 있으며, 이는 사회복지사의 윤리적 · 도덕적 책임을 다하는 것이다. 이 과정에서 사회복지사는 전문가로서의 윤리적 · 도덕적 한계를 분명히 설명할 필요가 있으며, 관계 당국(예: 경찰)의 협조를 필요로 할 수 있으므로 기관의 내부 규정과 정책적 차원에서 적절한 대비책을 마련할 필요가 있다.

타해 위험이 있는 클라이언트 가운데는 자신의 분노와 억눌린 감정을 잠재적 해를 입을 상대방에게 적절하게 표현할 방법이 없는 경우가 많으며, 감정에 의한 즉각적 · 충동적 판단에 의존할 경우가 많다. 나아가, 그러한 분노를 공격적 · 적대적 행동으로 표현해 왔을 가능성이 높다. 따라서 사회복지사는 타해 위험이 있는 클라이언트가 가지고 있을 분노와 억압된 감정을 '사회적으로 수용 가능한' 방법으로 표현할 수 있도록 돕는다. 이러한 클라이언트에게는 특히 사회복지사의 공감적 이해와 수용의 자세가 필요하며, 클라이언트가 감정을 환기시킨 이후에는 이성적인 판단을 할 수 있는 능력이 향상되어 현실적으로 수용 가능한 방법으로 문제를 해결할 가능성이 높다.

사례

무쇠팔(가명) 씨는 40세의 남성이고 보호관찰관의 요청으로 정신건강복지센터에서 일하는 당신을 찾아왔다. 무쇠팔 씨는 깔끔한 인상과 건장한 체격으로 검은 티셔츠, 검은 양복, 검정 구두를 착용하고 있었으며, 머리는 소위 '깍두기' 머리를 하고 있었다. 셔츠 사이로 드러난 무쇠팔 씨의 양팔에는 뱀을 상징하는 문신이 있다. 무쇠팔 씨는 당신의 질문에 매우 딱딱한 어조로 무표정으로 단순하게 답을 하는 수준으로, 당신은 깊이 있는 대화를 이어 가기 어려운 상황이다. 보호관찰관에 따르면 무쇠팔 씨는 범죄조직과의 싸움에 연루되어 1년의 징역을 살고 최근 출소하였으며, 1년의 보호관찰 명령을 받고 있는 상황으로 지역사회에서의 생활적응 및 분노조절에 있어 도움이 필요하다고 하였다.

여러 차례의 상담은 매우 무의미하게 지나갔으며 무쇠팔 씨는 상당히 비협조적이었다. 하지만 온화하고 공감적인 태도를 보인 당신에게 무쇠팔 씨는 조금씩 마음을 여는 듯했다. 상담에 대해 비자발적인 태도를 보이는 무쇠팔 씨와의 면담을 통해 당신은 무쇠팔 씨가 상대방 범죄조직에 매우 분노하고 있으며, 해당 조직의 중간책을 해칠 의도가 있다는 점을 알게 되었다. 무쇠팔 씨가 상대 조직의 중간책을 해칠 구체적 계획은 갖고 있지 않으나, 매주 진행되는 상담시간은 무쇠팔 씨의 보복행동을 강화시키는 듯 보였다.

오늘 상담시간에 무쇠팔 씨는 당신에게 몇 가지 질문을 하였다. 이 가운데는 무쇠팔 씨가 얘기하는 내용이 어느 정도 보호관찰관과 공유되고 있는지, 당신은 보호관찰관과 무쇠팔 씨에 대해 어느 정도 자주 대화를 하는지 등에 관한 내용을 포함하고 있다. 무쇠팔 씨는 또한 당신의 나이, 거주지, 연간 수입 등과 같은 사적인 질문을 하면서 자신이 당신의 '뒤를 봐 줄 수 있다'는 표현을 하였다.

무쇠팔(가명) 씨의 사례를 통해 다음을 생각해 보자.

① 무쇠팔 씨와 같은 사례를 접하는 당신의 사고, 감정, 태도는 어떠한가? 개인적 차원과 전문적 차원에서 당신의 사고, 감정, 태도는 어떤 공통점과 차이점이 있는가?

② 무쇠팔 씨를 돕기 위해 추가로 필요한 사정 영역은 무엇인가? 이와 관련한 질문 목록을 작성해 보고 동료 학생들과 공유해 보자.

③ 작성한 사정 질문 목록을 활용하여 동료 학생들과 역할극을 실행해 본다. 역할극을

통해 질문을 하는 사회복지사가, 그리고 질문을 받는 무쇠팔 씨가 겪는 내적 생각과 느낌, 그리고 좋았던 질문법 및 개선되어야 할 질문법 등을 정리해 보고 이를 같이 논의해 보자.

④ 무쇠팔 씨의 상담 및 서비스에 대한 동기를 강화시킬 수 있는 방안은 무엇인가?

⑤ 무쇠팔 씨의 공격 의도에 대해 당신은 어느 정도 보호관찰관과 공유할 수 있는가? 당신이 정신보건복지센터, 종합사회복지관, 일반 상담기관 등에서 일한다고 가정해 보고, 비밀보장의 범위 및 내용, 방법 등에 대한 내부 지침을 파악해 보자.

⑥ 무쇠팔 씨가 진술하는 주 호소문제는 무엇이며, 당신은 무쇠팔 씨를 돕는 데 있어 주 호소문제를 어떻게 규정할 것인가? 당신의 문제 규정에 대해 무쇠팔 씨의 예상 반응은 무엇인가?

⑦ 무쇠팔 씨와 같은 사례에 있어 윤리적 의사결정은 무엇을 우선순위로 해야 하는가? 윤리적 의사결정에 대해 알아보고, 이를 어떻게 이 사례에 적용할 수 있을지 알아보자.

⑧ 상대방을 해치려는 클라이언트와 일할 때, 당신의 잠재적 피해자가 될 대상자를 알고 있다면 어떤 조치가 필요한지 알아보자. 전문적인 차원에서 그리고 일반 시민으로서 당신이 잠재적 범죄 계획을 알게 된다면 발생할 수 있는 윤리적 갈등을 파악해 보자.

⑨ 무쇠팔 씨와 같이 범죄를 이유로 수감생활을 한 사람 및 그 가족을 대상으로 사회복지적, 특히 교정복지적 차원에서 도울 수 있는 방안에는 어떤 것이 있는가?

⑩ 수감자 및 그 가족, 특히 그 자녀들을 돕는 사회복지 및 타 분야 기관을 파악해 보고 해당 기관의 서비스에 대해 알아보자.

사회복지사가 타해 위험이 있는 클라이언트를 대상으로 일할 때 전문적 원조관계 및 라포는 매우 중요한 문제해결의 실마리가 된다. 특히, 타해 위험이 있는 클라이언트는 폭력적인 방법 혹은 타인을 해치는 방법만이 유일한 문제해결 방법이라고 믿는 잘못된 신념을 갖고 있다. 나아가 클라이언트는 자신의 문제를 최소화하거나 부인하는 등 책임을 회피할 가능성이 매우 높다. 따라서 사회복지사는 (동기면담이론을 통해) 클라이언트가 문제에 대해 책임을 질 수 있도록 도울 필요가 있는데, 이 과정에서 **직면기술**을 적절히 활용할 필요가 있다. 나아가 타해 위험이 있는 클라이언트는 이미 범법행위로 인해 법적 조치를 경험했을 가능성이 높기 때문에 이 클라이언트를 의뢰한 기관과의 협력을 통해 의무사항 이행 등을 검토할 필요가 있다. 이 과정에서 사회복지사는 비자발적인 클라이언트와 일하는 방법을 활용할 수 있다.

타해의 위험이 있는 클라이언트는 자신의 취약한 면을 감추기 위한 방법으로 폭력 및 위해를 가할 가능성이 높다. 이러한 클라이언트는 낮은 자아존중감, 원만하지 못한 가족 및 대인관계, 사회성 기술의 문제 등을 갖고 있다. 하지만 이러한 취약점은 자신을 이해하고 보호해 주는 범죄조직과의 연계 및 조직에의 충성을 통해 자신의 지위와 역할을 수행하면서 상쇄된다. 즉, 든든한 범죄조직과의 연계는 자신의 취약점을 감추면서, 자신을 보호하는 유일한 지지체계인 것이다. 이와 유사하게 단독적으로 타해 위험을 보이는 클라이언트는 폭력성, 공격성이 강하면서 자신의 감정, 특히 분노 조절이 어려운 경우가 많다. 특히, 자신은 나름대로 합리적 방법으로 문제를 해결하려고 노력하였지만, 타인의 문제나 거부 등으로 인해 문제는 해결되지 못한 체 폭력만이 유일한 해결책이라고 간주하는 경우가 많다. 이때 사회복지사 및 기관의 도움도 예외는 아니다. 즉, 사회복지사 및 기관도 타해 위험이 있는 클라이언트의 잠재적 피해자가 될 수 있음을 염두에 둘 필요가 있다. 따라서 사회복지사와 기관은 타해 위험이 있는 클라이언트가 사회복지사 및 기관에 줄 수 있는 잠재적 위험도 동시에 고려해야 한다.

단원 정리

이 장에서는 사회복지실천 개입의 중간 단계에서 활용할 수 있는 다양한 기술에 대해 살펴보고 어려운 클라이언트를 대상으로 개입할 수 있는 기술과 전략을 살펴보았다. 이 장에 제시된 기술 이외에 다양한 기술들(예: 세분화, 우선순위 정하기 등)이 많이 있지만, 제한된 범위 내에서 모든 것을 다루기는 한계가 있으므로 독자들의 개별 훈련 및 연구과제로 남겨 두고자 한다. 이 장에 기술된 다양한 기술들은 클라이언트의 발달연령, 인지능력, 사회성, 사회지지 등 다양한 생태체계적 요인들의 복합적인 상호작용 속에서 차별화된 적용을 필요로 한다. 즉, 각 클라이언트의 개별적인 특성을 고려한 탄력적인 적용을 통해 클라이언트에게 가장 효과적인 기술을 활용할 필요가 있다.

참고문헌

김성이, 조학래, 노충래(2004). 청소년복지학. 서울: 집문당.

김혜란, 홍선미, 공계순(2001). 사회복지 실천기술론. 서울: 나남출판.

양옥경, 김정진, 서미경, 김미옥, 김소희(2000). 사회복지실천론. 서울: 나남출판.

엄명용, 김성천, 오혜경, 윤혜미(2011). 사회복지실천의 이해(3판). 서울: 학지사.

Barker, R. L. (1995). *The Social Work Dictionary* (3rd ed.). Washington, DC: NASW Press.

Brill, N. I. (1997). *Working with People: The Helping Process* (6th ed.). New York: Longman.

Coulshed, V., & Orme, J. (1998). *Social Work Practice: An Introduction* (2nd ed.). Basingstoke: Macmillan/BASW.

Cournoyer, B. (2000). *The Social Work Skills Workbook* (3rd ed.). Belmont, CA: Brooks/Cole. 김인숙, 김용석 역(2006). 사회복지 실천기술연습. 서울: 나남출판.

Egan, G. (1990). *The Skilled Helper: A Systematic Approach to Effective Helping*. Pacific Grove, CA: Brooks/Cole.

Faller, K. C. (1993). *Child Sexual Abuse: Intervention and Treatment Issues*. U.S. Department of Health and Human Services. 노충래 역(2002). 아동 성학대의 치료. 서울: 학지사.

Feltham, C., & Dryden, W. (1993). *Dictionary of Counseling*. Singular Publishing Group.

Gambrill, E. (1997). *Social Work Practice: A Critical Thinker's Guide*. New York: Columbia University Press.

Gutierrez, L. M. (1990). Working with women of color: An empowerment perspective. *Social Work, 35*(2), 149-153.

Hepworth, D., Rooney, R. H., & Larsen, J. A. (1997). *Direct Social Work Practice: Theory and Skills* (5th ed.). Pacific Grove, CA: Brooks/Cole.

Heron, J. (2001). *Helping The Client* (5th ed.). Thousand Oaks, CA: Sage.

Kadushin, A., & Kadushin, G. (1997). *The Social Work Interview: A Guide for Human Service Professionals* (4th ed.). New York: Columbia University Press.

LeCroy, C. W. (Ed.). (1994). *Handbook of Child and Adolescent Treatment Manuals*. New York, NY: The Free Press.

Millar, R., Crute, V., & Hargie, O. (1992). *Professional Interviewing*. London: Routledge.

Nelson-Jones, R. (1990). *Human Relationship Skills*. London: Cassell.

Payne, M. (1997). *Modern Social Work Theory*. New York: MacMillan Pub. 서진환, 이선혜, 정수경

역(2001). 현대사회복지 실천이론. 서울: 나남출판.

Rogers, C. R. (1957). The necessary and sufficient conditions of therapeutic personality change. *Journal of Counseling Psychology, 21,* 95-103.

Rooney, R. H. (1992). *Strategies for Work with Involuntary Clients.* New York: Columbia University Press.

Sheafor, B. W., Horejsi, C. R., & Horejsi, G. A. (1997). *Techniques and Guidelines for Social Work Practice* (4th ed.). New York: Allyn & Bacon. 서울대사회복지실천연구회 역(1998). 사회복지 실천 기법과 지침. 서울: 나남출판.

Sheldon, B. (1995). *Cognitive-Behavioral Therapy: Research, Practice and Philosophy.* London: Routledge.

Trevithick, P. (2000). *Social Work Skills: A Practice Handbook.* Philadelphia, PA: Open University Press.

Urquiza, A. J., & Winn, C. (1993). *Treatment for Abused and Neglected Children.* U.S. Department of Health and Human Services. 노충래 역(2002). 학대와 방임피해 아동의 치료: 0세에서 18세까지. 서울: 학지사.

제 4 부

집단 사회복지실천

제8장

집단 대상의 사회복지실천 준비와 사정

1. 집단 사회복지실천의 이론적 이해

많은 사회복지사가 사회복지 실천현장에서 집단을 접하게 된다. 예를 들어, 청소년 약물남용예방을 위한 집단, 사회기술훈련 향상을 위한 집단, 우울증 문제를 지닌 클라이언트의 문제를 해결하기 위한 집단, 부모교육을 위한 집단 등이 있을 수 있다. 한편 다양한 형태의 집단 프로그램이 실제로 사회복지사에 의해서 운영되고 있는데, 집단의 형태가 다양할 뿐만 아니라 집단의 대상도 아동, 청소년, 여성, 노인, 약물중독자 등 다양하기 때문에 사회복지사는 집단과의 사회복지실천에 대해 충분히 이해하고 있어야 하며, 집단운영에 필요한 기술을 겸비해야 한다.

집단은 집단성원들의 개별목표와 집단공동의 목표성취를 위해 집단성원들을 지지하고 격려하는 힘을 가졌으며, 이들의 성장을 촉진하는 환경이 될 수 있다. 그러나 집단이 항상 긍정적인 결과를 보증하는 것은 아니다. 때로 집단은 집단성원들에게 거의 영향을 미치지 않을 수도 있고, 오히려 해를 끼칠 수도 있다. 따라서 사회복지사가 효과적으로 집단을 운영하기 위해서 개인과 집단, 환경 그리고 그들이 어떻게 상호 영향을 미치는지에 대한 지식을 가지고 있어야 한다.

여기서는 먼저 집단 사회복지실천이 갖는 장점을 살펴보고 집단 사회복지실천에 대한 이론적 기반인 **장이론**, 소시오메트리, 집단상호작용이론 등을 검토해 보고자 한다. 그런 후 집단의 세 가지 모델과, 집단역학에 대해 간략하게 살펴봄으로써 집단에 대한 이론적 기반을 제공하고자 한다. 그리고 집단 사회복지실천에 대해 흔히 갖고 있는 오해에 대하여 논의해 보고, 사회복지 실천이론을 집단에 적용한 일례로서 약물남용재발예방 프로그램에 대해 살펴보고자 한다.

1) 집단 사회복지실천의 장점

집단과의 사회복지실천에 대해서 자세히 다루기 전에, 집단 사회복지실천의 장점을 이해함으로써 사회복지 실천현장에서 다양한 형태의 집단 프로그램이 활용되고 있는 이유를 파악하고자 한다.

집단은 집단 자체와 집단의 역동성을 변화의 매개체로 하여 집단성원의 문제나 갈등을 해결하고 자기성장과 변화를 도모한다. 이러한 맥락에서 말레코프(Malekoff, 1997)는 집단을 활용하는 집단 사회복지실천의 장점을 다음과 같이 설명하고 있는데, 이는 집단의 역동적이고 **치료적인 요인**과 깊은 관련이 있다.

- 상호 지지: 집단성원 간에 서로 지지해 줌으로써 성원들 간에 도움을 주고받는 것이 가능하다.
- 일반화: 집단성원들은 문제로 인해 소외되고, 자신을 이해하지 못하는 사람들이 많다고 생각하기 때문에 어려움을 겪게 되지만, 집단 내에서 서로 공통된 관심사(문제)로 인해 이를 일반화시킬 수 있고, 하나의 공통된 느낌을 가질 수 있다.
- 희망 증진: 집단성원들이 여러 가지 문제에 봉착되어 있는 한계를 느낄 때 집단을 통해 문제의 해결점을 찾아갈 수 있고, 자신들이 문제를 해결할 수 있는 능력이 있음을 깨닫게 된다.
- 이타성 향상: 자기중심적인 상황에서 벗어나 타인을 위해 도움을 준다는 점에서 이타성을 기를 수 있고, 이로 인해 타인에게 의존해 있던 자신을 보다 독립적인 자신으로

성장시킬 수 있다.

- 새로운 지식 및 정보 습득: 집단성원들은 집단 과정을 통해 서로 간에 금기시되어 왔던 주제나 문제, 혹은 잘못된 정보까지 다룰 수 있게 된다. 집단 사회복지실천은 집단 내에서 이에 대한 올바른 정보를 공유하거나, 금기시된 주제를 보다 안전하다 생각되는 집단 내에서 편안하게 공유할 수 있도록 하는 장점을 내포하고 있다. 따라서 서로 간에 새 정보의 교환이 가능하고 새 기술을 실험해 볼 수 있는 기회도 제공해 준다.
- 집단의 성장 및 소속감: 집단성원 모두가 동등한 기회를 제공받고, 비슷한 문제를 공유하며, 집단의 성장을 위해 공헌을 하게 되어 집단이 훌륭한 집단으로 성장할 수 있는 기회를 제공한다.
- 정화의 기능: 집단성원들이 자신의 문제에 대한 불안, 감정, 생각, 희망, 꿈 등을 공유하며 공통의 목적을 성취해 가기 때문에 자신의 문제를 보다 객관적으로 해결할 수 있는 기회를 제공받는다.
- 재경험의 기회 제공: 이전의 역기능적인 경험을 집단 내에서 재현할 뿐 아니라 집단성원 간의 역동성 속에서 역기능을 경험하기도 하기 때문에 이를 통해 성장할 수 있는 기회를 갖게 된다.
- 현실감각의 테스트 효과: 집단성원들이 서로 간의 잘못된 생각이나 가치를 다른 집단성원들에게 던져 봄으로써 잘못된 생각을 고쳐 나갈 수 있는 기회를 갖게 된다.

이러한 장점으로 인해 집단은 사회복지실천의 한 방법으로 널리 활용될 뿐만 아니라 기관 내의 직원훈련과 **집단 슈퍼비전**, 자문 등에 폭넓게 적용되고 있음을 명심할 필요가 있다.

2) 집단이론

(1) 장이론(field theory)

집단이론 중에서 가장 많이 알려진 이론으로, 사회심리학자인 커트 레빈(Kurt Lewin, 1951)에 의해 개발되었다. 레빈의 장 개념은 상호 의존적이고 공존하고 있는 모든 사실들의 총합을 가리킨다. 따라서 인간의 심리적 장이란 인간행동을 좌우하는, 공존하고 상호의존적인 모든 심리적 사실들의 총합을 말하는데, 여기에는 인식하든 인식하지 않든 개인의 현재 상황과 행동에 영향을 주는 모든 것들이 포함되며, 개인에게 직접 영향을 끼치지 않는 먼 곳에서 일어나는 사회적 · 물리적 사건들은 제외된다. 레빈은 집단을 전체로 이해해야 하며, 개개인의 총합으로 이해해서는 안 됨을 강조하였다. 이는 체계로 간주되는 집단에는 '역동적 상호작용(dynamic interaction)'이 있기 때문이며, 집단은 바로 성원들 간의 상호작용이 연속적으로 발생하는 과정인 것이다.

(2) 소시오메트리(sociometry)

집단에서 상호 간의 관심을 서술하고 측정하기 위한 방법인 **소시오메트리**는 제이컵 모레노(Jacob Moreno, 1951, 1953)에 의해 처음 개발되었다. 집단에 참여하게 되면 대인관계의 복잡한 관계망이 점차 발생한다. 집단의 각 성원은 몇몇 성원들에게는 관심을 갖고, 다른 구성원들은 거부하는 감정적인 상호작용을 한다. 이러한 감정들은 교환이 될 수도 있고 그렇지 않을 수도 있다. 모레노에 따르면, 인간관계나 집단의 형태는 끊임없이 변화하는 개인 간의 관심과 거부의 역학적인 긴장체계이며, 개인의 자발성의 발달과 문화적 역할의 학습 정도에 따라서 상대적으로 안정된 구조를 만들어 낸다고 하였다. 이 관점에서 모레노는 환자의 자발성과 역할극의 진단훈련을 통하여 환자가 집단생활에 적응하도록 하는 집단치료법을 개발하였고, 동시에 긴장체계의 측정분석을 통해서 집단의 구조와 동태에 관한 사회측정이론을 체계화하였다.

(3) 집단 상호작용(group interaction)

집단 상호작용은 로버트 베일스(Robert Bales, 1950, 1953)에 의해 개발되었다. 이 이론에서의 집단은 문제해결의 목적을 위해 상호작용하는 개인들의 체계로 설명된다. 따라서 관심의 초점은 구성원들의 의사소통 행위 양상과 결과에 있다. 집단과업을 달성하기 위해 집단성원들은 서로 탐색, 제안 혹은 의견교환을 한다. 또한 집단성원들은 집단 내의 긴장을 관리하고 통합된 집단을 유지하기 위해 사회 정서적인(socio-emotional) 문제를 다룬다. 이때 집단은 균형을 이룬 안정된 상태가 아니며, 감정과 과업 사이에서 혼돈을 겪을 수 있다. 따라서 집단의 문제해결 과정은 각각의 명확하고 규칙적인 방법에 따라 확실하고 순차적인 단계로 이루어지며, 집단은 주변 환경 안에서 사회체계에 적응하고 생존하며 발전한다.

3) 집단의 모델

(1) 사회적 목표모델(social goal model)

이 모델은 민주주의를 유지하고 발달시키려는 집단의 사회적 목표를 강조한다. 따라서 인간관계의 의식적인 훈련, 지도력의 실험, 민주적 과정의 학습, 시민참여와 같은 집단활동을 통해 사회적 의식, 사회적 책임의 목적을 달성한다. 이 모델은 개인의 성숙과 민주시민의 역량개발에 초점을 두고 있으며, 토론, 참여, 합의, 집단과제 개발 및 실행 등의 활동을 한다. 사회복지사는 이 과정에서 바람직한 역할모델을 제시할 수 있다. 보이스카우트, 걸스카우트 등과 같은 집단활동이 이에 해당한다.

(2) 치료모델(remedial model)

집단은 개인의 치료를 위한 수단임과 동시에 상황으로서 개념화되고 있다. 사회복지사와 성원들은 개별적인 치료계약을 맺고, 자신의 문제나 어려움을 해결하기 위해 치료적 집단에 참여하게 된다. 따라서 사회복지사의 전문적인 개입과 결과에 대한 상호 평가를 통해 **사정**이 계속되며, 이를 위해 과거의 경험, 이론적 지식, 현재의 관찰 등의 방법이 동원된다. 우울증 치료를 위한 집단, 성폭력 피해자들을 위한 집단 등이 이에 해당한다.

(3) 상호작용모델(social interaction model)

이 모델은 앞의 두 가지 모델을 혼합한 것으로 집단성원이나 집단의 문제를 해결하기 위해 집단성원 간에 **상호 원조체계**(mutual aid)를 구축하는 것에 초점을 두고 있다. 집단은 사회복지사와 집단성원을 포함한 하나의 사회적 체계로 개념화되며, 유기체로서 이해된다. 사회복지사는 집단성원과 사회의 중재자 역할을 하며, 집단의 목표는 사회복지사와 집단구성원 간의 상호 관계 속에서 이루어지는 상호작용을 통해 설정된다.

4) 집단역학

집단은 역동적인 힘을 통해 변화해 나가면서 개별성원에게 영향을 주어 변화를 유도하거나 문제의 해결을 제공한다. 따라서 사회복지사는 집단에 영향을 주는 **집단역학**을 잘 이해하고 있으면서, 집단역학의 하위 요소들이 집단과 개별성원 그리고 집단 발달 및 과정에 주는 영향을 분석하고 적절히 개입할 필요가 있다. 이들 집단역학의 구성 요소에는 의사소통, 집단의 목적, 대인관계, 지위와 역할, 가치와 규범, 긴장과 갈등, 집단응집력 그리고 하위집단 등이 있다(Northern & Kurland, 2001). 이들 각각에 대해 간략하게 살펴보면 다음과 같다.

(1) 의사소통 유형

의사소통은 사회적 상호작용의 본질이다. 의사소통은 정보, 감정, 태도 그리고 다른 메시지들을 전달받고 보내고 해석하고 반응하는 복잡한 사회적 과정이다. 이것은 명백한 언어로 표현되기도 하며, 비언어적으로 전달되기도 한다. 의사소통이 개방된 집단은 집단성원들이 자신의 문제와 집단의 문제를 직면하고 해결할 기회를 제공한다. 이때 사회복지사는 집단체계 안에서 집단이 이러한 목적을 달성할 수 있도록 촉진하는 역할을 한다. 집단성원들의 의사소통은 이들의 솔직하고 진실한 그리고 의미 있는 상호작용을 통해 촉진될 수 있다. 의사소통의 올바른 유형은 사회복지사나 집단의 특정 성원에 의해 모든 의사소통이 이루어지는 사회복지사 중심(leader-centered)보다는 **집단 중심**(group-centered)의 형태이다. 이는 사회복지사나 일부 성원들이 집단의 의사소통을 독점하기보다는 집단성원들이 모두 참여하면서 다양한 방향으로 의사소통이 진행되어야 한다는 것을 의미한다.

(2) 목적

모든 집단은 목적(purpose), 목표(goal), 의도(intention)가 있다. 집단의 목적은 집단성원의 선별과 발달, 집단의 규범, 집단활동 그리고 의사소통유형 및 집단성원과 집단의 평가기준에 영향을 미친다. 사회복지사는 집단성원의 목적과 집단의 목적이 조화를 이룰 수 있도록 노력할 필요가 있다. 또한 사회복지사는 집단의 성원들이 자신들의 다양한 목적을 파악하고, 이를 명백히 규정하며, 개개인의 특정한 목적 안에서 공통의 목적과 참여동기를 찾을 수 있도록 도와야 한다.

(3) 대인관계

집단 내에서의 의사소통은 의견과 사실을 전달할 뿐만 아니라 긍정적 · 부정적 감정의 표현을 전달하는 역할을 한다. 개별성원은 다른 성원들과의 상호작용에서 흥미를 느낄 수 있으며, 서로 관심을 가질 수 있어야 한다. 때로 대인관계에 어려움을 겪는 성원들은 다른 성원을 인격적으로 대하거나, 타인의 관심사에 적절하게 반응하는 능력이 부족할 수도 있다. 즉, 이타적이지 못하면서 자기애적인 대인관계를 갖는 성원이 있을 수 있는데, 사회복지사는 집단이 활성화되거나 생존하기 위해서는 개별성원들이 개별적이면서 자기중심적이기보다는 집단중심적이고 집단에 통합된 행동과 생각을 보일 수 있도록 도울 필요가 있다.

(4) 지위와 역할

지위와 역할은 복잡하고 밀접한 관계가 있다. 지위란 한 개인이 속한 집단 내의 위계체계 안에서 다른 사람과 관련하여 한 개인이 차지하고 있는 위치를 뜻한다. 반면, 역할은 사회에서 특정한 위치를 차지하고 있는 개인에게 기대되는 활동, 특정 상황에서 행동해야 하는 방식 등을 의미한다. 집단에서는 개별성원의 의지와 상관없이 집단성원들 간에 서로 등급 혹은 위계질서가 매겨진다. 지위는 교육, 수입 혹은 능력과 같은 수단을 통해 얻게 되는 **성취지위**가 있는 반면, 피부색, 인종, 혈통, 나이, 성별, 신체적 상황, 가문 등과 같은 **귀속지위**도 있다. 집단성원들은 이러한 지위를 가지고 집단에 오게 되며, 집단 외부에서 주어진 지위로 인해 집단 내에서 여러 가지 형태로 자신의 지위를 찾기 원한다. 한편, 개별성원들은 자신들에게 부여된 다양한 사회적 역할에 따라 행동하려는 경향이 있다. 또한 한 성원이 자신에게 주어진 역할을 집단 내에서 충실히 수행하지 못할 때 집단에 따라서는 그 성원에게 제재를 가하는 경우도 발생할 수 있으며, 이런 제재는 대체로 처벌적인 것이 많다.

(5) 가치와 규범

규범은 집단에서 중요시 여기는 문제에 대한 행동의 표준을 일반화한 것이며, 가치판단으로 구체화된다. 규범은 집단 내에서 주요한 통제수단이며, 적합한 행동을 하도록 압력을 가한다. 집단성원이 규범을 준수했을 때 보상이 있고, 따라서 외적 통제(집단)의 필요성이 감소한다. 규범을 통해 집단성원은 집단이 중요하게 생각하는 것과 무의미한 것, 좋아하는 것과 싫어하는 것, 기대 등을 알 수 있다.

(6) 긴장과 갈등

집단성원들 간에는 다양한 형태의 긴장 및 갈등관계가 형성될 수 있다. 특히, 과제를 추진하는 과정이나 상호작용을 통해 성원들 간의 대인관계가 형성되므로, 자신들의 욕구충족을 위해 다른 성원들과 상호작용을 할 때 그리고 다른 성원에 대해 오해가 발생하거나, 집단성원들 간에 상이한 목표, 가치, 규범을 가지고 있을 때 긴장과 갈등은 어떻게 보면 필연적으로 발생하게 된다. 하지만 긴장과 갈등이 집단에 항상 부정적인 영향을 미치는 것은 아니다. 오히려 집단은 긴장과 갈등을 건설적으로 해결할 때 더욱 성장할 수 있다. 그러나 갈등이 오랫동안 지속되거나 심각해지면 집단성원들의 심리적인 분열과 심리사회적 기능의 와해를 야기할 수 있다.

(7) 집단응집력

응집력은 소속감과 집단의 흡인력이 집단성원들에게 나타나는 일종의 집단특성이다. 응집력이 높은 집단에서는 집단성원들이 때로 의견의 불일치가 있을 수 있으나, 응집력이 낮은 집단에 비해 더 빨리 문제와 갈등의 해결책을 모색하는 경향이 있고, 일반적으로 목표를 달성하는 데 있어서 훨씬 더 효과적이며, 결과도 더 훌륭하다. 집단의 응집력이 안정적으로 형성되면 집단성원들의 시간엄수와 집단출석이 규칙적이 되고, 이러한 것들이 자발적으로 이루어진다. 또한 집단에 대한 소속감이 생기고, **'우리' 의식**이 향상되며, 성원들 간에 친밀감이 형성된다. 나아가, 집단성원들 사이에 상호 의존하려는 경향이 강해지며, 집단에 대한 만족감을 말로 표현하게 된다(예: 집단에 오면 기분이 참 좋아지는 것 같아요.). 그리고 집단응집력이 강할수록 자기노출에 대한 저항감이 감소되고, 의사소통도 자발적이게 되어 부드러운 분위기가 지속된다.

(8) 하위집단

집단성원들이 상호 간에 공통점을 발견하거나 매력을 느끼게 되면 하위집단을 형성하게 된다. 적게는 2명에서부터 많게는 다수의 성원들이 집단의 하위집단을 형성하여, 서로 경쟁하거나 반목하거나 협력하는 관계가 설정된다. 하위집단 가운데 다소 우위에 있는 하위집단은 집단에 대한 통제력을 행사하려고 시도하기 때문에 다른 하위집단과 **갈등**을 유발할 수도 있다. 사회복지사가 하위집단을 파악하는 방법은 의사소통의 질, 집단성원 간의 어울림 등을 관찰함으로써 가능하며, 소시오그램(sociogram)을 통해 분석이 가능하다.

이와 같은 집단역학의 구성 요소들은 상호 영향을 주고받으면서 집단 발달 단계 전 과정에 영향을 주기 때문에 사회복지사는 이들 요소들을 명확하게 이해하고 적용할 필요가 있다.

5) 집단 대상 사회복지실천에 대한 오해

사회복지사가 집단을 대상으로 일할 때 집단에 대한 몇 가지 오해를 갖고 있으므로 이에 대해 먼저 간략하게 살펴보고자 한다.

첫째, 가장 흔한 오해 가운데 하나는 사회복지사가 집단을 통해 다수의 클라이언트를 동시에 접하기 때문에 시간과 비용 측면에서 개인 대상의 사회복지실천에 비해 경제적이라고 생각하는 것이다. 하지만 집단 대상의 사회복지실천은 집단 전체, 개별성원 그리고 집단과 사회복지사, 성원들 간에 발생하는 역동성으로 인해 성원들뿐만 아니라 집단 전체에 대한 관심을 동시에 요구한다. 특히, 사례관리 측면에서 개별성원들에 대한 배려가 개인 대상의 사회복지실천만큼 혹은 그 이상으로 요구되기 때문에 집단 대상의 사회복지실천이 반드시 경제적이라 할 수 없다.

둘째, '집단=프로그램'이라고 생각하는 경우이다. 집단과 프로그램은 각기 독립적인 개념일 뿐만 아니라 집단과 집단 프로그램을 혼용해서는 안 된다. 프로그램은 집단의 내용 가운데 하나이다. 집단의 내용은 집단의 목적을 성취하기 위한 하나의 도구로서, 프로그램도 집단의 목적을 성취하기 위한 도구로 활용되는 것이지, 집단 자체가 곧 집단 프로그램은 아닌 것이다. 또한 집단의 내용에는 토의, 활동(예: 만들기, 레크리에이션, 게임 등), 교육 등이 포함될 수 있는 것이다.

셋째, '집단은 구조화되어야 한다.'라는 생각에 회기별로 도입, 중간, 종결 등의 과정에서 각각 어떤 과업들이 진행될 것인가를 결정하고, 도입에서 '소개, 성원들과 친해지기' 등과 같이 세분화된 과업이 결정되어 있는 경우가 이에 해당한다. 집단의 구조화는 개입에 있어 효과성 및 효율성을 향상시킬 수 있는 방법이다. 하지만 모든 집단이 구조화될 필요는 없다(예: 장기적인 지지모임). 흔히 구조화된 집단에서는 정해진 순서에 따라 과업이 진행되기 때문에 사회복지사는 정해진 순서에 맞게 진행될 경우에 **집단운영**이 잘 되었다고 생각하기 쉽고, 결과적으로 자신이 훌륭한 사회복지사인 것으로 착각할 수도 있다. 그러나 이는 클라이언트의 욕구나 반응을 무시한 것일 뿐만 아니라 클라이언트 중심적인 집단을 제공해 주지 못하는 한계를 지니고 있다. 또한 개별화의 원칙에도 어긋나는데, 집단성원들 가운데는 구조화된 집단의 과정에 적절하게 보조를 맞출 수 없는 경우도 발생한다. 구조화된 집단, 특히 구조화된 집단 프로그램은 클라이언트의 개별적인 욕구, 관심사, 진행상황을 무시하거나 미처 충분한 배려와 탐색을 보이지 못한 채 계속 진행되기 때문에 집단성원들의 동기가 낮아지고 탈락하거나 참석률이 낮은 한계를 지니고 있다. 따라서 사회복지사는 집단을 구조화할 것인지 그렇지 않은 상태에서 집단을 운영할 것인지, 준비단계에서 집단성원의 특성과 집단의 목적을 고려한 후 결정해야 한다.

6) 사회복지 실천이론의 집단에 대한 적용

일선 현장에서 근무하는 사회복지사는 때때로 집단 프로그램을 직접 개발해야 하는 경우도 있다. 프로그램을 개발하는 방법은 다양하나, 프로그램을 개발할 때 반드시 고려해야 할 것은 이론이다. 이론은 마치 지도와 같은 역할을 한다. 지도를 보고 방향을 파악하듯이, 이론은 집단의 목표와 방향을 결정하는 역할을 하기 때문에 효과적인 집단 프로그램을 개발하기 위해서는 무엇보다도 이론에 대한 이해가 필수적이다. 비록 사회복지사가 집단 프로그램을 직접 개발하지 않고 이미 개발된 프로그램을 특정 집단에 적용하는 경우라 하더라도, 프로그램의 이론적 기반과 집단 프로그램 대상자의 문제 또는 욕구에 관한 명확한 이해가 선행될 경우 프로그램의 효과를 극대화시킬 수 있을 것이다. 따라서 집단을 대상으로 사회복지실천을 준비하는 사회복지사는 프로그램 대상자의 문제 또는 욕구를 해결하기 위해 적용 가능한 실천이론과 경험적 근거에 대해서 철저하게 이해해야 할 필요가 있다.

사례 약물남용 재발예방 프로그램

여기서는 약물남용 클라이언트의 약물남용 재발예방을 위한 집단 프로그램의 사례를 제시함으로써 프로그램의 이론적 기초와 프로그램의 세부 내용이 어떻게 연결되고 있는지를 보여 주는 것을 목적으로 한다. 여기에 소개되는 프로그램은 몬티 등(Monti et al., 1989)의 대처기술훈련 지침서에 기초하여 개발된 인지행동대처기술치료(cognitive behavioral coping skills therapy manual) 프로그램이다. 이 프로그램은 사회학습이론에 기초하여 구성되었으며, 알코올을 포함한 약물사용의 재발과 관련된 고위험 상황에 효과적으로 대처하는 능력의 증진에 초점을 두고 있다(Monti et al., 1989).

(1) 사회학습이론

사회학습이론은 약물남용 클라이언트들이 대인관계상의 문제, 약물을 권유하는 주위의 압력 등과 같은 고위험 상황을 적절히 다룰 수 있는 인지적 · 행동적 대처기술이 부족하기 때문에 이에 대한 대처수단으로 약물사용을 선택하게 된다고 주장하면서 효과적인 대처기술훈련의 필요성을 강조하고 있다(Monti et al., 1989). 특히, 밴듀라(Bandura)의 사회학습이론은 인지적 사회학습이론(cognitive social learning theory)으로 불리기도 하는데, 약물사용과 같은 인간의 행동을 설명하고 이해하는 데 있어서 개인의 인지적 요인의 역할을 강조하고 있으며, **자기효능감**(self-efficacy)이 핵심 개념 중 하나이다(Abrams et al., 1987). 밴듀라(1977)는 자기효능감을 개인이 고위험 상황과 같은 스트레스 요인에 직면했을 때 그 요인을 효과적으로 다루기 위해 요구되는 행동을 수행할 수 있다는 개인의 인식 또는 판단이라고 정의하고 있다. 이는 개인이 고위험 상황을 자신의 능력으로 처리할 수 있다고 해석·평가할 경우, 고위험 상황은 스트레스 요인으로 인지되지 않으며, 결과적으로 고위험 상황이 개인에게 미치는 잠재적인 부정적 영향을 최소화할 수 있다는 말이다. 또한 자기효능감은 **효능기대감**(efficacy expectation)과 **결과기대감**(outcome expectation)으로 구분되기도 하는데, 효능기대감은 특정 결과를 생산하기 위해 요구되는 행동을 성공적으로 실행할 수 있다는 개인의 확신을 의미하고, 결과기대감이란 특정 행동이 특정 결과로 이끌 것이라는 개인의 추측(예를 들면, 술을 마시면 기분이 좋다)을 의미한다(Bandura, 1977).

사회학습이론에서 강조하는 자기효능감의 개념은 약물남용 분야에도 적용되어, 약물이 개인에게 주는 효과와 고위험 상황을 효과적으로 다룰 수 있다는 능력에 대한 개인의 믿음이 약물의존을 결정짓는 주요 요인으로 보고 있다(Abrams et al., 1987). 즉, 약물이 긴장과 불안 같은 부정적인 감정을 처리하거나 문제해결에 도움을 주는 효과가 있다고 기대하는 개인 혹은 자신에게 닥친 문제상황을 자신의 능력으로 감당하기에 역부족이라고 인지하는 개인은 점차 약물에 의존하게 된다고 보는 것이다. 사회학습이론은 더 나아가, 자기효능감이 고위험 상황을 처리하기 위한 대처기술을 결정한다고 주장한다(Abrams et al., 1987). 자기효능감이 높은 개인은 보다 적극적이고 적합한 대처기술을 사용하며, 자기효능감이 낮은 개인은 약물사용과 같은 부적합한 대처기술을 사용한다. 약물사용은 일종의 부적합한 대처방법으로서 원하는 결과를 얻기 위해 약물이 가장 좋은 또는 유일하게 활용 가능한 방법이라고 생각될 때, 개인은 약물사용을 선택하고 약물을 남용하게 된다. 여러 가지 요인이 자기효능감 형성에 영향을 미치는데, 과업성취(performance accomplishments) 또는 성공적인 경험이 자기효능감 증진에 가장 많은 영향을 주는 요인이다(Bandura, 1977). 약물사용과 관련해서 이를 적용시켜 보면, 문제해결 또는 문제상황과 관련된 감정을 처리하는 데 약물사용이 효과적이었던 경험을 한 개인은 이후에도 문제상황에 직면하였을 때 약물을 사용하게 되고 결국 약물에 의존하게 된다.

이상의 원리를 정리하면, 사회학습이론은 개인의 자기효능감과 적절한 대처기술이 약물남용 및 의존을 결정짓는 주 요인이며, 약물남용의 재발을 예방하기 위해서는 자기효능감의 증진과 적절한 대처기술의 습득이 중요함을 제시하고 있다.

(2) 인지행동접근법

사회학습이론과 마찬가지로 **인지행동접근법**은 약물사용을 고위험 상황에 대처하는 부적합한 방법이라고 규정하고 있다(Kadden, 1994). 효과적인 대처기술의 부재가 재발을 야기하기 때문에 개인이 재발과 관련된 고위험 상황에 직면했을 때 약물을 사용하지 않고 효과적으로 대처하는 기술의 습득을 강조한다(Longabaugh et al., 1999).

약물사용의 재발을 예방하기 위해 인지행동접근법에서 자주 활용하는 효과적인 기법들 중 두 가지를 소개하면 다음과 같다. 첫째, 약물의 효과에 대한 긍정적인 기대를 변화시키는 것으로서, 이는 밴듀라(1977)가 언급한 결과기대감(outcome expectation)의 수정을 말한다. 일반적으로 약물남용 클라이언트는 약물사용으로 인한 부정적 결과는 최소화하고 긍정적 결과를 극대화시키려는 믿음이 강하기 때문에 **장단점 분석**(advantages-disadvantages analysis) **기법**을 이용하여 약물의 효과에 대한 클라이언트의 인식을 변화시킨다(Beck et al., 1993). 둘째, 고위험 상황에 성공적으로 대처할 수 있는 능력과 기술이 있다는 신념을 증진시키는 것으로 이는 효능기대감의 증진을 의미한다. 앞에서 설명한 것처럼, 효능기대감을 증진시키는 가장 효과적인 방법은 과업성취이기 때문에 대처기술의 교육, 훈련, 적용이 필수적이다. 따라서 인지행동접근법에서는 약물사용의 가능성을 높일 수 있는 고위험 상황을 밝혀내고, 효과적인 대처기술에 대한 교육을 실시하며, 역할극 등을 통해 대처기술을 연습할 수 있는 기회를 제공하고 있다. 이외에도 약물거부훈련, 자기주장훈련, 의사소통기술 등이 대처기술에 포함된다.

인지행동접근법을 이용한 대표적인 약물중독치료 모형으로 말렛 등(Marlatt et al., 1985)의 **재발예방**(relapse prevention) **모델**이 있다. 위에서 설명한 인지행동접근법처럼 재발예방모델도 약물사용과 관련된 문제상황에 성공적으로 대처하는 경험이 축적되면 자기효능감이 향상되어, 궁극적으로 약물남용의 재발 가능성이 감소된다고 주장하고 있다. 재발예방모델을 도식화하면 [그림 8-1]과 같다.

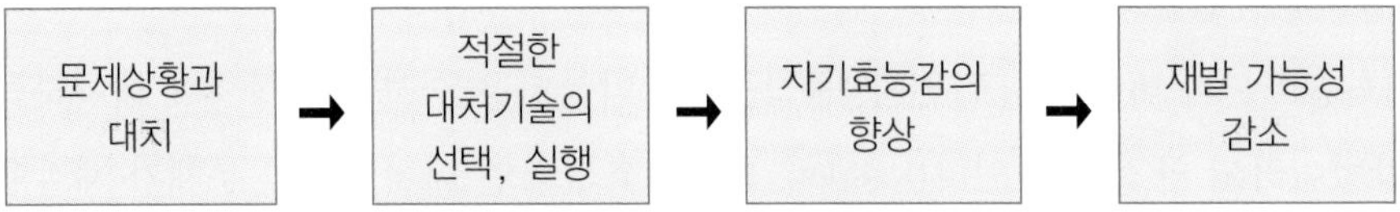

[그림 8-1] **약물중독 재발예방모델**

출처: Marlatt, G. A., & Gordon, J. R. (1985). *Relapse Prevention*. New York: Guilford Press.

〈표 8-1〉은 **인지행동 대처기술 치료 프로그램** 중 핵심 주제와 내용을 보여 주고 있다. 각각의 주제와 내용이 한 회기에 다루어질 수도 있지만, 집단 발달과정의 전반에 걸쳐 체계적으로 연결되어 다루어질 수도 있다. 따라서 이 프로그램을 운영하는 사회복지사는 집단성원이 보이는 생각, 태도, 문제양상 등과 집단의 특성을 모두 고려한 상황에서 주제와 내용을 통합적으로 다룰 수 있다.

표 8-1 인지행동 대처기술 치료 프로그램의 주요 내용

주제	내용
약물사용에 대한 갈망에 대처하는 방법	약물중독자들이 흔히 경험하는 약물사용에 대한 갈망을 야기하는 요인과 갈망을 적절히 다루는 방법을 학습한다.
약물에 대한 생각을 다루는 방법	약물사용의 이익과 손실에 대해 토론하고 약물사용의 부정적인 측면에 대해 학습한다.
문제해결	약물사용을 포함한 다양한 문제상황을 건설적으로 해결할 수 있는 능력을 증진시키기 위해 문제해결 과정을 소개하고 문제해결 기술을 학습한다.
약물거부 훈련기술	약물을 거부하는 기술에 대해 습득하게 한 후, 자신이 약물을 권유받는 상황에서 어떠한 기술을 사용할지 역할극을 통해 학습하게 한다.
위기상황을 위한 계획	약물사용의 재발을 유발할 수 있는 위기상황에 효과적으로 대처하는 다양한 방법을 학습한다.
부적절한 결정을 막기 위한 훈련	재발과 관련된 요인(사고, 행동, 결정)을 합리화하고 최소화하는 위험성에 관해 학습한다.

2. 효과적인 집단운영을 위한 사전준비

1) 사전준비의 중요성

효과적인 집단을 운영하기 위해서는 집단의 형성과 관련해서 충분한 시간을 갖고 계획해야 한다. 예를 들면, 누구를 위한 집단인지, 집단의 목표가 무엇인지를 결정해야 한다. 또한 집단의 크기는 어느 정도로 할 것인지, 집단이 어떤 사람들로 구성될 것인지, 모임의 빈도와 기간은 어느 정도로 할 것인지, 모임을 위한 장소는 어느 곳으로 할 것인지, 평가방법은 무엇인지 등은 사회복지사가 집단을 운영하기 전에 치밀하게 계획해야 할 사항들이다.

집단 사회복지실천에서 사회복지사들은 집단의 사전준비를 게을리하기 쉽다. 사전준비에 소홀한 이유는 사회복지사가 사전준비를 하면 집단성원의 자기결정권을 침해한다고 생각하거나, 집단의 사전준비에 대한 시간적 압박으로 인해 철저하게 준비하지 못하는 경우가 많다(Northern & Kurland, 2001). 하지만 집단이 실패하는 원인을 분석해 보면 집단의 사전준비 단계에서 철저히 준비하지 못한 데에서 기인한다고 볼 수 있다. 따라서 사회복지사가 집단의 사전준비의 중요성을 인식하고 이에 대해 철저히 준비하면 효과적으로 집단을 운영할 수 있을 것이다.

사전준비 및 계획과정을 통해 사회복지사는 집단에 대한 전반적인 밑그림 혹은 설계도를 그릴 수 있고, 이는 사회복지사에게 집단을 잘 운영할 수 있다는 자신감을 심어 준다. 또한 사전준비를 통해 사회복지사는 집단성원의 개개인에 대한 특성을 파악할 수 있고, 집단 전체 그리고 집단을 둘러싸고 있는 주변 환경(예: 기관 및 사회적 상황)을 파악할 수 있는 기회를 갖는다.

2) 준비 단계의 구성 요소

노던과 컬랜드(Northern & Kurland, 2001)는 집단 대상의 사회복지실천 준비 단계

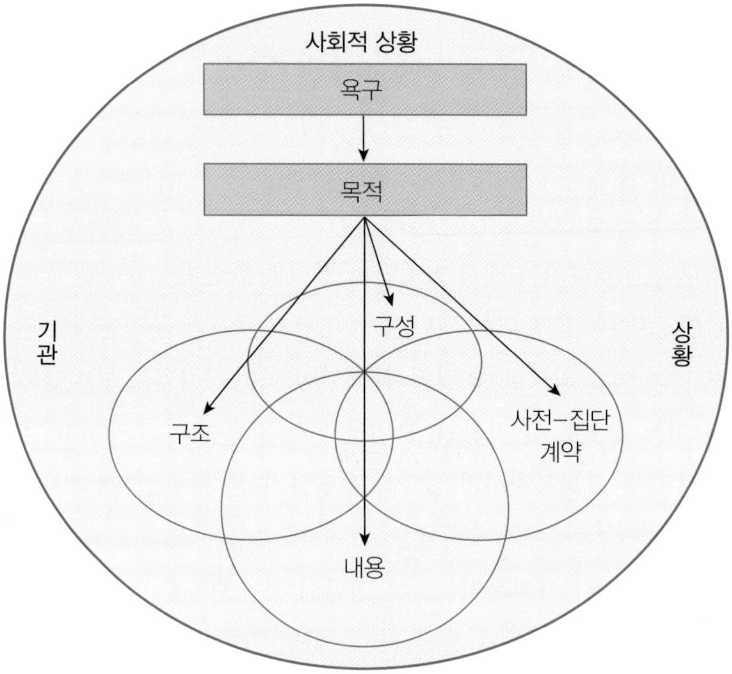

[그림 8-2] **집단의 준비 단계의 모델**

출처: Northen, H., & Kurland, R. (2001). *Social Work with Groups* (3rd ed., p. 112). New York: Columbia University Press.

(pregroup planning stage)에서 사회복지사가 고려해야 할 **집단구성**의 요소로서 다음과 같은 여섯 가지를 제시하였다. 이들 요소들은 집단이 위치해 있는 사회적 상황 및 기관의 상황과 함께 고려되어야 하는데, 이를 그림으로 표시하면 [그림 8-2]와 같다. 한 가지 참고할 것은 이 그림은 집단성원들이 서로 알지 못하는 상태에서 집단을 운영할 사회복지사가 준비과정에서 고려할 요소를 그림으로 나타낸 것이며, 이미 집단이 형성되어 있는 경우(예: 학교의 또래 지지집단, 복지관의 노인 대상 집단 프로그램)에는 그림의 '구성' 요소가 욕구의 윗부분에 위치하게 된다. 이들 요소를 간략하게 살펴보면 다음과 같다.

- 욕구: 집단에 참여할 가능성이 있는 집단성원들의 문제나 어려움, 염려하는 부분은 무엇인가?

- 목적: 집단 전체가 추구하는 목적과 목표는 무엇인가? 집단 개별성원의 목표는 무엇인가? 집단 전체의 목적과 목표 그리고 개별성원의 목표는 어떤 상관성이 있는가?
- 구성: 집단에 참여할 집단성원의 수는 몇 명인가? 집단성원들의 공통점과 차이점은 무엇인가? 집단을 이끌 사회복지사는 누구인가?
- 구조: 집단의 운영을 촉진하기 위해 필요한 것은 무엇인가? 특히, 집단의 모임 시간 및 장소와 관련해서 고려해야 할 것은 무엇인가?
- 내용: 집단의 목적을 성취하기 위해 활용될 도구는 무엇인가? 집단 내에서 실제로 어떤 일들이 벌어질 것인가?
- 사전 접촉: 집단의 참여를 위해 집단성원을 어떻게 준비시킬 것인가?

사회복지사는 집단을 구성하는 과정에서 이들 여섯 가지 요소를 기관 및 사회적 상황과 연계하여 고려해야 한다. 예를 들어, 기관은 집단 프로그램의 운영을 지지하고 있는가? 기관 내부에서 진행되고 있는 다른 유사한 집단은 없는가? 기관의 동료 사회복지사는 집단에 참여할 성원을 의뢰해 줄 것인가? 개별상담을 받고 있는 클라이언트가 집단에 참여하게 됨으로써 2명의 사회복지사로부터 서비스를 받는 것은 아닌가? 하는 문제 등을 함께 고려해야 할 것이다. 나아가, 기관의 이사회에서는 집단 프로그램의 운영에 대해 어떻게 반응하고 있으며, 이를 지지하고 있는가? 다른 집단 프로그램의 개발에 더 많은 관심을 갖고 있는가? 등은 집단구성 및 운영에 있어 많은 영향을 줄 수 있다.

사례 교육집단 구성을 위한 준비

다음은 앞서 소개한 집단구성의 요소들을 교육집단 구성을 위해 적용한 사례이다(Sands & Solomon, 2003).

첫째, 집단의 욕구를 파악한다.

욕구를 파악하는 방법은 다양하다. 사회복지사가 잠재적 집단성원들을 직접 관찰하는 방법, 기관의 직원 또는 클라이언트를 대상으로 설문조사를 실시하는 방법 등을 고려할 수 있다. 사회복지사는 욕구를 파악한 다음, 구성될 집단의 최대 수혜 집단을 결정한다. 예를 들어, 치매센터에서 근무하는 사회복지사는 남성 돌봄 제공자들을 교육집단의 대상으로 결정할 수 있다. 사회복지사의 관찰에 따르면, 그 이유는 남성들이 소외되고, 자신들이 기대하는 바를 잘 모르며, 압도당하는 느낌을 갖고, 감정표현이 서툰 경향이 있기 때문이다.

둘째, 욕구를 파악한 다음 집단의 목적을 정한다. 남성 돌봄 제공자들을 위한 교육집단은 다음과 같은 목적을 가질 수 있다.

- 치매의 단계와 각 단계별 인지적 · 행동적 특징에 관한 지식을 향상시킨다.
- 돌봄에 관한 자신의 감정을 표현하는 능력을 향상시킨다.
- 돌봄에 대처하는 기술을 향상시킨다.
- 치매노인과 돌봄 제공자를 위한 법적, 경제적, 지역사회 자원에 관한 지식을 제공한다.
- 자신의 집에서 돌봄을 제공하는 방법 이외의 방법들을 탐색한다.
- 남성 돌봄 제공자의 지지망을 확대한다.

셋째, 집단의 구조를 결정한다.

- 회기별 소요시간이 1시간짜리인 회기를 12번 가지며 주1회 또는 월 1회 만날 수 있고, 또는 워크숍 형식으로 이틀에 걸쳐 진행할 수 있다. 교육집단을 수 주 또는 수개월에 걸쳐 운영할 경우 집단성원들이 집단에서 배운 지식과 기술을 소화할 수 있는 시간을 갖는 장점이 있다. 반면 워크숍 형식은 보다 집중적이고 편리할 수 있다.
- 교육집단은 다른 유형의 집단보다 그 규모가 크다. 교육집단을 워크숍 형식으로 주말에 진행할 경우 집단의 크기는 30명이 될 수도 있다.
- 사회복지사는 집단을 개방형 또는 폐쇄형 집단으로 운영할지도 결정해야 한다. 다루는 주제들이 회기별로 구분되거나 연속성이 없다면 집단성원은 언제든지 집단에 들어올 수 있고 특정 회기에만 참여해도 된다. 한편 폐쇄형 집단의 크기를 만족스러울 수준으로 유지하기 위해서 사회복지사는 목표 크기보다 더 많은 지원자를 받아들이고 지속적인 참여의 중요성을 강조한다. 참가비 지불, 적절한 수준에서 집단성원의 욕구를 다룬다는 정보, 다과, 다른 집단성원 또는 집단 진행자와 비공식적 상호작용을 위한 시간배분 등이 지속적인 참여를 위한 강화물로 작용할 수 있다.

- 사전면접을 실시하여 잠재적 집단성원의 학력, 독해력 수준 등을 파악하고 그에 맞추어 교육자료 등을 준비한다.

넷째, 커리큘럼의 내용, 교육방법, 구성을 고려한다.

- 사회복지사는 커리큘럼에 대해서도 충분히 고려해야 한다. 전문 학술지나 교재, 관련 협회의 웹사이트는 커리큘럼 개발을 위해 유용한 자료들이며, 동료 사회복지사 또는 전문가로부터 조언을 구할 수도 있다.
- 커리큘럼 초안을 개발하기 위한 절차를 진행한다. 동료들과의 브레인스토밍을 통해서 주제를 발굴하고 주제들의 우선순위를 정하며 주제들을 논리적으로 배열할 수 있다. 그다음 각 회기별 계획을 세운다. 계획에는 목적, 교육내용, 사회-정서적 목적(예: 돌봄에 관한 감정 표현), 교육방식, 자료 등이 포함된다. 강의의 양을 적절한 수준으로 결정하고 동일한 내용을 강의 이외의 방식으로 전달하는 방법(예: 동영상)도 고려한다. 강의를 통한 정보제공과 집단성원 지지를 균형 있게 구성한다.
- 집단성원에게 배포할 자료들에도 관심을 기울여야 한다. 집단성원들에게 폴더를 제공하여 교육집단의 일정과 주제, 유인물, 과제 등을 보관하도록 한다. 첫 회기 때 교육집단 일정을 점검하고 교육집단 주제에 포함되지 않았으나 추가될 수 있는 주제들을 고려해 본다. 집단 내에서 배운 내용을 강화하고 실제 상황에 적용하기 위해 과제를 활용한다. 논의 중인 주제와 관련된 유인물도 준비한다.
- 특정 주제에 관해서 강의해 줄 외부 강사(예: 사회복지 기관장, 의사, 변호사 등)를 섭외한다. 이는 집단성원에게 집단성원이 필요로 하는 정보에 대해서 전문지식을 가지고 있는 외부 강사들과 직접적으로 상호작용할 수 있는 기회를 제공하는 것이다.
- 다양한 교육방법을 사용하여 집단성원의 관심과 참여를 끌어올린다. 전문가와 비형식적 교류 기회 제공, 동영상 사용, 집단성원들의 스토리 공유, 역할연습 등을 고려할 수 있다. 동영상을 사용할 경우 동영상 내용이 커리큘럼에 어울리는지 사전에 검토한다. 동영상 길이도 중요한데 20분 이하가 좋다.

〈표 8-2〉는 교육집단 구성 시 참고할 만한 지침과 체크리스트를 담고 있다. 표에 제시된 요소들은 교육집단 외에 다른 유형의 집단을 구성할 때에도 적용 가능하다.

표 8-2 교육집단 구성을 위한 지침과 체크리스트

□ 특정 대상을 위한 교육집단의 욕구를 파악한다.
____ 관찰
____ 설문조사
____ 표적 모집단 결정

□ 목적을 설정한다.

□ 집단의 구조를 고려한다.
____ 형식(단기 워크숍 또는 장기 회기)
____ 회기 수
____ 회기별 시간분배
____ 얼마나 자주 만나는지
____ 언제 만나는지(예: 시간대, 요일)
____ 회기별로 활동을 위한 시간 할당
____ 집단의 크기
____ 개방형 집단 또는 폐쇄형 집단
____ 참가비
____ 다과
____ 장소
____ 지도자(전문가 또는 동료 상담가)
____ 문화적 구성

□ 커리큘럼의 내용, 교육방법, 구성
____ 잠재적 집단성원이 알아야 할 것을 사정한다.
____ 커리큘럼 초안을 개발한다.
____ 커리큘럼 초안에 대해서 피드백을 얻는다.
____ 배포해야 할 교육자료를 파악하고 구한다.
____ 강사를 섭외한다.
____ 다양한 교육방법을 고려한다.
____ 필요한 동영상을 찾고 사전 검토한다.
____ 집단 단계에 특별한 주의를 기울인다.
____ 필요한 자료를 만든다.
____ 과제물을 만든다.
____ 커리큘럼을 확정한다.
____ 회기별 주제를 결정한다.

출처: Sands, R. G., & Solomon, P. (2003). Developing Educational Groups in Social Work Practice. *Social Work with Groups, 26*(2), p. 10.

3) 준비 단계에서의 과제

준비 단계에서 집단성원의 현재 상태와 사회복지사가 해야 할 과제를 표로 나타내면 〈표 8-3〉과 같다. 집단의 초기 · 중간 · 종결 단계에서 집단성원과 집단의 특성 그리고 사회복지사의 과제가 단계별로 제시되어 있다. 표에서 알 수 있듯이, 집단은 아직 구성되지 않은 상태이지만 사회복지사의 할 일은 많다. 즉, 집단성원을 임시적으로 선별하고, 집단의 모임이나 횟수, 기간, 공간, 규칙 등을 임시적으로 설정하며, 집단성원들의 욕구에 근거해서 집단의 내용과 목적, 목표를 어떻게 설정할 것인지 미리 예측해 보아야 한다. 또한 사회복지사는 집단에 영향을 줄 수 있는 기관의 정책이나 사회적 환경을 고려해야 한다. 특히, 집단을 운영할 때 집단성원 개개인의 목표가 뚜렷이 설정되지 않으면 집단성원은 자신이 이 집단에 참여하는 이유나 동기를 파악하지 못할 수 있으므로 사전 접촉을 통해 사회복지사는 개별성원의 목표를 설정할 필요가 있다. 이는 개별성원이 언제 집단참여를 종료할 것인지의 판단기준이 된다.

표 8-3 집단의 준비 단계에서의 사회복지사의 역할

집단성원의 특성	집단의 특성	사회복지사의 역할
• 예상 집단성원의 임시 구성 • 집단의 구조 임시 설정-모임 장소, 횟수, 기간, 공간, 규칙 • 집단의 내용, 목적, 목표를 임의 설정 • 집단성원의 욕구 파악 • 집단 개별성원과 사전 접촉-개별목표 설정	(해당 없음)	• 개별성원의 욕구 및 목표 파악 • 집단의 목적을 명료하게 설정하고 설명 • 집단 구성에 영향을 주는 요인 파악 (예: 기관의 정책, 장소, 의뢰, 공동진행자와 협의)

출처: 김성이 외(2004). 청소년복지학. 서울: 집문당, p. 199에서 인용.

(1) 집단홍보

준비 단계에서 사회복지사는 집단의 목표를 알리고 집단성원들을 모집하기 위해서 전략을 세워야 한다. 집단을 홍보하는 방법은 여러 가지가 있을 수 있다. 집단 프로그램의 목표, 프로그램의 대상, 프로그램의 기간, 프로그램의 장소 등의 내용을 담은 홍보물을 잠재적 대상자들에게 배포하는 방식을 취할 수 있다. 〈표 8-4〉는 새내기 부모를 위한 지지집단의 홍보를 예로 제시한 것이다. 또한 사회복지사가 직접 대상자들을 접촉하는 것도 좋은 방법 중의 하나이다. 예를 들어, 청소년을 위한 집단을 고려한다면, 학교 당국과의 접촉을 통해 프로그램을 설명함으로써 집단을 홍보할 수 있다. 또한 동료 사회복지사 등에게 집단을 알리고 집단성원을 모집하는 방법도 있다.

표 8-4 집단홍보 예시

새내기 부모를 위한 지지집단

생후 6개월부터 2세 자녀를 둔 부모를 위한 지지집단에 여러분을 초대합니다. 본 지지집단은 유아양육, 가사분담, 자녀훈육, 자녀양육과 관련된 자원 등 자녀를 둔 부모의 관심사에 관해 토의하는 것을 목적으로 합니다.

- 후원기관
  ○○○ 종합사회복지관
- 집단지도자
  김○○ 사회복지사
- 참가자격
  생후 6개월부터 2세 자녀를 둔 모든 부모
- 일시
  매주 화요일 저녁 7시 30분~9시 30분까지(3개월간)
- 탁아
  본 집단에 참여하실 부모님들을 위해 탁아서비스를 제공하고 있으니, 자녀를 저희 센터에 데리고 오시기 바랍니다.

(2) 집단성원의 선별

집단을 실제로 운영하기 전에 집단성원을 **선별**하는 작업을 실시하는 것이 바람직하다. 집단성원의 선별작업으로 집단의 목표와 집단성원의 욕구 및 개별목표를 최대한 일치시킬 수 있으며, 이를 통해 집단을 보다 효과적으로 운영할 수 있고, 집단성원들이 집단에 참여함으로써 많은 것을 얻을 수 있도록 도울 수 있다. 또한 집단성원의 선별작업은 사회복지사가 운영하고자 하는 집단에 적합하지 않는 클라이언트, 집단에 참여할 수 있는 능력이 부족한 클라이언트, 집단과정을 방해할지도 모르는 클라이언트 등을 선별할 수 있는 기회를 제공할 수도 있다. 얄롬(Yalom, 1985)은 집단의 응집력을 강화할 수 있는 클라이언트의 동기 수준을 집단성원의 선별기준으로 제시하고 있다. 따라서 가능하다면 사회복지사는 집단을 시작하기 전에 집단성원 개개인과의 개별면담을 통해서 집단의 목표, 과정, 기타 활동사항 등을 클라이언트에게 충분히 설명해 주고 클라이언트가 집단이 자신에게 적합한지 그리고 집단에 참여할 것인지를 스스로 결정할 수 있는 기회를 제공해야 한다.

일반적으로 위기상황에 처해 있는 클라이언트, 자살할 가능성이 높은 클라이언트, 반사회적 성격장애를 지닌 클라이언트 등은 집단에 적합하지 않다고 볼 수 있다(Corey, 1995). 또한 지배적인 클라이언트, 공격성이 강한 클라이언트, 자기중심적인 클라이언트 등이 집단에 포함될 경우도 사회복지사가 집단을 효과적으로 운영하는 데 방해가 될 수 있다. 그러나 현실적으로 클라이언트를 선별할 수 있는 기회가 없는 경우도 많다. 예를 들어, 수강명령으로 인해 자신의 의사와는 관계없이 집단에 참여해야 하는 경우(예: 보호관찰소)나 병원 등에서는 클라이언트를 선별하기보다는 모든 클라이언트를 집단에 참여시켜야만 한다. 이와 같은 상황에서 사회복지사는 클라이언트 개개인과의 개별면담을 통해 집단에 참여하게 됨으로써 얻게 되는 긍정적인 측면을 클라이언트에게 설명하여 집단과 사회복지사에 대한 클라이언트의 태도를 변화시키고 집단에 대한 저항감이 완화될 수 있게 노력해야 한다.

집단운영 과정에서 문제행동을 보일 클라이언트(성원)의 유형을 살펴보면, ① 신체적 도피가 잦은 성원, 즉 잦은 지각, 결석으로 집단참여가 부실한 성원, ② 집단 내에서 오랫동안 침묵을 지키는 성원, ③ (사회복지사나 진행자를 대신하여) 집단에서 토론이나 논의를 자신이 진행하거나 독점하거나 항상 주목을 끌려는 성원, ④ 기관이나 사회복지사(혹은 집단 진행자), 다른 성원 등에 대해 험담하거나 불만을 자주 표출하는 사람, ⑤ 집단의 다른 성원에 의해 희생양이 된 성원, ⑥ 집단성원 및 진행 내용 등에 대한 비밀을 외부로 유출하는 경우 등을 들 수 있다. 따라서 사회복지사는 집단 사전준비 단계의 성원의 선별 과정에서 위와 같은 문제행동을 보일 수 있는 성원을 집중 검토해야 할 필요가 있다. 반면 집단 내에서 침묵을 지킨다고 해서 그 성원이 집단과정에 참여하지 않는 것은 아니며, 집단 내에서 희생양이 되었다고 해서 이 성원을 집단의 잔여 회기에서 배제시킬 필요는 없다. 사회복지사는 이러한 클라이언트를 돕기 위해 집단성원들과 함께 집단역동을 고려하면서 어떻게 이러한 클라이언트를 도울 수 있을지 구체적 방안을 모색할 필요가 있다.

(3) 집단구성

집단을 구성할 때 고려해야 할 몇 가지 사항들을 소개하면 다음과 같다.

① 동질성

집단성원의 동질성이란 성원들의 집단참여 동기, 목적, 문제 등과 함께 인구사회학적 특성들이 유사함을 의미한다. 집단성원 개개인의 집단에 참여하는 동기 또는 목적이 집단의 목적과 동일할 때 집단성원들은 집단과정에서 많은 것을 얻을 수 있다. 또한 집단성원들의 연령, 교육수준, 문제 유형 등이 유사할 경우 집단성원들 간의 상호작용이 더욱 활발해질 수 있다. 한편, 집단성원들의 특성이 지나치게 동질적이면 오히려 부정적인 결과를 가져올 수도 있다. 예를 들어, 아동학대 가해 부모를 대상으로 한 집단 프로그램의 성원들이 모두 아동학대 가해자일 경우, 이들은 아동의 처벌에 대한 정당성을 주장할 가능성이 높으며, 이는 가해자들의 잘못된 인식을 강화시켜 주게 될 것이다. 집단성원들 가운데 아동학대 피해자인 사람들을 사전준비 과정을 통해 선별·참여시키면 피해자의 입장을 들어볼 수 있게 되어 보다 객관적인 관점을 제공할 수 있을 것이다.

② 이질성

집단성원의 이질성이란 성원들의 주요 특성에 차이가 있음을 의미한다. 집단성원들의 대처능력, 인생경험 등은 이질적인 경우가 대부분이다. 이와 같은 이질성은 집단의 자산이 될 수 있다. 예를 들면, 집단성원들은 다른 성원들이 문제를 해결하기 위해 사용하는 대처기술 또는 전략 등을 배울 수 있기 때문에 집단은 각기 다른 능력과 경험을 지닌 성원들이 상호 간에 배울 수 있는 기회를 제공한다.

한편, 집단성원들의 특성이 지나치게 이질적이면 집단 전체 및 개별성원에게 역효과를 가져올 수 있다. 예를 들어, 성원들이 모두 남성인 데 비해 유일하게 여성이라든지, 조현병을 앓고 있는 환자들을 주요 대상으로 한 집단 프로그램에 우울증을 가진 환자, 불안을 가진 환자, 섭식장애를 가진 환자가 포함되어 있다면 집단운영의 초점과 목적이 흐려질 수 있다.

③ 개방형 집단과 폐쇄형 집단

집단의 유형에는 **개방형 집단**과 **폐쇄형 집단**이 있다. 개방형 집단이란 집단이 진행되는 동안 새로운 집단성원이 참여할 수 있는 집단을 말하며, 폐쇄형 집단이란 개방형 집단과는 달리, 집단이 진행되는 동안 새로운 성원을 받아들이지 않는 집단이다. 집단의 유형을 결정하기 위해서는 각 집단 유형의 장단점을 검토해야 한다. 〈표 8-5〉는 두 집단의 장점과 단점을 제시하고 있다. 개방형 집단과 폐쇄형 집단 중 어떤 집단 유형을 선택하는가는 앞으로 운영하게 될 집단의 목적, 실천적 상황 등과 관련이 있다. 개방형 집단일 경우, 새로운 집단성원이 참여함으로써 집단과 성원들에게 자극을 줄 수 있는 반면, 집단의 안정성을 해치거나 응집력을 약화시킬 수 있다.

표 8-5 폐쇄형 집단과 개방형 집단의 비교

집단 유형	장점	단점
개방형 집단	• 새로운 집단성원의 참여가 집단과 성원들에게 자극이 됨 • 집단 가입과 탈퇴 조건이 유연함	• 집단성원의 잦은 교체는 집단응집력을 약화시킬 수 있음 • 새로운 집단성원이 집단소속감을 갖는 데 문제가 있음
폐쇄형 집단	• 집단성원의 역할과 집단규범이 안정적임 • 집단응집력이 강함	• 다수의 성원이 탈퇴할 경우 나머지 집단성원에게 미치는 영향이 큼 • 새로운 정보나 내용이 없을 수 있으므로 지루해함

• 개방형 집단이 적합한 경우

– 거주시설, 병원 등에서 운영되는 치료 집단: 집단성원이 치료를 마치고 퇴원을 하여

집단에 여석이 생길 경우 새로운 성원이 집단에 합류한다.

- AA모임(자조집단): 알코올중독으로부터 회복 중인 클라이언트들은 지역사회 내에 있는 공개 AA모임에 자유롭게 참여할 수 있다.
- 위기상황: 위기상황에 처해 있는 사람들은 새로운 집단이 형성될 때까지 기다릴 필요 없이 언제든지 개방형 집단에 참여할 수 있기 때문에 개방형 집단은 치료의 대안이 될 수 있다.

• 폐쇄형 집단이 적합한 경우

- 교육 집단: 동일한 집단성원들로 시작하고 종결함으로써 집단성원들의 성과를 강화할 필요가 있는 집단
- 10대 미혼모 집단: 미리 정해진 내용의 양육기술을 교육하고 훈련시키는 것을 목적으로 하는 집단
- 심리치료 집단: 성원들의 정신역동적 분석과 이해를 통해 현재의 상황을 이해할 목적으로 구성된 집단

(4) 집단의 구조

① 집단크기

집단을 효과적으로 운영하기 위해서는 집단의 규모도 고려해야 한다. 집단의 규모는 집단성원의 연령, 집단의 유형, 집단의 목적, 공동치료자의 참여 등을 고려하여 결정해야 한다. 우선, 집단성원의 연령 면에서 본다면 아동과 청소년의 경우, 성인보다 관심을 많이 기울여야 하기 때문에 성인을 위한 집단보다 그 규모가 작은 것이 좋다. 일반적으로 성인 집단의 경우 8명 정도로 구성하는 것이 좋으며, 아동 및 청소년 집단의 경우에는 이보다 적은 수의 성원으로 구성하는 것이 좋다. 또한 집단성원이 매 회기마다 참석하는 것이 어렵기 때문에 소수의 결석 인원이 있음을 감안하여 집단성원의 수에 다소 여유를 두는 것이 좋다. 따라서 8명의 성원이 참석하는 집단의 규모는 10명 정도가 적당하며, 이를 통해 결석과 집단에서의 탈락이 주는 부정적 효과를 최소화할 수 있다.

집단의 규모는 집단의 목적에 따라서 달라질 수 있는데, 청소년 성교육 집단과 같은 교

육집단은 특정 문제를 해결하기 위해 구성된 치료 집단(예: 약물남용 청소년 집단, 사회성기술 향상을 위한 지적 장애인 집단)보다 집단의 규모가 커질 수 있다. 집단의 규모와 관련해서 정해진 규칙이 있는 것은 아니지만, 집단성원이 너무 많을 경우 집단을 통제하기 어려운 점이 있고, 집단 규모가 작을 경우 집단성원들 간의 풍부한 상호작용을 기대하기 어렵고, 집단의 장점을 상실하기 때문에 집단성원의 연령, 집단의 목적 등을 고려하여 적정 규모의 집단을 유지하도록 해야 할 것이다.

② 모임의 빈도와 시간

모임의 빈도와 시간을 결정할 때 고려해야 할 사항 중의 하나가 집단성원의 연령이다. 아동이나 청소년의 경우 성인에 비해서 참을성이 적고 산만하기 때문에 가능하면 모임의 시간은 짧게 하면서 모임을 자주 갖는 것이 좋다. 성인의 경우 일주일에 1회 모임을 갖는다면, 아동이나 청소년 집단의 경우 심도 있는 개입을 위해서 일주일에 2회 정도로 모임을 계획할 수 있다. 개방형 집단에서는 집단성원의 교체가 잦기 때문에 집단성원들의 참여의 지속성을 유지하기 위하여 자주 모임을 가질 필요가 있다. 또한 위기 집단에서는 긴급한 개입을 요하게 되므로 하루에도 여러 차례 모임을 가질 수 있다.

모임의 시간은 성인의 경우 1시간 30분 또는 2시간 정도가 좋다. 아동이나 청소년 집단은 성인 집단보다 짧게(60~90분) 운영하도록 한다. 학교 내에서 집단을 운영할 경우에는 학생들의 수업 일정을 고려해야 하며, 모임시간을 수업시간에 맞추도록 해야 할 것이다. 한편, 집단이 모이는 시간에 대한 배려도 필요하다. 예를 들어, 직장인을 위한 집단모임은 점심이나 저녁시간을 이용하는 것이 좋지만, 주부들을 위한 모임은 자녀나 남편이 학교나 직장에 등교 및 출근한 후와 이들이 집에 돌아오기 이전이 좋을 것이다. 이는 집단성원들이 일상생활에서 맡은 책임이나 업무에 지장을 주지 않도록 배려하는 것이며, 필요할 경우 부가적인 서비스(예: 유아를 돌볼 수 있는 놀이시설, 간식, 지체장애인을 위한 차량지원 등)를 제공하는 것도 고려해야 한다. 반면, 학생들을 위한 집단의 모임은 학교의 수업시간 중 일부 혹은 방과 후 시간을 활용토록 하는데, 학교에서의 집단모임은 학생들이 대부분 학교에 출석하기 때문에 집단의 출석률이 매우 높은 장점을 가지고 있다. 또한 집단모임의 빈도와 시간을 고려할 때 집단을 운영할 사회복지사와 자원봉사자 그리고 보조진행자의 근

무시간, 기관의 폐관 시간 등을 함께 고려해야 하지만, 집단성원의 서비스 접근성이 우선적으로 고려되어야 한다.

③ 집단의 기간

집단의 기간은 집단을 시작할 때 집단성원에게 미리 알려 주는 것이 좋다. 그 이유는 집단이 언제 종결되는지를 아는 것 자체가 집단성원에게 자극이 될 수 있기 때문이다. 이는 교수가 학생들에게 과제 제출일을 미리 공지하게 되면 학생들이 과제를 위한 계획을 세워 일정에 맞추어 과제를 수행하는 것과 마찬가지다. 집단 규모와 모임의 빈도 및 시간을 결정할 때와 마찬가지로 집단의 기간도 집단의 목적과 유형 등에 따라 차이가 있게 마련이다. 그러나 집단의 기간이 지나치게 짧으면 집단성원들이 생산적이고 의미 있는 변화를 이루기에 부족할 수 있기 때문에 사회복지사는 집단의 기간을 결정할 때에 신중해야 한다.

④ 모임의 장소

집단모임을 위한 장소는 기관의 물리적 환경에 따라 결정되나, 집단성원의 비밀이 보장될 수 있는 장소를 선택해야 한다. 만약 집단 내 성원들 간의 대화가 외부에 들리게 된다면 집단성원들은 불안해하거나 집단참여가 떨어지며, 결과적으로 이들에게서 보다 진솔한 대화를 기대하기 어렵다. 또한 집단성원들의 신분이 밖으로 노출되지 않는 장소를 선택해야 한다. 예를 들어, 약물사용으로 인해 수강명령을 받는 클라이언트의 경우, 자신의 신분을 숨기려는 성향이 강하기 때문에 사회복지사는 모임의 장소를 선택하는 데 특별히 신중해야 한다. 종종 집단모임을 대강당에서 하거나 정리가 잘 되어 있지 않은 장소에서 하게 되는 경우가 있는데, 이와 같은 장소는 집단성원들의 집중력을 흩트릴 수 있기 때문에 적합한 장소가 아니다. 즉, 집단성원들에게 편안함과 안락함을 제공할 수 있는 장소가 집단의 운영에 긍정적인 영향을 줄 수 있다.

모임을 위한 장소를 결정하는 것과 더불어 좌석배치도 사전에 계획해야 한다. 일반적으로 집단성원과 사회복지사 모두 서로를 볼 수 있는 원형이 좋다. 이럴 경우 사회복지사는 각 집단성원과 눈맞춤을 할 수 있고 그들의 비언어적 행동을 관찰할 수 있는 장점이 있다.

이런 장점은 집단성원들도 마찬가지로 서로에게 집중할 수 있는 효과를 가져올 수 있다.

만약 집단모임의 장소에서 활동을 할 예정이라면 하고자 하는 활동에 필요한 공간적인 여유를 고려할 필요가 있다. 예를 들어, 대화 위주의 지지모임은 원형으로 앉아 이야기할 수 있도록 하되, 성원들 간에 적당한 거리를 둘 수 있도록 하지만, 활동 위주의 집단(예: 공예나 만들기 혹은 보드게임 등)을 진행할 경우에는 직사각형 혹은 원형 테이블에서 활동물을 여유 있게 활용할 수 있는 충분한 공간이 제공되어야 한다. 경우에 따라서는 집단성원들에게 간식과 간단한 음료를 제공할 수도 있는데, 이때 간식과 음료수를 활동하는 공간과 분리하도록 하여 집단활동에 방해가 되지 않도록 해야 한다.

(5) 공동진행자에 대한 고려

사회복지사는 집단을 운영할 때 집단의 목적, 크기, 성원의 특성에 따라 **공동진행자**를 참여시킬 것인지를 결정해야 한다. 공동진행자는 집단을 운영할 사회복지사와 동등한 위치에서 집단운영에 참여하게 되는 것으로, 보조진행자나 자원봉사자로 집단에 참여하는 사람들의 역할과는 구별된다. 공동진행자가 함께 집단운영에 참여하게 되면, 사회복지사가 집단과정에서 미처 파악하지 못한 부분을 공동진행자가 파악해 줄 수 있을 뿐만 아니라 공동진행자의 관점과 사회복지사의 관점이 공유되어, 협력관계가 형성되면 집단운영에 많은 혜택을 제공할 수 있다. 예를 들면, 성교육 집단 프로그램에서 사회복지사와 공동진행자가 남녀 사회복지사로 구성되어 있으면 성에 대한 남녀의 관점 차이와 이에 대한 극복과정을 집단과정에서 표출함으로써 집단성원들에게 다양한 관점과 이에 대한 이해를 제공하는 이점이 있다. 반면, 사회복지사와 공동진행자 간에 갈등 혹은 경쟁관계가 발생하면 집단운영에 차질을 가져올 수 있다. 공동진행자를 선정하는 데 있어 슈퍼바이저-슈퍼바이지가 함께 진행하는 것은 이미 기관 내의 위계질서가 형성되어 있는 관계로 바람직하지 않을 수 있다. 즉, 슈퍼바이지는 슈퍼바이저의 집단운영에 소극적으로 참여할 가능성이 있기 때문이다.

3. 사정 단계에 필요한 사회복지 실천기술

1) 사정의 정의

사이포린(Siporin, 1975)에 의하면, 사정(assessment)은 원조과정이 기초하는 과정(process)이자 산물(product)이다. 과정으로서의 사정은 정보를 수집 · 조직하고, 정보에 관해서 판단을 내리는 것을 의미하며, 산물로서의 사정은 집단과 집단성원의 기능에 관한 진술문을 의미하며 이는 개입계획을 수립하는 데 유용하게 사용된다.

집단 대상의 사회복지실천에서 사정은 개인을 대상으로 하는 사회복지실천에서의 사정보다 복잡하다. 왜냐하면 개인을 대상으로 하는 실천에서는 개인이 사정의 초점이지만, 집단과의 사회복지실천에서는 집단성원 개개인에 대한 사정뿐만 아니라 집단 전체에 대해서 사정을 하는 것이 필요하기 때문이다.

2) 집단을 사정하기 위한 기술

일반적으로 집단을 운영하는 사회복지사는 집단의 기능을 사정하기 위해서 자신의 주관적 관찰에 의존하는 경우가 많다. 사회복지사 자신의 주관적인 관찰에 덧붙여 구조화되고 객관적인 방법으로 집단을 사정하는 것도 필요하며, 매우 유용할 수 있다. 실제로 집단을 운영하는 경우, 집단에 대한 사정을 어떻게 해야 하는지 막막해하는 경우가 흔히 있다. 따라서 사회복지사가 집단을 사정하기 위해 활용할 수 있는 도구에 대한 지식을 갖고 이를 활용할 수 있는 방법을 익히는 것이 매우 필요하다. 사회복지사는 실천현장에서 다양한 집단을 접하게 되는데, 다양한 집단들을 효과적으로 사정할 수 있는 완벽한 방법이란 존재하지 않는다. 여기서는 사회복지사가 객관적이고 구조화된 방법으로 집단을 사정하는 데 필요한 기술들을 소개한다.

(1) 의의차별척도

의의차별척도(semantic differential scale)란 2개의 상반된 입장 중에서 하나를 선택하도록 요청하는 척도로서 집단성원이 동료 집단성원을 사정하는 데 활용할 수 있다. 대개 의의차별척도는 5개 혹은 7개의 응답범주를 가지고 있다. 의의차별척도를 활용하는 방법 중의 하나는 동료 성원에 대한 평가, 동료 성원의 잠재력에 대한 인식, 동료 성원의 활동력

표 8-6 의의차별척도의 예

당신이 ○○○에 대해 느끼고 있는 바를 가장 잘 묘사하고 있는 곳에 체크하시오.

	7 매우 그렇다	6 그렇다	5 약간 그렇다	4 모르 겠다	3 약간 그렇다	2 그렇다	1 매우 그렇다	
1. 큰	___	___	___	___	___	___	___	작은(잠재력)
2. 가치 없는	___	___	___	___	___	___	___	소중한(평가)
3. 빠른	___	___	___	___	___	___	___	느린(활동력)
4. 차가운	___	___	___	___	___	___	___	뜨거운(활동력)
5. 행복한	___	___	___	___	___	___	___	슬픈(평가)
6. 약한	___	___	___	___	___	___	___	강한(잠재력)
7. 좋은	___	___	___	___	___	___	___	나쁜(평가)
8. 긴장한	___	___	___	___	___	___	___	느슨한(활동력)
9. 강인한	___	___	___	___	___	___	___	부드러운(잠재력)
10. 적극적인	___	___	___	___	___	___	___	소극적인(활동력)
11. 무거운	___	___	___	___	___	___	___	가벼운(잠재력)
12. 공정한	___	___	___	___	___	___	___	불공정한(평가)

활동력 = ___ + ___ + ___ + ___ = ___
　　　　 3　　 4　　 8　　 10

잠재력 = ___ + ___ + ___ + ___ = ___

평가 = ___ + ___ + ___ + ___ = ___

출처: Toseland, R. W., & Rivas, R. F. (2001). *An Introduction to Group Work Practice* (4th ed.). Needham Heights, MA: Allyn and Bacon

에 대한 인식 등을 평가하는 것이다. 〈표 8-6〉은 의의차별척도의 예를 제시한 것이다. 예를 들면, 집단성원 김○○는 동료 성원인 이○○를 적극적인 성원으로 평가하는 반면, 동료 성원 박○○는 소극적인 성원으로 평가할 수 있다.

(2) 상호작용 차트

집단을 사정하는 두 번째 방법은 집단성원들 간의 상호작용 또는 집단성원과 사회복지사 간의 상호작용의 빈도를 기록하는 것이다. 집단 내에서 이루어지는 상호작용의 빈도를 기록하는 다양한 방법을 생각해 볼 수 있다. 특정 행동이 발생할 때마다 기록하는 방법이 있으며, 일정한 시간 동안 특정 행동의 발생빈도를 기록하는 방법도 있다. 예를 들어, 60분짜리 모임일 경우 매 10분마다 2분 동안 특정 행동의 발생빈도를 기록하는 것이다. [그림 8-3]은 **상호작용 차트**의 활동방법을 예로 보여 준 것이다.

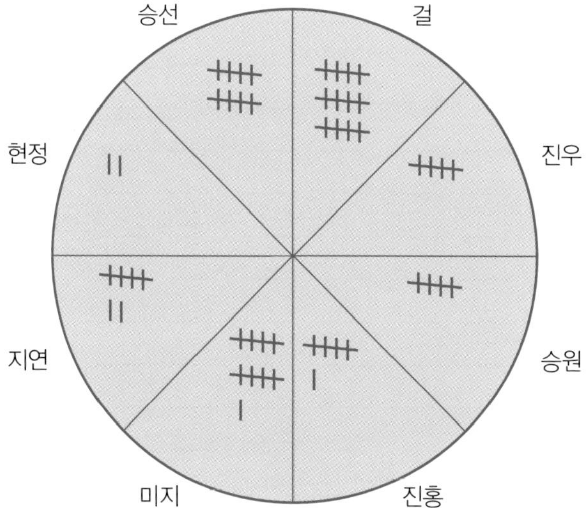

[그림 8-3] **상호작용 차트의 예**

출처: Toseland, R. W., & Rivas, R. F. (2001). *An Introduction to Group Work Practice* (4th ed.). Needham Heights, MA: Allyn and Bacon.

사회복지사가 집단을 직접 진행하면서 상호작용 차트를 활용하여 집단을 사정하는 것은 거의 불가능하기 때문에 관찰자를 따로 두어 집단성원들의 상호작용을 기록하는 방법을 활용하거나, 또는 집단모임을 녹화해서 모임이 끝난 후 녹화테이프를 보면서 집단성원들의 상호작용을 기록하는 방법을 취해야 한다. 이때 사회복지사는 집단성원들로부터 행동관찰에 대한 사전동의를 얻을 필요가 있다.

(3) 소시오메트리

집단을 사정하기 위한 세 번째 방법은 **소시오메트리**를 활용하는 방법이다. 소시오메트리는 사회적 선호도를 측정(Toseland & Rivas, 2001)하는 것으로서 집단성원들이 서로 간의 관계에 대해 인식하고 있는 정도를 사정하는 방법이다. 사회복지사는 특정 활동과 관련하여 다른 성원과 상호작용하기를 원하는 정도를 평가하도록 집단성원들에게 요청할 수 있다.

소시오메트리를 활용하는 두 가지 방법을 소개하면 다음과 같다. 첫째, 집단성원에게 타 성원의 이름을 적은 후 각 성원에 대한 호감도를 평가하도록 요청한다. 호감도는 5점 척도를 활용하여 평가할 수 있는데, 예를 들면 '가장 선호하지 않는다'에 1점을 그리고 '가장 선호한다'에 5점을 부여한다. 집단성원이 집단으로부터 얻은 총점을 획득 가능한 최고 점수로 나누어 집단성원의 호감도를 계산하기 때문에 집단응집력 또는 매력이 높은 집단의 성원들이 집단응집력이 낮은 집단의 성원들보다 높은 점수를 얻게 된다.

예시

김○○	4
이○○	3
최○○	3
박○○	1
정○○	2

소시오메트리를 활용하는 두 번째 방법은 **소시오그램**을 활용하는 것이다. 소시오그램은 우리에게 익숙한 생태도와 마찬가지로 집단성원들 간의 관계를 선을 통해서 표현하는 것

이다. [그림 8-4]는 소시오그램의 예이다. 실선은 호감을 갖는 관계, 점선은 무관심한 관계, 끊어진 선은 불편한 관계를 의미한다. 화살표는 호감의 방향을 의미하며, 화살표가 없는 선은 상호 관계를 의미한다.

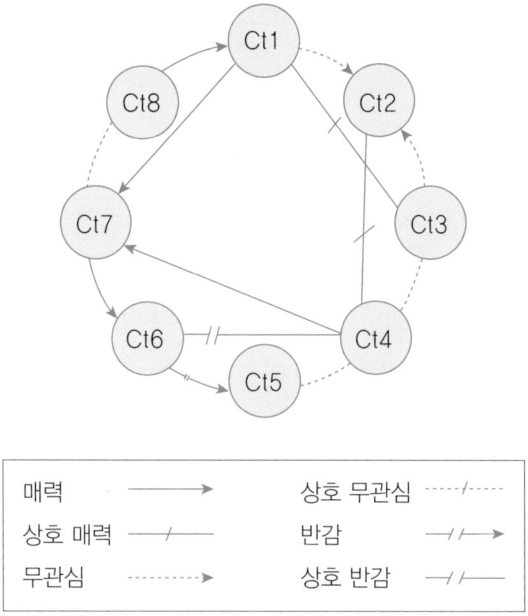

[그림 8-4] **소시오그램의 예**

출처: Toseland, R. W., & Rivas, R. F. (2001). *An Introduction to Group Work Practice* (4th ed.). Needham Heights, MA: Allyn and Bacon.

단원 정리

이 장은 집단을 대상으로 하는 사회복지실천 중 준비 단계와 초기 단계의 특징과 각 단계에서 요구되는 사회복지사의 역할을 소개하였다. 집단을 실제로 운영하기 전에 집단을 효율적이고 효과적으로 운영하는 방법을 모색하고 이에 대한 철저한 준비를 해야 할 것이다. 특히, 집단 프로그램 내용을 직접 개발할 경우 프로그램 대상자의 특성과 문제 그리고 개입방안에 대한 충분한 이해가 선행되어야 한다. 초기 단계 동안에는 서로 간의 신뢰감과 집단에 대한 소속감이 낮기 때문에 집단성원들은 사회복지사에게 많은 의지를 하게 된다. 따라서 초기 단계에는 사회복지사가 집단성원의 역할모델이 되어야 하며, 집단회기에 대한 철저한 준비가 특히 요청된다. 의의차별척도, 상호작용 차트, 소시오그램 등 객관적이고 구조화된 사정은 집단 성원들 간의 관계를 보다 명확히 분석해 내는 데 도움이 되며, 이는 건설적이고 생산적인 집단운영의 기초가 된다.

참고문헌

김성이, 조학래, 노충래(2004). 청소년복지학. 서울: 집문당.

김인숙, 김용석 역(2006). 사회복지 실천기술연습. Cournoyer, B. (2000). *The Social Work Skills Workbook* (3rd ed.). 서울: 나남출판.

노근성(2004). 사회봉사명령 집행전문화 방안. 2004년 한국보호관찰학회 추계학술대회 자료집.

Abrams, D. B., & Niaura, R. S. (1987). Social learning theory. In H. T. Blane, & K. E. Leonard (Eds.), *Psychological Theories of Drinking and Alcoholism* (pp. 131-178). NY: Guilford Press.

Bales, R. F. (1950). *Interaction process analysis.* Cambridge, MA: Addison-Wesley.

Bales, R. F. (1953). The equilibrium problem in small groups. In T. Parsons, R. F. Bales, & E. A. Shils (Eds.), *Working papers in the theory of action* (pp. 111-161). Glencoe, IL: Free Press.

Bandura, A. (1977). Self-efficacy: Toward a unifying theory of behavioral change. *Psychological Bulletin, 80*(4), 286-303.

Beck, A. T., Wright, F. D., Newman, C. F., & Liese, B. S. (1993). *Cognitive Therapy of Substance Abuse.* NY: Guilford Press.

Corey, G. (1995). *Theory and Practice of Group Counseling* (4th ed.). Pacific Grove, CA: Brooks/Cole Publishing Company.

Dies, R. R. (1983). Bridging the gap between research and practice in group Psychotherapy. In R. R. Dies, & K. R. Mackenzie (Eds.), *Advances in Group Psychotherapy: Integrating Research and Practice* (pp. 27-78). New York: International University Press.

Kadden, R. M. (1994). Cognitive-behavioral approaches to alcoholism treatment. *Alcohol Health & Research World, 18*(4), 279-286.

Lewin, K. (1951). *Field theory in social science.* New York: Harper & Brothers Publishers.

Longabaugh, R., & Morgenstern, J. (1999). Cognitive-behavioral coping-skills therapy for alcohol dependence. *Alcohol Research & Health, 23*(2), 78-85.

Malekoff, A. (1997). *Group Work with Adolescents: Principles and Practice* (pp. 37-40). New

York: The Guilford Press.

Marlatt, G. A., & Gordon, J. R. (1985). *Relapse Prevention*. New York: Guilford Press.

Monti, P. M., Abrams, D. B., Kadden, R. M., & Cooney, N. L. (1989). *Treating Alcohol Dependence*. New York: Guilford Press.

Moreno, J. (1951). *Sociometry, experimental method and the science of society. An approach to a new political orientation*. New York: Beacon House.

Moreno, J. (1953). *Who shall survive? Foundations of sociometry, group psychotherapy and sociodrama*. New York: Beacon House.

Northen, H., & Kurland, R. (2001). *Social Work with Groups* (3rd ed.). New York: Columbia University Press.

Sands, R. G., & Solomon, P. (2003). Developing Educational Groups in Social Work Practice. *Social Work with Groups, 26*(2), 5-21.

Siporin, M. (1975). *Introduction to Social Work Practice*. New York: Macmillan.

Toseland, R. W., & Rivas, R. F. (2001). *An Introduction to Group Work Practice* (4th ed.). Needham Heights, MA: Allyn and Bacon.

Yalom, I. D. (1985). *The Theory and Practice of Group Psychotherapy* (3rd ed.). New York: Basic Books.

제9장

집단 발달 단계에 따른 사회복지 실천기술

1. 집단 단계에 따른 사회복지 실천기술

집단 단계에 대한 구분은 학자에 따라 다양하나, 여기서는 초기 단계, 중간 단계, 종결 단계로 구분하고 각 단계에서 나타나는 집단성원과 집단의 공통적인 특징과 이에 대한 사회복지사의 역할을 소개한다.

1) 초기 단계에 필요한 사회복지 실천기술

(1) 초기 단계의 특징

우리가 처음 대학에 입학했을 당시의 기억을 되살리면 초기 단계의 특징을 이해하는 데 많은 도움이 된다. 모두 새로운 얼굴이고 이름도 몰라 같은 학과 친구들 간의 관계가 매우 서먹서먹하였을 것이며, 강의실을 찾지 못하고 헤매던 기억, 강의 내용과 방식도 이전 교육방식과는 다르기 때문에 새로운 교수법에 적응해야 하는 어려움도 경험했을 것이다. 새로운 환경에 대한 적응을 도모하기 위해 각 대학에서는 신입생을 상대로 오리엔테이션을 실시하여 앞으로의 대학생활에 필요한 정보를 제공하기도 한다. 클라이언트와 함께 할 집단의 경우도 이와 마찬가지로 초기 단계의 클라이언트는 앞으로 경험하게 될 집단에 대한 오리엔테이션을 필요로 한다.

① 집단성원의 특성

집단성원과 집단 전체가 초기 단계에서 나타내는 특성과 사회복지사의 과제를 정리하면 〈표 9-1〉과 같다. 초기 단계에서 집단성원들은 낯선 사람과 새로운 환경, 즉 집단에 대한 불안과 불신감, 두려움과 저항감을 갖는다. 예를 들어, '내가 집단 내에서 하는 말을 다른 성원들이 이해할 수 있을까?', '혹시 내가 이상한 사람으로 비춰지지 않을까?'와 같은 불안감을 가질 수 있다. 또한 자신을 일반적인 이미지 이상의 수준으로 타인에게 알려야 한다는 두려움으로 인해 불안감을 보이기도 한다. 따라서 새로운 사람과 접촉하기보다는 안면이 있는 사회복지사와 대화를 시도하려고 하여 주로 사회복지사에게 질문을 많이 한다. 집단성원들은 이 과정에서 다른 성원들을 탐색해 보기도 한다. 이때의 대화는 피상적인 내용이 많은데, 날씨, 교통, 모임장소의 온도 등에서부터 기관 이용 경험 여부, 이전의 집단참여 경험 여부 등에 대해 질문을 한다. 반면, 집단참여의 이유나 문제상황에 대해서 질문을 받게 되면 피상적으로 대답을 하는 경우가 많아 다른 성원과 거리를 유지하려고 시도한다. 또한 집단에서 도움을 받을 수 있을지, 이 집단에서 자신의 문제나 어려움 혹은

표 9-1 집단 초기 단계에서의 집단성원과 집단의 특성 및 사회복지사의 역할

집단성원의 특성	집단의 특성	사회복지사의 역할
• 낯선 사람에 대한 불안, 불신 • 사회복지사와 대화 시도 • 탐색 및 거리감 유지 또한 친해지려고 노력을 보임 • 성공할 수 있을 것인가에 대한 불안감 • 집단에서 도움을 받아 성공할 수 있을지에 대한 두려움	• 집단, 사회복지사, 집단성원에 대한 오리엔테이션 • 집단의 규범, 가치, 대화양식 등이 설정됨 • 집단의 목적 공유 • 집단성원 간 공통점 모색 → 응집력에 영향	• 비밀보장에 대해 설명 • 집단성원이 사회복지사에게 의존하므로 사회복지사의 적극적인 개입이 요구됨 • 집단성원의 불안감을 감소시킴 • 집단의 목적을 모두가 공유하게 함 • 집단성원 간의 공통점을 찾아 연결시킴 • 집단의 규범이 설정되도록 도움

출처: 김성이 외(2004). 청소년복지학. 서울: 집문당, p. 199에서 인용.

관심사에 대한 궁금증을 해결할 수 있을 것인지 의구심을 갖기도 한다.

불안과 더불어 초기 단계에 흔히 접할 수 있는 집단성원의 특성은 저항이다. 특히 비자발적 집단성원일 경우, 저항의 강도가 더욱 심할 수 있다. 우리나라에도 **보호관찰제도**가 도입되면서 보호관찰 대상자들에게 수강명령 또는 사회봉사명령을 부과할 수 있게 되었다. 수강명령과 사회봉사명령 집행을 위한 협력기관 중 사회복지 분야가 차지하는 비율이 가장 높아(노근성, 2004), 앞으로 사회복지사들이 보호관찰 대상자들을 접하는 경우도 점차 증가할 것이다. 그런데 보호관찰 대상자들은 비자발적인 클라이언트들이기 때문에 사회복지사와 집단에 대해 어느 정도의 저항이 있다는 것을 어렵지 않게 추측할 수 있다. 앞서 언급한 것처럼, 저항감도 다른 성원 및 사회복지사가 성원에게 가질 수 있는 심판적인 태도나 언행과 관련이 있으므로 사회복지사는 이를 언급할 필요가 있다. 예를 들면, 사회복지사는 성원들에게 "혹시 자신들이 한 얘기를 다른 사람들이 어떻게 생각할까 궁금해하시나요?" 혹은 "이렇게 강제적으로 집단에 참여하시는 것에 대해 불쾌한 감정이 있을 수 있는데, 이에 대해서 잠시 논의해 보는 것은 어떨까요?"라고 질문할 수 있다. 집단성원이 보일 수 있는 갈등이나 저항감의 구체적인 행동은 다음과 같이 나타날 수 있다.

초기 단계에서 집단성원의 저항은 갈등으로 표현되기도 한다. 집단은 생활방식, 사고방식, 문화 등이 각기 다른 성원들로 구성되어 있기 때문에 집단성원들 사이에서 갈등이 일어날 수 있으며, 이러한 갈등은 다른 단계보다 초기 단계에서 뚜렷하게 나타난다. 하지만 초기 단계의 갈등은 불신감과 관련이 있지만 중간 단계의 갈등은 문제해결 과정에서 집단성원 간의 이해 및 의견차, 하위집단 간의 역동적인 상호작용 등으로 발생한다.

갈등을 반영하는 집단성원의 행동의 예

- 집단과 좀 떨어져 앉는다.
- 말을 지나치게 많이 한다.
- 질문 또는 지나치게 많은 조언을 함으로써 집단과정을 방해한다.
- 상대방을 비꼬거나 관심을 끄는 행동으로 집단을 지배하려고 한다.

② 집단의 특성

집단 전체로서는 개별성원, 사회복지사, 집단에 대한 오리엔테이션이 필요하다. 개별성원에 대해 서로 알기, 사회복지사의 이름과 직책, 역할에 대해 알기, 집단의 목적과 구조(모임 횟수, 기간, 장소 등)에 대해 알기가 이루어져야 한다. 초기 단계에서 사회복지사는 집단의 규범과 가치, 규칙(특히, 비밀보장) 등을 논의할 필요가 있다. 이 과정에서 사회복지사는 자신에게 집중되는 질문들에 대해 적절하게 답해야 하는데, 모든 질문에 대해 자신이 답하기보다는 다른 성원들이 답을 할 수 있도록 하여 대화가 일방형(one-way communication)보다는 다방형(multi-directional communication)이 되도록 하는 것이 좋다. 예를 들어, 한 성원이 "우리가 얼마나 자주 여기에 와야 하나요?"라는 질문을 하였을 때, 사회복지사는 "혹시 여러분들 가운데서 이 질문에 답해 주시겠어요?"라고 함으로써 다른 성원들의 참여를 촉진할 필요가 있다(앞 장에서 설명한 사전접촉이 이루어졌다면 이에 대한 대답이 충분히 가능하다). 이러한 방법은 집단성원들에게 앞으로 집단의 대화방식이 성원들 간에 진행되어야 함을 암시해 주는 기술이 된다.

③ 사회복지사의 역할

집단성원들 간의 공통점을 찾아 연결시켜 주는 일, 불안감을 감소시키는 일은 사회복지사에게 특히 중요한 역할이다. 예를 들어, 성원들이 자신이 집단에 오게 된 이유나 상황이 우울증과 관련이 있다면, 사회복지사는 "A씨는 남편과의 갈등으로 우울해하시는 반면, B씨는 시댁식구들과의 갈등으로 우울해하시는군요. 하지만 두 분 사이에는 가까운 식구들과의 갈등으로 인해 겪는 우울이라는 공통점이 있군요."라고 함으로써 두 성원 간의 공통점을 연결시켜 줄 필요가 있다. 이 단계에서의 불안감은 비밀보장 혹은 다른 성원들의 심판적인 태도와 밀접한 관련이 있다. 즉, '다른 성원들이 나의 문제에 대해 알게 되면 나를 어떻게 생각할까?', '내 문제를 얘기하면, 다른 성원들이 친구나 식구들에게 얘기하지는 않을까?' 하는 걱정이 앞선다. 따라서 사회복지사는 이러한 불안감을 감소시키기 위한 노력으로 비밀보장의 원칙을 설명하고, 성원들이 심판적인 태도나 비난적인 태도, 언행보다는 지지적인 언행을 보일 필요가 있음을 강조해야 한다.

④ 신뢰감

초기 단계의 가장 뚜렷한 특징으로는 집단성원들 간의 신뢰감 그리고 집단성원들과 사회복지사 간의 신뢰감과 불신감을 들 수 있다. 앞에서 언급하였듯이, 초기 단계에서의 첫 모임은 성원들에게는 낯선 장소에서 낯선 사람들과의 모임이기 때문에 상호 간에 신뢰감이 매우 낮다. 그러나 집단 내에 신뢰감이 형성되지 않는다면 집단성원들 간의 상호작용은 피상적일 뿐만 아니라 집단성원 개개인의 자신에 대한 탐색도 이루어지기 어려울 것이다. 나아가, 초기 단계에서 신뢰감 형성이 어렵게 되면 집단의 응집력에 부정적인 영향을 미치게 된다. 이는 개인 대상의 사회복지실천에서 클라이언트와 사회복지사 간에 신뢰관계가 형성되지 않으면 문제해결이 어려운 것과 마찬가지라고 할 수 있다.

⑤ 소속감

집단에 대한 **소속감**과 집단성원으로서의 자아정체성도 초기 단계에서 고려해야 할 점이다. 클라이언트 1명을 상대로 하는 개인과의 실천과는 달리, 집단을 대상으로 하는 사회복지실천에서는 집단성원 각자가 집단에 대한 소속감을 갖고 참여할 때 집단성원 개개인과 집단 전체에 긍정적인 영향을 주게 된다. 예를 들면, 집단성원은 '내가 이 집단에 남을 것인가 아니면 탈퇴할 것인가?', '내가 이 집단에 적합하고 소속될 수 있을까?'와 같은 질문을 스스로에게 할 수 있을 것이다. 또한 집단에 참여하는 것이 가치가 있는지에 대해서 의문을 갖는 성원들도 있을 것이다.

2) 초기 단계에서 필요한 개입기술

(1) 오리엔테이션

집단성원들이 처음 집단에 모이게 되면 낯설고 어색한 분위기를 경험하는 것은 지극히 당연하다. 따라서 사회복지사는 집단성원들을 상대로 **오리엔테이션**을 실시하며 앞으로 진행될 집단에 대한 정보를 제공해 주어야 한다. 일반적으로 첫 번째 모임에서 집단에 대한 오리엔테이션을 하게 된다. 오리엔테이션에 포함될 내용은 사회복지사에 대한 소개, 집단성원들의 소개, 집단의 목적에 대한 소개, 집단성원으로서의 역할에 대한 소개, 규칙에 대한 소개로 구성된다.

① 사회복지사의 소개

사회복지사가 집단성원들과 처음 대면했을 때 자신에 대한 소개, 예를 들면 자신의 이름, 직위, 앞으로 운영될 집단 프로그램과 관련된 경력 등을 소개한다. 사회복지사가 자신이 소지하고 있는 자격증을 집단모임의 장소에 위치시켜 집단성원들이 담당 사회복지사의 자격증을 볼 수 있도록 하는 방법도 간접적으로 자신을 소개하는 방법 중의 하나이다. 사회복지사 자신에 대한 소개를 마친 후 가벼운 주제(예: 날씨 등)를 가지고 첫 모임을 시작하는 것도 방법 중의 하나인데, 이와 같은 방식은 집단성원들의 긴장감을 완화시킬 수 있다. 그러나 지나치게 오랫동안 가벼운 주제에 집중하는 것은 금물이다.

② 집단성원의 소개

사회복지사는 집단성원 각자가 자신에 대한 소개를 집단 전체에게 할 수 있도록 원조해야 한다. 집단성원 각자가 자신의 이름을 밝힘으로써 다른 집단성원들이 각자의 이름을 정확히 알 수 있도록 하며, 가능하다면 집단성원 각자가 집단에 참여하게 된 이유, 집단에 대한 기대 등을 표현할 수 있으면 더욱더 좋다.

집단성원의 소개를 권유하는 방법

- 집단성원 개개인을 집단에 소개하는 가장 일반적인 방식은 사회복지사가 한 사람씩 돌아가며 자신을 소개하도록 권유하는 방식이다. 이러한 소개방식을 사용할 경우, 제일 먼저 사회복지사가 자신을 집단에 소개한 후 집단성원들의 소개가 이어지게 된다. 그 이유는 초기 단계에서 사회복지사의 말과 행동은 집단성원들에게 자신들이 어떻게 행동하고 어느 정도까지 자신을 소개하는지에 대한 실마리를 제공하기 때문이다.
- 집단성원들 간의 상호작용을 촉진시키기 위하여 집단성원들을 2명씩 짝을 짓도록 한 후 각 쌍은 5분씩 상대방을 면접하도록 한다. 상대방을 면접할 때 질문할 내용을 사회복지사가 미리 집단성원들에게 제공해 주면 면접을 더욱 신속하게 진행할 수 있다. 면접이 끝난 후 집단성원들은 자신의 파트너를 집단에 소개시키도록 한다. 이러한 소개방식은 자기 스스로를 집단에 소개하는 방식

보다 효과적일 수 있다. 왜냐하면 집단성원들이 집단 전체를 상대하는 경우보다 일대일 관계 속에서 자신을 소개하고 노출하는 것이 더 용이하기 때문이다. 사회복지사는 특히, 상대방에 대한 신뢰감과 집단에 대한 소속감이 낮은 첫 모임과 초기 단계 동안 집단성원들이 자신에 관해서 편안하게 얘기할 수 있도록 최대한 원조해야 한다.

앞서 소개한 방법 가운데 한 사람씩 돌아가면서 자신을 소개하도록 하는 방법보다는 두 번째 방법이 보다 선호될 수 있다. 그리고 앞으로 진행될 집단의 여러 가지 논의과정에서도 돌아가면서 자신의 의견을 말하도록 하는 방법은 피해야 할 것이다. 이를 가리켜 '**집단 내에서의 개별사회사업**(casework in a group)'이라고 하는데, 집단 내에서 한 성원의 문제에 집중하게 되면 그 성원은 갑자기 모든 성원들의 관심의 초점 대상이 되어 불편할 수 있다.

예를 들어, 여러분이 어떤 모임에 참석하여 자신의 소개를 부탁받았을 때의 감정을 떠올려 보자. 대체로 앞 사람이 이미 한 얘기를 반복하거나 앞 사람이 한 방식대로 소개하게 된다. 심한 경우, 앞 사람이 이름만 간단하게 얘기하면 모든 사람이 이름만 얘기하게 되어 집단성원의 소개가 매우 간략하게 된다. 그리고 사회복지사는 모든 성원들의 특성을 미처 파악하기도 전에 다음 주제를 떠올려 이에 몰입해야 하는 부담감을 갖는다. 이는 한편으로 사회복지사가 집단성원들의 저항감이나 불안에 편승하는 것이기도 하다. 사회복지사가 성원들에게 이름뿐만 아니라 집단에 참여하게 된 동기, 목적, 기대감 등을 이야기하라고 주문해도 성원들 모두가 이를 그대로 따라 하기는 어렵다. 그러므로 집단을 운영할 사회복지사는 첫 모임에서 성원들의 긴장감과 불안, 불신을 감소시킬 수 있는 다양한 방법과 활동을 강구할 필요가 있으며, 집단성원의 자기소개 방법은 집단의 운영방식과 논의과정에 많은 영향을 줄 수 있다.

③ 집단목적 소개

집단성원들이 동일한 문제 혹은 관심사를 가지고 있다 할지라도 사회복지사는 집단의 목적에 대해 명확하고 간결하게 설명을 해야 한다. 사회복지사가 집단의 목적에 대해 설명을 하지 않는다면, 집단성원들은 앞으로 전개될 **집단과정**에 대한 이해가 부족하기 때문에 불안해할 수도 있다. 역으로, 집단성원들이 집단의 목적을 분명히 알게 되면 집단이 자신에게 필요한지 아닌지를 결정할 수 있으며, 심리적 불안감도 줄어들 것이다.

집단의 목적을 소개하는 것과 더불어 사회복지사는 집단에서 자신의 역할에 대해서도 설명해야 한다. 집단의 성격에 따라 사회복지사의 역할은 다양해질 수 있는데, 성교육집단과 같은 교육집단일 경우, 사회복지사는 교육자와 촉진자로서의 역할 등을 집단성원에게 설명해 줄 수 있다. 사회복지사의 역할에 대한 소개는 비자발적인 클라이언트로 구성된 집단일 경우 더욱 필요하다. 가정폭력, 약물사용 등의 문제로 법적 명령에 의해서 혹은 가족에 의해서 의뢰된 경우, 강제적으로 집단에 참여해야만 한다는 사실에 대한 분노나 사회복지사에 대한 불신이 있을 수 있기 때문에 비자발적 클라이언트로 구성된 집단일 경우에는 집단의 목적과 사회복지사의 역할 그리고 사회복지사와 의뢰기관의 실무자(예: 보호관찰관)와의 차이점 등에 대한 보다 상세한 소개가 필요하다.

사례 음주운전자 수강명령 집단 프로그램 목적 소개

저는 검사로부터 앞으로 8주 동안 이 교육집단을 운영해 달라는 요청을 받았습니다. 제가 아는 바로는 여러분은 음주운전으로 구속되었기 때문에 수감 가능성을 줄이기 위해 이 모임에 참여한 것으로 알고 있습니다. 여러분 모두는 지금 다른 곳에 있었으면 하고 바랄 것입니다. 또 여러분 중에는 여기에 있게 된 것에 대해 화가 나 있는 분들도 계실 것입니다. 만일 제가 여러분의 입장이라면 분노와 당황스러움을 느꼈을 것입니다. 그러나 이러한 감정에도 불구하고, 제가 바라는 것은 앞으로 있을 집단모임을 통해 음주와 운전에 대한 지식을 습득하여 이를 활용하셨으면 하는 것입니다(김인숙, 김용석 역, 2006: 175)."

④ 집단성원 역할 소개

집단성원들은 각자 집단에 참여하게 된 동기를 알고 있을지라도 자신들의 문제를 해결하기 위해 집단 내에서 무엇을 해야 하는지 모르는 경우가 많다. 특히, 이전에 집단경험이 전혀 없는 성원들일 경우 자신의 역할에 대한 의문은 커질 수 있다. 집단성원이 자신의 역할에 대해 불분명하면 집단으로부터 탈락할 가능성이 크다. 집단성원의 역할을 소개할 때 집단의 규칙을 함께 설명할 수도 있는데, 이는 사회복지사가 집단성원에게 갖는 기대를 표현하는 것이기도 하다. 예를 들어, "여러분의 역할 가운데 하나는 집단에 적극적으로 참여하는 것, 결석하지 않는 것, 남을 비난하지 않는 것 등이 있을 수 있습니다."라고 설명할 수 있다.

사례 집단성원의 역할 소개

우리 모두는 한두 번 문제를 가질 수 있습니다. 그것은 인간으로 살아가는 과정의 일부분이기도 합니다. 유사한 상황에 처한 사람들과 문제들을 얘기하는 것은 문제를 해결하는 데 도움이 된다는 것을 알았습니다. 이 집단은 여러분의 문제와 관심사뿐만 아니라 여러분의 희망과 꿈도 다른 사람과 공유할 수 있는 기회를 제공할 것입니다. 물론 여러분은 간직하고 싶은 모든 것을 얘기할 필요는 없으나, 집단성원들 간에 자유롭게 표현하고 상대방의 말을 경청하며 비밀보장의 원칙을 준수하길 기대합니다. 비밀보장 원칙이란 집단 내에서 토의된 내용을 집단 외부로 누설하지 않는다는 의미입니다. 집단 내에서 논의된 어떤 내용도 집단 밖에서 논의되어서는 안 됩니다(김인숙, 김용석 역, 2006: 178)."

⑤ 집단규칙

초기 단계에서 적용할 수 있는 사회복지 실천기술 중의 하나가 집단규칙들을 세우고 이를 집단성원들에게 설명해 주는 것이다. 모든 집단에 공통적으로 적용되는 규칙을 살펴보면 다음과 같다.

첫째, **비밀보장**이다. 즉, 집단 내에서 집단성원들 간에 논의된 내용을 집단 밖에서 논의하는 것을 금지하는 규칙을 집단성원에게 알리는 것은 매우 중요하다. 집단 내에서 논의된 내용들이 비밀보장될 때 집단성원들이 자유롭게 자신의 문제, 생각, 감정 등을 표현할 수 있기 때문이다. 만약 비밀보장이 되지 않을 경우, 집단성원들의 상호 간에 불신이 생기고 참여도 떨어질 것이다. 비밀보장의 원칙은 사회복지사에게도 적용되는데, 예외는 있다. 예를 들면, 아동학대, 가정폭력, 약물남용 등의 문제로 인해 수강명령을 받은 집단일 경우, 사회복지사는 필요한 정보를 외부에 보고해야 하는 의무를 가지고 있다는 점을 집단성원들에게 사전에 주지시킬 필요가 있다. 또한 클라이언트의 문제가 클라이언트의 자신 또는 주변 인물에게 위협적일 경우, 사회복지사는 비밀보장의 원칙을 준수하기보다는 클라이언트 또는 주변 인물의 안전을 위해 필요한 조치를 취해야만 한다. 따라서 사회복지사는 집단성원들과 관련된 정보 중에서 비밀보장을 지킬 수 있는 정보와 외부에 보고해야만 하는 정보를 알려 주는 것이 집단성원과 사회복지사 간의 관계 형성에 도움이 될 수 있다.

둘째, 사회복지사는 집단성원들과 집단성원들의 행동과 관련된 **규칙**을 논의하고 결정해야 한다. 집단성원들의 출석과 지각에 관련된 사항, 모임 중에 흡연이나 음식물을 먹는 행위에 관한 사항, 친구나 주변 인물을 모임에 데리고 오는 것에 대한 사항, 집단 밖에서 집단성원들과 어울리는 것에 대한 사항 등과 관련된 규칙을 집단성원들과 함께 결정해야 한다.

사회복지사가 집단을 효과적으로 운영하는 데 필요한 모든 집단규칙을 집단성원들과 논의하고 결정하는 것은 어렵다. 하지만 초기 단계에 집단규칙과 관련된 내용을 집단성원들과 함께 논의함으로써 그들에게 익숙하지 않은 집단이 어떻게 효과적으로 운영되는지에 대한 지도를 받을 수 있게 될 것이다.

성공적인 집단을 운영하는 데 필요한 규칙들의 예

- 다른 성원이 얘기하는 동안 방해하지 않고 경청하기
- 집단토의를 독점하지 않기
- 다른 성원들의 생각과 감정을 존중하기
- 진지하고 솔직하게 다른 성원들의 생각과 감정에 관해서 얘기하기
- 서로 신뢰하고 협력하기

(2) 신뢰감 조성

앞서 우리는 초기 단계에서 집단성원들이 보이는 불안감을 다루었다. 여기서는 신뢰감을 조성하면서 불안과 저항을 줄이는 기술에 대해 살펴보고자 한다.

신뢰감 조성은 초기 단계에서 사회복지사의 핵심적인 역할이다. 초기 단계에서 집단성원들은 집단이라는 환경에 익숙하지 않으므로 사회복지사의 태도와 행동을 모방하기 때

문에 사회복지사의 태도가 매우 중요하다. 즉, 사회복지사가 집단성원들에게 보이는 태도를 통해 집단성원들을 가르칠 수 있다는 것이다. 만약 사회복지사가 집단성원이 하는 말을 비심판적으로 경청하고 집단성원 개인의 경험을 존중하는 자세를 보인다면, 집단성원들은 **적극적 경청**(active listening)의 가치를 인정하게 될 것이다. 또한 사회복지사가 집단성원의 문제나 배경에 관계없이 그들을 있는 그대로 수용하고 사회복지사 개인의 가치관을 집단성원들에게 적용하지 않는 자세를 보이면, 마찬가지로 집단성원들은 자신의 가치관과는 다른 집단성원들의 가치관을 수용하게 될 것이다. 결국, 사회복지사가 집단 내에서 보이는 태도나 행동은 집단성원들이 서로를 신뢰하며 건설적이고 생산적인 방법으로 상호작용하는 방식을 가르칠 수 있는 가장 강력한 힘이 될 수 있다.

신뢰감 조성을 위해 필요한 사회복지사의 기본적인 태도를 정리하면 다음과 같다.

① 주의집중 행동

주의집중 행동(attending behavior)이란 사회복지사의 태도가 개방적이고 비심판적이며, 집단성원을 있는 그대로 수용하고 집단성원들이 하는 말에 관심이 있다는 것을 비언어적으로 집단성원들에게 전달하는 사회복지사의 행동을 말한다(Carkhuff & Anthony, 1979). 사회복지사는 주의집중 행동을 사용함으로써 집단성원들이 자신에 대해 편안하고 자유롭게 표현할 수 있도록 격려해야 한다. 주의집중 행동의 정의에도 나타나고 있듯이, 주의집중 행동은 비언어적 행동이며 사회복지사의 눈맞춤, 몸자세, 목소리 등이 포함된다.

- 눈맞춤: 클라이언트와의 대화 중에 눈맞춤을 유지하여 클라이언트가 하는 말에 관심이 있다는 메시지를 전달한다. 클라이언트와의 눈맞춤의 빈도와 강도는 대화내용과 집단성원의 문화를 고려하여 조정하도록 해야 한다.
- 몸자세: 대화내용에 맞는 몸자세를 유지하고, 클라이언트가 하는 말에 관심 있고 존중하는 메시지를 전달할 수 있도록 한다. 두 손을 꼭 쥐고 있거나, 다리를 흔들거나, 손가락으로 책상을 치는 행동은 참을성 없고 조바심을 전달하는 몸자세이다. 몸자세도 대상에 따라 달라질 수 있는데, 아동과의 면담일 경우 의자에 앉는 자세보다는 바닥에 앉아 게임이나 놀이를 하는 자세가 좋다.

- 목소리: 목소리는 상대방에 대해 느끼는 감정을 전달하는 도구이기 때문에 대화의 내용에 맞게 목소리 크기와 속도 등을 조절해야 한다.

② 적극적 경청

적극적 경청은 사회복지사가 클라이언트의 말을 이해하고 있다는 것을 명확하게 제시할 수 있는 도구이며, 경청하는 기술과 반영하는 기술을 결합한 것이다. 적극적 경청을 활용하는 목적은 클라이언트의 입장에서 사회복지사가 자신을 이해하고 있다는 생각을 할 수 있고, 자신에 대해 좀 더 표현할 수 있도록 클라이언트를 격려하는 것이다. 적극적 경청을 위한 세 가지 단계는 제1장을 참고하기 바란다.

주의집중 행동, 적극적 경청 이외에도 클라이언트의 감정과 생각을 인식하고 이해하며 그것에 대해 적절히 반응하는 공감적 자세, 클라이언트를 통제하지 않고 있는 그대로 수용하며 존중하는 자세 등이 집단 내의 신뢰감 조성을 위해 사회복지사가 갖추어야 할 태도이다. 이러한 태도는 집단성원들에게 영향을 미쳐 집단성원들 간의 상호작용에도 반영됨으로써 성원들 간의 신뢰감 형성에 기여하게 된다.

(3) 집단성원의 불안 및 저항을 다루는 기술

앞에서도 언급하였듯이, 초기 단계에서 집단성원들이 불안해하고 저항하는 것은 극히 자연스러운 현상이다. 집단을 운영하는 사회복지사는 집단성원들의 불안과 저항을 다룰 수 있는 기술이 있어야 한다. 다음은 이러한 기술을 정리한 것이다.

- 집단성원들의 불안은 특히 초기 단계에 자연스럽게 나타나는 현상임을 인식하고 이를 집단성원에게 설명해 준다.
- 집단성원들 간의 갈등 또는 집단성원과 사회복지사 간의 갈등이 잘 다루어지지 않는다면 상호 간의 신뢰감이 저하될 뿐만 아니라 앞으로 전개될 집단과정에 부정적인 영향을 줄 것이다. 따라서 갈등은 반드시 인식되어야 하고 건설적인 방식으로 다루어져야 한다. 비록 집단 내의 신뢰감이 완전히 형성되기 전인 초기 단계일지라도 집

단 내에 존재하는 갈등이 성공적으로 해결된다면, 집단성원들 사이의 신뢰감과 집단성원과 사회복지사 간의 신뢰감 형성에 긍정적인 영향을 줄 것이다.

- 집단성원이 보이는 저항은 사회복지사의 태도와도 관계가 있다. 예를 들어, 사회복지사가 집단을 위한 준비를 소홀히 하였거나 혹은 클라이언트를 대하는 사회복지사의 태도가 공격적이고 심판적이라면 대부분의 클라이언트는 사회복지사를 신뢰하지 못할 뿐만 아니라 저항할 수도 있다. 따라서 사회복지사가 회기를 철저하게 준비하고 집단 내에서의 자신의 행동에 관해 주의하는 것이 집단성원의 저항을 줄이는 좋은 방법 중의 하나이다.

에델위치와 브로드스키(Edelwich & Brodsky, 1992)는 집단상담에서 경험이 없는 상담자가 저항을 다룰 때 보이는 실수를 소개하였다. 이를 구체적으로 살펴보면, ① 상담자가 클라이언트의 감정을 너무 집중적으로 탐색하는 경우(예: 불쾌하다는 말씀을 하셨는데, 무엇이 불쾌하게 만드나요?), ② 집단에 참여하여 얻을 수 있는 혜택을 설명함으로써 저항감을 줄이려는 경우(이는 상담자가 방어적 입장에서 집단참여의 중요성을 설명하게 되어 역효과를 가져옴), ③ 집단성원에게 죄책감을 유발하여 집단참여를 종용하는 경우(예: 당신은 당신만 생각하지 당신의 문제로 인해 고통받고 있는 가족에 대해서는 관심이 없군요.), ④ 한 성원의 저항감을 집단 전체의 저항감인 것처럼 다루는 경우(예: 지금 A씨가 불쾌한 감정을 표현하셨는데 다른 사람들도 그렇게 느끼나요?-집단의 상황을 더욱 악화시키는 결과를 가져올 수 있다) 등이 있다. 사회복지사는 집단이나 성원이 저항감을 보일 때 자기결정권을 강조할 필요가 있다. 즉, 성원들이 이야기하고 싶지 않거나 집단에 참여하고 싶지 않을 때, 이에 대한 최종 결정권은 클라이언트 혹은 성원 자신들에게 있음을 알려 줄 필요가 있다(제7장의 어려운 클라이언트 다루기 부분을 참고할 것).

(4) 목표설정

집단 대상의 사회복지실천에서 사회복지사는 집단성원들을 위해 두 가지 목표를 설정할 수 있다. **집단목표**와 **개별목표**가 그것이다. 집단목표는 집단에 참여한 모든 집단성원들의 공통목표이며, 이는 집단의 목적에 따라 달라질 수 있다.

대부분의 집단에 적용할 수 있는 집단목표의 예

- 자아존중감 향상
- 자기주장성 향상
- 문제해결 능력 향상
- 자신과 타인을 신뢰하는 것
- 독립적이면서 동시에 상호 의존적으로 되는 것
- 가치관 명확히 하기
- 타인에게 유용한 피드백 제공하기

구체적인 집단목표의 예

- 노인 집단: 인생 경험에 대한 회고, 상실감 다루기 등
- 장애인 집단: 장애에 대한 감정 표현, 지지체계 설정 등
- 약물남용 집단: 효과적인 대처기술 학습 등

사회복지사는 집단목표와 더불어 집단성원 각자 개별목표를 설정하도록 원조하는 것도 필요하다. 초기 단계에서 집단성원들은 집단으로부터 얻고자 하는 것 또는 집단경험을 통해서 변화를 이루고자 하는 것에 대해 모호한 생각을 가지는 경우가 대부분이다. 따라서 사회복지사는 집단성원들을 원조하여 집단성원들의 개별목표와 개별목표 달성을 위한 단계들이 구체화될 수 있도록 해야 한다. 구체적인 개별목표와 목표달성을 위한 단계들이 설정된다면 집단성원들의 집단참여도 한층 향상될 수 있으며, 집단성원이 집단에 대해 갖는 매력도 증가할 것이다.

사회복지사와 클라이언트가 목표를 설정할 때 참고할 만한 효과적인 목표설정 기준을 소개하면 다음과 같다(Egan, 1982).

효과적인 목표설정의 예

- 목표는 과정보다는 성취로 기술되어야 한다.
- 목표는 명확하고 구체적으로 기술되어야 한다.

- 목표는 측정 가능한 표현으로 기술되어야 한다.
- 목표는 현실적이어야 한다.
- 목표의 달성은 문제상황의 호전과 관련 있어야 한다.
- 목표는 클라이언트의 가치관과 문화에 어울려야 한다.
- 목표는 목표달성을 위한 기간을 명시해야 한다.

집단성원의 개별목표가 설정되면 이를 문서화하고 종결 단계에서 개별적으로 그리고 집단과 함께 목표의 성취 정도를 평가해 보는 것도 바람직하다. 개별목표계획서 양식의 예를 제시하면 다음과 같다.

(기관 명)
____

개별목표계획서

나(집단성원의 이름) ○○○(는/은)
(집단 프로그램 명) 자아존중감 향상 프로그램에 참여함에 있어
다음과 같은 목표를(성취예정일) 200○년 ○월 ○일까지 성취하고자 한다.

목표 1: 나의 성격의 긍정적인 면과 부정적인 면을 파악한다.
하위 목표:
1.1. 나의 성격의 긍정적인 면을 세 가지 이상 파악해 낸다.
1.2. 나의 성격의 부정적인 면을 세 가지 이상 파악해 낸다.
1.3. 긍정적인 면을 강화시키고 부정적인 면을 수정할 방법을 각각 두 가지 이상 파악해 낸다.

목표 2: ______________________
하위 목표:
2.1. ______________________
2.2. ______________________
2.3. ______________________

참가자: ______________ (이름) ______________ (서명)
년 월 일

사회복지사: ______________ (이름) ______________ (서명)
년 월 일

1차 검토 날짜 및 확인	2차 검토 날짜 및 확인	3차 검토 날짜 및 확인

[그림 9-1] 개별목표계획서 양식

(5) 집단운영

사회복지사가 계획한 틀에 맞추어 사회복지사가 전적으로 집단을 운영할 경우, 집단성원들의 자율성과 책임성이 줄어들게 되고 집단성원들은 사회복지사에게 의존하는 경향(예를 들면, 사회복지사가 질문할 때만 얘기하는 현상)이 생길 수 있어 집단성원의 성장을 방해할 가능성이 높다. 역으로, 초기 단계에서 **집단운영**을 집단성원들에게 의존할 경우 집단성원들은 집단 내에서 자신들이 어떻게 행동해야 하는지에 대해 익숙하지 않아서 불안해하므로, 집단의 방향이 흐려질 가능성이 있다. 따라서 집단성원들의 자율성이 어느 정도 보장되고 집단이 올바른 방향으로 나아갈 수 있는 집단운영이 바람직하다.

효과적인 집단운영 방식을 위한 제안

- 초기 단계에서는 직접적인 지시와 교육이 집단 발달을 촉진시킨다.
- 자기노출, 피드백 제공의 중요성을 인식시킨다.
- 집단성원의 바람직한 행동에 대해서 긍정적인 강화물을 제공한다.
- 사회복지사가 집단성원의 역할모델이 된다.
- 집단 내에서의 행동이 집단성원 각자의 생활에서 보이는 문제를 반영한다는 것을 인식시키고 집단 내에서 특정 행동을 변화시키려는 노력을 하는 것이 중요함을 이해시킨다(Dies, 1983b).

① 시간제한적이고 구조화된 집단운영

우리나라 사회복지 실천현장에서 운영되고 있는 대부분의 집단 프로그램들은 사회복지사의 적극적인 개입이 요구되는 구조화된 집단운영 방식을 택하고 있으며 기간도 짧다. 사회복지사는 클라이언트에게 도움이 되는 정보와 기술들에 관해서 많은 지식을 갖고 있기 때문에 종합사회복지관을 포함한 사회복지 실천현장에서 자기주장훈련 프로그램, 사회기술훈련 프로그램, 분노조절 프로그램, 양육기술훈련 프로그램 등과 같은 프로그램을 운영하고 있으며, 실제로 다수의 클라이언트들이 이러한 프로그램을 통해서 많은 새로운 기술을 배우고 있다. 집단 프로그램의 효과성을 분석한 연구들도 구조화된 집단운영이 보다 효과적인 결과를 나타낸다고 보고하고 있다(Toseland & Rivas, 2001). 구조화된 집단 프로그램의 특성은 다음과 같다.

시간제한적이고 구조화된 집단 프로그램의 일반적 특성

- 6~16회기로 구성
- 다루는 내용
  - 교육자료의 제공
  - 연습, 역할극 등
  - 교육자료 또는 집단성원이 집단 밖에서 경험한 문제들에 대한 토의
  - 과제수행
  - 모임에 대한 평가

일반적으로 구조화된 집단 프로그램에서는 각 회기 내에서 다루어질 안건들이 미리 개발되는데, 다음은 양육기술 향상을 위한 집단 프로그램 중 첫 번째 회기의 목적과 안건을 보여 주고 있다.

양육기술 향상 집단 프로그램 1회기 예시

〈1회기〉

목표

이번 회기가 끝나면 각 성원은

1. 집단 프로그램의 목표를 기술할 수 있다.
2. 행동이 학습되는 방법을 설명할 수 있다.
3. 자녀의 특정 행동을 구체적으로 기술할 수 있다.
4. 다음 주 동안 자신이 모니터할 행동을 설명할 수 있다.
5. 각각의 행동을 모니터할 방법을 설명할 수 있다.

안건

1. 소개
   - 사회복지사의 소개
   - 집단성원의 소개
2. 집단 프로그램에 관한 오리엔테이션
   - 회기의 목적
   - 계약
3. 행동수정에 관한 강의
   - 행동이 학습되는 방법: 강화, 소멸, 처벌
   - 역할극 시연
4. 휴식
5. 사정
   - 행동 체크리스트에 관한 설명
   - 자녀의 행동에 대한 설명
   - 모니터링 계획 수립
6. 짝체계(buddy system)
   - 설명
   - 동료 선택, 전화번호 교환 등
7. 과제
8. 평가

② 집단회기의 시작과 마무리기술

집단을 운영하는 사회복지사는 회기를 시작하고 마치는 방법에 대한 기술을 갖추는 것도 필요하다. 사회복지사가 회기를 제대로 시작하지 못한다면 집단성원들이 회기 내에서 이루어지는 후속활동에 적극적으로 참여하지 못하는 결과를 초래할 수도 있다. 마찬가지로 사회복지사는 각 회기를 종결하는 방법에 대해서도 주의를 기울일 필요가 있다. 회기에서 다루었던 내용을 정리하거나 평가하는 기회 없이 시간에 쫓겨 갑작스럽게 회기를 종결하게 되면 집단회기의 중요성이 반감될 수도 있다. 따라서 집단을 운영하는 사회복지사는 집단회기를 효과적으로 시작하고 종결하는 방식을 미리 준비하고 이를 실천해야 할 것이다.

⊖ 집단회기를 시작하는 방식

- 집단성원들에게 이번 회기 동안 다루기 원하는 것을 간략하게 질문한다. 특정 집단성원에 집중하기보다는 개별성원 모두에게 각자가 원하는 바를 얘기할 수 있는 기회를 제공하도록 한다.
- 집단성원에게 지난 회기와 관련된 생각과 느낌을 질문한다. 또는 만약 집단성원들 간에 혹은 집단성원과 사회복지사 간에 해결되지 않은 이슈가 있을 경우, 이를 표현하도록 함으로써 집단이 보다 생산적으로 운영되도록 한다.
- 집단회기가 주별로 진행될 경우, 집단성원에게 일주일 동안 경험했던 바에 대해 집단에 보고하도록 요청한다. 과제수행과 관련해서 성공하였거나 실패한 경험 등에 관한 질문이 포함될 수 있다.
- 지난 회기에 관한 사회복지사의 관찰, 생각 등을 표현하면서 회기를 시작할 수 있다.

⊖ 집단회기를 마무리짓는 방식

- 회기 중 제기된 이슈를 마무리하지 않은 채 회기를 끝내는 것도 활용할 만한 방식이다. 모든 것이 마무리되었다는 느낌을 가진 채 집단회기를 마무리한다면 집단성원은 해당 회기에서 다루었던 내용에 관해 심사숙고하지 않을 수도 있기 때문이다.
- 집단성원에게 각자가 회기에 어느 정도 투자하였는지를 질문하는 것도 좋은 방식이다. 만약 집단성원이 회기에 대해 지루해했다면 이를 해소할 수 있는 방안에 관해 토의한다.
- 회기에서 다루었던 내용을 요약하는 것은 회기를 마무리하는 효과적인 방법이다.
- 참여도가 높은 집단성원을 인정해 주고 긍정적인 피드백을 제공한다.
- 과제수행 또는 집단에서 배운 것을 집단 밖의 문제상황에 어떻게 적용할지에 대한 계획을 얘기하도록 집단성원에게 요청한다.
- 집단성원에게 다음 회기에서 다루기를 원하는 주제나 문제가 있는지를 질문한다.

• 회기에 대한 사회복지사의 관찰, 생각 등을 표현하면서 회기를 마무리 짓는다.

2. 개입 단계에 필요한 사회복지 실천기술

1) 개입 단계의 특징

개입 단계 혹은 중간 단계에 필요한 사회복지 실천기술을 다루기에 앞서 개입 단계에서 나타나는 일반적인 특징을 살펴보는 것이 필요하다.

낮은 신뢰감과 소속감, 불안 및 저항으로 특징지어지는 초기 단계가 성공적으로 다루어졌다면 집단은 보다 생산적인 단계로 이동하게 된다. 초기 단계와 비교해 볼 때 개입 단계에 접어들면 집단성원들은 집단에 대한 소속감이 증가하고, 다른 집단성원과 사회복지사에 대한 신뢰감도 증가하게 된다. 집단성원들 간에 신뢰감이 있다는 것은 자신의 생각과 감정을 집단 내에서 자유롭게 표현할 수 있다는 의미이며, 이는 집단의 응집력을 강화시킨다. 비록 집단 내에서 활발하지 않은 성원일지라도 자신이 언제든지 집단에 참여할 수 있다는 것을 알게 되면 이 집단성원의 존재 자체가 집단의 생산적 활동을 저해하는 요인이 되지 않는다.

신뢰감의 증가 및 소속감의 강화와 더불어 개입 단계에서 나타나는 특징 중의 하나는 집단성원들의 대인관계기술이 향상된다는 점이다. 예를 들면, 집단성원들은 다음과 같은 대인관계기술을 갖추게 된다.

• 서로를 경청할 수 있는 능력이 증진된다.
• 집단성원들 간의 의사소통이 보다 공개적이며, 집단성원들은 집단 내에서 경험한 바를 보다 정확하게 표현하게 된다.
• 집단성원들 간의 상호작용이 보다 자유롭고 직접적이다.
• 집단성원들은 자신을 다른 집단성원들에게 알리게 되며, 자신들의 개인적 관심사를 집단에게 털어놓는다.

- 집단성원들 간의 갈등이 인식되며, 이를 효과적으로 다룰 수 있게 된다.
- 집단성원들 간에 피드백을 주고받을 수 있으며, 사회복지사 또는 다른 집단성원들의 직면을 비방어적인 태도로 받아들일 수 있는 능력이 생긴다.

집단성원들의 향상된 대인관계기술은 그들의 자율성을 증진시키고 사회복지사에 대한 의존도를 상대적으로 줄이게 한다. 이와 같은 현상은 집단성원들이 집단목표와 각자의 개인 목표에 집중할 수 있도록 하기 때문에 개입 단계 동안 사회복지사는 전문적 지식과 기술을 활용하여 집단이 목표를 달성할 수 있도록 원조하게 된다. 다시 말해서 개입 단계는 집단성원들의 변화를 이끌어 내기 위한 사회복지사의 구체적인 개입이 이루어지는 단계라고 할 수 있다.

개입 단계에서 나타날 수 있는 집단성원과 집단의 특성 그리고 사회복지사의 역할에 대해 정리하면 〈표 9-2〉와 같다. 표에서 알 수 있듯이, 집단성원들은 집단 및 개별성원에 대한 탐색이 감소하면서 자신이 정서적으로 유대감을 형성할 수 있는 성원(들)과 **하위집단**

표 9-2 개입(중간) 단계에서의 집단성원과 집단의 특성 및 사회복지사의 역할

집단성원의 특성	집단의 특성	사회복지사의 역할
• 집단에 대한 탐색이 점차 감소 • 집단성원 간 짝을 이루고 하위집단 발생 • 하위집단 간 알력 발생 • 자신의 지위 및 역할 모색 • 집단성원의 독특성 인정, 집단에 대한 공헌 모색 • 집단의 중요성 내면화 • 사회복지사에게 덜 의존하게 되고 자신의 의사표현 시작	• 집단의 문화, 행동, 규범, 갈등이 발생하고 이를 해결 • 집단성원의 지위, 위계질서, 역할, 리더가 형성 • 집단성원 및 리더를 실험하고 신뢰할 수 있게 됨 • 집단성원 간의 공통점, 차이점을 인정하고 존중함 → 집단의 응집력 발달	• 집단의 현 위치를 파악(진행상황, 갈등, 협조체계 등) • 각 성원에 대한 평가(태도, 관계, 행동, 동기, 목표 등) • 집단의 목적, 목표를 재확인하고 성원 모두의 참여 유도 • 집단성원 간의 공통점 및 차이점 파악 • 집단 리더에 대한 실험을 인정 • 집단성원이 다양한 경험을 할 수 있도록 도움 • 직면 • 집단의 갈등 해소

출처: 김성이 외(2004). 청소년복지학. 서울: 집문당, p. 199에서 인용.

을 형성하게 된다. 하위집단 간에 경쟁관계가 발생하면 이들 집단 간에 알력이 발생하지만, 이를 잘 해결하면 집단과정을 촉진할 수 있는 계기가 만들어진다. 집단성원들이 개입 단계에 성공적으로 진입하게 되면 다른 성원들과 자신의 차이점을 인정하고 수용할 수 있으며, 자신이 집단에 기여할 수 있는 바를 모색하게 된다. 나아가, 집단의 중요성을 내면화하게 되어 집단참여가 증가하게 되며, 이는 집단응집력과 타 성원과의 유대감과도 깊은 관련이 있다. 집단에 대한 만족도도 표현이 된다.

사회복지사는 개입 단계에서 집단 내의 갈등이나 하위집단을 파악하고 각 성원에 대한 개별적인 사정과 평가를 지속적으로 해 나갈 필요가 있다. 또한 집단의 목적과 개별성원의 목적이 어느 정도 성취되는지를 점검할 필요가 있다. 한편, 집단성원들은 사회복지사를 다양한 방법으로 실험하기도 한다. 예를 들어, 집단성원은 사회복지사에게 "선생님은 고등학교 시절에 이성친구가 있었나요? 이성친구에 대해서 얘기해 줄 수 있나요?"와 같은 질문을 하기도 한다. 사회복지사가 집단성원의 변화를 촉진하거나 집단의 응집력을 향상시키는 기술, 직면기술 등은 다음 절에서 보다 구체적으로 설명하겠다.

2) 개입 단계에서 필요한 실천기술

집단의 개입 단계에 필요한 사회복지 실천기술은 집단을 운영하는 사회복지사의 이론적 선호, 집단의 유형 등에 따라 다양하기 때문에 이 장에서 모든 것을 다루는 것은 불가능한 일이다. 여기서는 집단과정 중 개입 단계에 공통적으로 필요한 실천기술을 세 가지로 구분하고 각각의 내용과 적용방법을 살펴보았다.

(1) 집단응집력 향상을 위한 실천기술

① 집단응집력의 정의

집단응집력이란 집단성원들이 서로에게 끌리는 정도(Hepworth et al., 1997)로 정의된다. 응집력 있는 집단은 집단성원들에게 집단에 계속해서 남아 있도록 하는 자극을 제공하며, 서로 간에 소속감과 관련성을 공유한다. 개입 단계의 핵심적 특징인 집단응집력은 집단성원들이 의미 있는 방식으로 자신을 타인에게 알리려는 의지의 결과이기도 하다.

② 집단응집력을 결정하는 요인

카트라이트(Cartwright, 1968)는 집단응집력과 관련 있는 다양한 요인들을 다음과 같이 네 가지로 정리하고 있다.

첫째, 집단성원들이 집단의 참여를 소중하게 느끼고 그들이 사랑받는다고 느끼게 될 때 집단성원들은 집단에 대한 매력을 갖는다. 또한 집단이 집단성원들을 안전하게 보호한다고 느낄 때 집단응집력은 높아진다.

둘째, 집단응집력은 집단에 참여함으로써 제공되는 자극제(인센티브)와 관련 있다. 새로운 사람들과의 만남, 수준 높은 사람들과 교류, 집단의 참여를 통해서만 얻게 되는 자원과 이득 등은 집단응집력을 높이는 자극제가 될 수 있다.

셋째, 집단성원이 집단에 대해서 높은 기대를 갖게 될 때 집단응집력은 증대한다.

넷째, 이전에 참여했던 집단과 비교를 했을 때 현재 참여하고 있는 집단에 더 만족할 경우 집단성원은 집단에 매력을 갖는다.

집단성원들이 집단에 대해 갖는 매력, 즉 집단응집력은 집단성원들과 집단 전체의 기능과 밀접한 관계가 있다. 다음은 경험적 연구와 임상적 관찰을 통해 나타난 집단응집력의 긍정적 결과이다.

- 감정표현의 증가
- 적극적 경청
- 다른 집단성원들의 피드백과 평가를 적극적으로 활용
- 상호 간에 미치는 영향력 증가
- 자신감, 자아존중감, 적응력 향상
- 집단경험에 대한 만족감 향상
- 목표를 향한 정진
- 집단에 대한 책임감 향상
- 목표달성 및 수행력 증가
- 출석률과 집단참여의 증가

③ 집단응집력 향상을 위한 원칙

집단응집력은 집단의 기능을 향상시키는 긍정적인 효과를 가지고 있기 때문에 사회복지사는 집단응집력을 향상시킬 수 있는 다양한 실천기술을 고려해야 할 것이다. 다음은 집단응집력을 향상시키기 위한 지침들이다(Corey & Corey, 1997; Toseland & Rivas, 2001).

첫째, 집단성원들 간의 공개적이고 활발한 상호작용은 집단응집력을 향상시키기 때문에 집단토의와 프로그램 활동들을 적극적으로 활용하여 집단성원들 간의 상호작용을 촉진시키도록 한다.

둘째, 사회복지사는 집단성원들이 집단과정에 적극적으로 참여하고 그들이 목표를 달성하고 변화를 이루어 낼 수 있는 유능한 존재라는 것을 인식할 수 있도록 돕는다. 집단성원 개개인이 스스로를 가치 있고 능력 있는 존재라고 믿게 되면 집단성원은 집단에 보다 적극적으로 참여하게 된다.

셋째, 집단성원들의 욕구가 집단 내에서 충족된 방법들을 파악할 수 있도록 돕는다.

넷째, 목표달성과 집단응집력은 밀접한 관계가 있기 때문에 집단성원들이 목표에 초점을 두고 목표를 달성할 수 있도록 원조한다.

다섯째, 집단성원들의 상이한 인식과 관점을 인정하면서 성원들이 비경쟁적인 관계를 형성하면 집단응집력이 높아지므로, 집단성원들이 협력하는 관계를 형성하도록 원조한다.

여섯째, 지나치게 규모가 큰 집단은 집단성원들의 참여도를 낮추며 집단응집력을 약화시킬 수 있다. 따라서 모든 집단성원들이 집단과정에 완전히 참여할 수 있는 규모의 집단을 형성하도록 한다.

일곱째, 집단성원들이 기대하는 바를 명확히 하고 집단성원의 기대와 집단의 목적을 일치시키도록 한다.

여덟째, 집단에 참여함으로써 얻을 수 있는 자극제(예: 자원, 보상 등)를 집단성원들에게 제공한다.

아홉째, 집단성원들이 현재 참여하고 있는 집단에 자부심을 느끼도록 돕는다.

마지막으로, 사회복지사뿐만 아니라 집단성원도 집단의 내용과 방향에 책임이 있다는 것을 인식하도록 한다. 예를 들면, “이 집단은 여러분의 집단입니다. 여러분은 집단이 어떻게 운영되기를 원합니까?"와 같은 질문을 함으로써 집단에 대한 집단성원의 책임성을 강조하도록 한다.

(2) 집단과정을 촉진하기 위한 실천기술

코리(Corey, 1995)는 개입 단계 동안 집단이 건설적이고 생산적인 변화를 이루기 위해서 자기노출, 직면, 피드백을 적절하게 사용할 것을 권유하고 있다.

① 자기노출

자기노출(self-disclosure)이란 언어적 표현 또는 비언어적 행동을 통해서 사회복지사가 자기 자신에 대한 정보를 의도적이고 의식적으로 누설하는 것을 의미한다. 사회복지사가 자신의 경험, 감정, 생각 등을 집단성원에게 솔직하게 노출하는 것은 집단성원의 자기노출에도 영향을 미칠 뿐만 아니라 사회복지사와 클라이언트 간의 신뢰관계 향상에도 기여한다.

자기노출은 두 가지 유형으로 구분된다. 첫 번째 유형의 자기노출은 사회복지사가 집단에서 현재 일어나고 있는 것에 관해 자신의 생각과 감정을 집단성원에게 공개하는 유형이다. 예를 들어, 집단성원 중 1명이 사회복지사에게 사회복지사의 태도와 관련된 질문을 했을 경우, 그 질문에 대해서 사회복지사가 가지는 생각과 감정을 적절하고 솔직하게 노출하는 것을 말한다.

자기노출의 두 번째 유형은 사회복지사가 자신의 과거 경험 등을 집단성원에게 제시하는 유형이다. 사회복지사 자신의 과거 경험이 집단성원과 집단과정에 도움이 된다면 이를 표현하는 것도 좋다. 물론, 사회복지사는 집단성원의 생각과 감정에 초점을 두지만, 사회복지사 자신에 대한 정보를 거의 또는 전혀 노출하지 않게 되면 사회복지사와 집단성원 간의 관계가 사무적으로 될 가능성도 있다. 그렇다고 사회복지사 자신에 대해서 너무 많이 노출하는 것도 금물이다. 왜냐하면 집단성원이 사회복지사의 클라이언트지, 사회복지사가 집단성원의 클라이언트가 아니기 때문이다. 따라서 사회복지사는 자기노출의 정도를 신중하게 고려해야 한다. 다음은 사회복지사가 효과적으로 자기노출을 위해 사용할 수 있는 방법을 제시한 것이다(허남순 외 역, 2004: 80).

- 집단 내에서 자기노출을 위한 지침
  - 자기노출은 집단의 목적과 목표와 관련 있어야 한다.
  - 집단성원들이 특정 집단성원에 대해 지속적인 반발을 보이고 이로 인해 집단참여 수준이 영향을 받는다면 이를 집단 전체에 공개하도록 한다.
  - 집단성원들은 자신에 관해 무엇을 그리고 얼마나 많이 노출시킬 것인지를 결정해야 하고, 자기노출로 인해 동반되는 위험을 어느 정도 감당해 낼 수 있는지를 결정해야 한다.
  - 자기노출의 수준은 집단 발달 단계와 관련이 있다.

한 가지 염두에 두어야 할 것은 초기 단계에서 집단성원이 자신의 문제를 지나치게 빨리 노출시키면 다른 성원들에게 부정적인 영향을 주기 때문에 사회복지사의 적절한 개입이 요구된다. 예를 들어, 우울증을 가진 여성들의 지지모임 초기 단계에서 한 성원이 자신의 아동기 성학대를 노출하게 되면 다른 집단성원들은 이 성원의 아동기 성학대를 다룰 준비가 되기 전에 심각한 충격에 휩싸이게 된다. 때로 다른 성원들은 이러한 문제가 자신에게까지 '전염'될까 두려워하기도 한다. 반면, 개입 단계에서 집단성원의 자기노출이 지나치게 적으면 사회복지사는 개인성원이 보이는 저항감의 원인이 어디에 있는지 파악하고 이에 대해 개입해야 한다.

사례

다음은 사회복지학과 실습생과 청소년 클라이언트와의 대화이다.

다음의 사례에서 실습생이 자기노출을 위한 형식의 네 가지 요소를 모두 사용하고 있다는 점에 주목할 필요가 있다. 실습생은 구체적인 감정(상처 받음, 당혹, 실망 등)들을 밝혔고, 중립적이고 비난하지 않는 방식으로 사건을 묘사하였으며, 사건이 자신과 클라이언트와의 관계에 미치는 영향을 밝히고 있다.

실습생: 나 역시 그 일이 일어난 것에 대해 유감스럽게 생각한단다. 나는 네가 왜 화를 냈는지

> 이해하지 못했기 때문에 그날 밤 나는 매우 당혹스러웠고 상처도 받았단다. 네가 그것에 관해 나에게 말을 하지 않았기 때문에 나는 실망했고 무엇을 해야 할지 몰랐었단다. 그날 밤 내가 정말로 걱정했던 바는 우리가 서로를 알아 가는 도중에 이런 일이 발생하였다는 거야. 나는 그 일이 일어나지 않길 바랐단다(Hepworth et al., 1997: 122-123).

② 직면하기

직면하기란 클라이언트가 보이는 불일치를 알아차리고 주의집중기술을 활용하여 이에 대한 피드백을 클라이언트에게 제공하는 기술을 의미한다(Ivey, 1994). 자기노출과 마찬가지로 건설적인 직면기술도 개입 단계에서 필요한 핵심적인 사회복지 실천기술이다. 집단성원이 말과 행동 간에 불일치를 보이는 경우 또는 집단성원이 전달하는 메시지의 내용들 사이에 불일치를 보이는 경우, 사회복지사는 집단성원을 직면한다. 이러한 불일치를 보이는 집단성원을 직면하는 것은 집단성원이 자신의 행동과 태도를 검토해 볼 수 있는 기회를 제공하기 때문에 집단성원의 성장을 위해 도움이 될 수 있으며, 집단 전체를 보다 생산적으로 만드는 방법이 될 수 있다.

- 불일치의 예: 클라이언트가 보이는 불일치는 다양하며, 몇 가지 예를 소개하면 다음과 같다.
  - 진술문 사이의 불일치: 자신의 배우자를 매우 사랑한다고 말한 클라이언트가 잠시 후 이를 직접적으로 논박하는 내용을 언급하는 경우
  - 언행의 불일치: 아내와 저녁에 데이트를 약속한 남편이 밤늦게 귀가한 경우
  - 진술문과 비언어적 행동 사이의 불일치: 집단에 참여하는 것을 좋아한다고 얘기하는 집단성원의 얼굴이 경직되어 있는 경우
  - 비언어적 행동 사이의 불일치: 클라이언트가 웃음을 지으면서 이를 악무는 경우
  - 진술문과 맥락 사이의 불일치: 문제를 해결할 힘이 없는 것이 분명한 클라이언트가 가족문제를 해결하겠다고 말하는 경우
  - 사람들 간의 불일치: 남편과 아내가 말하는 내용이 일치하지 않는 경우

• 직면을 위한 단계 및 형식: 직면하기를 위한 단계를 3단계로 나누어 볼 수 있다. 직면하기를 위한 첫 번째 단계는 집단성원의 말과 행동 간의 불일치 또는 집단성원이 전달하는 메시지 내용 간의 불일치를 밝혀내는 것이다. 두 번째 단계는 불일치가 발견되면 불일치의 내용을 집단성원에게 명확히 지적해 주고 이를 해결할 수 있도록 집단성원을 원조한다. 세 번째 단계는 집단성원을 직면하는 것이 그들의 성장과 변화에 어떤 영향을 주었는지를 평가한다. 다시 말해서, 직면기술의 효과성을 평가하는 것이다.

집단성원을 직면하기 위해 사용할 수 있는 형식을 소개하면 다음과 같다.

예시

한편으로 당신은 '~라고' 말하지만(느끼지만, 생각하지만 혹은 행동하지만) 그 반면에 또 다른 한편으로 당신은 '~라고' 말합니다(느낍니다, 생각합니다 혹은 행동합니다)(김용석 외 역, 2013: 410).

사례

다음의 사례는 집단의 목표와 행동 사이의 불일치를 보이는 집단성원을 사회복지사가 직면하고 있다.

상황: 다섯 번째 회기에서 집단성원들이 사회적 상호작용에서 겪는 각자의 어려움에 대해 열심히 토의하던 중, 한 여성 성원이 휴가기간 중에 만난 사람에 대해 이야기하면서 주제에서 벗어나기 시작했다. 그러자 다른 집단성원들도 덩달아 우스운 일화를 이야기했다.

사회복지사의 반응(목표와 행동 사이의 불일치 – 주제에서 벗어남): 지금 이 모임에서 무엇을 하고 있는지 걱정됩니다. 여러분은 지금 무슨 일이 일어나고 있다고 생각하십니까?

집단성원에 대한 건설적인 직면은 집단성원의 성장을 위해 필요한 실천기술임은 분명하나, 종종 오해를 불러일으키거나 역효과를 낳을 수 있다. 따라서 직면기술을 사용할 때에는 특히 주의를 기울여야 한다. 사회복지사는 직면기술을 사용할 경우 타인을 존중하는 자세를 가져야 하며, 직면의 목적은 집단성원들이 인식하지 못했던 부분을 볼 수 있도록 한다는 점을 기억해야 한다. 또한 집단성원을 직면할 때, 집단성원의 행동을 구체적으로 지적하고 그 행동이 집단과 다른 집단성원들에게 미치는 영향을 자세하게 설명하는 것이 필요하다.

③ 피드백

피드백이란 집단성원들에게 그들의 역할수행이나 또는 서로를 어떻게 바라보는지에 대해서 명확한 정보를 제공하는 것이다(Ivey, 1994). 집단성원들 간에 자발적으로 피드백을 주고받는 것은 집단 내에서 학습이 이루어지는 가장 중요한 방법 중의 하나이다. 상대방에게 솔직하게 그리고 상대방이 느낄 수 있게 피드백을 제공한다면 집단성원들은 자신들의 행동이 다른 성원들에게 끼친 영향을 이해할 수 있게 되며, 더 나아가 긍정적인 변화를 이루는 계기가 될 수도 있다.

- 효과적인 피드백을 위한 지침
  - 클라이언트의 요청이 있을 때 피드백을 제공하는 것이 가장 효과적이며, 클라이언트가 사용할 수 있는 만큼만 제공하는 것이 좋다.
  - 피드백을 제공할 때 클라이언트의 장점에 초점을 두는 것이 좋다. 클라이언트는 장점으로부터 성장하는 것이지, 단점으로부터 성장하는 것이 아니다.
  - 피드백은 구체적이어야 한다. 특정 행동에 대해서 구체적인 피드백을 제공함으로써 피드백과 그 행동에 대한 자신의 관점을 비교할 수 있는 기회를 제공한다.
  - 한 번에 한 가지 정도의 변화를 이루는 것이 일반적이기 때문에 클라이언트는 그 정도만 들으려고 한다. 따라서 클라이언트에게 지나치게 많은 피드백을 동시에 제공하는 것은 효과적이지 못하다. 한 번에 한두 가지 정도의 피드백을 제공하는 것이 적당하다.
  - 가장 의미 있는 피드백의 유형은 피드백을 제공하는 사람과 제공받는 사람 간의 관계를 직접적으로 다루는 피드백이다.
  - 클라이언트가 사회복지사의 피드백을 이해했는지 그리고 어떻게 받아들였는지를 확인하도록 한다.

- 피드백을 구하기 위한 형식: 피드백을 구하는 일반적인 방법은 다음과 같다(김용석 외 역, 2013: 239).
  - 지금까지 우리가 얘기한 것에 대해 어떻게 생각하십니까?
  - 질문이나 추가로 언급할 말은 없습니까?
  - 우리가 행동원칙에 대해 얘기했는데, 어떤 생각이 드십니까?

(3) 변화를 이끌어 내기 위한 실천기술

집단성원들의 변화를 이끌어 내기 위해서 사회복지사가 사용할 수 있는 개입기술을 크게 세 가지로 나누면 다음과 같다.

① 집단성원의 내적 변화에 초점을 두는 개입기술

내적 변화에 초점을 두는 기술은 집단성원의 인지적 측면에 초점을 두는 기술을 말한다. 많은 이론들은 인간의 행동을 이해하는 데 있어서 인지의 역할을 강조하고 있다. 앨버트 엘리스(Albert Ellis)와 에런 벡(Aaron Beck)은 대표적인 인지이론가들인데, 이들에 따르면 대부분의 사회적·행동적 역기능은 자신, 타인, 삶의 상황에 관한 잘못된 신념(사고, 해석)으로 인해 초래된 결과라는 것이다. 엘리스의 **ABC 이론**이 선행사건, 사고, 행동(감정) 사이의 관계를 잘 설명해 주고 있다. [그림 9-1]에서 A는 선행사건을, B는 선행사건에 대한 생각 또는 해석을, C는 행동이나 감정과 같은 결과를 의미한다. ABC 이론은 개인이 경험하는 감정 또는 행동(C)은 **선행사건(A)**에 의해서 자동적으로 결정되는 것이 아니라 선행사건을 해석하고 평가하는 방식(B)에 의해서 결정된다고 주장한다. 예를 들어, 특정 상황을 부정적으로 해석하면 부정적인 감정을 경험하게 되고, 부정적인 감정을 처리하기 위해 음주와 같은 부정적인 행동을 할 가능성이 높아진다고 할 수 있다. 그러나 동일한 상황을

A ⟶ B ⟶ C

A: Activating Event(선행사건) B: Belief(신념, 사고, 해석) C: Consequences(결과)

[그림 9-1] Ellis의 ABC 이론

긍정적으로 해석, 평가하면 그 개인은 긍정적인 감정을 느낄 가능성이 높아질 수 있다.

사회복지사는 집단성원이 역기능적이고 불합리한 사고유형 또는 신념체계를 보다 기능적이고 합리적인 신념체계로 대체할 수 있도록 원조하는 데 숙련된 기술을 갖추어야 한다. 이러한 기술과 기법을 **인지재구성**(cognitive restructuring)으로 부르기도 한다. 인지재구성은 마호니와 토레센(Mahoney & Thoresen, 1974)이 최초로 사용한 용어로 집단성원들의 사고유형에서 잘못된 논리를 밝혀내고 집단성원들이 비합리적인 사고과정을 논리적이고 합리적인 사고유형으로 대체할 수 있도록 원조하기 위해 사용되는 기법들을 의미한다. 인지재구성기법들은 낮은 자아존중감, 비합리적인 공포와 불안, 자기주장력 부족 등의 문제들을 다루는 데 특히 유용하다. 〈표 9-3〉은 집단성원이 사고유형의 변화를 이룰 수 있도록 원조하기 위한 단계들이다.

표 9-3 인지행동치료 기반 개입 단계

1단계	선행사건에 대한 신념, 사고 또는 해석이 그 사건에 대한 정서적 반응을 결정한다는 것을 집단성원이 수용하도록 원조한다.
2단계	집단성원이 문제의 원인이 되는 역기능적 신념 또는 사고유형을 밝히도록 원조한다.
3단계	집단성원이 역기능적인 인지를 야기하는 상황을 밝히도록 원조한다.
4단계	집단성원이 역기능적인 인지를 기능적인 인지로 대체할 수 있도록 원조한다.
5단계	집단성원이 성공적인 대처 노력을 한 자신에게 보상을 하도록 원조한다.

사례

다음 사례는 학교 중심 청소년 음주예방 프로그램(윤혜미, 2003) 중의 일부이며, 엘리스의 ABC 이론을 기초로 구성한 회기를 재구성한 것이다.

① 회기 목표

청소년들의 음주 이유 중 큰 부분은 또래와의 관계에서 자신의 감정이나 생각을 잘 이해하거나 전달하지 못하기 때문이다. 이로 인한 스트레스도 음주를 하게 되는 원인이 된다. 이 회기의 목적은 청소년이 자신의 감정을 보다 잘 이해하고 긍정적으로 표현하도록 돕는 것이다.

② 주요 활동

- 정서적 ABC 설명
- 감정이 발생하는 단계를 엘리스의 ABC 이론을 토대로 설명
- 역기능적인 사고유형을 예를 들어 설명

  예: 중간고사 성적이 떨어짐(사건, 상황)

  사고: "나는 아무리 노력해도 안 돼. 나는 머리가 나쁜가 봐."

  감정: 기분 나빠지고 풀이 죽고 화풀이하고 싶어짐
- 역기능적인 사고유형을 기능적인 사고유형으로 대체할 수 있도록 학생들을 원조

◉ 역기능적인 사고유형의 예

상황: 수업시간에 선생님께 질문하려는 상황

사고: 위의 상황에 대해서 '다른 애들은 다 아는 것인데 나만 몰라서 질문하는 것일까?'라고 생각하였다면

감정: 열등감과 창피함을 느끼게 될 것이다.

◉ 동일한 상황에 대한 순기능적인 사고유형의 예

상황: 수업시간에 선생님께 질문하려는 상황

사고: '모르면 선생님께 질문하는 것은 당연해. 아무리 쉬운 것이라도 모르면 선생님께 질문해서 이해하는 것이 내게 도움이 될 거야.'라고 생각하면

감정: 자신감을 갖게 되고 모르는 것을 알게 되기 때문에 기분이 좋아질 것이다.

◉ 기타: 부정적 감정에 대처하는 방법

방법 1: 긴장완화연습

- 편안한 자세로 조용히 앉는다.
- 눈을 감는다.
- 천천히 온몸의 근육의 긴장을 풀어 준다. 발끝에서 시작해서 무릎으로, 배로, 얼굴의 근육까지 완전히 이완시킨다.
- 자기가 아무런 걱정도 없이 조용하고 평화로운 장소에 편안히 있다고 상상한다.

- 다시 자기 자신을 원래 앉아 있던 장소로 되돌려 놓는데 여전히 편안하고 긴장이 이완된 기분이다.
- 눈을 뜨고 훈련을 마친다.

방법 2: 심호흡

- 코로 숨을 들이마신다.
- 가슴을 움직이지 않으면서 배로 숨을 내쉰다.
- 1, 2, 3, 4박자에 들이마시고 1, 2, 3, 4박자에 숨을 참고 1, 2, 3, 4박자에 숨을 내쉰다.

② 집단성원의 대인관계 변화에 초점을 두는 개입기술

개별 클라이언트를 대상으로 하는 사회복지실천과는 달리, 집단은 집단성원에게 타 집단성원의 행동을 직접 관찰할 수 있고, 또한 역할연습을 통해 특정 행동을 터득할 수 있는 기회를 제공하기 때문에 집단 대상의 사회복지실천은 특히 대인관계상의 문제를 다루는 데 매우 적절한 개입 방법이다.

도움을 필요로 할 때 도움을 요청하거나, 부정적인 또래 압력을 거절하거나, 주변 사람들과 원만한 관계를 유지하기 위해서는 적절한 대인관계기술을 가지고 있어야 한다. 이러한 기술이 부족한 개인은 고독, 우울, 가족 내 갈등, 정신건강 문제 등의 문제를 가질 가능성이 높기 때문에 집단성원의 대인관계기술 향상에 초점을 두는 집단 프로그램의 운영은 다양한 형태의 문제를 예방하고 치료하는 데 매우 중요하다.

사회기술훈련(social skills training)은 대인관계기술의 향상을 목적으로 하는 대표적인 프로그램이라고 할 수 있으며, 사회복지 실천현장에서 널리 활용되고 있다. 사회기술훈련에서 다루는 기술은 프로그램 대상자의 문제와 세팅에 따라 다양하나, 일반적으로 다음과 같은 기술들이 다루어진다.

- 양육기술
- 자기주장기술
- 말하기와 경청하기 등과 같은 의사소통기술
- 친구 만들기 기술 등

사회기술훈련은 의사소통기술이 부족하거나 만족스러운 대인관계를 형성하는 데 어려움을 가지고 있는 클라이언트들에게 특히 유용하며, 지적 장애 클라이언트의 사회기술 향상을 위해서도 널리 사용되고 있다.

허남순 등(2004)은 집단을 대상으로 사회기술훈련을 실행할 경우, 필요한 단계를 〈표 9-4〉와 같이 소개하고 있다.

표 9-4 사회기술훈련을 위한 단계

1단계	사회기술훈련의 필요성과 표적사회기술(target social skills)에 관해 설명한다. 집단성원이 사회기술을 학습하는 데 흥미를 갖고 훈련과정에 적극적으로 참여하도록 하는 것은 매우 중요하다. 이를 위해서 적절한 사례를 사용하면서 훈련의 목적과 표적사회기술 학습의 중요성을 설명해도 좋다. 예를 들어, 사회기술의 부족으로 인해 원치 않은 결과를 초래했던 집단성원들의 경험들을 공유하도록 하며, 새로운 기술을 학습함으로써 동일한 상황에 직면했을 때 얻게 되는 혜택 등에 대해 논의한다.
2단계	표적사회기술의 구성 요소들을 밝힌다. 사회기술은 많은 요소로 구성된다는 것을 설명한다. 구성 요소들을 칠판에 적고 특정 기술을 성공적으로 수행하기 위해 각 요소가 갖는 중요성을 설명한다.
3단계	사회기술을 시연한다. 사회복지사가 사회기술을 시범적으로 보여 주거나 또는 집단성원 중 사회기술을 시범적으로 보여 줄 자원자가 있는지를 집단에 묻는다. 시연을 관찰한 후 토론시간을 갖는다.
4단계	역할극을 통해 표적사회기술의 각 요소를 연습한다. 사회기술을 배우는 가장 효과적인 방법은 그 기술을 사용하는 것이 편안해질 때까지 연습하는 것임을 설명해 준다. 집단성원은 돌아가면서 각 요소들을 연습하고 서로 피드백을 주고받으면서 표적사회기술을 더욱 발전시키도록 한다.
5단계	평가를 실시한다. 각 집단성원의 역할극에 대한 평가를 실시한다.
6단계	역할극에 기술 요소를 결합한다. 모든 집단성원이 다양한 구성요소들을 역할극을 통해 연습하고 각 구성 요소에 대해 어느 정도 숙달된 후 표적사회기술을 교대로 연습하도록 한다. 집단성원 서로 간에 피드백을 주고받도록 하며, 숙달될 때까지 연습한다.

7단계 표적사회기술을 실제 상황에 적용한다.

사회기술훈련의 마지막 단계는 표적사회기술을 실제 사회 상황에 적용해 보는 것이다. 가까운 미래에 일어날 가능성이 높은 상황을 끌어내고 이 상황에 그동안 연습한 사회기술을 적용하도록 집단성원을 준비시킨다. 표적사회기술의 구성 요소를 다시 한번 검토하고 연습하는 것은 집단성원을 더욱 철저히 준비시키는 것이다. 발생할지도 모르는 어려움을 예상하고 이를 극복할 수 있는 방법을 연습함으로써 기술에 대한 자기효능감을 극대화시킬 수 있다. 사회기술을 적용한 결과와 경험에 관해 나눌 수 있는 후속 모임을 갖도록 한다.

사례

여기서 소개되는 사례는 보트빈(Botvin, 1996)이 청소년을 대상으로 개발한 생활기술훈련(Life Skills Training) 중 사회기술을 다루는 회기의 일부이다.

① 회기 목표

성공적인 대인관계를 개발하기 위하여 학생들에게 기본적인 사회기술을 가르치는 것이다.

② 주요 하위 목표

- 많은 사람이 다른 사람들과의 관계에서 수줍어하고 불편한 느낌을 갖고 있다는 점을 인식시킨다.
- 수줍음을 극복할 수 있는 방법에 관해 토의한다.
- 대인 접촉을 연습한다.
- 칭찬을 주고받는 방법을 연습한다.
- 대화를 시작하고 유지하며 마치는 방법을 연습한다.

③ 주요 활동

주제: 수줍음 극복하기

- 수줍음에 관해 토의를 시작한다. 학생들에게 자기 스스로를 수줍어하는 성격의 소유자라고 생각하는지 또는 주변으로부터 그런 얘기를 들어 본 적이 있는지에 대한 질문을 함으로써 토의를 시작할 수 있다.
- 학생들에게 다음과 같은 질문을 한다.
  - 타인과의 관계에서 불편함을 느낀 적이 있는가?

- 사람들은 왜 타인과의 관계에서 불편함을 느끼고 수줍어하는가?
- 이와 관련해서 여러분이 할 수 있는 것은 무엇인가?

• 많은 배우와 유명인들도 수줍어하고 자연스럽게 행동하는 것에 대해 불편함을 느끼지만, 맡은 역할을 연습함으로써 수줍음을 극복하고 자신의 행동에 편안함을 느낀다는 것을 학생들에게 설명해 준다. 사회기술을 배우고 처음에는 상당히 쉬운 상황에서 이 기술을 연습함으로써 사회적 자신감을 개발할 수 있다. 다양한 상황에 대처하기 위한 대본을 만들고 이를 연습해야만 한다(예: 거울 앞에서 연습하기)는 점을 설명해 준다.

• 수줍음을 극복하기 위한 전략을 소개한다.
- 연기하는 것을 배운다. 마치 특정 역할을 연기하는 연기자인 것처럼 어려운 상황을 처리함으로써 새로운 사회기술을 배울 수 있고 자신감을 키울 수 있다. 자신을 특정 역할을 연기하는 연기자로 생각하는 것은 새로운 사회기술을 배우고 자신감을 키우는 첫 단계이다.
- 쉬운 상황부터 시작해서 점차 어려운 상황으로 이동한다.
- 대본을 만든다. 자신이 극복하려는 각각의 상황에서 자신이 하고 싶은 말은 무엇인지, 그것을 어떻게 말하려고 하는지 그리고 무엇을 하려고 하는지에 대한 대본을 만들어 본다.
- 연습한다. 집에서 연습해 본다. 거울 속에 비친 자신의 모습을 관찰하고 자신의 목소리를 경청한다. 가능하다면 다른 사람과 함께 연습해 본다.
- 꾸준히 노력한다.

③ 집단성원의 환경 변화에 초점을 두는 개입기술

개인의 변화와 더불어 그 개인을 둘러싸고 있는 환경의 변화가 이루어질 때 변화의 효과가 극대화되기 때문에 사회복지사는 개인의 변화뿐만 아니라 환경의 변화에도 초점을 두어야 한다. 알코올 및 약물사용의 문제를 지닌 집단성원의 예를 고려해 보자. 집단성원들이 집단 프로그램을 통해서 약물을 사용하고 싶은 욕구와 재발과 관련된 주변의 유혹에 효과적으로 대처할 수 있는 기술을 배우고 익혔다 할지라도, 환경의 변화가 이루어지지 않는다면 다시 약물을 사용하게 될 가능성이 높다. 따라서 이들을 이해하고 격려하며 지지해 줄 수 있는 지지망을 확보·확충하는 데 초점을 두는 개입이 필요하며, 이럴 경우 사회복지 프로그램의 효과성이 더욱 커질 수 있을 것이다. 약물남용 클라이언트뿐만 아니라 가정폭력, 청소년비행 등 사회복지 실천현장에서 흔히 접하는 다양한 문제상황에서 환경의 변화를 이끌어 내는 것은 사회복지사의 핵심 과제이다.

사례

다음은 몬티 등(Monti et al., 1989)의 알코올중독 치료 프로그램 중 알코올중독자의 사회지지망 확충에 초점을 두는 회기로서, 실천기술 지침을 제공하고 있다.

① 여러분에게 도움이 될 수 있는 사람들을 생각해 보시오.

- 이미 여러분의 삶에서 중요하고 항상 지지적인 사람
- 현재 중립적인 입장이지만 여러분에게 지지적일 수 있는 사람(예: 여러분이 아직 도움을 요청하려고 접근한 적이 없는 사람, 여러분이 문제가 있다는 것을 알지 못하는 친척, AA 회원 등)
- 현재 여러분을 방해하고 있으나, 어느 정도의 노력을 기울인다면 여러분의 지지자가 될 수 있는 사람(예: 배우자, 친구 등)

② 여러분이 어떤 유형의 지지를 원하는지를 생각해 보시오.

- 문제해결과 관련된 원조
- 정서적 지지
- 필요할 때 도움을 받는 것
- 정보 또는 자원
- 위기상황 때 도움을 받는 것

③ 여러분이 원하는 도움을 어떻게 얻을 수 있는지 생각해 보시오.

- 원하는 것을 요청한다: 구체적이고 직접적으로 요청할수록 원하는 것을 얻을 수 있다.
- 새로운 지지자를 추가한다.
- 다른 사람들을 원조한다: 항상 A가 B를 원조하는 일방향 관계보다는 서로 원조하는 쌍방향 관계가 보다 신뢰적이고 만족스러운 관계이다.
- 적극적 경청자가 되어야 한다: 다른 사람에게 도움을 줄 때 또는 그들로부터 도움을 받을 때 가장 기본적인 것은 상대방과의 의사소통이다. 상대방이 하는 말에 집중하고 정확하게 경청하도록

해야 한다.

- 피드백을 제공한다: 가족, 친구들이 제공한 도움이 여러분에게 어느 정도 유용했는지 그리고 도움을 제공한 것에 대해 감사 표시를 한다.

3. 집단의 종결

사회복지실천에서 클라이언트와의 전문적인 관계의 종결은 대상, 즉 개인, 집단, 가족에 따라 약간씩 차이가 있게 마련이다. 일반적으로 종결에서 다루어져야 할 공통된 과제로는 ① 종결과 관련된 감정 다루기, ② 목표성취 정도 및 남은 기간 다루어져야 할 과제 점검, ③ 앞으로의 계획 검토, ④ 원조과정에 대한 전반적인 평가가 있다(Germain & Gitterman, 1996). 종결과 관련된 감정 다루기는 앞 절에서 살펴보았으며, 여기서는 **집단의 종결**에 초점을 두면서 목표성취 정도 및 남은 기간 다루어져야 할 과제에 대해 검토하고자 한다.

집단의 종결 단계에서 나타나는 집단성원과 집단의 특징 그리고 사회복지사의 역할은 〈표 9-5〉와 같다. 우선, 집단성원들은 자신들이 집단에서 가졌던 긍정적인 경험을 집단 내외에서 표현하기 시작하며, 이는 곧 집단의 종결이 임박해 오고 있음을 암시하는 지표이다. 예를 들면, 집단성원들은 다음과 같은 표현을 한다. "A씨가 지난번에 얘기한 것을 집에서 내 아이에게 실천해 보았는데, 많은 효과를 보았어요. 도움 주셔서 정말 고맙습니다.", "여기(집단)에 오면 맘이 편해지고 기분이 밝아지는 느낌이 들어요. 집단에 오는 것이 얼마나 기다려지는지 몰라요.", "여기에 처음 왔을 때와 비교해 보면 지금은 많이 달라져 있는 것을 알 수 있어요."

종결 단계에서 집단성원들은 다방향의 의사소통이 이루어지며, 사회복지사의 개입 없이도 주제에 대한 집중적인 토론이 자유롭게 이루어질 수 있다. 반면, 집단과 집단의 다른 성원들 그리고 사회복지사의 도움이 필요 없거나 의존 정도가 낮아지기 때문에 집단에 결석하는 빈도가 늘어나기도 한다. 그리고 집단 외에서 생활할 때 집단에서의 경험은 집단

표 9-5 집단 종결 단계의 집단성원 및 집단의 특성과 사회복지사의 역할

집단성원의 특성	집단의 특성	사회복지사의 역할
• 집단성원이 자신의 성공담을 집단에서 표현함 • 대화가 자유로움 • 집단참여가 저조해짐 • 집단의 종결에 대한 양가감정 및 퇴행 발생 • 집단경험이 자신의 생활에서 준거 틀이 됨	• 집단의 종결에 대한 논의 • 집단에서 얻은 성과를 일관되게 유지하도록 함 • 집단성원, 집단, 사회복지사에 대한 이별 준비 • 집단 종결	• 집단 종결을 준비함(집단의 종결이 임박함을 알림) • 집단 종결에 대한 욕구와 목표 달성 정도, 성과의 유지 정도 등을 점검 • 집단 종결에 대한 개별성원의 반응 점검 • 남은 기간 성취해야 할 일과 과정을 토의 • 집단성원의 성과에 대한 논의 • 사회복지사의 감정처리

출처: 김성이 외(2004). 청소년복지학. 서울: 집문당, p. 199.

성원에게 하나의 준거 틀로 활용될 수 있는데, 클라이언트는 집단에서 배웠던 생활기술이나 대인관계기술, 기타 집단에서 얻었던 것을 실생활에 적용해 볼 수 있는 기회를 갖기 때문이다. 한편 앞서 논의했듯이, 집단성원들도 집단의 종결에 대해 양가감정이 발생하고, 퇴행적인 행동이 발생하며, 때론 집단적인 행동이나 위협을 장난스럽게 던져 보는 경우도 있다. 예를 들면, 집단성원들은 "다음 주가 마지막이라고요? 벌써 우리를 저버리려고 하시나요? 다음 주에는 우리 모두 안 나타날 거예요."라고 말하기도 한다.

집단의 종결을 준비하는 사회복지사는 사전에 집단의 종결이 임박함을 알려야 하는데, 대체로 12회로 진행되는 구조화된 집단에서는 약 10회기 정도에서부터 집단의 종결을 논의할 필요가 있다. 사회복지사의 실천방법에 따라서는 처음부터 "오늘은 1회기입니다. 앞으로 11회기 남았습니다."라고 말을 하는 것도 종결에 대해 클라이언트를 사전준비 시킬 수 있는 방법이 된다. 종결 단계에서 사회복지사는 집단 전체와 목표성취 정도를 점검해 보며, 개별성원과도 목표성취 정도를 파악할 필요가 있다. 특히, 다른 성원들에 비해 목표성취 정도가 낮은 성원은 집단에서도 '낙오자', '실패자'라는 부정적인 생각이 들 수 있으므로 이에 대해 세심한 관심을 기울일 필요가 있다. 이러한 성원에게는 조그만 성과나 성취도 긍정적으로 수용할 수 있도록 도울 필요가 있다. 또한 앞서 논의했듯이, 사회복지사는 집단 전체와 개별성원의 종결에 대한 반응, 특히 감정을 동시에 살펴보아야 한다. 개별성원의 반응만큼이나 집단 전체의 반응도 파급효과가 크기 때문에 어느 하나 소홀히 할 수 없는 것이다.

사례

다음 사례는 약물중독치료 프로그램 매뉴얼(Carroll, 1998) 중 종결회기의 과제와 목표를 보여 주고 있다.

① 종결회기를 위한 과제

- 치료계획과 목표 재검토
- 클라이언트의 진전에 관해서 치료자의 피드백 구하기
- 치료 프로그램 중 가장 유익했던 부분과 그렇지 못한 부분에 관해 클라이언트의 피드백 구하기

② 회기목표

마지막 회기의 주요 기능은 최종 검토이다.

- 치료계획과 목표를 재검토하고, 클라이언트의 목표가 달성되어 진전을 보인 영역뿐만 아니라 많은 진전을 보이지 못해 보다 많은 관심이 요구되는 영역을 찾아낸다.
- 치료자는 클라이언트가 이룬 진전에 대해 피드백을 제공한다. 특히, 클라이언트가 숙달하였거나, 지속적으로 초점을 두어야 할 기술과 행동에 관해서 피드백을 제공한다.
- 클라이언트가 치료 프로그램 중 가장 유익했던 부분과 그렇지 못한 부분뿐만 아니라 치료 프로그램을 떠난 후 나타나게 될 그들의 관심사에 관해 피드백을 제공하도록 한다.

단약을 유지하지 못한 클라이언트들에게는 치료 프로그램에 계속해서 남아 있도록 권유하거나 다른 집단에 의뢰할 수 있다.

단원 정리

이 장에서는 집단을 사정하고 구체적인 변화를 이루기 위해 개입하는 데 필요한 실천기술을 소개하였다. 개입 단계에 필요한 실천기술은 크게 네 가지로, 첫째, 사회복지사는 집단성원들이 집단에 대한 매력을 갖도록 하기 위한 기술을 갖추어야 하고, 둘째, 집단성원들이 자기 스스로를 가치 있는 존재로 생각할 수 있도록 원조하는 기술도 필요하며, 셋째, 보다 원활한 집단운영을 위해 적절한 자기노출을 하고 집단성원을 건설적인 방식으로 직면할 수 있으며, 긍정적 피드백을 제공하는 것에 숙련되어야 한다. 마지막으로, 사회복지사는 집단성원의 내적인 변화, 대인관계상의 변화, 환경의 변화를 이끌어 낼 수 있는 개입방안에 대한 지식과 실천기술도 갖추어야 한다.

참고문헌

김성이, 조학래, 노충래(2004). 청소년복지학. 서울: 집문당.

김용석, 이석호, 전종설 역(2013). 사회복지 실천기술. Cournoyer, B. R. (2010). *The Social Work Skills Workbook* (6th ed.). 서울: 박영사.

노근성(2004). 사회봉사명령 집행전문화 방안. 2004년 한국보호관찰학회 추계학술대회 자료집.

윤혜미(2003). 청소년 음주예방 프로그램. 서울: 한국음주문화연구센터.

허남순, 한인영, 김기환, 김용석 역(2004). 사회복지 실천이론과 기술. Hepworth, D., Rooney, R. H., & Larsen, J. A. (1996). *Direct Social Work Practice: Theory and Skills* (5th ed.). 서울: 나눔의 집.

Botvin, G. J. (1996). *Life Skills Training: Teacher's Manual for Middle/Junior High School.* Princeton, New Jersey: Princeton Health Press, Inc.

Carkhuff, R. R., & Anthony, W. A. (1979). *The Skills of Helping.* Amherst, MA: Human Resource Development.

Cartwright, D. (1968). The nature of group cohesiveness. In D. Cartwright, & A. Zander (Eds.), *Group Dynamics: Research and Theory* (3rd ed., pp. 91-109). New York: Harper & Row.

Corey, G. (1995). *Theory and Practice of Group Counseling* (4th ed.). Pacific Grove, CA: Brooks/Cole Publishing Company.

Corey, M. S., & Corey, G. (1997). *Groups: Process and Practice* (5th ed.). Pacific Grove, CA: Brooks/Cole Publishing Company.

Dies, R. R. (1983a). Bridging the gap between research and practice in group Psychotherapy. In R.

R. Dies, & K. R. Mackenzie (Eds.), *Advances in Group Psychotherapy: Integrating Research and Practice* (pp. 27-78). New York: International University Press.

Dies, R. R. (1983b). Leadership in short-term groups. In Dies, R. R. & Mackerzie, R. (Eds.), *Advances in group Psychology* (pp. 1-26). New York: International University Press.

Edelwich, J., & Brodsky, A. (1992). *Group Counseling for the Resistant Client: A Practical Guide to Group Process*. New York, NY: Lexington Books.

Egan, G. (1982). *The Skilled Helper: Model, Skills, and Methods for Effective Helping* (2nd ed.). Monterey, CA: Brooks/Cole.

Hepworth, D., Rooney, R. H., & Larsen, J. (1997). *Direct Social Work Practice: Theory and Skills* (5th ed.). Pacific Grove, CA: Brooks/Cole Publishing Company.

Ivey, A. E. (1994). *Intentional Interviewing and Counseling: Facilitating Client Development* (3rd ed.). Pacific grove, CA: Brooks/Cole Publishing Company.

Mahoney, M. J., & Thoresen, C. E. (1974). *Self-Control: Power to the Person*. Pacific Grove, CA: Brooks/Cole Publishing Company.

Monti, P. M., Abrams, D. B., Kadden, R. M., & Cooney, N. L. (1989). *Treating Alcohol Dependence*. New York: Guilford Press.

Toseland, R. W., & Rivas, R. F. (2001). *An Introduction to Group Work Practice* (4th ed.). Needham Heights, MA: Allyn and Bacon.

제 5 부

가족 사회복지실천

제10장

가족의 이해와 사회복지실천

이 장에서는 앞서 학습한 개인과의 사회복지실천에 필요한 기술을 바탕으로 하고, 가족 단위로 사회복지실천을 행함에 있어 사회복지사가 알아야 할 가족 단위 개입의 기본 관점과 기본 기술들을 다룰 것이다. 가족을 단위로 한 사회복지실천은 개인을 대상으로 한 개별적 실천과 여러 가지 공통점을 갖고 있으면서도 서로 다른 이론적 관점과 기술을 필요로 한다. 논의에 앞서 가족의 정의와 속성을 살펴본 후 가족문제 개입에 필요한 관점과 기술을 살펴본다.

1. 가족의 이해

1) 가족의 정의

가족은 전통적으로 부부와 그들의 자녀로 구성된 사회의 기본 단위로 정의되어 왔다. 사회가 변화함에 따라 다양한 가족 형태가 출현하기 시작하면서 사회복지실천 차원의 가족 정의도 변화될 수밖에 없다. 다양한 형태와 배경을 가진 가족이 그들 나름의 다양한 욕구에 바탕을 두고 사회복지 전문직에 도움을 요청하고 있는 상황에서 가족 정의에 유연성을 발휘하지 않을 때 정상 가족과 비정상 가족, 온전한 가족과 결손 가족, 건강 가족과 건강하지 않은 가족 등으로 분류되어 다양한 문제를 가진 가족과 함께 일하는 사회복지사에게 은연중 편견을 갖게 할 수 있기 때문이다. 이러한 점을 감안하여 마이어(Meyer, 1990: 16)는 '현대 가족'을 "나눔(sharing)과 친밀감을 바탕으로 결합되어 함께 생활하고 있는 둘 이상의 사람들"이라고 정의하였다. 나눔은 공동생활 영위에 필요한 경제적 자원, 양육 혹은 돌봄의 책임, 가사 노동, 여가생활 등을, 친밀감은 정서적 교류 및 유대, 정서적 상호의존 및 존중, 인정과 사랑 등을 포함할 수 있다. 최근에는 가구 구성 통계에서 '1인 가구' 비율을 보고하고 있으나 이는 앞서 제시한 가족의 범위에는 포함되지 않는다. 1인 가구는 카터와 맥골드릭(Carter & McGoldrick, 1999)이 정의한 보다 넓은 의미의 가족 정의에 포함하여 가족으로 논의할 수 있을 것이다. 카터와 맥골드릭(Carter & McGoldrick, 1999)은 상호연결되어 흩어져 생활하는 혈연, 지역사회 구성원, 문화집단 등을 가족으로 정의하였다. 1인 가구는 혼자 생활하기보다는 사실상 혈연 등과 상호작용 및 도움, 지역사회 구성원과 교류, 문화 집단과 교류 및 도움을 통해 살아가고 있어 넓은 의미의 가족에 포함될 수 있다. 이러한 점을 염두에 두고 가족의 기본 속성을 살펴보고자 한다.

2) 가족의 기본 속성

가족이 갖고 있는 기본적 속성을 골든버그와 골든버그(Goldenberg & Goldenberg, 2000: 3)는 다음과 같이 정리하였다.

첫째, 가족은 특정한 목적 달성을 위해 인위적으로 형성된 집단이 아니라 자연스럽게 형성된 사회집단이다. 가족의 목적과 기능은 가족들이 생활해 나가는 가운데 가족성원들 간 상호 교류, 타협, 조정의 결과로 자연스럽게 형성된 것이라 할 수 있다.

둘째, 가족은 생활해 가는 가운데 일련의 생활 유형 또는 규칙을 발전시키게 된다. 이러한 생활규칙은 대부분 분명하지 않아 가족구성원들도 모르고 지내는 경우가 많다. 이들 규칙들은 가족 생활방식, 가족관계 양상, 가족관습 등으로 불린다.

셋째, 가족의 각 구성원들에게는 나름대로 할당되고 부여된 역할들이 있다. 이러한 역할의 종류와 특성들은 가족이 성장해 가면서 가족 내부 상황 또는 가족 외부 환경의 영향에 따라 생성, 소멸, 분화 또는 변화될 수 있다. 경제적 부양의 책임, 가사 운영의 책임, 자녀교육의 책임, 가족 내 감정조절의 책임 등이 각 가족구성원들 사이에 분담될 수 있다.

넷째, 가족은 나름대로의 권력구조를 갖고 있다. 어느 가정에서는 아버지가, 다른 가정에서는 어머니가, 또 다른 가정에서는 할아버지 또는 할머니가, 또는 다양한 구성원 가운데 누군가가 상대적으로 강한 의사결정권과 가정의 통솔권을 갖고 있을 수 있다. 자녀가 장성한 뒤에는 자녀 중 누군가가 상대적으로 강한 권력을 갖게 될 수도 있다.

다섯째, 가족은 공공연하거나 은밀하면서 복잡한 형태의 의사소통 형태를 갖고 있다. 이러한 특성은 두 번째 항목에서 설명한 가족의 생활 유형 또는 규칙과 겹치는 부분이다. 가족의 생활 유형 중 의사소통 유형만을 놓고 볼 때 가족에게는 그 나름대로의 의사소통 유형이나 특성이 나타난다. 언어적 표현이 매우 발달한 가족이 있는가 하면, 비언어적 의사소통이 지배적인 가족도 있다. 감정표현이 풍부하고 세심한 가족이 있는가 하면, 감정의 표현이 극도로 억제되는 가족도 있다.

여섯째, 가족은 나름대로 문제를 해결하고 타협하는 방법들을 갖고 있다. 이것 역시 두 번째 항목에서 설명한 가족규칙의 하위 범주에 속하는 것이라고 할 수 있다. 즉, 가족은 문제에 직면했을 때 그 문제를 해결하는 나름대로의 방식을 갖고 있다. 차분한 대화로 가족구성원의 의견을 수렴하여 이성적으로 해결하는 가족이 있는가 하면, 감정적인 면이 강하게 드러나면서 감성에 의지해 충동적으로 문제를 해결하는 가정도 있다. 가장의 권위에 의해 문제가 해결되는 가정이 있는 반면, 민주적 의사결정 방식을 따르는 가정도 있다.

일곱째, 가족은 역사, 세상에 대한 관점, 목적의식 등을 공유하고 있다. 이것은 가족의 세상에 대한 인식안(perceptual lens)이라 할 수 있다. 세상을 살 만한 곳, 믿을 만한 곳, 희망과 포부를 갖고 한번 도전해 볼 만한 흥미진진한 곳으로 바라보는 가정이 있는가 하면, 세상은 못 믿을 곳, 불안한 곳, 미움 · 다툼 · 시기 · 질투가 가득 찬 곳, 암담하여 피하고 싶은 곳으로 생각하는 가정도 있을 수 있다. 간단히 말하면, 환한 눈으로 세상을 보는 가정과 어두운 눈으로 세상을 보는 가정이 있을 수 있는데, 이러한 인식안은 가족구성원들 사이에 공유된다는 것이다.

여덟째, 한번 구성원은 영원한 구성원으로 남아 있다. 이혼, 사망, 별거, 유기 등에 관계

없이 한번 가족구성원이면 영원히 가족구성원으로 남아 있다. 가족관계가 법적으로 정리될 수는 있어도 원래 가족구성원들의 생각, 정서, 감정, 행동 등은 끊임없이 상호 영향을 주고받는다. 가족구성원 중 1명이 의도적으로 다른 가족구성원과 멀리 떨어져 생활한다고 하더라도 그 영향력은 여전하다.

반면, 가족이 어떤 속성을 갖고 있고 어떤 기능을 수행하고 있든 상관없이 모든 가족은 공통적으로 두 가지 차원의 속성에 영향을 받아 형성되고 유지된다. 하나는 시간적 차원이고 다른 하나는 공간적 차원이다. 먼저, 시간적 차원에서 가족은 역사성을 띠고 있다. **가족의 역사성**이란 현재 우리가 속해 있는 가족은 여러 세대를 거쳐 아버지 쪽과 어머니 쪽 가족의 특성들이 전해 내려오면서 통합과 조정의 과정을 거쳐 형성된 결과물이라는 것이다. 예를 들어, 두 세대만 거슬러 올라가 보면 현재 우리가 생활하고 있는 가족의 관계 양상 속에는 할아버지가 성장한 원가족과 할머니가 성장한 원가족에서의 가족관계 특성들이 할아버지, 할머니 가정에 융합되어 아버지가 성장할 당시의 아버지의 가정 분위기를 형성했다. 마찬가지로 외할아버지, 외할머니의 원가족 분위기가 외할아버지, 외할머니의 가정에 투입됐고, 어머니는 이러한 분위기에 영향을 받고 성장한 것이다. 이는 상이한 혹은 유사한 가정 분위기 속에서 성장한 아버지와 어머니는 각자 가정의 가족관계 양상의 특성들을 갖고 와 오늘 우리가 생활하고 있는 가정의 분위기를 만들었다고 볼 수 있다.

가족의 속성은 이러한 역사성에 의해서만 영향을 받아 형성되는 것은 아니다. 동시대에 함께 존재하는, 가족을 둘러싼 각종 환경과의 교류를 통해 가족의 속성이 변화될 수 있는데 이것을 **가족의 공간성**이라 한다. 가족의 공간성이란 가족이 진공상태에서 존재하는 것이 아니라 주변 환경과 끊임없는 교류를 하면서 생존·적응해 가고 있음을 의미한다. 권위적이고 경직된 가족관계 양상에 영향을 받고 성장한 아버지라 할지라도 애정 중심적이고 비권위적인 이웃 가정이나 전반적인 사회 분위기에 영향을 받을 경우, 자신의 가족관계 양상에 변화를 가져올 수 있을 것이다. 이렇게 볼 때 가족은 역사성과 공간성을 동시에 띠고 있다고 볼 수 있다.

2. 가족 사회복지실천의 기본 시각

가족은 분야별 사회복지 대상인 아동은 물론 노인, 여성, 장애인, 청소년(학생), 근로자 등을 포함하고 있다. 이들 개별 가족구성원에게 개별적으로 직접 서비스가 주어질 경우엔 개별 복지 대상별 복지 영역이 될 것이다. 따라서 가족과의 실천은 가족을 전체로 보고 가족 단위의 서비스가 기획되고 실천되는 것이라 할 수 있다. 여기서 가족 단위의 문제가 주요 실천 대상이 되지만, 경우에 따라서는 개별 가족구성원의 문제해결을 위해 가족 단위의 개입이 이루어질 수도 있다. 이러한 실천활동은 주로 가족개입(family intervention), 가족상담(family counseling) 또는 가족치료(family therapy)의 형태로 실시된다. 이 장에서는 전문적인 가족상담이나 가족치료를 위한 기술을 소개하기보다는 사회복지사가 가족문제를 진단하고 개입하는 데 도움이 될 수 있는 가족 단위 개입에 필요한 기술들을 개략적으로 제시한다.

1) 가족 단위 개입의 관점

가족 단위 개입의 관점을 간단하게 정의한다면, 가족문제에 개입할 때 가족 개개인의 문제를 다루는 것이 아니라 가족을 하나의 총체로 보고 개입을 하는 것이라 할 수 있다. 이러한 관점에 가장 큰 영향을 준 이론은 **일반체계이론**이다. 일반체계가 갖고 있는 속성들에 대해서는 체계이론을 상세히 설명하고 있는 문헌들을 참고하기 바란다. 여기서는 일반체계이론의 구성 요소들 중 가족 단위 개입과 관련하여 중요한 역할을 하는 요소들을 살펴보고자 한다. 체계이론과 함께 가족개입에 영향을 준 중요한 이론들로 **의사소통이론**, **사이버네틱스**(cybernetics) 그리고 최근에는 사회구성주의 관점 등을 들 수 있다. 이 이론들의 내용을 모두 살펴본다는 것은 이 책의 범위를 벗어나는 것이다. 따라서 여기서는 이러한 이론들 중 가족 개입기술 적용에 도움이 될 만한 요소들을 몇 가지 소개하기로 한다.

(1) 일반체계이론과 가족체계

체계란 상호 긴밀한 영향을 주고받는 구성분자들의 집합체를 의미한다(von Bertalanffy, 1968). 일반체계이론을 대표하는 명제로는 '전체는 부분들의 합보다 크다.'는 것이다. 이것은 구성분자들끼리의 긴밀한 상호작용이 없다면 체계가 아니라는 것을 의미하기도 하며, 비슷한 구성 요소들로 이루어진 체계의 속성이나 결과물이 다르게 나타날 수 있는 것은 체계 내 구성분자들 간의 상호작용의 특성이 다르기 때문이라는 것을 암시하기도 한다.

① 체계의 경계와 하위체계

상호작용은 체계 내의 구성분자들 사이에서 비교적 활발하게 일어난다. 그렇다면 체계 내의 구성분자들과 체계 밖의 구성분자들을 어떻게 구별할까? 긴밀하게 상호 영향을 주고받는 구성분자들의 범위를 구별하는 것이 체계의 경계이다. 경계는 체계의 주변을 의미하고 경계선은 주변을 싸고 있는 선이다. 상호 영향을 주고받는 영역 속에 누구를 포함시키느냐, 배제시키느냐의 문제가 경계 설정의 문제이다. 경계에는 비교적 구별이 용이한 물리적 경계가 있고, 구별이 쉽지 않은 정서 · 심리 또는 교류의 경계가 있을 수 있다.

체계이론 관점에서 볼 때 가족은 하나의 체계에 속한다. 가족구성원들 간에 상호작용이 있으며, 가족을 구별하는 경계선을 갖고 있다. 가족의 내부에도 상호 교류가 비교적 활발한 가족구성원이 있는가 하면, 그렇지 않은 구성원도 있다. 상호 교류 정도와 정서 · 심리 또는 친밀성 정도에 따라 보이지 않는 경계선이 형성되면서 가족체계라는 전체 체계는 작은 체계들로 나누어질 수 있다. 이때 큰 체계 안에 형성된 작은 체계들을 **하위체계**라고 한다. 하위체계 입장에서 볼 때 전체 가족은 상위체계가 된다. 또한 가족을 둘러싸고 있는 사회환경은 가족의 상위체계가 되고 가족은 사회환경의 하위체계가 된다. 가족에는 **부모 하위체계, 부부 하위체계, 형제 하위체계, 여성 하위체계, 남성 하위체계, 부녀 하위체계, 모자 하위체계, 부자 하위체계** 등 다양한 하위체계가 존재할 수 있다.

가족 내 하위체계들 간의 **경계**는 **명료성**, **유연성**, **투과성** 등의 특성을 가질 수 있다. 가족 내부의 하위체계들 간의 경계가 명료하다는 것은 각 하위체계들이 나름대로의 기능, 속성 또는 권위를 갖고 다른 하위체계와의 상호작용을 의미한다. 애매한 경계를 갖고 있는 하위체계는 다른 하위체계들과 구분되지 않을 정도로 뒤얽혀 있어 상호 침투와 간섭의 정도가 일정하지 않을 수 있다. 부모 하위체계와 자녀 하위체계들 간에 경계가 애매할 경우 아이들이 부모의 일에 도전·간섭하고, 부모의 권위를 쉽게 침투할 수 있으며, 부모도 아이들 간의 일에 지나치게 간섭하고 참여할 수 있다. 이러한 경우에 부모와 자녀 간 관계 양상이 어떠해야 한다는 명확한 기준이 없기 때문에 혼란이 초래될 수 있다.

유연성 있는 경계는 명료한 경계를 갖고 있는 경우에만 존재할 수 있다. 애매한 경계에서는 경계가 있는지 없는지가 불분명한 상태이기 때문에 유연성의 개념 자체가 존재할 여지가 없기 때문이다. 경계가 유연하다는 것은 가족체계와 외부체계 사이에 또는 가족 내 하위체계들 사이에 경계는 분명하지만, 상황에 따라서 그 경계가 유연성 있게 조절될 수 있음을 의미한다. 예를 들어, 부모와 자녀 하위체계 사이의 경계는 분명하여 부모가 자녀들의 문제에 깊숙이 간여하지 않고 자녀들도 부모의 일에 침투하거나 간섭하는 일이 없지만, 자녀나 부모가 힘들어할 경우 경계를 넘어 상호 지지, 격려, 충고할 수 있게 되는 경우 유연성이 발휘되는 것이다.

명료한 경계를 갖고 있는 하위체계가 경직된 경계를 가질 수도 있다. 예를 들어, 부모는 부모로서의 권위만 고집하고 자녀들 사이의 고민이나 문제에 관여하지 않고 방관할 경우, 또는 자녀들이 자신들의 일에만 몰두하여 부모 사이의 갈등이나 상처에 무관심한 경우가 여기에 해당된다. 이들의 경계는 명료하지만 경직되어 있어 가족 간의 융통성 있는 정서 교환과 간섭이 힘들어지게 된다.

경계의 투과성은 경계를 사이에 두고 경계 밖과 안 사이에 에너지 및 정보 교환이 어느 정도 자유롭게 이루어지느냐에 따라 결정된다. 체계 외부 환경과 에너지 및 정보의 교환이 자유로운 체계를 **개방체계**, 그렇지 않은 체계를 **폐쇄체계**라고 한다. 개방가족체계는 외부체계와 개방적인 에너지 교류를 통해 내부 갈등을 해결하고 성장하고 발달해 갈 수 있는 잠재력을 갖고 있다. 폐쇄가족체계는 외부 정보의 활용, 외부 전문가의 개입, 외부 자원에 대한 지원 요청, 자신의 문제의 외부 유출 등을 극도로 꺼려 하는 체계라고 할 수 있다. 이러한 가족체계는 가족구성원들끼리만 에너지와 정보를 주고받을 뿐 이웃이나 친척, 친구들과 교류가 거의 없다. 자신들만의 가족생활을 고집하면서 살아가기 때문에 가족 내 문제가 생겼을 경우, 이러한 폐쇄가족은 스스로 질서를 회복하기가 어려워지면서 무질서와 혼돈상태에 빠질 수 있다.

② 순환적 인과관계와 파문효과

체계적 관점에서는 어떤 사건의 원인을 다각적인 시각에서 바라보게 된다. 이것을 **순환적 인과관계**(circular causality)라고 한다. 순환적 인과관계 또는 상호적 인과관계(reciprocal causality)는 단선적 또는 **직선적 인과관계**(linear causality)와 대립되는 개념으로서, 결과로 나타난 한 현상은 그 앞의 원인변수에 의해 한 방향으로 영향을 받아서 나타난 것이라기보다는 상호 영향을 주고받는 순환과정에서 나타난 현상이라는 것이다.

예를 들어, 사회복지사에게 상담을 요청한 어머니가 호소하는 문제를 분석해 보자. 어머니는 연락도 없이 친구들과 밤늦게까지 어울리다 들어오는 16세 딸과 자신 사이의 갈등 · 충돌 상황을 해결하기 위해 도움을 요청하였다. 어머니의 직선적 인과관계 논리에 의하면, 딸이 늦게 들어오기 때문에 자신이 딸에게 심한 잔소리를 하게 된다는 것이다. 어머니의 입장에서 볼 때 이러한 인과관계는 완벽해 보인다. 하지만 딸의 설명에 따르면, 집에만 들어가면 어머니가 자기를 붙잡고 끝없는 잔소리를 하니까 연락도 없이 일부러 밤늦게까지 친구들과 어울리다가 집에 들어간다는 것이다. 누구의 설명이 맞는 것일까? 이것은 닭이 먼저냐, 아니면 알이 먼저냐의 논리문제와 비슷해지게 된다. 이렇듯, 관계상의 많은 문제들, 특히 가족처럼 친밀한 관계의 문제에서는 직선적 논리로 단순화시키기 힘든 상황들이 매우 많다. 어머니와 딸 사이의 갈등 상황을 살펴보면, 딸의 행동이 어머니의 행동에 영향을 주고 어머니의 행동은 다시 딸의 행동에 영향을 주는 순환과정이 지속되고 있는 것이다. 이러한 순환적 인과관계는 상호 영향을 주고받을 수 있는 구성분자의 수가 많을 때 더욱 복잡한 양상을 띠게 된다.

[그림 10-1]에서 IP(Identified Person의 약자)의 상태는 주변의 나머지 3개체와의 긴밀한 상호작용의 결과로 나타난 것이다. 이렇게 체계 내의 구성분자들이 주고받는 영향은 끊임없이 지속되는 순환과정이다. 따라서 체계적 관점에서는 가족구성원과 그들 사이에서 발생하는 사건들이 상호 영향, 상호작용의 맥락 속에서 존재하는 것으로 가정된다. 따라서 가족문제는 가족 내 특정 인물의 문제가 아닌 순환 중인 가족관계 체계의 맥락 속에서 파악되고 이해될 수 있다. 문제가 있는 가족에는 문제를 일으키는 사람이 존재하기보다는 문제를 일으키는 상호작용 유형(pattern)이 지속적으로 존재한다는 것이다.

이러한 순환적 인과관계의 시각에서는 비록 가족구성원 중 어느 한 사람이 문제를 표출

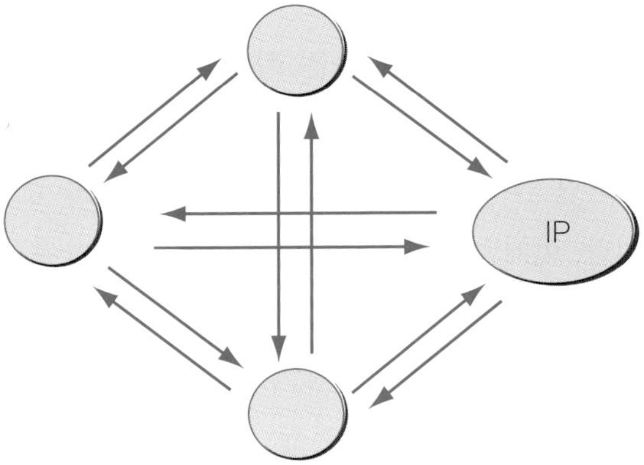

[그림 10-1] **순환적 인과관계의 예시**

시키고 있다고 하더라도 그 문제를 그 사람의 기능 결손, 결함 또는 내부 정신·행동질환이라고 보는 대신 구성원들 사이의 상호작용 가운데서 생존하기 위해 노력하는 중에 나타난 하나의 결과물로 가정한다. 따라서 순환적 인과관계 관점에서 볼 때 문제를 나타내고 있는 가족구성원은 문제 인물이 아닌, **증상을 표출시키는 사람**(symptom bearer) 또는 가족에 의해 문제 있는 구성원으로 **지목된 사람**(index person: IP)이다. 그렇다면 가족구성원 중 문제 증상을 표출시키고 있는 사람을 변화시키기 위해서는 어떤 노력이 필요할까?

체계 내의 순환적 인과관계에서 파생된 개념이 **파문효과**(ripple effect)이다. 호수에 돌을 던지면 파문이 동심원을 그리며 멀리 퍼져 나가듯이, 상호작용의 고리를 형성하고 있는 체계의 한 구성 요소에 변화를 주면 그 효과는 다른 구성 요소에 영향을 주고 결국 전체 체계에 영향을 주게 된다는 것이다. 즉, 순환적 인과관계 고리에 들어 있는 가족구성원 중 어느 1명의 행동에 변화를 주면 이 행동 변화의 효과는 다른 가족구성원들에게 영향을 주고, 그 영향은 다시 최초 행동 변화를 보인 가족구성원에게 돌아오고, 이것은 다시 다른 구성원들에게 영향을 주게 되는 과정이 반복되면서 결과적으로 가족 전체가 변화하게 된다. 이러한 체계적 속성으로 인해 가족문제의 해결을 위해서는 문제를 표출시키고 있는 사람이나 상호작용 연쇄고리에 들어 있는 가족구성원들 중 가장 변화하기 쉬운 누군가를 먼저 변화시킬 수 있다면 이 효과가 파문처럼 이리저리 번져 나가, 결과적으로는 문제를 표출시키고 있는 사람(IP)의 행동이나 상태에 변화를 가져올 수 있을 것이다.

순환적 인과관계 관점을 가지고 가족 단위 개입을 할 경우에는 문제 자체에만 초점을 맞춰 문제의 단선적인 원인을 추적하기보다는, 악순환적인 **상호작용 관계**의 맥락이나 양상을 파악하려는 노력이 더욱 중요하다. 이러한 관점에서 가족 단위 개입의 목적은 가족 내부에서 찾아낸 악순환적인 인과관계의 연쇄고리를 건설적이고 긍정적인 연쇄고리로 변환시키는 것이 될 것이다. 이때 누구를 맨 먼저 변화시킬 것인가에 대한 질문이 제기될 수 있는데, 문제해결에 가장 적극적인 사람, 문제로 인해 가장 큰 괴로움을 호소하는 사람, 변화 동기가 강한 사람 등이 최초 변화 시도에 가장 민감하게 반응할 것이다.

(2) 의사소통이론

① 구두점

의사소통이론에는 **구두점**(punctuation)이란 개념이 있다. 구두점(쉼표, 마침표)이란 연속적으로 지속되는 의사소통의 흐름 가운데 어느 지점에 쉼표 또는 마침표를 찍느냐에 따라 어떤 상황의 원인과 결과가 달라질 수 있음을 나타내는 상징이다. 연속적이고 상호작용적인 의사소통의 흐름 속에서는 어떤 사람의 행동이 다른 사람의 행동에 대한 반응행동인지, 아니면 다른 사람의 행동을 자극하는 행동인지를 가려내기가 쉽지 않다. 바로 앞에서 예로 든 어머니와 딸 사이의 갈등의 원인에 관한 상황 설명을 다시 살펴보자. 어머니는 '딸이 늦게 들어오니 내가 잔소리 한다'고 하면서 상황 묘사의 마침표를 찍었다. 어머니의 입장에서 상황의 시작점은 딸의 늦은 귀가이며, 딸의 늦은 귀가에 대해 자신이 언짢은 반응을 보이는 것은 당연한 논리적 귀결이다. 따라서 자신에게는 변화할 부분이나 행동이 없다고 생각할 수 있다. 딸의 행동이 변하면 자신의 행동도 자연스럽게 변할 수 있다는 생각이 여기에 내포되어 있다. 반면에 딸은 '어머니가 잔소리하니 내가 늦게 귀가한다'라고 하면서 상황 묘사의 마침표를 찍었다. 딸의 입장에서 볼 때 상황의 시작점은 어머니의 불필요하고 심한 잔소리이다. 어머니의 심한 잔소리가 자신으로 하여금 가급적이면 늦게 집에 들어가야겠다는 생각을 갖게 했고, 그 생각이 친구들과 밤늦게까지 어울리는 행동으로 이어진다는 것이다. 따라서 어머니의 잔소리가 없어지거나 줄어들 때 자신의 늦은 귀가문제는 자연스럽게 해결될 수 있다는 것이 딸의 상황 인식이다. 이러한 의사소통상 구두점은 순환적 인과관계의 문제상황 속에 있는 사람들이 각자의 구두점을 어디에 두느냐에 따라 동일한 문제현상에 대해 수많은 다른 원인들이 등장할 수 있음을 암시하고 있다.

② 이중구속

이중구속(double binds)이라 함은 말 그대로 어떤 한 사람에게 2개의 상반되는 메시지가 거의 동시에 또는 시간 간격을 두고 지속적으로 전달됨으로써 메시지를 받은 사람을 이러지도 저러지도 못하는 상황에 빠뜨림을 의미한다. 이때 전달되는 메시지의 차원은 서로 같을 수도 있고 다를 수도 있다. 즉, 언어적 차원에서 하나의 메시지가 전달되고, 비언어적 차원에서 다른 내용의 메시지가 동시에 전달될 수 있다. 이렇게 서로 다른 차원의 메시지 내용으로 인해 처음 차원에서 전달된 메시지는 후에 전달된 메시지 차원에서 무시되거나 부인된다(Bateson, 1978). 이럴 경우, 그 메시지를 받는 사람은 거의 동시에 전달된 2개의 상반된 메시지 가운데 어떤 것을 따라야 할지 당황하게 되어 스트레스 상황에 빠질 수 있다. 베이트슨(Bateson, 1978)은 가족관계와 같이 피할 수 없는 상황 속에서 모순된 메시지가 반복적으로 발생할 때 이중구속 상황이 발생한다고 하였다.

예를 들어, 비행소년인 아들에 대해 양가감정을 갖고 있는 어머니가 아들에게 사랑을 확인시켜 주어야겠다는 생각에 "나는 너를 항상 사랑한다. 나에게 안기렴." 하고 말하면서 팔을 크게 벌린다. 아들이 막상 자신의 가슴에 안길 때 어머니의 몸은 경직되면서 거부반응을 보였다 하자. 이때 비행소년은 두 가지의 상반된 내용의 메시지를 언어적 차원과 비언어적 차원에서 동시에 받게 된다. '어머니의 언어적 차원의 메시지는 나를 오라 하는데, 비언어적 차원의 메시지는 나를 거부하는구나.'라고 생각할 수 있다. 동일 차원의 상반되는 메시지 예로서, 아버지는 아들에게 "가족회의에서는 자신의 의견을 소신 있게 밝힐 줄 알아야 한다."라고 평소에 강조한다. 그런데 막상 아들이 가족회의에서 자신의 의견을 말하면, "너는 아직 어리니 가만히 있어!"라고 하면서 면박을 준다. 앞으로 아들은 가족회의에서 어떤 행동을 취해야 할까?

베이트슨(1978)에 의하면, 조현병 환자의 가족에서 이러한 이중구속 현상이 많이 발생한다고 한다. 하지만 일상적인 가정에서도 이러한 이중구속 현상은 얼마든지 발생할 수 있다. 자녀에게 정직하게 살 것을 강조하는 부모님이 실제로는 정직하지 못한 삶을 사는 것을 자녀들이 볼 때 부모님의 언어와 행동을 통해 자녀에게 전달되는 메시지가 다른 것이다. 어느 것이 부모님의 진정한 메시지일까? 또한 자녀가 부모에게 전하는 메시지에서도 이중구속 현상이 발견될 수 있다. 가령, 부모님으로부터의 독립을 강력하게 주장하는 한 자녀가 어려운 일이 있을 때마다 부모님을 찾아와 도움을 요청할 경우, 부모님은 자녀를 독립시켜야 할까 아니면 도움을 제공해야 할까?

(3) 피드백과 항상성

가족은 하나의 체계로서 다른 체계와 마찬가지로 현재의 상태를 유지하려는 경향을 갖고 있는데, 이것을 가족의 **항상성**(homeostasis)이라고 한다. 항상성은 주로 의사소통을 통한 **제어**와 **피드백**을 통해서 유지된다([그림 10-2] 참조). 즉, 자동온도조절장치에 의해 방 안의 온도가 일정 온도를 유지하는 원리와 가족체계가 가족구성원들의 행동반경이나 행동양태를 피드백을 통해 일정 한계 내에 있도록 통제하는 원리가 유사하다는 것이다. 피드백에는 **정적 피드백**과 **부적 피드백**[1]이 있다. 정적 피드백은 현재의 상황이 지속되도록 하는 정보 환류과정이다. 자동온도조절장치에 비유하면, 일정 온도에 도달할 때까지 계속해서 난로가 가동되도록 하는 피드백이다. 반면에, 부적 피드백은 지금까지의 행동을 중단

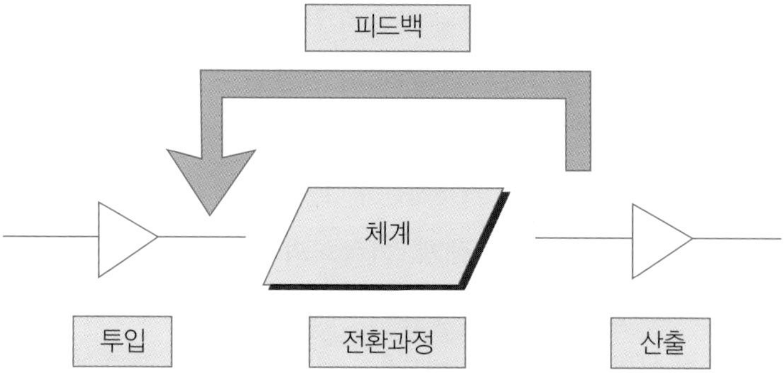

[그림 10-2] **체계의 제어 원리(사이버네틱스)**

1) 이들 개념은 행동주의이론에서 말하는 긍정적 강화(positive reinforcement)나 부정적 강화(negative reinforcement)와는 구별되어야 한다. 긍정적 강화는 어떤 행위가 있고 난 후 그 행위에 대해 제3자가 긍적적 반응이나 보상을 해 줌으로써 그 행동이 계속해서 일어나거나 강화될 수 있도록 하는 것이며, 부정적 강화는 특정 행위가 발생한 후 종래에 있던 부정적 또는 불쾌자극을 제거해 줌으로써 특정 행위가 강화 또는 지속될 수 있도록 하는 것이다.

하도록 하는 정보 환류과정이다. 자동온도조절장치에 비유하면, 방 안의 온도가 지속적으로 올라가 일정 온도에 도달했을 때 난로의 가동이 멈추도록 제공되는 피드백이라 할 수 있다.

가정에서 일어나는 일탈행동이나 위기상황에 이러한 피드백을 적용해 보자. 정적 피드백은 최초의 일탈이나 위기상황을 증폭시키는 작용을 하고, 부적 피드백은 일탈이나 위기상황으로 더 이상 진전되는 것을 멈추고 원래의 상태로 되돌아가게 하는 작용을 한다. 일상생활 속에서 발생할 수 있는 부적 피드백과 정적 피드백의 예가 〈표 10-1〉에 제시되어 있다. 부적 피드백은 표에서와 같이 가벼운 일상생활 속에서도 빈번하게 발생할 수 있으나, 한 체계의 안정이 극심한 위협을 받는 한계점에서는 강력하게 작동된다. 즉, 일탈행동이 가정의 안정상태를 심히 위협하는 수준에 이르면 부적 피드백이 작동하여 가정을 이전의 안정상태로 되돌려 놓게 된다.

표 10-1 정적 피드백과 부적 피드백

상황: 가계 지출이 빠듯한 가운데 남편이 골프를 배우겠다고 하면서 일주일에 한두 번씩 골프 연습장을 찾았다. 그러다가 최근 들어서는 남편이 거의 매일 골프 연습장에서 스윙연습을 하고 귀가하였다. 아내는 빠듯해진 살림이 걱정되어 남편에게 가계부를 내보이며 최근 남편 행동에 대해 다음과 같은 부적 피드백을 먼저 시작하였다.

"아이들 학원비가 최근에 늘어나면서 살림이 매우 빠듯해졌어요.
골프연습장 출입을 조금 줄이면 안 될까요?"

부적 피드백

남편: 미안해요. 최근에 내가 연습하는 횟수가 좀 많아졌지요? 요새 회사에 좋지 않은 일들이 많이 발생해서 내가 스트레스를 많이 받고 있거든요. 그래서 스트레스 좀 해소해 보려고 하다가 그만 그렇게 됐어요.

아내: 그런 일이 있었군요. 난 그것도 모르고…… 그런 일이 있으면 내게 이야기를 하지 그랬어요? 당신 일에는 신경 못 쓰고 난 돈 걱정만 했으니…….

남편: 돈도 빠듯한 것이 사실이지요. 앞으론 일주일에 두세 번씩만 연습장에 나가 보도록 노력해 볼게요.

아내: 고마워요. 하지만 스트레스 때문에 당신 건강을 해치는 것은 원치 않아요.

해설: 갈등이 증폭될 소지가 있었으나 부적 피드백이 오가면서 갈등상황이 안정상황으로 회귀하였다.

정적 피드백

남편: 지금까지 내가 나 자신만을 위해 돈을 써 본 적이 있소? 당신, 내가 모처럼 나 자신을 위해 시작한 일에 이렇게 시비를 걸고 나오면 안 되지.

아내: 아니, 시비라뇨? 내가 말하는 것을 시비라고 생각해요? 내가 쥐꼬리만한 봉급으로 살림하기도 복잡하고 힘든데, 당신하고 할 일 없이 시비나 하고 있겠어요? 집안일엔 관심 없이 매일 연습장에 나가는 것을 보니, 어떤 여자가 그곳에서 날마다 당신을 기다리고 있는 모양이지.

남편: 한심하군. 당신 의부증이 있는 것 아냐? 남편의 건전한 여가활동을 이상한 방향으로 생각하니 말야.

아내: 의부증이라니? 아예 나를 정신병자로 몰지 그래! 잘~ 한다. 집안 가계 포기하고, 마누라까지 정신병자로 몰아가고, 나도 몰라요. 당신이 다 알아서 아들 공부시키고 집안 살림도 하세요. 난 정말 당신에 대해 포기했어요.

남편: 응, 그래~! 남편도 관심 없고, 집안일에도 관심 없고, 이젠 아들 공부에도 전혀 관심 없다 이거지. 그래, 그러면 당신 필요 없으니 집 나가!

해설: 남편 행동에 대한 아내의 단순한 지적이 상호 정적 피드백에 의해 서서히 증폭되면서 더 큰 위기상황으로 진전되었다.

항상성이란 가족의 모든 행동양식 가운데 가족이 허용하는 일정 선을 넘는 행위를 차단함으로써 유지된다고 볼 수 있다. 따라서 가족은 그들이 원하는 고유한 행동양식들만을 유지하면서 나름대로의 안정 상태를 유지한 채 살아가게 되는 것이다. 항상성의 원리 내에서 가족의 규칙, 의사소통 형태, 위기를 다루는 방식 등이 파악될 수 있다. 가족의 항상성은 전문가에 의한 가족개입 과정에서 변화에 대한 일종의 저항으로 나타날 수 있다. 가족문제를 해결하기 위해 외부 전문가에게 도움을 요청한 가족이라 할지라도 진정한 변화를 달가워하지 않는 경우가 흔히 나타나는데, 이것은 가족의 항상성에서 유래된다고 볼 수 있다. 즉, 문제가 있는 현재 상태가 외부 전문가의 개입 후 변화된 가족상태보다 더 편하고 익숙하기 때문에 직간접적으로 전문가에 의한 변화시도를 거부하는 것이다. 가족구성원뿐만 아니라 대개의 사람들은 지금까지 해 왔거나, 있어 왔던 방식을 선호하는 경향을 갖고 있는데, 이것도 항상성이라 할 수 있다.

(4) 사회구성주의 관점

지금까지 살펴본 가족 관련 개념들은 가족과 관련한 객관적인 지식과 절대적인 진실이 존재한다는 믿음에 기초를 두고 있다. 이러한 믿음에 기초하여, 가족에 대한 전문지식을 갖춘 제3자가 가족 내에 존재하는 문제를 객관적으로 사정하여 밝혀낼 수 있고, 필요할 경우 전문가적 판단에 기초하여 문제에 대한 적절한 개입을 할 수 있다고 보는 것이다. 하지만 1970년대에 들어서면서 복잡한 사회현실이란 객관적 단일 현실로 존재하기보다는 그 문제를 어떻게 바라보고 인식하느냐에 따라 얼마든지 다른 여러 개의 현실로 존재하며, 그에 따라 해결방법도 다양해질 수 있다는 주장이 등장하게 되었다. 이러한 주장을 **사회구성주의 관점**이라고 한다. 이러한 견해를 갖고 볼 때, 가족문제는 누구나 동의할 수 있는 객관적인 실체로 존재하는 것이 아니라 가족문제를 경험하고 있는 당사자들이 대화와 교류를 통해 나름대로 정의하고 만드는 것이다. 즉, 사람들이 이해하는 현실은 각기 다르기 때문에 유사한 현실이라 할지라도 현실에 처한 당사자들이 자신들의 인식과 언어체계로서 그들의 상황을 어떻게 인식하고 묘사하느냐에 따라 문제 정의와 문제해결 방법은 달라질 수 있다는 것이다. 사회구성주의 시각을 갖고 가족문제에 개입하는 사회복지사의 역할은 가족구성원들의 다양한 견해와 가정들을 이해하고 그 속에서 가족구성원 스스로 문제해결에 대한 단서를 찾아 문제를 해결해 나갈 수 있도록 돕는 것이다.

사회구성주의 관점에 입각한 가족개입은 다양한 사회 · 경제 · 문화 · 가치적 배경을 갖고 있는 사회복지실천 대상자 가족의 문제를 사회복지사가 갖고 있는 관점에서가 아닌, 클라이언트 자신들의 관점에 따라 파악하고 대처하는 데 유용하게 사용될 수 있다. 사회복지사가 가족의 다양하고 복잡한 문제 양상에 대해 잘 알지 못한다는 자세(not knowing posture)를 취하며, 그 문제에 대해 가족으로부터 배우고자 하는 진지한 태도(learning attitude)를 나타냄으로써 사회복지사는 가족 스스로가 정의하는 문제의 성격을 가족의 입장에서 이해하고, 그에 대한 해결책도 가족 스스로 찾아낼 수 있도록 대화를 이끌어 가는 것이다. 나중에 소개할 다문화가족에 대한 개입에 있어 사회구성주의 관점을 유용하게 활용할 수 있을 것이다.

3. 가족 사회복지실천을 위한 기초기술

가족이 표출하는 문제는 다양한 형태와 경로로 사회복지사에게 노출될 수 있다. 표면적으로 해결을 호소하는 문제가 핵심적인 문제일 수도 있지만 그것은 문제의 그림자일 뿐 보다 중요한 문제가 숨어 있을 수도 있다. 가족의 구성원들은 자신들의 문제를 해결하기 위해 가족구성원 일부 또는 전부가 나름의 대처노력을 해 왔으며, 그 과정에서 가족 나름의 대처양식이 발달되어 있을 수 있다. 이러한 대처노력과 양식들이 문제해결에 도움이 되지 못했을 때 가족은 외부의 도움을 필요로 한다. 도움을 요청하는 가족을 처음 만나게 되었을 때 사회복지사는 어떤 준비와 절차를 따라야 할까?

앞서 지적했듯이, 개인 실천에 필요한 여러 가지 준비 및 기초기술이 가족 실천에서도 활용될 수 있다. 하지만 가족 단위의 개입에 필요한 기술들은 개인이나 집단을 단위로 한 개입에 필요한 기술들과 뚜렷이 구별되는 점이 있다. 그것은 실천과정에서 사회복지사가 보통 한 사람 이상의 사람들을 동시에 상대해야 한다는 것이다. 특정 문제가 가족구성원 개개인에게 미치는 영향을 가족의 한 사람이 모두를 대신하여 설명한다는 것은 거의 불가능하다. 따라서 문제의 원인과 해결방안에 대한 가족구성원 개개인의 의견이 서로 다를 수 있기 때문에 가족 모두의 이야기를 들을 필요가 있다. 이러한 특성으로 인해 가족 단위의 개입을 준비함에 있어 사회복지사는 다음의 사항과 절차를 고려해야 한다.

1) 첫 가족면담 전 준비사항

(1) 가족 단위 개입 필요성 여부 판단

가족면담의 요청은 대개 가족 중 한 사람이 기관에 전화를 하거나 기관을 방문함으로써 이루어진다. 혹은 다른 기관이나 사회복지사 또는 주변 사람들의 권유 및 의뢰로 이루어지기도 한다. 사회복지사는 전화나 방문 또는 의뢰에 의해 사회복지사에게까지 온 문제가 과연 가족면담의 대상인가를 판단하는 것이 중요하다. 문제가 가족 모두에게 영향을 미치고 있고 가족구성원이 그 문제의 발생과 유지에 영향을 주고 있다고 판단되는 경우에 가족 단위의 개입이 고려될 수 있다. 그렇지 않을 경우, 개별적인 개입이나 집단개입이 고려될 수 있을 것이다.

(2) 개입 가능성 여부 판단

도움을 요청한 문제로 인해 가족구성원 모두가 영향을 받고 있다고 판단되면, 사회복지사는 다음으로 자신과 자신이 속한 기관이 그 문제를 진단하고 개입할 수 있는 지식과 경험을 갖고 있는지를 판단한다. 약물중독, 알코올중독 등과 같이 생리적인 문제와 심리적인 문제가 결합된 문제, 신체질병이 개입된 문제, 공포증과 같이 극히 개인적인 문제, 가정폭력 문제[2] 등은 그것이 가족구성원 전체에게 영향을 주고 가족구성원에 의해 영향을 받는 문제이기는 하지만, 사회복지사가 단독으로 가족면담을 통해서 해결하기 어려운 복합적인 문제일 수 있다. 따라서 기관의 선임사회복지사나 슈퍼바이저와 의논하여 다루기 벅찬 가족문제는 적절한 곳으로 의뢰를 하는 것이 현명하다. 같은 기관 내에서도 자신이 다룰 수 없는 문제라면 다른 전문가에게 의뢰하는 것이 좋다.

(3) 가족구성원 모두의 참여 유도

가족 단위의 개입이 요구되는 문제이며, 사회복지사 자신이 속한 기관에서 다룰 수 있는 문제라는 것이 확인된 경우, 가족구성원들 중 누가 현재의 가족문제와 직접적으로 관련되어 있는지를 파악한다. 그다음에 문제와 직접 관련된 사람들이 문제해결을 위한 면담을 위해 기관으로 함께 올 수 있는지 여부와 그들의 문제해결 의지를 확인한다. 가족구성원들 중 누가 문제해결에 도움이 되는지 또는 도움이 되지 않는지, 그리고 그 이유는 무엇인지도 파악한다. 일단은 문제와 직접 관련된 사람들을 중심으로 가족면담을 시작하되, 이번에 오지 못하는 가족은 가족개입 진행 중 필요하다고 판단될 경우 나중에 사회복지사가 참여 요청을 할 것임을 밝힌다. 이는 가족구성원 모두의 관심과 노력이 있어야 가족문제가 해결될 수 있다는 것을 확인시켜 주기 위함이다. 사회복지사는 도움을 요청한 사람

2) 가족개입은 체계적 관점의 영향으로 인해 어떤 문제의 상호작용적 메커니즘을 강조한다. 가정폭력을 이러한 관점에서 접근하다 보면, 피해자가 맞을 만한 행위를 해서 맞게 되었다는 논리로 전개될 수도 있다. 범죄나 폭력은 어떤 이유로도 정당화될 수 없다는 측면에서 폭력문제는 이러한 논리로 다루어지기 힘들다.

은 물론, 나머지 가족 개개인 모두와 긍정적인 관계를 맺어야 한다. 가족을 둘러싼 주변체계에서 발생한 가족문제를 다룰 때는 가족구성원뿐 아니라 가족 외부의 사람(예: 선생님, 지역사회 전문가)도 면담과정에 참여시킬 수 있다.

(4) 물리적 공간의 준비

가족구성원 모두가 함께 참석할 수 있는 면담 장소를 마련한다. 1명의 사회복지사가 면담을 맡고 슈퍼바이저나 다른 팀원(들)이 상담실 밖에서 도움을 주는 가운데 면담이 진행되는 경우엔 일방경이 설치된 장소를 확보하는 것이 좋다. 이는 슈퍼바이저나 다른 팀원이 가족에게는 노출되지 않은 채 가족면담 상황을 지켜보면서 필요한 경우 적절한 지시나 조언을 할 수 있기 때문이다. 이때 사회복지사는 가족에게 보이지 않는 벽 쪽에서 슈퍼바이저나 팀원이 우리를 지켜보고 있다는 것을 알리고 그 이유에 대한 설명과 함께 동의를 구해야 한다. 가족면담 과정을 녹화하여 나중에 다른 전문가들과 사례회의를 통해 보다 좋은 개입방법을 강구하려 할 경우에는 실내에 녹화시설을 준비한다. 녹화에 앞서 가족에게 녹화의 취지를 설명하고 미리 동의를 구해야 한다. "○○님의 가족문제를 저 혼자 해결하려고 노력하는 것보다는 다른 전문가들과 의논하여 최선의 해결책을 강구하려고 합니다. 그러기 위해 녹화 내용을 보면서 ○○님의 가족이 갖고 있는 특성들에 대해 우리 전문팀이 상세한 분석을 할 것입니다. 이를 위해 녹화를 하는 것입니다."라고 하면서 동의를 구한다. 녹화된 내용은 문제해결을 위한 목적 외에는 사용되지 않으며, 가족의 비밀이 보장될 것임을 약속한다. 필요한 경우 동의서를 작성할 수도 있으며, 이때 기관의 책임, 즉 녹화된 내용을 문제해결 이외의 목적에 사용되지 않을 것을 분명히 밝히는 것도 필요하다.

(5) 기타 행정적인 측면에 대한 언급

면담 횟수, 1회 면담시간의 길이, 면담 약속의 방법, 약속의 준수 및 취소에 대한 원칙들, 면담이나 상담에 대한 비용이 있을 경우 금액과 납부 방법 등에 대해 언급한다. 이러한 사항들에 대한 언급은 초기 접촉의 적절한 시점에서, 늦어도 가족 단위와의 첫 면담 전에 이루어지도록 노력해야 한다. 가족들은 가족면담의 일반적 형태, 시간, 상담료 등에 대해 막연한 불안과 궁금증을 갖고 있기 때문이다. 이러한 사항들에 대한 분명한 언급 없이 가족면담이 본격적으로 시작될 경우 면담에 대한 몰입이 어려울 수 있다.

2) 첫 가족상담의 진행

앞에서 제시한 모든 조건이 충족되었고, 가족 전체와의 첫 상담 약속이 이루어졌으면 사회복지사는 가족들과 만나 첫 상담을 진행한다.

(1) 가족 영접 준비

일단 가족이 정해진 가족면담실로 들어오면 각자 편안하게 자리를 잡고 앉도록 권유한다. 가족들이 면담실에 들어오는 순간부터 자리에 앉을 때까지 가족구성원 모두에게 관심을 갖고 최대한의 배려를 한다. 즉, 사회복지사가 가족구성원 한 사람 한 사람을 모두 존중한다는 것이 가족구성원 각자에게 충분히 전달될 수 있도록 한다. 그래야 모든 가족구성원이 면담과정에 적극적으로 참여하게 되며, 소외감을 느끼지 않는다. 가족이 자리에 앉으면 먼저, 사회복지사가 자신을 간략히 소개한 후 전 가족을 대상으로 가족면담의 진행 절차, 횟수, 사회복지사의 역할, 사회복지사가 가족에 대해 갖고 있는 기대[3] 등을 간략하게 설명한다. 면담을 위해 기관에 처음으로 나온 가족은 낯설고 서먹서먹하며, 약간의 긴장 및 불안을 경험할 수 있다. 따라서 앞으로 전개될 일에 대한 개략적인 상황 설명은 가족의 막연한 불안감 해소에 도움이 될 수 있다.

사회복지사 자신의 소개가 끝나면 가족구성원들 각자를 간략히 소개하도록 한다. 가족구성원 각자의 말문을 열게 한다는 의미에서 한 사람이 다른 가족구성원 모두를 소개하는 것보다 가족 각자가 자신을 소개하도록 한다. 이 과정에서 사회복지사는 향후 면담이 지속되는 동안 가족구성원 각자를 어떤 호칭을 사용하여 부를 것인가를 잘 생각하면서 각자의 소개를 주의 깊게 듣는다. 보통 아버지의 경우 '아버님,' 어머니의 경우 '어머님' 등의 호칭이 일반적으로 사용될 수 있을 것이다. 어린 자녀들의 경우 이름을 부를 수 있으나, 존

3) 자유로운 의견 표현, 숙제 해 오기, 자기주장은 얼마든지 자유롭게 할 수 있되, 과격한 행동은 자제되어야 하는 것 등이다.

칭을 사용할 것인가의 여부는 상황에 맞게 잘 판단해야 할 것이다. 성인 자녀의 경우 '(첫째) 아드님께서는', '(둘째) 따님께서는' '사위께서는' 등 관계적 호칭을 사용하는 것이 무난할 것이다.

(2) 질문의 시작

가족면담 과정의 질문방법에 대해서는 나중에 자세히 언급하기로 하고, 여기서는 첫 번째 회기에서 필요한 간단한 질문 요령만을 제시하고자 한다.

첫째, 문제에 대한 각 가족구성원의 이야기를 듣기 위해 다음과 같은 질문으로 시작한다.

예시

"어떤 부분에 대해 도움을 받길 원하십니까?"

"도움을 받았으면 하는 부분에 대해서 말씀해 주시겠습니까?"

"무엇이 가족을 가장 어렵게 만들고 있습니까?"

"그 일들은 자신에게 어떤 영향을 미치고 있습니까?"

"어떤 점이 해결되었으면 하고 바라시나요?"

"이곳을 다녀가신 후 어떤 점(무엇)이 달라졌으면 좋겠습니까?"

위와 같이 질문을 하면 가족은 면담에 참여한 목적과 문제해결에 대한 기대에 관해 이야기를 시작할 것이다. 여기서 주의할 점은 가족의 어려움에 대한 모든 사람의 견해를 골고루 듣도록 노력해야 한다는 것이다. 사회복지사가 가족 중 어떤 한 사람 또는 특정 하위체계와 한편이 된다는 인상을 주게 되면 나머지 가족원의 관점이 위축되게 된다. 이렇게 될 경우 가족문제를 둘러싼 가족 내 미묘한 기류와 상호작용 양상을 정확하게 판단하기 어려워진다. 모든 가족구성원이 한꺼번에 나서서 동시에 이야기를 하는 경우도 경계해야 한다. 이럴 경우엔 "한꺼번에 말씀을 하시면 제가 들을 수도 이해할 수도 없습니다. 차례차례 이야기해 주시겠습니까?"라고 하여 한 사람씩 차근차근 이야기를 진행하도록 해야 한다. 또한 여러 가지 문제를 한꺼번에 진술할 경우 가장 중요한 것 하나만 골라서 설명하도록 요구하는 것이 좋다. 문제와 관련한 대화의 초점에 있어서 가족이 지목한 사람(IP)의 문제에만 초점을 두지 말고 그 문제가 전체 가족에 미치는 영향을 지속적으로 탐색한다. IP의 문제가 제거되면 가족에게 어떤 일이 일어날 것인지를 질문해 봄으로써 IP의 문제가 핵심 문제인지, 아니면 가족이 갖고 있는 진정한 다른 문제를 감추기 위해 등장한 문제인지를 판단할 수가 있다.

둘째, 많은 가족은 자신의 어려움에 대해 이야기를 하라고 하면, 그 어려움과 관련된 과거의 사건까지 끝없이 거슬러 올라가 문제의 발생과 전개과정 그리고 그 인과관계까지를 자세하게 설명하려는 경향을 갖고 있다. 일반적인 사회복지실천은 문제의 사정과 개입에 있어 '지금-여기'에 초점을 두고 있다. 따라서 가족 실천에서도 가족이 과거의 사건이나 상황으로 회귀하는 경향을 최대한 통제하는 것이 좋다. 대신에, 현재의 문제가 지금 이 순간 어떻게 진행되고 있으며, 이것이 가족구성원에게 지금 어떤 영향을 미치고 있는지를 알아내려고 노력하는 것이 중요하다. 이것은 사회복지사와 가족 간에 가능한 한 적은 수의 만남을 통해서도 문제해결에 접근할 수 있는 전략이다.

예시

(가족이 과거 이야기를 하면서 현재의 문제와 연결시키려 할 때)

"예, 그렇군요. 그럴 수도 있겠군요. 좋습니다. 그러나 먼저 지금 어떤 일이 일어나고 있으며, 이것이 가족구성원들을 어떻게 힘들게 하고 있는지 말씀해 주시겠습니까?"

(3) 문제에 대한 대처상황의 파악

문제해결을 위해 가족이 지금까지 가족 안에서 어떤 노력을 기울여 왔는가를 개략적으로 파악한다. 다른 곳에서의 면담 경험 그리고 지금 가족면담을 하고자 하는 이유 등에 대해서도 질문한다. 이와 관련된 질문의 예와 취지를 〈표 10-2〉에 제시하였다.

표 10-2 문제 대처과정 및 내용 파악을 위한 질문

파악해야 할 정보	정보 파악을 위한 질문의 예	질문의 취지 및 요령
문제에 대한 대응/대처과정	• "그 문제를 해결하기 위해 가족구성원들이 어떤 노력을 해 왔습니까?" • "그런 상황을 가족이 어떻게 견뎌 왔습니까?"	• 가족의 노력에 대한 평가, 지금까지 시도된 내용의 파악
다른 곳에서의 면담 경험	• "전에 다른 곳에서 이 문제를 갖고 상담을 받아 본 적이 있습니까?"	• 이전 기관과의 긍정적 혹은 부정적 경험 내용 파악 • 상담에 대해 갖고 있는 기대나 선입견의 파악
지금 상담을 받기로 결심한 이유	• "지금까지 가족들이 나름대로 견뎌 오다가 어떻게 해서 지금 상담을 받기로 생각하셨죠?" • "지금 상담을 받기로 한 데는 어떤 특별한 계기가 있습니까?"	• 기존의 문제상황에 영향을 주는 다른 스트레스 요인들의 확인 • 돌발적 사건/상황 여부 확인

단기 가족치료모델의 하나인 MRI(Mental Research Institute) 학파에서는 가족이 지금까지 시도해 온 해결노력의 내용을 '**시도된 해결책**(attempted solution)'이라고 부르기도 한다(Fisch, Weakland, & Segal, 1985). 지금까지 가족이 자신들의 문제해결을 위해 노력해 온 과정을 살펴봄으로써 가족이 가족문제의 원인을 어디에서 찾고 있는지, 가족이 동원한 자원은 무엇인지, 가족이 치른 희생의 내용은 무엇인지, 문제해결 노력과정에서 나타난 가족의 장점 및 단점은 무엇인지, 그리고 지금까지의 문제해결 시도가 실패한 이유 등을 파악할 수 있다. 또한 파악된 내용을 바탕으로 지금까지 가족이 시도해 온 것과는 다른 내용의 해결방법을 모색해 보는 계기도 마련할 수 있다.

(4) 문제상황에 대한 잠정적 가설의 설정

문제상황이 개략적으로 파악되면 지금까지 파악된 정보를 바탕으로 문제의 원인과 진행 과정에 대한 **잠정적 가설**(혹은 임시가설)을 세운다. 가설을 어떤 방향, 어떤 내용으로 세우느냐는 사회복지사가 갖고 있는 이론적 배경이나 틀에 따라 달라질 수 있다. 여기서 말하는 잠정적 가설이란 이론적으로 빈틈없는 가설이나 특정 개입 모델 또는 이론에 충실한

가설을 의미하는 것이 아니다. 사회복지사가 다루어 본 유사한 사례에 대한 경험, 개인 및 가족 발달에 관한 지식, 추측, 직관 등에 기초를 두고 설정하는 실용적인 가설을 의미한다. 면담이 지속되는 과정에서 사회복지사는 최초에 세운 잠정적 가설이 옳은지 아닌지를 판단하기 위해 여러 질문을 하게 되는데, 최초의 잠정적 가설들은 후속 질문의 방향 및 내용을 안내하는 역할을 하게 된다. 사회복지사가 잠정적 가설을 중심으로 질문을 이어 나갈 때는 질문에 답하는 가족구성원들의 말속에 숨겨진 동기나 행동의 원인을 파악하려 하기보다는 가족구성원의 설명을 주의 깊게 듣도록 한다. 특히, 사회구성주의 관점에 입각한 가족면담(해결중심상담, 이야기치료 등)에서는 사회복지사가 잠정적 가설을 설정하는 대신 가족 스스로 문제해결 방안을 모색하거나 문제상황을 재구성하도록 요구하면서 문제에 대해 가족이 갖고 있는 관점을 최대한 수용하고 경청한다.

(5) 회기 진행과 관련된 기타 활동

- 가족에 합류(joining): 합류는 사회복지사가 개입 대상 가족의 세계 속으로 안심하고 자리 잡고 들어가는 것이며, 가족의 입장에서는 사회복지사를 자신의 세계(삶, 생각, 느낌) 속에 받아들이는 것이다. 다시 말해, 사회복지사와 가족구성원들이 서로 편안한 상태에서 얘기할 수 있는 바탕을 마련하는 것을 합류라고 한다. 이를 위해 사회복지사는 가족이 면담실에 들어오는 순간부터 편안함을 느낄 수 있도록 노력해야 한다. 본격적으로 가족의 문제에 대해 대화를 나누기 전에 날씨나 교통, 주차문제 등 가벼운 사교적인 대화를 통해 서먹서먹한 느낌을 줄이는 것이 한 가지 방법이다. 또한 가족이 주로 사용하는 말씨나 말투를 흉내 냄으로써 긴장감을 해소하고 친밀감을 이끌어 낼 수도 있을 것이다. 가족구성원이 이야기를 할 때 적극적으로 경청하고, 적절한 시선을 유지하며, 가족이 말하는 것에 대해 진지한 흥미를 가지고 있음을 적극적으로 표현하면서 가족을 있는 그대로 받아들이는 노력도 합류에 도움을 주는 일이다. 반면, 가족의 종교, 사회·경제적 지위, 정치적 성향, 옷차림, 외모, 말씨 등에 대해 편견이나 부정적인 시각을 표출한다면 합류에 도달하기 힘들어진다. 사회복지사가 가족과의 합류에 실패할 경우, 면담의 조기 종결로 연결될 수 있다. 합류는 앞으로 전개될 가족사정 및 개입 등의 작업을 위한 기반으로서 매우 중요한 역할을 한다.

- 가족의 저항(양가감정) 다루기: 가족은 자신들의 문제해결에 도움을 받고자 사회복지사를 찾아오긴 했어도 가족체계의 변화를 위한 노력에는 불편함을 느끼고 그러한 노력을 요구하는 사회복지사의 제안에 위협을 느끼기도 한다. 가족이 변화의 필요성을 느끼는 동시에, 변화과정에서 초래될 미래 상황에 대한 불안감을 갖고 있기 때문이다. 구조적 가족치료모델에서는 가족구성원들의 발달 과업수행 욕구가 변화함에도 불구하고 가족구조가 이에 부응하지 못하는 현상을 가족의 저항이라고 본다. 어떤 모델에서든지 저항은 예견될 수 있고 그것은 변화의 시작이기도 하다. 따라서 저항에 부딪힐 때 이것을 면담의 실패로 보기보다는 변화과정의 한 양상으로 간주하며 가족을 이해하는 것이 좋다. 가족이 변화에 대한 저항이나 두려움을 느낄 때 변화를 위해서는 양가감정이 있을 수 있다는 것을 사회복지사가 가족에게 알려 주면서 다음과 같은 정서적 지원을 제공할 수 있다.

예시

"변화란 쉽지 않은 것이죠. 때로는 두렵고, 불편한 것입니다."

"아마도 옛날 방식이 그리 나쁘지 않았던 모양이죠."

"새로운 것을 시도하는 데 방해가 되는 무엇인가가 있는 것 같군요."

- 사회복지사에 대한 신뢰문제 다루기: 사회복지사의 개입을 통해 가족의 문제가 해결될 수 있다는 희망과 기대를 갖기 위해서는 가족이 사회복지사의 능력과 자질을 신뢰할 수 있어야 한다. 가족이 사회복지사의 능력에 대해 의심을 할 경우, 사회복지사의 개입 노력 자체를 불편하게 생각할 수 있고, 이것이 적절히 해소되지 않으면 면담이 조기 종결될 수 있기 때문이다. 사회복지사의 가족개입 능력에 대해 가족이 의문을 갖고 있다고 생각할 경우 사회복지사는 다음과 같이 대처할 수 있다. 첫째, 가족이 그런 생각을 가질 수 있다는 것을 인정하면서 방어적인 태도로 자신을 합리화하지 말고 있는 그대로 자신을 당당하게 내보이도록 노력한다. 둘째, 자신의 임상실천 경험과 가족문제와 관련된 연구나 실습 경험을 설명한다. 셋째, 기관의 상황에 따라서 자신이 혼자서 문제를 파악하고 개입하는 것이 아니라 경험 많은 슈퍼바이저나 팀원과

상의하여 가족에게 최대한의 도움을 제공하고자 노력한다고 설명한다. 넷째, 가족이 담당 사회복지사를 신뢰하지 못하는 이유를 정확히 파악한 후 사회복지사 자신이 가족이 요구하는 기대를 충족시킬 자신이 없는 경우엔 다른 기관이나 전문인에게 의뢰한다. 자신을 신뢰하지 못하는 것 같은 인상을 받았을 때 사회복지사는 다음과 같이 말할 수 있다.

예시

"그 점(젊고 미혼이며 아이를 키워 본 적이 없는 점)을 걱정하시는 것에 대해 충분히 이해가 갑니다. 제가 아직 미혼이고 아이를 키워 본 적도 없지만, 저는 가족문제의 유형과 성격에 대한 공부를 많이 했고, 그 문제들을 해결하기 위해서는 어떻게 해야 하는지에 대한 연구와 실습을 거쳤습니다."

"지금까지 기관에서 일하면서 제가 가족문제 개입에 줄곧 참여해 왔고, ○○○ 가족이 갖고 있는 것과 비슷한 유형의 문제에 개입한 경험을 갖고 있습니다."

"제가 가족 단위 개입에 대해 공부를 했고 실습을 했습니다만, 경험이 부족한 것은 사실입니다. 하지만 저의 팀원이 뒤에서 저를 도와주고 있고, 경험 많은 슈퍼바이저가 제 일을 확인하고 감독하십니다."

- 구체적인 진술 요구하기: 상담을 진행하다 보면 때때로 가족이 자신의 상황을 애매모호하게 설명하는 경우가 있다. 클라이언트의 말이 모호할 경우, 사회복지사는 그것을 그냥 넘기지 말고 문제가 분명해질 때까지 공손하고 침착하고 단호한 태도로 질문을 계속해야 한다. 질문을 할 때는 가족에게 상황을 보다 구체적으로 묘사해 줄 것을 요청하고, 경우에 따라서는 구체적 단서를 함께 제시하라고 한다.

예시

"죄송하지만, 그 부분에 대해 조금만 더 자세히 얘기해 주실 수 있겠습니까? 제가 잘 이해하지 못했습니다."

"그렇게 생각하시게 된 구체적인 사건이나 계기가 있었습니까? 그에 대한 구체적인 예를 들어 주실 수 있습니까?"

예시

부인: 요즘 그이가 기분이 좀 그래요. 우리 사이가 좀 나아졌으면 좋겠어요.

사회복지사: 보다 분명하고 구체적으로 말해 주겠어요? 어떻게 되어야 나아지는 것이죠?

부인: 그이가 보다 유쾌해졌으면 좋겠고요. 우리 사이도 다정해졌으면 해요.

사회복지사: 어떤 행동들이 나타나야 댁의 남편이 유쾌해졌다고 판단할 수 있을까요?

부인: 퇴근해서 들어와서 나에게 잘 있었느냐고 말하고, 무슨 일 없었느냐고 말을 걸고, 표정이 밝아지고 그러면 되죠.

사회복지사: 표정이 밝아진다는 것은 무엇을 의미하죠?

부인: 나를 바라보고 조금이라도 웃는 표정을 지으면 표정이 밝은 것이죠.

사회복지사: 전보다는 조금 더 이해할 수 있을 것 같군요. 그런데 두 분이 다정해지면 어떤 일들이 나타나게 되죠?

- 우선순위 설정: 가족의 진술이 인과적 흐름 없이 꼬리에 꼬리를 물고 이리저리 이어질 경우 사회복지사는 단 하나의 사건이나 상황에 초점이 맞춰질 수 있도록 방향을 제시해 주어야 한다. 이를 위해 가장 효과적인 방법은 가족구성원으로 하여금 문제의 우선순위를 정하도록 하는 것이다. 가족이 많은 문제들을 갖고 있다고 하더라도 문제 하나하나를 조작적[4]으로 정의해 나가면서 천천히 듣게 되면 가족 중 누가, 무슨 행동을, 어떻게 했는지를 알게 되며, 그것들을 간결하게 요약할 수 있게 된다.

예시

"○○님의 마음속에 많은 문제가 한꺼번에 떠오르는 것 같군요. 하지만 어떡하죠? 많은 문제들을 한꺼번에 말씀하시면 제가 다 따라잡을 수가 없습니다. 제 능력에 한계가 있어서 말이죠. 지금 현재 가장 중요한 문제라고 생각되는 것을 먼저 말씀해 주시겠습니까? 가장 먼저 변화되

4) 상황에 대한 조작적 정의란 측정 가능한 형태로 상황을 묘사하는 것을 말한다.

어야 할 것이라고 생각되는 것 말입니다."

"조금 전에는 ■가 중요하다고 말씀하셨는데, 지금은 ▲에 대해 말씀하고 계시는군요. 좋습니다. 만일 ▲가 더 중요한 문제라면 그것에 대해 초점을 맞춰서 이야기해 보기로 하죠."

- 사회복지사의 회기 운영 기술: 사회복지사가 가족면담의 회기 전반을 무리 없이 이끌고 가기 위해 필요한 것으로서, 피시 등(Fisch et al., 1985)이 제시한 여러 가지 기술 중 네 가지만 소개하면 다음과 같다.

첫째, 사회복지사 자신의 주장, 논리, 입장, 충고 등을 밝히기 전에 가족이 갖고 있는 가치, 믿음체계, 문제에 대한 관점, 문제해결 의지 등을 충분히 파악해야 한다. 이것은 면담 초기뿐만 아니라 개입 과정 내내 명심해야 할 일이다. 사회복지사가 가족에게 어떤 지시나 충고를 했을 경우에도 그것이 가족 내에서 어떻게 받아들여졌으며, 가족구성원에게 어떻게 영향을 주고 있는지를 잘 살핀 후 다음 단계로 차근차근 이동하는 것이 좋다.

둘째, 가족이 경험하고 있는 문제에 대한 해결방안을 빨리 제시해야겠다는 마음의 압박을 스스로에게 주지 않도록 한다. 문제에 대한 해결책을 당장 내놓지 못함에 대해 걱정하거나 두려워할 필요가 없다. 불확실한 답을 섣불리 내놓고 나서 사례를 망치는 것보다는 신중한 판단과 결정을 통해 사례를 성공으로 이끄는 것이 더 중요하다. 충분한 자료를 입수하여 판단에 확신이 섰을 때 결정이나 답을 내도록 해야 한다.

예시

"글쎄요. 그것에 대해 잠시 생각 좀 해 봐야 하겠습니다."

"그 문제에 대한 답을 지금으로서는 제시할 수가 없어 유감이군요."

"오늘은 갈피를 잡을 수가 없군요. 다음에 한 번 더 생각해 보기로 하죠."

셋째, 조건을 다는 용어를 적절히 사용한다. 가족에게 어떤 행동을 제안할 때 그렇게 하면 반드시 좋은 결과가 나온다는 식으로 얘기하는 대신 세심한 조건과 함께 제안하는 것이다. 이렇게 함으로써 어떤 결과가 나타나거나 나타나지 않은 것에 대한 모든 책임이 사회복지사에게만 있다는 인식을 피할 수 있다.

예시

"이렇게 한번 해 보시지요. 하지만 이것이 통할지는 잘 모르겠습니다. 이 방법의 성패는 선생님께서 제 제안을 얼마나 잘 소화해서 잘 적용하느냐에 달려 있다고 봅니다."

예시

부인: 선생님, 제 말을 믿으시죠?

사회복지사: 글쎄요, 아직 어머님의 아들을 만나지 못해서 뭐라 할 수 없습니다만, 현재까지 부인의 말을 통해 제가 들은 대로라면 부인의 말에 동의합니다.

넷째, 사회복지사는 가족보다 **한 단계 낮은 자세**를 취할 때 가족으로부터 풍부하고 자세한 정보를 얻을 수 있다. 즉, 가족의 삶의 양상, 가치, 자원, 문제해결 노력, 문제로 인한 고통의 깊이 등에 대해 사회복지사는 가족보다 잘 모르니 가르쳐 주면 잘 배우겠다는 자세(not-knowing posture, learning attitude, one-down position)를 말로 표출하는 것이다. 경우에 따라서 사회복지사의 권위적이고 강력한 리더십을 원하는 가족들도 있을 수 있다. 이때는 그에 맞게 자세를 바꿀 수 있을 것이다. 하지만 강하고 권위적인 자세를 취하다가 낮은 자세를 취하기는 매우 어렵다.

예시

(지금까지 가족문제 대처를 위해 동원한 자원들에 대해 언급하는 가족구성원에게)

"아, 그 말씀을 해 주시니 정말 고맙습니다. 또 빠진 내용이 있으면 알려 주시겠습니까? 선생님의 가족이 갖고 있는 자원이 보통 가족들이 갖고 있는 것과는 많이 달라서 제가 일일이 질문을 드릴 수 없군요."

"이런 장점을 많이 갖고 있는 가족과 함께 일하게 돼서 다행이고 영광입니다. ○○님 가족이 갖고 있는 또 다른 장점에 대해서도 말씀해 주시면 제가 대안을 생각해 내는 데 아주 큰 도움이 될 것입니다."

- 가족상황에 대한 재구성(reframing): 첫 면담의 마지막 단계에서는 가족이 지금까지 나름대로 문제해결을 위해 노력해 온 것에 대한 칭찬과 함께 노력의 내용에 대한 긍정적 재구성을 제공한다.

예시

(딸의 도벽문제에 대처하기 위해 지금까지 딸을 꾸짖고 벌주고 때론 감금까지 해 온 부부에게): 딸을 사랑하시는 마음이 얼마나 크셨으면 딸을 '안전지대'에 두고자 하셨겠어요?

(딸에게): 부모님이 '과격한 사랑'을 표현하시는데도 그것을 잘 참았구나. 요즘 아이들은 그런 것을 잘 참지 못하는데 말이야.

같은 맥락에서, 첫 면담을 끝내고 돌아가려는 가족에게는 앞으로 문제해결에 대한 기대와 희망을 갖고 사회복지사와 함께 자기 가족의 문제해결을 위한 노력을 지속해야겠다는 마음을 갖도록 하는 것이 필요하다. 이를 위해 사회복지사는 개입 대상 가족이 갖고 있는 긍정적인 부분을 찾아내 이를 인정해 주거나, 어려운 가운데서도 가족 단위의 면담에 참여하기 위해 기관에까지 나온 것에 대해 칭찬을 해 줄 수 있다.

예시

"어려운 가운데서도 가족들 모두가 마음을 열고 자신의 심정을 얘기해 주시는 모습이 아주 좋았습니다."

"아버님께서는 직장 때문에 이곳에 올 형편도 아니었고, 또 오기도 매우 싫어하셨음에도 불구하고 이곳까지 나오신 것을 보니, 가족을 사랑하는 마음이 큰 것 같습니다."

가족문제가 어느 한 사람 때문에 발생하고 있다고 생각하는 가족에게는 문제의 원인에 대한 관점을 재구성해 줄 필요가 있다. 즉, 가족 중 어떤 한 사람이 잘못된 행동을 하거나 나빠서 가족에게 문제가 생긴 것이 아니라 가족이 전체적으로 성장하는 과정 중 가족 상호 간 역할조정이 잘 정의되지 않아서 가족기능에 순간적으로 문제가 발생한 것이라고 설명한다. 이로써 가족 중 어떤 한 사람의 문제만 해결되면 가족이 평안해질 것이라는 가족의 관점에 변화를 줌으로써 현재의 고착된 상태에서 벗어나 앞으로 나갈 수 있게 한다.

단원 정리

이 장에서는 가족의 속성을 개략적으로 살펴본 후 가족과의 사회복지실천을 행함에 있어 기본적으로 갖추어야 할 시각과 가족개입의 관점의 변천과정을 살펴보았다. 그런 다음 가족과의 사회복지실천을 위한 초기 준비기술들을 살펴보았고, 가족개입의 초기에 사회복지사가 준비해야 할 일들을 정리하였다.

참고문헌

Bateson, G. (1978). The birth of a matrix or double bind and epistemology. In P. A. Cowan, & E. M. Hetherington (Eds.), *In Beyond the Double Bind*. New York: Erlbaum.

Carter, B., & McGoldrick, M. (Eds.). (1999). *The expanded family life cycle: Individual, family, and social perspectives* (3rd ed.). Boston: Allyn & Bacon.

Fisch, R., Weakland, J. H., & Segal, L. (1985). *The Tactics of Change: Doing Therapy Briefly*. San Francisco, CA: Jossey-Bass.

Goldenberg, I., & Goldenberg, H. (2000). *Family Therapy: An Overview* (5th ed.). Belmont, CA: Wadsworth/Thomson Learning.

Imber-Black, E. (1988). *Families and Larger Systems: A Family Therapist's Guide Through the Labyrinth*. New York: Guilford.

Meyer, C. (1990). *Can social work keep up with the changing family?* [Monograph]. The fifth annual Robert J. O'Leary Memorial Lecture. Columbus: The Ohio State University College of Social Work, 1-24.

von Bertalanffy, L. (1968). *General Systems Theory: Foundations, Development Application*. New York: Braziller.

Wiener, N. (1948). *Cybernetics, or Control and Communication in Animal and the Machine*. New York: Wiley.

제11장

다양한 가족과 일하기

사회복지사들이 가족 단위로 개입해야 할 가족문제는 가족구성원이 갖고 있는 특성에 따라 양상을 달리할 수 있다. 하지만 가족 내 어떤 한 가족구성원의 문제라 할지라도 그 영향이 가족구성원 전체에까지 미쳐 가족 전체가 고통을 받을 수 있기 때문에 다양한 가족에 대한 개입방법은 크게 다르지 않다. 다만 다양한 가족들이 안고 있는 나름의 독특한 문제에 대한 이해를 갖고 이들 가족과 함께 일할 때, 보다 긍정적인 개입 성과를 나타낼 수 있다. 이 장에서는 우리 사회의 다양한 가족을 소개한 후 이러한 가족들을 포함하여 일반적 가족의 문제를 사정하고 개입할 수 있는 방법들을 소개한다.

1. 다양한 가족과 그 문제

현대사회의 급속한 변화 속에서 가족의 구조와 형태는 다양해지고 있다. 이혼의 증가에 따라 한부모가족과 재혼가족이 증가하고 있고, 자녀 유학이나 해외 근무 등으로 인한 이른바 기러기가족이 존재하는가 하면, 국제결혼을 통한 다문화가족, 조부모와 손자녀가 함께 생활하는 조손가족의 수도 증가하고 있다. 이러한 혈연과 결혼을 통한 가족과는 다른 형태로 존재하면서 종래의 전통적인 가족기능과 욕구를 해결하는 가족도 있다. 생물학적인 출산이 아닌 법률적 과정을 통해 가족관계를 형성하게 된 입양가족, 친부모를 대신하여 아동을 양육하고 있는 위탁가정, 결혼 전에 함께 사는 형태인 동거가족, 아예 결혼하지 않고 살기로 결정한 '비혼가족', 동성결합의 생활 공동체 등이 여기에 해당한다. 결혼은 했으나 자녀를 가지지 않는 이른바 딩크(DINK: Double Income No Kids) 가족은 혈연을 바탕으로 하지만 아이가 없는 독특한 형태의 가족이라 할 수 있다.

다양한 형태와 상황에 처한 가족들은 여러 가지 문제를 나타낼 수 있다. 여러 형태의 가족이 가족 나름의 다양하고 복잡하며 독특한 문제들을 나타낼 수 있지만 대표적인 가족문제 몇 가지를 들면, 한부모가족과 조손가족 등 자원이 부족한 가족의 경제적 부양능력 문제, 가사분담과 자녀양육 등을 둘러싼 부부간 역할 갈등 및 역할 과중, 핵가족과 확대가족 간 관계 갈등, 아동과 노인학대 등 가족 내 폭력문제, 가족구성원의 알코올중독 문제, 다문화가족 내 문화충돌 및 역할 갈등 문제 등이 있을 수 있다. 또한, 치매노인, 장애인, 만성질환자 등을 돌보는 과정에서 경제·사회·심리적 소진 상태를 경험하고 있는 가족도 있을 수 있다.

다양한 문제에 직면한 가족은 나름대로의 문제해결 노력을 수행한다. 앞서 제10장에서 살펴본 체계이론의 관점에서 볼 때 **폐쇄가족체계**는 가족 내 문제가 있을 때 외부와 교류를 차단하거나 최소화한 채 자신들만의 방식으로 문제를 해결하려는 과정에서 스스로 질서를 회복하기 어려워지면서 무질서와 혼돈상태에 빠질 수 있다. 반면, **개방가족체계**는 가족 내부의 여러 문제로 인해 무질서와 긴장이 증가할 때 외부체계와 적극적인 교류를 통해 문제를 해결하고 성장해 갈 수 있다. 사회복지사는 가족 외부의 전문가체계 또는 원조체계로서, 어려움을 겪는 가족에 개입하여 가족문제의 해결과 가족의 성장과 발달을 지원하게 된다. 앞서 제시한 다양한 가족의 문제 중 사회복지사의 개입을 필요로 하는 몇 가지 가족의 특성을 간략히 살펴본다.

1) 알코올 의존 가족

알코올 의존 가족은 가족구성원 중 한 사람이 알코올중독자인 경우를 말한다. 아버지나 어머니 중의 한 사람이 알코올중독자인 경우가 대부분이다. 알코올중독자 가족의 배우자는 상대 배우자의 술 문제를 숨기기 위해 사회적 고립상태에 빠질 수 있고 중독자인 배우자가 수행하지 못하는 역할들을 대신 수행해야 하는 부담을 떠안게 된다. 또한 중독자인 배우자를 한편으로는 비난하면서도 다른 한편으로는 중독상태의 유지에 기여하는 공동의존상태에 빠지기도 한다. 그 밖에도 알코올중독자 가족은 술로 인한 경제적 어려움, 폭력, 위협 등에 노출될 가능성이 높다. 나아가, 알코올중독 문제가 오랜 시간 방치될 경우 가족구성원의 일부가 가출하는 가정해체 현상으로 이어질 수도 있다. 알코올중독자의 자녀 또한 부끄럽고 예측할 수 없는 부 또는 모의 행동으로 인해 친구관계를 맺는 데 어려움이 있을 수 있다. 자녀들은 자신의 발달 단계에 맞지 않는 행동, 즉 미성숙한 행동을 하거나 나이에 어울리지 않는 어른들의 과업을 수행할 수 있다. 이 밖에도 알코올중독자의 자녀들은 버림받을 가능성에 대한 불안, 세상에 대한 분노와 불신 등의 심리상태를 표출시킬 수 있으며, 부모와의 일관성 없는 관계로 인해 정서적인 박탈감을 경험할 수도 있다. 알코올중독자 가족의 아동들을 장시간 방치할 경우, 부모에 대한 분노와 원망이 반항적인 행동으로 나타날 수 있으며, 비행, 약물남용, 가출, 학업중단 등으로 이어질 수도 있다.

가족개입에 앞서, 사회복지사는 가족이 표출하고 있는 문제의 배경에 알코올 문제가 개입되어 있는지 여부를 살펴볼 필요가 있다. 가족문제의 배경에 알코올 문제가 숨겨져 있을 수도 있고, 알코올 문제에 의해 가족의 다른 심각한 문제가 가려져 있을 수도 있다. 알코올중독 여부의 판별이나 중독문제의 치료를 위해서는 다른 전문가에게 의뢰하거나 사회복지사가 갖고 있는 유용한 정보를 활용할 수 있다. 가장 간편한 방법 중의 하나로 유윙(Ewing, 1984)이 개발한 CAGE(Cutting down: 술을 줄여야 한다는 생각, Annoying: 성가심의 대상이 된 경험, Guilt: 죄의식, Eye-opener: 눈뜨자마자 술) 질문이 유용하게 사용될 수 있다. 즉, ① 술을 줄여야 한다고 생각한 적이 있습니까? ② 술 문제로 다른 사람들이 당신을 비난하면서 자극한 적이 있습니까? ③ 당신의 음주문제에 대해 미안함 또는 죄의식을 느낀 적이 있습니까? ④ 눈뜨자마자 술을 찾은 적이 있습니까? 이 질문들 중 2개 이상에 대해 '예'라고 응답할 경우 문제성 있는 음주자로 분류될 수 있다. 많은 실천현장에서 이 질문을 통해 문제성 음주자를 정확히 가려냈다고 보고되고 있다(Patterson et al., 1998). 가족구성원 중 누군가가 알코올 문제를 갖고 있다고 판명된 경우, 알코올 의존자의 치료가 우선되어야 하고, 일정기간 자조모임 등을 통한 치료적 생활경험을 통해 신체적 · 심리적 회복이 어느 정도 된 후에 가족관계상의 갈등을 다루는 것이 좋다.

2) 폭력 가정

우리나라 가정에서 부부폭력의 발생 비율이 31.4%라고 보고된 바 있다(김재엽, 1999). 부부폭력뿐만 아니라 아동 및 노인학대도 심각한 사회문제로 거론되고 있다. 사회복지사는 가족의 문제로 사회복지사를 찾은 가족에 대해서 가족구성원 간 폭력이 발생되고 있는지를 살펴볼 필요가 있다. 개입 대상 가족에게서 **가정폭력**의 징후가 발견될 경우, 사회복지사는 가족상담 중 또는 상담 이후에 발생할지도 모를 가정 내 폭력에 대해 세심한 주의를 기울여야 한다. 사회복지사는 가정폭력 피해자나 잠재적인 피해자에게 가정 내 폭력이 발생할 경우, 여성긴급전화 1366을 통해 도움을 요청하는 방법을 알려 주고, 즉시 폭력 현장으로부터 대피할 수 있는 방안이 마련되도록 도움을 제공해야 할 것이다. 이뿐만 아니라 사회복지사 자신도 폭력에 노출될 가능성이 있다는 것을 알고 그에 대한 대책을 미리 마련해 놓아야 할 것이다.

아동상담소, 가정폭력 관련 상담소 및 보호시설, 성폭력피해상담소 및 보호시설 등에 근무하면서 가족 단위의 개입을 행하는 사회복지사는 피해자와의 상담을 통해 가정폭력범죄를 알게 된 경우, 가정폭력 피해자의 명시적인 반대 의견이 없으면 이를 즉시 신고해야 할 의무가 있고(「가정폭력범죄의 처벌 등에 관한 특례법」 제4조 3항), 그 외의 사회복지 관련 기관에 근무하는 사람이 직무를 수행하면서 가정폭력범죄를 알게 된 경우에는 정당한 사유가 없으면 즉시 수사기관에 신고하여야 하므로(「가정폭력범죄의 처벌 등에 관한 특례법」 제4조 2항) 이를 이행해야 한다. 이 외에도 어떤 경로를 거치든 누구든지 가정폭력범죄를 알게 된 때에는 이를 수사기관에 신고할 수 있다(특례법 제4조 1항)는 점을 고려하여 사회복지사는 가족개입에 앞서 가정폭력 피해자를 보호하기 위해 사회복지사로서 취해야 할 행동을 우선적으로 취해야 할 것이다. 특히, 가족상담 과정에서는 가족문제의 원인을 가족구성원 간 상호작용의 결과로 파악하려는 경향이 있어 가정폭력 피해자를 가정폭력범죄의 원인 제공자로 보는 실수를 할 수 있음을 알고 이러한 점을 철저히 경계해야 할 것이다.

3) 치매노인 가정

치매란 일상생활에 영향을 줄 정도로 기억 및 기타 인지기능이 후천적으로 쇠퇴하는 증상으로, 주로 60세 이후의 생애 후반기에 발생하기 시작한다. 치매환자들은 기억력의 손상과 더불어 언어, 방향감각, 판단능력 등의 기타 인지능력이 떨어지면서 독립적 활동능력을 잃게 된다. 심각한 상황에서는 **망상**이나 **환상증세**와 함께 공격적인 행동을 보이기도 하고 주변을 방황하기도 한다. 치매로 인한 임종이 다가오면 치매환자는 말이 없어지며, 지쳐서 침대생활을 하게 되고, 대소변을 가리지 못하는 상황에 빠진다. 이러한 행동 변화들로 인해 치매노인을 돌보는 가족들은 극심한 어려움에 빠지게 되며, 이것은 가족에게 큰 스트레스 요인으로 작용하게 된다. 즉, 치매노인을 부양하는 사람은 치매노인 수발과 함께 다른 가족을 돌봐야 하는 역할 과중 상황에 빠지게 된다. 또한 자신을 몰라보는 치매노인과의 관계가 부정적인 방향으로 변화하기 쉽고, 주변의 다른 가족이나 친지들과의 관계, 부부관계, 부모-자녀관계 등도 악화되기 쉽다. 나아가, 치매노인을 위한 부양행위로 인해 사회적 고립과 심한 우울증세, 분노, 신경증적 증세, 자포자기 등의 심리상태를 나타낼 수도 있다. 이러한 상태를 방치하면 가족응집력의 약화, 전반적 가족관계의 악화 등으로 이어져 가족기능 자체가 위협받게 될 수 있다. 이는 다시 치매노인에게로 전이되면서 상황은 더욱 악화될 수 있다. 따라서 사회복지사는 가족이 활용 및 동원할 수 있는 자원을 사정하고, 자원 부족 현상이 장기화될 경우 부족한 가족 자원을 보충할 수 있는 다양한 조치들을 우선적으로 취해야 한다.

4) 위탁가정

부모의 이혼, 가출, 빈곤, 학대와 방임 등으로 인해 친가정에서 보호받을 수 없는 아이들을 맡아 키우는 가정을 **위탁가정**이라고 한다. 위탁가정의 종류에는 **일반가정위탁**(비혈연가정), **대리양육위탁**(친·외조부모), **친인척위탁**(8촌 이내의 혈족 등), **전문가정위탁**, **일시가정위탁** 등이 있다. 2018년 현재 대리양육위탁이 전체 위탁가정의 66.75%을 차지하는 가운데 1~10세의 아동은 일반가정위탁에서 보호하고 있는 비율이 제일 높고, 17~19세는 친인척 양육과 대리양육이 주를 이루고 있다(중앙가정위탁센터, 2019). 전문가정위탁은 가정위탁보호 아동 중 만 2세 이하 아동, 학대피해아동, 장애아동이나 그 외에 시 · 군 · 구청장이 전문적이고 특별한 보살핌이 필요하다고 인정하는 경우 예산을 편성하여 운영하도록 하고 있다(보건복지부, 2019).

위탁아동들은 친가정에서 받은 여러 가지 심리 · 정서적 상처로 인해 우울, 심리적 위축, 공격성 등 부정적인 심리 · 행동 문제를 표출할 가능성이 있다. 이는 위탁가정 내 가족관계를 어렵게 할 수 있다. 또한 가정위탁제도는 **입양**과 달리 친부모가 친권을 포기하는 것이 아니라 궁극적으로 아동이 친가정으로 복귀하는 것을 전제로 하기 때문에 위탁부모, 위탁아동, 친부모 사이에 복잡한 관계 양상이 존재할 수 있다. 배경이 다른 2명 이상의 위탁아동을 동일한 위탁가정이 돌보고 있을 경우에는 서로 다른 상황의 친부모, 위탁부모, 위탁아동 간 다양한 관계가 혼재하므로 가족관계는 더욱 복잡해질 수 있다. 따라서 사회복지사는 이러한 가족관계 양상을 세심하게 관찰할 필요가 있다.

5) 조손가족

부모의 사망, 가출, 행방불명, 이혼 및 재혼, 복역 등의 문제로 부모가 돌볼 수 없게 된 아동과 그 아동의 조부모로 구성된 가족을 **조손가족**이라고 한다. 조부모가 손자녀와 동일한 거주지에서 함께 생활하면서 손자녀의 기본적인 생활욕구에 대하여 일차적으로 책임을 지는 형태의 가족이다. 조손가족은 정부가 2000년대 중반 소년소녀가장세대를 가정위탁보호제도 내 대리양육으로 편입하면서 그 숫자가 증가되기 시작하여 현재는 전체 가정위탁보호 아동 중 가장 큰 비중을 차지하고 있다. 조손가족의 문제는 조부모와 함께 생활하는 손자녀 측면의 어려움과 고령의 나이에 어린 손자녀의 양육 부담을 안고 있는 조부모 측면의 어려움으로 나누어 살펴볼 수 있다.

정민자(2016)는 조부모와 함께 생활하는 손자녀 측면의 어려움을 네 가지로 보고하고 있다. 첫째, 경제적 어려움이다. 부모가 돌볼 수 없는 상황에서 조부모와 함께 생활하게 된 손자녀 입장에서 조손가족의 경제적 어려움은 당연한 것일 수 있다. 조부모는 연령상 이미 은퇴를 경험했을 수도 있고, 경제활동을 하고 있다 해도 젊은 세대에 비해 수입이 넉

녁하지 않을 수 있다. 경제적 어려움 속에서 손자녀는 부모와 함께 생활하는 동년배 아동들에 비해 자신들이 원하는 취미활동, 여가활동, 소비활동, 과외활동 등을 마음껏 누리지 못한 채 생활하는 경우가 많다. 둘째, 부모의 이혼, 별거, 가출 등으로 인한 정서적 결핍 상태이다. 조부모나 친척의 보살핌과 관심이 있기는 하지만 조손가족의 많은 손자녀는 친부모와의 정서적 유대나 친밀감을 많이 누리지 못하고 있다. 셋째, 부모와 함께 사는 동년배 친구들은 겪지 않는, 나이에 걸맞지 않은 사건과 사고의 경험이다. 조부모의 갑작스러운 질병이나 사망, 학교에 문제가 있을 때 부모를 대신하여 조부모가 학교를 찾았을 때 당하는 놀림 등은 조손가족 아동을 힘들게 하는 사건이다. 넷째는 조손가족을 둘러싼 다양한 가족 갈등이다. 조손가족 아동은 경제적 문제와 함께 아동 양육 및 훈육을 둘러싼 조부모와 부모 간 갈등, 조부모와 친척들 간의 갈등, 조부모와 아동 자신 사이의 갈등 가운데 살아갈 수 있다.

조손가족 손자녀를 돌보는 조부모 역시 많은 어려움을 겪을 수 있다. 여러 가지 어려움 중 이영애와 방은령(2018)이 2000년 이후 국내 학술지에 게재된 질적 논문 결과를 바탕으로 정리한 것을 살펴보면, 조부모들은 노년의 발달 단계와 맞지 않는 손자녀 양육에 따른 역할의 혼란 및 역할부담, 경제적 어려움, 노인으로서 아동을 돌보는 데 필요한 체력의 한계나 건강의 악화, 손자녀의 친부모인 성인자녀와의 관계 단절이나 갈등, 사회활동 기회 제한 등의 어려움을 겪고 있다. 이 밖에도 손자녀 양육 조부모는 세대 차이로 인한 손자녀와의 갈등을 경험하는 가운데 손자녀 교육 및 양육에 필요한 정보 습득과 온라인 복지서비스 신청 등에서 어려움을 겪을 수 있다.

따라서 사회복지사는 조손가족에 개입할 경우 앞서 살펴본 조손가족의 특성을 충분히 고려하여 가족의 욕구와 자원을 확인해야 한다. 특히, 고령의 조부모와 어린 손자녀가 스스로 필요한 복지서비스를 찾아서 신청하기가 힘들 수 있으므로 기존의 아동 및 청소년 프로그램 등에 대한 안내와 함께 다른 복지서비스와 연계를 위한 노력을 해야 할 것이다.

6) 다문화가족

다문화가족은 서로 다른 국적, 인종, 문화를 지닌 사람들로 구성된 가족을 말한다. 1980년

대까지는 한국인 여성과 주한미군 사이에 형성된 가족과 그 아동들로 이루어진 가족이 다문화가족으로서 주목을 받았다. 1990년대부터는 동남아시아 여성들이 결혼이민자로서 우리 사회 농어촌으로 유입되면서 다문화가족이 확산되기 시작하였다. 결혼이주여성을 중심으로 한 다문화가족 외에 외국인 남성과 한국 여성으로 이루어진 다문화가족도 존재하지만 지금까지 사회복지적 관심의 초점은 주로 결혼이주여성 중심의 다문화가족에 맞춰져 왔다. 여기서도 결혼이주여성을 포함한 다문화가족 중심으로 그 어려움을 살펴보고자 한다.

다문화가족에서 서로 다른 가치, 믿음체계, 전통, 의례 등을 가진 구성원은 함께 생활하는 과정에서 어려움을 겪을 수밖에 없다. 특히, 각자 다른 문화의 개성을 존중하며 함께 살아가고자 하는 다원적 다문화주의가 지배하는 사회에 비해, 주류문화에 비주류의 외국문화를 용광로처럼 녹여 흡수하고자 하는 동화주의적 다문화주의가 지배적인 사회에서는 다른 국적, 인종, 민족, 문화적 배경을 가진 사람들이 주류문화에 속한 사람들에 의해 차별과 배제를 당하기 쉽다. 우리 사회에는 순수혈통주의, 단일 민족, 단일 언어를 내세우는 사회문화적 분위기가 지배하고 있는 가운데, 가부장적 문화가 아직도 곳곳에 남아 있어 다문화가족 내 결혼이주여성들은 가족 안과 밖에서 많은 어려움을 겪고 있다. 몇 가지 예로, 결혼이주여성은 국적 취득과 관련한 신분보장문제, 자녀양육, 언어문제, 사회의 전반적 제도와 문화의 낯섦과 격차, 남편의 무시와 폭력, 사회적 차별과 편견 등 다양한 문제를 경험한다(홍이화, 2015). 반면, 다문화가족 결혼이주여성은 삶을 개척하기 위해 온갖 위험을 무릅쓰고 미지의 나라, 미지의 가정으로 이주해 온 강한 여성으로서의 장점도 갖추고 있다(엄명용, 2010). 많은 결혼이주여성들은 본국 가족에게 생활비를 보내기 위해 노력하는 과정에서 가족관계상 갈등과 그 욕구를 충족시켜 주지 못하는 남편의 경제적 무능으로 인해 이혼에 이르기도 한다. 결혼이주여성의 다문화가족의 평균 결혼생활 지속기간은 7.8년, 다문화 이혼을 한 부부 중 미성년 자녀가 있는 비중은 36.0%(통계청, 2020)이므로 이들 부부의 이혼은 한부모가정이나 조손가족 증가로 이어질 수 있다. 다문화 한부모 가장이 결혼이주여성인 경우, 배우자 가족과의 관계 단절, 언어 취약, 취업정보 부족 등 사회적 자원이 열악한 상태에서 많은 어려움을 겪으며 혼자 자녀를 양육할 수밖에 없게 된다. 다문화가족 아동은 부모의 서로 다른 문화 속에서 정체성 혼란을 경험하며 한국 사회 내 산재해 있는 타 문화에 대한 강한 배타성으로 차별과 편견을 경험하기도 한다(문영희, 안은미, 2010). 이러한 문제로 인해 다문화청소년은 비다문화가정 자녀에 비해 우울, 불안과 같은 정신건강의 문제와 사회적응 문제를 더 많이 경험할 수 있어 이에 대한 관찰이 필요하다.

2. 가족문제의 사정

가족과 함께 일하기 위해서는 우선 가족이 처한 상황에 대해 상세히 알아야 한다. 가족과의 실천에 있어 사정이라 함은 가족의 상황을 있는 그대로 이해하는 것이다. 사회복지사는 가족의 상황을 잘 이해할수록 가족이 문제나 위기로부터 벗어나는 데 필요하고 적절한 도움을 제공할 수 있을 것이다. 가족사정은 가족에 대한 이해에만 그치는 것이 아니라 그 이해를 바탕으로 개입전략을 수립하고 점검하는 활동도 포함한다.

가족사정의 목적은 가족이 현재 겪고 있는 어려움은 어떤 것이며, 그 어려움을 지속시키고 있는 가족의 상호작용 양상은 무엇인지 그리고 가족은 자신들의 상호작용 유형 중에서 어떤 점을 변화시키기 원하는지를 알아내는 것이다. 다시 말해, 가족개입의 궁극적 목적은 가족을 어려움에 처하게 만든 가족의 상호작용 양상을 가족 스스로 이해하게 한 후 가족의 변화를 위해 필요한 새로운 행동양식을 가족과 함께 찾아내는 것이라 할 수 있다. 정리하면, 가족사정의 기능 중 하나는 가족체계가 어떻게 기능하고 있는가를 발견하는 것이고, 다른 하나는 가족체계의 상호작용 유형에 개입하기 위한 방법을 찾아내는 것이다. 따라서 사정과 개입과정은 별개의 분리된 것이 아니라 상호작용적이며 순환적이다. 사정방법들은 정보수집전략이 될 뿐만 아니라 개입방법도 되는 것이다(Tomm, 1987).

이론적 성향에 따라 사정의 초점과 개입방법의 도출이 각기 다르지만, 가족체계를 사정함에 있어 공통적으로 고려되어야 할 사항들이 있다. 첫째, 이론적 성향이 어떻든지 간에 가족체계를 효과적으로 사정하기 위해서 사회복지사는 가족 전체의 관계적 맥락의 성격과 상호작용적 연쇄고리에 초점을 둘 수 있는 사정방법들을 사용해야 한다. 둘째, 어느 한 가지 이론적 성향에 집착한 나머지, 다른 이론적 관점들에서 사용하는 사정방법을

표 11-1 가족개입 관점별 사정 및 개입전략

	역사적 관점	구조적 관점	과정중심 관점	경험주의 관점
표출문제의 정의 및 가설	미해결된 과거 관계의 잔재, 원가족과의 미분리	가족구조상 결함 (위계/경계)	고착된 상호작용 연쇄고리	표현되지 못한 정서
관련 이론	가족체계이론, 세대전이이론, 대상관계이론	구조주의가족이론, 체계이론	전략적 치료/MRI, 해결중심, 인지 · 행동, 밀란 그룹, 심리 · 교육치료	경험주의(experiential) 이론, 상징적 표현, 이야기치료, 의사소통
대표적 이론가	Bowen	Minuchin	Haley, Fisch, Weakland, Watzlawick, Berg, de Shazer,	Satir, Whitaker
사정의 틀	가계도, 전이 및 역전이	가족지도(family map), 시연*	순환질문**, 기적질문, 가설설정	가족조각, 이야기하기, 이야기 재구성
개입전략 및 기술	분화촉진, 탈삼각화, 해석, 편지 쓰기	합류, 재구조화, 경계 구분 짓기, 탈균형화(unbalancing)	지시, 역설, 예외 상황, 변화 강화, 계약, 교육, 기술훈련, 이야기 재구성	가족조각, 자기노출, 의사소통 훈련, 사이코드라마, 유효화, 은유
치료목표	각 가족구성원의 자아 분화의 극대화	가족관계 맥락의 변화, 역기능적 교류의 배경인 가족조직 재구조화	가족구성원 간 반복되는 역기능적 교류의 연쇄고리를 차단 · 변화	성장지향적 상호작용 촉진, 명료한 의사소통, 진정한 자기에 대한 자각의 확대
주요 개입 활동	가계도의 작성 및 해석, 밀착된 대상에게 편지 쓰기(분화 촉진), 원가족으로부터 취할 것과 버릴 것을 생각해 낸 후 취사선택하도록 코치	불분명한 경계의 명료화, 경계구조의 재구조화, 가사분담 등 역할구조의 재조직	종래의 문제해결 방법과 정반대의 방법을 시도하도록 함. 문제상황 속에서도 문제가 없었던 예외적 상황을 찾아내 그것을 일상적인 것으로 만듦. 상호 교류 중 자동적으로 튀어나오는 비이성적 생각/반응을 이성적 생각으로 바꿈	가족조각이나 그림에 대한 소감을 가족에게 묻고 변화가 필요한 부분을 찾아내게 함. 상대방에 대한 솔직한 감정의 확인 및 직접 표현, 상대방 감정의 인정

* 문제상황이 분명하게 드러나도록 갈등상황을 재연하도록 요청하는 것.

** 가족구성원들이 자신들의 상호작용 연쇄고리를 이해할 수 있도록 돌아가면서 질문하는 기법.

출처: Patterson, J., Williams, L., Grauf-Grounds, C., & Chamow, L. (1998). *Essential Skills in Family Therapy: From the First Interview to Termination*. New York: Guilford, p. 73; Goldenberg, I., & Goldenberg, H. (2000). *Family therapy: An overview*. Belmont, CA: Wadsworth/Thomson Learning, p. 92.

전적으로 배제하는 실수를 범하지 말아야 한다. 특히, 클라이언트의 전반적인 생활환경에 개입하는 사회복지사로서 가족개입을 시도할 경우에는 더욱 그렇다. 가족이 표출하는 문제해결을 위해 가장 효과적인 개입 모델이 동원되도록 하는 것이 원칙이며, 모든 문제들을 자신이 선호하는 이론적 모델에 대입시키려는 것은 잘못된 일이다. 이러한 사항들을 염두에 두면서 가족체계를 사정함에 있어 이론적 성향에 관계없이 일반적으로 고려해야 할 사항들을 우선 살펴보고자 한다. 이론적 관점에 따른 사정 및 개입전략에 대해서는 〈표 11-1〉을 참고하기 바란다. 가족의 어려움을 유지시키는 현상은 크게, ① 현재 가족 내부 구성원 간의 행동 양상, ② 가족의 역사적 맥락, ③ 가족과 주변 환경과의 상호작용 양상 등의 세 가지 차원에서 파악될 수 있다.

1) 가족 내부 구성원 간의 행동 양상

(1) 표출문제의 탐색

문제의 성격을 잘 이해해야 그 문제를 해결하기 위한 정확한 개입방법을 찾아낼 수 있다. **표출문제**란 현시점에서 가족이 문제라고 호소하는 내용이다. **해결중심모델**에서는 문제의 예외상황, 즉 문제가 해결된 상황에 초점을 두고 대화를 진행하기 때문에 문제에 대해 자세히 알 필요가 없다고 본다. 하지만 일반적으로는 가족의 문제상황이나 어려움에 대해 가족구성원이 개략적으로 설명하면서 그와 관련된 감정을 분출할 수 있는 기회를 제공하는 것이 좋다. 그렇지 못할 경우 사회복지사가 가족의 입장을 존중하지 않는다는 인상을 줄 수 있고, 가족과 사회복지사 간의 신뢰관계 형성이 어려워질 수 있다. 표출문제의 탐색에 있어 점검해야 할 사항들을 정리하면 다음과 같다.

① 문제상황의 탐색

- 문제상황은 무엇인가?
- 문제는 얼마 동안 지속되어 왔는가?
- 문제로 인해 가장 큰 영향을 받고 있는 사람은 누구인가?

- 가족의 문제를 누가 알고 있나?
- 문제에 어떤 사람들(예: 학교 선생님, 보호관찰소 담당관, 사회복지관의 학교사회복지사, 종교인 등)이 개입되어 있는가?(이 정보를 통해 가족의 자원과 사회적 지지망을 알아낼 수도 있다.)
- 문제가 일어나는 상황(시간, 장소, 조건)이 별도로 존재하는가, 아니면 문제가 상황에 관계없이 지속적으로 발생하는가?

② 문제의 원인에 대한 가족구성원의 시각 탐색

- 가족구성원은 표출된 문제를 가족구성원 중 어느 한 사람(IP)의 문제로 보는가? (예: 제 아들이 학교에서 아이들과 심하게 자주 싸웁니다.), 아니면 관계상의 문제로 보는가? (예: 우리 부부는 대화를 잘 할 줄 몰라요.)
- 가족구성원들이 가족의 문제를 어느 한 사람(IP)만의 문제라고 주장할 경우, 나머지 가족구성원들 사이에 또는 IP와 나머지 가족구성원들 사이에 다른 문제는 없는가? 사실상 IP만의 문제라면 가족 단위 개입 대상이 아닐 수 있다. 한 개인의 문제가 아닌 가족체계 내의 문제라는 것이 확인될 때 가족구성원들도 가족개입의 필요성과 정당성을 알게 될 것이다.
- 가족은 문제의 원인이 어디에 있다고 생각하는가? 많은 경우, 가족 중 한 사람은 자신이 아닌 상대방이 문제의 원인이라 생각하고 상대방이 어떻게 행동하면 문제가 해결된 것인지에 대한 정확한 견해를 갖고 있다. 하지만 문제해결을 위해 자신이 무엇을 어떻게 해야 하는지에 대해서는 잘 모르는 경우가 많다. 따라서 이에 대해 질문해 볼 수 있다.

(2) 시도된 해결책의 확인

대부분의 가족들은 자신들이 경험하고 있는 문제나 어려움을 해결 또는 해소하기 위해 나름대로의 노력을 기울인다. **시도된 해결책**이란 가족이 자신들의 문제를 해결하기 위해 지금까지 기울여 온 노력의 내용이다. 이 내용은 가족 내부만의 노력일 수도 있고, 가족이 외부의 자원을 활용하여 시도해 온 노력일 수도 있다. 가족 나름대로 문제해결 시도를 해 왔음에도 불구하고 문제가 해결되지 않을 때 가족은 사회복지 현장에 나온다고 볼 수 있다. 시도된 해결책을 파악함으로써 사회복지사는 가족에게 이미 실패한 시도를 다시 더 해 보라고 권유하는 실수를 줄일 수 있다. 실패한 시도를 다시 더 해 보라고 가족에게 권유할 경우, 사회복지사에 대한 신뢰가 떨어질 수 있다. 사회복지사의 역할은 시도된 것과 정반대되는 해결책을 구축해 주는 것이다(Fisch, Weakland, & Segal, 1985). 이를 위해 다음과 같은 질문을 할 수 있다.

- 가족은 문제해결을 위해 어떤 노력을 해 오셨습니까?
  - 가족구성원들끼리 자체적으로 어떤 노력을 하셨는지요?
  - 가족 밖의 자원이나 전문기관의 도움을 통해 문제를 해결하려고 해 보셨는지요?
  - 지금까지 노력 중에서 도움이 되었던 것과 도움이 되지 않았던 것은 무엇인지요?
- 생각만 하고 실제 행동으로는 옮기지 않은 시도가 있었습니까? 있다면 그것에 대해 이야기해 주시겠습니까?
  - 가족 나름의 시도를 고려하고서도, 또는 다른 사람의 시도 권유를 받고도 그것들을 실행에 옮기지 않은 이유는 무엇인지요?
    (이것들을 탐색함으로써 가족이 문제상황 변화를 위한 행동을 취함에 있어 방해가 되는 요소가 무엇인지, 또는 현재의 문제상황이 변화 내지는 해소되었을 때 우려되는 일이 가족체계 내에 존재하는지를 알아낼 수 있다.)

(3) 가족구성원의 의미체계 탐색

가족구성원들은 가족구성원끼리 상호작용하는 가운데 마주치는 여러 가지 사건과 상황에 대해 나름대로 의미를 부여한다(Patterson et al., 1998). 가족구성원들이 그들의 일상적 경험을 어떻게 인식하며 어떤 믿음체계를 갖고 있는지, 과거에 발생한 사건에 대해 어떤 기억을 갖고 있으며 그와 관련하여 어떤 감정을 의식적 또는 무의식적으로 갖고 있는지를 살펴봄으로써 가족구성원들의 의미체계를 파악할 수 있다. **가족의 의미체계**는 가족구성원들이 주변 사물에 대해 인식하고 평가하는 경향을 나타내는 것으로서, 개인이 향후 경험하게 될 내외부 상황을 어떻게 파악하고 해석하며, 그 경험에 대해 어떻게 반응할 것인가를 미리 파악하는 데 도움이 되는 개념이다.

가족구성원들이 가족 내외부에서 경험하는 현상에 어떤 의미를 부여하는지를 알지 못하면 가족구성원들 간 상호작용 양상에 변화를 창출해 내기가 어렵다. 하나의 상황을 예로 들어 보자.

예시

직장에서 극도의 스트레스에 시달리고 있는 아내가 자신의 상황에 대한 어려움을 남편에게 호소한다. 이때마다 남편은 아내에게 직장에서 겪는 어려움에 대한 해결방법을 충고한다. 아내와 남편 사이에 이러한 상호작용이 되풀이되는 가운데 아내는 남편에 대한 기대를 접었으며, 앞으로는 어떤 어려움이 있어도 남편과는 이야기를 나누지 않으려고 한다고 밝혔다. 남편은 자신의 진지한 충고를 외면하며 이렇게 행동하는 아내를 도저히 이해할 수 없다고 한다.

앞의 예에서 아내의 **의미체계**를 파악해 본 결과, 아내는 남편이 충고할 때마다 자신을 어리석은 사람으로 취급한다고 느꼈다고 한다. 아내가 남편으로부터 기대한 것은 상황 해결을 위한 충고가 아니라 자신이 처한 어려움에 대한 남편의 따뜻한 이해였다. 한편, 남편은 아내가 처한 힘든 상황에 대한 공감 및 인정보다는 냉정한 이성에 바탕을 둔 합리적 충고를 해 왔던 것이다. 아내는 자신의 호소에 대한 남편의 반응에 대해 자기 나름의 의미를 부여하고 있었던 것이다.

가족의 의미체계를 파악하기 위한 방법 중 하나는 가족구성원 간 상호작용 과정에서 나타난 어떤 현상이나 사건에 대해 특정 가족원이 어떤 의미를 부여하느냐고 직접 질문을 하는 것이다. 이 경우, 자기의 믿음 및 감정상태를 솔직하게 표현하는 가족원으로부터는 정확한 정보를 쉽게 얻는 장점이 있는 반면, 솔직하지 못한 가족원으로부터는 잘못된 정보를 얻는 난점이 있다. 가족의 의미체계를 파악하기 위한 다른 한 방법은 가족구성원의 행동을 관찰하는 것이다. 어떤 행동이 발생하는 맥락 속에서 가족구성원의 행동 및 반응행동을 보고, 그 가족구성원이 그 맥락 속에서 일어난 사건에 대해 어떤 의미를 부여하는지를 추론해 보는 것이다. 예를 들어, 아내가 남편에 대해 어떤 이야기를 할 때 그것을 듣고 있는 남편이 입을 다물고 좋지 않은 얼굴을 하면서 다른 곳을 보고 있었다면, 사회복지사는 남편이 아내의 생각이나 의견에 대해 동의하지 않거나 그것으로 인해 기분이 좋지 않음을 알 수 있다. 행동관찰 방법의 단점은 동일한 행동을 보고도 사회복지사에 따라서는 얼마든지 다른 의미를 추론해 낼 가능성이 있다는 것이다.

피시 등(Fisch et al., 1985)은 클라이언트가 나타내는 의미체계를 클라이언트가 취하는 입장(position)이라고 칭하였다. 그가 제시한 입장의 유형과 그것을 활용하는 방법을 살펴보면 다음과 같다.

① 클라이언트 입장(position)의 유형

- 누구를 문제의 사람으로 지목하는가?
  - 자신을 문제의 사람으로 지목하는 입장
  - 다른 사람(가족구성원)을 문제로 지목하는 입장. 이러한 입장에는 문제행동을 보이는 사람에 대해 염려하고 걱정하는 입장과, 문제의 사람으로 인해 자신이 피해를 입고 있다고 그를 원망하거나 비난하는 입장이 있을 수 있음.
- 문제상황에 대한 변화의 필요성
  - 변화가 필요함을 인정하고 변화에 능동적인 입장. 이것은 문제상황의 해결을 위해 적극적으로 노력해 왔으나, 실패한 경우로서 문제해결에 대한 의지를 보이며 문제해결을 위해 도움을 요청함.
  - 현재 상황이 바람직하지 않음은 인정하지만, 참기 힘든 정도는 아니므로 특별한 변화를 필요로 하지 않는다는 입장. 이 경우는 비자발적 가족이며 고통을 호소하나 변화를 원하지 않음.
  - 현재 상황의 변화를 간절히 원하지만 자신이 원하는 방식으로만 변화를 원하는 입장(치료방식, 회기의 수, 회기 간격, 회기의 길이 등에 대한 나름의 방식을 고수)
- 문제해결 가능성에 대한 태도
  - 문제가 해결될 것 같지 않다는 비관적 입장
  - 어렵지만 잘 해결될 것이라는 낙관적 입장

② 클라이언트의 입장이나 태도에 대한 대응방법

클라이언트가 상담과정에 노출시키고 있는 태도에 대해 사회복지사가 적절히 반응하기 위해서 피시 등(1985: 109)은 다음의 세 단계를 제안하였다. 첫째, 가족문제에 대한 클라이언트의 주요 입장(태도, 의견, 동기 등)은 무엇인가를 발견하려고 노력한다. 둘째, 발견한 것을 기본적인 축 또는 가치로 요약해 본다. 셋째, 문제해결을 위해 사회복지사가 클라이언트에게 제안할 행동의 내용을 클라이언트의 입장과 일치하는 선에서 조율한다.

이상의 세 단계 행동을 성공적으로 이행하기 위해 가장 필요한 기술은 클라이언트가 하는 말을 주의 깊게 듣는 **적극적 경청**의 기술이다. 클라이언트의 불필요한 저항을 자극하지 않기 위해 치료자는 클라이언트가 하는 말을 주의 깊게 들으면서 그 가운데 표출되는 클라이언트의 태도, 입장, 가치, 말투 등을 일단 수용한다. 신뢰가 형성되지 않은 단계에서 클라이언트의 입장에 대해 반박하듯 이야기를 할 경우, 클라이언트를 자극하게 되고 사회복지사-클라이언트 간 신뢰관계가 형성되기 어렵다. 개입전략에 입각하여 사회복지사가 생각해 낸 나름대로의 처방을 실행에 옮기기 위해서는 클라이언트의 의견과 입장을 반박하기보다는 그 입장을 최대한 활용하면서 그것의 연장선상에서 사회복지사가 생각한 해결방안이 실현될 수 있도록 노력한다. 즉, 사회복지사가 고안한 변화전략을 투입하되 클라이언트의 입장이 침해되지 않고 살아남을 수 있도록 하는 것이다.

피시 등(1985: 106)이 제시한 다음의 한 예를 보면 지금까지의 설명을 잘 이해할 수 있을 것이다.

사례

한 부인이 남편과의 갈등문제로 사회복지사를 찾아갔다. 부인의 설명에 의하면, 남편은 의사표현이 전혀 없는 원가족에서 성장하여 현재 부인과의 결혼생활에서도 부인과 원만한 의사소통을 하지 못하면서 생활하고 있다. 남편의 대화결핍, 무관심, 냉담함 등은 부인으로 하여금 비참함 또는 열등감을 느끼게 했고, 이로 인해 부인은 한때 이혼을 결심했었다고 한다. 하지만 지금 남편의 냉담함, 무관심, 대화결핍 등의 문제만 해결된다면 결혼생활을 유지하기로 결심하고 사회복지사를 찾아간 것이다.

① 아내의 태도 · 입장

현재 이혼 위기까지 오게 된 부부간의 문제는 남편의 원가족으로부터 전해 내려온 냉담함, 무관심, 대화결핍 등의 문제 때문이다. 즉, 남편이 변화하면 부부관계는 회복될 수 있을 것이다.

② 사회복지사의 부부관계 변화전략

남편에게 부부관계 악화에 대한 책임을 지우는 아내의 입장을 지지해 주면서 아내에게서 변화를 찾고자 한다.

(이를 위해) 사회복지사가 아내에게 한 설명:

"남편은 아주 보기 드물게 발견되는 '둔함'을 갖고 있군요. 이것은 부인께서 지적한 대로 일종의 불치병입니다. 부인께서는 일종의 불구를 갖고 있는 남편을 불쌍하게 생각해야 할 것 같군요. 말씀하신 대로 부인의 남편은 불치병을 갖고 있으니 부인께서 남편을 치료해 줘야 할 것 같습니다. 그 방법을 말씀드리겠습니다. 둔한 남편을 위해 부인께서 평소보다 약간 더 구체적으로 부인의 의사와 욕구를 남편에게 표현하는 것입니다. 자존심 때문에 남편에게 부인이 갖고 있는 욕구에 대한 힌트만 준다거나, 간접적인 의사소통 방식으로 부인의 욕구를 전달하고 나서 부인의 욕구가 채워지길 기대할 경우, 부인의 남편은 불치병인 '둔함'을 갖고 있어 부인의 욕구를 전혀 알아차리지 못합니다. 물론, 보통 남자들은 힌트나 간접 의사소통을 금방 알아차리지만 말이죠. 남편께서 지금처럼 행동하는 것은 부인의 욕구를 전혀 알아차리지 못하기 때문입니다. 따라서 부인께서 남편으로 하여금 부인의 욕구를 충분히 알아차릴 수 있도록 도와주셔야 합니다. 물론, 측은한 마음을 갖고 하는 것이 좋을 것입니다."

(4) 가족 내부 구조 사정

미누친(Minuchin, 1974)은 가정에서 표출되는 문제의 이면에 숨어 있는 가족구조 또는 가족조직 양상에 대한 파악을 강조하고 그 방법을 제시하였다. 표출문제는 부적절한 가족구조에서 비롯된다고 보았기 때문이다. 미누친(1974)에 의하면 가족구조의 부적절성은 가족위계의 비정상, 가족 하위체계 간 경계의 결함, 가족 하위체계 간 연합 · 제휴 · 우회 등의 상호작용 양상 등을 통해 드러난다. 미누친(1974: 54)은 모든 가족의 내부 하위체계 간 경계들은 2개의 극단적인 경계인 **'경직된 경계'**와 **'희미한 경계'** 사이의 중간 지점 어딘가에 위치한다고 하면서 경계의 속성을 포함한 가족구성원 간 관계 양상들을 찾아내 표시하기 위해 사용되는 부호들을 모아 [그림 11-1]과 같이 제시하였다.

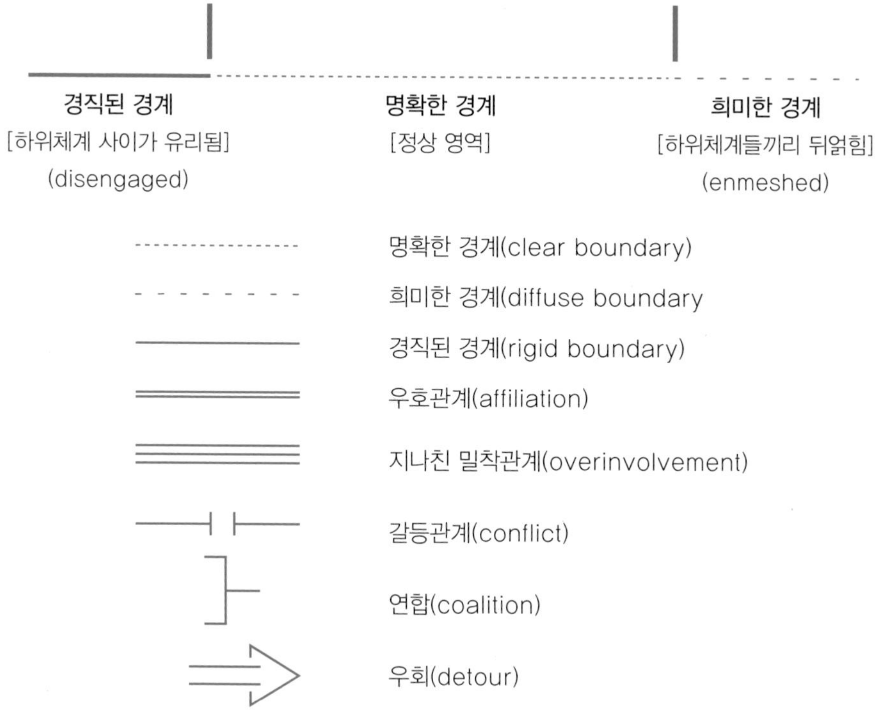

[그림 11-1] **가족지도 그리기를 위한 부호들**

출처: Minuchin, S. (1974). *Families and Family Therapy*. Cambridge, MA: Harvard University Press.

미누친(1974)에 의하면 지나치게 경직된 경계를 갖고 있는 가족 하위체계들 간에는 의사소통이 매우 힘들고 가족의 보호적 기능이 작동하지 않게 된다. 다른 하위체계(예: 자녀 하위체계)가 어려움에 처할 경우에도 부모 하위체계(아버지, 어머니)가 그들의 어려움을 돌보지 않고 그들 스스로 그 어려움을 처리하도록 내버려 두는 경우가 여기에 해당된다. 반면, 희미한 경계를 갖고 있는 하위체계들 사이에서는 의사소통이 증가하고 상호 가족구성원에 대한 관심과 관여가 증가한다. 나아가, 감정의 합일현상이 증가한다. 결과적으로 하위체계 간 거리가 감소하고 경계가 희미해진다. 이에 따라 하위체계의 구별이 모호해진다. 이러한 특성을 가진 가족이 위기상황에 직면할 경우, 적절한 적응과 변화에 필요한 자원이 적절히 동원되기 어렵다. 위기 극복을 위해 별개의 체계들이 나름대로의 자원을 갖고 협력하기보다는 함께 융해되어 버린, 거의 하나와 다름없는 체계가 문제해결을 위해 노력하기 때문이다. 이런 가족체계에서는 과부하가 발생하게 된다(Minuchin, 1974).

가족지도 작성에 필요한 부호들을 이용해 가족기능의 구조를 분석하고 표현한 몇 가지 예를 미누친(1974: 61)의 사례에 기초하여 제시한다.

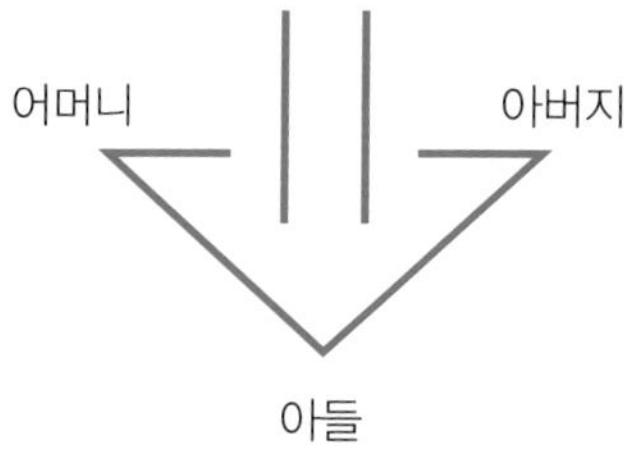

[그림 11-2] **부부갈등의 유형**

[그림 11-2]는 부부 사이의 갈등양상이 우회되어 아들에게 전달되는 상황이다. 예를 들어, 부부가 서로 짜증을 내는 일이 지속적으로 증가되면서 둘 사이의 갈등관계가 고조되는 상황에서 자신들 사이의 갈등이 악화되고 끝내는 위험한 상황에 이르는 것을 피해 보려고 부부가 합세하여 아들의 못마땅한 면을 발견해 혼내는 양상이다. 이때 부부 사이의 긴장과 위험은 감소하지만, 아이가 스트레스를 받게 된다. 즉, 부부 하위체계의 문제가 자녀체계로 옮겨 가게 된다.

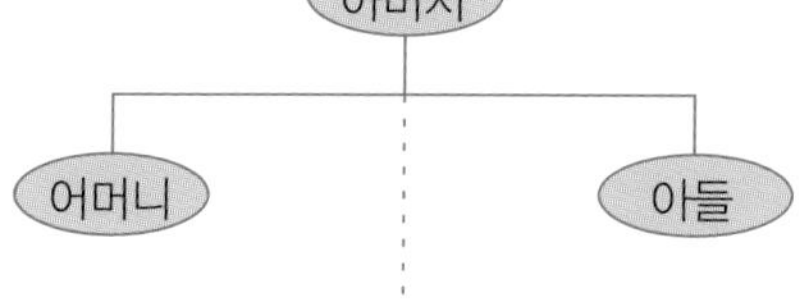

[그림 11-3] **다세대 간 연합**

[그림 11-3]은 남편이 아내에게 심한 짜증을 내는 일이 일상화되자, 아내가 그 상황에 대처하기 위해 아들과 연합하여 남편에게 대항하는 양상을 표현하고 있다. 남편(아버지)과 아내(어머니)로 구성된 부모체계는 와해되고, 어머니 · 아들의 세대연합으로 형성된 모자 하위체계의 경계가 비정상적으로 견고해진다. 어머니와 아들 간의 경계는 희미해져 있다. 아버지는 모자연합체계로부터 배제되어 있다. 세대를 초월한 역기능적 교류양상이 나타난 것이다.

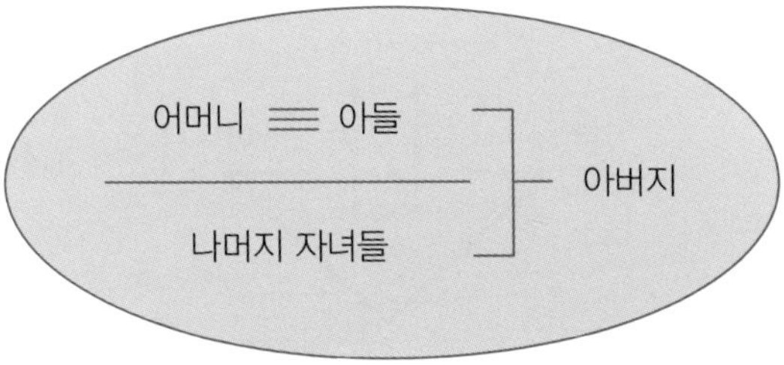

[그림 11-4] **폐쇄가족의 연합 형태**

[그림 11-4]는 외부와의 접촉이나 정보교류 없이 거의 고립된 채 살아가고 있는 가족의 구조를 나타낸다. 가족을 둘러싼 경계가 경직된 것을 나타내는 실선이 그것을 보여 준다. 가족 내에서 실질적인 부모 하위체계의 역할을 담당하고 있는 것은 어머니와 아들이다. 모자는 지나치게 밀착된 관계를 유지하고 있다. 모자로 구성된 부모역할 하위체계와 나머지 자녀들과의 경계는 확연하고도 경직되어 있다. 하지만 **부모역할 하위체계**는 나머지 자녀들을 적절하게 통솔하여 연합한 채, 혼자 고립된 아버지에 맞서고 있다(Umbarger, 1983; Goldenberg & Goldenberg, 2000: 210에서 재인용).

(5) 의사소통 양식의 사정

① 의사소통의 유형

가정 안에서 가족구성원들이 자신들의 감정과 생각을 솔직하고 자유롭게 표현하고 공감할 수 없을 때 가족문제가 발생한다는 가정하에 사티어 등(Satir et al., 1991)은 가족구성

표 11-2 Satir의 의사소통 유형

의사소통 유형	주요 언어 표현	내적 정서상태	주요 행동	해설
아첨형 (placater) [자신 무시, 타인과 상황 존중]	"모두 내 잘못입니다." "당신이 없으면 나는 아무것도 아닙니다." "당신의 말은 무엇이든 옳습니다. 나는 오직 당신을 기쁘게 하기 위해 여기 있습니다."	"나는 쓸모없고, 사랑받을 만하지 못하다." "어떤 일이 있어도 다른 사람의 기분을 상하게 해서는 안 된다." "나는 구제불능이다."	사과행동, 비굴하게 간청하는 듯한 행동, 남 앞에서 너무 잘하려는 행동, 대부분의 남의 요구에 '예'로 응답하는 행동	일치형 의사소통을 하는 사람에게는 잘 통하지 않음(역겨움, 모멸감을 느끼게 함) 비난형의 사람이 이 유형의 사람을 받아들이기 쉬움
비난형 (blamer) [타인 무시, 자신과 상황 존중]	"당신, 잘하는 일이 하나도 없군." "어떻게 된 거야?" "이 모든 것이 당신 때문이야."	"나는 외롭다." "나의 낮은 자존감을 노출시켜서는 안 된다." "나는 실패자이다."	삿대질, 상대 흠잡기, 독선적 판단, 상대방 의견의 묵살, 공격적 행동(강간, 학대 등)	취약한 자신을 보호하기 위해 타인과 주변 환경을 괴롭히고 비난함 상대방이 당당하고 강하게 나오면 쉽게 무너져 내림
초이성형 (super-resonable) [자신과 타인 무시, 상황 무시]	"최근의 연구자료에 의하면 ……" "객관적 사실과 정확한 논리에 의해 판단해 본다면 ……"	"나는 상처받기 쉽다." "나는 완벽한 내 모습을 나타내 보여야 한다." "감정은 나약한 것이다." "사람은 어떤 상황에서도 냉정하고 침착하며 온전한 모습을 보여야 한다."	단조로운 목소리, 경직된 태도, 기계나 컴퓨터 같은 인상	완벽하게 생각하고 표현하기 위해 복잡하고 현학적인 용어를 사용하여 미세한 사실을 장황하게 설명하려는 성향이 있음 주변의 타인이나 전체 사회와 거리를 두고 고립되는 경향이 있음
산만형 (irrelevant) [자신, 타인, 상황 모두 무시]	상황과 동떨어진 말을 함 현재 진행되고 있는 화제와 전혀 다른 말을 꺼냄	"나에게 신경 쓰는 사람 아무도 없다." "내가 설 자리가 없군."	끊임없이 움직임 한 대화 주제에 오래 머물지 못함 몸의 일부분을 지속적으로 움직임	재미있고 익살스러운 모습과 혼동됨 초이성형과 정반대의 모습 주의를 끌기 위해 행동 함
일치형 (congruent) [자신, 타인, 상황 모두 존중됨]	언어적 메시지와 억양, 표정, 자세, 내부 정서 등이 일치함 언어에 진솔한 감정이 묻어남 직접적 의사소통을 함	"나는 나의 본연의 모습과 감정에 충실하다." "타인과 주변 상황도 충분히 존중되어야 한다."	자신감, 원만함, 친근감, 창의성, 정직성, 독특성	남을 통제, 무시, 공격하거나 자신을 방어하기 위해서가 아니라 자신이기를 선택하고, 타인과 연결되기 위함임

원 간 의사소통 양식에 주목하였다. 모든 의사소통은 **언어적 메시지**와 **비언어적 메시지** 모두를 포함한다. 비언어적 메시지는 보통 사람의 내적 상태(정서)를 반영한다(Satir et al., 1991). 사티어에 의하면, 일반적으로 역기능적 가족은 역기능적 의사소통 양식[1]을 갖고 있다. 역기능적 의사소통에서 공통적으로 발견되는 현상은 언어적 메시지의 내용과 비언어적 메시지의 내용이 일치하지 않는다는 것이다. 하나의 의사소통에 포함된 두 종류의 메시지 내용이 서로 일치하지 않는다는 것은 개인의 진실한 생각이나 내적 감정상태가 상대방에게 있는 그대로 정확하게 전달되지 못함을 의미한다. 이때 상대방은 의사소통의 주체로부터 이중 메시지를 받게 되고, 어떤 메시지를 개인의 진정한 메시지로 받아들여야 할지 고민하게 된다.

대부분의 사람들은 자신과 타인 그리고 주변 환경이라는 생활공간 속에서 살아남기 위해 **불일치형 의사소통**을 구사한다고 보는 것이 사티어의 주된 관점이다. 사티어(1972)는 가족구성원들이 일반적으로 나타내는 의사소통 유형을 〈표 11-2〉에서와 같이 다섯 가지로 분류하였다. 앞의 네 가지는 불일치형(즉, 역기능적) 의사소통 유형을 나타내며, 마지막 한 가지는 **일치된 의사소통** 유형을 나타낸다.

사람들은 대개 한 가지 유형의 불일치형 의사소통에 머물지 않고 상황에 따라 한 가지 유형에서 다른 유형으로 옮겨 간다. 따라서 가족 안에는 여러 가지의 불일치형 의사소통이 섞여서 존재할 수 있다. 비난형 남편/비난형 아내/아첨형 아들의 가족관계가 있을 수도 있고, 비난형 아내/초이성형 남편/산만형 딸의 가족관계도 존재할 수 있다. 이들 가정에서 부부와 자녀 간에 실제 있음직한 대화의 내용을 각자 찾아내는 연습을 해 보기 바란다. 가족구성원들이 서로 일치형 의사소통을 하는 방법을 익히지 않는다면 위의 네 가지 불일치 의사소통 유형 또는 변형상태에 머물 수밖에 없다는 것이 사티어의 주장이다.

② 자아존중감의 사정

높은 자존감과 일치형 의사소통은 동전의 양면과 같이 서로 밀접한 관련을 갖고 있다. 또한 이것은 정신적으로 건강하고 생산적인 삶을 사는 사람들이 갖고 있는 주요 특성 중

1) 간접적(indirect), 불분명(unclear), 불완전(incomplete), 부정확(inaccurate), 미확인(unclarified), 왜곡(distorted), 부적절(inappropriate)한 의사소통 유형을 말한다.

한 부분이다. 높은 자존감을 갖고 있을 때 사람은 자신의 의견, 감정, 있는 그대로의 모습을 아무런 두려움 없이 당당하게 표현할 수 있다는 것이다. 자기 자신을 낮게 평가하는 사람은 학업, 직장생활, 타인과의 관계 형성 등에서 자신의 능력을 최대한 발휘하지 못한다. 자신의 고유한 가치에 대한 인정이 없을 때 우리는 새로운 일이나 목적 성취를 위한 도전을 망설이며, 자신을 타인에게 당당히 노출시킬 만한 자신감을 갖지 못하기 때문이다(Satir et al., 1991). 자기를 있는 그대로 받아들일 때 자신이나 타인에 대해 비판적 시각이 아닌, 있는 그대로의 느낀 바를 중립적으로 묘사할 수 있다. 즉, 자존감의 높고 낮음에 따라 개인이 자신과 타인 그리고 둘이 공유하는 상황에 대한 표현과 해석이 달라질 수 있다는 것이다.

사티어 등(1991: 28)은 **낮은 자존감**을 가진 사람과 **높은 자존감**을 가진 사람 사이의 차이를 비교한 바 있는데 그것에 기초하여 높은 자존감을 가진 사람의 행동 특성을 정리하면 다음과 같다.

- 타인이 바라고 요구하고 기대하는 사람이 되기보다는 타인과의 관계 속에 자기 자신으로 존재할 수 있는 것. 또한 타인들도 그렇게 될 수 있도록 도와주는 것
- 당당하게 자기다워지는 것
- 자기 입장을 취하는 것/자기 가치기준이나 신념에 맞게 행동하는 것
- 자신의 약점이나 강점을 있는 그대로 자유롭게 노출시킬 수 있는 것(비난을 두려워하지 않음)
- 자기 자신에 바탕을 두고 행동하는 것
- 분리(개별성)와 결합(소속감, 어울림)을 동시에 추구하는 상태(타인과 어울림도 즐기지만 혼자를 즐길 줄도 앎)
- 받아들일 수 있는 것과 없는 것, 할 수 있는 것과 없는 것에 대한 한계를 분명히 함('예' 또는 '아니요'가 분명함)
- 중요한 관계에 있어 '나'를 분명히 정의할 수 있음
- 중요한 정서적인 문제가 발생하였을 때 그것들에 맞서 부딪혀 나감
- 타인의 관점에 대해 수용적임

- 유연성을 갖고 있음(주장이 분명하나 유연함)
- 자기가 한 행동 및 언어에 대해 책임을 짐
- 다루어야 할 일에 직면함
- 위기를 성장을 위한 기회로 활용함

반면, **자아존중감**이 낮은 사람이 나타낼 수 있는 특성을 정리하면 다음과 같다.

- 자기 자신을 드러내는 것을 두려워함
- 방어적임
- 공격적임
- 남의 말에 쉽게 상처받고 흥분함
- 타인을 수용하지 못함
- 거절을 잘 못함(거절 후 타인의 평가와 비난이 두려워서)
- 혼자인 상태를 두려워함

사회복지사는 가족구성원들이 어떤 유형의 의사소통을 하고 있으며, 그 이면에 어떤 수준의 자아존중감이 작동하고 있는지를 파악하여 개입의 방향을 정해야 할 것이다.

③ 가족조각을 통한 가족사정

가족조각(family sculpture)이란 공간 속에서 가족구성원들의 몸동작이나 자세를 이용해 가족 상호작용 양상을 표현해 내는, 움직이는 형상의 조각이다. 사회복지사는 가족과 어느 정도의 신뢰와 안전감이 확보되었다고 판단되었을 때 가족구성원 중 1명(대개 IP)으로 하여금 가족구성원들을 주어진 공간 속에 배치하는 방법을 통해 가족의 현재 상호작용 양상을 표현해 내도록 요구할 수 있다. 발의 벌림과 구부림, 팔의 동작, 손가락의 동작, 머리 자세, 허리의 구부림이나 젖힘, 무릎 꿇음, 얼굴 표정, 눈초리 등 사람의 신체로 표현될 수 있는 모든 요소들이 가족조각과정에 동원될 수 있다. 다른 가족구성원들을 이용해 가족조각을 만든 사람도 맨 마지막에 단계에는 자신이 만든 조각의 어느 한 부분에 들어가 동작을 취해야 한다. 조각이 만들어지는 전 과정에 사회복지사는 가족조각을 만들어 가는 가족구성원을 적극적으로 도와주어야 한다. 가족조각을 하는 동안 가족은 서로 이야기하거나 웃지 않도록 하는 것이 좋다. 웃거나 이야기하는 일 등은 자기를 드러내지 않은 채 장난으로 치부하려는 자기방어적 행동일 수 있기 때문이다.

가족조각을 통해 표현될 수 있는 요소들은 무궁무진할 수 있지만, 대개 하위체계 내에 누가 포함되고 배제되는가, 누가 서로 융합되고 얽힌 관계인가, 누구와 누구 사이가 가장 소원한가, 누가 지배하고 누가 복종하는가 등이 표현될 수 있다. 또한 가족 내에 존재하는 가족규칙을 포함한 상호작용 양상이 가족조각을 통해 표현될 수 있다. 의사소통의 양상은 신체가 나타내는 동작 및 자세를 통해, 권력의 관계는 수직적인 공간에서 높이 서 있는 사람과 낮게 구부리고 있는 사람의 모습을 통해, 가족 간의 친밀도는 수평적인 공간에서 멀리 떨어져 있는 사람과 가까이 있는 사람의 모습을 통해 표현될 수 있다. 사티어 등(1991: 284)이 부부와 두 자녀로 구성된 가족의 가족조각을 예로 든 것을 소개해 본다.

예시

아버지는 초이성형으로서 자신의 권위를 상징하듯 의자 위에 서 있다. 어머니는 아첨형의 대처방식을 나타내며 바닥에 무릎을 꿇고 있다. 한 아이는 아버지 곁에 바짝 붙어 앉아 누군가를 비난하는 듯한 자세를 취하고 있고, 다른 한 아이는 산만형의 대처양식을 표현하듯 나머지 가족과 멀리 떨어져 천진난만한 장난을 치고 있다.

가족조각을 마친 후 사회복지사는 그 조각에 대해 각 가족구성원들이 어떤 생각과 감정을 갖고 있는지를 묻는다. 사티어는 이 과정에서 가족의 이성적 피드백보다는 감성적 피드백을 얻어내는 것이 중요하다고 하였다. 즉, “어머니는 무릎 꿇고 있기보다는 등을 돌리고 앉아 있어야 할 것 같아요. 그래야 우리 가족상황을 더 정확히 표현할 수 있어요.”라는 피드백보다는 “어머니가 무릎 꿇고 있으니 죄인 같아 불쌍한 생각이 들어요.”라는 피드백이 나올 수 있도록 하는 것이 좋다는 것이다. 가족조각을 만들어 가는 과정에서, 그리고 만들어진 가족조각을 통해 가족 내에 숨겨져 표현되지 못했던 감정, 가족규칙, 가족신화 등이 노출될 수 있다. 사회복지사는 노출되는 상황들에 대해 가족 상호 간 피드백이 일어날 수 있도록 촉진함과 동시에, 그들의 내용 및 패턴을 더욱 깊이 있게 파고 들어가면서 가족에 대한 사정의 폭을 넓혀 갈 수 있다.

가족조각에 대한 피드백 주고받기 상황이 끝나면 사회복지사는 각 가족구성원들로 하여금 문제상황을 반영한 현재의 조각이 앞으로 어떻게 변화되었으면 좋겠는가를 생각해 보게 한 후 그것을 다시 조각으로 표현하게 한다. 또한 이러한 가족조각의 변화를 위해 가족구성원 중 누가 어떻게 행동해야 할 것인가를 묻는다. 문제해결 과정은 역기능적 상황에 놓였던 가족의 그림을 보다 바람직하며 지지적인 관계를 내포하는 가족그림의 방향으로 옮겨 가는 것이다. 사티어는 가족이 정직하고 직접적이며 명확히 의사소통할 수 있도록 돕고자 하였다.

2) 가족의 역사적 맥락

사회복지실천은 사정과 개입에 있어 기본적으로 '**지금-여기**(here and now)'를 강조한다. 이것은 비교적 짧은 시간 내에 가족문제의 해결을 선호하는 가족 사회복지실천에서도 마찬가지다. 하지만 가족이 표출하는 문제상황에 따라서는 몇 세대에 걸쳐 발생한 가족의 관계 양상, 구조 양상, 기능 양상 등을 전체적으로 파악해 볼 필요가 있을 수 있다. 특히, 우리나라에서는 원가족과 분가가족 간 경계의 불명확성으로 인해 많은 가족문제가 발생하고 있다. 몇 세대에 걸친 원가족 연구를 통해 오늘의 가족이 소유하고 있는 역사적 맥락을 살펴봄으로써 가족은 자신의 가족 내에 흐르고 있는 여러 가지 현상을 체계적인 관점에서 이해할 수 있다. 사회복지사 자신도 클라이언트 가족의 역사를 파악함으로써 자신이 개입할 가족의 문제에 대해 전체적이고 포괄적인 이해를 할 수 있다. 가족이 갖고 있는 현재의 문제에 영향을 미치는 가족 내력을 파악해 볼 수 있는 방법 중 하나가 가계도의 작성을 통한 가족평가이다.

(1) 가계도의 의미

가계도는 머레이 보웬(Murray Bowen, 1978)의 다세대 가족체계이론에 기초한 것으로서 가족개입을 행하는 사회복지사들에 의해 주로 사용되기 시작하였다. 그 밖에도 보웬과 다른 이론적 성향을 가진 사회복지사들(Hartman, 1978; Liberman, 1979)도 가족평가를 위해 가계도를 활용해 왔으며, 현재는 많은 사회복지사들이 상황에 따라 가계도를 적절히 활용하고 있다. 다만, 구조적 가족치료가들과 전략적 가족치료 실천가들(Haley, 1976; Madanes, 1981; Minuchin, 1974) 그리고 단기개입을 선호하는 사회복지사들은 그들의 가족개입 과정 전반에서 가계도를 사용하지 않아 왔다. 구조적 가족치료자들은 몇 세대에 걸친 가족의 생물학적 · 법적 구조보다는 지금 현재의 가족 내에 존재하는 정서적 관계를 평가하고 개입하는 것에 초점을 두었다. 그럼에도 불구하고, 이들은 가족의 위계구조와 세대 간 경계를 넘어 존재하는 가족원들 간 연합에는 관심을 가졌다. 단기개입 쪽에서는 문제 자체의 내력보다는 문제 발생 후 대처과정이나 문제해결에 더 많은 비중을 두어 왔다.

가계도 패턴 분석의 개념적 틀은 보웬(1978)이 제시한 개념에 바탕을 두고 있다. 보웬(1978)은 가족성원들이 세대, 출생순서, 성별 등의 특성에 따라 구분될 수 있고, 한 개인이 전체 가족구조 내에서 어떤 특성을 갖고 어떤 위치에 놓이느냐에 따라 현 가족 내에서 그 개인의 기능상태 및 관계 양상 그리고 그 개인이 향후 형성하게 될 가족의 양상이 다르게 나타날 수 있다고 하였다. 즉, 출생순서나 성별 등의 요소가 형제자매 간의 관계에 영향을 미칠 수 있다는 것이다. 예를 들면, 장남 · 장녀가 가족이나 사회에서 전반적으로 나타내는 특성은 막내나 중간 형제들이 나타내는 전반적 특성과 다를 수 있다는 것이다. 사회복지사는 가계도 작성 및 분석을 통해 한 개인이 그가 속한 전체 가족구조에서 차지하고 있는 위치와 특성을 조사함으로써 가족의 일반적 특성을 미리 짐작해 볼 수 있다. 하지만 이것은 어디까지나 잠정적인 짐작일 뿐 확정적인 사실을 의미하지는 않는다.

보웬(1978)은 가계도를 통해 가족양상 **다세대 전이**(multi-generational transmission of family patterns)를 파악할 수 있다고 하였다. 가족체계에서 나타나는 특성들은 몇 세대를 두고 되풀이되는 경향이 있어, 어떤 한 세대에 발생한 사건이나 관계 양상은 다음 세대에서도 발생할 수 있다는 것이다. 실제 나타나는 양상의 형태는 때로 다를지라도 양상 속에 숨겨진 동일한 속성은 여러 세대에 걸쳐 이어질 수 있다. 이런 현상이 발생하는 이유는 다음 세대가 전 세대의 관계 양상을 은연중에 모방할 수 있기 때문이다. 보통 3세대 이상의 가족에 관한 정보가 도식화되어 있는 가계도를 통해 우리는 한 세대에서 다음 세대로 이어지며 반복되는 가족기능, 가족관계, 가족구조 등의 양상을 찾아볼 수 있다.

(2) 가계도의 작성

가계도는 크게 보아 가족구성원의 특성 및 위치를 표시하는 요소와 가족관계의 성격을 표시하는 요소로 구성되어 있다. 가계도는 이들 두 요소의 적절한 결합을 통해 가족에 관한 방대한 양의 자료를 도식화한 것으로서 복잡한 가족구조, 가족형태, 가족관계 등을 한눈에 볼 수 있다. 가계도를 통해 표현할 수 있는 주요 요소들을 정리하면 다음과 같다.

① 가족구성원의 특성, 위치 및 가족구조

생물학적 · 법적 가족구성원들과 이들의 위치를 도식으로 표시한다([그림 11-7] 참조). 가족과 생활하는 주요 타인이 있을 경우, 가계도의 오른편에 이들을 그려 넣고 그들이 누구인가를 설명한다. 생물학적 · 법적 가족구성원이 아닌 주요 타인은 가족구성원들을 연결하는 선과는 따로 떨어져 표시된다.

가계도에 기록될 가족구성원의 특성에는 성별([그림 11-5] 참고), 출생 및 사망과 관련된 정보, 형제 순위, 결혼 · 이혼 · 재혼 · 사실혼 내용 등이 기본적으로 포함될 수 있다. 이 외에도 가족원의 현재 종교 또는 종교의 변화, 교육 정도, 직업 또는 실업상태, 군복무, 퇴직, 범법 사실, 신체적 · 성학대 경험, 세대별 전이가 가능한 병력(고혈압, 당뇨, 비만 등), 알코올 의존 · 중독, 흡연, 가출 경험, 가족기념일(기쁨, 슬픔 모두 포함), 가족의 현재 거주지 등이 포함될 수 있다. 가계도에 포함될 가족구성원의 특징은 가족이 현재 나타내고 있는 문제의 성격에 따라 사회복지사가 판단하여 얼마든지 추가할 수 있다.

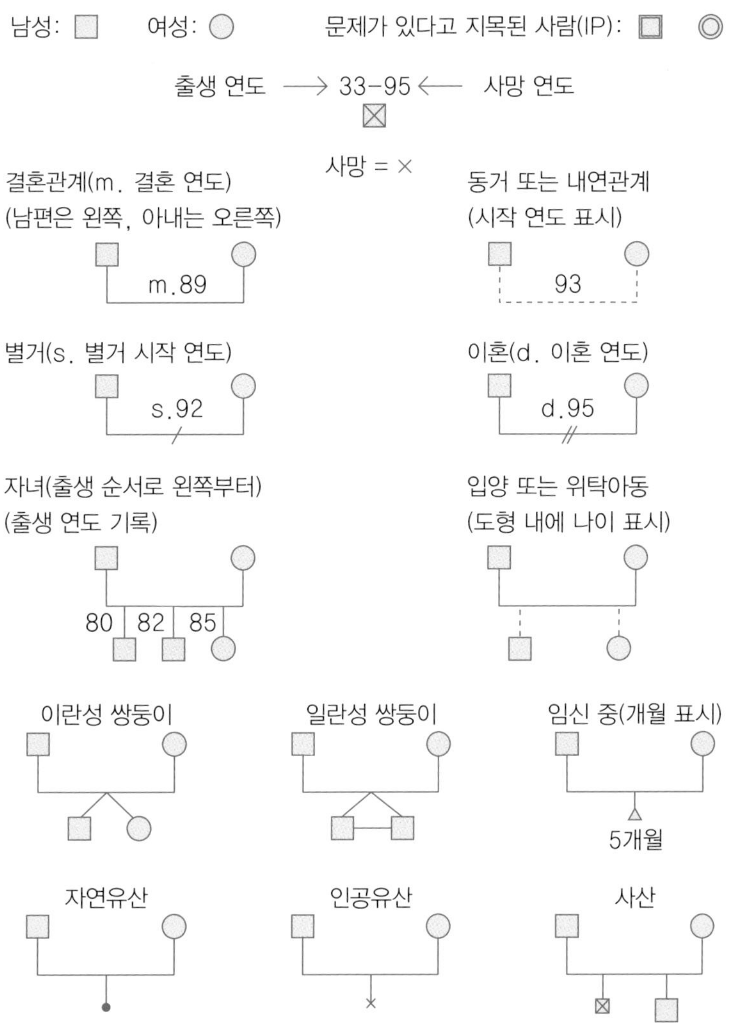

[그림 11-5] **가족구성원 기호**

출처: McGoldrick, M., & Gerson, R. (1985). *Genograms in Family Assessment* (p. 154). New York: Norton & Company.

[그림 11-6] **가족관계 기호**

출처: McGoldrick, M., & Gerson, R. (1985). *Genograms in Family Assessment* (p. 155). New York: Norton & Company.

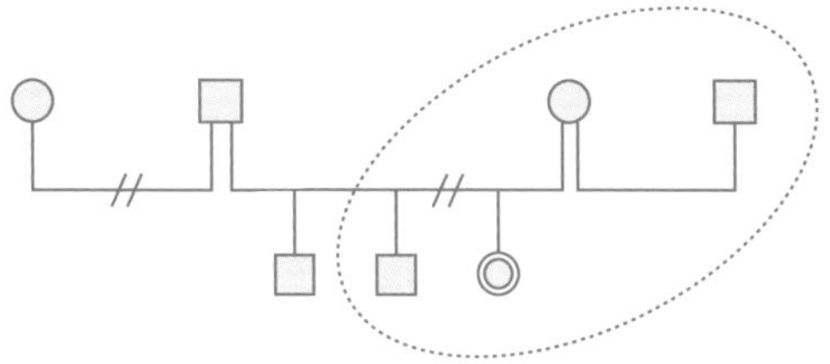

[그림 11-7] **IP를 포함한 현재 가족구성원 표시**

② 가족관계 양상 및 속성

- 세대 간 그리고 현재의 가족 맥락 속에 존재하는 갈등, 긴장, 불안 등의 흐름을 표시할 수 있다([그림 11-6] 참조).
- 가족에 존재하는 **정서적 융합**[2] 현상을 찾아내어 표시할 수 있다. 보웬에 의하면, 정서적으로 융합된 관계는 스트레스에 직면했을 때 두 사람 각각의 지혜와 정서로 반응하는 것이 아니라, 하나로 융합된 정서상태에서 반응하기 때문에 제 기능을 발휘하기 어려울 수 있다. 즉, 스트레스나 불안의 수준이 가라앉지 않고 걷잡을 수 없이 증폭될 수 있다.
- 가족 내 하위체계 간 경계의 성격을 파악해 표시할 수 있다. 하위체계가 폐쇄되어 있을 경우, 그 하위체계에는 외부 세력의 영향력이 미칠 수 없다.

2) 정서적 융합(emotional fusion)은 상호작용하는 두 사람의 감정이 서로 분화되지 않고 거의 합일을 이루고 있는 경우를 말한다. 정서적 융합에는 적대감과 충돌 등의 부정적 정서의 융합과 기쁜 감정을 경험하는 경우의 긍정적 융합이 있을 수 있다.

- 가족 내 **삼각관계**를 파악할 수 있다. 보웬에 의하면, 2인 관계는 불안한 성향을 갖고 있어, 스트레스 상황을 만나게 되면 2인 관계하에 있는 두 사람은 제삼자를 끌어들여 연합을 구축함으로써 체계를 안정화하려는 경향이 있다. 따라서 정서체계의 기본 단위는 삼각관계가 되는 경향이 있다. 가계도는 가족체계 내에 존재하는 주요 삼각관계를 확인하는 데 도움을 줄 수 있다. 그리고 이 삼각관계가 세대를 넘어 어떻게 옮겨 가고 있는지를 관찰할 수 있다. 또한 이들을 변화시킬 수 있는 전략을 생각해 내는 데 도움을 줄 수 있다.

③ 가계도의 유용성

- 가족이 현재 나타내고 있는 문제, 가족 내에 반복적으로 나타나고 있는 사건, 관계 양상, 기능 양상 등이 어떻게 연결되어 있는지를 파악함으로써 이들을 체계적으로 이해할 수 있게 한다.
- 사회복지사와 클라이언트 모두에게 관심 대상 가족에 대한 큰 그림을 볼 수 있게 한다. 여러 세대를 통해 가족 속에 흐르고 있는 주요 관계 양상, 영향력 있는 인물, 지배적인 주제와 아울러 가족구조의 변화들이 한 장의 종이에 일목요연하게 표시될 수 있다. 이로써 가족의 속성이 종단·횡단, 종합·통합적으로 한눈에 파악될 수 있다.
- 가계도 작성과정과 작성 후에 그 결과를 갖고 가족에게 체계적인 질문을 해 나갈 수 있다.

④ 가계도 활용의 예

[그림 11-8]은 가계도를 활용하여 한 가족 안에서 나타난 세대 간 반복적으로 발생한 사건을 요약한 것이다. [그림 11-8]에서 가족에 의해 문제를 갖고 있는 것으로 지목된 사람(Identified Person: IP)은 현재 41세의 주부이다. 이 사람은 비서로 일한 적이 있으나, 현재는 실직상태로 우울증세를 보이고 있다. IP의 우울증은 그녀의 원가족의 어머니와 철저한 정서적 분리가 일어나지 못한 결과로 보인다. 가계도에서 IP와 IP 어머니의 관계가 갈등을 동반한 밀착()으로 표시되어 있음을 통해 그것을 알 수 있다. 또한 IP의 원가족으로부터 우울증세가 여성을 통해 전수되고 있음을 볼 수 있다. IP의 우울증은 최근의 실직

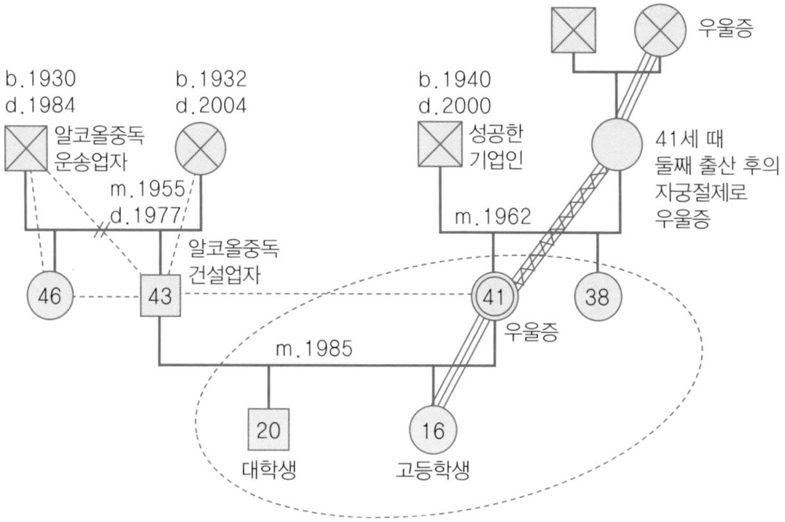

[그림 11-8] **가계도의 실제 예**

출처: Patterson, J., Williams, L., Grauf-Grounds, C., & Chamow, L. (1998). *Essential Skills in Family Therapy: From the First Interview to Termination*. New York: Guilford, p. 76 재구성.

에서 기인된 바가 크다. 그런데 IP의 어머니도 IP의 동생을 출산한 후 자궁절제수술을 받느라 직장에 나가지 못하면서 직장을 잃었다. IP 어머니의 우울증이 시작된 것은 바로 이때였다. 사실, IP의 어머니는 2명의 자녀를 더 갖기를 희망했었다. 그 후 IP가 결혼해 IP의 어머니를 떠나 멀리서 살게 되자 IP의 어머니는 다시 우울증세를 나타냈었다. 이때 IP 어머니의 나이가 현재 IP의 나이와 같은 41세였다. IP는 자신의 우울증세를 달래기 위해 고등학교 재학 중인 자신의 딸과 애착관계를 보이고 있다. 한편, IP의 남편은 현재 알코올중독 증세를 보이고 있다. 그의 아버지도 알코올중독 증세를 보였었다. IP의 남편은 그의 아버지가 그랬었던 것처럼 가족의 누구와도 친밀한 관계를 맺고 있지 못했다. 그가 14세 때 그의 부모는 이혼했다.

(3) 가계도 사용 시 유의점

가계도의 작성은 첫 면담이나 두 번째 면담을 통해 작성되는 것이 보통이다. 도움을 받기 위해 사회복지사를 찾아온 가족에게 무조건 가계도를 함께 그릴 것을 강요할 것이 아니라, 가족이 도움을 요청하게 된 이유와 가계도를 통해 담아낼 내용이 어느 정도 일치되는지를 가장 먼저 살펴야 한다. 무엇보다도 과거의 가족사건이 현재의 가족문제에 영향을 미치고 있다는 심증이 갈 때만 가계도를 선별적으로 사용하는 것이 좋다. 대개 다세대 간 갈등, 원가족과의 갈등, 고부간의 갈등, 해결되지 않은 과거의 가족갈등을 갖고 있는 가족 대상으로 가계도가 활용될 수 있을 것이다.

이때에도 **가족의 역사적 배경**이 현재의 가족문제에 주는 영향을 깊이 있게 살펴보는 것이 필요한 이유와 가계도가 그려지는 방법 등에 대해 클라이언트에게 충분히 설명하고 양해를 구한 뒤 가계도 그리기 작업에 들어가는 것이 좋다. 가족이 현재 시점에서 겪고 있는 문제에 대해 설명하기를 원하고 그 문제를 신속히 해결하기를 바라고 있음에도 불구하고, 사회복지사가 현재의 가족문제와 가족상황에 대해서는 흥미를 보이지 않은 채 아무런 설명도 없이 원가족에 대한 정보를 캐기 시작한다면 어떤 상황이 벌어질까? 가족은 사회복지사의 질문에 대해 마지못해 답을 하면서도 자신들이 제공하는 정보가 지금 당장 직면한 문제의 성격이나 해결과는 별 상관이 없다고 생각할 수 있다. 또한 원하지 않는 원가족의 비밀에 대해 묻고 있는 사회복지사가 자신의 사적 공간을 침해한다고 생각할 수도 있을 것이다.

현재의 어려움에 대한 즉각적인 답을 찾는 가족에게도 가계도의 실시가 꼭 필요하다고 판단될 경우가 있다. 이럴 때 사회복지사는 클라이언트에게 그 가족이 어떻게 구성되어 있으며, 개략적인 가족관계는 어떤가를 파악하기 위해 가계도를 그리는 것이라고 설명한 후 가급적 간략하고 신속하게 가계도를 그리는 것이 좋다. 한 가지 유념해야 할 것은, 가족 역사는 현재의 상황을 이해하는 데 도움을 줄 뿐 현재 상황의 변화에는 큰 도움을 주지 못할 수 있다는 사실이다. 또한 가계도를 그릴 때는 가능한 가족원 모두가 참여한 가운데 사회복지사와 함께 작업을 하는 것이 좋다. 큰 종이에 함께 이야기를 나누며 가계도를 그리는 것도 하나의 방법이다.

3) 주변 환경과의 상호작용 파악

가족문제 중에는 주변체계와의 상호작용 과정을 통해 해결되어야만 하는 문제들도 있다(Imber-Black, 1988). 예를 들어, 알코올 문제를 갖고 있는 아버지가 자녀들을 잘 돌보지 않고 있는 사이 자녀들이 학교에서 싸움을 벌이는 등 말썽을 자주 일으키는 경우이다. 한 아이의 학교 선생님은 자녀문제로 가족구성원과 얘기를 나누려고 하지만, 아버지의 알코올 문제와 무책임으로 인해 대화의 상대를 찾지 못하고 있다. 다른 한 아이는 학교에 가지 않고 불량친구들과 어울려 환각물질을 흡입하다가 친구들과 함께 경찰에 붙잡혔다. 이러한 경우 가족문제는 아버지, 자녀들, 학교 선생님, 경찰서, 친구의 부모 등과 같은 가족의 주변체계의 맥락 속에서 이해되고 개입될 필요가 있다. 또 다른 예로서 다문화가족의 청소년이 우울과 불안증세를 보이며 학교수업에 빠지는 등 학교생활에 적응하지 못할 때 사회복지사는 가족문제를 해결하기 위해 가족과 학교체계를 동시에 살펴볼 필요가 있다. 이렇듯 때로 가족문제 해결을 위해서는 가족과 상호작용하는 가족 주변체계의 속성을 파악하고 그들과 협력할 필요가 있다.

가족과 그 가족을 둘러싼 주변체계의 속성과 그들과의 상호작용 양상 파악에 앞서 알아보아야 할 것이 가족체계 경계의 속성이다. 일반적으로 **폐쇄된 경계**를 갖고 있는 가족체계는 가족 주변 환경과 교류가 적어 외부 자원 및 정보의 접근에 배타적이다. 이러한 가족은 결과적으로 자신들만의 가족 패턴을 유지하면서 그것을 더욱 경직시킬 가능성이 있다. 문제는 그 가족 패턴이 역기능적일 경우이다. 유연성이 떨어져 있기 때문에 이들 가족은 위기에 직면했을 경우에도 역기능적 대처방식을 바꾸지 않은 채 그 방식을 고수할 가능성이 크다.

반면, **개방된 경계**를 갖고 있는 가족체계는 가족 주변의 다양한 환경 및 자원과 활발한 교류를 한다. 이러한 가족이 내부 또는 외부적 위기에 직면했을 때 사회복지사는 그 위기를 해결하기 위해 가족 내부의 자원뿐만 아니라 가족 외부의 자원을 찾아내 연결해 줄 수 있다. 개방 가족의 상호작용 양상을 변화시키기 위해 사용될 수 있는 전략도 가족 외부의 자원을 이용해 다양하게 구사될 수 있다. 따라서 가족문제에 개입하는 사회복지사는 가족이 외부 환경과 어느 정도의 교류를 하고 있으며, 그 교류 양상은 어떠한지를 파악할 필요가 있다.

(1) 가족문제의 생태적 사정

가족체계의 **생태적 사정**(ecological assessment)이란 사회공간 속에서 가족체계가 어떤 위치와 상황에 놓여 있는가를 파악하는 것을 말한다. 사회복지 이외의 다른 상담 분야에서 행해지는 가족상담에서는 가족 자체 내부의 문제 양상의 파악과 변화에만 집중하는 경향이 있는 반면 사회복지적 가족개입에서는 가족의 문제를 가족체계와 주변 사회체계와의 관계 속에서 파악 및 해결하고자 한다. 즉, 가족문제의 해결을 위한 사회복지적 개입에서는 가족 내부 구성원의 변화뿐만 아니라 가족 주변의 자원들을 발굴하고 연결해 주는 역할이 강조된다.

가족과 환경 간 관계 분석의 목적은 가족체계와 가족 주변 환경 간의 접촉에서 발생하는 다양하고 복잡한 정보를 수집하고 정리하는 것이다. 이러한 복잡한 정보를 수집하는 데 있어서는 시각효과를 가진 도표를 사용하는 것이 좋다. 하나의 도표는 우선 전체적인 그림을 제시하는 데 유용하다. 다양하고 복잡한 정보가 하나의 도표에 옮겨질 수 있다면 그 가운데 존재하는 주요 교류 양상이나 주제들이 출현하는 것을 관찰할 수 있게 된다. 관찰된 교류 양상이나 주제를 중심으로 가족문제의 사정 및 개입과 관련한 가설들이 도출될 수 있다. 이러한 가설은 이어질 가족개입을 어떻게 계획하고 진행해 나갈 것인가에 대한 안내도 역할을 할 수 있다. 가족체계 경계의 성격과 주변 환경과의 교류 내용을 파악하는 데 도움을 줄 수 있는 시각적 도표가 **생태도**(eco-map)이다.

(2) 생태도

앞서 제2장에서 소개한 대로, 생태도는 앤 하트만(Ann Hartman, 1978)에 의해 개발된 것으로서 개인 및 가족의 사회적 맥락과 개인 및 가족을 둘러싼 사회체계들과의 상호작용 상태를 하나의 그림으로 나타낼 수 있도록 고안된 도구이다. 원래는 아동을 둔 가족이 주변 환경으로부터 어떤 자원을 필요로 하는지를 조사하는 데 유용한 도구로 고안되었으나, 현재는 다양한 용도로 사용되고 있다. 생태도의 일반적 특성과 유용성에 대해서는 제2장의 내용(pp. 73-76)을 참고하기 바란다.

하트만과 레어드(Hartman & Laird, 1983: 166-169)는 다양한 가족들이 처한 상황을 파악하기 위해 생태도를 작성하면서 다음의 구체적인 질문을 할 것을 제안하였다. 이러한 질문들은 이 장의 제1절에서 살펴본 다양한 가족들(알코올 의존 가정, 폭력 가정, 치매노인 가정, 위탁가정, 조손가족, 다문화가족 등)이 처한 특수한 상황들과 함께 가족 내 외의 자원을 파악하는 데 도움이 된다.

① 생태 환경과 가족과의 전반적 관계

- 가족의 생태 환경 내 가족이 갖고 있는 주요 자원(예: 가족의 기본적 욕구를 충족시킬 만한 소득 존재 여부, 가족 생활 공간의 적절성)
- 가족의 생태 환경 안에서 필요하지만 부족한 자원이나 지원 체계(예: 가족이 위치한 지역사회의 안전성과 쾌적성 측면에서의 상황)
- 가족체계와 주변 생태 환경과의 관계 속성(예: 이웃 · 친지 · 친구들과 의미 있는 교류를 하고 있는가? 가족의 가치나 문화가 가족이 속한 지역사회의 문화 · 가치 · 전통과 조화를 이루고 있는가? 가족구성원들이 경제활동을 하고 있는가? 있다면, 그 일이 의미 있고 만족스러운 것인가?)

② 가족-환경 간 경계(boundary)의 성격

- 가족은 새로운 관계 형성이나 새로운 경험에 개방적인가? 아니면 폐쇄적인가? 그 정도는?
- 가족의 경계는 침투 가능한가? (예: 가족 속으로 진입할 여지가 있는가? 가족구성원들이 다른 사람 또는 다른 기관과 개별적 접촉을 하는가? 다른 사람들이 가족을 방문하거나 가족에 정서적 영향을 행사할 수 있는가?)
- 가족 경계는 유연한가? (예: 가족 경계가 환경 변화에 따라 적절하게 확장/축소, 또는 개방/폐쇄되는가? 상황에 따라 가족이 가족원에 대한 통제/자율보장 사이를 오가는가?)
- 위축된 가족 경계라면 그 원인이 가족 내 원인인가? 생태 환경의 원인인가? 아니면 모두의 원인인가?

(3) 문화도

다문화 가정의 경우 구성원들의 조합, 가족 및 구성원들의 가치 체계나 믿음체계 등이 주류문화 가족의 그것들과 달라 서로 충돌할 수 있어 생태도에서 살펴본 내용 외에 추가적인 정보수집이 필요하다. 콩그레스(Congress, 1994)는 문화적 다양성을 지닌 클라이언트와 그 가족을 사정하기 위해 **문화도**(culturagram)를 개발하였다. [그림 11-9]의 문화도는 2000년에 수정된 것으로서(Congress, 2005) 다음의 열 가지 영역의 정보를 수집하여 한눈에 알아볼 수 있도록 제시하고 있다.

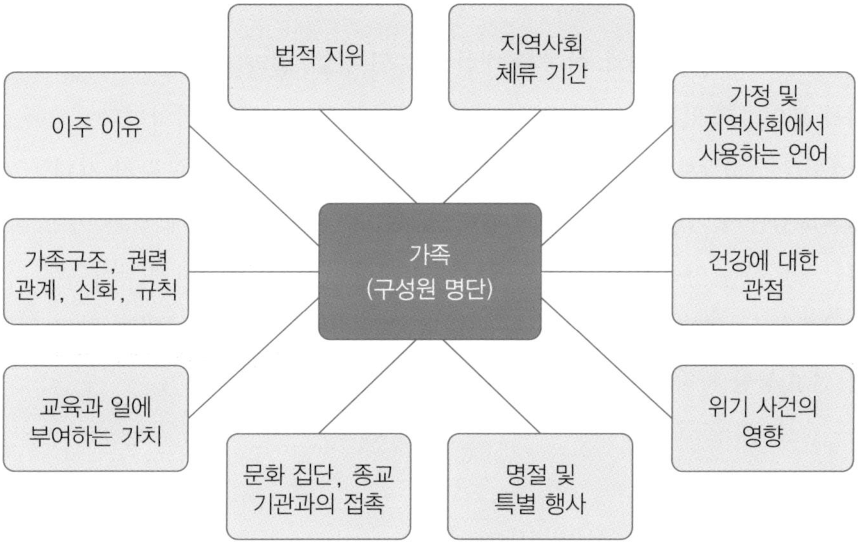

[그림 11-9] **문화도**

- 이주 이유: 다문화가족 구성원별로, 또는 전체 가족 대상으로 한국으로 이주 또는 입국하게 된 이유를 알아본다.
- 법적 지위: 합법적 체류, 혹은 불법 체류인지를 알아본다.
- 지역사회 내 체류 기간: 현재의 장소에서 살고 있는 기간, 또는 입국 시점을 알아본다.
- 가정 및 지역사회에서 사용하는 언어: 가족끼리 사용하는 언어와 가족 밖 지역사회에서 사용하는 언어를 가족구성원 개별적, 또는 가족 전체적으로 살펴본다.
- 건강에 대한 관점: 건강, 질병, 치료 등에 대해 나름대로 갖고 있는 관점이나 믿음을 파악한다. 한 예로, 영적 치료를 신봉하여 병원 치료를 거부하는 경우도 있을 수 있다.

- 위기 사건의 영향: 가족이 겪은 위기 사건(질병, 실업, 노인의 죽음, 청소년 비행 등)이 가족에게 미치는 영향을 파악한다.
- 명절 및 특별 행사: 가족이 중요하게 여기며 즐기는 명절이나 고유한 행사(세례식, 장례식, 결혼식 등의 독특한 양상)를 알아본다.
- 문화 집단 및 종교기관과의 접촉: 문화를 공유하는 취미나 사교집단 참여 여부, 종교 모임 참석 여부, 종교적 신념이나 문화 정체성의 강도를 가족구성원 개별적, 또는 가족 전체적으로 파악한다.
- 교육과 일에 부여하는 가치: 아동에 대한 교육열 정도, 일과 교육 중 어느 것에 더 큰 의미를 부여하고 있는지, 아동을 일에 참여시키고 있는지 등을 파악한다.
- 가족구조, 권력관계, 신화, 규칙: 재혼가족 여부, 재혼 가족의 경우 각자 자녀를 가진 채 결혼하였는지 여부, 가족 안에서 권력 행사를 주로 하는 사람(예: 남편, 아내, 시어머니, 장인 등), 아동 양육의 주도권을 행사하는 사람, 남녀의 권력관계(남성우위, 여성우위, 남녀평등), 성역할 유연성, 아동양육 방법, 가족 내 불문율, 가족만이 갖고 있는 신화나 전설 등을 파악한다.

3. 모델별 주요 가족 개입기술

1) 역사적 관점

역사적 관점에 속하는 대표적 이론틀은 보웬의 다세대체계이론이다. 이에 입각한 개입을 하기 위해서는 이론의 중심적인 개념에 대한 간략한 이해가 필요하다.

(1) 탈삼각관계와 자아분화

삼각관계는 정서적 갈등관계에 있는 어떤 두 사람이 또 다른 한 사람을 끌어들여 자신들의 갈등을 완화하려는 것을 나타내는 개념이다. 삼각관계 현상은 자아분화 수준이라는 개념과 밀접히 관련되어 있다. 자아분화가 덜 되어 있고 긴장 수준이 높은 사람일수록 삼각관계 현상을 만들거나 그것에 합류될 가능성이 높다. 자아분화는 정신내적 측면과 외부관계적 측면을 모두 포함하는 개념이다.

생각과 감정이 적절히 분리되어 있으면 정신내적 측면의 자아분화 수준이 높은 것이다. 언어적인 공격을 당했을 때 흥분하지 않으면서 침착하게 대응하는 경우가 여기에 해당된다. 정신내적 측면에서 자아분화 수준이 낮은 경우, 언어적인 공격을 당했을 때 감정에 휩싸여 비이성적이고 비논리적으로 대응하게 된다.

외부관계적 측면에서 **자아분화**는 한 개인이 타인과의 관계에서 확고한 자아개념 또는 일관된 신념을 갖고 타인과 분리되어 자주적 · 독립적 행동을 하는 정도를 나타낸다. 외부관계적 측면에서 자아분화가 잘된 사람은 타인에게 자신의 생각, 감정을 자유롭게 노출하며, 타인과 친밀감을 유지하면서도 자신의 독특한 세계를 지켜 나가는 독립된 개체로서 행동한다.

가족 내에 자아분화 정도가 낮은 구성원들이 존재할 경우, 그들을 중심으로 삼각관계가 형성될 수 있다. 삼각관계의 전형적인 예로서, 부부 사이에 긴장과 갈등이 고조될 경우, 부부가 둘 사이의 문제를 당사자 간에 해결하지 않은 채 한 자녀를 자신들의 관계 사이로 끌어들여 그를 통해 자신들 사이의 긴장을 회피하거나 완화하려고 하는 경우이다. 즉, 자신들 사이의 갈등을 당분간 젖혀 두고 일단 자녀에게 관심을 집중함으로써 자신들 사이의 긴장을 완화하려고 하는 것이다. 이러한 삼각관계 속에 편입된 자녀가 민감한 성격의 소유자일 경우, 그에게서 여러 가지 문제증상이 나타날 수 있다. 자녀에게서 문제증상이 나타나면 부부의 관심은 이 자녀에게 더욱 쏠리면서 자신들의 애초 문제에 대한 근본적인 해결 노력은 더욱 멀어지게 된다. 자아분화 수준이 낮은 부모는 미분화에서 오는 자신들의 불안을 삼각관계를 통해 회피하려 하는 것이다. **삼각관계**는 가족체계 내에서 하나로서 끝나는 것이 아니라 한 핵가족 내에서 연쇄적으로 발생할 수 있다. 즉, 삼각관계를 구성하는 인원이 교체되어 가면서 삼각관계 양상은 한 가족 내에서 돌아가면서 지속될 수 있다는 것이다.

(2) 다세대 전이

삼각관계 양상은 한 세대를 넘어 여러 세대에 걸쳐 형성되고 발전 · 반복될 수도 있다.

한 세대에 발생한 현상이 이렇게 여러 세대에 걸쳐 전달되는 현상을 **다세대 전이**현상이라고 한다. 즉, 자아분화 수준이 낮은 사람이 자신과 비슷한 분화 수준을 가진 사람과 결혼하면 다음 세대의 자녀에게 그들이 가진 미분화 특징을 전수(투사)하게 되어, 자녀의 자아를 더욱 미분화상태에 놓이게 한다(Bowen, 1976). 이때 자녀는 최소한의 자아분화만을 한 채 부모와 밀착관계를 갖게 된다. 분화 수준이 낮은 가정일수록 투사경향이 심하다. 이전 세대의 미분화에서 발생한 불안을 감소시키기 위해 현 세대를 희생시키는 현상이다. 이러한 과정이 여러 세대에 걸쳐 계속되면, 가족구성원 가운데 미분화가 가장 심한 사람에게서 심각한 정서적 질환이 발생한다는 것이 보웬(1976)의 주장이다.

(3) 개입기술

자아분화가 낮은 구성원들이 삼각관계를 이루고 있고, 그것으로 인해 가정에 심각한 정서적 긴장과 불편이 따르고 있다면, 사회복지사는 그러한 불편을 해소하기 위해 가족구성원의 자아분화 정도를 높이기 위한 개입을 해야 한다. 이러한 개입에 있어 도움이 되는 도구가 앞서 살펴본 가계도이다. 가족구성원과 사회복지사가 함께 원가족을 포함한 여러 세대 간 가계도를 그려 가면서 가족구성원 중 한 사람이 정서적으로 어느 한쪽에 지나치게 융합되어 있는지 혹은 극단적인 정서적 반응을 보이고 있는지를 가족구성원 스스로 확인하도록 한다. 앞서 살펴본 대로, 자아분화와 삼각관계는 밀접한 관련을 갖고 있기 때문에 자아분화 정도가 낮은 사람은 삼각관계에 포함되어 있을 가능성이 높다. 사회복지사는 가계도를 이용하여 개인 가족구성원이 자신의 핵가족 또는 확대가족 내에서 삼각관계를 스스로 인식하고 그곳으로부터 벗어날 수 있도록 도와주어야 한다. 우선 정신내적 자아분화를 돕고, 다음으로 관계적 자아분화가 일어날 수 있도록 돕는다.

2) 구조적 관점

구조적 관점의 개입에서는 문제를 일으키고 있는 경직된 가족 상호작용구조를 찾아낸 후 가족이 그것을 버릴 수 있도록 사회복지사가 적극적 리더십을 발휘하여 순기능적인 상호작용 구조를 마련해 주는 것이다. 이 과정에서 가족구성원이나 사회복지사 모두는 가족의 문제와 관련하여 IP에게 관심의 초점을 맞추는 대신, 가족구조의 전체 맥락과 그 안에서 발생하는 모든 행동들에 관심을 가진다. 가족구조를 형성하고 있는 요소들은 다양한데, 그중에서도 가족구성원 간의 거리, 위계/권력구조, 가족구성원 간의 제휴/연합 등이 사회복지사의 관찰 및 개입의 대상에 포함된다. 구조적 관점에서 가족개입 시 사회복지사의 임무이자 능력은 가족문제의 배후에 존재하는 교류 양상을 찾아내는 것이다. 이러한 교류 양상을 찾아내고 찾아낸 것을 수정하는 데 필요한 기술들을 살펴보자.

(1) 가족구조 이해를 위한 실연

실연(enactment)은 가족이 경험하고 있는 문제를 사회복지사가 보다 정확히 이해하기 위해 가족들로 하여금 사회복지사 앞에서 문제상황을 연기해 보도록 요구하는 것이다. 문제상황을 둘러싼 가족의 역기능적 상호작용을 확인해 보기 위해서이다. 가족의 실연이 진행되는 동안 사회복지사는 세심한 관찰을 통해 문제상황 속에서 작동되는 역기능적 가족구조(기능)를 찾아낸다. 가족들은 자신들의 평소 상호작용 패턴을 실제로 시연해 내는 과정에서 전에 인식하지 못했던 역기능적 상호작용 요소를 스스로 분명하게 인식할 수 있다. 가족문제의 원인으로 한 개인이나 외부의 영향을 지목했던 평소 시각에서 벗어나 가족은 자신들의 상호작용 구조가 가족문제의 발생과 유지에 기여하고 있다는 인식을 하게 되면서 문제에 대한 시각을 확대하게 된다. 실연과정에서 사회복지사가 확보한 가족구조에 대한 구체적 정보는 향후 가족개입 방향에 대한 아이디어를 발굴해 내는 데 도움이 된다.

실연은 개입의 방향에 관한 정보를 확인해 내는 도구가 될 뿐만 아니라 그 자체로서 가족의 변화를 위한 도구가 될 수 있다. 사회복지사의 지지와 연출을 통해 가족들은 안심하고 새로운 상호작용 양상과 구조를 실험하고 도전할 수 있는 기회를 갖게 된다. 즉, 가족은 실연을 통해 새로운 언어표현, 행동, 관계구조 등을 실험해 볼 수 있다.

미누친과 피시(Minuchin & Fisch, 1981)는 실연의 실시 요령을 다음과 같이 제시하였다 (pp. 82-94).

① 가족이 자연스러운 상태에서 행하는 상호작용을 관찰한다. 역기능적 상호작용이 일

어나는 지점을 포착한다. 그 역기능적 상호작용 내용 중 특별히 강조해서 살펴볼 부분을 결정한다.

② 찾아낸 역기능적 상호작용 양상을 다시 실연해 낼 시나리오를 구상한다. 실연상황을 생각해 낸 후 그 상황 안에서 각 가족구성원들에게 어떤 역할들을 수행하도록 할 것인가를 생각해 낸다. 구상이 끝나면, 구상한 대로 수행하도록 한다. 가족이 상황 속 역할을 수행하는 동안 사회복지사는 가족 주변에서 그것을 관찰한다. 가족이 사회복지사에 의해 구상된 각본대로 역할을 수행하도록 옆에서 코치한다.

③ 실연을 통해 드러난 역기능적 상호작용을 대체할 수 있는 새로운 상호작용 패턴을 가족에게 제안한다. 이를 위해 우선, 역기능적 상호작용 속에서 약간의 변형이 가능한지를 탐색한다. 예를 들어, 가족 상호작용 양상이 고착되어 있으면 그 고착된 상호작용의 패턴이 약간 유연하게 변형될 수 있는지를 살펴보고, 그것이 가능하면 그렇게 하도록 한다. 전혀 새로운 상호작용 양상의 구축이 필요하면 그것을 연습시킨다.

예시: 통제 불능의 딸을 둘러싼 가족의 상호작용 구조 1

통제 불능의 네 살짜리 딸아이의 문제로 가족이 사회복지사를 찾았다. 자연스러운 상태에서 가족구성원 간 상호작용을 보니, 어머니가 딸을 구슬려 가면서 통제하려 할 때는 딸이 떼를 쓰며 반항하는 반면, 아버지의 권위적이고 단호한 통제에는 잘 따른다. 이 가족의 문제는 딸의 행동이 전혀 통제되지 않는 현상이 아니라, 어머니가 딸을 통제하지 못하는 상황임이 밝혀졌다. 사회복지사는 상담 진행 중에도 딸이 어머니의 통제에 따르지 않는 것을 발견한 후, 딸이 무엇을 하고 있으면 어머니의 마음이 편할지를 물었다. 딸이 상담실 구석에 가서 장난감을 갖고 놀고 있으면 자신의 마음이 편할 것 같다고 어머니가 답하자, 사회복지사는 어머니에게 그 원하는 그 상황을 만들어 보라고 했다. 어머니가 딸을 자신이 원하는 상황 속으로 이끄는 장면 속에서 사회복지사는 문제의 역기능 상황이 어떻게 드러나는지를 관찰하였다.

딸에 대한 어머니의 통제가 실패할 때, 아버지가 끼어들어 단호하고 권위적인 억양으로 딸을 대하면 딸이 아버지의 말을 따르게 되는 것을 발견했다. 이것이 가족의 보편적 상호작용 패턴임을 확인했다. 이때 사회복지사는 아버지가 끼어들지 않는 상태에서 어머니가 딸아이의 행동을 통제할 것을 요구한다. 어머니가 그것에 성공했을 때 실연을 종결한다. 이로써 어머니도 남편의 도움 없이 딸의 행동을 통제할 수 있다는 믿음을 갖게 된다.

(2) 가족 상호작용 구조의 변화

① 재구성

재구성(reframing)은 재정의로 번역되기도 하는 개념으로서 구조적 관점에서뿐만 아니라 전략적 관점에서도 흔히 사용되는 기술이다. 이 기술은 문제에 대해 가족이 갖고 있는 믿음체계와 관점을 변화시키기 위해 사용된다. 그렇다면 가족이 문제를 보는 종래의 시각은 어떤 것이며, 구조적 관점이 제시하는 문제를 보는 새로운 시각은 무엇일까?

구조적 관점의 개입 측면에서 보면, 현실의 문제를 보는 틀(framing)이 두 가지 존재하는 가운데 서로 충돌한다. 하나는 가족 나름대로 문제의 원인과 해결책에 대해 갖고 있는 인식 틀이다. 대개 이 틀은 가족의 구조를 최대한 현 상태로 유지한다는 전제에 바탕을 두고 있다. 가족은 대개 자신들이 습관적으로 갖고 있던 관점에서, 그리고 습관적으로 행해오던 역할수행의 연장선에서 문제를 파악하고 해결책을 모색하는 경향이 있다. 가족들은 대부분의 경우 증상을 표출하고 있는 개인이 문제의 원인이고, 그 개인만 변화되면 문제가 해결될 것이라는 믿음과 기대를 갖고 사회복지사에게 온다.

반면, 사회복지사는 가족이 제공하는 정보를 바탕으로 구조적 관점의 인식 틀을 구성한다(reframing). 즉, 문제의 원인이 특정 개인에게 있다기보다는 역기능적인 가족 상호작용 구조에 있다고 보고 가족구성원이 갖고 있는 문제 인식(framing)을 개인에서 체계, 또는 상호작용 구조로 확대・변환하도록(reframing) 설득한다. 이로써 가족이 역기능적인 현실구조에 머무는 것으로부터 벗어나 보다 새롭고 긍정적인 문제해결체계로 나갈 수 있도록 돕는다. 이를 위해 사회복지사는 실연, 초점화[3] 등의 다양한 방식을 통해 가족들이 갖

3) 이것은 '증상의 초점화'라고도 불리는 개념으로서, 가족이 호소하는 증상은 역기능적 가족구조의 반영이라는 관점에서 출발한다. 증상의 초점화는, 첫째, 증상의 강조 또는 과장하게 하기, 둘째, 가족의 다른 문제를 더욱 중시함으로써 초점 증상에 부여되는 의미의 축소화, 셋째, 증상에 부여되는 의미를 바꿈으로써 새로운 교류의 맥락을 창조하는 단계로 구성된다.

고 있는 상호작용 양상 및 구조를 극명하게 보여 줌으로써 가족들이 갖고 있는 문제 정의 방식을 깨뜨리고자 한다.

예시: 통제 불능의 딸을 둘러싼 가족의 상호작용 구조 2

부모는 딸이 행동장애를 갖고 있다고 보고, 딸의 행동만 변화시키면 가족문제가 해결될 수 있다고 생각한다. 부모가 갖고 있는 관점에 따라 딸을 가족문제의 원인으로 보는 것이다. 반면, 사회복지사는 딸이 반항행동을 하는 것은 어머니가 딸의 행동을 통제하려 할 때라는 것을 발견하였다. 어머니가 딸의 행동을 통제하려고 시도할 때마다 아이는 그것을 줄곧 무시하다가 어느 시점에서 아버지가 단호한 태도로 개입하면 아버지 말에는 복종을 한다. 일련의 상호작용 과정을 통해 딸은 어머니는 힘없는 존재라는 것을 확인함과 동시에 어머니를 힘없는 존재로 만들어 버리는 것이다. 결국, 어린 딸은 특정 시점에서 어머니가 자신에 대한 통제를 멈추고 아버지의 힘을 빌릴 수밖에 없다는 사실을 알고 그 양상을 되풀이해서 연출하는 것이다. 어머니 자신도 딸에 대한 자신의 통제노력은 결국 실패하게 되고 말 것이라는 생각을 갖고 아이를 대하게 되므로, 끝까지 일관성 있게 아이를 통제하려고 하기보다는 중간에 그만두고 만다. 가족이 이러한 과정을 되풀이할수록 아이의 문제행동은 현 상태를 유지할 수밖에 없다. 이러한 악순환적 가족 상호작용 구조를 깨뜨리기 위해 사회복지사는 어머니, 아버지, 딸 사이에 일어나는 상호작용 양상을 파악한 후 이러한 상호작용 양상 속에서 딸의 행동이 유지되고 있다는 사실을 가족 스스로 이해하도록 돕는다. 이를 통해 어머니, 아버지의 문제의식 초점이 아이로부터 전체 가족으로 이동하게 되는 것이다.

② 경계선 만들기

경계선 만들기(boundary making)는 밀착되어 있는 가족구성원들 사이에 적절한 경계를 만들어 주어 각자가 독립된 존재로서 기능하게 하는 기술이다. 가족들 간 밀착의 정도, 즉 가족 중에서 누가 누구와 가까운가, 가족들이 어떻게 연합되어 있나, 누가 누구와 2인 또는 3인 하위체계를 구성하고 있는지 등에 대한 정보는 가족이 앉아 있는 위치, 어떤 사람이 말을 할 때 누가 지지 발언을 하면서 거드는가, 어떤 사람에게 질문을 했을 때 누가 대신 대답을 하는지 등을 통해 파악될 수 있다.

• 2인 체계 내에 경계 만들기

2인 체계는 대개 질문을 받은 사람 대신 다른 가족이 지속적으로 응답을 하는 상황과 같이, 두 사람 사이에 경계가 없이 밀착되어 있는 경우이다. 이런 경우에는 사회복지사가 다음과 같이 반응할 수 있다.

예시: 경계를 만들기 위한 사회복지사의 언어적 개입

"당신은 동생의 기억력을 갖고 있군요!"

"누나가 다 대답하고 있는데, 너는 이야기 안 해도 될 것 같네."

"어머니는 이 가족의 대변인이고, 나머지 식구들, 특히 딸은 가만히 있으면 되는군요."

이러한 언어적 개입을 통해 가족 스스로 자신들의 상호작용 구조를 파악하고 변화의 필요성을 감지할 수 있도록 한다.

• 3인 체계 내에 경계 만들기

앞서 살펴본, 반항행동을 하는 네 살짜리 딸, 딸을 통제하지 못하는 어머니, 구원자로 끼어드는 아버지의 관계와 같이 말 안 듣는 아이, 무능력한 엄마, 힘 있는 아빠로 구성된 삼자관계가 3인 체계의 한 예이다. 또 하나의 대표적인 3인 체계의 예는 어머니, 아버지, 아들로 구성된 삼자관계이다. 즉, 어머니, 아버지 사이에 긴장이 고조되어 위기상황으로 치달을 때마다 아들이 부모의 주위를 다른 곳으로 분산시키기 위해 등교 거부나 비행을 저지르는 경우이다. 다른 예로서 아들이 어머니와 합세해 권위적인 아버지에 대들거나, 아버지와 합세해 무능하고 공정하지 못한 어머니에게 대항하는 경우도 3인 체계에 속한다.

3인 체계 내에 경계를 만들기 위해서는 3인 체계 중 먼저 2인 체계의 관계를 갈라놓는 것이다. 3인 체계 내에서 밀착된 둘 사이에 경계를 분명하게 설정함으로써 2인이 함께 묶이는 현상을 제거하는 것이다. 이로써 이전과는 다르게 3인 체계 내 갈등을 다룰 방안을 스스로 모색할 기회를 제공하는 것이다. 여기에 해당되는 예를 살펴보기로 하자.

⊖ 예시: 3인 중 2인 사이에 경계 설정하기

앞에서 예로 든 반항행동 아이(4세), 무력한 어머니(27세), 권위 있는 아버지(30세)의 삼각체계에서 어머니, 아버지 둘 사이에 경계를 설정하기 위해 사회복지사는 다음과 같이 반응할 수 있다.

"당신이 직장에 있을 때 집에 함께 있는 사람은 당신 아내이니, 아내와 아이가 어떻게든 상황을 다룰 수 있도록 우리는 그냥 지켜보기만 합시다."

이러한 반응을 통해 엄마와 아빠 사이에 경계가 설정되면서 삼자관계는 해체될 수 있다.

⊖ 예시: 부부 사이의 갈등으로부터 아들(12세)을 분리시키기

3자관계 중에서 아버지와 어머니 2인 체계의 역기능적 교류 양상을 바꾸려고 할 경우에는 아들을 이들로부터 분리해 내는 것이 필요하다. 이를 위해 사회복지사는 아들에게 다음과 같이 말할 수 있다.

"너는 어머니, 아버지의 보호자 역할을 너무나 잘하는 착한 아이구나. 어머니 아버지가 서로 불편한 관계에 놓일 때마다 못된 짓을 하고, 학교에도 안 가고, 머리도 아파지고 하니 말이다."

이러한 개입을 통해 아들이 지금까지 취해 온 자신의 행동의 의미를 알아차리고 어머니 아버지 사이의 관계에서 한 걸음 뒤로 물러나 부모의 일은 부모끼리 해결할 수 있도록 한다. 이렇게 하여 3자관계는 부부의 2자관계로 축소된다.

• 하위체계 간 경계 만들기

부모가 아이들 사이의 일에 간섭할 때, 할머니 할아버지가 아이들과 합세하여 아이들의 부모에 대항할 때, 아이들이 부모를 무시하며 부모체계에 침투할 때, 또는 배우자가 자신의 원가족 부모와 연합하여 다른 배우자에게 대항할 때 등은 모두 하위체계 간 경계가 무너졌거나 아예 존재하지 않는 경우이다. 이러한 현상이 있음에도 불구하고 가족이 순기능을 발휘하고 있다면 문제는 없다. 하지만 이러한 경계상의 문제로 인해 가족이 역기능 상

황에 빠져 있다면 이에 대한 개입이 필요하다. 그 개입방법을 살펴보면 다음과 같다.

예시: 규칙 세우기

"누구도 다른 사람을 대신하여 이야기하지 않기로 합시다. 다른 사람이 어떻게 생각할 것이라든지, 어떻게 느낄 것이라든지 등 누군가를 대신해서 이야기하면 절대 안 됩니다. 각자는 자신의 생각, 자신의 기억, 자신의 감정만을 이야기하기로 서로 약속합시다."

예시: 물리적 공간 만들기

가족구성원들이 앉는 위치를 조정하여 하위체계 간 물리적 거리를 둔다. 이를 위해 의자를 옮길 수도 있다. 때로는 밀착되어 편드는 두 사람이 서로 등지어 앉게 할 수도 있다.
분리되어야 할 사람들 사이에 사회복지사가 자신의 팔이나 몸을 이용해 벽을 만듦으로써 이들의 눈이 서로 마주치지 않도록 할 수도 있다.

3) 전략적 관점: MRI 관점

전략적 관점의 대표적 인물로는 헤일리(Haley), 피시(Fisch), 위크랜드(Weakland) 등을 들 수 있다. 여기서는 피시 등(1985)의 단기개입모델의 내용에 기초해서 전반적인 개입 절차 및 방법을 소개한다. 여기서 소개되는 사례들은 피시 등(1985)이 소개한 것들을 그대로 인용하거나, 우리 실정에 맞게 약간 변형한 것임을 밝혀둔다. MRI 관점에서 활용되는 많은 개입기술은 해결중심적 개입기술에 많은 영향을 주었다.

MRI 입장에서 사회복지사의 역할은 가족이 지금까지 문제상황을 다루어 온 방법과는 다른 문제해결 방법을 발견해 내고, 그것을 시행하기 위한 전략을 구상하고 실행에 옮기는 것이다. 이전과 다른 문제해결 방법이란 더 옳은 방법, 또는 더 논리적인 방법을 의미하는 것이 아니라 그저 문제해결에 도움이 되는 다른 방법이나 시도를 의미한다. 전반적인 개입의 절차를 살펴본 후에 구체적인 개입기술 몇 가지를 살펴보고자 한다.

(1) 전반적인 개입 절차

① 클라이언트가 호소하는 문제를 구체적으로 정의

MRI 가족치료에서의 일반적인 목표는 클라이언트가 현재 불만족하고 있는 상황이나 상태를 경감 또는 제거하는 것이다. 따라서 클라이언트가 호소하는 문제가 모호한 경우에는 그것이 구체적이고 분명해질 때까지 끈질기게 추적하여 그 내용을 구체적으로, 측정 가능한 형태로 확인하고 정리해야 한다.

② 클라이언트가 시도해 온 문제해결 노력 내용의 파악

클라이언트와 그 가족이 자신들의 문제를 해결하기 위해 지금까지 나름대로 노력해 온 내용들을 파악한다. 이를 위해서는 클라이언트의 구술 내용을 집중해서 주의 깊게 들으면서 그 속에 흐르는 중심 주제를 간단명료하게 요약해야 한다.

③ 사회복지사가 개입과정 중 피해야 할 내용에 대한 검토

사회복지사가 피해야 할 내용은 바로 앞 단계에서 파악된, 클라이언트가 지금까지 나름대로 시도한 해결책이다. 예를 들어, 네 살짜리 딸의 통제 불가능한 행동 때문에 고통을 받아 온 어머니가 지금까지 딸을 꾸짖고 벌주고 윽박질러 왔음에도 불구하고, 해결이 되지 않아 사회복지사에게 왔다면 이 상황에서 어머니에게 딸을 더 심하게 야단치라고 요구하는 일은 피해야 할 것이다. 피시 등(1985)은 불면증으로 시달려 온 환자에게 "자려고 더 노력하세요."라는 말은 사회복지사가 피해야 할 일이라고 했다. 불면증 환자는 지금까지 잠을 자기 위해 부단히 노력해 왔으나, 문제가 해결되지 않아 사회복지사를 찾아왔기 때문이다.

④ 구체적 대안 전략의 마련

클라이언트가 지금까지 나름대로 시도해 온 문제해결 노력을 중단하거나 포기하도록 하기 위해서는 대안이 제시되어야 한다. 대안은 매우 구체적이어야 한다. 어떤 구체적 대안을 제시해야 클라이언트가 지금까지 해 온 노력을 중단할까? 이에 대한 답을 찾기 위해서는 첫째, 지금까지 문제상황 속에서, 그리고 해결노력 가운데 가족이 반복적 · 지속적으

로 해 온 일과 가장 거리가 먼 상호작용 패턴을 생각해 낸다. 둘째, 생각해 낸 대안적 상호작용 패턴이 무리 없이 자연스럽게 이행될 수 있는 가족의 일상적인 생활의 한 부분에서 시작되도록 한다. 이때 사회복지사의 지시를 가장 잘 따를 수 있는 사람에게 대안적 행동을 먼저 요구하는 것이 좋다.

피시 등(1985: 116)이 제시한 예를 살펴보자. 아내는 늘 늦게 귀가하는 남편에 대해 불만이다. 이것을 해소하기 위해 아내는 매일 남편의 직장에 전화를 해, "오늘은 일찍 들어오세요."라고 하였다. 그럼에도 불구하고, 남편은 오히려 더욱 늦게 귀가하였다. 상호작용적 관점에서 볼 때, 아내가 다가갈수록 남편은 숨이 막혀 더 뒤로 물러나고, 남편이 뒤로 물러날수록 아내는 초조해져 더 앞으로 다가가는 연쇄적 상호작용 현상이 진행되고 있는 것이다. 이때 MRI 관점에서 대안 전략은 아내에게 지금까지 해 온 행동과는 반대되는 행동을 해 보도록 권하는 것이다. 즉, 남편에게 전화를 해, "오늘 너무 서둘러 귀가하려고 하지 마세요. 나는 아이들과 함께 일찍 식사할게요."라고 하는 것이다. 남편의 행동 변화를 요구하는 대신 아내의 행동 변화를 먼저 요청한 이유는 현재의 상황을 가장 불편하게 생각하고 있는 사람이 아내이고, 따라서 대안적 행동 요구를 가장 적극적으로 수용할 가능성이 크기 때문이다.

약간 다른 방법으로 일상의 행동 속에서 약간의 변형을 요구하는 것이다. 한번 시작하면 그칠 줄 모르고 부부싸움을 하는 부부에게, 앞으로는 이 방 저 방으로 옮겨 가면서 부부싸움을 하도록 권유하는 것이다. 이러한 권유에 따를 경우, 부부싸움은 중간중간 끊기게 될 것이고, 그 과정에서 부부는 자신들의 행동을 뒤돌아보게 될 것이다. 기존 문제행동에서의 조그만 변화가 큰 변화를 가져올 수 있다는 것이다.

⑤ 마련된 전략을 클라이언트에게 설명

아무리 기발한 전략이 마련되었다 하더라도 클라이언트가 그 대안을 받아들이지 않거나 수행하지 않으면 아무런 소용이 없다. 대부분의 클라이언트 가족들은 문제의 해결을 원하면서도 자신들이 해 오던 방식을 유지하려는 경향을 갖고 있다. 따라서 사회복지사는 자신이 구상해 낸 변화전략을 클라이언트에게 설득력 있게 전달해야 한다. 이때 **재구성**(reframing)과 **재정의**(redefining)가 중요한 역할을 한다. 그 의미와 배경을 어떻게 설명하느냐에 따라 대안 행동이 쉽게 이행될 수도, 이행되지 않을 수도 있다. 이때 요령은 클라이언트가 유지하려는 입장을 최대한 존중하면서 사회복지사의 대안을 제시하는 것이다.

피시 등(1985: 119)은 뮤지컬 〈지붕 위의 바이올린〉에 등장하는 구혼 청년과 상대 여인의 대화 상황 속에서 재구성의 예를 소개했다. 가난한 양복재단사인 청년은 사랑하는 여인의 아버지로부터 결혼 승낙을 받아 낼 자신이 없어 머뭇거리고 있다. 자신이 너무 가난하기 때문에 여인의 아버지가 딸과의 결혼을 허락하지 않을 것이라는 것이다. 이때 여인은 "당신이 영원히 가난할 것은 아니잖아요. 아버지를 너무 두려워하지 마세요. 분명히 허락하실 거예요."라고 하는 대신에, "그래요. 당신은 지금 가난해요. 하지만 가난한 양복재단사도 행복해질 권리가 있어요."라고 이야기한다. 이에 청년은 용기를 내어 아버지를 찾아간다.

⑥ 개입 목적의 설정 및 성과 평가

개입의 일반적인 목표는 클라이언트가 불평하는 현상의 제거 또는 감소이다. 클라이언트가 더 이상 자신의 문제에 대해 불평하지 않거나, 현재의 상황이 고통스럽지 않다고 할 때 개입의 성과는 나타난 것이다. 다시 말해, 문제해결의 여부는 클라이언트가 지각하고 판단하는 것에 달려 있는 것이지, 사회복지사의 객관적 평가에 달려 있지 않다는 것이 MRI의 기본 시각이다.

(2) 개입기술

① 치료적 이중구속 상황의 활용

병리적 이중구속(pathological double bind)은 클라이언트에게 동시에 전달되는 두 가지의 상반된 메시지 중에서 클라이언트가 어떤 것을 따라 행동해도 실패할 수밖에 없는 상황(no-win situation)이었다. 반면에, **치료적 이중구속**은 사회복지사가 '실패 없는 상황(no-lose situation)'을 만들기 위해 클라이언트에게 지시하는 기술이다. 즉, 치료적 이중구속 상황하에 놓인 클라이언트는 사회복지사의 지시에 따라도, 또는 따르지 않아도 문제가 해결되는 결과를 맞는 것이다. 치료적 이중구속 상황을 만들기 위한 사회복지사의 주문이나 지시는 클라이언트에게 다소 이상하게 들릴 수 있다. 클라이언트가 사회복지사의 지시에 잘 따르도록 하기 위해서는 사회복지사의 신뢰성, 전문성, 자신감 있는 태도 등이 요구된다. 치료적 이중구속에 해당되는 기법을 살펴보자.

- 증상을 처방: 클라이언트로 하여금 현재 호소하고 있는 문제를 지금까지와 동일하게 계속하거나 더욱 심하게 하도록 지시하는 것이다. 대개는 일정 시간대에 일정 기간 정기적으로 문제행동을 지속하도록 한다. 어머니와 딸의 연속적인 갈등상황을 예로 들어 보자(Goldenberg & Goldenberg, 2000: 218).

  모녀 사이의 끊임없는 갈등 때문에 사회복지사를 찾아온 경우이다. 어머니는 딸이 반항적 행동에 대해 잔소리하다 보면 다툼이 일어난다고 하고, 딸은 어머니의 잔소리 때문에 반항하게 되어 다툼이 시작된다고 한다. 둘 사이의 문제에 대한 정확한 원인을 가려내기 힘든 상황에서 되풀이되는 상호작용의 고리를 끊는 것이 개입의 목적이다. 이에 대해 사회복지사는 어머니와 딸에게 매일 저녁시간에 15분씩 다툼을 하도록 과제를 내준다. 가족은 대개 현재의 상호작용 패턴을 유지하려는 경향이 있기 때문에 일단은 현재 상황의 연장선상에서 다툼을 계속하게 하는 것이다. 어머니와 딸은 늘 해 오던 일이기 때문에 사회복지사에 의해 주어진 이 과제를 쉽게 해 낼 수 있을 것이다. 사회복지사의 지시대로 과제를 해 낼 경우, 둘 사이의 다툼은 이전의 다툼과는 다른 성격이 된다. 전에는 어쩔 수 없이 다툼 속에 빠져들었지만 지금은 자신들이 다투고자 해서 다투는 것이 된 것이다. 즉, 다투느냐 마느냐의 상황이 자신들의 통제하에 놓인 것이다. 이 과정에서 모녀는 자신들의 상호작용 패턴을 다른 관점에서 인식하게 되면서 새로운 상호 교류 양상을 찾아낼 수 있을 것이다. 만일, 모녀가 사회복지사의 지시를 엉뚱하고 기이하게 여겨 서로 다투지 않게 된다면, 문제는 자연스럽게 해결된 것이다.

  잡념 때문에 공부를 못하겠다는 학생에게도 비슷한 처방이 내려질 수 있다. 잡념이 자기도 모르게 찾아들어 공부를 망치는 것이 이 학생의 고민이다. 즉, 잡념을 통제할 수 없는 것이 문제인 것이다. 이때 사회복지사는 학생에게 잡념이 들어왔을 때 그 잡념을 좇아내려 하지 말고 적어도 2분간 그 잡념을 지속적으로 유지하기 위해 노력하라고 지시한다. 잡념이 들어오는 것을 통제할 수는 없지만, 적어도 나가는 순간은 통제하도록 하라는 것이다. 나가는 것이 통제된다면, 들어오는 것도 통제할 수 있을 것이라는 것이 이 처방의 원리이다.

- 증상의 강화를 요구하는 역설적 지시: 여기서 소개하는 것은 헤일리(Haley, 1976: 72-75)가 제시한 증상강화기법의 하나로 실제 시행했던 사례이다.

사례

문제상황은 9세 된 남자아이가 공개된 장소에서 자위행위(masturbation)를 지나치게 하는 것이다. 소년은 학교에서 자위행위를 할 뿐만 아니라 집에서는 어머니와 누나들(20세 이상) 앞에서도 자위행위를 한다. 자위행위 문제는 이 아이가 5세 때부터 시작되었다. 문제해결을 위해 여러 전문가들이 1년 반 동안 개입을 하였지만 문제는 지속되었다. 이 가정은 정부로부터 기초생활비를 받고 있었으며, 아버지는 5~6년 전에 사망하였다. 딸은 3명인데 2명은 외지에서 생활하다 가끔 들르고 있고, 20세 된 딸은 자신의 두 자녀를 데리고 이 집에서 생활하고 있다([그림 11-10] 참조).

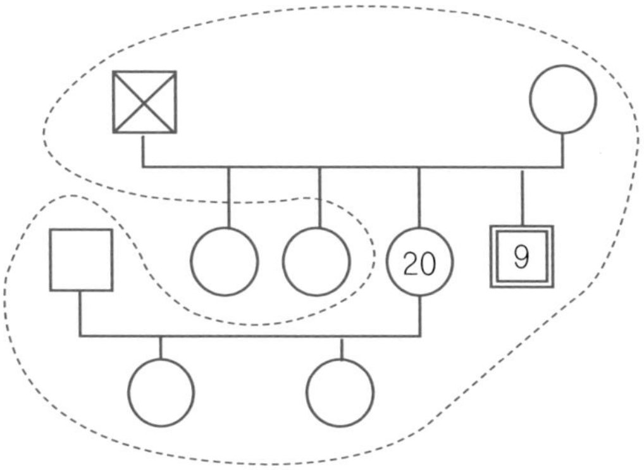

[그림 11-10] 소년의 가계도

역설적 지시기법의 적용 단계를 살펴보면 다음과 같다.

① 분명하게 문제 정의하기: 문제는 공개적인 자위행위이다.

② 개입 목적을 분명히 하기: 자위행위 자체의 금지가 목적이 아니라 공개적인 자위행위, 습관적으로 하는 자위행위를 금하는 것이 목적이다.

③ 치료계획 수립하기: 역설적 지시를 합리적으로 받아들일 수 있도록 그에 대한 합리적 근거를 제시해야 하는데, 이를 위한 활동이 계획이다. 계획은 두 단계로 구성된다.

첫째, 남성인 사회복지사는 어머니에게 이 문제를 소년과 사회복지사 자신이 은밀하게 다루도록 내버려둘 것을 부탁한다. 필요할 경우에는 가끔 온 가족과 회합을 가질 것임을 약속한다. 어머니는 이에 대해 동의한다. 사회복지사는 소년을 자신과 밀착시키면서 소년의 문제를 남자들 사이의 문제로 변화시킨다.

둘째, 소년에게 부탁한다. 자위행위의 횟수를 증가시키라고 요구한다. 이것은 습관적으로 하는 자위행위를 줄이기 위해 요구하는 것이므로 잘 따라줄 것을 부탁한다. 사회복지사와 소년이 단둘이 있을 때 남자 대 남자 사이의 약속임을 상기시키면서 부탁한다.

④ 문제해결을 위해 행사했던 기존 주도권을 내려놓도록 하기: 소년의 어머니는 몇 해 동안 문제해결을 위해 다각적으로 필사적인 노력을 해 왔다. 지금까지 어머니의 노력은 효과가 없었음을 상기시키며 그 노력을 중지하도록 요구한다. 소년이 자위행위를 중지하여 문제가 해결될 경우 어머니가 당황할 수도 있을 것이라고 어머니에게 말해 준다. 어머니는 이 말을 별로 좋아하지 않는다. 소년의 문제가 해결되었을 경우, 어머니가 무엇을 하면서 지낼 것인가에 대해 물어본다. 소년의 문제가 해결되었을 때 어머니가 이 문제와 관련하여 더 이상 할 일이 없어져 당황하는 일이 없도록 하기 위함이다. 어머니가 당황하지 않음을 증명해 보일 수 있는 유일한 길은 소년이 습관적 자위행위를 멈추도록 어머니가 도움을 줄 것과, 문제가 해결되었을 때 어머니가 실망하지 않는 것임을 상기시킨다. 즉, 소년의 문제해결을 위해 어머니는 집에서, 사회복지사는 밖에서 일하는 것이며, 이렇게 함으로써 둘은 상호 협력하는 것임을 알려 준다.

⑤ 사회복지사가 소년에게 역설적 지시하기

- 소년에게 얼마나 자주 자위행위를 하는지를 차트에 적어 오라고 한다(기초선의 작성).
- 다음 주에 소년은 자위행위 횟수를 적어 제출한다(주로 일요일에 행함. 4회).

• 소년에게 역설적 지시 내리기: “일요일에 좋아서 하는 자위행위의 횟수를 더욱 늘린다. 대신 덜 좋을 때는 자위행위를 하지 않도록 해라.” 종전의 두 배인 8번의 자위행위를 일요일에 하고, 그것을 행하기 위해 필요하다면 일찍 일어나도록 지시한다.
(주의사항: 사회복지사는 반응을 살피며 종전의 행위를 지속하도록 격려해야 한다. 사회복지사는 반동적 행위로 인해 문제행동이 갑자기 없어져 버리는 일이 발생하지 않도록, 고삐를 늦춰서는 안 되며, 클라이언트가 언짢아할 경우엔 역설적 기법을 쓰는 이유와 계획에 대해 다시 강조하며 설명해야 한다. 만일, 문제가 갑자기 호전, 소멸했을 경우는 그것을 사회복지사와 협력하지 않는 행위로 정의해야 한다. 왜냐하면 사회복지사는 종전의 행위를 더 행할 것을 지시했기 때문이다.)

⑥ 지시사항 이행상황 관찰하기

• 이 사례의 경우, 소년은 일요일에 자위행위를 8번 행했으나 하지 말라고 지시받은 월요일에도 자위행위를 했다. 이에 대한 벌칙으로 사회복지사는 소년으로 하여금 다음 주 일요일에는 12번의 자위행위를 하도록 지시했다. 아울러 자위행위를 일종의 시련으로 받아들이도록 하기 위해 자위행위를 할 때는 옷을 완전히 벗고, 벗은 옷은 반듯하게 접어놓도록 지시했다.
  - 다음 주에 소년이 횟수 기록 서류 없이 그냥 찾아왔다. 하키 팀에 가입했다고 하면서 상당히 기분이 좋아 보였다. 사회복지사는 자위행위를 지속적으로 더 많이 할 것을 소년에게 요구했다.
  - 다섯 번째 인터뷰에서 소년은 지시를 어기고 일요일에 하기로 합의한 것보다 적은 횟수의 자위행위를 했다고 보고했다. 사회복지사는 소년의 비협조행위를 꾸짖고 벌로서 어머니와 누나들 앞에서 매일 한 번씩 자위행위를 할 것을 지시한다. 평소 문제라고 인식된 소년의 행위와 동일한 행위를 하도록 하는 데 5주의 시간이 걸린 것이다. 평소 문제행위의 연속상에서가 아니라 하나의 벌로서 평소의 행위를 하도록 한 것이 다를 뿐이다(사회복지사들이 클라이언트에게 벌을 주는 것이 윤리적인 관점에서 매우 어려운 일이지만, 이 사례의 경우 문제가 매우 심각했고, 소년이 평소 행하던 일을 벌로 주었기 때문에 많은 어려움이 없었다).
  (변화가 진전되면서, 사회복지사는 2주간의 휴식을 취했다. 휴식의 첫째 주에는 평소 하던

자위행위 프로그램을 그대로 할 것을 지시했고, 휴식의 두 번째 주에는 소년이 무엇을 해야 하는지 몰라서 불안해하도록 그냥 내버려두었다. 이렇게 함으로써 소년의 자발적 변화 정도를 측정 판단할 수 있었다. 만일 소년이 공개적인 자위행위를 중단했다면 이 사례에 대한 개입은 종결되는 것이고, 만일 중단하지 않았다면 앞의 과정과 절차가 다시 가동될 것이다.)

- 2주가 지난 뒤, 소년은 쉬는 기간의 2주째에는 자위행위를 거의 하지 않았다고 보고했으며, 그에 대해 별 흥미를 갖고 있지 않는 듯했다. 사회복지사는 그 사례를 종결하고 소년에게 캠프에 합류할 것을 권했다(이에 대해 어머니와 사전에 허락을 받아 놓은 상태였다).

⑦ 종결 및 사후점검하기

- 사회복지사는 소년을 참석시킨 가운데 어머니와 딸 사이의 관계에 대해 이야기를 나누며 자위행위 문제에 대해서는 일절 언급을 하지 않는다. 몇 주 후 자위행위에 대해 어머니에게 질문을 한다. 어머니는 아들이 TV를 보면서 가끔 두 손을 바지 속에 집어넣을 때마다 신경이 쓰이곤 했으나 그냥 넘어갔다고 한다. 몇 주 후에 점검해 본 결과 자위행위 문제는 완전히 사라졌다고 한다.
- 어머니는 아들의 문제가 사라지고 난 후 그것을 의연하게 받아들였다. 소년의 일상적 행동은 몇 주 만에 매우 성숙하고 의연한 방향으로 변했다. 학교 친구들과 다투기도 했다(전에는 매우 조용하고 모범적인 학생이었기 때문에 그런 일이 전혀 없었다). 사회복지사와 어머니는 이런 싸움(친구들과의 충돌)이 그 또래 남자아이로서는 매우 정상적인 행위라고 정의한다. 학교 선생님도 소년이 변화하고 있음을 확인했다.

② 재명명

문자 그대로의 의미를 살펴본다면, 어떤 사람 또는 문제상황에 붙여진 부정적 의미의 이름(名, label)을 긍정적인 의미의 이름으로 바꾸는 것을 **재명명**(再命名, relabeling)이라고 한다. 이 의미를 약간 확대할 때, 재명명은 문제상황의 개념적 또는 정서적 맥락을 바꿈으로써 그 상황의 의미를 바꾸려는 시도이며, 이것이 성공할 때 문제시되는 전체 상황이 다르게 인지되는 것이다. 상황은 변하지 않았으나 그 상황에 부착된 의미가 바뀜으로써 클라이언트는 그 상황을 더 이상 문제시하지 않게 된다는 것이다. 역설적으로 표현하면, 문제는 사라지지 않았으나 더 이상 문제되지 않는다는 것이다.

재명명과 비슷한 개념으로 MRI에서는 **재구성**(reframing)이 강조된다. 이것은 앞서 살펴본 구조적 가족개입에서도 자주 사용되는 것이다. 구조적 가족개입에서는 이것이 개인 중심으로 문제를 보는 시각을 가족 전체의 구조 속에서 문제를 보는 쪽으로 바꾸기 위해 주로 사용되는 반면, MRI에서는 굳이 전체 가족구조와 관련시키지 않으면서도 가족으로 하여금 문제를 보는 가족의 시각을 변화시키는 방법이다. 상황은 변하지 않았지만, 그 상황을 보는 시각이 변화됨으로써 가족은 상황에 대해 보다 건설적인 시각을 갖게 되고, 따라서 상황 이전과는 다르게 반응하게 된다는 것이다. 이런 점에서 재명명은 재구성의 한 방법이라고 볼 수 있다. 사회복지사가 재구성전략을 행할 때는 세심한 계획이 필요하다. 문제상황에 대한 사회복지사의 재구성 내용이 클라이언트 입장에서 볼 때 충분히 수긍이 가고 그럴듯해야 하기 때문이다.

예시: 아내의 행동에 대한 재정의

아내가 하루에도 몇 번씩 자신의 소재를 파악하는 데 화가 난 남편이 아내의 질투 또는 의부증을 해결해 달라고 사회복지사를 찾아왔다. 사회복지사는 아내가 남편의 소재를 자꾸 파악하는 것은 질투나 의부증 때문이 아니라 남편에 대한 순수한 사랑과 관심으로 항상 남편을 생각하고 있기 때문이라고 재정의해 주었다. 이로써 남편은 아내의 행동을 다른 시각에서 바라볼 수 있었다. 남편의 시각이 바뀌면 그의 반응이 바뀌고, 그의 반응이 바뀌면 아내의 행동이 바뀔 것이라는 것이 기본 가정이다.

예시: 딸의 행동에 대한 재정의

다섯 살 된 딸을 가진 젊은 엄마는 딸의 고집스럽고 반항적인 행동 때문에 생활이 고달프다고 사회복지사를 찾아왔다. 사회복지사는 딸이 어머니의 애정과 관심을 얻기 위해 그렇게 행동하는 것으로 파악한 후 어머니에게 딸의 행동을 반항이 아닌 애정과 관심을 얻기 위한 몸부림으로 재정의해 주었다. 그 후 아이의 행동에 대한 어머니의 태도가 바뀔 수 있었다.

③ 한 단계 낮은 자세 취하기

한 단계 낮은 자세 취하기(one-down position)는 상호 협력이 요구되는 상황에 놓여 있는 사람들 사이에서 발생하는 문제를 다룰 때 사용되는 기술이다. 예를 들면, 부부 사이의 문제, 부모와 반항 자녀들 사이의 문제, 노부모와 성인 자녀 사이에서 발생하는 문제들은 이들 각자가 문제해결을 위해 상호 협력해야 해결될 수 있는 것인데 여기에 한 단계 낮은 자세 취하기가 활용될 수 있다. 이들 관계에서 발생하는 문제들의 일반적인 양상을 살펴보면, 문제나 불평을 호소하는 사람은 대개 상대편이 바뀔 것을 요구하면서, 상대방이 그 요구에 순순히 따르도록 잔소리를 하거나, 여러 가지 위압적인 태도나 수단을 동원하기도 하고, 심지어 괴롭히기까지 한다. 이러한 시도가 잘 통하지 않을 때, 대부분의 사람들은 노력의 강도를 높이게 마련이다. 그럼에도 불구하고, 문제가 해결되지 않을 때 외부의 도움을 요청하게 된다.

오랫동안 반복적으로 해 온 해결 노력을 포기하게 만드는 방법이 바로 '**한 단계 낮은 자세**(one-down position) **취하기**' 또는 '약함을 보여 주는 자세'이다. 일반적으로 설명하면, 이 기법은 '당신(너)은 이렇게 해야 한다.' 또는 '이것이 당신이 할 수 있는 최선이다.'라는 식으로, 말하는 대신 '당신이 이렇게 해 준다면 고맙게 생각하겠다.'와 같이 낮은 사람이 한 단계 위에 있는 사람(one-up position)에게 간청하듯이 비권위적인 태도로 편안하게 이야기하도록 하는 것이다. 클라이언트에게 이러한 요구를 할 때는 한 단계 낮은 자세 또는 약한 태도를 취해야 하는 이유에 대해 충분히 납득할 수 있도록 잘 설명해야 한다. 즉, 친밀한 관계 속에서는 강압적인 자세보다는 낮은 자세를 취할 때 상대방이 클라이언트의 요구를 받아들일 가능성이 더 높아진다는 것이다.

예시: 부모-자녀 간 문제

부모들이 자녀들에게 부모의 권위에 복종하도록 강요하지만 자녀가 계속해서 부모의 말을 전혀 듣지 않고 반항하는 경우, 부모들은 대개 더 강한 강요를 되풀이한다. 반면, 자녀들은 부모로부터 수도 없이 들어 왔고, 앞으로도 끊임없이 들을 것 같은 뻔한 이야기에는 더 이상 경청하지 않게 마련이다. 자녀들이 보기에 부모는 자기들보다 한 단계 위에서 논리와 이성을 앞세워 자신들이 어떻게 행동해야 할 것인가를 설명한 후 그 행동 수행을 강요하는 권위적인 존재들이다. 자녀들이 갖고 있는 이러한 부모상에 맞는 행동을 부모가 계속 유지할 경우, 자녀들은 부모를 평소와 다르게 보지 않는다. 즉, 행동이 변화되지 않는다는 것이다. 자녀의 태도 변화를 유도하여 부모의 말에 귀 기울이게 하기 위해 사회복지사는 부모들이 자신들의 권위적인 태도를 버리고 그들의 자녀들보다 한 단계 낮은 자세를 취해 볼 것을 제안한다. 자녀가 부모의 말에 관심을 갖게 하는 방법 중의 하나는 부모가 갑자기 자녀들로서는 예측 불가능한 행동을 두서없이 하는 것이다. 즉, 자신들의 자녀들보다 한 단계 낮은 단계에 서기 위해 부모가 평소와는 다르게 비논리적이고 예측 불가능하며 비이성적인 듯이 보이는 행동을 할 때 자녀는 그것을 이상하게 여겨 부모의 말에 관심을 갖게 된다는 것이다.

예시: 아들의 귀가시간 엄수시키기

이전에 시도된 해결책: (외출하는 아들에게) "10시까지는 꼭 들어와야 한다. 그 시간을 넘기면 절대 안 돼!"
한 단계 낮은 위치에서의 요구: (외출하는 아들에게) "10시까지 들어와 주면 고맙겠다. 하지만 우리는 네가 10시까지 들어오도록 할 수는 없어."

예시: 책망하는 자-방어하는 자의 관계

아내가 남편의 어떤 행동에 대해 책망할 때마다, 남편이 그에 대해 변명과 방어를 계속하면 할수록 책망하는 입장에 있는 사람의 의심이 더욱 커지게 되고, 그렇게 되면 애초의 책망하는 입장에 있던 사람은 더욱 심한 정도의 책망을 하게 된다. 이러한 악순환의 상호작용 양상을 차단하고 순기능적인 상호작용 양상을 새롭게 만들어 내기 위해 남편에게 더 이상 방어하지 않도록 주문하는 것이다.
(부인이 남편에게 지속적인 책망조로): "돈을 많이 못 벌어오는 것은 어쩔 수 없다지만, 당신이 언제 한번 가족을 위해 즐겁게 해 준 적이 있어요?"

지금까지 남편의 반응

(방어하는 자세로): "어려운 환경 속에서도 나는 최선을 다해 왔어요. 당신도 그것을 좀 알아주었으면 좋겠어요."

변화된 남편의 반응

(비방어적 자세로): "그래요, 나는 내 가족들을 제대로 한번 웃겨 보지도 못했어요. 참 재미없는 사람이지. 나도 그것을 잘 알아요. 그래서 나도 답답해서 어떻게 좀 변해 볼까 하고 전문가에게 물어봤지. 그랬더니 전문가가 하는 말이 나이 들면 그런 소질은 변하기 어렵다고 하네!"

남편이 지금까지 지속적으로 취해 온 고압적인 자세를 버리고 한 단계 낮은 자세를 취하게 함으로써 상호작용의 양상을 변화시켜 보려는 것이다.

④ 문제를 악화시킬 수 있는 방법 알려 주기

일반적으로 사회복지사는 문제를 해결하기 위해 클라이언트가 해야 할 일들을 알려 주거나 숙제를 내주는 것이 보통이다. 하지만 MRI 기법에서는 클라이언트가 문제를 악화시킬 수 있는 방법을 알려 줌으로써 문제를 해결하는 방법을 종종 사용한다. 이 방법은 사회복지사가 제안한 것을 클라이언트가 잘 따르지 않고 저항할 때, 또는 클라이언트가 문제해결에 필요한 새로운 시도를 거부할 때 주로 사용된다. 예를 들어, "지금부터 제가 제안하는 대로만 하면 당신의 문제가 악화될 것이라는 것을 저는 거의 확신합니다." 또는 "당신에게 도움이 될 만한 무엇인가를 제안해 드려야 할 텐데, 잘 떠오르질 않네요. 하지만 적어도 당신의 문제를 악화시킬 수 있는 확실한 방법은 알려 드릴 수 있습니다."라고 사회복지사가 말한 뒤, 지금까지 클라이언트가 문제해결을 위해 나름대로 노력해 온(그럼에도 불구하고 오히려 문제를 더 악화시켜 온) 내용을 아주 구체적으로 제시해 주는 것이다.

이런 상황은 결과적으로 클라이언트가 해 주었으면 하고 바라는 내용을 간접적으로 암시하는 것이다. 클라이언트는 지금까지 자신이 문제해결을 위해 노력해 온 내용과 방법에 대해 되돌아볼 기회를 갖게 될 것이다. 단, 이러한 기법은 가족문제를 악화시키는 데 있어 클라이언트가 결정적인 역할을 하고 있다고 판단될 경우에만 통할 수 있는 방법이다.

4) 사티어 모델

앞 장에서 사정에 대해 논할 때 사티어(Satir) 모델의 가족조각기법에 대해 사정과 아울러 개입기법까지도 상세히 살펴보았다. 여기서는 사티어 모델에 기초한 다양한 개입기법 중 **자아존중감 향상**과 함께 일치된 의사소통을 촉진시키기 위한 개입방법을 살펴보기로 한다. 자아존중감과 일치된 의사소통은 불가분의 관계에 놓여 있다.

(1) 자아존중감 향상

사티어 모델에 입각한 개입이 추구하는 목적 가운데 하나는 인간의 기본 욕구이자, 에너지 자원인 자아존중감을 높이는 것이다. 자아존중이란 있는 그대로의 자신을 그대로 받아들이며 소중하게 여기는 행위이다. 있는 그대로의 자신은 능력이 뛰어날 필요도 없고, 외모가 훌륭할 필요도 없고, 남에게 사랑받을 만한 많은 조건들을 갖추고 있을 필요도 없다. 즉, 자아존중의 정도는 타인의 평가에 의해 결정되는 것이 아니라 오직 나 자신에 의해 결정된다는 것이다. 실수투성이의 나지만 자연스럽게 살아가는 자신이 자랑스럽고, 사회성이 부족한 듯하지만 어눌한 내 모습이 소중해 보이고, 어떤 특별한 능력이 있는 것은 아니지만 평범한 내 모습이 좋다면 나는 나를 있는 그대로 받아들이며 나를 소중하게 여기고 있는 것이다. 어떻게 하면 가족구성원들로 하여금 자기 자신을 소중하게 받아들이도록 할 수 있을까? 여기서는 자아존중감을 높이기 위한 활동들로서 정문자(2003: 152-157)가 소개한 여러 가지 기법 중 2개만 참조·응용하여 소개하기로 한다.

① 좋았던 가족경험 회상하기

사람이 힘든 상황에 빠지면 과거의 좋았던 경험, 자랑스러웠던 모습, 자신이 활용할 수 있는 장점과 자원, 가족과 주변 사람들의 성원과 격려 등에 대해서는 잊거나 별 의미를 두지 않는 반면, 불쾌했던 순간, 바보 같은 모습, 약점과 빈약한 자원, 부족한 지지체계 등은 크게 부각시켜 자신을 비하하는 경향이 있다. 이렇게 되면 자신이 갖고 있던 모습 중에서 부정적인 면만이 노출되게 되고 힘든 상황은 더 힘든 상황으로 발전할 수 있다. 좋았던 가족경험 회상하기는 역경에 처한 가족으로 하여금 가족이 갖고 있던 과거의 좋았던 경험을 떠올려 나누게 함으로써 자신들도 장점과 자원을 갖고 있었고 또 그것을 회복할 수 있다는 인식을 갖도록 해 주는 활동이다.

진행 절차

1. 가족으로 하여금 원가족 또는 현재 가족에서 매우 좋았던 가족경험을 구체적으로 회상하게 한다.
2. 그때 경험했던 감정을 세세하게 다시 느껴 보도록 한다.
3. 그 경험의 전후 상황을 회상해 보도록 한다.
4. 그런 경험을 다시 하고 싶은지, 만약 다시 하고 싶다면 그것을 위해 필요한 것은 무엇이라고 생각하는지, 생각해 낸 것을 어떻게 실천할 것인지를 서로 이야기하도록 한다.
5. 4번에서 나눈 이야기들을 실제 생활에서 구체적으로 실천해 보도록 한다.

② '나의 귀중함에 대한 선언문' 작성하기

대부분의 사람들은 생활 속에서 어려움을 만나더라도 비교적 잘 대처하여 어려움을 해결한다. 하지만 어떤 이유로든 문제가 오랫동안 해결되지 않고 지속될 경우 자기비하를 하며 침울해할 수 있다. '나의 귀중함에 대한 선언문'은 자신에 대해 어느 정도 만족하고 있는 상황에서 작성하도록 했다가 기분이 우울하거나 힘을 필요로 할 때 사용하도록 하는 것이다.

진행 절차

1. 사티어가 포스터를 통해 소개한 바 있는 '나는 나(I Am Me)'라는 선언문(Satir et al., 1991: 25)을 참조하여 자신의 상황에 맞게 어휘를 고쳐 자기 자신의 선언문을 만든다.

나는 나

이 세상에 나와 똑같은 사람은 아무도 없다.

나로부터 나오는 모든 것은 진짜 내 것이다. 왜냐하면 나 혼자서 그것을 선택했기 때문이다.

나에 대한 모든 것들은 내 것이다. 내 몸, 내 감정, 내 입, 내 목소리 그리고 나의 모든 행동들(그것이 남에 대한 것이든 나 자신에 대한 것이든)까지도. 나의 환상, 꿈, 희망, 공포 등도 다 내 것이다.

내가 이룩한 모든 승리와 성공들, 내가 겪은 모든 실패와 실수들도 나의 것이다. 왜냐하면 나의 모든 것들을 내가 소유하고 있기 때문이다. 나는 나의 은밀한 모든 것들을 속속들이 알 수 있다.

그렇게 됨으로써, 나는 나를 사랑할 수 있고, 나의 모든 부분들과 친숙하게 지낼 수 있다.

나에게는 때로 나를 당황하게 만드는 면들도 있고, 나도 잘 알지 못하는 면들이 있다는 것을 나는 잘 알고 있다.

그러나 내가 나와 친숙해 있고 나를 사랑하고 있는 한, 나는 나 자신에게 용기를 내라고 말할 수 있다. 그러고는 나를 곤혹스럽게 만든 문제에 대한 해결방법 그리고 나에 대해 좀 더 많은 것들을 이해할 수 있는 방법들을 찾을 수 있을 것이란 희망을 가질 수 있다.

어느 일순간 내가 남에게 어떻게 보이든, 어떻게 들리든, 내가 무슨 말과 행동을 하든 그리고 내가 무슨 생각과 느낌을 갖고 있든 그 모든 것들은 진짜 내 모습이다.

나중에, 나의 그런 면들 중에서 나에게 맞지 않는 부분들이 있다는 것이 밝혀진다면, 나는 그런 것들은 버리고 나머지 것들만 보존할 수 있을 것이다. 그리고 그 버린 것들을 대체할 수 있는 새로운 것들을 발견해 낼 것이다.

나는 보고 듣고 느끼고 생각하며 말하고 행동할 수 있다.

나는 세상 사람들 가운데서 그리고 나 자신의 바깥에 속한 모든 것들 속에서 삶을 헤쳐나가고, 타인에게 가까이 다가서며, 생산적인 삶을 살며, 그 가운데서 타당한 의미와 질서를 찾아낼 도구들을 내 안에 갖고 있다.

나는 내 것이다. 고로 나는 나를 설계할 수 있다.

나는 나고, 나는 괜찮다.

2. 선언문을 작성한 후 이것을 다른 사람에게 보여 주고 읽는다.
3. 자아존중감이 낮아지거나 힘들고 지칠 때, 누군가의 격려와 지지가 필요할 때 선언문을 꺼내어 읽어 보거나 눈에 잘 띄는 곳에 두고 수시로 음미한다.

(2) 일치된 의사소통으로 변환

일치된 의사소통이란 의사소통의 언어적 메시지와 비언어적 메시지가 일치하는 것을 말한다. 언어적 메시지는 언어로 전하는 의사소통 내용을 말하는 것이고, 비언어적 메시지는 언어내용과 함께 전달되는 정서, 목소리 억양, 얼굴표정, 몸짓, 몸의 자세, 음조, 눈빛 등을 말한다. 일치적 의사소통 행위란 언어를 통해 전달되는 외부 메시지와 그와 함께 전달되는 자신의 내부 메시지(생각, 감정 등)와의 일치를 의미하기도 한다. 즉, 일치된 의사소통은 있는 그대로의 자신 모습을 언어로 표현하는 것이라고 할 수 있다.

있는 그대로의 자신 모습을 언어로 정확하게 표현하기 위해서는 우선 자신의 모습을 정확히 알아야 하고, 다음으로 그 모습을 인정하고 당당할 수 있어야 할 것이다. 즉, 타인이 보는 내가 아닌, 내가 보고 있는 그대로의 나를 사랑하는 자세, 그것이 있어야 일치된 의사소통이 가능하다는 것이다. 앞에서, 일치된 의사소통은 자아존중감과 불가분의 관계에 있다고 하였다. 여러 가지 행동 대안들 중에서 자신의 의지로 행동을 선택하게 하고, 선택한 후 그 행동에 대해 책임을 질 수 있는 자세와 자신감을 갖게 하는 것이 자아존중감에 바탕을 둔 일치된 의사소통 유형으로 변화시키는 과정이다. 이것은 종래의 자동반사적 의사소통 행위, 학습된 습관적 의사소통 행위, 주변의 가치에 이끌려 소신 없이 하는 의사소통 행위, 상황을 의식해 눈치를 보고 하는 의사소통 행위 등과는 정반대의 의사소통 행위이다. 이제 〈표 11-2〉에서 밝힌 4개의 불일치형 의사소통을 일치형으로 바꾸기 위해 취해야 할 행동을 살펴보자. 먼저, 4개의 불일치형 의사소통을 하는 사람들에게 결핍되어 있는 점들을 살펴보자.

① 불일치형 의사소통을 하는 사람에게 부족한 점

아첨형 의사소통을 하는 사람은 자신을 낮춰 상대방을 만족시키려는 행동을 하는 사람으로서 자신을 무시하는 성향을 갖고 있으므로 자신을 돌보도록 하는 것이 중요하다. 즉, 자기 자신을 소중하게 여기고 자신과 타인이 평등하다는 인식을 심어 주는 것이다. 의사소통 행위 시 주변 환경이나 타인의 형편, 처지, 의사에 초점을 맞추기보다는 자기 자신의 내면의 목소리에 세심한 주의를 기울이고 그에 일치하는 언어적 표현을 하도록 돕는 것이 사회복지사의 역할이다.

비난형의 사람은 타인을 비난하고 무시하는 경향이 강하다. 또한 이 유형의 사람은 타인이 자기를 인정해 주기를 기대하는 부분이 강하다. 그러다 보니 타인에 대한 요구가 많고, 원망도 많다. 따라서 이 유형의 사람에게는 타인을 존중하도록 하고 타인의 인정 없이도 자신이 당당할 수 있는 법을 가르쳐 주어야 할 것이다. 아울러 타인의 마음과 감정상태, 타인의 상황과 처지, 자신이 타인의 입장에서 느낄 수 있는 감정과 생각 등을 세심하게 헤아려 볼 수 있는 기회와 훈련을 제공하는 것이 사회복지사의 역할이다.

초이성형은 합리성과 냉철한 이성으로 자신의 내면적 불안을 감추려는 사람이다. 즉, 자신과 타인의 입장 및 감정을 무시하고 객관적 상황과 절대적 원칙만을 중시하는 사람이다. 이런 사람에게는 상황과 원칙에서 다소 벗어나 자기 자신 및 타인의 입장과 감정을 존중하고 수용할 줄 아는 부분을 보충해 주어야 한다. 자신의 내면에 흐르는 정서를 진솔하게 살피고 인정하며, 아울러 타인의 감정상태와 내적 상태를 배려하고 존중할 줄 알도록 훈련시키는 것이 사회복지사의 역할이다.

산만형의 사람은 자신의 내면상태와 타인의 상태 그리고 외부 상황 모두를 무시하는 사람이다. 이러한 사람은 아무것에도(자신, 타인, 상황) 구애를 받지 않고 즉흥적으로 행동하기 때문에 주변 사람들에게는 재미있는 사람이며 분위기를 홍겹게 만드는 사람으로 보인다. 아무것에도 구애를 받지 않는다는 것은 아무것도 신경 쓰지 않고 돌보지 않는다는 것과 통한다. 대개 이런 사람들과는 깊이 있고 의미 있는 관계를 맺기 어렵다. 자신의 것을 내놓지 않을 뿐 아니라 타인의 것을 존중하지도 않기 때문이다. 이 유형의 사람에게는 자신, 타인, 상황 모두를 살피고 인정하며 존중할 수 있도록 하는 것이 필요하다.

② 변화노력의 방법

타인의 상황을 어떻게 이해하며, 그 이해한 것을 어떻게 존중할 수 있을까? 대부분의 사람들은 자신의 직간접 경험을 통해 갖게 된 종래의 인지체계에 근거하여 타인의 행동, 말, 감정 표현 등을 인지하고 짐작하여 그것들에 의미를 부여한다. 즉, 사실 확인에 기초하여 타인의 의도, 생각, 감정을 파악하는 것이 아니라 타인과의 상호작용 과정 중에 받은 인상과 단서들을 나름대로 종합하여 상대방의 상태를 추측 또는 가정한다는 것이다. 많은 경우, 이 추측이나 가정이 관찰자 본인의 감정상태를 자극하게 되고, 그에 따라 인지나 판단의 내용도 결정된다. 문제는 상대방마다 자신을 표현하는 방법이 다양하기 때문에 상대방의 언어적 · 비언어적 메시지의 의미를 직접 확인해 보지 않은 채 관찰자 나름의 인지틀로 추측, 판단할 경우 타인의 의도, 생각, 감정을 잘못 해석할 가능성이 크다는 것이다. 이렇게 되면, 관찰자 내부에서 엉뚱한 감정적 반응이 나타날 수도 있다. 따라서 타인을 정확히 이해하기 위해서는 상대방이 행하는 언어행동을 정확하게 파악해야 한다.

본인의 의사소통 행위를 이해하고 상대방의 의사소통 행위에 숨겨진 의도와 감정을 이해하는 데 도움이 될 만한 여러 가지 기법들이 정문자(2003: 161-164)에 의해 제시된 바 있다. 여기서는 그것들 중에서 '다른 의사소통 유형과의 합의점 찾기'를 변형하여 소개하고자 한다. 이 활동의 목적은 서로 다른 의사소통 유형을 가진 사람들과 대화 또는 의논을 통해 합의점을 찾는 것이 어렵다는 것을 경험하게 함으로써 자신의 의사소통 유형을 인지하고 수정해 볼 수 있는 기회를 제공하고자 하는 것이다.

진행 절차

1. 가족에게 네 가지의 불일치형 의사소통(아첨형, 비난형, 초이성형, 산만형) 내용에 대해 설명한다.
2. 각 가족구성원으로 하여금 이들 중 하나를 고르게 한다. 가급적 자신의 의사소통 유형과 거리가 먼 것을 고르도록 한다. 가족들은 자기가 선택한 의사소통 유형에 충실하게 연기를 해야 한다.
3. 가족에게 의논할 과제를 부여한다. 과제의 내용은 합의를 도출해 내야 하는 것이어야 한다. 예를 들면, 15만 원을 갖고 가족 나들이를 가야 할 경우, 나들이 장소를 어디로 할 것이며, 그곳에 가서 무엇을 할 것인가, 준비해야 할 물품들은 무엇인가 등을 결정하게 하는 것이다. 의논과정에서는 앞에서 가족 각자가 선택한 의사소통 유형을 철저히 실천해야 한다.
4. 과제수행을 위해 15~20분의 시간을 준다.
5. 활동이 끝난 후 대화 및 합의과정에서 각자가 경험한 어려움, 각자의 의사소통 역할 중 느낀 점, 상대방의 의사소통 방식에 대해 느낀 점 등을 서로 나눈다. 자신의 고유 의사소통 방식을 되돌아보게 하고 자신의 것이 가족구성원 중 누가 연기한 의사소통 유형에 가장 가까운지를 살펴보도록 한다. 자신의 의사소통 유형 중에서 바뀌거나 보충해야 할 부분들이 무엇인지 발표하게 한다.

단원 정리

이 장에서는 사회복지 실천현장에서 만날 수 있는 다양한 가족들의 특성과 문제를 간략히 살펴보았다. 아울러 이러한 다양한 가족과 일하기 위해 필요한 가족사정과 그 과정에서 수행되어야 할 일반적인 과업들을 가족 내부 상황, 가족의 역사적 상황, 가족과 주변 환경과 교류 상황 측면에서 살펴보았다. 그와 함께 가족사정 과정에서 사용되는 유용한 도구들을 제시하였다. 이후 가족 상호작용 양상 변화를 위한 개입의 일반적 절차들과 함께 일반적이고 공통적인 기술들을 살펴보았다. 그런 다음 각 모델이 제시하고 있는 여러 가지의 개입기술들 중 사회복지사가 현장에서 실천할 수 있다고 판단되는 주요 개입기술들을 선별해서 사례와 함께 제시하였다.

참고문헌

김재엽(1999). 한국가정폭력 실태와 행위자 교정 프로그램 개발연구. 연세대학교 사회복지연구소.

문영희, 안은미(2010) 여성결혼이민자 가정 자녀의 이중문화가 학교적응에 미치는 영향. 한국지역사회복지학, 33, pp. 47-68.

보건복지부(2019). 2019 아동분야 사업안내. 세종: 보건복지부.

엄명용(2010). 결혼이민여성의 한국인 남편에 대한 생애사 연구. 한국가족관계학회지, 14(4), 261-298.

이영애, 방은령(2018). 조손가족과 공동양육 조부모의양육에 관한 질적 연구 내용 비교분석: 2000년 이후 국내 학술지 게재 논문을 중심으로. 한국심리학회지: 문화 및 사회문제, 24(3), 491-518.

정문자(2003). 사티어 경험적 가족치료. 서울: 학지사.

정민자(2016). 저소득층 조손가족의 십대 손자녀가 지각한 역경과 가족 레질리언스에 관한 질적 분석. 복지상담교육연구, 5(1), 21-41.

중앙가정위탁지원센터(2019). 2019 가정위탁아동 패널연구. 서울: 중앙가정위탁지원센터.

통계청(2020). 2019년 혼인이혼통계.

홍이화(2015). 새롭게 등장하는 가족에 대한 돌봄. 신학과 실천, 46, 579-619.

Bowen, M. (1976). Theory in the practice of psychotherapy. In P. J. Guerin, Jr. (Ed.), *Family Therapy: Theory and Practice*. New York: Gardner Press.

Bowen, M. (1978). *Family Therapy in Clinical Practice*. New York: Jason Aronson.

Congress, E. (1994). The use of culturagrams to assess and empower culturally diverse families. *Families in Society, 75,* 531-540.

Congress, E. (2005). Cultural and Ethical Issues in Working with Culturally Diverse Patients and Their Families. *Social Work in Health Care, 39*(3-4), 249-262.

Ewing, J. A. (1984). Detecting alcoholism: The CAGE questionnaire. *Journal of American Medical Association, 252,* 1905-1907.

Fisch, R., Weakland, J. H., & Segal, L. (1985). *The Tactics of Change: Doing Therapy Briefly.* Washington D.C.: Jossey-Bass.

Goldenberg, I., & Goldenberg, H. (2000). *Family therapy: An overview.* Belmont, CA: Wadsworth/Thomson Learning.

Haley, J. (1976). *Problem-Solving Therapy.* San Francisco: Jossey-Bass.

Hartman, A., & Laird, J. (1983). *Family-centered social work practice.* New York: The Free Press, pp. 166-169.

Hartman, A. (1978). Diagramatic assessment of family relationships. *Social Casework, 59,* 465-476.

Imber-Black, E. (1988). *Families and Larger Systems: A Family Therapist's Guide Through the Labyrinth.* New York: Guilford.

Liberman, S. (1979). *Transgenerational Family Therapy.* London: Croom Helm.

Madanes, C. (1981). *Strategic Family Therapy.* San Francisco: Jossey-Bass.

Madanes, C. (1984). *Behind the One-way Mirror: Advances in the Practice of Strategic Therapy.* San Francisco: Jossey-Bass.

McGoldrick, M., & Gerson, R. (1985). *Genograms in Family Assessment.* New York: Norton & Company.

Minuchin, S. (1974). *Families and Family Therapy.* Cambridge, MA: Harvard University Press.

Minuchin, S., & Fisch, H. C. (1981). *Family Therapy Techniques.* Cambridge, MA: Harvard University Press.

Patterson, J., Williams, L., Grauf-Grounds, C., & Chamow, L. (1998). *Essential Skills in Family Therapy: From the First Interview to Termination.* New York: Guilford.

Satir, V. M. (1972). *Peoplemaking.* Palo Alto, CA: Science and Behavior Books.

Satir, V. M., Banmen, J., Gerber, J., & Gomori, M. (1991). *The Satir Model: Family Therapy and Beyond.* Palo Alto, CA: Science and Behavior Books.

Tomm, K. (1987). Interventive interviewing. *Family Process, 26*(2), 167-183.

제 6 부

종결과 평가

제12장

사회복지실천의 종결과 평가

제12장

사회복지실천의 종결과 평가

종결은 개인, 집단, 가족과의 실천 모두에서, 클라이언트의 문제해결을 위해 함께 노력해 왔던 사회복지사와 클라이언트 간의 원조관계를 끝내는 것을 말한다. 지금까지 사회복지사, 클라이언트와의 합동노력이 원만하게 이루어져 왔다면 원조관계는 정서적인 친밀감과 신뢰로 구성되어 있을 것이다. 종결이란 클라이언트 입장에서는 지금까지 자신의 일에 관심을 갖고 경청하며 자신과 함께 노력해 왔던 사람, 그리고 믿고 의지할 수 있었던 사람과 헤어지는 것을 의미한다. 그리고 사회복지사의 입장에서는 지금까지 자신의 도움으로 문제해결 노력을 해 왔던 클라이언트가 사회복지사의 도움 없이 혼자 독립적인 생활을 영위할 수 있도록 돕는 이별의 과정이다. 종결에는 계획된 종결과 계획되지 않은 종결이 있을 수 있다. 어느 유형의 종결이든 종결 과정에서는 다양한 감정이 출현할 수 있다. 이 과정에서 흔히 발생할 수 있는 감정으로는 분노, 좌절, 불안, 섭섭함 등이 있을 수 있는데, 계획되지 않은 종결에서는 계획된 종결보다 더 많은 부정적 감정들이 경험될 수 있다. 사회복지사는 이러한 감정의 처리와 함께 종결 이후 클라이언트와 개입 전 과정에서 함께 이룩한 성취를 유지하기 위한 **사후관리**가 필요하다.

1. 종결의 유형

1) 상호 합의에 의한 종결

(1) 종결시기가 미리 정해져 있는 경우

종결시기를 미리 정해 놓고 하는 종결은 사회복지사와 클라이언트가 상호 합의하에 종결을 하는 것이다. 때문에 상호 개입 초기에 회기에 대한 안내 과정에서 사회복지사가 "우리는 앞으로 6회에 걸쳐 만날 것입니다. 한 회기는 70분씩 진행될 것입니다."라고 밝히고, 개입의 성과 여부에 관계없이 약속한 대로 개입이 종결되는 것이다. 이렇게 종결이 구체적으로 지정된 시간 내에 이루어질 것이라는 정확한 정보가 사회복지사와 클라이언트 사이에 공유될 경우, 양자 모두 그에 대한 준비와 대비를 할 수 있다. 사회복지사는 지금까지의 성과를 유지시키고 클라이언트가 지속적인 향상을 할 수 있도록 계획을 세울 것이며, 클라이언트는 나름대로의 정서적 준비와 홀로 일을 처리해 나갈 계획을 마련하게 된다. 가장 이상적인 종결은 미리 정한 원조관계의 종결 날짜와 함께 개입 목적이 달성되는 것이다.

(2) 종결시기에 대해 나중에 합의하는 경우

사회복지사와 클라이언트가 사전에 회기의 횟수에 대해 명확한 합의를 해 두지 않았을 경우에는 양자 간 상호 합의에 의해 개입이 종결될 수 있다. 개입이 종결되는 시기는 대체로 클라이언트의 주요 문제가 해결되었거나, 더 이상의 개입이 필요 없다고 사회복지사가 판단할 때이다. 사회복지사는 종결 시점을 잘 파악하여 클라이언트와 이에 대해 의논함으로써 상호 동의에 의한 종결이 되도록 노력해야 한다.

일반적으로 말해서 사회복지사-클라이언트 간 상호 합의에 의한 종결은 개입의 목적이 성공적으로 달성된 때이다. 하지만 정확한 종결시기를 파악하는 것은 쉽지 않은 일이다. 개입의 목적이 성공적으로 달성되었는지의 여부는 애초에 세운 개입 목적 그리고 그에 따른 개입목표가 얼마나 명확하고 측정 가능한 형태로 서술되었는가에 따라 판단이 쉬울 수도 있고 어려울 수도 있다. 앞서 살펴본 평가방법 및 내용을 수행하기 위해서는 개입의 성과가 측정 가능한 형태로 표현되어 있어야 할 것이다. 가족과의 사회복지실천에서는 가족의 변화를 측정 가능한 형태로 객관적으로 나타내기 힘든 경우가 많은데, 가족개입 과정에서 클라이언트가 사회복지사와 더 이상 논의할 문제를 찾아내지 못하고 있다면 종결이 가까웠다고 볼 수 있다. 또한 MRI 개입방법이나, 단기개입모델에서는 클라이언트가 어떤 현상에 대해 더 이상 불편을 호소하고 있지 않을 경우 종결이 임박했다고 볼 수 있다. 한편 개인이나 집단과의 실천에서와는 달리, 가족과의 실천에서는 가족구성원들에 따라 자신들이 느끼는 문제해결 정도 또는 치료자 없이 자신들 스스로 문제를 해결할 수 있다는 자신감의 수준이 다를 수 있다. 가족구성원들 개개인 별로 문제해결과 관련된 목표 기대치가 다를 수 있기 때문이다. 이러한 경우, 종결시기에 대해 가족구성원 모두가 동의하지 않을 수 있다. 이때 사회복지사는 상담의 간격을 조절해 가면서 가족구성원 모두가 자신감을 가질 때까지 기다리거나, 가족들이 서로 타협할 수 있도록 도와야 한다.

상호 합의에 의해 종결이 이루어지는 경우, 염두에 두어야 할 세 가지 사항이 있다.

첫째, 개입 과정에서 클라이언트가 달성한 것을 종결 과정을 통해 강화시켜야 한다. 이를 위해 사회복지사가 취할 수 있는 한 가지 방법은 종결기로 접어듦에 따라 회기의 주기를 종전보다 뜸하게 조절하여, 클라이언트가 지금까지 개입 과정에서 획득한 것들을 스스로 강화해 나갈 수 있는 시간을 제공하는 것이다. 즉, 사회복지사와 클라이언트가 만나는 횟수를 점차 줄여 나감으로써 클라이언트 스스로 자신의 문제를 관리하고 처리할 수 있는 자신감을 갖도록 도와주는 것이다.

둘째, 클라이언트로 하여금 현재 당면한 문제뿐만 아니라 미래 자신의 문제에 대해 자신감을 갖고 대할 수 있도록 도와야 한다. 이를 위해 사회복지사는 클라이언트가 자신의 당면 문제를 어떻게 성공적으로 극복했는지를 되돌아보게 하고, 그 과정에서 이루어진 클라이언트의 노력을 인정하고 칭찬해 준다. 이뿐만 아니라 클라이언트가 겪었던 문제와 비슷한 어려움을 겪고 있는 다른 사람들에게 클라이언트가 해 줄 수 있는 조언을 구할 수도 있다. 이러한 자기 회상의 과정을 통해서 클라이언트는 미래에 경험하게 될지도 모를 문제에 대해 어떻게 대처할 것인가를 미리 생각해 보고 실천할 수 있는 자신감을 갖게 된다. 클라이언트로 하여금 자신감을 유지하게 하기 위해서 사회복지사는 회기 종결 후 클라이언트의 호전된 상황에서 일시적인 퇴보가 있을 수 있으며, 일시적 퇴보현상은 2보 전진을 위한 1보 후퇴라고 알려 주는 것이 좋다. 이것은 혹시 있을지도 모를 일시적 퇴보현상을 경험하게 되었을 때 클라이언트가 당황하거나 두려워하지 않고 지속적인 변화유지 노력을 할 수 있도록 하기 위해서이다. 여기서 언급한 첫째와 둘째와 관련된 사항은 뒷부분의 '개입효과를 지속시키기 위한 실천기술'에서 자세히 다루어질 것이다.

셋째, 클라이언트가 느낄 수 있는 감정을 다루어 주어야 한다. 이 부분은 뒷부분의 '클라이언트의 감정 다루기'에서 상세히 다루어질 것이다.

2) 중단으로 인한 종결

개입의 종결이 미리 계획되거나 합의되지 않았음에도 불구하고 개입의 목적이 달성되지 못한 상태에서 사회복지사나 클라이언트의 사정에 의해 개입이 종결되는 경우가 여기에 해당된다. 중단으로 인한 종결은 크게 사회복지사에 의한 종결과 클라이언트에 의한 종결로 나누어질 수 있다. 상호 충분한 합의에 의한 종결이 아닌 경우, 사회복지사와 클라이언트 모두에게 힘든 상황이 될 수밖에 없다. 사회복지사에 의한 종결인 경우, 클라이언트는 자신이 버려진다는 느낌을 가질 수 있게 되며, 그 영향으로 앞으로 다른 사회복지사와의 관계에서도 불안함을 느낄 수 있다. 클라이언트에 의한 종결인 경우, 사회복지사는 자신의 개입 노력의 효과성에 대해 회의를 갖게 될 가능성이 크다.

(1) 사회복지사에 의한 종결

사회복지사가 일방적으로 개입을 종결하는 경우이다. 이러한 경우는 대개 다음과 같은 상황에서 발생한다.

- 사회복지사가 새로운 직장이나 부서로 옮겨 가게 되었을 경우
- 해당 사례가 자신이 다루기에 적합하지 않다고 판단된 경우
- 사회복지사의 개인적 사정(입원, 이사 등)
- 치료 목적을 달성할 수 없다고 판단되는 경우

- 클라이언트가 변화할 준비가 되어 있지 않은 경우

이상의 경우에 해당되는 사항이라 할지라도 사회복지사는 클라이언트가 종결에 대해 정서적으로 준비할 수 있도록 자신의 상황에 대해 최대한 미리 알려 주어야 한다. 또한 사회복지사는 클라이언트에게 자신의 상황에 대해 충분히 설명하여 클라이언트가 사회복지사의 결정을 수용할 수 있도록 최대한 노력해야 한다.

클라이언트가 지속적인 개입을 필요로 한다고 판단될 경우, 사회복지사는 클라이언트를 다른 기관이나 자신이 근무하는 기관 내 다른 사회복지사에게 의뢰할 수 있을 것이다. 클라이언트를 다른 기관에 의뢰할 경우에는 가능한 한 두세 개 기관을 추천하여 그중에서 클라이언트가 선택하도록 하는 것이 좋다. 기관 내 다른 사회복지사에게 의뢰하는 경우, 사회복지사는 클라이언트를 의뢰받은 사회복지사와 함께 협력하여 개입을 지속하다가 자신이 종결해야 할 시점에서 간단한 역할을 하면서 개입을 종결할 수 있도록 한다.

(2) 클라이언트에 의한 종결

클라이언트가 약속된 회기에 아무런 연락 없이 나타나지 않거나, 회기에 참석했지만 구체적인 이유를 제시하지 않은 채 앞으로 회기에 참석할 수 없다고 선언하는 경우 또는 회기에 참석은 하지만 자신의 문제에 대해 사회복지사와 구체적인 논의를 거부하는 경우 등이 여기에 해당된다. 클라이언트가 종결을 선언하는 이유에는 다음과 같은 것들이 포함될 수 있다.

- 문제라고 생각했던 것이 사라져, 더 이상 원조를 필요로 하지 않는 경우
- 직업의 전환과 거주지 이동
- 질병으로 인한 경우
- 원조과정에 만족하지 않은 경우
- 비용적인 문제로 인한 경우

이러한 이유 외에도 클라이언트에 의한 종결 선언 이면에는 클라이언트의 불만, 사회복

지사의 개입에 대한 저항 또는 기타 드러내고 싶지 않은 이유들이 숨어 있을 수 있다. 이때 사회복지사는 이러한 이유들에 대해 충분히 탐색한 후 종결을 하도록 해야 한다. 즉, 개입을 지속하는 데 방해가 되는 요소들이 무엇이었는지를 찾아내야 한다. "제가 ○○님의 문제해결에 적극적이지 못했나요?", "제가 ○○님이 나타내는 문제에 대해 주의집중을 충분히 하지 못했나요?", "여기에 나오는 것에 대해 다른 사람이 방해를 하던가요?", "혹시 다른 곳에서 다른 종류의 도움을 받기로 했나요?", "여기까지 오시는 데 교통이 불편했나요?", "우리가 서로 만나는 시간대가 좋지 않았나요?", "여기 오는 동안 아기를 돌봐 줄 곳이 없었던가요?", "○○님의 문제와 관련하여 더 이상 다른 사람과 얘기하고 싶지 않은 부분이 있었나요?" 가족개입과 관련하여 비용을 물리고 있을 경우, "비용이 너무 비싼가요?" 등의 질문을 통해 클라이언트가 회기를 중단하고자 하는 이유를 파악한 후 그에 대해 나름대로 관심과 이해를 표현하고 클라이언트의 결정을 존중하면서 원만한 종결을 유도하는 것이 좋다.

2. 종결 과정에서 감정 다루기

사회복지 실천과정에서 종결은 사회복지사와 클라이언트 모두에게 다양한 정서적 반응을 일으킨다. 이러한 정서적 반응은 사회복지사와 클라이언트의 전문적 관계의 질이나 면접의 횟수, 형태, 함께 해결하고자 했던 문제나 어려움, 고통의 내용이나 정도, 도움 혹은 목표성취의 정도에 대한 평가, 이전의 종결경험 등에 따라 차이가 있다. 일반적으로, 일회성이면서 짧은 면담과 원조과정보다는 장기적인 면담과 원조과정에서 그리고 클라이언트와 사회복지사 간의 신뢰관계가 깊고 협력적인 노력이 강할수록 정서적 반응은 더욱 강해질 수밖에 없다. 하지만 일회성의 도움이라 하여도 도움을 주고받는 사회복지사와 클라이언트 개개인의 주관적 평가에 따라서 정서적 반응이 강렬하게 표출될 수 있다. 따라서 사회복지실천의 종결 과정에서 사회복지사는 종결에 대한 자신의 정서적 반응뿐만 아니라 클라이언트가 보일 수 있는 다양한 정서적 반응을 파악하고 이에 따른 적절한 개입을 도모할 필요가 있다. 특히, 종결 과정에서 클라이언트의 정서적 반응을 적절히 다루고 긍정적인 경험을 할 수 있도록 원조함으로써 클라이언트가 추후에 사회복지서비스를 추가적으로 필요로 할 때 도움 요청에 보다 적극적일 수 있도록 돕는 일도 중요하다. 또한 사회복지사 자신도 종결 과정에서 자신의 감정을 잘 마무리함으로써 클라이언트뿐만 아니라 사례 전반에 대한 자신의 감정과 평가를 정리할 수 있는 기회를 가져야 한다.

1) 사회복지사 자신의 감정 다루기

(1) 사회복지사의 긍정적 감정 다루기

사회복지사가 종결 과정에서 경험하는 긍정적인 정서적 반응은 만족감, 기쁨, 행복감, 성취감, 자신감 등이 있다. 사회복지사는 자신이 행한 업무에 대한 만족감과 전문인으로서 갖는 성취감을 경험한다. 또한 클라이언트와 함께 이룬 목표성취와 긍정적 변화에 대해서 기쁨을 느끼고 자신감을 경험하게 된다. 나아가, 사회복지사는 클라이언트와의 원조과정을 통해 자신의 삶이 풍부해진 것을 경험할 수 있는데, 이는 자신이 한 개인으로서 누군가를 돕고 이에 따른 변화를 목격함으로써 자신의 전문성을 인정하고 되돌아볼 수 있는 보상의 기회를 경험하고, 나아가 자신의 삶을 반영해 볼 수 있는 기회를 갖기 때문이다. 예를 들어, 클라이언트가 학대적인 부모와의 관계를 상담하는 과정에서 클라이언트가 학대적인 부모를 용서하고 수용하는 인간적인 면을 보면서 클라이언트의 용기에 감사하고 인간의 삶이 아름답다고 느낄 수 있다. 이러한 원조과정을 통해 사회복지사는 삶에 대한 자신의 생각이나 가치를 넓힐 수 있다.

사회복지사가 경험하는 긍정적인 감정에는 클라이언트와의 업무가 정리됨으로써 발생하는 여유시간으로 인한 기대감과 새로운 업무나 사례에 대한 기대감, 속 시원하고 후련한 감정(특히, 어렵던 사례를 종결하거나 사회복지사를 여러 가지로 귀찮게 하였던 사례를 종결할 때), 사례관리에 대한 부담감의 감소 등이 있다. 한 클라이언트의 사례가 종결된다는 것은 업무량이 줄어드는 것을 의미하는 것이다. 따라서 시간적 여유가 발생할 수 있는데, 이러한 시간을 어떤 곳에 집중할 것인가에 대한 즐거운 고민을 하게 되고, 이는 곧 정신적인 여유로 이어질 수 있다. 그리고 사회복지사는 그동안 사례관리에 쏟았던 시간을 다른 긴급한 부분으로 대치할 수 있는 여유를 가질 수 있다. 한편, 사회복지사의 지속적인 노력이나 도움에도 불구하고 성공을 충분히 거두지 못하였거나, 사회복지사에게 여러 가지로 고통을 가져다준 사례에 대해서는 오히려 속 시원한 감정을 느낄 수 있으면서, 반대로 미안함을 갖는 양가감정을 경험하기도 한다. 사회복지사가 긍정적 감정을 갖는 것은 좋은 일이나, 이것이 지나쳐서 과도한 자신감이나 오만으로 이어지는 것은 경계해야 할 일이다.

↑ 연습 12-1: 아주 가까웠던 사람과의 이별이나 헤어짐으로 인해 경험한 긍정적인 감정이 어떤 것이 있는지 파악해 보고 이를 어떻게 다루었는지 논의해 보자. 또한 전문적 관계의 종결에서 나타날 수 있는 긍정적 감정을 파악해 보고 이를 어떻게 다룰 수 있는지 논의해 보자.

(2) 사회복지사의 부정적 감정 다루기

대체로 사회복지실천의 종결에 관한 연구에서는 긍정적인 감정보다는 부정적인 감정을 다룬 것이 대부분이다. 종결과 관련한 사회복지사의 부정적인 감정에는 분노, 실망감, 실패감, 상실감과 비애감, 슬픔, 불안 등이 있다. 특히, 첫 면접 후에 클라이언트가 일방적으로 종결을 선언하고 다음 면접시간에 나타나지 않거나 아예 연락조차도 취하지 않는 조기 종결(unplanned, unilateral termination)의 경우를 볼 때 사회복지사는 미묘한 감정에 휩싸이게 된다. 사회복지사는 클라이언트가 자신을 무시했다고 느끼거나, 예의가 없다는 생각이 들어 화가 날 수도 있다. 또한 클라이언트가 사회복지사가 원하는 방향으로 따라주지 않아 결국 사례가 실패로 돌아갔다고 느끼거나, 약속하였던 원래의 목표를 충분히 성취하지 못했다고 여겨질 때 전문성에 대한 의구심을 갖거나 실패감을 경험하기도 하며, 클라이언트에게 화가 나기도 한다.

한편, 사회복지사와 클라이언트가 신뢰를 바탕으로 한 전문적 관계를 통해 원하는 목표를 성취하였어도 종결 과정에서는 이러한 전문적 관계를 마무리해야 하는 아쉬움과 상실감이 남게 된다. 또한 자신의 도움을 필요로 했던 클라이언트가 사회복지사에게 더 이상 의존하지 않게 됨으로써 사회복지사는 자신이 더 이상 도움 요청의 대상이 되지 못한다는 감정이 들 수 있다. 그리고 클라이언트가 자신의 도움 없이 잘 해 나갈 수 있을지에 대한 의구심을 가짐으로 인해 불안해할 수 있다. 종결 과정에서는 무엇보다도 사회복지사와 클라이언트가 오랜 기간 함께 문제해결을 위해 노력하고 성취하였을 때 발생하는 공허함이 있다. 즉, 이제까지의 노력을 바탕으로 목표성취를 이룬 후 앞으로는 무엇을, 어떻게, 왜 해 나갈 것인가에 대해 두 사람의 전문적 관계가 더 이상 필요치 않게 됨을 깨닫게 되고, 이로 인해 헤어짐 혹은 분리(separation)가 필연적임을 느낄 때 이에 대한 불안감이 형성된다.

이러한 부정적인 감정으로 인해 사회복지사는 종결 과정에서 몇 가지 문제상황을 경험할 수 있다. 이에는 ① 종결에 대해 회의적이거나, ② 종결을 차일피일 미루거나, ③ 종결을 서둘러 처리하는 경우가 있다. 즉, 사회복지사는 클라이언트가 아직 목표성취를 다하지 못하였기 때문에 계속해서 도움이 필요하다고 여길 수 있으며, 종결에 대해 좀 더 생각해 보자고 하면서 클라이언트의 새로운 문제를 지적해 낸다거나, 아니면 준비된 종결이 아닌 사회복지사의 일방적 통보에 의한 종결로 인해 클라이언트에게 당혹감을 유발하는 실수를 범하게 된다. 따라서 사회복지사는 자신의 종결에 대한 부정적 감정을 파악해 보고, 이것이 전문적 관계에 주는 영향을 슈퍼비전이나 자기반영적 고찰(self-reflective thought)을 통해 다룰 수 있도록 노력해야 한다.

↑ 연습 12-2: 친밀한 사람과 어쩔 수 없이 헤어져야 했던 자신의 상황(예: 이사나 전직, 부모나 친구의 반대, 이성친구와의 헤어짐 등)과 이에 따른 부정적 감정을 회상해 보고 이를 어떻게 다루었는지 수업시간에 논의해 보자.

2) 클라이언트의 감정 다루기

(1) 클라이언트의 긍정적 감정 다루기

종결을 맞이하는 클라이언트도 사회복지사와 마찬가지로 만족감, 기쁨, 행복감, 성취감, 자신감 등과 같은 정서적 반응을 보이게 된다. 클라이언트의 이러한 긍정적 감정은 특히 클라이언트의 어려움이나 문제, 고통 등이 해결되었거나 원했던 목표가 성취되었을 때 강하게 나타날 수 있다. 또한 이제까지 타인에게 문제해결을 의존했던 클라이언트가 문제해결 과정에서 다양한 문제해결기술을 익히고 실제에 적용해 봄으로써 그 효용성을 직접 경험해 보고 자아성장을 이룬 경우, 긍정적 감정은 클라이언트의 자존감, 자신감, 문제해결 능력 향상에 대한 기쁨 등을 배가시키는 결과를 가져온다.

사회복지사는 종결 과정에서 클라이언트가 자신의 긍정적 감정을 파악할 수 있도록 돕고 이를 인정할 수 있도록 돕는다. 즉, 클라이언트가 도움을 요청할 수 있었던 용기와 더불어 클라이언트의 노력의 결과로 인해 목표성취를 이룬 점, 사회복지 실천과정에 끝까지 참여함으로써 이러한 결과가 가능했던 점, 목표성취로 인한 자신감 및 문제해결 능력의 향상 등과 같은 긍정적인 면을 지지해 줄 필요가 있다. 그리고 클라이언트가 문제해결을 위해 애쓴 클라이언트 자신에 대해 감사할 수 있도록 도울 필요가 있는데, 이는 곧 클라이언트 스스로를 임파워먼트시키는 것(self-empowerment)이기도 하다.

↑ 연습 12-3: 우리나라 문화적 특성상 누군가 자신의 긍정적인 면을 칭찬하거나 지지해 줄 경우, 이를 과소평가하거나 사소한 것으로 치부하는 것을 겸손의 미덕이라고 여길 수 있다. 이런 점에서 자신의 노력으로 인한 긍정적인 결과와 이에 따른 긍정적 반응(예: 기쁨, 만족감, 성취감 등)을 어떻게 표현하고 인정하는지, 과거의 경험이나 최근의 경험을 바탕으로 서로 논의해 보자.

↑ 연습 12-4: 클라이언트가 지난 6개월 동안 부부문제를 해결하기 위해 지속적인 상담을 받아 긍정적인 결과를 경험하였고, 이제 종결 단계에 이르렀다고 하자. 지난 6개월 동안 지속적으로 상담에 응한 클라이언트의 노력과 결과에 대해 사회복지사는 어떤 지지적인 말을 제공할 수 있을 것인지 그 목록을 만들어 보고 서로 논의해 보자.

(예: 궂은 날씨에도 면접시간을 지키기 위해 기관을 찾아온 점, 면접시간에 늦지 않고 온 점, 자신의 부부문제를 솔직하게 상의한 점, 6개월 동안에 사회복지사와 긴밀하게 협의하면서 자신의 문제해결을 위해 고민한 점 등)

(2) 클라이언트의 부정적 감정 다루기

클라이언트가 종결을 맞이할 때 나타내는 반응에는, ① 사회복지사에게 매달리는 경우, ② 이전 문제가 재발했다고 보고하는 경우, ③ 새로운 문제를 가지고 오는 경우, ④ 사회복지사를 대치할 대상을 찾는 경우 등이 있다(Levinson, 1977; Hepworth et al., 1997에서 재인용). 이러한 반응들은 클라이언트가 사회복지사에게 갖는 의존심을 표현하는 방법이면서 사회복지사와의 전문적 관계가 종결된 후 발생할 수 있는 불확실한 미래에 대한 두려움, 자신이 성취한 문제해결 능력이나 기술을 활용하는 데 따른 불안감 등이 혼재되어 나타나는 반응이다. 특히, 사회복지사가 개인적인 이유로 전직하거나 이사할 경우, 클라이언트는 사회복지사가 자신을 저버린다거나 더 이상 자신의 문제에 관심이 없다는 생각을 갖게 되어 사회복지사에게 분노의 감정을 가질 수도 있다.

클라이언트가 나타내는 부정적 **감정**에는 분노, 슬픔, 상실감, 실패감, 불안 등이 있다. 이러한 부정적인 감정은 특히 문제해결 과정에서 진전이 없거나 자신의 문제가 미해결된 상태에서 종결되어야 할 경우, 사회복지사가 기관을 이직할 경우, 다른 사회복지사로 교체될 경우와 같은 상황 속에서 더욱 강하게 나타날 수 있다. 문제해결 과정이 순조롭게 진행되어 원했던 목표가 성취되었다 하여도 클라이언트가 사회복지사와 종결을 해야 하는 아쉬움이나 상실감, 슬픔을 가질 수 있다. 나아가, 클라이언트가 전문적 관계 밖에서 생활할 때 겪을 수 있는 어려움이나 문제에 대해 불안해할 수 있으며, 이때 사회복지사의 도움 없이도 혼자서 해결할 수 있을지 의구심을 갖기도 한다. 이러한 불안감이나 상실감 등은 종결을 미리부터 준비하고 최종 면접시간에 이르기까지 종결과 관련된 다양한 감정을 탐색하고 점검하면서 감소될 수 있다. 또한 원했던 목표가 성취될 경우, 이러한 불안감이나 상실감은 성취감이나 만족감으로 인해 상당히 상쇄될 수 있다.

사회복지사는 종결과 관련된 클라이언트의 부정적 감정을 클라이언트가 적절히 표현할 수 있도록 도울 필요가 있다. 즉, 클라이언트의 부정적 감정은 종결 및 사회복지사와의 전문적 관계의 종결이라는 점에서 자연스러운 것이라는 점을 인식할 수 있도록 돕고, 이러한 부정적 감정이 어떤 것이 있는지 파악할 수 있도록 도우며, 이를 언어적으로 표현할 수 있도록 돕는다. 또한 이전에 친밀한 관계에 있었던 사람과 헤어졌을 때 발생한 부정적 감정을 어떻게 다루었는지 파악할 필요도 있으며, 그러한 대처방법이 현재 사회복지사와 헤어지는 과정에 어떤 영향을 미치는지, 어떤 의미가 있는지 파악할 필요가 있다. 다음의 예는 기관을 이직하는 사회복지사가 공감기술을 활용해 클라이언트의 부정적 감정을 다루는 것을 보여 준다.

↑ 연습 12-5: "제가 기관을 떠나는 것과 관련하여 당신이 여러 가지로 힘들어하는 것을 느낄 수 있습니다. 제가 기관을 떠나는 것에 대해 저 스스로도 얼마나 힘든지 당신께서 알아주셨으면 합니다. 특히, 당신께서 앞으로도 성취해야 할 일들이 산적해 있음에도 불구하고 떠나는 것에 대해 저 스스로도 참 힘듭니다. 또한 저를 믿고 당신이 겪고 있는 많은 어려움을 솔직하게 털어놓으신다는 것이 쉽지 않다는 점도 잘 압니다. 아마도 당신은 내가 당신이 아직도 어려움을 겪고 있음을 인식하지 못할 것이라 생각하기 때문에 나에게 화가 나 있을지도 모르겠군요. 제가 당신의 입장이었다면 최소한 이러한 느낌이 들었을 것 같습니다. 이제까지 많은 점을 저와 상의하셨는데, 지금 이 순간 어떤 느낌이 드는지 저에게 말씀해 주실 수 있나요?"(Hepworth et al., 1997: 607).

클라이언트가 종결과 관련된 부정적 감정을 간접적으로 표현하는 방법 가운데 하나는 종결, 즉 사회복지사와의 헤어짐을 부인하는 것이다. 해결되어야 할 문제가 아직도 많이 남아 있다고 하거나, 사회복지사 없이는 자신의 생활을 유지하기 어렵다거나, 서로의 연락처를 주고받음으로써 앞으로도 관계를 지속할 수 있다거나 하는 등의 표현방법이 있다. 이러한 반응은 종결에 대한 미련이나 아쉬움, 상실감 등이 완곡하게 표현된 것일 수 있다. 클라이언트가 부정적 감정을 보다 직접적으로 표현하는 방법 가운데는 사회복지사가 '나를 더 이상 돌볼 생각이 없거나 관심이 없기 때문에 내가 원치 않는데도 억지로 오지 못하게 한다.', '나에게 별로 해 준 것도 없으면서 더 이상 오지 못하게 한다.'라는 표현 등이 있다. 사회복지사는 이러한 표현이 클라이언트가 사회복지사에게 개인적으로 갖고 있는 부정적 감정이라기보다는 종결에 대한 분노가 다르게 표현된 것이라 여길 필요가 있으며, 이러한 분노가 자연스러운 것, 당연히 느낄 수 있는 것이라고 지지해 줄 필요가 있다.

3. 개입효과를 지속시키기 위한 실천기술

개인, 집단, 가족을 대상으로 하는 사회복지실천의 궁극적인 목적은 개인, 집단, 가족이 사회복지사와의 전문적 관계가 종결된 이후에도 만족스럽고 독립적인 삶을 영위할 수 있도록 원조하는 것이다. 아동학대 경험이 있는 클라이언트, 약물남용으로 인해 고통받고 있는 집단성원, 가정폭력의 문제를 가지고 있는 가족들은 사회복지사와 동료 클라이언트들의 원조 없이 스스로 자신의 문제상황을 해결하면서 보다 건강하고 만족스러운 삶을 이끌어 나갈 수 있어야 할 것이다.

사회복지사와의 전문적인 관계가 성공적이었다면 개인, 집단, 가족의 문제해결 능력은 향상되었을 것이며, 초기 단계와 비교해 볼 때 상당한 변화를 이루었을 것이다. 그러나 이러한 긍정적 변화가 사회복지사와의 관계가 종결된 이후에도 항상 지속되는 것은 아니다. 예를 들면, 전문적인 치료 프로그램을 제공받은 알코올 및 약물남용 클라이언트 중 상당 비율은 다시 약물을 사용하여 치료 이전의 상태로 되돌아가는 비율이 70%에 이를 정도로 매우 높다(Beck et al., 1993; Hunt et al., 1971; Laws, 1999에서 재인용).

따라서 클라이언트의 향상된 문제해결 능력과 변화가 원조과정이 종결된 이후에도 최대한 지속될 수 있게끔 원조하는 것은 매우 중요하며, 이는 사회복지사가 종결 단계에서 핵심적으로 다루어야 하는 과제이다.

1) 과정에 대한 재검토

사회복지사는 원조과정을 종결하기 전에 사회복지사와 클라이언트 사이의 전문적 관계가 시작되었을 때부터 지금까지의 과정을 재검토하는 시간을 갖도록 해야 한다. 과정에 대한 재검토는 클라이언트가 사회복지사와의 전문적 관계를 통해서 배우고 느꼈던 것들을 정리할 수 있는 기회를 제공할 뿐만 아니라 이를 자신의 삶 속에서 어떻게 적용할 수 있는지에 대해서도 생각해 볼 수 있는 시간을 제공한다.

클라이언트와의 관계를 종결할 때 사회복지사는 다음과 같은 방법으로 클라이언트에게 과정에 대해 재검토하도록 권유할 수 있다. “지난 몇 달에 걸쳐 우리가 함께 했던 일들에 대해 생각해 보았습니다. 우리는 함께 많은 문제들에 대해 이야기를 했고, 당신과 당신이 처한 상황에 많은 변화들이 있었습니다. 우리가 함께한 것들을 되돌아볼 때 어떤 기억들이 떠오릅니까?”(김용석 외 역, 2013) 집단 또는 가족을 상대로 할 경우에도 각 성원들에게 과정에 대해 회상할 수 있는 기회를 제공하며, 가능하면 집단경험을 통해서 배운 바를 구체적으로 설명하도록 요청한다.

2) 최종평가

과정을 검토하는 것과 더불어 사회복지사는 문제해결과 목표달성 정도를 최종적으로 평가하는 데 클라이언트를 참여시켜야 한다(김용석 외 역, 2013). 대부분의 종결기술과 같이 **최종평가**는 상호 협동적인 과정이다. 사회복지사와 클라이언트는 지금까지의 과정에 대한 평가를 공유하고 추가적인 작업이 필요한 부분을 함께 살펴보아야 하는데, 최종평가를 시작하기 위해 사회복지사는 다음의 형식을 사용할 수 있다.

> **형식** 최종평가 시작하기
>
> "우리가 설정한 목표를 향한 경과와 관련해서 우리가 어디에 있는지에 대해 최종적으로 살펴보도록 합시다. 주된 목표 중 하나는 ____________입니다. 우리가 목표를 어느 정도 달성하였다고 생각합니까?"

사회복지사는 최종평가를 위해 설문지 외에도 다양한 개별적 및 주관적 측정도구(예: 그래프) 등을 이용할 수 있다. 다양한 측정도구를 통해 평가된 결과를 클라이언트와 공유하고, 그래프와 같이 평가 결과를 가시적으로 요약한 자료를 전달하는 것이 필요하다. 클라이언트는 실질적인 성과의 증거물을 확인할 때 동일한 내용을 구두로만 전달받을 때보다 높은 성취감을 느낄 수 있다. [그림 12-1][1)]은 실제로 종합사회복지관에 근무하는 사회복지사가 단일체계설계를 사용하여 평가한 결과이다. 사회복지사는 클라이언트의 감정 표현 횟수를 개입 전과 후에 반복적으로 측정하였고 측정 결과를 그래프로 옮겼다. 감정 표현 횟수는 값이 클수록 긍정적으로 해석한다. 사회복지사는 종결 단계에서 클라이언트와 함께 [그림 12-1]을 보면서 목표달성 정도를 평가할 수 있고 클라이언트의 긍정적인 변화에 대해서 의견을 나눌 수 있다.

달성된 목표에 대해 사회복지사는 적절한 기쁨과 만족감을 표현하고 클라이언트 자신

1) 가톨릭대학교 부설 춘의종합사회복지관이 실시한 아동 · 청소년 사회성 증진을 위한 프로그램에 참여한 클라이언트에 대한 평가 결과의 일부이다.

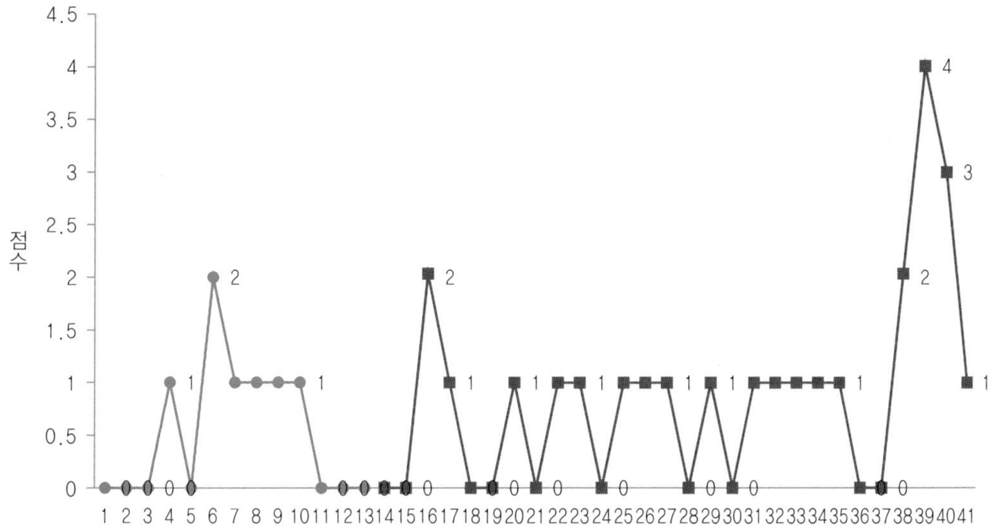

[그림 12-1] **최종평가의 예시**

이 유능하고 인정받을 만하다는 것을 경험하고 느낄 수 있도록 유도해야 한다. 이와 함께 사회복지사는 추가적으로 개선이 필요한 부분을 밝히면서 클라이언트가 관계를 종결한 후에 취할 수 있는 추가적인 활동들을 계획하도록 해야 한다. 이와 같은 논의가 포괄적이거나 상세할 필요는 없다. 그보다도 사회복지사는 클라이언트가 지속적으로 성장하고 발전하는 데 필요한 미래의 활동을 생각해 볼 수 있도록 클라이언트를 원조해야 한다. "어떠한 활동들이 우리가 지금까지 이루어 온 진척을 계속 도울 거라고 생각합니까?"와 같은 질문을 함으로써 이 과정을 시작할 수 있다.

마지막으로, 최종평가의 일부분으로 사회복지사 자신이 했던 말과 행동 가운데 도움이 되었거나 그렇지 않은 것에 대해 클라이언트로부터 피드백을 구하는 것이 좋다(김용석 외 역, 2013). 평가는 클라이언트가 미래에 취할 행동들을 탐색할 수 있도록 원조한다는 점에서 클라이언트에게 도움이 되며, 또한 클라이언트가 여러분의 도움에 대한 감사를 표현할 수 있는 기회를 제공하기도 한다. 하지만 도움이 되었거나 그렇지 않았던 요소에 대한 피드백의 중요한 목적은 사회복지사 자신의 전문적인 성장 및 발전과 관계가 있다. 이는 클라이언트에게 사회복지사 자신의 업무수행 능력에 대한 평가를 요청하는 것이다. 이러한 평가적인 피드백을 통해 사회복지사는 미래의 클라이언트와 일할 때에 필요한 유용한 정보를 얻을 수 있다. 클라이언트로부터 피드백을 구하기 위해 사회복지사는 "우리가 함께 일하는 동안 제가 한 일 중 특별하게 당신에게 도움이 되었던 것에 대해 이야기해 주시면 감사하겠습니다. 그리고 제가 한 일 중 도움이 되지 않았던 것들을 이야기해 주시겠습니까?"라고 말할 수 있다.

3) 변화유지 저해요인에 대한 대응

헵워스 등(Hepworth et al., 1997)에 따르면, 원조과정의 궁극적 목적은 클라이언트들이 현재 직면하고 있는 문제상황을 해결할 수 있도록 원조할 뿐만 아니라 그러한 능력을 견고히 하여 피할 수 없는 미래의 문제상황들에 능동적으로 대처할 수 있도록 원조하는 것이다. 그러나 기대와는 달리 많은 클라이언트들이 원조과정 이전의 상태로 돌아가는 경우를 일선 현장에서 종종 접하게 된다. 알코올 및 약물남용 클라이언트, 분노조절 또는 성적 충동에 취약한 클라이언트, 반복적인 비행이나 범죄행위 경력이 있는 클라이언트, 흡연 또는 폭식을 하는 클라이언트 등의 문제는 재발 가능성이 특히 높은 것으로 알려져 있다(Hepworth et al., 1997).

원조과정을 통해서 성취된 변화를 유지하지 못하고 문제가 재발되는 경우가 많다면 사회복지사가 클라이언트와 함께 변화유지를 저해하는 요인들을 밝히고 이에 대처할 수 있는 전략을 세우는 것도 종결 단계에서 필요하다. 르젭니키(Rzepnicki, 1991)는 변화유지에 저해가 되는 요인들을 다음과 같이 밝히고 있다.

- 음주 또는 약물사용, 공격적 행동과 같은 습관적 반응 패턴으로 되돌아가려는 성향
- 개인적 또는 환경적 스트레스 요인(예: 가족갈등, 실직 등)
- 사회활동과 여가생활을 위한 기회 부족
- 긍정적 지지체계의 부재
- 부적절한 사회기술
- 기능적 행동에 대한 강화의 부족

- 환경 변화에 대한 부적절한 준비
- 또래 압력을 거절할 수 있는 기술 부족
- 역기능적인 가족환경으로 복귀
- 부적절하게 형성된 새로운 행동

르젭니키가 밝힌 저해요인들은 개인, 집단, 가족 모두에게 적용되는 요인들이기 때문에 원조과정의 대상에 관계없이 종결 단계에서 클라이언트와 함께 각각의 저해요인과 이에 대처할 수 있는 전략을 세우는 시간을 가질 필요가 있다. 원조과정 동안 클라이언트는 자신의 문제상황을 밝히고 이에 능동적으로 대처할 수 있는 능력을 갖추게 되었다. 때문에 사회복지사는 클라이언트가 자신을 문제해결 능력이 있는 존재로 인식할 수 있게끔 원조하고, 원조과정 동안 클라이언트가 경험한 문제해결 과정을 원조과정 이후에 직면하게 될 다양한 문제상황에도 적용할 수 있다는 점을 이해시켜야 한다.

4) 사후모임

개인, 집단, 가족을 대상으로 하는 개입이 종결된 이후에 가능하면 **사후모임**을 갖는 것이 중요하다. 왜냐하면 사후모임은 사회복지사에게 개입 결과를 평가할 수 있는 기회를 제공하며, 클라이언트들에게도 사회복지사와 맺었던 전문적 관계가 자신과 동료 클라이언트들에게 끼친 실질적인 영향을 느낄 수 있는 기회를 제공하기 때문이다. 사후모임에서 다룰 수 있는 내용은 다음과 같다.

- 개입을 통해서 배운 것을 클라이언트 자신의 생활 속에서 적용한 경험
- 클라이언트가 직면한 문제와 긍정적 경험
- 개입 당시에 대한 기억
- 개입효과의 지속성에 대한 평가

앞서 살펴본 여러 가지 종결 유형 중 클라이언트의 문제상황이 아직 호전되지 않았거나

문제나 욕구가 충분히 해결되지 않았을 경우, 사회복지사는 클라이언트를 다른 기관이나 외부의 자원들에 연결시켜 줄 필요가 있다. 클라이언트의 문제상황이 복잡해짐에 따라 어떤 한 사회복지기관이 복잡한 클라이언트의 문제 모두를 해결할 수 없는 경우가 많아지고 있다. 따라서 사회복지사는 지역사회 내에 존재하는 다양한 복지 자원의 소재를 파악하고, 필요할 경우 클라이언트를 적절한 기관에 의뢰할 필요가 있다.

의뢰 시 다루어야 할 주요 사항으로는 클라이언트의 감정 처리, 적절한 자원과의 연결, 클라이언트의 선택권 존중 등이다. 먼저, 클라이언트를 다른 기관으로 **의뢰**할 경우, 클라이언트가 현재의 기관이나 사회복지사에 의해 거부되거나 버림받았다는 감정을 갖지 않도록 최대한 배려하고 의뢰 이유를 설명해야 한다. 아울러, 지금까지 친숙해졌던 기관을 떠나 새로운 기관으로 옮겨 감에 따른 불안감을 해소시켜 주기 위한 노력이 요구된다. 이를 위해 사회복지사는 클라이언트를 연결시킬 기관이나 자원을 소개하는 것에 그치는 것이 아니라 그 기관의 위치와 담당자를 클라이언트에게 알려 주고, 그곳 담당자에게는 클라이언트의 문제상황과 진전상태 그리고 문제해결의 방해 요소 등에 대한 자세한 소개를 구두 또는 문서로 전달해 주는 것이 좋다.

다음으로, 클라이언트의 욕구를 충족시키기에 가장 적절한 자원들과 클라이언트를 연결해야 한다. 이를 위해서 사회복지사는 지역사회에 존재하는 다양한 사회복지서비스 자원들에 대한 정보를 갖고 있어야 한다. 그뿐만 아니라 이들 자원을 이용할 수 있는 요건과 절차들을 잘 알고 있어야 하며, 이들 다양한 자원을 대표하는 사람들과의 인적 연계망을 확보하고 있어야 한다.

마지막으로, 의뢰 자원을 발굴해 내어 클라이언트에게 여러 가지 의뢰 대안들을 소개하는 것까지는 사회복지사의 역할이지만, 최종적으로 어느 자원을 택해 가느냐를 결정하는 것은 클라이언트의 몫이 되도록 해야 한다. 가능한 한 두세 개의 대체 의뢰 자원들을 클라이언트에게 제시하고, 그 자원들의 특성과 사용 조건들을 최대한 설명해 주고, 마지막 결정은 클라이언트가 하도록 하는 것이 좋다.

종결과 관련하여 몇 가지 생각해 보아야 할 사항들이 있다. 먼저, 클라이언트가 지금까지 도와준 사회복지사에 대한 감사의 표시로 선물을 하려고 할 경우이다. 이때 사회복지사는 그 선물을 받아야 할 것인가? 선물에 진정한 고마움이 배어 있고 그 선물의 가격이 클라이언트에게 부담이 되지 않을 정도라면 받는 것도 무방할 것이다. 하지만 이 경우에도 선물에 담겨 있는 상징적 의미가 무엇인지 그리고 선물의 가격이 어느 정도인지를 잘 살펴서 사회복지사의 실천윤리에 어긋나지 않는 방향으로 사려 깊게 행동해야 할 것이다.

또한 모든 회기의 종결 후 전문적 관계와 무관한 사적인 관계를 유지하고자 하는 클라이언트가 있을 수도 있다. 이때 사회복지사는 클라이언트와 사회복지사 자신을 보호하기 위해서 종결 이후에 전문적 관계 외의 관계를 맺는 일을 피하는 것이 좋다. 약간 다른 맥락에서, 종결을 계속해서 미루어 가면서 지금까지보다는 뜸한 간격으로 사회복지사를 지속적으로 만나면서 전문적 관계를 유지하기를 원하는 클라이언트가 있을 수도 있다. 이 경우, 사회복지사는 이러한 의도 뒤에 숨어 있는 클라이언트의 동기를 신중하게 파악해야 한다. 비교적 자주 사회복지사와의 만남을 원할 경우, 클라이언트는 사회복지사에게 지나치게 의존하는 것일 수 있다. 이때 사회복지사는 자신 외의 다른 사회적 지지망을 클라이언트 스스로 구축할 있도록 도와주어야 한다. 가족개입을 예로 들면 클라이언트가 자신과 그 가족의 정신적 건강을 위해 정기적으로 사회복지사와의 만남으로써 전문적 관계를 유지하려는 것일 수도 있다. 이때는 종래의 문제해결사로서의 사회복지사의 입장에서 한 발 물러서 일종의 지지자 또는 후견인으로서의 역할을 사회복지사가 수행할 수 있을 것이다.

4. 종결 단계에서 기록

1) 기록내용

클라이언트와의 최종 만남 후 그동안 일어난 모든 활동과 그 결과를 간결하게 **기록**하는 것이 필요하다. 클라이언트와 함께했던 모든 과정을 정리함으로써 사회복지사는 전체적인 과정을 평가할 수 있는 기회와, 미래의 개입을 위한 방향을 찾을 수 있는 기회를 갖게 될 것이다.

종결 단계 기록에 포함될 수 있는 내용은 다음과 같다(홍순혜, 한인영 역, 1997).

- 종결 또는 의뢰의 이유
- 클라이언트와 문제에 대한 재검토
- 개입효과에 대한 평가
- 향후 서비스를 위한 계획
- 추후관리

2) 기록 형식

최종 기록은 개입의 모든 과정을 재검토해야 하기 때문에 앞에서 소개한 기록들보다 포괄적이다. 다음 사례는 최종 기록을 위한 예시(김용석 외 역, 2013)이며, 다음과 같은 내용을 포함한다. ① 최종 접촉의 날짜, ② 클라이언트의 이름과 사회복지사의 이름과 직함, ③ 서비스 시작일, ④ 사회복지사와 클라이언트와의 계약이 성립된 이유, ⑤ 합의된 문제와 목표, ⑥ 접근방법, 사회복지사가 제공한 서비스 내용, 사회복지사와 클라이언트가 취한 행동, ⑦ 진전에 대한 평가와 해결되지 않았거나 달성되지 않은 문제와 목표, ⑧ 현재의 문제상황에 대한 간단한 사정, ⑨ 종결하는 이유 등.

사례 1 최종 기록의 예시

1. 과정과 문제

2011년 1월 12일 오늘 L씨와 나는 여덟 번째이자 마지막 만남을 가졌다. L씨와 나는 2010년 11월 21일에 처음 만났다. 그 당시 우리는 함께 다음의 문제들을 구체적으로 밝혔다. ① 아들과 남편과의 잦은 말다툼과 그들에 대한 노여움과 분노, ② 스트레스, 긴장, 불안, ③ 수면장애, ④ 직장생활의 불안정, ⑤ 지나친 책임과 통제에 대한 생각과 느낌, ⑥ 어머니, 아내, 가정주부 그리고 직장인으로서의 역할에 대한 부담과 갈등. 이러한 문제에 기초하여 우리는 몇 가지 목표와 8주간의 계획을 수립했다.

2. 평가

개입 과정을 검토하고 경과를 평가하면서 L씨는 현재 자신이 느끼는 스트레스와 분노의 감정이 우리가 처음으로 만난 후 급격히 감소했다고 이야기했다. 특히, 그녀는 가족들이 가사에 대한 책임을 더욱 평등하게 분담한 이후 그녀와 남편, 그녀와 아들, 그리고 심지어 남편과 아들 사이의 관계도 많이 발전했다고 했다. 그녀의 진술은 우리가 사용한 다른 평가자료와도 일치하였다.

그녀는 남편과 아들이 가사를 분담함으로써 보호자라는 역할이 주는 부담에서 자유로워졌으며, 이로 인해 역할 갈등도 해소되었다고 했다. 그녀는 이제 잘 자며 두통도 거의 없고, ○○ 제조회사에서의 일은 이제 상당히 만족스러워 계속 일할 것이라고 말한다. 특히, 요즘은 정원 가꾸기와 같은 즐거운 활동에 참여하고 있다.

L씨는 우리가 함께 일하면서 가장 도움이 된 한 가지 요소는 내가 그녀에게 "당신의 남편과 아들을 위해 일해 주는 것은 그들이 가진 잠재능력을 모두 발전시키지 못하게 한다."라는 말을 한 것이라고 했다.

3. 지속적인 목표

L씨는 아직도 자신이 과보호에 대한 문제를 다루고 있으며(경험하고 있으며), 관련 서적을 읽을 계획이라고 한다. 그녀는 성인 알코올중독자 자녀 모임이 어떤 모임인지 알아보기 위해 그 모임에 참여할 것이라고 한다. 또한 자기주장훈련 프로그램에 참여하는 것을 고려하고 있다고 한다.

4. 현재 사정

활용 가능한 증거에 기초하면 L씨, 그녀의 아들, 그녀의 남편은 보다 직접적으로 의사소통하고 있으며, 가사를 공유하고 있고 가족관계에 주목할 만한 만족감을 느끼고 있다고 한다. 아들은 사춘기 요구에 건설적으로 적응하는 것 같고, L씨는 오랫동안 지속되어 온 그녀의 지나친 책임과 통제 패턴을 전환하는 데 있어 주목할 만한 진전을 보였다.

L씨와 그녀의 가족은 미래에 그들 스스로에게 도움이 될 많은 장점을 가지고 있다. 나는 L씨가 더욱 폭넓고 융통성 있는 개인적, 가정적인 역할을 할 수 있을 만큼 계속해서 발전하고 성장할 것으로 기대한다.

5. 종결 과정

L씨와 나는 우리의 관계를 긍정적인 방식으로 마무리했다. L씨는 감사를 표시했으며, 나는 L씨가 이룬 진전에 대해 기쁨과 함께 L씨에 대한 호감을 함께 나누었다. 사례는 계약한 대로 8주에 종결되었다.

사회복지사 ○○○

2011년 ○월 ○○일

다음은 종합사회복지관[2)]에서 사례 종결 시 사용되는 종결기록 양식이다. 이 양식에는 클라이언트 인적 사항, 종결 유형, 서비스 제공 현황, 클라이언트 변화, 사회복지사 의견을 기록하게 되어 있다.

2) 가톨릭대학교 부설 춘의종합사회복지관의 종결기록 양식이다.

종결기록 양식

성명			주민번호	
주소			연락처	
등록일		종결일		
종결 유형 및 사유	유형	사유		
	( ) 클라이언트에 의한 종결	사망 ( ), 시설 입소 ( ), 이주( ), 목표달성 ( ), 상황 호전 ( ), 타 기관 이용 ( ), 거절이나 포기 ( ), 약속 불이행 ( ), 기타 ( )		
	( ) 사회복지사에 의한 종결	사직 · 타 업무 희망 ( ), 본인과 부적합 ( ), 클라이언트의 소극적 참여 ( )		
	( ) 기타 이유에 의한 종결	기관의 업무조정( ), 기관의 사례기한 제한 ( ), 기관 · 법인의 교체 ( ), 원칙 변경 ( ), 기관의 자원 · 능력의 한계 ( )		
서비스 제공 현황				
클라이언트 변화 사항	초기 상황		종결 상황	
사회복지사 의견				
종결일		담당 사회복지사		

[그림 12-2] **종합사회복지관 종결기록 양식**

단원 정리

이 장에서는 사회복지실천의 종결 단계에서 필요한 실천기술을 살펴보았다. 헤어짐을 앞 둔 클라이언트와 사회복지사의 감정 다루기, 감정을 다루는 기술, 집단 종결 시 필요한 기술, 개입효과를 지속시키기 위한 실천기술을 다루었다. 마지막으로 종결 후 사후모임과 의뢰 그리고 종결 단계에서 기록 방식을 소개하였다.

참고문헌

김성이, 조학래, 노충래(2004). 청소년복지학. 서울: 집문당.

김용석(2002). 약물남용의 재발을 예방하기 위한 인지행동접근법의 효과성. 한국사회복지학, 48, 243-270.

김용석(2013). 사회복지 교육현장에서 목표달성척도의 적용에 관한 연구. 한국사회복지교육, 22, 22-49.

김용석, 윤혜미, 김정우, 김성천(2001). 학교중심 청소년 음주 예방 프로그램 개발 및 효과성 평가. 보건복지부.

김용석, 이석호, 전종설 역(2013). 사회복지 실천기술. Cournoyer, B. R. (2010). *The Social Work Skills Workbook* (6th ed.). 서울: 박영사.

홍순혜, 한인영 역(1997). 사회사업기록: 이론과 실제. Kagle, J. (1991). *Social Work Records* (2nd ed.). 서울: 학문사.

Beck, A. T., Wright, F. D., Newman, C. F., & Liese, B. S. (1993). *Cognitive Therapy of Substance Abuse*. NY: Guilford Press.

Carroll, K. M. (1998). *Therapy Manual for Drug Addiction*. Rockville, MA: National Institute on Drug Abuse.

Germain, C., & Gitterman, A. (1996). *The Life Model of Social Work Practice* (2nd ed.). New York, NY: Columbia University Press.

Hepworth, D. H., Rooney, R. H., & Larsen, J. A. (1997). *Direct Social Work Practice: Theory and Skills* (5th ed.). Pacific Grove, CA: Brooks/Cole Publishing Company.

Laws, D. R. (1999). Relapse prevention: The state of the art. *Journal of the Interpersonal Violence, 14*(3), 285-302.

Rzepnicki, T. L. (1991). Enhancing the durability of intervention gains: A challenge for the 1990s. *Social Service Review, 65*(1), 92-111.

찾아보기

인명

내용

저자 소개

엄명용(Um, Myung-Yong)

성균관대학교 영문학과를 졸업하고 미국 텍사스대학교(University of Texas at Austin)에서 사회복지학 석사(MSW) 학위를, 플로리다주립대학교(FSU)에서 사회복지학 박사(Ph.D.) 학위를 받았다. 경남 인제대학교 사회복지학과 교수를 거쳐 현재 성균관대학교 사회복지학과 교수로 재직 중이다. 『사회복지학개론-원리와 실제-』(3판, 공저)와 『사회복지실천의 이해』(5판, 공저) 등과 함께 'The Influence of Adolescent Physical Abuse on School Adjustment in South Korea: The Mediating Effects of Perceived Parenting Types'(*Children and Youth Services Review, Vol. 59,* 2015), 'The relationships among family income, parental depression, and adolescent aggression in South Korea: A latent growth mediation model'(*Children and Youth Services Review, Vol. 84,* 2018), 'Factors Related to Intimate Partner Violence and Survivors' Help-Seeking among College Students in South Korea'(*Journal of Aggression, Maltreatment, & Trauma, Vol. 29,* 2020), '가족지지와 유방암 생존자의 정서처리가 외상 후 성장에 미치는 영향: 긍정적 재평가의 매개효과를 중심으로'(「한국사회복지학」, 72호, 2020) 등 다수의 논문이 있다.

노충래(Nho, Choong Rai)

연세대학교 사회사업학과를 졸업하고 미국 뉴욕시립대학교 헌터칼리지 사회사업대학원(Hunter College School of Social Work, The City University of New York)에서 사회복지학 석사(MSW) 학위를, 컬럼비아대학교 사회사업대학원(Columbia University School of Social Work)에서 사회복지학 박사(Ph.D.) 학위를 받았다. 1989년부터 1990년까지 아동학대예방기관인 Queensboro Society for the Prevention of Cruelty to Children에서 Case Manager로 일했으며, 1990년부터 2000년까지 뉴욕의 Queens Child Guidance Center에서는 Social Worker로 일했다. 현재 이화여자대학교 사회복지학과 교수로 재직 중이다. 『청소년복지학』(공저)와 『국제사회복지』(역) 등과 함께 'Case studies of successful transition from out-of-home placement to young adulthood in Korea'(*Children and Youth Services Review, Vol. 79,* 2017), 'The mediating effect of perceived social support between depression and school adjustment in refugee children in South Korea'(*Children and Youth Services Review, Vol. 106,* 2019), '다문화 청소년이 인식한 가족지지가 삶의 만족도에 미치는 영향: 자아탄력성과 학교생활적응 매개효과, 다집단분석'(「한국아동복지학」, 68호, 2019) 등 다수의 저서와 논문이 있다.

김용석(Kim, Yongseok)

연세대학교 사회사업학과를 졸업하고 미국 그램블링대학교(Grambling State University)에서 사회복지학 석사(MSW) 학위를, 텍사스대학교(University of Texas at Austin)에서 사회복지학 박사(Ph. D.) 학위를 받았다. 1991년부터 1994년까지 미국 Louisiana Department of Health and Hospital Joseph R. Briscoe Alcohol and Drug Abuse Center에서 Social Work로 일했으며, 가톨릭대학교 부설 한라종합사회복지관 관장과 한국정신보건사회복지학회 회장을 역임하였다. 현재 가톨릭대학교 사회복지학과 교수로 재직 중이다. 『사회복지 실천기술연습』(공역) 등의 저서와 'Validating a Korean Version of the Drug Abuse Screening Test-10'(*Journal of Social Service Research, Vol. 40,* No. 2, 2014), '청소년의 또래관계와 음주, 흡연 경험: 사회관계망 분석의 적용'(「정신건강과 사회복지」, 제47호 3집, 2019) 등 다수의 논문과 저서가 있다.

[4판]

사회복지 실천기술의 이해

Social Work Skills and Techniques, 3rd ed.

2005년 2월 19일 1판 1쇄 발행
2007년 10월 20일 1판 6쇄 발행
2008년 1월 25일 2판 1쇄 발행
2015년 3월 20일 2판 15쇄 발행
2015년 8월 1일 3판 1쇄 발행
2020년 2월 20일 3판 10쇄 발행
2020년 9월 5일 4판 1쇄 발행
2022년 1월 20일 4판 4쇄 발행

지은이 • 엄명용 · 노충래 · 김용석

펴낸이 • 김 진 환

펴낸곳 • (주) 학지사

04031 서울특별시 마포구 양화로 15길 20 마인드월드빌딩 5층

대표전화 • 02) 330-5114 팩스 • 02) 324-2345

등록번호 • 제313-2006-000265호

홈페이지 • http://www.hakjisa.co.kr
페이스북 • https://www.facebook.com/hakjisabook

ISBN 978-89-997-2166-3 93330

정가 23,000원